석각의 사회사

석각의 사회사

고대 중국인의 욕망과 그 기록

홍승현 지음

혜안

책머리에

학위를 받고 십여 년간 원예에 열심이었던 적이 있다. 원예라고 거창하게 말하지만 화분을 사서 죽이고, 다시 사서 죽이는 일을 꽤 오래 반복하였다. 그래도 나중에는 제법 이력이 생겨 화분이 30개에 달할 정도로 꽤 많이 늘어났다. 키우기 제일 무난했던 것은 군자란이었는데, 게으르고 괴팍한 주인을 알아서였는지 물 달란 말도 없이 묵묵히 자랐다. 물론 그 놈도 자기주장을 하느라 매해 봄, 꽃대를 올릴 때마다 애를 먹이기는 했다. 가장 까다로웠던 것은 치자였다. 6월 한 달 온 집안을 무지막지한 향으로 물들이며 존재를 뽐내더니 어김없이 여름이 지나면 말라 죽었다. 몇 년 씨름을 하다 결국 포기하였다. 그래서 치자 향이 나는 초여름이 되면 아직도 슬며시 약이 오른다.

사실 30개 화분 모두가 만만하지는 않았다. 물을 너무 적게 줘서, 물을 너무 많이 줘서, 벌레를 잡아주지 않아서, 햇빛을 너무 받게 해서, 추운 날 안으로 들여 놓지 않아서, 많은 꽃과 나무를 앓게 했다. 사랑(마음)만으로 크는 생명이라는 것은 세상 어디에도 없다. 키우면서 물 다음으로 고민이 되었던 것은 새순이 돋고 줄기가 올라오면서 하나같이 바람만 불어도 휘어지거나 꺾어지기 딱 좋게 자라는 것이었다. 키는 삐쭉이 커지는데 힘이 하나도 없는 것이 언제 부러져도 이상할 것이 없었다. 또 얼마나 어지럽게 올라오는지. 기회가 돼서 선생님께 여쭀던 것 같다. "선생님, 제 분盆들은 왜 다웃자라는지 모르겠어요?" 그 때 무심한 듯 날카롭게 던지신 한 마디. "주인을 닮았나 보지."

황제와 사대부의 정치적 각성과 권력 행사를 고찰한 「中國 古代의 移風易俗」으로 학위를 받고 지금까지 몇 권의 책을 냈다. 『사대부와 중국 고대 사회』라는 책을 시작으로 동아시아 국제 질서에 관한 『중국과 주변』, 중국 고대 예와 예학에 관한 『禮儀之國』, 신비주의 사상과 관련한 최근의 『正史 五行志의 世界-後漢書』까지. 그 틈틈이 석각 관련 공저들도 몇 권 냈다. 적어 놓고 보니 그야말로 어수선하다. 사실 최근에는 전공이 뭐냐고 묻는 질문이 제일 곤혹스럽다. 넓고 깊은 인문학의 세계에서 한 우물을 파도 조금의 성취를 낼까말까 하건만 이것 찔끔, 저것 찔끔. 이쯤 되면 천성이 게으른 것이 아니라 타고나길 산만한 것이 아닌가 한다.

그래도 변명 아닌 변명을 해보자면 지금까지 공부에 접점이 없었던 것은 아니다. 사대부의 정치적 각성과 정치 참여라는 학위 과정의 고민은 그들이 만들려고 했던 이상 세계를 알고 싶다는 생각으로 발전했고, 그 결과 그들이 만들었던 '예적 세계禮的世界'에 대해 탐구하게 되었다. 그 과정에서 사대부들이 황제에 대한 대치적 명성을 얻기 위해 묘비墓碑를 이용하는 현상을 보게 되었고, 이것이 석각에 대한 연구로 이어졌다. 석각이 지식인과 상층 계급의 전유물이 아니라는 것은 매지권買地券과 진묘문鎮墓文을 공부하면서 알게 되었는데, 두 석각에 투영된 신비주의 사상은 「오행지」 공부로 연결되었다. 이단처럼 보였던 신비주의가 어쩌면 중국 고대 유학의 본모습이 아닐까 하는 생각이 떠나질 않는다. 진득하니 하나를 깊게 파고들지는 못하지만 중국 고대 사회라는 커다란 그림의 조각들을 맞추고 있는 것 같아 가끔 신이 나기도 한다. 완전한 그림 하나를 맞추지는 못하겠지만 조각들을 찾아 하나씩 맞춰 나가는 즐거운 과정이 계속되었으면 좋겠다. 앞으로의 공부가 어떤 길로 갈지는 모르지만 언제나 새로운 것에 매혹되어 가슴 두근거리며 살고 싶다.

이 책은 중국 고중세 석각 자료에 대한 저자의 글을 모은 것이다. 총론에서 자세히 언급하겠지만 석각 자료를 역사 자료로 이용한 연구가 아니라 석각 자료 그 자체에 대한 고찰의 결과다. 물론 석각에 각석된 내용을 탐구하지 않은 것은 아니지만, 그 경우도 궁극적으로는 석각의 성격을 구명하기 위해서지 그 내용을 이용하여 역사상을 그려내고자 했던 것은 아니다. 이 책의 목적은 석각이 어떤 시대적 결과인지를 밝히는 것이다. 긴 시간 동안 중국 고대인들이 석각을 시대에 따라, 목적에 따라, 필요에 따라, 계층에 따라 분별해서 사용하였다면 그 선택을 통해 그들의 내밀한 정치적·사회적·문화적 욕망을 읽어낼 수 있을 것이라고 생각하였다. 특히 지하에 묘기墓記를 설치하던 시기에 묘지墓誌가 제작되어 무덤 속에 묻히고, 석궐石闕이 세워질 때 묘비가 건립되는 현상이 흥미로웠다. 또 죽은 자를 위해 토지를 매입한 증표인 매지권과 죽은 자의 혼을 진혼鎭魂하는 진묘문은 어째서 같은 시기에 유행하였고, 왜 같은 무덤에서 함께 나오지 않는지.

이 책이 처음 시작된 2013년, 금비령禁碑令에 대한 논문을 쓸 때만 해도 석각에 관한 공부를 이렇게 오래할 생각은 없었다. 따라서 석각이 얼마나 다양한지, 그래서 그것을 분류하는 것이 얼마나 어려운 일인지 짐작조차 하지 못했다. 이후 본격적으로 석각 관련 자료를 찾으면서 두 가지에 놀랐다. 하나는 이미 오래 전 전통 시기부터 많은 연구자들이 석각에 관심을 가졌다는 것이고, 다른 하나는 그럼에도 불구하고 분류 기준이 확립되지 않았다는 것이었다. 무엇이 갈碣이고 무엇이 묘비인지, 모두 땅에 묻혀 간략하게 묘주에 대한 정보를 제공하는데 묘기와 묘지는 어떻게 구분해야 하는지. 자연히 석각에 대해 공부를 한다면 어떻게 그 범주를 확정할 것인가 하는 점이 고민이 되었다.

편의적인 선택이긴 하였지만 자연물에 글자를 각석한 마애磨崖를 제외한 인공적으로 가공된, 일정한 형식이 있는 석각으로 한정하였다. 다음으로는 종교적 염원을 지닌 종교 석각을 제외하였다. 고대 중국인의 현세적 욕망이 무엇인가 하는 최초의 궁금증은 변하지 않았기 때문이다. 그렇게 하나씩 제하다 보니 상장의물喪葬儀物인 묘비와 묘지, 명계문서冥界文書인 매지권, 정부에 의해 제작된 기념비刻石가 남게 되었다. 대표적인 명계 문서로 진묘문도 있지만 매지권에 진묘문이 융합되어 있어 매지권만으로도 당시 일반인들의 욕망을 충분히 설명할 수 있을 것이라 생각해서, 그것은 매지권과 비교하는 정도로만 다루고자 하였다.

범주를 정했다고 끝난 것은 아니었다. 오히려 거기서부터 난감해지기 시작했다. 각 석각들의 선후 관계, 상호 관련과 같은 굵직한 문제를 푸는 것도 어려웠지만 연구자마다 다른 석각의 분류와 이름을 어떻게 처리해야 할지부터가 문제였다. 한 석각을 누구는 묘기, 누구는 묘지, 누구는 묘비로 구분하였다. 자연히 명칭도 '~기', '~지', '~비'로 각기 달랐다. 그뿐이 아니었다. 연구자마다 분절도 표점도 상이하였다. 누구는 지명으로 본 것을 누구는 인명으로 보았고, 누구는 인간으로 본 것을 누구는 신으로 보았다. 이런 경향은 매지권이 특히 심하였다. 묘비나 묘지라고 수월한 것은 아니었다. 수사로 가득한 내용은 어디까지가 사실인지 가늠조차 되지 않았다. 출토된 고고 자료라고 진실만을 말하는 것은 아니었다. 자신과 가문을 위해 과장을 서슴지 않았으며, 욕망의 실현을 위해 천연덕스럽게 거짓을 기록하였다. 본인에게 불리한 내용은 감쪽같이 빼버렸다. 거기다 위각僞刻은 또 얼마나 많은지. 출토 자료에 대한 무조건적인 신뢰가 얼마나 위험한지를 절감하곤 하였다.

석각의 이름을 붙이는 방법부터 원칙을 세워야 했고, 석각의 분류를 위해 상호 비교의 기준을 정해야 했다. 그러나 가장 기초적인 것이라고 생각한 그 작업이 지금까지 독자들에게 익숙했던 이름과 기준에서 벗어나는 결과를 내놓기도 하여 당황하기도 하였다. 또 다뤄야 할 석각이 너무 많아 모든 석각을 읽은 후 성격을 규정하겠다는 애초의 계획과는 달리 성격부터 정하고 그에 따라 석각을 분류하면 어떨까 하는 유혹에 시달렸고, 결국 그 유혹에

굴복하기도 하였다. 책에 오류가 있다면 꼼수를 써가며 정도에서 벗어나 공부했던 저자의 탓이다. 많은 분들의 가르침을 기다린다.

부족한 저자가 그런대로 성과를 내면서 여기까지 올 수 있었던 것은 학문에 엄격하며 부지런하셨던 선생님들의 헌신적인 지도와 자신들의 명석함을 기꺼이 나누어주었던 두터운 우의의 선배, 동학들의 도움 덕분이다. 특히 학위 후 몸담았던 '중국 정사 예악지 연구회' '동아시아 석각 연구회' '중국 정사 오행지 독회'는 저자의 학문적 동반자였다. 이 책은 그 중에서도 '동아시아 석각 연구회'의 도움을 많이 받았다. 책을 쓰면 좋은 것이 평소에 인사드리지 못했던 분들께 감사드릴 수 있다는 점이다. 항상 저자를 믿어주시고 격려해주시는 모든 분들께 고개 숙여 인사드린다. 이번에도 난삽하기 그지없는 책을 번듯하게 만들어주신 도서출판 혜안의 모든 분들께 감사드린다. 국내외 자료를 찾아 주셨던 창원대 도서관 문아영 선생님께도 고마움을 전한다. 문선생님의 후의가 아니었다면 몇몇 중요한 자료들은 이용되지 못했을 것이다.

이 책을 준비하는 과정에서 퇴직하신 김한규·임중혁 두 분 지도 선생님들께 책을 받았다. 두 분의 가르침이 저자를 여기까지 이끌었음이다. 이 보잘 것 없는 책으로 두 분의 정년을 기념한다면 혹 누가 될지 모르겠으나, 감히 이 책으로 늦었지만 감사의 말씀을 대신하고자 한다. 늘 건강하시기를 바란다.

지금도 웃자라고 있지만 10년 주기로 새로운 주제의 책을 내는 것도 꽤 괜찮은 일 같다. '일신우일신日新又日新'까지는 아니어도 10년 마다라도 새로워진다면 영웅도 아닌 평범한 인생에 더할 나위가 없지 않을까.

여름이 부쩍 다가온 정병산 밑에서
홍승현

10

차 례

1부 삶과 죽음의 기록지-돌

1장 묘기의 출현과 성격 변화

4부 돌에 새긴 계약 – 매지권

5부 돌에 새긴 영광-왕조의 기념비

14

표와 그림 차례

일러두기

1. 본문은 한글로 쓰고, 한자를 병기하였다. 한자는 최초 한 차례 병기하는 것을 원칙으로 하였으나 문맥의 이해를 위해 필요하다고 여길 경우 반복적으로 병기하였다.

2. 독자의 이해를 위해 본문에 사료 원문을 제시할 경우 대괄호［ ］를 이용하였다.

3. 전통 시기 역사적 인명은 우리 한자 발음으로 표기하였고, 현대의 인명은 각국에서 통용되는 발음으로 표기하였다. 지명은 모두 우리 한자 발음으로 표기하였다.

4. 석각의 원문을 제시할 경우 이체자異體字와 이형자異形字는 대표자代表字로 표기하였다.

5. 석각의 원문은 최초 보고자의 보고를 기초로 하되 이후 연구자들에 의해 교정된 내용이 있으면 이를 따랐다. 저자가 새롭게 분절하고 표점한 내용은 별도로 밝히지 않았다.

6. 석각의 원문 중 저자에 의해 확정된 글자는 대괄호［ ］를 이용하여 표기하였다. 필요에 따라 고유명사(인명, 지명, 문헌명)에 밑줄을 쳐 표기하였다.

7. 인용문의 번역 시 문맥의 순조로운 연결을 위해 부가 해석을 한 경우 소괄호( )를 이용하여 해석을 첨가하였다.

8. 간략한 부가 설명 역시 소괄호( )를 사용하였다.

9. 석각의 구성 요소는 원문자(예:①)를 사용하여 표기하였다. 다만 비교 및 구분의 필요에 따라 반전원문자(예:❶)를 사용하거나 사각형문자(예: ①) 등을 사용하기도 하였다.

10. 각주는 국한문을 혼용하였으며, 각 장마다 각주에 처음 나오는 저술과 논문은 출판 정보를 표기하였다. 다만 전통 시기 저작에 대해서는 참고문 헌에서 일괄적으로 제시하였다.

총 론

Ⅰ. 기억과 영원-돌

『사기史記』의 최초 저술자인 사마담司馬談은 저술을 마무리하지 못한 회한을 담아 아들인 사마천司馬遷에게 태사太史가 되어 가업을 이을 것을 유언한다. 그 때 그가 사마천에게 했던 말은 고대 중국인의 사회적 욕망이 무엇이었는지를 단적으로 보여준다.

> "큰 효도란 부모를 잘 모시는 것으로부터 시작하여 군주를 잘 모시는 것으로 이어지고 영달하는 것으로 끝이 나는데, 후세에 이름을 날림으로써 부모를 드러내는 것 이것이 바로 가장 큰 효도다."[1]

이른바 '입신양명立身揚名'으로 표현되는 영달과 명성 획득의 중요함을 역설하고 있다. 이러한 입신양명의 욕망이 비단 중국 고대인들만의 것은 아닐 것이다. 전통 시기는 물론 지금까지도 회자되는 "개천에서 용 난다."는 말은 입신양명의 또 다른 표현일 것이다. '출세'라는 보다 간명하면서도 노골적인 표현이 여전히 사용되는 것도 사회적 영달과 명성 획득이 고대인들

---

1) 『漢書』 卷62, 「司馬遷傳」, "且夫孝, 始於事親, 中於事君, 終於立身; 揚名於後世, 以顯父母, 此孝之大也."

만의 욕망은 아니라는 반증이다.

그러나 사회적으로 영달했다고 해서, 명성을 획득했다고 해서 끝나는
것은 아니다. "덕德의 융성함은 사라지지 않는 것보다 큰 것이 없다."2) "재능
과 공업功業을 서술하여 새김으로써 사라지지 않게 한다."3) "금석金石에 새겨
영원히 사라지지 않게 한다."4) 등의 비문碑文은 영달과 명성 획득 후 그것을
기억하는 행위가 결합되어야만 그 영달과 명성 획득의 의미가 완성됨을
말해준다. 그래서 고대로부터 기억을 위한 여러 가지 방법이 고안되었다.

새로운 호칭, 즉 '황제'라는 명칭을 발명하여 공업을 드러내고 후세에
전하고자 했으며5) 돌을 이용하여 기념물을 세우기도 하였다. 웅장한 자태로
모든 이의 시선을 빼앗는 궁실은 공업의 과시와 기억을 위해 자주 사용되는
기념물 중 하나다.6) 최초로 돌을 이용하여 기념비를 세운 이는 아마도
진시황秦始皇이 아닐까 한다. 그는 순행로에 7개의 석각을 세워 자신의 공업을
기록하게 하였다. 이 석각들에는 다음과 같은 구절이 새겨져 공업의 기억이
중요한 행위임을 증명하고 있다. "군신들이 서로 황제의 공덕功德을 노래하고
금석에 새겨 본보기로 삼고자 한다."7) "군신들이 황제의 공덕을 노래하며
돌에 새겨 영원히 변치 않을 전범典範으로 후세에 전하기를 청하였다."8)
"군신들이 황제의 위대한 업적을 노래하며 이 돌에 새겨 영원히 전범으로
삼기를 청하였다."9) "수행했던 신하들이 황제의 공덕을 노래하며 이 비석에
새겨 아름다운 비문이 영원히 전해지기를 청하였다."10) 중요한 것은 '영원히'

---

2) [南宋]洪适, 『隷釋』 卷9, 〈繁陽令楊君碑〉, "德之隆者, 莫盛不朽."

3) [南宋]洪适, 『隷釋』 卷10, 〈童子逢盛碑〉, "敍述才美, 以銘不朽焉."

4) [南宋]洪适, 『隷釋』 卷7, 〈冀州刺史王純碑〉, "銘載金石, 永世不刊."

5) 『史記』 卷6, 「秦始皇本紀」, "今名號不更, 無以稱成功, 傳後世. 其議帝號."

6) 『三國志·魏書』 卷22, 「陳羣傳」, "帝答曰:「王者宮室, 亦宜並立. 滅賊之後, 但當罷守耳,
豈可復興役邪? 是故君之職, 蕭何之大略也..」"

7) 『史記』 卷6, 「秦始皇本紀」, 〈琅邪刻石〉, "羣臣相與誦皇帝功德, 刻于金石, 以爲表經."

8) 『史記』 卷6, 「秦始皇本紀」, 〈之罘刻石〉, "羣臣誦功, 請刻于石, 表垂于常式."

9) 『史記』 卷6, 「秦始皇本紀」, 〈碣石刻石〉, "羣臣誦烈, 請刻此石, 垂著儀矩."

'후세에' '전해지는 것'이었다. 그리고 그것을 위해 '돌'이라는 매체를 이용하였다.

돌을 발견하기 전 고대 중국인들은 '명銘'이라는 문체를 만들어 공덕을 기렸다. 아래 기사에 따르면 선조의 공업을 기록함으로써 선조는 물론이고 그 후손까지 명성을 얻을 수 있었다.

> '명'이라는 것은 스스로 이름을 내는 것, 즉 자신의 이름을 써서 선조의 공업을 높임으로써 그것을 후세에 밝게 드러내는 것이다. 선조가 된 이는 아름다운 덕이 있지 않을 수 없으며 나쁜 것도 있지 않을 수 없으나, 명의 의리[義]는 아름다움을 일컫고 좋지 않은 것은 일컫지 않는 것이다. 이는 효자나 효손의 마음이고, 오직 현賢한 자만이 능히 할 수 있는 것이다. 명이라는 것은 선조의 덕선德善·공렬功烈·훈로勳勞·경상慶賞·성명聲名 등 세상에 알려진 것을 논평하고 취하여 제기祭器에 기록함에 자신의 이름도 더하여서 선조에게 제사하는 것이다. 선조를 칭양稱揚하는 것은 효를 숭상하는 것이다. 자신을 선조에 견주는 것은 효순한 행위이며, 후세에 밝게 드러내는 것은 후대인을 가르치는 것이다. 무릇 명이라는 것은 한 번 일컬어서 위아래 사람 모두가 교훈을 얻을 수 있는 것이다. 이로써 군자가 명을 보면 그 일컬은 (선조의 덕행을) 아름답게 여기고, 또 일컬은 (후손의 칭양) 행위를 아름답게 여긴다.[11]

『예기禮記』「제통祭統」에 따르면 송덕頌德을 위한 최초의 기록은 제기祭器,

---

10) 『史記』卷6,「秦始皇本紀」,〈會稽刻石〉, "從臣誦烈, 請刻此石, 光垂休銘."

11) 『禮記』,「祭統」, "銘者, 自名也, 自名以稱揚其先祖之美, 而明著之後世者也. 爲先祖者, 莫不有美焉, 莫不有惡焉, 銘之義, 稱美而不稱惡. 此孝子孝孫之心也, 唯賢者能之. 銘者, 論譔其先祖之有德善·功烈·勳勞·慶賞·聲名, 列於天下, 而酌之祭器, 自成其名焉, 以祀其先祖者也. 顯揚先祖, 所以崇孝也. 身比焉, 順也. 明示後世, 敎也. 夫銘者, 壹稱而上下皆得焉耳矣. 是故君子之觀於銘也, 旣美其所稱, 又美其所爲."

22

즉 청동으로 제작한 제사 용구에 기록되었다. 제사가 신과 소통할 수 있는 우월한 자격을 증명하는 자리라는 점에서, 또 그것이 그 특별한 자격을 합법적으로 계승하는 것을 보증하는 행위라는 점에서 덕을 기리고 기억하는 데 제사에 사용되는 제기만한 것이 없었을 것이다. 그러나 시간이 지나 인간의 시대가 도래하며[12] 더 이상 제기는 영원한 송사頌辭를 기록하는 제재題材가 되지 못하였다. 마침 진시황은 자신이 이룬 미증유의 업적이 신에 의한 것이 아닌 자신의 능력과 자신을 보우하는 조상들의 도움에 의해 이루어졌음을 선언하며,[13] 신에 대한 무조건적인 복종을 거부하였다.

신이 사라지자 인간은 신을 예찬하는 대신 스스로의 공적을 기록하기 시작하였다. 그것은 선조를 칭양함과 동시에 자신의 명성을 보장해 주어야 했고 후세에까지 드러나야만 하였다. 새로운 도구가 필요하게 되었고, 그 도구로서 내구성을 완비하여 불변을 상징하는 돌이 선택되었다. 영원한 기억을 위한 도구로서 돌보다 마침한 것은 없을 터였다. 앞서 언급한 진시황의 순수비는 그 명확한 증거다. 그런데, 제기도 순수비도 모두 일반인들이 사용할 수 있는 도구는 아니었다. 순수비는 말할 것도 없고 제기 역시 지배층 안에서도 최고 지위에 있던 이들의 전유물이었기 때문이다. 그렇다면 사마담과 같은 일반인들은 어디에 자신의 공적을 기록하여 불멸을 기약하였을까?

진시황 이전 돌이 영원을 기록하는 제재로 사용된 경우가 있었는지는 분명하지 않다. 북송北宋의 손종감孫宗鑑은 전국戰國 시기 이후 장례 시 관을 내릴 때 비碑를 사용하였는데, 그 비를 나무 또는 돌로 만들었다고 하였다.[14]

---

12) 요시다 아츠시는 商代로부터 周代로의 변화를 사상사적으로 '주술적 신앙생활에서 인간적 자각으로'라고 표현하였다. 이러한 입장에 따른다면 이후 春秋戰國 시기는 좀 더 인간의 시대가 될 것이다. 吉田篤志, 「周人の人間的自覺」, 『(大東文化大)漢學會誌』 49(2010), 1쪽.

13) 『史記』卷6, 「秦始皇本紀」, "今海內賴陛下神靈一統."; 『史記』卷6, 「秦始皇本紀」, "賴宗廟, 天下初定."

14) [北宋]孫宗鑑, 『東皐雜錄』, "自周衰, 及戰國秦漢皆以碑懸相, 或以木, 或以石, 旣葬碑留壙中,

역사적으로 풍비豊碑라 불리는 것이다. 이 풍비에는 장례가 끝난 후 신하나 자식이 사망한 천자 혹은 제후의 업적을 서술하곤 하였다.[15] 그러나 손종감 은 그것을 후한後漢 시기의 일이라고 하여, 이를 통해 진시황 이전 돌이 기록지로서 사용된 것을 확정하기는 어렵다.

이와 관련하여 『주례周禮』에 또 다른 단서가 나온다. "만일 도로에서 죽은 자가 있다면 매장하고 푯말[楬]을 세우는 데, (매장한) 날짜를 적는다."[16] 이에 따른다면 기사에서 말하는 푯말인 갈楬은 무덤 앞에 세우는 묘비墓碑의 전신일 가능성이 높다. 물론 도로에서 죽었다는 단서가 붙기는 했지만 죽은 자를 매장한 후 무덤 앞에 표지로서 세웠다는 점에서 묘비라고 이해해도 큰 잘못은 아닐 것 같다. 문제는 갈의 소재가 돌인지, 나무인지를 확인할 수 없다는 점이다.

따라서 현재 인공적으로 가공된 돌이 기록을 위해 사용된 최초의 모습은 진시황릉구秦始皇陵區 서측 조배호촌趙背戶村 형도묘刑徒墓에서 발굴된 와지瓦誌 (혹은 전지磚誌, 와전瓦磚, 묘전墓磚)일 것 같다. 와지 속 주인공들은 진시황릉 을 조성하기 위해 노역에 차출된 이들로, 출토물이 나온 곳은 편의상 형도묘 라고 명명되었으나 모두 형도는 아니었다.[17] 이들 와지에는 노역 중에 사망한 이들의 간단한 신상 명세가 적혀 있어 무덤 앞에 세운 묘비와 같은 역할을 했다고 할 수 있다. 다만 묘비가 지상에 세워졌다면 이들 와지는 지하에 묻혔다는 차이가 있다. 연구자들은 이 와지를 무덤과 관련된 기록이

不復出矣. 其稍稍書姓名爵里其上, 至後漢遂作文字, 辨識矣."

15) 塚田康信, 「碑の基源と型式の研究Ⅰ·Ⅱ」, 『福岡敎育大學紀要 第5分冊』 28·29(1978· 1979).

16) 『周禮』, 「秋官·司寇·蜡氏」, "若有死於道路者, 則令埋而置楬焉, 書其日月焉."

17) 그곳에 묻힌 瓦誌의 기록은 ⑴본적+人名(예: 博昌 去疾), ⑵본적+爵名+인명(예: 武 不更 所□), ⑶본적+刑名+인명(예: 楊民 居貲 大敎), ⑷본적+형명+작명+인명(예: 東武 居貲 上造 慶忌) 등 모두 네 종류다. 이 중 ⑴과 ⑵는 刑徒라고 볼 수 없다. 始皇陵秦俑考古發掘隊, 「秦始皇陵西側趙背戶村秦刑徒墓」, 『文物』 1982-3, 6~11쪽. 자세 한 내용은 1부 1장을 참조.

라는 뜻의 묘기墓記라는 보다 포괄적인 성격의 단어로 표현하곤 한다(이하 묘기로 표기).

이들 갈이나 묘기는 묘주의 신분, 또는 매장 위치와 같은 기본적인 정보를 제공한다는 의도는 충족하고 있지만 공적을 드러내는 역할을 하지는 못하였다. 즉, 우리 논의의 초점인 공적의 기록을 통해 선조를 칭양함과 동시에 자신의 명성을 보장하며 그것을 후대에까지 영원히 기억시키는 것과 관련하여 적절한 대상은 아닌 것이다. 이들은 아직 영원 불멸성을 드러내는 도구는 아니었다.

Ⅱ. 돌과 명성 - 묘비

이제 돌이 불멸의 제재가 된 것과 관련하여 묘비 이야기를 해보자. 최초의 묘비는 묘표墓表라는 표현이 의미하듯이 표지의 역할을 담당하였다. 예를 들어 묘비의 선구, 혹은 최초의 묘비로 거론되는 전한前漢 하평河平 3년(기원전 26)에 제작된 〈표효우각석麃孝禹刻石〉은 "하평 3년 8월 정해(1일) 평읍□리 표효우[河平三年八月丁亥平邑□里麃孝禹]."[18]라고 하여 묘주의 사망 연월일[卒年月日]과 본적[貫籍], 그리고 이름만이 적혀있을 뿐이다. 그래서 묘비를 묘주에 대한 간단한 정보만이 아닌 공적의 기록과 그것에 대한 찬미를 포함한 것으로 규정하면 〈표효우각석〉은 묘비로 구분할 수 없을 것이다.

최근 연구들은 묘비의 구성 요소를 묘비의 제목[碑額], 묘주의 성명[諱·字], 본적, 가계家系(및 가족 관계), 품행, 관력官歷을 포함한 이력, 사망일, 향년享年, 추증追贈, 입비일立碑日 등을 적은 서序 부분과 묘주를 애도하는 운문韻文의 송사인 명(사)銘(辭) 부분으로 규정한다.[19] 그리고 그 중 명사의 존재 유무를

---

18) 永田英正 編, 『漢代石刻集成 圖版·釋文編』(京都: 同朋社, 1994), 8쪽.
19) 구보죠에 요시후미는 墓碑를 구성하는 정형화된 요소를 ①碑額, ②諱, ③字, ④본적,

완성된 묘비의 지표로 파악하였다.[20] 묘비의 중요한 역할을 묘주가 누구인 가를 밝히는 것보다는 '송덕'에 있었다고 이해한 것이다.[21] 이 점에서 묘비는 돌이 가진 불멸성에 꽤 어울리는 형식이라 할 만하다.

묘비의 건립 목적이 죽은 자에 대한 송덕이라는 점에서, 묘비의 이용이 본격화되는 후한 시대가 효성을 강조하는 사회라는 점에서 묘비의 건립자는 가족 그 중에서도 자식들(실제로는 아들과 손자들)이라고 판단되었다. 유교 국가를 표방한 후한 정부가 효를 칭양함으로 인해 사회적으로 효의 실천이 관료 채용이나 승진의 기준으로 작용하게 되었고, 그에 따라 자손들은 소문의 생산자이며 전파자인 불특정 다수가 볼 수 있는 묘비에 부모에 대한 자신의 효성을 드러내야 했다는 것이다.[22] 특히 후한 시기 효제孝悌와 염결廉潔의 소양을 보는 효렴과孝廉科가 가장 유력한 선거의 과목이 되면서 효성에 의한 명성 획득이 정치적 경력에 중요하게 작용했을 것이라 분석되었다.[23]

그러나 이러한 분석은 현재 남아 있는 한비漢碑 대부분이 환제桓帝(재위 146~167)와 영제靈帝(재위 167~189) 44년간 집중적으로 건립되었다는 점[24]을 설명하지 못한다. 또한 그 건립자의 대부분이 자손이 아닌 묘주의 문생고

---

⑤家系, ⑥품행, ⑦이력, ⑧사망 연월일, ⑨享年, ⑩追贈, ⑪장례일 혹은 立碑日, ⑫銘辭의 12가지로 설정하였다. 窪添慶文, 「墓誌の起源とその定型化」, 『立正史學』 105(2009), 2쪽. 그러나 이러한 요소를 모두 포함하는 묘비는 소수다.

20) 현재 정형화된 최초의 묘비로 거론되는 것들은 〈後漢建武二十八年(52)三老諱字忌日 記〉, 〈後漢元初元年(114)謁者景君墓表〉, 〈後漢永建六年(131)國三老袁良碑〉, 〈後漢漢安 二年(143)北海相景君碑〉, 〈後漢建和元年(147)武斑碑〉 등을 꼽을 수 있는데, 이 중 〈三老 碑〉로 불리는 〈삼로휘자기일기〉만이 명사가 없다.

21) 히사다 마미코는 漢碑의 대부분은 頌德을 목적으로 한다고 보았다. 久田麻實子, 「墓誌銘の成立過程について-北魏墓誌銘の意義」, 『中國學志』 14(1999), 29쪽.

22) 朴漢濟, 「魏晉南北朝時代 墓葬風習의 變化와 墓誌銘의 流行」, 『東洋史學研究』 104(2008), 59~60쪽.

23) Martin Powers, *Art & Political Expression in Early China*, Yale University Press, New Haven, 1991, pp.42~43.

24) 황진밍의 분석에 따르면 紀年이 확인되는 後漢 碑刻 160여 점 중 桓帝 시기에 제작된 것이 59점, 靈帝 시기에 제작된 것이 76점으로 절대 다수를 차지함을 알 수 있다. 黃金明, 『漢魏晉南北朝誄文研究』(北京: 人民大, 2005), 45쪽.

리門生故吏들이라는 점도 설명하기 어렵다.[25] 물론 이러한 반론이 묘비의 건립 행위가 사회적 명성을 보장하고 선거에 영향을 미쳤다는 것을 부정하는 것은 아니다. 다만 당시 묘비 건립을 통해 획득하고자 하였던 명성이 효성에 의한 것은 아니었다는 점을 분명히 하고자 한다.

설사 당시 획득하려고 했던 명성이 효성에 의한 것이었다고 해도 효성을 드러내는 기재는 이미 존재하고 있었다. 후한 중기 이후(약 130년 전후) 유행한 사당제기祠堂題記[26] 혹은 화상석제기畫像石題記 등에는 '누구를 위해(대부분 부모인 묘주를 위해)' '누가(대체로 자손이나 때로는 형제)' '얼마를 들여(과장이 의심되는 거금)' '무엇을 만들었는가(사당 혹은 화상석)' 등이 분명히, 때로는 노골적으로 기록되었다. 후한 명제明帝가 부친인 광무제光武帝를 위해 지낸 상릉례上陵禮(무덤 제사) 이후 본격적으로 유행하게 된 능묘제사陵墓祭祀는 거금을 들여 상장喪葬 건축물을 짓는 데 영향을 주었다. 제사는 조상을 기리며 종족의 결속을 도모하는 행위기도 했지만 동시에 그를 위해 막대한 비용을 지불한 효성스런 자식이 사회적 명성을 획득하는 무대기도 하였다. 그러나 그 무대 장치 중 묘비는 없었다. 따라서 우리는 묘비를 이용하여 획득하려고 했던 명성이 효성이 아닌 다른 덕목에 의한 것이라는 점을 확인할 필요가 있다.

사회적 명성 여부가 선거에 중요한 요소가 되었기에 명성 획득을 위한 사람들의 노력은 포기되지 않았다. 그 시작을 살펴보면 표준화된 관리 선발 제도는 아직 마련되지 않았지만 귀족 계급 안에서 혈연에 의한 통치가 한계를 보이던 전국 시기, 인물 감식의 필요성이 대두하였다. 이후 지역

---

25) [北宋]歐陽修, 『集古錄跋尾』卷4, 「宋文帝神道碑」, "自後漢以來, 門生故吏多相與立碑頌德矣予."; [南宋]洪适, 『隷釋』卷8, 「愼令劉脩碑」, "漢碑多門生故吏爲之."

26) '祠堂題記'는 때로는 '石堂題記' 혹은 '食堂題記'로도 불린다. 사당이 주로 돌로 만들어졌다는 점에서 석당으로 불리는 것이고, 그곳에서 죽은 이가 산 자에 의해 歆饗할 수 있다고 하여 식당으로 불린다. 제기는 글자 수나 전하려는 정보의 성격에 따라 題字로도 불린다. 본질적인 차이는 존재하지 않기에 여기서 각각을 구분하여 사용하지는 않는다.

사회 추천을 기반으로 하는 향거리선제鄕擧里選制가 실시되면서 인물평人物評
은 선거의 유일한 기준이 되었다. 그러나 인물평이 언제나 동일한 가치
기준에 의해 진행된 것은 아니었다. 후한 시기 인물평을 대상으로 한 연구에
따르면 초기 인물평의 기준은 유교儒敎의 교양이었고, 그 결과 주된 대상은
경학가經學家들이었다. 그러다가 환제 시기 이후 당고黨錮에 연루된 당인黨人
이나 독행자獨行者들로 인물평의 대상이 변화한다.[27] 유교적 교양이 아닌
반환관적反宦官的 태도, 혹은 세속으로부터 초탈함에 의해 명성을 얻게 된
것이다. 그러나 이것만으로는 부족했다. 황제 권력에 대해 대치적 명성을
얻는 것을 중요하게 여겼던 당시 사대부士大夫들은 '민民의 망望'으로 불렸던
명사名士들로부터 인물평(인정)을 받고자 하였다.

황제가 아닌 지역 사회 명사들과의 관계(당시인들은 이 관계가 부모
자식이 맺는 사적인 관계와는 다른 공적인 관계라고 이해했다)가 중요해졌
고, 그 관계를 증명하는 상징이 필요해졌다. 그 상징으로 묘비가 선택되었다.
이제 묘비는 단순히 누가 어디에 묻혔는가를 알리는 표지 이상의 의미를
지니게 되었다. 비문은 죽은 자의 공적인 이미지를 강조하는 한편 그를
위해 묘비를 세우는 이들의 충성심을 드러낼 수 있도록 작성되었다.[28]
묘비의 구성 요소 중 서가 주로 묘주의 공적인 이미지를 위한 부분이라면,
명사는 묘주를 찬미하는 송덕의 기능을 담당하는 부분이다. 운문으로 이뤄
지는 명사에는 건비자建碑者들의 유교적 교양을 드러내기 위해 경전經典의
구절들이 대거 인용되었다.[29]

후한 말 정형화된 묘비의 흥미로우면서도 특징적인 사항은 묘비의 앞면碑
陽이 아닌 뒷면, 즉 비음碑陰에서 찾을 수 있다. 언급했던 것처럼 후한 시기

---

27) 劉增貴,「論後漢末的人物評論風氣」,『成大歷史學報』10(1983), 167~170쪽.
28) 우훙·김병준 옮김,『순간과 영원-중국 고대의 미술과 건축』(서울: 아카넷, 2001;
2003), 524쪽.
29) 처음에는 주로 銘辭 부분에 經文이 인용되다가 차츰 序 부분에도 經典의 글귀가
인용되게 된다.

세워진 대부분의 묘비는 문생고리들에 의해 세워졌다. 이들은 묘비 제작에 소요되는 자금을 출연出捐한 후 자신들의 이름을 비음에 올렸다. 묘비 건립의 비용을 갹출한 것이 개인의 경제적 부담을 줄이기 위해서만은 아니었다. 장례식에 모인 이들은 죽은 스승이나 옛 상관舊君을 위해 사사로이 시호謚號를 올리기도 하였다.30)

이와 같은 행위가 지역 사회에서 건비자들의 명성을 높였을 것임을 추정하는 것은 어렵지 않다. 군현郡縣을 넘어 집단적인 조문弔問과 입비立碑, 사시私謚의 헌상이 이루어졌다. 선거가 가장 중요한 동기였겠지만 황제 권력과 대치적 명성을 영위하던 사대부들의 복잡한 의도를 가진 정치적 행위가 아닐수 없다. 입비 행위가 철저히 정치적 행위임을 간파한 이는 조조曹操였다. 건안建安 10년(205) 그에 의해 선포된 금비령禁碑令은 후장厚葬 금지의 일환으로 이해되었지만, 그것이 원소袁紹의 아들 원담袁譚의 장례식을 앞두고 내려졌다는 것은 입비가 단순히 후장의 폐해로만 인식된 것은 아님을 말해준다.

조조에 의해 시행된 입비 금지는 사대부들의 정치적 행위에 대한 금지라는 성격을 지닌다. 그것은 황제의 권력 밖 재야에서의 명성 획득을 목표로 하는 사대부들의 집단적 행위에 대한 금지며, 황제의 조령詔令을 무력화하는 사대부들의 자율적 규범에 대한 제재다. 강력한 중앙 집권적 국가를 꿈꾸는 황제라면 누구나 마찬가지였을 것이다. 그래서 금비령이 서진西晉에 계승되어 법제화된 것은 당연한 일이었다.31) 이제 금비령에 맞서 불멸을 보장하는 또 다른 형식의 돌이 유행할 차례다.

---

30) 대표적으로 魯峻의 門生들은 자신들을 子游·子夏에 비견하고 스승에게 忠惠父라는 시호를 올렸다. 永田英正 編, 앞의 책, 202쪽, 〈魯峻碑〉, "年六十二, 熹平元年□月癸酉卒. 年四月庚子葬. 於是門生汝南干商·沛國丁直·魏郡馬萌·渤海呂圖·任城吳盛·陳留誠屯·東郡夏侯弘等三百卅人, 追惟在昔, 游·夏之徒作謚宣尼, 君事帝則忠, 臨民則惠, 乃昭告神明, 謚君曰忠惠父."

31) 張鵬一 編著·徐淸廉 校補, 『晉令輯存』, 「喪葬令」(西安: 三秦, 1989) 187쪽, "諸葬者皆不得立祠堂·石碑·石表·石獸."

III. 돌과 종족법-묘지

지상에 묘비를 세우지 못하게 되면서 묘주의 공덕을 칭송하던 송사도, 그 송사를 지은 건비자들의 이름도 구경꾼[觀者]을 잃게 되었다. 물론 구경꾼이 사라졌다고 해서 선조의 덕행德行을 칭양하고 그 결과로서 자신의 이름을 알리고자 하는 애초의 욕망이 사라지는 것은 아니다. 하지만 구경꾼이 없는 상태에서 기존의 형식을 변함없이 고집할 수도 없었을 것이다. 금비령으로 인해 새롭게 유행한 것은 지하에 설치하는 묘지墓誌다. 묘지에 대한 가장 전통적인 해석은 "묘 앞에 세워진 것을 비碑나 표表라 하고, 무덤 안에 묻은 것을 지명誌銘이라 한다."[32]는 양옥승梁玉繩의 해석이다.[33] 그렇다면 지하에 묻은 것을 모두 묘지라고 할 수 있을까?

현재 묘지의 연원淵源에 대한 연구자들의 의견은 일치하지 않는다. 앞서 언급한 진시황릉구에서 출토된 와지를 비롯한 묘기류를 묘지의 기원으로 보는 경우가 있는가 하면, 금비령 이후 지상의 묘비가 지하로 들어간 것을 묘지의 전신으로 보기도 한다.[34] 특별히 후자는 크기는 작지만 형태는 물론이고 구성 요소도 묘비와 거의 차이가 없어 '비형묘지碑型墓誌'로 불린다. 그러나 금비령이 묘지의 유행을 촉발한 것은 사실이지만 금비령 이전 꽤 완비된 묘지가 존재한다는 점에서[35] 금비령을 묘지 출현의 원인으로 특정할 수는 없다. 오히려 기원으로 말한다면 지하에 묻힌 묘기 쪽이 좀 더 가능성이

---

32) [淸]梁玉繩, 『誌銘廣例』, "凡刻石顯立墓前者, 曰碑, 曰表. 惟納於壙中, 謂誌銘."

33) 엽창치 역시 묘비와 墓誌의 차이를 무덤 밖에 설치하는가, 안에 설치하는가로 구분하였다. [淸]葉昌熾, 『語石』, 「墓誌」, "今則漢以來石刻論之, 碑闕墳壇皆置壙外, 其納諸壙中者始爲墓誌之用."

34) 福原啓郎, 「西晉の墓誌の意義」, 『中國中世の文物』(京都: 京都大, 1993), 316~317쪽.

35) 후한 殤帝 延平 원년(106)에 만들어진 〈馬姜墓誌〉는 ①-1 가족 관계 1-배우자, ② 墓主, ①-2 가족 관계 2-부친과 여동생, ①-3 가족 관계 3-딸들, ③-1 묘주의 이력과 품행, ①-4 가족 관계 4-딸과 사위, ③-2 묘주의 품행 ④ 享年 ⑤ 사망 연월일 ⑥ 賻贈 ⑦ 葬日과 葬地 ⑧ 刻石의 목적 등 표지의 정도를 넘는 비교적 많은 내용들이 포함되어 있다.

크다. 하지만 정형화된 묘지의 구성 요소를 살펴보면36) 묘지가 묘비의
영향을 받은 것 또한 부정하기 힘들다. 무덤 혹은 묘주에 대한 표지나
간단한 기록이었던 묘기들이 지상의 묘비의 영향을 받아 묘지로 정형화의
길을 걷게 되었다고 보는 것이 합당할 것이다. 이 과정에서 묘지가 여성들의
삶을 기록하는 도구로 사용되었다는 것도 지적해야 할 것 같다.37)

묘기와 묘비, 그리고 묘지가 같은 시기에 제작되어 이용되었다는 것은
세 석각의 사회적 역할이 상이했음을 의미한다. 비록 묘비를 세우지 못한
여파로 묘지가 유행하게 되었지만, 묘비가 세워졌던 시기에도 지하에 묘지를
묻었다는 것은 묘비와는 다른 묘지의 역할이 있었다는 것을 말해준다. 이와
관련하여 후한 연평延平 원년(106)에 제작된 〈마강묘지馬姜墓誌〉는 많은 시사
를 준다. 최초의 묘지로 거론되는38) 〈마강묘지〉에는 묘비의 구성 요소와는
다른 각석刻石의 목적이 기술되어 있다. "자손들에게 (이러한 묘주의
공덕이) 드러나지 않을까 염려하여 돌에 새겨 기록한다□□子孫, 懼不能章明,
故刻石紀□.]."39) 이는 묘지가 조상의 공덕을 드러내고 그것을 가족들에게
기억하게 할 목적에서 제작되었음을 알려준다. 요컨대 묘지는 종족법을
기록한 기록지였던 것이다.40) 묘지가 지하라는 공간에 설치되어 가족들만이

---

36) 墓誌의 구성 요소에 관해서는 구보죠에 요시후미의 견해를 따랐다. 그가 규정한
정형화된 묘지의 구성 요소는 다음과 같다. ①標題(즉, 誌額) ②諱 ③字 ④姓 ⑤本籍
⑥家系 ⑦品行 ⑧官歷을 중심으로 하는 經歷 ⑨卒日 ⑩享年 ⑪卒地 ⑫謚號와 葬費
등과 같은 追贈 ⑬葬日 ⑭葬地 ⑮銘辭. 窪添慶文,「遷都後の北魏墓誌に關する補考」,『東ア
ジア石刻研究』5(2013), 1쪽.
37) 묘비가 주로 墓主의 儒教的 소양이나 公的 이력을 드러내는 것을 목적으로 했다면
여성들이 묘비를 사용하는 것은 불가능했을 것이다. 여성들의 경우 무덤에 함께
넣는 묘지가 사용되었을 것인데, 그 때 묘비의 구성 요소들이 포함되었을 가능성은
매우 높다고 생각한다.
38) 羅振玉,『遼居稿』, 21쪽 左; 李發林,『中國古代石刻叢話』(濟南: 山東教育, 1988), 92~93쪽;
趙超,『古代墓志通論』(北京: 紫禁城, 2003), 44쪽.
39) 趙超,『漢魏南北朝墓誌彙編』(天津: 天津古籍, 2008), 1쪽,〈馬姜墓誌〉.
40) 돌에 宗族法을 새겨 무덤에 넣었던 사례가 〈마강묘지〉가 처음은 아니다. 후한
建武 28년(52)에 제작된 〈삼로비〉에는 "念高祖至九子未遠, 所諱不列, 言事觸忌. 貴所出
嚴及□, 敬曉末孫, 冀副祖德焉."이라고 하여 조부모의 諱와 忌日을 기록하여 가문의

볼 수 있었기에 가족의 기념물이 된 것이다.

지상으로부터 지하로 들어간 묘비가 변화하는 모습을 복원해 보자. 비교적 초기라고 할 수 있는 서진 영평永平 원년(291)에 제작된 〈관락묘지菅洛墓誌〉는 형태적으로는 묘비에서 볼 수 있는 훈暈과 천穿을 갖추고 있으며[41] 구성 요소도 묘지의 제목[誌額], 묘주의 성명, 본적, 품행, 이력, 향년, 사망일, 장례일, 장지葬地, 건비자, 명사 등으로 묘비와 거의 차이가 없다. 물론 여성이기에 관직 관련 이력이 없고, 추시追諡나 추증이 없다. 건비자는 구경꾼이 없는 관계로 가족(〈관락묘지〉는 맏사위에 의해 만들어졌다)으로 국한되었다. 그러나 그 나머지는 동일하여 묘비가 땅 속으로 들어간 것이라고 할 수 있을 정도다.

하지만 묘지의 이런 모습은 오래 가지 못하였다. 우선 명사가 사라졌다. 묘비 완성의 지표가 제일 먼저 사라진 것이다. 이후 서진 묘지의 변화는 두 갈래로 대별된다. 하나는 100자도 되지 않는 묘주에 대한 짧은 정보만이 기록된 것이다. 묘주에 대한 공적 이미지를 만들어낼 필요가 없어지니 묘주에 대한 기본 정보만 남게 된 것이다. 다른 하나는 5~600자를 넘는 최대 1,630자에 달하는 것들이다. 그 대부분의 내용은 가계와 가족 관계의 서술이다. 대표적으로 영가永嘉 원년(307)에 제작된 〈화방묘지華芳墓誌〉는 서진 묘지 중 가장 긴 묘지로 1,630자에 달한다. 여기에는 남편, 남편의 증조, 증조의 두 명의 처, 남편의 조부, 조부의 두 명의 처, 남편의 종증조부, 남편의 종조부, 묘주 자신의 부모·조부모·외조부모·외삼촌, 남편의 두 명의 전처, 전처들의 부모·조부모·외조부·삼촌·소생, 묘주의 형제자매·소생 등에 대한

避諱法과 제사를 모시는 데 필요한 약속을 규정하고 있다. 전체 내용은 永田英正, 앞의 책, 18쪽, 〈三老諱字忌日記〉를 참조.

41) 묘비에 난 구멍인 穿은 장례 시 下棺을 위해 묶은 끈을 통과시키는 용도였고, 暈 역시 관을 구덩이에 내릴 때 관을 묶은 밧줄이 미끄러지지 않게 하는 역할을 하였다. 漢碑의 실태를 조사한 하마다 다마미의 분석에 따른다면 이 두 가지는 묘비의 외형적 필요 요소다. 濱田瑞美, 「漢碑考-かたちと意匠をめぐって」, 『美術史研究』 41(2003), 186~187쪽의 〈表. 漢碑一覽〉을 참조.

가계 및 가족 관계, 그리고 그들에 대한 짤막한 정보가 기술되어 있다.[42] 이러한 서술이 묘주를 추모하고 그의 공덕을 찬미하기 위한 장치가 아님은 분명하다.

조금만 주의를 기울이면 이 묘지에 기록된 가계 및 가족 관계가 사실은 서진 시기 문벌門閥들의 혼인 관계도임을 알 수 있다. 묘주인 화방의 증조부 화흠華歆을 시작으로 하는 평원平原 화씨華氏의 막강한 가계는 물론이고, 남편 왕준王浚의 태원太原 왕씨王氏 집안의 구성원에 대한 정보, 심지어는 태원 왕씨와 혼인으로 결합되어 있는 제음濟陰 문씨文氏, 하동河東 위씨衛氏 집안에 대한 정보까지 꼼꼼하게 적고 있다.[43] 자신들이 어느 집안과 통혼할 수 있는지를 규정하고 성문화하여 돌에 새겨 영원한 종족의 규범으로 기억시킨 것이다. 본래 묘지가 가진 종족법의 기록지라는 속성을 강화한 것으로 볼 수 있다. "무덤 안에 각석을 (세워) 우리의 가풍을 기록하고자 한다[刊石玄堂, 銘我家風]."[44]는 구절은 묘지의 설립 목적이 종족법 혹은 가족법의 기록이라는 것을 명징하게 밝히고 있다.

묘지의 전환기인 동진東晉 시기, 묘지는 형태면에서 정형화 단계에 들어섰다고 할 만하다. 묘비를 닮았던 규수형圭首形과 원수형圓首形의 외형은 대부분 장방형長方形으로 바뀌었다. 내용의 변화 중 특기할 만한 점은 글자 수의 획기적인 감소다. 동진 묘지 중 최대 글자 수를 가진 묘지는 함안咸安 2년(372) 제작된 〈왕건지묘지王建之墓誌〉로 총 275자에 불과하다. 묘주에 대한 가장 기본적인 정보만이 제공되었기 때문이다. 재료로는 비교적 글자를 새기기 쉬운 벽돌磚이 사용되었다. 이러한 변화의 가장 큰 원인은 동진 묘지 대부분이 가장假葬의 표지, 즉 임시적인 표지라는 점에서 찾을 수 있을 것이다.

---

42) 趙超, 앞의 책(2008), 12~13쪽, 〈晉使持節侍中都督幽州諸軍事領護烏丸校尉幽州刺史驃騎大將軍博陵公太原晉陽王公故夫人平原華(芳)氏之銘〉을 참조.

43) 이들 가문의 門第에 대해서는 矢野主稅, 『改訂 魏晉百官世系表』(長崎: 長崎大, 1971)를 참조.

44) 趙超, 위의 책, 11쪽, 〈晉故沛國相張(朗)君之碑〉.

중원 회복 혹은 북벌北伐이라는 국시國是가 지배하던 동진의 묘지는 피난지의 묘지로, 귀향의 그날까지 표지로서의 역할만 담당하면 될 터였다. 그래서 동진 묘지에는 돌아가야 하는 본적(조적祖籍)이 서술되었으며 "벽돌에 글자를 새겨 표지로 삼는다[刻塼爲識]."45)는 구절이 간각刊刻되었다. 그 와중에도 가계와 가족 관계가 기록된 것은 서진으로부터의 영향일 것이며, 귀족제 사회의 특징상 가문에 대한 충성이 요구된 결과라고 할 수 있다.

묘주의 공덕을 기리는 송사인 명사는 사라졌다. 그런데 당시 묘지명墓誌銘은 하나의 문학 장르로서 사람들에게 읽히고 있었다. 사회적 환경은 명사의 귀환을 받아들일 준비가 되어 있었음이다. 그럼에도 끝내 동진에서 명사의 귀환은 이루어지지 않았다. 왜일까, 혹 동진 시기 묘지명을 이용한 송덕 행위가 필요 없었던 것은 아닐까? 이 문제는 동진 사회에 대한 다양한 측면에서의 면밀한 관찰을 필요로 하지만, 구품중정제九品中正制에 의해 가격家格이 고정된 사회에서 명성을 제고提高하는 행위를 별도로 할 필요는 없었을 것이라는 생각이 언뜻 들기도 한다.

거칠지만 이러한 추정이 어느 정도 타당할 수 있는 것은 유송劉宋 시기 묘지에 명사가 재등장하게 된 것이 유송 왕조가 동진 시기의 작爵을 그대로 인정하지 않고,46) 오직 왕조에 대한 충성과 공적만을 기준으로 작을 수여한 것47)과 관련 있기 때문이다. 다시 말해 문벌사족門閥士族의 특권이 보장되지 않으면서 개인의 공적을 드러내는 일이 다시 필요해진 것이다. 그렇다면 역으로 문벌의 특권이 보장되는 계층이 고정된 사회에서 명성을 획득하려고 노력하는 일은 무의미한 일이 될 것이다.48) 이와 같은 추론에 큰 잘못이

45) 趙超, 앞의 책(2008), 19쪽. 〈晉故散騎常侍特進衛將軍尙書左僕射都亭肅侯琅耶臨沂王彬之長女字丹虎墓誌〉.
46) 永田拓治, 「漢晉期における家傳の流行と先賢」, 『東洋學報』 94(2012), 72쪽.
47) 越智重明, 「五等爵制」, 『魏晉南朝の政治と社會』(東京: 吉川弘文館, 1963), 337~339쪽.
48) 『梁書』 卷37, 「何敬容傳」 論贊, "魏正始之晉之中朝, 時俗尙於玄虛, 貴爲放誕, 尙書丞郞以上, 簿領文案, 不復經懷, 皆成於令史. 逮乎江左, 此道彌扇, 惟卡壺以臺閣之務, 頗欲綜理, 阮孚謂之曰: 「卿常無閑暇, 不乃勞乎?」" 家格이 고정되어 있는 貴族制 사회에서 능력을 드러내

없다면 동진 시기 묘지에 개인의 공적을 드러내고 그 공적을 칭양하는 내용을 기록하지 않은 것을 해석할 수 있다. 묘지에서 명사의 발달은 사회적으로 영달하고자 하는 치열한 정치적 행위의 결과라고 할 수 있다.

명사에 내포된 치열한 정치적 행위의 궤적은 곧 북위北魏 묘지의 발달사기도 하다. 북위 묘지의 형식은 낙양洛陽 천도를 기점으로 명확하게 구분된다. 낙양 천도 이전 북위 묘지는 십육국十六國 시기 묘지를 계승하였는데, 특징적인 것은 묘주에 관한 간략한 정보와 석각의 종류가 기술된다는 점이다. 특히 후자와 관련해서는 '~의 명銘(예: 자가 문공인 손각의 명[孫恪字文恭之銘])',[49] '~의 총명冢銘(예: 백성 질간갈후의 총명[民叱干渴侯冢銘])',[50] '~의 명기銘記(예: 상서령사 진영과 그 처 유부인의 명기[尙書令史陳永幷命婦劉夫人之銘記])'[51] 등과 같은 기술이 대부분의 묘지에서 발견된다. 대신 정형화된 묘지에서 볼 수 있는 명사를 가진 묘지는 한 건도 존재하지 않는다. 묘주에 대한 짧은 정보와 석각의 종류만이 기록된 셈이다. 전형적인 초기 묘지의 역할인 표지,

---

고 명성을 얻으려는 노력은 심지어 세간의 비난을 받기도 하였다. 南齊 시기 琅邪王氏 집안의 王寂이 明帝를 위해 〈中興頌〉을 바치고자 하자, 그의 형이 어린 나이에 출세하지 못할까 두려워한다고 하며 세간이 비난할 것이라 만류한 것은 그 대표적인 사례다. 『南史』卷22, 「王寂傳」, "齊建武初, 欲獻中興頌, 兄志謂曰: 「汝膏粱年少, 何患不達? 不鎭之以靜, 將恐貽譏.」寂乃止." 이 짧은 기사 속에서 우리는 (1) 문벌 안에서는 門第에 힘입어 명성 획득에 노력하지 않았다는 점과 (2) 그럼에도 불구하고 남제 시기가 되면 최고 문벌인 낭야 왕씨 집안 안에서도 명성을 획득하려는 노력을 하기 시작했다는 점을 알 수 있다. 또한 (3) 귀족제 전성기가 한참 지난 남제 시기에도 문벌 안에서는 여전히 명성 획득을 위한 노력을 경시하는 분위기가 남아 있었음도 확인할 수 있다. 남제 시기에도 이럴진대 귀족제의 전성기인 동진 시기 문벌들이 명성 획득을 위해 노력했다는 것은 상상하기 힘들다.

49) 殷憲, 「北魏早期平城墓銘析」, 『北朝研究』1(2000), 168쪽, 〈北魏正平年間(451~452)孫恪墓誌〉, "代故東宮中庶子·謁者僕射·建武將軍·賓徒子·建節將軍·山陽縈陽二郡太守·定陵侯, 薨, 追贈寧東將軍·冀州刺史·漁陽郡公, 諡曰康公, 昌黎郡孫恪字文恭之銘." 강조는 저자. 이하 동일.

50) 大同市考古研究所, 「山西大同迎賓大道北魏墓群」, 『文物』2006-10, 70쪽, 〈北魏天安元年(466)叱干渴侯墓誌〉, "天安二年歲在丙午十一月甲申朔廿六日己□. 長安人, 京兆郡·長安縣, 民叱干渴侯冢銘."

51) 殷憲, 앞의 글, 169쪽, 〈北魏延興六年(476)陳永夫婦墓誌〉, "維大代延興六年歲次丙辰六月己未朔七日乙丑. 元雍州·河北郡·安戎縣民, 尙書令史陳永幷命婦劉夫人之銘記."

즉 묘표로서의 성격이 강하게 드러난다(그래서인지 심지어 '묘표'라는 지액
이 서술된 것들도 있다).

표지로서의 역할을 충실히 했던 북위의 묘지가 명사를 갖춘 전형적인
묘지로 변화하는 것은 낙양 천도 이후다. 북위 묘지의 정형화에는 우선
남조南朝의 그것이 영향을 주었다.52) 현재로서는 북위 묘지가 남조 묘지의
영향을 받아 정형화되었다는 주장의 타당성을 부정하기는 쉽지 않다.53)
그러나 남조 묘지의 변화에서도 알 수 있었던 것처럼 **묘지 정형화에 가장
큰 영향을 준 것은 사회적 필요**였다. 그렇다면 어떤 사회적 필요가 북위
묘지를 정형화로 이끌었을까?

북위 묘지는 대체로 503년을 기점으로 정형화되며 505년경에는 구성
요소가 거의 완비되고 그 순서 역시 고정화되는 것으로 파악된다. 명사는
그 이전부터 구비되는데 정형화된 묘지의 등장과 효문제孝文帝 태화太和 16~18
년(492~494) 사이 진행된 대대적인 관인 고과考課가 무관한 것은 아닌 것
같다.54) 당시 고과의 대상은 종실, 외척, 대인代人 8성姓, 한인漢人 4성을
망라하였다. 이것은 북위 사회 역시 문벌 사회였다 해도 남조와는 달리
개인의 능력이나 치적을 적극적으로 드러낼 필요가 있었음을 말해준다.
더하여 관인 고과 이후 행해진 성족분정姓族分定이 한 시기에 일괄적으로
처리된 것이 아니라 효문제 시기를 지나 선문제宣文帝, 효명제孝明帝 시기를
거치며 완성되었기에55) 이 시기 동안 북위의 가문들과 개인들은 높은 등급을

---

52) 窪添慶文, 앞의 글(2013), 21쪽; 梶山智史, 「北魏における墓誌銘の出現」, 『駿台史學』
157(2016), 25쪽.
53) 물론 北朝에서 묘지가 완성되고 전파되었다는 입장 역시 여전히 건강한 설득력을
가지고 있다. 水野清一, 「墓誌について」, 『書道全集6-中國6 南北朝Ⅱ』(東京: 平凡社, 1974);
日比野丈夫, 「墓誌の起源について」, 『江上波夫教授古稀記念論文集(民族·文化篇)』(東京:
山川, 1976); 塚田康信, 「墓誌の研究」, 『廣島文敎女子大學紀要(人文·社會科學編)』25(1988)
; 久田麻實子, 앞의 글; 朴漢濟, 앞의 글을 참조.
54) ①誌額, ②諱, ③字, ④姓, ⑤본적, ⑥가계, ⑦품행, ⑧이력, ⑨卒日, ⑩享年, ⑪卒地,
⑫諡號 및 追贈 ⑬장례일, ⑭葬地, ⑮銘辭를 모두 구비한 北魏 묘지의 전형으로 평가되는
〈馮熙墓誌〉가 太和 19년(495) 제작된 것은 우연이 아닐 것이다.

받기 위한 노력을 지속해야 했을 것이다. 특히 성족분정이 인물평에 근거해 주중정州中正이 등급을 책정하는 방식이라면 가문의 수준과 개인의 능력을 적극적으로 선전해야 했을 것이다.

그렇다고 선전의 방식이 동일했던 것은 아니다. 호인胡人 왕조 하에서 입사했던 한인 관료가 개인의 이력과 성품, 즉 개인적 능력 부분을 강조했다면 호인들의 경우 가계나 가족 관계, 그 중에서도 자신의 집안과 북위 제실帝室과의 관계를 강조하였다. 하지만 한인=개인 능력, 호인=가계 및 가족 관계라고 단순화하는 것은 위험하다. 선비鮮卑 귀족 중에서도 고관을 역임한 이들은 자신의 이력에 치중하여 기술하였고, 한인 중에서도 가문의 가격을 드러내는 것이 유리한 이들은 가계 부분에 충실하였다. 묘지가 궁극적으로 정치적이라는 것을 북위 묘지만큼 생생히 증언하는 경우도 드물 것이다.

묘지에 가계와 가족 관계가 기록되었다는 것은 북위 묘지 역시 명성 획득을 위한 도구로만 사용된 것이 아니었음을 짐작하게 한다. 북위 묘지를 통해서도 특정 집안이 맺고 있던 폐쇄적인 혼인 관계를 확인하는 것은 어렵지 않다. 후한 시기부터 군망郡望이었던 홍농弘農 양씨楊氏 묘지에는 후한 대 명족名族이었던 부풍扶風 두씨竇氏와 조위曹魏의 군망이었던 고양高陽 허씨許氏, 북조 한인 7성의 하나인 태원 왕씨가 등장한다.[56] 한인 7성 중 하나인 농서隴西 이씨李氏의 묘지에도 7성의 하나인 형양滎陽 정씨鄭氏, 범양范陽 노씨盧氏, 청하淸河 최씨崔氏가 등장한다.[57] 농서 이씨 혼인 관계도에서 한인 7성에

55) 張旭華,「北魏州中正在定姓族中的作用與地位」,『鄭州大學學報(哲社版)』1989-6, 25쪽.

56) 趙超, 앞의 책(2008), 61쪽,〈魏故華州別駕楊(穎)府君墓誌銘〉, "魏故華州別駕楊府君墓誌銘. 君諱穎, 字惠哲, 弘農華陰潼鄕習仙里人也. 漢太尉震之十二世孫, 晉尙書令瑤之七世孫, 上谷府君珍之曾孫, 淸河府君眞之孫, 洛州史君懿之第三子.…曾祖母扶風竇氏. 父秦, 北平太守. 祖母高陽許氏. 父明月, 東宮侍郎. 母太原王氏, 封新昌郡君. 父融, 幽州刺史·汝南莊公."

57) 趙超, 위의 책, 148~149쪽.〈魏故使持節假黃鉞侍中太師領司徒都督中外諸軍事彭城武宣王妃(媛華)李氏墓誌銘〉, "魏故使持節·假黃鉞·侍中·太師·領司徒·都督中外諸軍事·彭城武宣王妃李氏墓誌銘. 亡祖諱寶, 使持節·侍中·鎭西大將軍·開府儀同三司·幷州刺史·燉煌宣公. 亡父諱沖, 司空·淸淵文穆公. 夫人滎陽鄭氏. 父德玄, 字文通, 宋散騎常侍, 魏使持節·冠軍將軍·豫州刺史·陽武靖侯. 兄延□, 今持節·督光州諸軍事·左將軍·光州刺史·淸淵縣開國侯."

포함되지 않은 집안은 하남河南 원씨元氏와 장락長樂 풍씨馮氏뿐인데, 하남 원씨는 바로 북위 황실인 탁발씨拓跋氏고, 장락 풍씨는 문명태후文明太后의 집안이다. 두 집안은 북위 최고위 집안들이라고 할 수 있다.[58] 북위 묘지 역시 폐쇄적인 문벌 사회를 유지, 운영하는 데 필요한 종족법이자 지침서 역할을 담당했던 것이다.

Ⅳ. 돌과 계약 – 매지권

모든 사람이 명성을 획득하고 그것을 기록하기 위해 돌을 이용했던 것은 아니다. 하루하루를 근근이 살아가던 대다수의 일반 백성들에게 명성 획득 은 애초에 고려의 대상이 될 수 없었다. 그렇다고 그들에게 돌이 아무 의미를 갖지 못하고 어떤 역할도 하지 못한 것은 아니었다. 일반인들에게는 명성만큼이나 중요한 것이 있었고, 그것을 돌에 새겼다. 물론 그들이 돌에 새긴 것 역시 기억을 위한 것이었다. 그렇다면 일반 백성들은 무엇을 돌에 새겨 영구히 기억하고자 했을까?

일반인들이 사용한 돌 역시 무덤 속에서 나왔다. 바로 매지권買地券이다.[59]

亡弟休纂, 故太子舍人. 弟延考, 今太尉·外兵參軍. 姊長妃, 適故使持節·鎮北將軍·相州刺史· 文恭子, **滎陽鄭道昭**. 姊伸王, 適故司徒·主簿, **滎陽鄭洪建**. 姊令妃, 適故使持節·撫軍·靑州 刺史·文子, **范陽盧道裕**. 妹稚妃, 適前輕車將軍·尙書郎·中朝陽伯, **淸河崔勗**. 妹稚華, 適今 太尉·參軍事, **河南元季海**. 子子訥, 字令言, 今彭城郡王. 妃**隴西李氏**, 父休纂. 子子攸, 字彦達, 今中書侍郎·武城縣開國公. 子子正, 字休度, 今霸城縣開國公. 女楚華, 今光城縣主, 適故光祿大夫·長樂郡開國公, **長樂馮顯**. 父誕, 故使持節·侍中·司徒·長樂元公. 女季望, 今 安陽鄕主, 適今員外散騎侍郎·淸淵世子, **隴西李彧**. 父延寔. …"

58) 北魏 황실인 河南 元氏에 대해서는 말할 것도 없고 "凡三世有三公者曰「膏粱」, 有令·僕者 曰「華腴」, 尙書·領·護而上者爲「甲姓」, 九卿若方伯者爲「乙姓」, 散騎常侍·太中大夫者爲「丙 姓」, 吏部正員郎爲「丁姓」. 凡得入者, 謂之「四姓」."이라는 『新唐書』 「儒學 柳沖傳」의 기사 에 근거한다면 長樂 馮氏는 膏粱 3姓으로 분류할 수 있다. 崔珍烈, 「孝文帝 시기 皇室 通婚의 성격」, 『東洋史學研究』 121(2012), 121쪽.

59) 현재 보고된 買地券은 돌 뿐 아니라 벽돌[磚], 납[鉛], 玉 등을 사용하여 제작되었다.

통념적으로 매지권은 죽은 이가 사후 생활의 장소로서 묘지를 과거에 죽은
이로부터 구매할 때 작성하는 토지 계약서로 알려져 있다.[60] 이는 사람이
죽은 후 불사不死의 세계로 날아가는 혼魂과는 달리 백魄은 지하에 남아[61]
살아생전과 같은 생활을 영위한다는 고대 중국인의 '영혼불멸관靈魂不滅觀'으
로부터 기인하였고,[62] 활발해진 현실의 토지 매매 또한 그 출현과 유행에
영향을 주었다.[63] 양한兩漢~삼국三國 시기 자유로웠던 토지 소유가 매매의
활성화를 초래했을 것이고, 자연히 그에 따라 토지 계약서의 작성도 일반화
되었을 것이다. 농업을 근간으로 하는 전근대 사회에서 토지 소유는 무엇보
다도 중요한 일이며, 토지의 소유권은 어느 것하고도 바꿀 수 없는 귀중한
재산이었을 것이기에 토지 매매 계약서의 작성 또한 중요한 사안이었을
것이다.

그래서인지 연구자들 중에는 돌에 토지 계약의 전모를 기록한 매지권을
실제 토지 매매 계약서로 이해한 경우도 있었다.[64] 사실 초기 매지권은
현실의 그것과 흡사하여 그런 오해를 불러일으킨다. 그러나 중요한 토지
계약서를 무덤에 함께 묻는다는 것은 설득력이 떨어질 뿐 아니라 매지권에
보이는 미신적인 요소는 그것을 현실의 토지 계약서로 보는 것을 방해한다.
"만일 토지에서 시체가 나와 그가 남자라면 '노奴'가 되고, 여자라면 '비婢'가
되어 모두 마땅히 (묘주 ○○○)를(을) 위해 열심히 일해야 할 것이다田中若有尸
死, 男卽當爲奴, 女卽當爲婢, 皆當爲(墓主)趨走給使."라는 수약守約의 문언文言은 매지권

<hr>

엄밀한 의미에서 돌이라 할 수 없지만 썩지 않고 변질되지 않는 속성을 가지고
있는 것들이다. 아마도 당시인들에게 이것들은 돌의 대체품으로 인식되었을 것이다.
여기서는 구분하지 않고 돌로 표현하였다.

60) 高倉洋彰,「漢代買地券の檢討」,『日本民族·文化の生成Ⅰ 永井昌文敎授退官記念論文集』
(東京: 六興, 1988), 773쪽.
61) 『禮記』,「郊特牲」, "魂氣歸于天, 形魄歸于地."
62) Loewe, Michael, *Ways to Paradise: The Chinese Quest for Immortality*, George Allen
& Unwin, Ltd., London, 1979, pp.9~10,
63) 仁井田陞,『中國法制史硏究 土地法·取引法』(東京: 汲古書院, 1960), 410~415쪽.
64) 仁井田陞, 위의 책, 412쪽.

이 죽은 자들을 위한 문서, 즉 명계冥界에서 사용하는 명계 문서라는 것을 증명한다. 매지권을 명계 문서로 파악하는 것은 귀중한 토지 계약서가 무덤 속에 들어 있는 상황에 대한 합리적 설명이 될 것이다.

후한 말로 갈수록 사회가 혼란해지고 팍팍한 삶에 지친 많은 사람들이 미신에 의존하여 현실을 외면하거나 그로부터 도피하고자 하였다. 매지권에도 미신적 요소가 더 많이 더 짙게 투영되었다. 그 경향을 한 눈에 볼 수 있는 것이 바로 '진묘매지권鎭墓買地券'이다. 진묘문鎭墓文과 매지권이 합쳐진 상태를 의미하는 진묘매지권에는 무덤을 진안鎭安하는 한편 산 자들의 가택 안전을 희구하기 위해 천제天帝의 사자使者가 지하의 관리에게 죽은 자가 무덤으로 들어가는 것을 알리는 진혼문鎭魂文인 진묘문65)의 내용이 부분적으로 채용되었다. 토지 매매의 계약서인 매지권 안에 명계의 관리에게 죽은 자가 명계로 들어가는 것을 신고하는 내용, 혹은 죽은 자가 산 자에게 해코지를 하지 못하게 하는 진혼의 내용, 무덤을 조영하면서 지신地神을 놀라게 한 것에 대한 진묘 등의 내용이 포함된 것이다.

진묘매지권 단계가 되면 토지 매매의 증거물인 토지 계약서로서의 의미보다는 죽은 자의 혼을 진혼하고[解魂] 살아있는 자들에게 재앙이 미치지 않게 하는[除殃] '제앙해적除殃解謫'의 목적이 강화된다. 요컨대 당시 일반인들이 살아가면서 돌에 새겨 간직하려고 했던 것은 제액除厄을 위한 신령스런 주문이었던 것이다. 이러한 변화는 당시 사회의 단면을 반영한다. 위정자들의 정치적 무능으로 말미암은 사회적 혼란과 역병의 만연66)으로 인한 질병의 유행은 매지권의 변화를 추동한 가장 강력한 원인이었다. 백성들의 삶은

---

65) 洪承賢, 「동아시아 古中世 石刻資料 解題 및 譯註 Ⅲ」, 『中國古中世史硏究』 37(2015), 277쪽.

66) 『後漢書』 「五行五」에는 '疫'이라는 항목이 있어 後漢 시기 疫病이 심각한 문제였음을 알려준다. 기록에 따르면 光武帝 建武 13년(37), 26년(50)에 天下에 大疫이 있었고, 건무 14년(38)에는 會稽에 대역이 있었다. 또한 安帝 시기에 대역이 다시 발생하였고, 桓·靈帝 시기가 되면 만연하는 것으로 나타난다.

점점 고통스러워졌고 사람들은 그에 따라 죽은 자를 위해 토지를 구입한 증거인 매지권에 죽은 자를 위한 진혼의 글과 산 자를 위한 제액의 글을 기술하였던 것이다.

매지권이 진묘매지권으로 변해 가면서 토지 계약서로서의 성격은 점차 약해졌다. 그러나 후한 시기 제작된 매지권은 아직은 토지 계약서로서의 요소들을 간직하고 있다. 토지 매도자가 유사 토지신의 모습으로 등장하기도 하지만 아직은 사람의 이름을 가지고 있었다.[67] 그러던 것이 삼국 시대가 되면 매도자도 증인도 모두 사람이 아닌 신 혹은 해[日]와 달[月] 같은 자연물이 대신하게 된다. 무덤의 사방 경계[四至]는 구체성을 상실한 채 간지干支에 의해 표현되었다. 현실성은 줄어들고 허구성이 증대한 것이다. 한편 삼국 시기 매지권의 특별한 모습 중 하나는 모두 장강長江 이남에서만 발견된다는 점과 지역별 특징이 두드러진다는 점이다.

우선 전자와 관련해서는 여러 이유가 있을 것이다. 전란으로 인해 매지권 제작에 영향을 미쳤던 북중국의 재래 신앙 집단이 와해된 것,[68] 조위 왕조의 합리주의적 기풍,[69] 종교 활동 금지 조치[70] 등을 원인으로 들 수 있겠다. 후자의 현상은 한인들이 북쪽에서 남쪽으로 이주하여 북중국의 매지권 문화가 남쪽의 해당 지역에 뿌리박고 있었던 재래 신앙과 결합하면서 나타난 것으로 생각된다. 이러한 현상은 동진 시기가 되면 해소되는데, 한 매지권

---

67) 대표적으로 후한 光和 2년(179)에 제작된 〈王當等買地券〉에는 매도자로 '田本曹'라는 존재가 등장한다. 이 전본조는 사람이 아닌 유사 토지신으로 이해된다. 黃景春, 「早期買地券·鎭墓文整理與硏究」, 華東師範大 博士學位論文(2004), 73~74쪽.

68) 『三國志·魏書』 卷15, 「張旣傳」, "(張)魯降, (張)旣說太祖拔漢中民數萬戶以實長安及三輔."

69) 洪承賢, 「後漢末~魏晉時期 尙書學의 전개와 그 의의」, 『東洋史學硏究』 130(2015), 21~23쪽.

70) 『三國志·魏書』 卷1, 「武帝紀」, "太祖到(濟南), 皆毁壞祠屋, 止絶官吏民不得祠祀. 及至秉政, 遂除姦邪鬼神之事, 世之淫祀由此遂絶.";『三國志·魏書』 卷2, 「文帝紀」, "先王制禮, 所以昭孝事祖, 大則郊社, 其次宗廟, 三辰五行, 名山大川, 非此族也, 不在祀典. 叔世衰亂, 崇信巫史, 至乃宮殿之內, 戶牖之閒, 無不沃酹, 甚矣其惑也. 自今, 其敢設非祀之祭, 巫祝之言, 皆以執左道論, 著于令典."

안에 각기 다른 지역별 특징이 혼합되어 나타난다. 시간의 흐름에 따라 상이한 매지권의 특징들이 융합된 것이다.

시간의 흐름은 매지권 안에 또 다른 흔적을 새겨 넣었다. 바로 유송劉宋 시기 '도교매지권道敎買地券'의 출현이다. 도교매지권은 다시 두 가지로 구분이 가능하다. 하나는 진묘매지권에 도경道經의 일부가 혼합된 것이고, 다른 하나는 도경의 내용만으로 이루어져 매지권의 요소를 거의 찾아볼 수 없는 것이다. 도교매지권의 출현은 남하한 천사도天師道가 경전經典을 수집하고 편집하는 한편 교단을 정비하는 과정에서 민간으로 영향력을 확대한 결과로 보이는데, 진묘매지권에서 보이던 해적과 제앙의 행위가 도교의 치병법治病法인 상장의례上章儀禮에 맞춰 기술되었다. 이러한 도교매지권은 처음에는 지금의 호북湖北, 호남湖南, 강소江蘇, 광동廣東 지역에 국한하여 등장하였다. 그러다 소량蕭梁 시기가 되면 광서廣西 지역에서도 나타난다. 특히 시간이 지나면서 광서 안에서도 서쪽 내지로 그 발견 지역이 깊어진다. 이러한 현상을 곧 천사도의 강남 내지 전파로 단정할 수 있을지는 확실하지 않다. 그러나 매지권이란 매개를 통해 천사도의 교세 확산을 탐구하는 것이 불가능한 일만은 아닐 것 같다.

마지막으로 매지권과 관련하여 언급하고 싶은 것은 그것이 상장예속喪葬禮俗의 계층성을 보여준다는 점이다. 매입자, 즉 묘주의 대부분이 일반 백성으로 '남자 ○○○'가 가장 일반적인 형태다. 혹은 '~의 처妻'의 또는 '대녀大女 ○○○' 형태로 여성들이 상당수를 차지하고 있다. 심지어는 '대노大奴'라고 하여 노비의 신분을 가진 이도 있다. 물론 삼국 시기 이후에는 현령縣令과 같은 장리長吏도 묘주로 등장하지만 관직자들은 비교적 낮은 관직을 보유한 이들이다. 묘주의 대부분은 일반 남녀 백성들이다. 이것이 지배층이나 지식인이 일반 백성들과 다른 내세관이나 전혀 다른 종교적 태도를 가지고 있었다는 증거가 될 수는 없을 것이다. 다만 그들에게는 종교적 신념보다는 더 중요한 관심사가 있었던 것 같다. 예를 들어 명성 획득을 통한 관계 진출이나 폐쇄적인 혼인을 통한 가문의 위상 제고 같은.

그런 의미에서 흥미로운 사례는 〈무령왕매지권武寧王買地券〉이다. 중국 강남에서 발견되는 매지권이 한반도에서 발견된 것은 문화의 유전流傳이란 측면에서 놀라운 일은 아니다. 다만 중국에서 매지권이 낮은 계층의 전유물 이었던 것에[71] 반해 일국의 왕이 매지권을 사용했다는 점은 연구자들을 당황시키기에 충분하였다. 또한 당시 유행하던 소량의 매지권들과 공통점이 전혀 없다는 점도 〈무령왕매지권〉의 역사적 위치를 설정하는 데 풀어야할 문제가 되었다.

연구자들은 〈무령왕매지권〉을 미신적 색채가 농후한 을형乙型 매지권으 로 규정하곤 하였는데,[72] 중국의 매지권이 시기별로 다양한 모습을 가졌던 것을 간과하고 지나치게 단순한 분류법을 적용했다는 문제가 있다. 언급한 것처럼 미신적 요소가 포함된 매지권은 다시 진묘매지권과 도교매지권으로 대별할 수 있다. 이 구분법에 의한다면 도경의 인용이 보이지 않는 〈무령왕매 지권〉은 진묘매지권에 속한다. 그 중에서도 매도자가 신이나 자연물로 출현한다는 점에서 삼국·양진兩晉 시기 매지권 계통에 속하는 것으로 추정할 수 있다. 이러한 추정을 뒷받침하는 것은 매지권과 한 세트처럼 포개져 있던 묘지마저 동진 묘지의 특징을 반영하고 있다는 점이다. 그렇다면 문제 는 소량과 활발한 교류 중이던 백제에서 삼국·양진 시기의 방식을 따른 매지권과 묘지가 만들어졌다는 점이다.[73]

---

71) Anna Seidel, "Trace of Han Religion in Funeral Texts Found in Tombs", 『道教と宗教文化』 (東京: 平河, 1987), pp.27~28; 魯西奇, 「漢代買地券的實質·淵源與意義」, 『中國史研究』 2006-1, 67쪽.

72) 張守男, 「武寧王陵 買地券의 起原과 受用背景」, 『百濟研究』 54(2011), 91쪽; 권오영, 「喪葬制를 중심으로 한 武寧王陵과 南朝墓의 비교」, 『百濟文化』 31(2002), 54쪽 주22.

73) 〈武寧王墓誌〉가 시대적으로 東晉 묘지를 수용했을 것이라는 주장은 이미 제기되었 다. 저우위싱은 百濟가 새로운 묘지 형태를 창안했을 가능성이 있다는 단서를 달기는 했지만 〈무령왕묘지〉가 시기적으로 낙후된 형태를 수용했다고 보았다. 周裕興, 「백제문화와 남조문화-무령왕릉을 중심으로-」, 『百濟文化』 40(2009), 134쪽.

단정할 수는 없지만 이 문제를 풀기 위해 제작자들로 시선을 돌리는 것은 꽤 타당해 보인다. 혹 매지권과 묘지에 대한 최신의 정보를 갖지 못한 이들이 제작자는 아니었을까? 〈무령왕매지권〉을 제작할 수 있었던 인물들은 중국계 백제 관료일 가능성이 높다.74) 그들은 낙랑군樂浪郡과 대방군帶方郡 멸망 이후 백제로 이주한 이들로 전문 지식과 고급문화의 소유자로서 백제 조정에서 활동하였는데, 이들에게 남아 있던 중국 문화의 고유성은 시간이 지나면서 점차 희박해졌을 것이다.75) 만일 이들에 의해 묘지와 매지권이 만들어졌다면 동진의 그것과 유사한 것이 이상하지만은 않다.

V. 돌과 정치-왕조의 기념비

개인만이 돌을 이용하여 욕망을 실현하려고 한 것은 아니었다. 왕조 혹은 중앙 정부 역시 권력의 정당성 또는 영원함을 위해 돌을 적극적으로 이용하였다. 이는 진시황에 의해 이미 전범典範이 만들어진 상태였다. 왕조의 위대함을 선언하는 데 돌만한 제재를 찾기도 쉽지 않을 것이다. 그렇기에 권력은 왕조의 위기 돌파를 위해서도 돌을 이용하였다. 이 책의 마지막에서 다루는 석각은 왕조의 기념비들이다. 이른바 '석각의 정치학'이라고 부를 수 있는 인상적인 현상들을 고찰한다.

왕조의 위대함을 선언하는 대표적인 중국 고대의 석각으로는 조위 왕조가 후한으로부터 선양禪讓을 받은 후 제작한 〈상존호비上尊號碑〉와 〈수선표비受禪表碑〉가 있다. 모두 영광스런 장면을 기록하여 조위 왕조의 정당성과 위대함을 기리기 위해 제작된 것이다. 이 두 비가 제작된 시기와 그리 멀리

---

74) 정재윤, 「武寧王陵 誌石을 통해본 백제 여성의 지위」, 『中國古中世史研究』 42(2016), 406~407쪽.
75) 정재윤, 「중국계 백제관료에 대한 고찰」, 『史叢』 77(2012), 7쪽.

떨어져 있지 않은 시기에 왕조의 위기 속에서 세 기基의 석각이 만들어진다. 후한의 〈희평석경熹平石經〉, 조위의 〈정시석경正始石經〉, 그리고 서진의 〈벽옹비辟雍碑〉다. 이들 세 석각을 설명하는 기존 입장은 각 왕조 '문교정책文敎政策의 상징물'이었다. 태학太學 앞에 세워졌다는 점과 교재가 간각되었다는 점, 황제와 황태자의 학례學禮 친림親臨의 기념물이었다는 점에서 타당한 분석이다. 그러나 이들 세 비가 제작된 시기는 이를 단순히 문교 정책의 상징물로만 볼 수 없게 한다.

〈희평석경〉이 세워졌던 희평 연간(172~178)은 한왕조 멸망이 임박했던 때였고, 〈정시석경〉이 제작되었던 정시 연간(240~248)은 여덟 살 난 어린 황제의 즉위로 인해 조야朝野가 불안해하던 시기였다. 그런 의미에서 다소 다른 성격으로 파악될 수 있는 것이 서진의 〈벽옹비〉다. 〈벽옹비〉는 서진 무제 함녕咸寧 4년(278)에 건립되었다. 두 비가 세워졌던 시기와는 달리 초대 황제의 위엄과 권력에 어떠한 문제도 존재하지 않은 사실상 서진의 전성기였다. 그러나 이 시기 역시 들여다보면 왕조의 위기가 도사리고 있었으니, 바로 지적 능력을 의심받고 있었던 황태자의 존재다.[76] 특히 서진은 서주西周와 같은 봉건제를 실시하여 강력한 친왕親王들이 존재하고 있어 구심으로서의 강력한 황제권이 필요한 상태였다. 위기에 빠진 왕조는 어떻게 이 위기를 극복하고자 했을까? 혹 대외적으로 왕조의 안녕과 건재함, 그리고 황제 권력의 위대함을 보이기 위해 그 옛날 진시황이 그랬던 것처럼 돌을 사용하였던 것은 아니었을까?

〈희평석경〉은 경학經學 극성기의 산물로 표현되기도 하지만[77] 당시는 오히려 경학의 쇠퇴가 진행되던 시기였다. 학문의 장이라는 태학은 교류의

---

76) 『晉書』卷4, 「惠帝紀」, "帝之爲太子也, 朝廷咸知不堪政事, 武帝亦疑焉."; 『晉書』卷31, 「后妃傳」, "帝以皇太子不堪奉大統, 密以語后. 后曰: 「立嫡以長不以賢, 豈可動乎?」"; 『晉書』卷39, 「荀勖傳」, "時帝素知太子闇弱, 恐後亂國, 遺勖及和嶠往觀之. 勖還盛稱太子之德, 而嶠云太子如初."

77) [淸]皮錫瑞 著·周予同 注釋, 『經學歷史』(北京: 中華書局, 1981), 117쪽.

장으로 전락하였고,78) 경학은 대의大義를 추구하기 보다는 경구經句에 매달리며 형식화되었다.79) 경서經書에 정본定本이 없었던 것까지 더해져 문자 이동異同의 문제는 심각한 사회적 문제가 되었다. 이것은 선거와 연관되어 태학생들 사이 더 큰 분쟁의 원인이 되었다. 따라서 정부는 문자의 이동을 바로잡을 필요, 즉 텍스트에 대한 기준을 수립할 필요가 있었다.80) 정부가 문화적·학술적 기준을 수립한다는 것은 중앙 정부의 권위 제고에 직결된다. 특히 당시 사대부들이 황제와 대치적 명성을 얻는 것을 중시하고 있었기에 황제가 기준의 확정자로서 자신을 드러낼 필요가 있었다. 흠정석경欽定石經인 〈희평석경〉의 출현은 이와 무관치 않을 것이다.

〈정시석경〉의 제작 시기는 정확하지 않다. 다만 그것이 명제明帝의 낙양궁洛陽宮 수축과 연관되었음을 추측하는 것은 어렵지 않다. 스스로를 주공周公과 같이 '전장제도典章制度를 만들고 공업功業을 일으키는[制作興治]' 담당자로 자처했던 명제는81) 황제 권력의 권위를 구현하기 위하여 수도 재건을 시도하였다. 아마도 그 과정에서 태학 진흥의 일환으로 석경의 제작이 계획되었을 것이다. 그러나 명제의 이른 죽음과 뒤를 이은 어린 황제의 즉위로 촉발된 왕조의 위기는 석경의 성격을 변화시켰을 것이다. 석경은 전성기 황제권력의 기념물이 아니라 왕조의 위기를 극복하고 어린 황제의 권위를 제고하기 위해 기능해야 했을 것이다. 정시 2년(241) 석경의 완성에 맞춰 벽옹辟雍에서 어린 황제의 강경講經과 공자孔子 제사가 진행되었다.82) 석경의 완성과 그에

---

78) 『後漢書』 卷76, 「循吏 仇覽傳」, "覽入太學. 時諸生同郡符融有高名, 與覽比宇, 賓客盈室. 覽常自守, 不與融言. 融觀其容止, 心獨奇之, 乃謂曰:「與先生同郡壞, 隣房牖, 今京師英雄四集, 志士交結之秋, 雖務經學, 守之何固?」 覽乃正色曰:「天子脩設太學, 豈但使人游談其中!」 高揖而去, 不復與言."

79) 『漢書』 卷30, 「藝文志」, "說五字之文, 至於二三萬言."; [後漢]桓譚, 『新論』, 「正經」, "泰延君能說堯典, 篇目兩字之說至十餘萬言. 但說『曰若稽古』至三萬言."

80) 『後漢書』 卷79上, 「儒林傳」, "熹平四年, 靈帝乃詔諸儒正定五經, 刊於石碑, 爲古文·篆·隸三體書法以相參檢, 樹之學門, 使天下咸取則焉."

81) 『三國志·魏書』 卷3 「明帝紀」, "有司奏: 武皇帝撥亂反正, 爲魏太祖, 樂用武始之舞. 文皇帝應天受命, 爲魏高祖, 樂用咸熙之舞. 帝制作興治, 爲魏烈祖, 樂用章(武)[斌]之舞."

맞춘 강경, 어린 황제가 고문古文에 능통한 유교 세계의 지배자라는 인식을
심어주기에 충분하였을 것이다.

새로 건국한 서진의 초대 황제 무제武帝는 제왕의 자질이 충분한 인물이었
다. 왕조의 전성기를 누릴만한 존재였다. 강력한 친왕親王들이 문제기는
했지만 그들의 원심력을 무력화시킬만한 구심으로 손색이 없었다. 전대
왕조의 단명을 재촉했던 어린 계승자의 위험 따위는 없었다. 다만 태자가
무능할 뿐이었다. 일찍부터 지적 능력을 의심받던 서진 혜제惠帝의 태자
시절, 무제는 당시 조정의 기대를 한 몸에 받고 있던 자신의 동생인 제왕齊王
유攸(그는 무제 사마염司馬炎의 백부 사마사司馬師의 계승자였다)를[83] 견제하
며 황태자를 보호할 조치들을 강구하였다. 태자의 안위를 위해 외척 양씨楊氏
들을 동궁東宮에 포진시키는가 하면[84] 두 차례에 걸친 태자의 학례 친림을[85]
기념하기 위한 비를 건립하기로 한다. 〈벽옹비〉에는 당시 학례를 담당했던
유생儒生들과 국자학國子學의 학생들이 태자의 문생고리를 자처하며 비의
건립 주체임을 드러냈다.[86] 지난날 비를 세우고 비음에 이름을 적었던
문생고리들처럼. 서진 정부는 〈벽옹비〉를 통해 태자가 유교 세계의 수호자
이며 실질적인 지배자임을 선언함과 동시에 그가 앞으로 서진 정계를 이끌어
갈 국자학 학생들의 유일한 스승이자 상관임을 선언하였던 것이다.

이들 세 비와 다소 성격이 다르기는 하지만 그 목적은 동일하다고 할
수 있는 또 다른 기념비는 즉위를 목전에 둔 위문제魏文帝 조비曹丕가 세운

---

82) 『三國志·魏書』卷4,「三少帝紀」, "(正始)二年春二月, 帝初通論語, 使太常以太牢祭孔子於辟
雍, 以顔淵配."
83) 『晉書』卷40,「賈充傳」, "初, 帝疾篤, 朝廷屬意於攸."
84) 武帝의 東宮 정비 및 齊王攸 대책에 대해서는 田中一輝,「西晉の東宮と外戚楊氏」,『東洋史
硏究』68-3(2009)을 참조.
85) 당시 황태자였던 惠帝는 咸寧 3년(277) 11월과 함녕 4년 2월 두 번에 걸쳐 辟雍에서
거행된 饗飮酒禮와 大射禮에 친림하였다. 다만 이 기록은 〈辟雍碑〉에만 기록되어
있을 뿐 『晉書』에서는 볼 수 없다.
86) 三國時代の出土文字資料班,『魏晉石刻資料選注』(京都: 京都大, 2005), 30쪽, 〈大晉龍興辟
雍碑〉, "於是禮生·守坊·寄學·散生, 乃共刊金石, 贊述洪美, 遂作頌曰."

〈대향비大饗碑〉다. 연강延康 원년(220) 8월 조비가 고향인 초譙에서 대향례大饗禮를 지내고 세웠다. 건비를 둘러싼 시간적·공간적 조건에 따른다면 앞선 세 비와는 확연히 다른 성격의 기념물이라는 생각이 든다. 그래서 최근 한 연구에서는 〈대향비〉를 천하 평정과 촉한蜀漢과 손오孫吳를 복속하라는 후한 헌제獻帝의 조명詔命을 실현하였음을 선언한 결과물이라고 보았다.[87] 〈대향비〉에 지나칠 정도로 조비의 무덕武德만이 기술된 것을 고려하면 이러한 견해가 타당해 보이기도 한다. 그러나 조비가 조식曹植과의 후계자 쟁투에서 승리하는 과정을 복원해 보면 〈대향비〉를 천하 평정의 선언물로 파악하기 어렵다. 과연 〈대향비〉 건립 이면에 존재하던 위기는 무엇이었을까?

조조의 뒤를 이어 위왕魏王에 오르고, 위왕에 오른 지 열 달 만에 황제가 된 조비지만 세자로 책봉되어 명실상부한 후계자가 되기까지는 우여곡절이 있었다. 정실正室 변씨卞氏의 장남임에도 불구하고 문학적 재능이 뛰어났던 동생 조식과 더불어 부친의 낙점을 받기 위해 치열하게 경쟁해야만 했다. 문제는 세자 책봉과 관련한 경쟁이 두 사람만의 일은 아니었다는 점이다. 조조의 망설임으로 인해 세자 책봉을 둘러싼 갈등은 거의 10년 가까이 진행되었고, 그 와중에 조비를 지지하는 집단과 조식을 지지하는 집단이 형성되어 갈등하였다.[88] 결국 조비의 즉위로 인하여 조비 지지파가 조위 정계에서 중요한 위치를 점하게 되었으며 실패한 조식 지지파는 몰락하였다. 조비의 즉위와 함께 조식의 우익羽翼들은 처형되었다.[89]

공교롭게도 이들은 지역적으로는 초패譙沛 지역 출신이었다. 당시 조조와 지역적·혈연적으로 관계된 이들은 조조의 죽음과 초패 출신들의 숙청에 동요하게 되었다. 이들의 동요는 조비에게는 큰 부담이 되었다. 그 이유는

87) 大原信正,「「魏大饗碑」について」,『(中央大)大學院研究年報』42(2013), 1054~1056쪽.
88) 賈詡, 崔琰, 毛玠, 邢顒, 桓階, 衛臻, 陳羣, 陳矯 등은 曹丕를 지지했으며, 丁儀, 丁廙, 楊脩, 楊俊, 孔桂, 荀惲, 邯鄲淳 등은 曹植을 지지하였다.
89)『三國志·魏書』卷19,「陳思王植傳」,"文帝即王位, 誅丁儀·丁廙幷其男口. 植與諸侯並就國."

48

그들이 군권을 장악하고 있었기 때문이다.[90] 군권을 장악한 초패 출신들의
동요는 안정적인 황제권의 창출을 꿈꾸는 조비에게는 부담이 되었을 것이다.
따라서 조비에게는 남정南征 중 고향을 찾아 대향례를 베풀며 초패 출신들의
동요를 무마시킬 필요가 있었다. 이렇듯 선양을 목전에 둔 여름, 남정 중에
굳이 고향 초를 찾아 대향례를 치를 수밖에 없었던 사정이 〈대향비〉의
이면에 존재했던 것이다.

VI. 책의 구성

이 책은 고대 중국인들이 영원히 남기고자 했던 기록에 대한 탐구 결과다.
특히 '돌'이라는 특별한 매체를 이용한 기록들을 탐구하였다. 그렇다고 돌에
새겨진 기록의 내용을 탐구의 1차 대상으로 삼은 것은 아니다. 또한 모든
석각을 대상으로 한 것도 아니다. 우선 대상은 인공적으로 가공되어 고정된
형식을 갖춘 것들 중 종교적 석각을 제외한 것으로 삼았다. 종교적 석각이
제외된 것은 이 책의 관심이 인간의 현세적 욕망이기 때문이다. 특히 삶과
죽음을 초월한 욕망에 관심을 가지고 있기에 상장의례喪葬儀禮에 사용된
묘비, 묘지, 매지권으로 그 대상을 좁혔다. 다만 개인의 욕망과 비교하기
위해 상장의물喪葬儀物은 아니지만 왕조에서 제작된 기념비(각석刻石)를 추가
로 살펴보았다. 간략하게 정리한 것처럼 이 책의 목적은 '돌'을 매개로 삼아
기록을 남기고자 했던 행위가 어떤 사회적 목적을 가지고 있었는가를 규명하
는 것이다. 다만 작업 속에서 기록의 내용 또한 자연스럽게 확인될 것이라

---

90) 가와카츠 요시오의 연구에 따르면 曹操의 직할군은 曹純, 曹眞, 曹休, 典韋, 許褚,
    史渙, 夏侯淵, 韓浩, 劉曄, 曹洪, 王圖, 牽招, 張遼 등에 의해 통솔되었다. 이 중 조순,
    조진, 조휴, 허저, 사환, 하후연, 조홍 등이 譙沛 출신으로 타지역 출신에 비해
    압도적으로 많다. 川勝義雄, 「曹操軍團の構成について」, 『六朝貴族制社會の研究』(東京:
    岩波書店, 1982), 131쪽. 原載: 『東方學報』 25 (1954).

생각한다.

이를 위해 1부에서는 우선 중국인들이 돌을 발견한 후 그것을 이용하여 무엇을 기록하고 기억하고자 했는가를 개괄적으로 살펴볼 것이다. 편의적으로 산 자를 위해 사용된 사례와 죽은 자를 위해 사용된 사례를 구분해 보고자 한다. 즉 돌이 삶과 죽음을 기록하는 기록지로 이용된 사례들을 구별하여 석각의 초기 모습들을 복원하고 그것들의 역할을 살펴보고자 한다. 이를 위해 1장에서는 우선 산 자들을 위한 석각들을 살펴볼 것이다. 산 자들을 위한 석각으로 구분한 것은 묘기, 묘비, 묘지 등이다. 그 중에서도 집중적으로 묘기를 다루고자 하는데, 그것의 발전이 지상과 지하의 각기 다른 기념물로 표출되는 과정을 복원해 보고자 한다. 여기서 말하는 지상의 기념물은 묘비와 석궐石闕(묘궐墓闕)이고 지하의 기념물은 묘지다. 이 작업을 통해서 초기 석각들의 계보가 확인되기를 기대한다. 2장은 죽은 자를 위한 석각, 이른바 '명계 문서'로 불리는 기록들의 형식과 특징, 그 역할을 고찰할 것이다. 여기서는 고지책告地策, 매지권, 진묘문의 성격과 특징을 살펴볼 것인데 그 연관성 유무도 함께 논의될 것이다.

2부부터는 각 석각들을 좀 더 구체적으로 살펴볼 것이다. 그 처음으로 2부에서는 명성의 기록지로서의 돌의 쓰임에 대해 고찰한다. 묘비가 처음부터 명성을 기록하는 도구는 아니었다. 애초의 그것은 묘주에 대한 짧은 정보를 제공하는 것을 목적으로 제작되었다. 그러다 차츰 이력과 가계가 상세히 기록되었고, 묘주의 공덕을 칭송하는 송사인 명사가 더해졌다. 정보 제공이 아닌 묘주에 대한 송덕이 묘비의 중요한 역할이 되었다. 단순 정보지가 기념물이 된 것이다. 단순 정보지를 기념물로 변화시킨 힘은 무엇이었을까? 정형화된 묘비가 선거가 본격적으로 치열해지는 140년대 등장한 것은 우연일 뿐일까? 2부 1장에서는 묘비의 정형화 과정을 복원하여 묘비를 출현시킨 사회적 요구의 실체를 파악해 보고자 한다. 기존 연구의 대부분은 묘비를 후장厚葬의 표현이라고 이해하였다. 그래서 지극한 효성을 드러내

50

명성을 획득하고 관계에 진출하고자 하는 자식들에 의해 건립되었다고 주장되었다. 그러나 대부분의 묘비가 후한 환제와 영제 시기 만들어진 것과 그 제작자가 자식이 아닌 문생고리들이라는 것은 묘비에 대한 기존 견해를 재검토할 것을 요구한다. 2장에서는 건비자들과 그들의 입비 행위가 무엇을 목적으로 했는지를 고찰하고자 한다. 그 목적을 확인한다면 조조가 내린 금비령의 성격 또한 명징하게 밝혀질 것이다.

3부는 금비령 이후의 변화를 추적하는 것으로부터 시작한다. 지상에 더 이상 묘비를 세우지 못하게 되었지만 관습적으로 행해지던 입비 행위가 단번에 사라진 것은 아니었다. 사람들은 묘비의 형식을 갖췄지만 그보다는 작은 기념물을 지하에 설치하기 시작하였다. 묘비의 구성 요소를 갖춘 묘지의 '본격적인' 등장이다. 본격적이라는 표현이 의미하는 것처럼 이때 처음으로 묘지가 출현한 것은 아니다. 다만 석각 발달사에서 의미를 갖는 묘지의 출현과 유행이 이때부터 시작된 것으로 보고자 한다. 하지만 구경꾼을 잃은 상태에서 지하로 내려온 묘비(즉 묘지)가 지상에서와 같은 구성 요소를 유지하기란 쉽지 않아 보인다. 곧 명사가 사라지며 당시 사회가 요구하던 상태로 자기 변화를 시작한다. 3부 1장에서는 서진부터 시작된 묘지의 정형화 과정을 추적한다. 이 작업을 통해서는 묘지가 귀족제 사회의 영향을 받았던 것과 피난지에서의 삶을 반영한 것들을 확인할 수 있을 것이다. 더하여 유송 시기 명사의 재등장과 관련해서는 명사가 개인의 재능과 업적을 요구하는 사회의 대응이었음을 알 수 있을 것이다. 명사가 가진 정치적 성격을 파악하는 데 북위 묘지보다 더 마침맞은 것은 없을 것이다. 3부 2장과 3장은 북위 묘지의 발전사에 대해서 기술하였다. 묘표의 성격이 강한 십육국 시기 묘지를 계승했던 북위 묘지의 발전 과정을 추적하면 묘지의 정형화와 북위에서 행해진 대대적인 관인 고과, 그리고 성족분정이 어떤 관계를 가지는지를 규명할 수 있을 것이라 기대한다. 북위 묘지를 통해 북위 문벌 사회의 성격을 들여다보는 것이 가능할 것이다.

4부는 일반인들의 '영원'에 대한 욕망이 투영된 매지권에 관해 살펴보고자 한다. 개인의 명성이나 가문의 등급 따위를 생각할 여력이 없었던 일반 백성들에게도 소중한 것은 있었다. 그것이 땅이라는 것을 추측하는 것은 어렵지 않다. 일반 백성이 돌을 사용하여 기록하고자 했던 것은 다름 아닌 토지의 소유권이었다. 특히 죽어서조차 그것을 보유하길 원했다. 매지권은 바로 그런 욕망의 산물이다. 고대 중국 특유의 영혼불멸관과 활발해진 토지 매매가 매지권 제작에 영향을 미쳤을 것이다. 그러나 후한 시기 사회의 혼란은 매지권에 새로운 요소를 결합시켰다. 재래 신앙의 미신적 요소를 포함한 진묘매지권이 등장한 것이다. 진묘매지권은 토지 계약서로서의 모습을 상실하며 제액을 위해 기능하게 된다. 죽은 혼령이 악귀가 되고 전란으로 사회가 혼란해지며 질병이 만연한 상황 속에서 백성들은 토지보다 목숨을 더 중요하게 여기게 된 것이다. 따라서 매지권의 미신적 요소가 농후해지는 과정을 추적하면 후한 사회의 몰락과 마주하게 될 것이다. 4부 1, 2장에서는 후한 시기부터 남조 시기까지 매지권의 변화를 살펴본다. 이 과정에서 도교의 발전과 매지권 사이의 관련도 확인할 수 있을 것이다. 3장에서는 매지권 문화의 동아시아로의 전파를 〈무령왕매지권〉을 매개로 살펴보고자 하였다. 일국의 국왕이 낮은 계층의 전유물로 알려진 매지권을 사용한 이유를 밝힐 수 있기를 기대한다.

마지막 5부에서는 중앙 권력이 돌을 이용하여 왕조의 위기를 극복하고 영원을 기약했던 행위에 대해 다루고자 한다. 어쩌면 불멸을 기록하는 돌은 개인이 아니라 왕조에게 더 어울릴지도 모르겠다. 이 책에서는 시각을 달리하여 위대한 왕조의 영광을 노래한 석각이 아닌 위기를 돌파하기 위해 건립되었던 석각들을 다룬다. 진정한 정치술이란 위기 속에서 빛나는 법. 위기 속 왕조가 제작한 석각을 통해 그것이 가진 정치적 효용을 드러낸다면 이 책이 가진 목적(돌이 얼마나 사회적 필요와 정치적인 의도에서 사용되었는지를 확인하는 것)의 절반은 획득한 것이라 생각한다. 그를 위해 〈희평석경〉, 〈정시석경〉, 〈벽옹비〉, 〈대향비〉가 분석될 것이다.

VII. 더하는 말

또 다시 남북조까지로 연구를 일단락하게 되었다. 변명 아닌 변명을 간략히 해보자면 다음과 같다. 수당隋唐 시기의 석각은 대체로 묘지로 일원화된다. 다른 석각들이 제작되기는 하지만 수량도 적고 형식도 더 이상의 특징적인 면모를 보이지 않는다. 북위 이후 묘지가 석각의 주류가 된 것이다. 수당 시기는 그 형태적인 면이나 숫자적인 면에서 묘지의 완성 시기로 알려져 있다. 따라서 수당 묘지와 관련해서는 형태적·내용적 정형화 및 완성에 관한 관심보다는 그것의 역사 자료로서의 가능성에 대한 관심이 더 크다.[91] 특히 당의 묘지는 최근 연구에 따르면 그 숫자가 현재 12,500여 점에 이르러[92] 사서에 등장하지 않는 당시의 상황을 파악하는 데 도움을 준다. 12,500여점이라는 숫자가 말해주는 것처럼 당에서는 묘지의 사용이 전사회적으로 확산되었다.[93] 이전 시기에 비해 광범위한 계층에서 한층 완비된 형태의 묘지가 제작, 이용되었다. 묘지 사용 계층은 황실에서 지방 번진藩鎭, 일반 백성에 이르기까지 다양해졌는데, 이러한 현상은 예제禮制 문화의 발달, 번진의 발호, 사회·경제적 발전, 불교 미술의 영향이라는 시대상을 반영한다.

우선 형태적으로 살펴보면 이 시기 묘지는 녹정형盝頂形(즉 복두형覆斗形)의 지개誌蓋와 정방형의 지신誌身 두 부분이 합쳐져 합盒 모양을 이루는 것이

---

91) 唐代 묘지의 사료적 가능성에 대해서는 石見淸裕, 「唐代墓誌の資料的可能性」, 『史滴』 30(2008), 119~121쪽을 참조.

92) 氣賀澤保規 編, 『新編 唐代墓誌所在總合目錄』(東京: 汲古書院, 2017).

93) 연구에 따르면 현재 알려진 묘지 중 당대 묘지가 가장 많다. 高瀨奈津子, 「唐代の墓誌」, 『歷史と地理』 696(2016), 27쪽.

주종을 이루게 된다. 이러한 형태는 북위 시기부터 출현하였지만 수대를
거쳐 당대에 이르게 되면 정형화된다. 지개는 전서篆書로, 지신은 해서楷書로
작성하는 것이 일반적이었다. 이전 시기에 비해 묘지의 크기는 전체적으로
확대되었다. 계층에 따라 묘지 크기의 차이가 있는지에 대해서는 지금까지
도 이견이 있다. 중국의 석각 학자 자오차오趙超는 북위 묘지를 비롯하여
수당 시기 묘지도 등급에 따른 묘지 크기가 정해져 있었다고 하면서 묘지의
등급성을 주장하였다.94) 그러나 대부분의 일본 학자들은 등급에 따른 크기
의 차이가 거의 없거나 혹은 있다 해도 절대적인 것은 아니라고 보았다.95)

　당에는 「상장령喪葬令」이 있어 비갈碑碣의 경우 품계에 따라 세우는 돌의
촌법寸法이 규정되어 있었다. 즉, 관품官品에 따라 세울 수 있는 비갈의 크기가
정해져 있었다. 그러나 이것은 지상에 세워지는 비갈에 대한 것일 뿐, 지하에
설치되는 묘지에 대해서는 별도의 규정이 존재하지 않았다. 아마도 지하에
묻혀 사람들이 볼 수 없다는 점이 사회적 규정을 요구하지 않았거나, 있어도
쉽게 무시할 수 있었던 원인이 되었던 것 같다. 묘지의 등급성을 부정하는
연구자들이 등급에 따른 명확한 크기의 경향성을 볼 수 없다고 하는 것은
이 때문일 것 같다.

　당대 묘지가 일부 고급 관료에 의해서만 이용된 것이 아니라는 것을
보여주는 흥미로운 현상은 이와미 기요히로石見淸裕에 의해 입증되었다. 일반
적으로 묘지 제작은 먼저 돌에 괘선을 그린 후 글씨를 쓰고 각석하는 방법으
로 진행된다. 그런데 이와미 기요히로의 분석에 따르면 당대 묘지 중에는
(1) 괘선으로 생긴 격자 모양의 모눈을 무시하고 글자를 새긴 것이 있거나,
(2) 묘지 맨 왼쪽에 괘선만 그려지고 글자가 각석되어 있지 않는 것도 있으며,
(3) 통상 네 단락으로 구성된 명문이 그 단락을 갖추지 못하기도 하고, (4)

94) 趙超, 「試談北魏墓誌的等級制度」, 『洛陽出土墓誌研究文集』(北京: 朝華, 2002), 42~43쪽.
95) 加藤修, 「北魏から唐代の墓誌に見る夫婦合葬の分析」, 『女子美術大學研究紀要』 31(2001),
　　142쪽; 石見淸裕, 「唐代墓誌史料の槪觀」, 『唐代史研究』 10(2007), 7쪽; 松下憲一, 「北魏後
　　期墓誌における官位と大きさの關係」, 『史朋』 44(2011), 24쪽.

마지막 행의 경우 마치 본문 사이에 두 줄로 잘게 단 할주割註처럼 1행에 2행의 분량이 각석되기도 한 사례들이 있다.96) 이것은 묘지 찬문撰文이 먼저 지어지고 그에 따라 적당한 돌이 선택되어 글자 수에 따라 괘선이 그려진 것이 아니라, 괘선이 먼저 그려진 돌 중에서 적당한 것이 선택되어졌음을 의미한다.97) 이는 묘지의 기성품화를 의미할 것이다. 사회적으로 묘지를 사용하는 계층이 늘어나 수요가 증가하면서 괘선이 그려진 다량의 묘지석이 사전에 미리 제작되어 수요자를 기다리는 현상이 나타난 것이다.

일부 여성 묘지에서 보이는 묘주의 휘, 자, 본적, 사망일, 장례일, 장지 등 개인 정보 외 묘주의 품성을 서술한 부분과 명사의 상당 부분의 동일성(현모양처의 덕목을 기리는 상투어)은 묘지의 기성품화를 잘 보여준다.98) 이것은 기왕의 연구가 지적하듯이 묘지들이 동일한 문례文例에 의하여 작성되었음을 의미한다.99) 당시 사회적으로 묘지 작성의 매뉴얼이 존재하고 있었다

---

96) 石見淸裕, 앞의 글, 7~10쪽.

97) 石見淸裕, 위의 글, 10쪽.

98) 다음의 사례는 여성 묘지의 기성품화를 잘 보여준다. 周紹良 主編,『唐代墓誌彙編』(上海: 上海古籍, 1992), 508쪽, 〈唐總章三年(670)王夫人墓誌〉, "大唐故王□□墓誌銘幷序. 夫人諱□□, 河南縣人□. ㉠華□□□, 三爵啓其, □□紛綸, 五侯承胤, □□□而言也. 惟夫人率性幽閑, □□□□, □□□□, 令色令儀, 故得女史告祥, 高□表慶, ㉡□以□章三年正月二日, 卒於敬□□第, □秋六十有四. 卽以其年其月卄□日, 權殯於北芒山河南縣界平原之陽, 禮也. 鐸鳴哀響, 雲慘風悲, □□棲傷, □懷鬱結, 鳴呼哀哉. ㉢乃爲銘□, 姮娥上月, 弄玉昇天, 吹簫得道, 窈□□仙. 斯須萬代, 倏忽千年, 一朝□□, □□□田. ㉣朝風漸冷, 夜月方明, 看花落淚, 聽鳥心驚, 山多寒色, 樹足秋聲, 一埋珪玉, 永別佳城."; 周紹良 主編, 같은 책, 517~518쪽, 〈唐咸亨元年(670)趙夫人墓誌〉, "唐故趙夫人墓誌銘幷序. 夫人諱(某), 字(某), 洛陽縣人也. ㉠夫華宗慶遠, 三爵啓基, 後族紛綸, 五侯承胤, 此可略而言也. 祖雄, 父業, 並茂範英聲, 昭彰彫篆, 羽儀雅俗, 抑陽當世. 惟夫人令淑有聞, 天姿婉嫮, 魚軒肇娉, 百兩言歸. 執輿之禮無虧, 棒案之儀盡矣. 旣而嫦娥流採, 未度牖而先沈, 木+戈葉初開, 不及昏而遼卷. ㉡粵以咸亨元年閏九月十三日, 卒於歸仁坊私第, 春秋七十有六. 卽以其年十月一日, 權窆於北芒山河南縣平樂鄕之陽, 禮也. 嗣子處言·處基等, 勞悴之感, 痛□枝, 獨之悲, 悽如霜葉. 恐陵谷俄遷, 桑田變海, 勒此淸微, ㉢乃爲銘曰, 姮娥上月, 弄玉昇天, 吹簫得道, 窈藥成仙, 斯須萬代, 倏忽千年, 一朝分別, 三見桑田. 酒別綠珠, 琴離碧玉. 瑟上絃悽, 箏間柱促. 恨滿玉臺, 愁盈金屋. 孌竹之啼, 崩城之哭. ㉣朝風漸冷, 夜月方明, 看花落淚, 聽鳥心驚, 山多寒色, 樹足秋聲, □埋桂玉, 永別而佳城."

99) 愛宕元, 「唐代の墓誌銘」,『月刊しにか』12-3(2001), 50쪽. 이와 같이 동일한 文例에

고 봐야 할 것이다. 아마도 묘지문 작성을 직업으로 하는 사람들이 등장하여 필요로 하는 묘지문을 작성해 주었을 것이다.[100] 흔히 묘지 작성과 관련하여 묘주의 개인 정보인 서 부분을 제외한 송덕을 목적으로 했던 명사는 찬자撰者의 문학적 개성과 소양이 드러나는 부분으로 알려져 있다. 그런 명사가 동일 내용으로 기술되었다는 것은 묘지의 기성품화를 잘 보여주는 사례라 하겠다.

이 책의 목적이 시대와 사회의 요구에 따른 석각의 변화를 살펴보는 것이기에 석각이 완성되고 심지어 기성품화된 수당대 석각에 대해서는 다루지 않았다. 독자들의 혜량을 바라며 또 다시 앞으로의 숙제로 남겨 놓고자 한다.

의거하여 제작된 묘지를 오타기 하지메는 '스테레오타입의 묘지명'이라고 불렀다.
100) 오타기 하지메는 묘지 제작을 위한 문례집이 존재하여 필요에 따라 여성용, 胡姓用 등의 특정한 문례가 그때그때 선별되어 사용되었을 것이라고 보았다. 愛宕元, 위의 글, 51쪽.

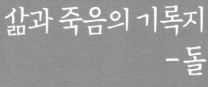

1부

삶과 죽음의 기록지
-돌

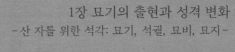

1장 묘기의 출현과 성격 변화
-산 자를 위한 석각: 묘기, 석궐, 묘비, 묘지-

2장 중국 고대 명계 문서의 종류와 성격
-죽은 자를 위한 석각: 고지책, 매지권, 진묘문-

1장 묘기의 출현과 성격 변화
-산 자를 위한 석각: 묘기, 석궐, 묘비, 묘지-

　　고대 중국의 상장의물喪葬儀物 중 연구자들의 관심을 끈 것은 무덤 앞 혹은 무덤 속에 설치한 석각들이다. 그 위치에 따라 지상의 묘비墓碑, 지하의 묘지墓誌로 대별되고 있지만 좀 더 자세히 살펴보면 지하에 설치된 석각으로는 묘기墓記(또는 봉기封記), 화상석제자畫像石題字(또는 화상석제기畫像石題記), 석곽제자石槨題字, 묘전墓磚 등으로 불리는 것들도 존재한다. 이들은 글자 수 혹은 전하려는 정보의 성격에 따라 '기記' 또는 '제자題字'로 불렸으며, 글자가 어디에 쓰였는가에 따라 '화상석' 혹은 '석곽'이라는 이름이 붙기도 하였다. 또 어디에 위치하였는가에 따라 '사당祠堂' 또는 '식당食堂(이곳에서 죽은 자가 음식을 받아먹기 때문에 붙은 이름)'이란 용어가 사용되었다. 한편 돌이 아닌 벽돌에 기록된 경우 '전磚(전甎)'으로 표현되었다. 여기서는 논의의 편의상 주로 묘기로 지칭하며 필요에 따라 제기, 묘전, 묘기류라는 표현을 사용하기로 한다.

　　이들은 분묘墳墓나 사당 안에 위치하였으며 주로 묘 또는 사당의 건립 주체, 소요 비용, 건립 기간 등과 묘실墓室 또는 사당 내부의 모습들이 기록되어 있다. 물론 묘주墓主에 대한 정보나 매장 지점에 대한 정보도 싣고 있지만, 그 이름에서도 느껴지듯이 이것들은 묘주에 대한 기록지기보다는 상장 건축, 요컨대 묘나 사당 건립에 대한 기록지의 성격을 강하게 띠고 있다. 그래서인지 역사학 분야에서는 묘비와 묘지에 비해 크게 주목하지 않았다.

그러나 현재 출토된 석각의 기년紀年을 확인하면 제작 연대가 가장 오래된 것이 묘기류임을 알 수 있다.[1]

묘기, 묘비, 묘지는 시대를 달리하여 유행하기도 하였지만[2] 오랜 기간 함께 존재하였다. 따라서 연구자들은 석각들의 선후나 상호 영향 등에 대해 주목하였다. 특히 이들 석각 중 가장 일반적이며 오랜 기간 사용된 묘지의 기원과 관련하여 이들 석각의 상호 작용은 중요한 문제로 인식되었다.[3] 이와 관련하여 동일하게 지하에 매장되었다는 점에서 묘지의 원형을 묘기로 부터 찾으려는 시도가 있었다.[4]

제작 연도가 가장 오래되었다는 점에서 묘기는 묘비의 성립에도 영향을 미쳤을 것이다.[5] 묘비는 묘주에 대한 간략한 정보와 고인의 살아생전의 공덕功德을 기리는 송사頌辭를 새겨 지상의 무덤 앞에 세웠던 기념비다. 처음에는 묘주의 이름, 본적, 사망 일시 등과 같은 간단한 정보만이 기록되어 표지의 역할만을 담당하였었는데, 차츰 사회적 필요에 따라 죽은 자에 대한 송덕頌德이 중시되면서 묘주의 공덕을 기리는 운문韻文으로 쓰인 명사銘辭가 간각刊刻되었다. 묘비는 위치가 지상이라는 점을 제외하면 내용 구성상 묘지와 크게 다르지 않다. 세 석각을 간단히 비교해 보자.

---

1) 현재 墓誌의 최초 형태로 거론되는 것은 일명 '刑徒碑'으로 불리는 秦始皇陵區 서측 趙背戶村 刑徒墓에서 발굴된 瓦誌刻文이다. 袁仲一, 『秦代陶文』(西安: 三秦, 1987), 31쪽; 毛遠明, 『碑刻文獻學通論』(北京: 中華書局, 2009), 107쪽.

2) 예를 들어 墓碑는 後漢 시기에, 묘지는 禁碑令이 내려진 建安 10년(205) 이후 유행하게 된다. 이와 관련해서는 洪承賢, 「後漢代 墓碑의 성행과 建安十年 禁碑令의 반포」, 『東洋史學研究』 124(2013)를 참조.

3) 묘지 기원에 대한 연구사는 福原啓郎, 「西晉の墓誌の意義」, 『中國中世の文物』(京都: 京都大, 1993), 316~318쪽과 趙超, 『墓誌考古通論』(北京: 紫禁城, 2003), 32~33쪽을 참조.

4) 日比野丈夫, 「墓誌の起源について」, 『江上波夫教授古稀記念論集 民族·文化篇』(東京: 山川, 1977), 185쪽.

5) 洪承賢, 「墓碑의 출현과 後漢末 墓碑銘의 정형화」, 『中國古中世史研究』 35(2015), 299~312쪽.

〈표 1-1-1〉 묘기·묘비·묘지의 구성과 특성

	묘기[6]	묘비[7]	묘지[8]
정의	묘주에 대한 간략한 정보와 묘주를 위해 건립한 제작물에 대한 정보를 담고 있는 무덤 혹은 석당石堂 안에 설치한 석각	묘주에 대한 간략한 정보와 고인의 유덕遺德을 기리는 송사를 적어 무덤 앞에 세운 표지	묘주에 대한 간략한 정보를 적어 무덤 안에 매장하여 후일 발생할 능묘陵墓의 변천에 방비하고자 한 석각[9]
재료	돌, 벽돌	돌	돌, 벽돌
구조	①건립 일자 ②본적 ③묘주의 이름 ④관력官歷 및 이력 ⑤가족 관계 ⑥제작자 ⑦제작물 ⑧제작 비용	①비액碑額(묘비의 제목) ②휘諱 ③자字 ④본적 ⑤가계家系(및 가족 관계) ⑥품행 ⑦관력을 중심으로 한 이력 ⑧사망일 ⑨향년享年 ⑩추증追贈 ⑪장례일 혹은 입비일 ⑫명사銘辭[10]	①지액誌額(묘지의 제목) ②휘 ③자 ④성姓 ⑤본적 ⑥가계(및 가족 관계) ⑦품행 ⑧관력을 중심으로 한 이력 ⑨사망일 ⑩향년 ⑪졸지卒地 ⑫추증 ⑬장례일 ⑭장지葬地 ⑮명사[11]
예시	건강建康 원년(144) 초하루가 을축일乙丑日인 8월 19일 정미丁未①. 수귀리壽貴里② 문숙양文叔陽의③ 식당.⑦ 숙양은 조사曹史, 행정시연行亭市掾, 향색부鄕嗇夫, 정연廷掾, 공조功曹, 부문학연府文學掾을 역임하였다.④ 아들이 3인 있고, 딸 영寧이 있으며 남동생 숙명叔明과 여동생 사사思가 있다.⑤ 숙명은 일찍 사망하였기에 (그의) 장자長子 도사道士가⑥ 계승하여 □를(을)⑦ 세워 완성하였다. 비용은 전 만 칠천이었다.⑧ 조사시연曹史市掾을 역임하였다.⑥	한漢 낭중郎中 정군鄭君의 (묘)비.① 군의 휘諱는 고固며② 자字는 백견伯堅으로③ 시군著君의 맏아들이다.⑤ 치우침 없는 바른 성정의 아름다운 품성을 간직하고 최상의 어짐의 □□을 실행하였다. 집안에서는 효성과 우애를 드러냈으며 마을에서는 뛰어난 덕행을 나타냈다.⑥…(중략)…약관弱冠에 군郡에 입사하여 제조연사諸曹掾史·주부主簿·독우督郵·오관연五官掾·공조功曹를 역임하고,…(중략)… 연희延熹 원년(158) 2월 19일, 조詔로써 낭중郎中에 제수하였으니,⑦(중략)…42세로⑨	유송劉宋 원외산기시랑員外散騎侍郎을 역임한 명부군明府君의 묘지명.① (군의) 조부는 엄儼으로 주州의 별가別駕를 지내고 동해태수東海太守를 지냈다. 부인은 청하淸河 최씨崔氏로 그 부친 영롱은 탁지상서度支尙書를 지냈다.⑥…(중략)…군의 휘는 담희曇僖고② 자는 영원永源으로③ 평원군平原郡 격현鬲縣 사람이다.⑤…(중략)…군의 천성은 엄정하고 밝고 맑았으며, 우아한 몸가짐은 아름다웠다. 성정은 지극히 담박하고 맑았으며, 행동을 함에는 반드시 경계하고 자제하였다.⑦

	그해 4월 24일⑧ 재앙을 당하시어 사망하였다.…(중략)… 그 명사銘辭는 다음과 같다. 아아, 낭중께서는…(하략)⑫ ④, ⑩, ⑪ 없음	…(중략)…주에서 벽소辟召하였으나 응하지 않았다가 봉조청奉朝請으로 징소徵召되었다. 영삭장군寧朔將軍·원외랑員外郎·대무원령帶武原令을 역임하였다.⑧(중략)…30세,⑩ 원휘元徽 2년(474) 5월 26일 병신일丙申日 (사망하고)⑨ 겨울 12월 24일 신묘일辛卯日,⑬ 임기현臨沂縣 익벽산弋壁山에⑭ 묻혔다.…(중략)…그 명사는 다음과 같다. 이 글은 이루지 못하고,…(하략)⑮ ④, ⑪, ⑫ 없음
〈후한건강원년(144)문숙양식당화상제기後漢建康元年文叔陽食堂畫像題記〉12)	〈후한연희원년(158)정고비後漢延熹元年鄭固碑〉13)	〈유송원휘2년(474)명담희묘지劉宋元徽二年明曇憘墓誌〉14)

6) 墓記는 그 구성 요소가 정형화되어 있지 않아 비교적 많은 요소를 포함하고 있는 것을 대상으로 분석하였다.

7) 墓碑의 경우 시기에 따라 구성 요소와 그 순서에 차이가 있어, 가장 정형화된 형태의 묘비를 대상으로 표를 작성하였다. 따라서 실제로는 표의 구성 요소를 모두 갖추지 못하거나 순서가 상이한 묘비가 다수 존재한다.

8) 墓誌 역시 시기에 따라 구성 요소에 차이가 있으며 순서에도 변화가 있다. 편의적으로 가장 정형화된 형태의 묘지를 대상으로 표를 작성하였다.

9) 이는 고전적인 묘지의 해석으로, 시기에 따라 銘辭가 기술되어 頌德의 기능이 부가되기도 한다. 南北朝 시기가 되면 묘지의 가장 중요한 기능이 송덕이 된다.

10) 窪添慶文,「墓誌の起源とその定型化」,『立正史學』105(2009), 2쪽.

11) 窪添慶文,「遷都後の北魏墓誌に關する補考」,『東アジア石刻研究』5(2013), 1쪽.

12) 永田英正 編,『漢代石刻集成 圖版·釋文篇』(京都: 同朋社, 1994), 94쪽, 〈文叔陽食堂畫像題記〉,"建康元年八月乙丑朔十九日丁未. 壽貴里文叔陽食堂. 陽故曹史, 行亭市掾, 鄉嗇夫, 廷掾, 功曹, 府文學掾. 有立子三人, 女寧, 男弟叔明, 女弟思. 叔明蚤失春秋, 長子道士司立成□, 值錢萬七, 故曹史市掾."

13) 永田英正 編, 위의 책, 130쪽, 〈鄭固碑〉,"漢故郎中鄭君之碑. 君諱固, 字伯堅, 著君元子也. 含中和之叔質, 履上仁之□□. 孝友著閨門, 至行立乎鄉黨.…(중략)…弱冠任郡, 吏諸曹掾史·主簿·督郵·五官掾·功曹,…(중략)…延熹元年二月十九日, 詔拜郎中,…(중략)…年卅二, 其四月十四日, 遭命隕身.…(중략)…其辭曰, 於惟郎中,…(하략)"

14) 趙超 著,『漢魏南北朝墓誌彙編』(天津: 天津古籍, 2008), 22쪽, 〈宋故員外散騎侍郎明(曇憘)府君墓誌銘〉,"宋故員外散騎侍郎明府君墓誌銘. 祖儼, 州別駕, 東海太守. 夫人清河崔氏,

이들 세 석각은 그 위치는 지하와 지상으로 구별되지만 모두 궁극적으로는 살아있는 자들에게 묘주와 관련한 정보를 제공하기 위해 제작되었다는 공통점을 갖는다. 또한 이들 세 석각들은 거의 같은 시기에 본격적으로 사용되었다.[15]

기존 연구들은 묘기가 묘비나 묘지에 영향을 미쳤을 것임을 주장하기는 하였지만 묘지와 묘비가 성행하던 시기에도 묘기가 지속적으로 제작되어 이용되었던 이유에 대해서는 언급하고 있지 않다. 따라서 묘기와 묘지가 동일하게 지하에 설치되었다면 이들은 어떻게 구분할 수 있을지, 긴 시간 동안 공존하였다면 각기 다른 역할을 담당하였던 것은 아닌지 등에 대한 의문이 든다. 한편 묘기와 묘지가 무덤 속에 설치되던 때 지상에는 묘비가 세워졌다. 지상과 지하라는 공간적 차이는 그 기원과 목적을 달리한 것이라는 주장이 있는 것처럼[16] 묘비는 지하에 위치한 석각들과는 다른 사회적 역할을 했던 것은 아닐까? 요컨대 묘기류와 묘지로는 표현할 수 없는 사회적 욕망과 필요를 묘비에 간각했던 것은 아니었을까? 묘비가 지상에 등장했음에도 여전히 묘기류와 묘지가 이용되었다는 것은 이들이 묘비와는 다른 필요에 의해 선택되었다는 것을 의미할 것이다.

이 책은 살아있는 자를 위해 제작되었던 여러 석각들의 존립 이유와 상호 관련성을 살펴보는 것으로부터 시작하고자 한다. 특히 가장 먼저 제작되었던 묘기류의 등장과 그것이 다른 석각에 미친 영향을 고찰하고자 한다. 이 과정에서 다른 석각들의 특징은 자연스럽게 파악될 수 있을 것이다.

父湜, 度支尙書.…(중략)…君諱曇憘, 字永源, 平原鬲人也.…(중략)…君天情凝澈, 風韻標秀, 性盡沖淸, 行必嚴損…(중략)…州辟不應, 徵奉朝請. 歷寧朔將軍·員外郎·帶武原令.…(중략)…春秋卅, 元徽二年五月卄六日丙申, 越冬十二月卄四日辛卯窆于臨沂縣弋壁山…(중략)…其辭曰, 斯文未隊,…(하략)"

15) 묘기의 출현이 두 석각에 비해 빠르기는 하지만 세 석각 모두 후한 시기 본격적으로 사용되었기에 거의 같은 시기에 본격적으로 사용되었다고 보았다.

16) 도미야 이타루 지음·임병덕 옮김, 『목간과 죽간으로 본 중국 고대 문화사』(서울: 사계절, 2005), 79쪽.

이를 통해 중국 고대 다양한 석각들이 가진 사회적 필요 및 그 안에 투영된 계층성을 파악할 수 있을 것이다.

I. 묘기의 출현

묘기의 등장과 관련하여 연구자들은 진시황릉구秦始皇陵區 서측 조배호촌趙背戶村 형도묘刑徒墓에서 발굴된 와지瓦誌(혹은 전지磚誌)를 그 최초의 형태로 설명한다.[17] 이들 형도전刑徒磚은 그곳에 매장된 이들에 대한 간단한 정보를 전하고 있는데, 형식은 (1) 본적+인명(예: 동무현 출신의 세[東武 歲], 박창현 출신의 거질[博昌 去疾]),[18] (2) 본적+작명爵名+인명(예: 동무현 출신의 불경의 작을 받은 소□[東武 不更 所□]), (3) 본적+형명刑名+인명(예: 양민현 출신의 거자형에 처해진 대교[楊民 居貲 大敎]), (4) 본적+형명+작명+인명(예: 동무현 출신의 거자형에 처해진 상조의 작을 받은 경기[東武 居貲 上造 慶忌]) 등으로 구분할 수 있다.[19] 간단히 묘주가 누구인가라는 가장 기본적인 정보를 제공하고 있다.

후한後漢 시기에 제작된 형도전 역시 이와 크게 다르지 않다. 1964년 낙양洛陽 남쪽 교외에서 발견된 522기의 무덤에서는 820여 점의 묘전墓磚이 출토되었는데, 진대秦代 형도전과 형식적으로는 큰 차이가 없으나 다만 유형이 좀 더 다양하다. 그 유형은 (1) 인명(예: 위노尉奴, 진편陳便, 대아戴雅), (2) 무임無任 또는 오임五任[20]+인명(예: 무임인 사랑[無任 謝郎], 오임인 풍소[五任

---

17) 袁仲一, 앞의 책, 31쪽. 와지의 내용을 보면 알 수 있는 것처럼 노역에 동원된 이들이 모두 刑徒는 아니다. 다만 편의에 따라 최초 보고된 용어를 사용하였다.

18) 기록은 '東武勢', '博昌去疾'의 형태이나 이해의 편의를 위해 각 항목마다 띄어쓰기를 하였다. 이하 모두 같다.

19) 始皇陵秦俑考古發掘隊, 「秦始皇陵西側趙背戶村秦刑徒墓」, 『文物』 1982-3, 6~11쪽.

20) 최근에 나온 『漢簡語彙 中國古代木簡辭典』에 의하면 '無任'과 '五任'의 '任'은 사전적으로는 (1) 임무 혹은 직무(를 맡다), (2) 능력(을 발휘하다), (3) 보증하여 책임지다라는

馮少]), (3) 본적＋인명(예: 여남군 성보현 출신의 대로[汝南 成甫 戴路]), (4) 본적＋
형명＋인명(예: 양국 하읍 출신의 곤겸형에 처해진 조중[梁國 下邑 髡鉗 趙仲]),
(5) 무임 또는 오임＋본적＋형명＋인명(예: 무임인 하남윤 낙양현 출신의
곤겸형에 처해진 금릉[無任 河南 洛陽 髡鉗 金陵]), (6) 무임 또는 오임＋본적＋형명
＋인명＋사망일(예: 무임인 하남윤 낙양현 출신의 곤겸형에 처해진 조거
원초 6년 윤달 4일 사망하다[無任 河南 雒陽 髡鉗 趙巨 元初六年閏月四日物故死]),
(7) 소속부所屬部＋무임 또는 오임＋본적＋형명＋인명＋사망일＋매장 장소
(예: 우부에 소속된 무임인 남완 출신의 곤겸형에 처한 진편 영초 원년
5월 25일 사망하여 이 아래 묻혔다[右部 無任 南宛 髡鉗 陳便 永初元年五月卄五日物故死
在此下]) 등으로 구별할 수 있다. 이외에도 대신 복역하는 사례를 새긴 특수한
유형도 있지만(예: 오임인 남양군 노양현 출신의 귀신형에 처해진 호생
노차를 대신하다 원초 6년 윤달 14일 사망하다[五任 南陽 魯陽 鬼新 胡生 代路次
元初六年閏月十四日死]), (7)의 형식이 가장 표준적인 것으로 보고되었다.[21]

유형 (7)에서 눈에 띄는 것은 매장 장소가 기록된 것이다. 주로 '죽어
이 아래 있다[死在此下]'로 표현되고 간혹 '죽어 아래에 있다[死下]', '죽어 이
아래 있다[死此下]', '이 아래에 있다[在此下]', '이 곳에 있다[在此]' 등으로 기술되어
있다. 묘지의 궁극적 설치 목적이 무덤 안에 설치되어 후대 능묘 변천에
대비하여 묘주와 무덤 위치에 대한 정보를 제공하는 것이라면,[22] 이처럼

뜻을 가지고 있다. 京都大學人文科學研究所 簡牘研究班, 『漢簡語彙 中國古代木簡辭典』
(東京: 岩波書店, 2015), 442쪽. 이와 관련하여 중국학계는 '무임'을 죄로 인하여
免官된 것으로(陳直, 「古器物文學叢考」, 『考古』 1963-2, 83쪽), '무임'을 기술을 갖지
못해 중노동에 복역하는 죄수로 '오임'을 기술을 지닌 죄수로(張政烺, 「秦漢刑徒的考古
資料」, 『歷史敎學』 2001-1, 39쪽. 原載: 『北京大學學報』 1958-3), '무임'을 보증인이
없는 것으로 해석하곤 하였다(于豪亮, 「居延漢簡校釋」, 『于豪亮學術文存』(北京: 中華書
局, 1985), 210~211쪽). 한편 최근 위전보는 '임'을 '보증하여 책임지다'라는 뜻으로
보아 '무임'을 '죄수를 위해 아무도 담보를 맡기지 않은 것'으로, '오임'을 '최소한
5인이 형도를 위해 담보를 맡긴 것'으로 해석하였다. 于振波, 「"無任"與"五任"」, 『華南師
範大學學報(社科版)』 2006-1, 101쪽.

21) 中國科學院考古研究所洛陽工作隊, 「東漢洛陽城南郊的刑徒墓地」, 『考古』 1972-4, 4~7쪽.
22) [明]吳訥, 『文章辨體』, 「墓誌」, "墓誌, 則直述世系·歲月·名字·爵里, 用防陵谷遷改."

〈그림 1-1-1〉 유형(7) 묘전23)

묘주에 대한 정보와 매장 장소가 기록된 형도전들은 묘지의 초기 모습이라고 할 수 있을 것이다.

한편 추성鄒城에서 출토된 전국戰國 시기 묘기 중에는 "□의 모친이 병으로 사망하였다. 그 아들은 그 북쪽에 묻혔다[□之母之疾死, 其子在其北]."24)고 하여 묘주에 대한 정확한 정보가 결여되어 있는 것도 있다. 그러나 사망한 모친과 그 아들이 묻힌 매장 장소를 알려준다는 점에서 이 묘기 역시 능묘 변천에 대비하고자 했던 최초의 의도가 반영된 것으로 볼 수 있다.

그런데, 전한前漢 시기의 것으로 추정되는 또 다른 묘기는 그 설치 목적이 능묘 변천에 대비하는 것만은 아니었던 것 같다. 1986년 섬서성陝西省 함양시咸陽市에서 발견된 묘기는 앞면과 측면에 각각 '천추만千秋萬', '억년무극億年無極'이라는 글귀가 각석되어 있다.25) 묘주에 대한 어떠한 정보도 없이 '천추만세', '억만년 무궁하리라'는 길상어吉祥語만이 새겨져 있는 것이다. 죽은 묘주의 신령함으로 남아 있는 가족 또는 가문이 억만년 무궁하였으면 좋겠다는 의식의 발로인지, 혹은 죽은 묘주의 혼령이 억만년 무궁히 지하 세계에서 존재하기를 바란다는 염원의 표현인지는 정확하지 않다. 아마도 처음에는

---

23) 中國科學院考古研究所洛陽工作隊, 앞의 글, 5쪽, "左部 無任 沛國 與秋 司寇 周捐 永初元年 六月十一日物故 在此下."

24) 鄭建芳, 「最早的墓誌」, 『中國文物報』 1994年6月19日. 여기서는 胡海帆·湯燕 編著, 『中國古代磚刻銘文集』(北京: 文物, 2008), 1쪽에서 재인용.

25) 陝西省考古研究所, 「陝西省煤炭工業學校漢窯及漢唐墓葬淸理報告」, 『考古與文物』 2004-增. 여기서는 胡海帆·湯燕 編著, 위의 책, 2쪽에서 재인용.

〈그림 1-1-2〉〈회계 조군〉·〈고장수교위 패국 초치〉·〈영좌 사충〉·〈산양태수 조근, 조질불예〉 묘전26)

후자의 목적이 강했을 것으로 생각된다. 사람이 죽어도 그 백魄은 지하에서 이승에서와 동일하게 삶을 지속한다는 '영혼불멸관靈魂不滅觀'27)이 당시인들로 하여금 이러한 구절을 각석하게 하였을 것이다. 이 묘기를 통해서 능묘 변천에 대비한다는 최초의 목적과는 다른 목적이 묘기에 더해졌음을 알 수 있다. 요컨대 묘기에 사후 세계에 대한 인식이 반영되며 죽은 묘주의 사후 생활을 안락하게 하려는 염려와 배려가 더해져 단순한 표지에서 망자亡者를 위한 명기明器의 성격을 갖게 된 것이다.28)

그러나 당시 지하에 매립되었던 묘기류의 대부분은 여전히 묘주의 성명이나 신분을 기록하는 역할을 담당했던 것으로 보인다. 1977년 안휘성安徽省 박주시亳州市 조씨曹氏 종족묘에서 출토된 묘전에 간각된 '회계會稽 조군曹君'(본적＋인명), '영좌令左 사충史忠'(관직＋인명), '고장수교위故長水校尉 패국沛國

---

26) 차례대로 亳縣博物館,「安徽亳縣發現一批漢代字磚和石刻」,『文物資料叢刊』2(1978). 그림 2(143쪽), 그림 13(144쪽), 그림 董6-2(158쪽), 그림 17(144쪽).

27) 마이클 로이·이성규 역,『古代中國人의 生死觀』(서울: 지식산업사, 1987; 1998), 42~43쪽.

28) 한편 이성구는 戰國 시기 이후 조상신 숭배의 퇴조와 맞물린 祖靈의 악귀화는 조상을 무덤 속에 묶어둠으로써 후손들에게 재앙을 끼치지 못하게끔 하려는 厚葬의 풍습을 낳았다고 하며, 明器의 등장 원인을 死靈에 대한 인식 변화에서 찾았다. 李成九,「漢代의 死後世界觀」,『中國古中世史硏究』38(2015), 135쪽.

초치譙熾'(관직＋본적＋인명), '산양태수山陽太守 조근曹勤, 조질불예遭疾不豫'
(관직＋인명＋사망 원인-병에 걸려 사망) 등의 기록은 묘기류의 가장 중요한
역할이 표지임을 알려준다. 물론 패국 출신의 장수교위를 역임한 초치라는
인물의 인품에 대한 찬미가 분명한 "세상을 초월한 명성, 훌륭한 위엄과
덕, 한에 의해 드러났네[敍嘆之高世, 威德之棠棠, 爲漢所熾]."29)와 같은 기술은 묘기
류가 묘주의 신분을 기록한 표지로만 머무르는 것은 아님을 말해준다.

Ⅱ. 묘기의 내용과 역할－표지에서 효성의 기념비로

지하에 설치된 묘기류에 공덕을 적은 것에 대해 좀 더 생각해 보자.
공덕의 현창顯彰이라는 것, 즉 송덕이라는 것은 묘주의 성명이나 신분을
서술하는 것과는 달리 독자를 염두에 둔 행위라고 할 수 있다. 무덤 안에
설치하는 묘기류에 독자를 염두에 둔 내용이 기록되는 것은 무엇 때문일까?
이와 관련하여 다음의 묘기들을 살펴볼 필요가 있을 것 같다.

(1) 조후를 위하여 벽을 만들었다[爲曹侯作壁].30)

(2) 7월 2일, 장영교가 벽을 만들었다[七月二日, 張永驕所作壁].31)

(3) 박가가 만들었다[雹可作].32)

---

29) 〈爲漢所熾磚〉으로 불리는 이 墓磚이 〈故長水校尉沛國譙熾磚〉과 관련이 있는지에
   대한 여부는 보고를 통해서는 알 수 없다. 亳縣博物館, 앞의 글. 그러나 〈고장수교위패
   국초치전〉이 그림 13(144쪽)으로, 〈위한소치전〉이 그림 14(144쪽)로 보고된 것은
   이들이 관련되어 있음을 말해주는 것이라 생각한다. 예를 들어 〈會稽曹君磚〉이
   그림 2(143쪽), 〈會稽曹君喪軀磚〉이 그림 3(143쪽), 〈會稽曹君喪千年不幸喪軀磚〉이
   그림 4(143쪽)로 소개된 것은 이들 묘전의 소개가 일정한 관련성을 가지고 이루어진
   것이라 생각한다. 따라서 〈위한소치전〉과 〈고장수교위패국초치전〉을 관련된 것으
   로 파악하였다.
30) 亳縣博物館, 앞의 글, 158쪽, 그림 董4.
31) 亳縣博物館, 위의 글, 150쪽, 그림 79.

(4) 상대부를 위해 벽을 만들었다[爲上大夫作壁].33)

(5) 한자가 힘써 홀로 만들었다[漢子勞獨作].34)

(6) 아단이 지불하였다[費阿旦].35)

(7) 전 백을 경선이 지불하였다[錢百費景宣].36)

(1)~(3)은 앞에서 잠시 언급한 안휘성 박주시 원보갱촌元寶坑村에서 발굴된 후한 조씨 종족묘에서 출토된 묘전들이고, (4)~(7)은 1982년 안휘성 박주시 남쪽 교외 조사고퇴曹四孤堆에서 발굴된 후한 조씨 종족묘에서 출토된 묘전들이다. 이들은 모두 벽 중에 위치하고 있었다. 이들 중 (1)과 (4)에는 공통적으로 누구를 위해 이 벽(곧 전실묘磚室墓)을 만들었는가를 적었다. 다음 (2)·(3)과 (5)에는 묘주를 위해 누가 (이 벽을) 만들었는가를 적었다. 마지막으로 (6)에는 비용은 누가 지불하였는가를 (7)에는 누가 얼마를 지불하였는가를 적어 놓았다. 비용과 그 비용의 출연자出捐者는 독자를 염두에 두고 간각한 것이 틀림없다. 그런데 두 종족묘에서 출토된 묘전에는 기년이 기록되어 있지 않아 독자를 염두에 둔 기술이 정확히 언제부터 시작되었는지를 가늠하기는 쉽지 않다. 그래서 이러한 기술이 등장하는 다른 묘기류 몇 개를 찾아보았다.

〈①누가 ②묘주를 위해 ③누구를 고용하여 ④얼마를 내서 ⑤무엇을 만들었는가〉

(1) 〈신천봉3년(16)노공식당화상제기新天鳳三年路公食堂畵像題記〉

□□원년 2월 20일,…노공의② 형제가① 천봉 3년 식당을⑤ 세웠다. 노공은

---

32) 亳縣博物館, 앞의 글, 151쪽, 그림 81.

33) 亳縣博物館, 「安徽亳州市發現一座曹操宗族墓」, 『考古』 1988-1, 60쪽, 그림 6-4.

34) 亳縣博物館, 위의 글(1988), 61쪽, 그림 6-1.

35) 胡海帆·湯燕 編著, 앞의 책, 88쪽.

36) 胡海帆·湯燕 編著, 위의 책, 88쪽.

『엄씨춘추嚴氏春秋』를 연구하였으나 뛰어나지는 못하였다.37)

⑵ 〈후한건초8년(83)비성현난진화상석제기後漢建初八年肥城縣欒鎭畵像石題記〉
건초 8년 8월 완성하였다. 효자 장문사張文思가① 부친을② 위해 곡哭을
하니 예禮에 부합하였다. 화상석(제기)를⑤ 만드는 데 삼천이④ 들었고
왕차王次가③ 만들었다. 파괴하지 말지어다.38)

⑶ 〈후한원화2년(85)거남손씨석궐제기後漢元和二年莒南孫氏石闕題記〉
원화 2년 정월 6일, 손중양孫仲陽이①…부친이② 사망하여…예를 행하고
석궐을⑤ 만들었는데, 만 오천이④ 들었다.39)

⑷ 〈후한영원8년(96)식당제기後漢永元八年食堂題記〉
영원 7년 초하루가 신묘일辛卯日인 9월,…군君을② 위해 돌식당을⑤ 만드니
8년 2월 10일 완성하였다.…전 십만이④ 들었다.…관직은…형제가① 더불
어 세웠다.40)

⑸ 〈후한연평원년(106)양삼로석당제기後漢延平元年陽三老石堂題記〉
연평 원년 초하루가 갑진일甲辰日인 12월 1□일, 석당이⑤ 완성되었다.
때는 태세太歲(목성에 대응하는 가상의 행성. 목성과 달리 동에서 서로
이동)가 병오丙午에 있었다. □노현□魯縣 북향후北鄕侯…양삼로는① 스스

37) 永田英正 編, 앞의 책, 14쪽, 〈路公食堂畵像題記〉"□□元年二月廿日□□□□□荊路公
昆弟, □[天][鳳]三年立食堂. 路公治嚴氏春秋, 不踰."
38) 永田英正 編, 위의 책, 26쪽, 〈肥城縣欒鎭畵像石題記〉, "建初八年八月成, 孝子張文思哭父
而禮. 石治三千, 王次作. 勿敗裹."
39) 永田英正 編, 위의 책, 28쪽, 〈莒南孫氏石闕題記〉, "元和二年正月六日, 孫仲陽□升父物故,
行□□禮□作石闕, 價直萬五千."
40) 永田英正 編, 위의 책, 32쪽, 〈永元八年食堂題記〉, "永元七年九月辛卯朔, 昌德□于□□君,
爲石食堂, 八年二月十日戊□上成. □□□□直錢十萬. □本治…官…□□君…弟兄竝立."

로 거동을 삼가며 향리와 조정, 그리고 학문의 성취에도 뜻을 두지 않고 (오직) 그 자식된 도리를 닦는 데 뜻을 두었다. (부모의 은혜에) 미처 보답치 못하고…절절히 아픈 마음으로 낮밤으로 곡을 하니 몸이 상할 정도였다. 아침저녁으로 제사를 지내고, 때에 맞춰 음식을 바치니….41)

(6) 〈후한영초7년(113)대씨화상제기後漢永初七年戴氏畵像題記〉

【오른쪽 단】 대□공도戴□孔道가① 돌(화상석)을⑤ 세우니 가격이 오천④이 었다. 곽□郭□는(은)① 이천 오백을④ 부담하였다.…승□承□ 양□陽□,① 별경剕卿 장□□張□□은(는)① 구천 오백을④ 냈다. 영초 7년 윤달 18일에 시작하여 완성하였다. 【왼쪽 단】 대연군戴掾君은② 향년 93세로 박명하여 영초 4년 6월 17일 경오일庚午日에 병으로 사망하였고, 대모戴母는② 향년 92세로 영초 5년 8월 29일에 병으로 사망하였다. 부모가② 요절하니….42)

(7) 〈후한영건5년(130)식당화상제기後漢永建五年食堂畵像題記〉

영건 5년 태세가 경오庚午에 있는 해 2월 23일,…이 식당을⑤ 세우니 비용은 만④…거동을…뜻을 학문에…하늘의 재앙을 입어 부모가② 요절하여 떠나 니….43)

(8) 〈후한양가2년(133)뇌벽석애묘제기後漢陽嘉二年雷劈石崖墓題記〉

---

41) 永田英正 編, 앞의 책, 46쪽, 〈陽三老石堂題記〉, "延平元年十二月甲辰朔十□日, 石堂畢成. 時太歲在丙午. □魯北鄉侯…陽三老自思省居, 鄉里無宜, 不在朝廷, 又無經學, 志在其養子 道, 未[報]…感切傷心, 晨夜哭泣, 恐身不全. 朝半祠祭, 隨時進[食],…."

42) 永田英正 編, 위의 책, 48쪽, 〈戴氏畵像題記〉, "【右段】戴□孔道建石直五千, 郭□二千五百, □□□□□伍者承□陽□剕卿張□□九千五百, 以永初七年閏月十八日始立成【左段】戴掾 君, 壽九十三, 薄命以永初四年六月十七日庚午病卒, 戴母年九十二, 以永初五年八月廿九日 病卒, 父母夭蚤□□."

43) 永田英正 編, 위의 책, 72쪽, 〈永建五年食堂畵像題記〉, "永建五年太歲在庚午二月廿三 日,…立[此]食堂, [直][萬]…[居]□[意]□學□陽何意被天災蚤離父母□□□泣□□□□□."

양가 2년 왕사王師가① 묘를⑤ 만듦에 (비용으로) 사만이④ 들었다.44)

(9) 〈후한영화이년(137)식당화상제기後漢永和二年食堂畵像題記〉

영화 2년 태세가 묘卯에 있던 해 9월 2일, 제향第鄕 광리廣里의 결□洪□, 형제 남녀 4인, 조금…, 다시 모친을 잃었다. 부친은 향년…. □를(을) 경과하여 돈을 모으니 스스로 부모를② 생각함에 족하였다. 형제가① 슬퍼하며 이에 무덤을 만들고 작은 식당을⑤ 지어 자손에게 전한다. 석공 형속刑續·□소□昭가③ 만들었으며, (소요된) 비용은 만④….45)

(10) 〈후한영화6년(141)식당화상제기後漢永和六年食堂畵像題記〉

【왼쪽 단】영화 4년 초하루가 병신일丙申日인 4월 27일 임술일壬戌日, 환전桓 壽이② 사망하였다. 두 동생인 문산文山과 숙산叔山이① 비통해하며 이 식당을⑤ 만들어 6년 정월 25일 완성하였다. 스스로 생각함에 비【오른쪽 단】통하기 그지없으니, (형 환전은) 하늘의 보우를 받지 못해 어려서 죽었다. 하나 있던 아들 백지伯志는② 세 살 나이로 떠났으니 5년 4월 3일 죽어 함께 황천으로 돌아갔다. 어느 때야 다시 만나게 될까. 진실로 서로 잊지 못하리라. 후대 자손들에게 전하니 이것을 잊지 마라.46)

(11) 〈후한건강원년(144)문숙양식당화상제기後漢建康元年文叔陽食堂畵像題記〉

---

44) 劉正成 主編, 『中國書法全集8-秦漢篇 秦漢石刻卷2』(北京: 新華書店, 1993), 479쪽, 〈雷劈石崖墓題記〉, "陽嘉二年, 王師作墓四萬."

45) 永田英正 編, 앞의 책, 80쪽, 〈永和二年食堂畵像題記〉, "永和二年, 太歲在卯, 九月二日, 第鄕廣里洪□, 昆弟男女四人, 少□□□, 復失慈母. 父年…□經有錢刀, 自足思念父母. 弟兄悲哀, 迺治冢作小食堂, 傳孫子. 石工刑續□昭所□□財□直萬…."

46) 永田英正 編, 위의 책, 84쪽, 〈永和六年食堂畵像題記〉, "【左段】永和四年四月丙申朔廿七日壬戌, 桓壽終亡, 二弟文山·叔山, 悲哀治此食堂, 到六年正月廿五日畢成. 自念悲【右段】通, 不受天祐少終. 有一子男伯志, 年三歲却, 到五年四月三日終, 俱歸皇[泉]. 何時復會. 愼勿相忘. 傳後世子孫, 令知之."

건강 원년 을축일乙丑日이 초하루인 8월 19일 정미일丁未日, 수귀리壽貴里
문숙양② 식당.⑤ 숙양은 조사曹史, 행정시연行亭市掾, 향색부鄕嗇夫, 정연廷掾,
공조功曹, 부문학연府文學掾을 역임하였다. 성년이 된 아들이 3인이 있고,
딸 영寧, 남동생 숙명叔明, 여동생 사思가 있다. 숙명이 일찍 죽어 (그의)
장자 도사道士가① 계승하여 □을(를)⑤ 세워 완성하였다. 비용은 전 만
칠천이④ 들었다. 조사시연曹史市掾을 역임하였다.[47]

⑿ 〈후한연희원년(158)곡부서가촌화상석제기後漢延熹元年曲阜徐家村畵像石題記〉
연희 원년 10월 3일 이 장당藏堂(묘당)을⑤ 만들기 시작하였다. □ 공과
상① 모두 □□수승으로 공인에게③ 오 만, 식대로 9만 모두 십□만을④
지불하였다. 20일에 즉시 □하여, 이 무덤 터를 완성하고 노비를 샀다.
11월 7일 처를② 장사지냈다. 이 장당 안에서 거마는 오래 □할 것이며,
용·뱀·범·소는 모두 하늘의 창고에서 먹게 될 것이다.[48]

　지상이 아닌 무덤 안에 설치되거나 사당 안에 위치했던 화상석제기, 사당
제기들 중에서 '누가' '얼마를 내서' '누구를 고용해' '무엇을 만들었는가'를
적은 것들 몇 점을 소개하였다. 그 중 ⑴ 〈노공식당화상제기〉에는 천봉
3년(16)이라는 신왕조 왕망王莽의 연호가 보인다. 꽤 이른 시기에 이미 묘주를
위해 특별한 묘지墓地 건축물을 건립한 것을 알 수 있다. 그런데, 나열된
사례를 통해 알 수 있는 것처럼 묘지 건축물의 건립과 관련한 묘기는 천봉
3년에 처음 등장하기는 하지만 이를 일반적인 것으로 보기는 힘들다. 뒤를

47) 永田英正 編, 앞의 책, 94쪽, 〈文叔陽食堂畵像題記〉, "建康元年八月乙丑朔十九日丁未,
　　壽貴里文叔陽食堂. 叔陽故曹史, 行亭市掾, 鄕嗇夫, 廷掾, 功曹, 府文學掾. 有立子三人,
　　女寧, 男弟叔明, 女弟思. 叔明蚤失春秋, 長子道士司立成□, 値錢萬七, 故曹史市掾."
48) 永田英正 編, 위의 책, 134쪽, 〈曲阜徐家村畵像石題記〉, "[延]熹元年十月三日始作此藏堂.
　　□爲鞏·相皆□□守丞, 使工五萬, 又食九萬, 幷直錢十□萬, 卽□卅日, 成此田買奴, 以十一
　　月七日葬婦. 此藏中車馬延□, 龍蛇虎牛皆食大倉."

이어 소개한 (2) 〈비성현난진화상석제기〉는 후한 장제章帝 건초 8년(83)이나 되어야 등장한다. 이후 점차 묘기들의 출현 간격이 줄어들다가 130년대 들어서면 간격이 거의 없어진다. 따라서 묘지 건축에 대한 정보를 담고 있는 묘기들이 일반적으로 제작되는 것은 130년대 들어서의 일로 보는 것이 적절할 것 같다. 단정할 수는 없지만 후한 중기 이후 묘지 건축에 대한 정보를 담은 묘기가 사회적으로 유행하기 시작했다는 결론은 내려도 좋을 것 같다.

〈표 1-1-2〉 후한 시기 제작된 묘기류의 구성

	내용	구성	자료
1	누가 무엇을 만들었는가?	①, ⑤	자료(5) 〈양삼로석당제기〉
2	누가 죽은 자를 위해 무엇을 만들었는가?	①, ②, ⑤	자료(1) 〈노공식당화상제기〉*
			자료(10) 〈영화6년식당화상제기〉
3	누가 얼마를 지불하여 무엇을 만들었는가?	①, ④, ⑤	자료(8) 〈뇌벽석애묘제기〉
4	죽은 자를 위하여 얼마를 지불하여 무엇을 만들었는가?	②, ④, ⑤	자료(7) 〈영건5년식당화상제기〉
5	누가 죽은 자를 위하여 얼마를 지불하여 무엇을 만들었는가?	①, ②, ④, ⑤	자료(3) 〈거남손씨석궐제기〉
			자료(4) 〈영원8년식당제기〉
			자료(6) 〈대씨화상제기〉
			자료(11) 〈문숙양식당화상제기〉
6	누가 죽은 자를 위하여 누구를 고용하여 얼마를 지불해 무엇을 만들었는가?	①, ②, ③, ④, ⑤	자료(2) 〈비성현난진화상석제기〉
			자료(9) 〈영화2년식당화상제기〉
			자료(12) 〈곡부서가촌화상석제기〉

* 〈노공식당화상제기〉는 신왕조 시기에 제작되었으나 묘지의 구성과 내용을 파악하기 위해 편의적으로 표에 포함하여 분석하였다.

표에서 볼 수 있는 것처럼 이들 묘기들은 하나같이 죽은 자를 위해 살아있는 자들이 비용을 지불하여 효성 또는 우애를 실천하였음을 증언하고 있다. 무덤 혹은 사당 안에 효성과 우애의 실천을 기록한 묘기를 설치한 이유는 무엇일까?

이는 묘제墓祭의 발달과 깊은 관련이 있을 것 같다. 고대 조상에 대한 제사가 묘제廟祭, 즉 사당 제사였던 것과49) 달리 점차 묘제, 무덤 제사가

발달하게 된다.50) 종묘제사宗廟祭祀가 언제 능묘제사陵墓祭祀로 변화하였는지
에 대해서는 의견이 엇갈리고 있다. 하지만『한서漢書』에 '상총上冢'으로 불리
는51) 능묘 제사에 대한 고유한 표현이 반복적으로 등장하는 것에 따르면,
능묘 제사는 이미 전한 시기에 등장한 것으로 생각된다. 다만 본격적으로
민간에서 유행하기 시작한 것은 후한 명제明帝가 그 부친인 광무제光武帝의
무덤에서 지낸 상릉제上陵祭(상릉례上陵禮) 이후가 아닐까 한다.52)

　　그런데『한서』에는 '상총'이란 용어와 더불어 '회종족고인會宗族故人', '회빈
객會賓客', '여고인기회與故人期會', '소종족召宗族'과 같은 구절이 병기되어 우리
의 시선을 끈다.53) '부른다[召]'는 표현과 '모인다[會]'는 표현을 통해 우리는
당시 능묘에서 지내는 제사가 단순히 선조를 기리는 행위만이 아니었음을
알 수 있다. 능묘 제사는 회합을 통해 종족의 결합을 확인하는 행위며,54)
사회적으로 정치적 영향력을 확대하는 행위였음을 알 수 있다. 명호名豪로
이름난 원섭原涉의 묘제墓祭에 수십 승乘의 수레로 헤아릴 정도로 많은 지역의
호걸豪傑들이 참석했다는 기사55)는 제사가 집단의 결속과 영향력 과시의
중요한 수단이 되었음을 단적으로 말해준다.56)

---

49)『後漢書』志第9,「祭祀下」, "古不墓祭, 漢諸陵皆有園寢, 承秦所爲也."
50) [後漢]王充,『論衡』,「四諱」, "禮廟制, 今俗墓祀."
51) 혹은 '上先人冢' 또는 '上父祖冢'이란 표현도 보인다.
52) 이에 대해 황진밍은 明帝의 上陵禮 실시를 사회적으로 이미 유행하고 있던 무덤
　　제사를 인정한 것이라고 보았고, 양콴은 豪强大族들의 풍습이 확대·답습되어 황제
　　陵園에서 거행된 것이라고 이해하였다. 黃金明,「東漢墓碑文興盛的社會文化背景」,『漳
　　州師範學院學報』53(2004), 24쪽; 楊寬,『中國古代陵寢制度史研究(上海: 人民, 2003),
　　124쪽.
53)『漢書』卷92,「游俠 樓護傳」, "過齊, 上書求上先人冢, 因會宗族·故人, 各以親疏與束帛,
　　一日散百金之費.";『漢書』卷92,「游俠 原涉傳」, "涉欲上冢, 不欲會賓客, 密獨與故人期會.";
　　『漢書』卷100上,「敍傳」, "伯上書願過故郡上父祖冢. 有詔, 太守都尉以下會. 因召宗族,
　　各以親疏加恩施, 散數百金." 강조는 저자. 이하 동일.
54) 양콴은 前漢 중기 이후 지역 사회에서 세력을 확대한 豪族들이 墓祭를 통하여 大族의
　　단결을 모색하였다고 분석하였다. 楊寬, 위의 책, 41쪽.
55)『漢書』卷92,「游俠 原涉傳」, "會涉所與期上冢者車數十乘到, 皆諸豪也."
56) 그러나 양콴이 지적한 것처럼 이 풍속은 사회 일반이 아닌 호강 대족들의 풍속으로

전한 중기 이후 무덤 양식이 변화하면서[57] 묘제 때 일부기는 하지만 제사에 참여하는 이들이 묘실에 들어와 제사를 참관하는 것이 가능해졌다.[58] 이때 제사에 참여하는 사람들은 가족, 종족을 비롯하여 빈객, 고인(예전부터 알던 친우親友) 등으로, 제사는 자연스럽게 종족의 결합이나 공동체 안에서의 정치적 영향력 확대에 일조하게 되었다.[59] 이제 무덤은 죽은 자만의 공간이 아닌, 산 자가 예를 행하고 효를 드러내는 공간이기도 하였다. 따라서 그 공간에는 죽은 자뿐 아니라 살아있는 자들을 위한 장치들이 배치될 필요가 있었다.

묘실 또는 사당 안에 묘기류가 설치되기 시작하였다. 한정된 인원이기는 하지만 묘기의 기록들을 구경할 수 있는 사람들이 생겼다. 구경꾼을 갖게 된 이상[60] 땅 속에 매장되거나 사당 안에 설치되었어도 그것은 더 이상 죽은 자만을 위한 기념물이 아니었다.[61] 묘기에 산 자들에게 보여줄 내용이

봐야할 것이다. 전한 시기 상충, 즉 묘제가 유력자의 행위였음은 메구로 교코도 지적하였다. 차례대로, 楊寬, 앞의 책, 124쪽; 目黑杏子, 「後漢年始儀禮の構成に關する試論」, 『中國古中世史硏究』 39(2016), 29쪽.

57) 황샤오펀에 따르면 전한 중기 이후에는 槨墓가 감소하는 대신 방으로 나눠진 室墓가 대거 등장하고, 이 실묘는 오직 槨室 안에서만 서로 통하는(槨內開通) 1단계와 무덤 안에서 밖으로 통하게 되는(向外界開通) 2단계를 거쳐, 제사 공간이 독립되는 단계로 발전하게 된다. 黃曉芬, 『漢墓的考古學硏究』(長沙: 岳麓書社, 2003), 71쪽, 90~92쪽.

58) 최근 연구에 따르면 漢代 묘 안에는 便房에 神坐가 설치되어 묘 안에서 제사를 지냈다고 한다. 向井佑介, 「墓中の神坐-漢魏晉南北朝の墓室內祭祀-」, 『東洋史硏究』 73-1 (2014), 5~6쪽, 15쪽. 그렇다면 墓室 역시도 제사의 공간으로 파악하는 데 무리가 없을 것이다.

59) 자세한 내용은 洪承賢, 앞의 글(2015), 307쪽을 참조.

60) 정옌은 喪葬畵像은 제작자의 의도 여부를 떠나 모두 '구경꾼[觀者]'에게 보이기 위해 제작된 것이라 하였다. 鄭岩, 「關於漢代喪葬畵像觀者問題的思考」, 『逝者的面具-漢唐墓葬藝術硏究』(北京: 北京大, 2013), 147쪽. 原載: 『中國漢畵硏究』 2(2006).

61) 永興 2년(154)에 제작된 〈薌他君石祠堂題記〉에는 "唯觀者諸君, 願勿敗傷, 壽得萬年, 家富昌."이라는 구절이, 어홍 3년에 제작된 〈安國祠堂題記〉에는 "唯諸觀者, 深加哀憐, 壽如金石, 子孫萬年, 牧馬牛羊, 諸童皆良."이라는 구절이 있어 이들 묘기가 살아있는 자들에게 노출되는 것을 염두에 두고 작성되었음을 알 수 있다. 차례대로 永田英正 編, 앞의 책, 118쪽, 128쪽.

기록될 필요가 생긴 것이다. 막대한 비용을 지불할 정도로 효성이 지극한
자식, 엄청난 비용을 감내할 정도로 우애가 두터운 형제. 묘주와 더불어
이들이 묘기의 또 다른 주인공이 되었다. 심지어 자료(8) 〈뇌벽석애묘제기〉
에는 묘주가 등장하지도 않는다.62)

묘기 중 다수는 묘지 건축에 관련한 정보-건축의 주체, 소요 경비, 건축의
내용 등-가 기술되어 있다. 묘기에 따라 주체가 생략된 것도 있고, 건축의
내용이 드러나지 않는 것도 있으며, 혹은 소요 비용이 기술되지 않은 것도
있다. 그러나 부분적인 결락에도 불구하고 "누가 죽은 자를 위해 얼마를
지불하여 무엇을 만들었는가?" 하는 내용이 묘기의 중요한 공통 내용임은
분명하다. 무엇 때문에 묘기에서 가장 중요한 것이 기념물의 제작 주체와
출연 비용이 된 것일까? 아마도 그 이유는 묘기들이 죽은 조상의 생애나
공적보다는 조상에게 봉헌奉獻하는 산 자들의 덕행이나 업적에 초점을 맞췄
기 때문일 것이다.63)

앞에서 살펴본 묘기들은 하나 같이 죽은 이에 대한 애끓는 심정을 전하고
있다.64) 이들 묘기들 대부분이 고인을 추모하기 위해 가족들에 의해 제작되
었기 때문이다.65) 그러나 아주 세심하게 비용이 계산되고, 그 비용의 주체가
명시된 명문을 통해 우리는 묘기에 살아있는 자의 슬픔을 보이고 엄숙함을

---

62) 元嘉 원년(151)에 제작된 〈元嘉元年畫像石題記〉에도 墓主에 대한 기록은 전무한
채 무덤 안에 배치된 畫像石의 내용을 설명하기만 하였다. 山東博物館, 「山東蒼山元嘉
元年畫像石墓」, 『考古』 1975-2, 127쪽을 참조.
63) 우훙 저·김병준 옮김, 『순간과 영원-중국고대의 미술과 건축』(서울: 아카넷, 2001
; 2003), 463쪽.
64) 대표적으로 자료(5) 〈陽三老石堂題記〉에는 이 석각을 만든 양삼로가 고향집에 머무른
채 조정에 나가지도 않고 학문을 닦지도 않으며 슬퍼하는 상황이 절절히 묘사되고
있다. 특히 돌아가신 부모(정확하게 양친 중 누구인지는 알 수 없다)에게 효성을
다하지 못한 것을 슬퍼하며, 밤낮으로 통곡하며 아침저녁으로 제사를 드리는 모습이
서술되어 있다.
65) 자료(6) 〈戴氏畫像題記〉에는 묘주의 아들인 戴□孔道 이외에 다른 성을 가진 이들(郭□,
陽□, 張□□)이 등장하고 있다. 그러나 이 경우는 특별한 예로 대부분은 가족에
의해 만들어졌다.

드러내는 것 이외의 다른 목적이 있음을 추측할 수 있다. 즉, 정성을 다해 벽화로 장식된 무덤을 보면서 분묘 제작자들이 가졌을 반대급부에 대한 기대감을 읽을 수 있다.[66] 신이 된 조상에게 의탁하여 부귀영화를 보장받아 현세에서 잘 살아보고자 하는 마음에서 화려한 무덤을 제작한 것일 수도 있다. 또는 모든 일가친척과 지역의 유지가 참석한 무덤의 낙성식에서 자신의 노력을 적은 묘기를 묘실 또는 사당에 안치하는 것을 통해 부를 과시하기도 하였을 것이다.

그러나 비용을 마련하기 위해 기간의 경과를 감내했음을 밝히는(□경유전 도□經有錢刀) 사례로 인해(자료(9) 〈영화2년식당화상제기〉), 일련의 행위를 부의 과시만으로 설명할 수 없다. 오히려 지극한 효성을 드러내는 것이 주된 목적이었음을 알 수 있다.[67] 그것은 지극한 효성을 드러냄으로 인해 사회적 명성을 얻을 수 있었던 후한 사회와 관련 있다. 특별히 지역의 인물평人物評에 근거한 선거와 직결되어 중요하게 작용하였을 것이다.[68] 따라서 친족과 빈객이 모인 무덤의 낙성식은 물론이고 매년 거행되는 제사 중에, 돌에 새겨진 지극한 효성이 반복적으로 노출되는 효과를 지니는 묘기의 제작은 빠질 수 없는 장례 의식이 되었을 것이다. 제기에 보이는 노골적인 '효자孝子○○○'라는 표현(자료(2) 〈비성현난진화상석제기〉)은 아무래도 그 의도와 무관하지 않을 것이다.

명성의 획득이 당시 선거와 관련하여 중요했던 것은 기왕의 연구들을 통해 잘 알려져 있다.[69] 표준화된 시험이 아직 마련되지 않았던 시기, 인재

---

66) 韓正熙, 「중국분묘 벽화에 보이는 墓主圖의 변천」, 『美術史學硏究』 261(2009), 110쪽.

67) 한편 가토 나오코는 祠堂題記에 보이는 제작비용이 지나치게 고액이라는 점에 주목하여 그 수치들이 과장되었을 가능성을 이야기하였다. 또한 뛰어난 匠人들을 동원한 것을 기록한 것에 대해서도 언급하였는데, 그는 이러한 과장된 표현을 지극한 효성을 보여주기 위한 연출이라고 해석하였다. 加藤直子, 「ひらかれた漢墓-孝廉と'孝子'たちの戰略」, 『美術史硏究』 35(1997), 72~73쪽.

68) Martin Powers, Art & Political Expression in Early China, Yale University Press, New Haven, 1991, pp.42~43.

선발 방식으로 인물 감식의 필요성이 대두하였고 그 과정에서 인물평이 선거 운영의 잣대가 되었다. 인물평에 의한 선거는 전국戰國 시기부터 추세였다. 다만 한대 들어 시행되기 시작한 향거리선제鄕擧里選制는 인물평의 위력을 강화하였다. "군과 국은 향리에서 효제와 행의로 평가받는 이들을 각 1인씩 발탁하라[其令郡國擧孝悌有行義聞于鄕里者各一人]."[70]는 기사는 선거가 향리의 인물평에 근거하고 있음을 말해준다. 또한 이 기사를 통해 인물 평가에 있어 무엇보다 부모와 지역 사회 웃어른에 대한 효성과 공경이 중요한 덕목이었음도 알 수 있다. 따라서 선거를 통해 입사하고자 하는 이들에게는 효성에 의한 명성 획득이 무엇보다도 중요한 일이 되었을 것이다. 묘기의 제작은 이와 같은 사정과 관련이 있을 것이다.

　　그렇다면 왜 130년경일까 하는 문제를 생각해 보자. 기존 연구에 따르면 후한 초기 산발적이었던 인물평이 본격적으로 행해지기 시작한 것은 안제安帝 시기 이후다.[71] 인물평이 본격화되었다는 것은 무엇을 의미할까? 아마도 선거가 종래보다 치열해졌음을 의미할 것이다. 자연히 치열해진 선거 과정 속에서 지역 사회에서 명성을 획득하기 위한 노력 역시 더해졌을 것이다. 또한 후한 중기 이후 효제孝悌와 염결廉潔을 의미하던 효렴과孝廉科가 융성해지고, 그를 통한 입사가 가장 유력한 출세 코스가 됨으로써[72] 효제를 드러내는 행위는 더욱 중요해졌다. 이러한 선거의 변화가 묘기의 내용을 변화시켰을 것이다. 죽은 자를 위해 막대한 비용을 지불하는 효성과 우애에 헌신하는 살아있는 자들이 선거가 치열해지는 안제(106~125)~순제順帝 시기(125~144)[73] 이후 묘기의 주된 주인공이 된 것은 우연이 아니었음이다.

---

69) 대표적으로 岡村繁, 「後漢末期の評論の氣風について」, 『名古屋大學文學部硏究論集』 22-文學8(1960)과 劉增貴, 「論後漢末的人物評論風氣」, 『成大歷史學報』 10(1983)을 들 수 있다.

70) 『漢書』 卷8, 「宣帝紀」, 250쪽.

71) 류쩡구이는 人物評의 풍기를 시기별로 구분하고 安帝~桓帝期를 1기로 파악하였다. 劉增貴, 위의 글, 182쪽.

72) 永田英正, 「後漢の選擧と官僚階級」, 『東方學報』 41(1970), 177~182쪽.

III. 지상으로 나온 효성의 기념비─석궐과 묘비의 차이

묘기가 묘실 혹은 사당 내부에 위치하고 있었다는 것은 그것이 개인 또는 한 집안의 장례 의식에 국한되어 있음을 말해주는 것이다. 물론 후한의 경우 묘실이나 사당에서 정기적인 제사를 지냈기 때문에,[74] 그 안에 위치한 묘기의 공개를 상정할 수 있을 것이다. 친족을 비롯한 빈객의 회합이 제사를 지내면서 행해졌기에 묘기의 공개는 자명한 일이다. 그러나 결국 제사란 가족 원리에 따라 직계 혈연의 윗대 조상을 후손이 모시는 것이므로 그 근본적인 성격은 은밀하고 사적이며, 폐쇄적일 수밖에 없다. 따라서 친족과 일부 관련된 타인을 제외하고는 묘기의 내용을 볼 수 없었을 것이다. 그렇다면 보다 효과적으로 불특정 다수에게 자신의 효성을 드러내는 방법은 없었을까? 이와 관련하여 지상에 세워진 석각 하나를 살펴보자.

故南武陽功曹·鄕嗇夫·府文學掾·平邑君□□卿之闕. **卿□□□□□困苦, 天下相感□□□□仟□□□三□觀朝廷□□明君□直任人□□二□來□德□道, 以爲國三老, □□□□章和元年二月十六日, □子文學叔□□石工□□□鄕嗇[夫]□□□□□□□□□伯□廷□直四萬五千, 此上□□皆食□倉.**[75]

워낙 결락이 많아 정확하게 그 내용을 확인하기는 힘들지만 대략의 내용은 남무양현南武陽縣의 공조功曹와 향색부鄕嗇夫, 부문학연府文學掾을 역임했던 묘주 평읍군平邑君을 위해 그의 아들 문학文學 숙□□叔□□가 4만 5천의 비용을 들여 석공石工 □□□을(를) 불러 궐闕이라는 기념비를 제작했다는 것이다.

---

73) 앞에서 살펴본 것처럼 묘기들의 출현 간격이 줄어들다가 간격이 거의 없어지는 시기가 안제~順帝 시기와 겹치는 것을 알 수 있다.

74) 리루썬은 王莽 시기를 전후하여 묘실 내에서 제사를 지내는 것이 광범위하게 유행했다고 하였다. 李如森, 『漢代喪葬禮俗』(沈陽: 沈陽出版, 2003), 64쪽.

75) 永田英正 編, 앞의 책, 30쪽, 〈南武陽功曹闕題銘〉.

사망한 부친을 위해 아들이 큰 비용을 들여 석각을 만든 것을 기록한 것이다. 기원후 87년, 후한 장제章帝 장화章和 원년에 제작된 이 석각은 앞서 살펴본 묘기들과 크게 다르지 않다.

그러나 이 석각은 지금까지 살펴본 묘기들과는 달리 지상, 즉 가족 묘역墓域에 세워진 석궐石闕(묘궐)이라 불리는 기념물이다. 지상에 세워졌기에 석궐을 지나는 모든 불특정 다수가 아버지를 위해 거액을 들여 기념비를 세운 효성스러운 아들을 칭송할 수 있게 되었다. 물론 가족 묘역에 위치했기에 여전히 한정된 독자를 갖는다는 한계는 있었다. 그러나 효성을 드러내는 기재가 무덤 안이나 제사 때에만 개방되는 사당 안이 아닌 노천에 세워졌다는 것은 큰 변화가 아닐 수 없다.

위치의 변화는 석각의 구성 요소에 영향을 미쳤을 것이다. 지상으로 올라온 이 석각은 지금까지와는 다른 특징 두 가지를 갖고 있다. 우선 '남무양의 공조이자 향색부이며 부문학연이었던 평읍군 □□경의 궐故南武陽功曹·鄉嗇夫·府文學掾·平邑君□□卿之闕]'이라고 하여 이 석각의 성격을 설명하는 제목이 기록되어 있다는 점이고, 다른 하나는 묘주의 생전 업적 혹은 이력이 서술되었다는 점이다(굵은 글씨). 결락으로 인해 그 자세한 내용을 알 수 없지만 문맥 상 묘주가 국삼로國三老가 될 수 있었던 과정 또는 이유가 서술되어 있다고 보는 것이 합리적일 것 같다. 즉, 묘주에 대한 소개와 그의 이력에 대한 서술이 기록되어 있을 것이다.

이런 내용이 처음 등장한 것은 아니다. 자료(1) 〈노공식당화상제기〉의 "노공은 『엄씨춘추』를 연구하였다路公治嚴氏春秋]."는 구절은 묘주의 이력을 기술한 것에 다름 아니다. 그러나 이처럼 묘주의 이력을 기술한 묘기는 흔치 않다. 초기 묘기는 주로 표지로서의 역할을 담당하였다. 묘기에서 가장 중요한 것은 누가 어디 묻혔는가를 알려주는 것이었다. 차츰 묘주를 위해 누가 무엇을 만들었는가 하는 묘장 건축에 대한 정보가 더해졌다. 물론 묘주의 죽음을 애도하고 그의 살아생전의 업적을 칭송하는 내용이 없었던 것은 아니지만 그것은 오히려 예외적인 것이었다. 그러다 지상으로 올라온 석각 안에는 묘주의 인품과 관력이 기술되었다.

여기서 한 가지 궁금한 것은 이미 지상에 묘비가 존재하고 있었는데, 왜 석궐을 제작했는가 하는 점이다. 왜 묘비를 사용하지 않았던 것일까? 일반적으로 묘비는 묘주에 대한 간략한 정보 및 고인의 유덕遺德을 기리는 송사를 적어 무덤 앞에 세운 표지로 알려져 있다. 묘지와 마찬가지로 처음 등장하였을 때는 표지로서의 기능이 강하였으나 차츰 송덕을 목적으로 하는 기념비의 성격이 강해졌다. 공덕의 현창이라는 목적과 지상에 위치했다는 위치상의 특징이 어울리며 묘비는 묘주에 대한 공적인 정보를 제공하는 성격이 강했다. 그렇다면 당시인들이 목적에 따라 석각을 선택하였을 가능성을 생각해 봐야 할 것이다.

이와 관련하여 흥미로운 사례로 무씨武氏 가족 묘역에 세워진 석궐을 들 수 있다. 묘비와 같이 지상에 세워졌지만 가족 묘역이라는 특수한 공간에 위치하고 있고 형태적으로도 다른 점을 가지고 있는 〈후한건화원년(147)무씨사석궐명後漢建和元年武氏祠石闕銘〉은 내용에 있어서도 묘비와는 사뭇 다르다.

> 세차歲次가 정해丁亥에 있던 건화建和 원년(147) 초하루가 경술일庚戌日인 3월 4일 계축癸丑. 효자 무시공武始公·동생 수종綏宗·경흥景興·개명開明①은 석공石工 맹리孟李와 맹리의 동생 묘卯⑤로 하여금 이 궐闕을 만들게 하였다. 경비는 전 십 오만④이다. 손자인 종宗①은 (돌)사자⑤를 만들었는데 경비는 사만④이 들었다. 개명의 아들인 선장宣張은 제음濟陰에 입사하였다. 나이 25세에 조부군曹府君이 효렴에 찰거察擧하여 돈황장사敦煌長史를 제수하였으나, 병을 얻어 요절하였다.⑥ 싹이 꽃을 피웠으나 열매 맺지 못하니 오호 슬프도다. 사녀士女가 모두 마음 아파하도다.[76]

---

76) 永田英正 編, 앞의 책, 102쪽, 〈武氏祠石闕銘〉, "建和元年, 太歲在丁亥, 三月庚戌朔四日癸丑. 孝子武始公·弟綏宗·景興·開明, 使石工孟李·李弟卯造此闕, 直錢十五萬. 孫宗作師子,

바로 앞에서 살펴본 〈남무양공조궐제명〉과 동일하게 지상에 세워졌음에
도 지하에 매장되었던 묘기류의 구성과 매우 흡사함을 알 수 있다. 내용을
살펴보아도 가족 관계(개명의 아들 선장)에 대한 서술이 있기는(⑥) 하지만
가장 중요한 내용은 묘주를 위해 ①누가(아들 무시공·수종·경흥·개명과
손자 종) ③누구를 고용하여(맹리와 맹리의 동생 묘) ⑤무엇을 만들었는가
(석궐과 돌사자), ④가격은 얼마인가 하는 것(전 15만과 4만)이다. ②에
해당하는 묘주, 즉 누구를 위해서라는 내용이 생략되어 있지만 효자라는
표현으로 인해 묘주는 제작자의 부모(혹은 조부모)라는 것을 알 수 있다.
죽은 조상을 위해 자손이 많은 비용을 들여 자신들의 효성을 사회적으로
드러내기 위해 만든 것이다. 이때 그 의도는 지상에 세워졌지만 묘비가
아닌 석궐이라는 방식으로 표현되었다. 이를 통해 우리는 당시 효성을 드러
내는 사회적 방법은 묘비가 아니었음을 알 수 있다.

이를 방증하는 증거 역시 무씨사武氏祠에 세워졌다. 〈무씨사석궐명〉에
요절하여 모든 이들이 가련히 여겼다는 개명의 아들 선장, 즉 무반武班의
비다. 〈후한건화원년(147)무반비後漢建和元年武班碑〉는 무씨 가족묘 구역에
세워져 있지만 무씨 가족에 의해 세워진 것은 아니다. 이는 무반과 함께
같은 해 낭관郞官에 임명되었던 동기들—금향장金鄕長 하간국河間國 고양현高陽
縣 출신의 사회史恢를77) 비롯한 상서승尙書丞 패국沛國 출신 소지蕭芝 □선□宜,
성무령成武令 중산국中山國 안희현安熹縣 출신 조충曹种 □□, 풍령豊令 하비국下邳
國 양성현良城縣 출신 서숭徐崇 □□, 진류부승陳留府丞을 역임한 노국魯國 노현魯
縣 출신 □□ □□, 방동장防東長 제국齊國 임치현臨甾縣 출신 □-에 의해 건립되
었다.

〈무반비〉는 ①비액, ②장례일, ③휘, ④자, ⑤가계, ⑥품행, ⑦관력을 중심

直四萬, 開明子宣張, 仕濟陰, 年卄五, 曹府君察擧孝廉, 除敦煌長史, 被病夭沒. 苗秀不邃,
鳴乎哀哉, 士女痛傷."
77) 제작자는 '官職＋본적＋성명', 혹은 '관직＋본적＋성명＋字'로 표현된 것으로 보인다.

으로 하는 이력, ⑧사망일, ⑨추도사, ⑩명사, ⑪입비자 등으로 구성되어
있다.78) 전형적인 묘비와는 달리 ⑪입비자가 비음碑陰이 아닌 비양碑陽에
간각되었지만 묘기류와는 확연히 다른 모습을 보인다. 내용 중 가장 많은
분량을 차지하고 있는 것은 묘주의 품성과 이력이다. 요컨대 이 기념물의
목적은 누가 묘주를 위해 누구를 고용하고 얼마의 비용을 지불하여 무엇을
만들었는가 하는 것을 드러내는 것이 아니다. 이 석각은 가족 묘역 안에
설치되었지만 묘주의 공적인 이미지와 출연자들의 충성심을 드러내기 위해
제작되었다. 제작자들은 이러한 목적을 위해 묘기도, 석궐도 아닌 묘비라는
방식을 선택했던 것이다.

숫자는 줄었지만 묘비가 세워지던 시기에도 여전히 묘기류 석각들이 만들어
졌다. 소요된 비용이 계산되어 기록되었고(〈문숙양식당화상제기〉(144),79)
〈후한영흥2년(154)향타군석사당제기後漢永興二年薌他君石祠堂題記〉,80) 〈후한영
수3년(157)안국사당제기後漢永壽三年安國祠堂題記〉81)), 당대 유명한 석공을 고
용하여 제작한 사정을 간각하였다.82) 효성을 표현하는 방식은 변하지 않았

---

78) 永田英正 編, 앞의 책, 100쪽, 〈武斑碑〉, "故敦煌長史武君之碑.① 建和元年, 大歲在丁亥,
二月辛巳朔卄三日癸卯.② 長史同□□□□□□□. 敦煌長史武君諱斑③ 字宣張.④ 昔殷王
武丁, 克伐鬼方, 元功章炳, 勳臧王府. 官族分析, 因以爲氏焉, 武氏蓋其後也, 商周假貌,
歷世壤遠, 不隕其美. 漢興以來, 爵位相踵, □朝忠臣.⑤ 君幼□顏閔之懋質, 長敷序夏之文學.
慈惠寬□, 孝友女妙. 苞羅術藝, 貫洞聖□. 博兼□□, 耽綜典籍. □思□純, 求福不回. 淸聲美
行, 闡形遠近.⑥ 州郡貪其高賢幼少, 請以□□歲擧. □翼紫宮, □□詔除, 光顯王室, 有□於國,
帝庸嘉之. 掌司古□, 領校秘隩, 研□幽微. 追昔劉向, 矕賈之徒, 比□萬矣. 時戎□□, 匡正一
□. □朝廷惟憂□□, 有司□□擧君. 斑到官之日, □癘吏士, 哮虎之怒, 薄伐□□. □□□□,
□□□並, 百姓賴之, 邦域旣寧. 久勞于外, 當還本朝, 以敍左右.⑦ 以永嘉元年□月□日,
遭疾不□, 哀□.⑧ 於是金鄕長河閒高陽史恢等,⑩ 追惟昔日, 同歲郎署, 感以爲自古在昔, 先聖
與仁, □□興替, □□人存, 生榮死哀, 是爲萬年. 伊君遺德, 亦孔之珍. 故立石銘碑, 以旌明德
焉.⑨ 其辭曰, 於惟武君,…(명사 중략)…萬載歎誦.⑩ 尙書丞沛國蕭芝□宣. 成武令中山安熹
曹种□□. 豊令下邳良成徐崇□□. 故陳留府丞魯國魯□□□□. 防東長齊國臨菑□.⑪ 紀伯
允書此碑, □嚴祺字伯魯."

79) 永田英正 編, 위의 책, 94쪽, 〈文叔陽食堂畵像題記〉, "直錢萬七."

80) 永田英正 編, 위의 책, 118쪽, 〈薌他君石祠堂題記〉, "叚錢二萬五千."

81) 永田英正 編, 위의 책, 128쪽. 〈安國祠堂題記〉, "賈錢二萬七千."

82) 永田英正 編, 위의 책, 128쪽. 〈安國祠堂題記〉, "募使名工高平王叔·王堅·江胡·欒石, 連車

던 것이다. 즉, 묘비와 묘기는 각기 담당하던 사회적 역할이 따로 있었던 것이다.

그러나 동시대에 사용된 만큼 두 종류의 석각이 서로 영향을 미칠 것임은 쉽게 예측할 수 있다. 그 예로 묘비에 비해 사적이고 종족적 분위기가 농후했던 묘기에 묘주의 공적 이력이 자세히 부가되는 것을 들 수 있다. 일반적으로 묘기에 묘주에 대한 자세한 설명은 기록되지 않았다. 그곳은 육친을 잃고 상심에 찬 가여운 효자들의 세계였다. 앞에서 살펴본 〈무씨사석궐명〉에도 묘주에 대한 정보는 전혀 등장하지 않았다. 오히려 돈황장사를 지낸 묘주의 손자에 대해서는 기록하였지만 막상 묘주에 대해서는 기록하지 않았다.

하지만 묘주에 대한 공적인 기록이 늘어가는 것은 추세였던 것 같다. 건강 원년(144)에 만들어진 〈문숙양식당화상제기〉에는 조사, 행정시연, 향색부, 정연, 공조, 부문학연을 역임했던 묘주의 관력이 기술되어 있다(叔陽故曹史, 行亭市掾, 鄕嗇夫, 廷掾, 功曹, 府文學掾).[83] 영흥 2년(154)에 제작된 〈향타군석사당제기〉에는 묘주의 관직(家父主吏), 향년(年九十), 사망 연월(歲時加寅, 五月中, 卒得病, 飯食衰少, 遂至掩忽不起), 품성(惟主吏夙性忠孝, 少失父母, 喪服如禮), 이력(修身仕宦, 縣諸曹, 市, 主簿, 廷掾, 功曹, 召府) 등이 서술되어 있다.[84] 이것은 묘비로부터 받은 영향일 것이다.

그러나 묘비에 비해 묘기류는 확실히 사적이며 가족적인 성격이 강했던 것 같다. 이것은 가족 관계에 대한 서술의 차이에서 발견할 수 있다. 묘비는 주로 세계世系(가계)를 서술하는 데 지면을 할애한다. 〈무반비〉에는 무씨가 상商 왕조의 무정武丁부터 시작되었음이 기록되어 있고,[85] 후한 영건永建

　　采石縣西南小山陽山,…."

83) 永田英正 編, 앞의 책, 94쪽, 〈文叔陽食堂畫像題記〉.

84) 永田英正 編, 위의 책, 118쪽, 〈薌他君石祠堂題記〉.

85) 永田英正 編, 위의 책, 100쪽, 〈武斑碑〉, "昔殷王武丁, 克伐鬼方, 元功章炳, 勳臧王府, 官族分析, 因以爲氏焉, 武氏蓋其後也."

6년(131)에 제작된 〈원량비袁良碑〉에는 원조元祖에서 근조近祖까지의 세계가 자세히 기록되어 있다.[86] 그러나 묘기류에 등장하는 가족들은 기념물의 비용을 댄 출연자 이상도 이하도 아니었다. 다만 요절한 자식이 있는 경우 기록하여 애도의 뜻을 표시하였다. 전자가 집안의 능력, 즉 가격家格을 드러내고자 하였다면 후자는 효성스런 자식이나 우애 깊은 형제를 드러내고자 했기에 생겨난 차이일 것이다.

Ⅳ. 지하에 머무른 가족의 기념물 – 묘지

지하에서 지상으로 올라간 효성의 기념물과는 달리 여전히 지하에 남은 기념물도 존재한다. 바로 묘지墓誌다. 무엇이 묘지며 그것의 시초는 무엇인가 하는 것은 긴 시간 동안 연구자들에게 논쟁거리였다. 묘지에 대해서는 3부에서 다시 자세히 살펴볼 것이기에 여기서는 간단히 언급하고자 한다. 일반적으로 묘지의 기원은 두 가지로 이해된다. 첫째, 앞서 살펴본 묘기류를 묘지의 초기 모습으로 보는 연구자가 있는가 하면[87] 둘째, 건안建安 10년(205) 조조曹操가 반포한 금비령禁碑令에 의해 지상에 입비立碑가 금지되면서 무덤 속에 묻기 시작한 소형비小型碑가 묘지의 초기 모습이라고 본 연구자도 있다.[88] 현재 대부분의 연구자들은 전자와 후자 모두를 묘지의 연원淵源으로 파악하고 있다.[89] 즉, 많은 연구자가 묘기 또는 묘비에서 묘지라는 또 다른 형식의

---

86) [南宋]洪适, 『隷釋』 卷6, 〈國三老袁良碑〉, "下左厥先舜苗, 世爲封君. 周之興, 虞關父典陶正, 嗣滿爲陳侯, 至玄孫濤塗, 初氏父字, 立姓曰袁. 魯僖公四年, □爲大夫. 哀十一年, 頗□司徒. 其末或適齊楙, 袁生獨留陳. 當秦之亂, 隱居河洛, 高祖破項, 寔從其冊. 天下卽定, 還宅扶樂. 孝武征和三年, 曾孫幹斬賊公先勇, 拜黃門郞, 封關内侯, 食遺鄕六百戶. 後錫金紫, 遷修城之 □. 幹薨, 子經嗣. 經薨, 子山嗣. 傳國三世至王莽而絶. 君卽山之曾孫也."

87) 日比野丈夫, 앞의 글, 185쪽.

88) 中田勇次郞, 「中國の墓誌」, 『中國墓誌精華』(東京: 中央公論社, 1975), 10~11쪽; 福原啓郞, 앞의 글, 318쪽.

석각이 출현한 것을 부정하지 않는다. 그러나 금비령이 묘지의 유행을 촉발시킨 것은 분명하지만, 그것으로 인해 묘지가 처음 만들어진 것이 아니라면 묘지의 원형을 지하에 설치되었던 묘기에서 찾는 것이 더 타당해 보인다. 그렇다면 묘지는 묘기와는 어떻게 다르고, 어떤 역할을 담당했을까?

흔히 최초의 묘지로 이야기되는 것은 후한 연평延平 원년(106)의 기념을 가진 〈마강묘지馬姜墓誌〉다. 그러나 이 석각을 묘지로 단정할 수 있을지 모르겠다. 정형화된 묘지의 구성 요소 중 제목에 해당하는 지액誌額도 없고 묘주의 공덕을 칭송한 명사도 없기 때문이다. 따라서 지하에 설치되었다는 공간적 특징을 가지고 이름을 붙인다면 묘기 정도가 되어야 할 것이다. 그 때문인지 연구자들 중에는 이 석각을 '묘기' 또는 '석기石記'라고 부르는 이도 있다.[90] 그러나 대부분의 연구자들은 이 석각을 묘기류와는 다른 묘지의 최초 형태로 받아들였다.[91] 어떤 차이 때문에 이 석각을 묘기류와 구분했던 것일까? 우선 내용을 살펴보자.

영평永平 7년(64) 7월 21일 한漢 좌장군左將軍·특진特進·교동후膠東侯의 다섯

---

89) 水野淸一,「墓誌について」,『書道全集六-中國6 南北朝Ⅱ』(東京: 平凡社, 1958; 1980), 33~34
   쪽; 羅宗眞,「略論江蘇地區出土六朝墓誌」,『南京博物院集刊』2(1980), 47~48쪽; 劉鳳君,
   「南北朝石刻墓誌形制探源」,『中原文物』1988-2, 74쪽. 이외 직접적으로 묘지의 연원을
   밝히고 있지 않지만 왕주앙훙과 마청밍도 墓記類와 小型碑 모두를 묘지로 파악하였
   다. 王壯弘·馬成名,『修訂本 六朝墓誌檢要』(上海: 上海書店, 2008).

90) 趙萬里의『漢魏南北朝墓誌集釋』, 毛遠明의『漢魏六朝碑刻校注』, 高文의『漢碑集釋』, 楊殿
   珣의『石刻題跋索引』에서는 〈賈武仲妻馬姜記〉라고 하였다. 이와는 달리 楊樹達의
   『積微居小學金石論叢』에서는 〈漢賈武仲夫人馬姜墓門石記〉라 하였으며,『北京圖書館
   中國歷代石刻拓本匯編』에서는 〈賈武仲妻馬姜墓誌〉, 趙超의『漢魏南北朝墓誌彙編』에서
   는 〈馬姜墓誌〉로 표기하였다. 이 石物의 이름에 대해서는 梁鎭誠(공저),「中國 古中世
   石刻資料 解題 및 譯註Ⅰ」,『中國史硏究』96(2015), 321쪽 주1)을 참조.

91) 대표적으로 나진옥이 이 석각을 묘지의 始原으로 보았고, 리파린은 이 석각을
   墓誌銘의 실례로 들었다. 그는 이 석각이 묘지라는 정식 명칭만 없을 뿐, 실제로는
   묘지의 속성을 갖추었다고 보았다. 자오차오 또한 이 석각이 당시 묘지라고 불리지
   않았지만 실은 묘지와 같다고 하였다. 차례대로 [民國]羅振玉,『遼居稿』, 21쪽 左;
   李發林,『中國古代石刻叢話』(濟南: 山東敎育, 1988), 92~93쪽; 趙超, 위의 책, 44쪽.

번째 아들인 가무중賈武仲이 사망하니 나이 29세였다.①-1 부인 마강馬姜은②
복파장군伏波將軍·신식충성후信息忠誠侯의 딸이며 명덕황후明德皇后의 언니
다.①-2 딸 넷을 낳았고,①-3 (그녀의) 나이 23세 때 가군賈君이 사망하였다.
부인은 고매한 절개를 독실하게 지키면서 여러 세월에 걸쳐 힘써 노력하여,
어린 딸들을 키워내었으니 선조에 대해 광□光□를(을) 한 것이다.③-1 마침내
두 딸은 현절원顯節園의 귀인貴人으로 올라갔고, 차녀는 격후鬲侯 주씨朱氏,
그 다음 차녀는 양천후陽泉侯 유씨劉氏에게 시집갔다.①-4 존귀한 이들이
떠들썩하게 모이고, 은총과 봉록俸祿은 문전에 가득하게 되었으니 모두가
부인의 덕택이었다. 부인은 귀감이 될 만한 어머니의 덕으로 종족들을
아울렀다.③-2 춘추春秋 73세④ 연평延平 원년(106) 7월 4일에 돌아가셨다[薨].⑤
황상皇上께서 애도를 표하시고, 양궁兩宮 부의賻儀로 비기秘器를 하사하시어
예에 따라 장례를 치르게 하셨다.⑥ 9월 10일 망문芒門에 있는 옛 묘역에
안장하였다.⑦ □□자손들에게 (이러한 묘주의 공덕이) 드러나지 않을까
염려하여 돌에 새겨 기록한다.⑧….92)

이 석각의 구성을 살펴보면 ①-1 가족 관계 1-배우자, ② 묘주, ①-2 가족
관계 2-부친과 여동생, ①-3 가족 관계 3-딸들, ③-1 묘주의 이력과 품행,
①-4 가족 관계 4-딸과 사위, ③-2 묘주의 품행 ④ 향년 ⑤ 사망 연월일
⑥ 부증賻贈 ⑦ 장례일과 장지 ⑧ 각석의 목적으로 되어 있다. 묘기류와는
확실히 차이가 느껴진다. 묘주의 품행, 향년, 사망일, 부증, 장례일, 장지
등이 기록되어 건축물의 정보를 담고 있는 기존의 묘기보다 묘주에 대한

---

92) 趙超, 앞의 책(2008), 1쪽, 〈馬姜墓誌〉, "惟永平七年七月卄一日, 漢左將軍特進膠東侯第五
子賈武仲卒, 時年卄九. 夫人馬姜, 伏波將軍新息忠成侯之女, 明德皇后之姉也. 生四女, 年卄
三而賈君卒. 夫人深守高節, 劬勞歷載, 育成幼媛, 光□祖先. 遂升二女爲顯節園貴人. 其次適
鬲侯朱氏, 其次適陽泉侯劉氏, 朱紫繽紛, 寵祿盈門, 皆猶夫人. 夫人以母儀之德, 爲宗族之覆.
春秋七十三, 延平元年七月四日薨. 皇上閔悼,兩宮賻贈, 賜秘器以禮殯, 以九月十日葬於芒門
舊塋. □□子孫, 懼不能章明, 故刻石紀□…."

정보를 더 많이 포함하고 있다. 그래서 언뜻 보기에 묘비처럼 보이기도
한다.

살펴본 것처럼 묘기류에서 중요한 것은 묘주가 아니었다. 따라서 묘주에
대한 정보가 전혀 없거나 있다 해도 간단하게만 언급된 것이 대부분이었다.
이 석각과 묘지 건축물을 둘러싼 사정을 전하는 묘기류와의 가장 큰 차이는
묘주를 주인공으로 삼았다는 것이다. 그러나 자세히 살펴보면 묘주의 공적
인 이력을 드러내는 것이 목적이었던 묘비와도 다르다. 이와 관련해서 생각
해 볼 수 있는 것이 묘주의 성별이다. 묘비가 묘주의 유가적 소양이나
공적인 이력을 드러내고, 그를 통해 그 주변인들이 명성을 획득하려는 목적
에서 세워졌다면 여성인 마강의 경우 묘비를 사용하는 것이 부적절했을지도
모른다. 아니 여성인 마강의 경우 묘비의 사용이 불가능했을 가능성도 있다.
한대 묘비 중 여성이 묘주인 경우가 없다는 것은 이에 대한 방증이 될
것이다.[93]

다음으로는 가족 관계에 대한 서술 문제다. 일반적으로 묘기에서 가족
관계에 대한 기술을 찾는 것은 어렵지 않다. 그러나 가족들은 대부분 무덤
혹은 묘기가 안치된 사당 건축에 소요된 비용의 출연자로 등장한다. 다만
사당이 죽은 자를 추모하기 위해 만든 건축물이니만큼 죽은 형제에 대해서만
큼은 기록하고 있다. 어쩌면 '효孝'와 더불어 '제悌'의 실천이라는 점을 부각시
키기 위한 방법일 수도 있을 것이다. 그러나 이 석각은 배우자를 비롯하여
네 딸들은 물론이고 부친, 그리고 사위들에 대해서도 언급하고 있는데 대부
분 생존해 있는 이들이다. 앞서 묘기에 등장한 가족들이 비용의 출연자거나
사망한 경우에 국한되었던 것과는 달리 여기서는 살아있는 가족들도 서술하
고 있다. 즉, 효성을 드러내거나 애도와 추념을 위해 가족을 서술한 것이
아니었다.

---

93) 여성을 묘주로 하는 묘지, 買地券, 鎭墓文 등은 존재하나, 여성이 묘주인 묘비는
　　아직까지 발견된 것이 없는 것으로 알려져 있다.

무엇보다 이 석각이 기존 묘기류와 구분될 수 있는 것은 ⑧의 각석 목적일 것이다. "자손들에게 (이러한 묘주의 공덕이) 드러나지 않을까 염려하여 돌에 새겨 기록한다[□□子孫, 懼不能章明, 故刻石紀□]."고 하여 이 석각의 제작 목적이 가족에게 묘주인 마강의 덕성德性을 기억하게 하기 위함이라는 것을 분명히 하고 있다. 이 석각의 제작 목적이 넓게 본다면 효성을 드러내는 것이기도 하지만 무엇보다 묘주의 공덕을 후손에게 기억하게 하기 위해서라고 말하고 있다. 석각에 일종의 문풍門風·가풍家風을 기록하여 후손들에게 기억시키고자 한 것이다. 이로써 우리는 묘지가 종족법의 기록지 역할을 담당했음을 알 수 있다.94) 문풍과 가풍이 기록된 묘지는 무덤 제사가 행해질 때마다 그곳에 모인 가족과 종족에게 공개되어 종족법의 역할을 담당하였을 것이다.

묘주의 덕성을 후손에게 기억시키고자 한다는 내용은 기존 묘기류에 기록된 내용과는 사뭇 다르다. 따라서 연구자들은 이 석각을 묘기와 구분하여 묘지로 구분했을 것이다. 묘지의 이름인 지액이 없는 상태에서 지하에 매립된 묘기류와 묘지를 구분해 내는 것은 쉬운 일이 아니다. 그럼에도 연구자들이 묘기와 묘지를 구분하고자 했던 것은 그것들이 서술하고자 하는 주된 대상, 혹은 간각의 목적이 달랐기 때문일 것이다. 묘기류가 주로 기념물에 대한 기록지였다면 묘지는 묘주 및 종족법에 대한 기록지의 성격이 강했다고 할 수 있다.95)

돌에 종족법을 간각하여 후손들에게 전하고자 했던 사례는 〈마강묘지〉가 처음은 아니다. 후한 건무建武 28년(52) 제작된, 역시 석각의 성격이 불분명하

---

94) 후대의 사례지만 西晉 〈張郎墓誌〉에는 "刊石玄堂, 銘我家風"이라고 하여 묘주의 品德을 기리고 그것을 家風으로 삼아 후손들에게 전하고자 하는 각석의 의도가 적혀 있다. 이는 묘비와는 달리 묘지가 私的이고, 폐쇄적인 가문의 기념비라는 것을 말해준다.
95) 묘지가 한 개인의 공적을 기념함과 동시에 한 집안의 門第를 기록하여 가족 규범의 역할을 담당하고 있음에 대해서는 洪承賢, 「西晉-劉宋時期 墓誌의 構成과 役割」, 『中國史研究』 89(2014), 42~43쪽을 참조.

여 〈삼로비三老碑〉 등 다양한 이름으로 불리는 〈삼로휘자기일기三老諱字忌日記〉에는 "고조이신 (삼로로부터 우리) 아홉 손자가 멀리 떨어지지 않음을 생각하니 피하는 바를 드러내지 않는다면 (후세가) 말과 행동에 금기를 범하게 될 것이다. (우리들) 출자한 바의 위엄과 □를(을) 귀중히 여기며 정중히 후손들에게 이르노니 바라건대 선조의 덕행에 부합하도록 하라念高祖至九子未遠, 所諱不列, 言事觸忌. 貴所出嚴及□, 敬曉末孫, 冀副祖德焉.」"[96]고 하여 조부모와 부모의 휘諱와 기일忌日을 기록하여 가문 안에서의 피휘법避諱法을 밝히고 자손들에게 조상의 제사를 모시는 데 필요한 정보를 주고 있다.[97]

〈마강묘지〉와 〈삼로휘자기일기〉 두 석각의 각석 목적에는 차이가 있다. 전자가 묘주를 추모하고 그의 덕성을 자손에게 기억시키는 것이 목적이라면 후자는 조상의 기일과 이름을 잊지 않아 그 피할 바를 잘못하지 않게 하기 위한 것이다. 물론 넓은 의미에서 두 석각은 모두 효성의 결과물이다. 그러나 이 둘 모두 효성을 표현하기 위해 제작된 기념비는 아니다. 두 석각은 가족 안에서 혹은 종족 안에서 지켜야 하는 약속을 기록하고 그것을 준수할 것을 강조한다. 그래서 구성 요소 면에서는 묘비와 흡사하다 해도 이 석각은 사적이며 폐쇄적이란 특징을 갖는다. 따라서 이들 석각에 각석된 내용을 가족법·종족법으로 파악해도 무리는 없을 것이다. 그렇다면 기존 묘기류에서 볼 수 없었던 가족법 혹은 종족법으로 볼 수 있는 내용이 새롭게 추가된 것은 왜일까?

이 문제는 당시 편찬되었던 가보家譜와 연관하여 이해해야 할 것이다. 계보系譜, 가첩家牒, 보첩譜牒 등으로도 불리는 가보는 사전적인 의미로는 가문(혹은 종족)의 세계를 기록한 것으로 가족 간의 유대를 긴밀하게 해

---

96) 永田英正 編, 앞의 책, 18쪽, 〈三老諱字忌日記〉.
97) 〈三老諱字忌日記〉에 대한 자세한 내용은 홍승현, 〈後漢建武二十八年(52)三老諱字忌日記〉, 『석각을 통해 본 동아시아 고중세 사회』(서울: 신서원, 2018), 26~35쪽을 참조. 많은 연구자들이 〈삼로휘자기일기〉를 〈三老碑〉로 부르며 묘비로 이해하고 있지만 여기서는 넓은 의미에서 묘기류, 좁은 의미에서는 묘지로 구분하였다.

줄 뿐 아니라 관리의 선발·혼인·사교 등의 모든 방면에서 중요한 역할을 담당했다.[98] 처음 가보가 작성되기 시작한 것은 많은 조상 중 제사를 모실 대상을 특정特定하기 위해서였다. 그러다 전국 시기가 되면 그것은 지배층의 출자出自나 뿌리를 표시하는 표지로 변화하게 되었다.[99] 그러나 진秦 통일 이후 봉건제가 폐지되고 모든 인민이 제민齊民으로 편재되면서 가보 작성은 중단된다. 한漢의 건국은 가보 작성의 새로운 전환점으로 평가되는데, 전한 중기 이후에는 황실이나 왕실은 물론 일반 사가私家에서도 가보를 작성한 것으로 알려져 있다.

이를 증명하는 것이 바로 사마천司馬遷의 「태사공자서太史公自序」다. 「태사 공자서」에는 진秦으로 들어간 사마천의 8대조 사마조司馬錯로부터의 세계(사 마조-□-사마근司馬靳-□-사마창司馬昌-사마무택司馬無澤-사마희司馬喜 -사마담司馬談)가 그들이 활동하던 시기, 관직, 중요 사적 등과 함께 기술되어 있다.[100] 사마천의 이 기록은 일종의 자서自敍 방식의 가보로 인식되는데,[101] 그가 이렇게 세계에 대해 정확하게 알 수 있었던 데에는 어떤 식으로든 후손에게 세계를 인식시킬 수 있는 장치가 그 집안에 있었음을 의미한다. 특히 사마천은 자신 집안의 계보뿐 아니라 다른 지파支派의 사정과 전욱顓頊 시기의 원조元祖, 사마씨가 성姓을 얻게 된 경위에 대해서도 서술하고 있어 체계적으로 세계를 인식하고 있었음을 알 수 있다. 요컨대 사마천 집안에는

---

98) 陳爽, 『出土墓誌所見中古譜牒研究』(北京: 學林, 2015), 18쪽.

99) 小寺敦, 「先秦時代系譜編纂の成立過程とその意義」, 『歷史學研究』 898-增刊(2012), 41쪽. 고테라 아츠시는 계보가 지배층의 출자나 뿌리를 확인 또는 표시하는 것으로 변화한 것은 관습적인 혈연관계로부터 문헌에 근거한 체계적인 가족 관계가 성립하는 것과 연동되어 있다고 보았다.

100) 『史記』 卷130, 「太史公自序」, "在秦者名錯, 與張儀爭論, 於是惠王使錯將伐蜀, 遂拔, 因而守之. 錯孫靳, 事武安君白起. 而少梁更名曰夏陽. 靳與武安君阬趙長平軍, 還而與之俱賜死杜郵, 葬於華池. 靳孫昌, 昌爲秦主鐵官, 當始皇之時. 蒯聵玄孫卬爲武信君將而徇朝歌. 諸侯之相王, 王卬於殷. 漢之伐楚, 卬歸漢, 以其地爲河內郡. 昌生無澤, 無澤爲漢市長. 無澤生喜, 喜爲五大夫, 卒, 皆葬高門. 喜生談, 談爲太史公."

101) 陳爽, 위의 책, 65쪽.

가보가 존재했을 것으로 생각된다.

당시 가보의 작성이 전통적이며 관습적이고도 일반적 행위였음은 "하夏·
상商·주周 삼대三代는 너무 오래되어 그 연대기를 고찰할 수 없으니 대개
보첩과 구문舊聞에서 취하여, 여기에 근거하고 대략 추측하여「삼대세표三代世
表」제第1을 지었다."102)는 표현에서도 알 수 있다. 이밖에도『한서』「공광전孔
光傳」에 기록된 공씨 가보는 세계에 대한 인식이 대대로 유전流傳되었음을
잘 보여준다.103) 물론 이러한 가보 편찬이 처음부터 모든 사가에서 행해졌던
일은 아닐 것이다. 예를 들어 전한 양웅揚雄의『가첩家牒』104)이나 후한 등씨鄧氏
집안의『등씨관보鄧氏官譜』105)는 초기 가보가 유력 집안이나 대성大姓들에
의해 작성되었음을 알려준다.106) 그러던 것이 차츰 일반인들에게도 가보의
필요가 제기되었고, 그 가보의 한 형태가〈삼로휘자기일기〉의 형태로 등장
했다고 생각한다.107) 사회적으로 증대된 종족의 결속을 위한 종족법·가족법
의 필요가 새로운 석각을 출현시켰던 것이다.

---

102)『史記』卷130,「太史公自序」, "維三代尙矣, 年紀不可考, 蓋取之譜牒舊聞, 本于茲, 於是略推,
作三代世表第一."
103)『漢書』孔光 本傳에는 孔子 이래 孔光까지 14대의 世系가 기록되어 있다. 자세한
사항은『漢書』卷81,「孔光傳」, 3352~3353쪽을 참조.
104) 揚雄이 지은『家牒』은 현재 남아 있지 않고『全漢文』에 인용되어 그 존재를 확인할
수 있을 뿐이다. 그러나『漢書』「揚雄傳」서두에 西周 伯僑로부터 시작하는 자세한
세계가 등장하는 것을 통해 그 대강을 짐작할 수 있다. 자세한 내용은『漢書』
卷87上,「揚雄傳」, 3513쪽을 참조.
105)『後漢書』「藝文志」에 등장하는『鄧氏官譜』는 현재 남아 있지 않아 구체적인 내용을
알 수 없으나 '관보'라는 이름과는 달리 鄧禹 집안에 의해 편찬된 私譜로 이해되고
있다. 이 역시『東觀漢記』「鄧閶傳」의 "鄧氏自中興後, 累世寵貴, 凡侯者二十九人, 公二人,
大將軍以下十三人, 中二千石十四人, 州牧郡守四十八人, 其餘侍中·大夫·郎·謁者, 不可勝
數, 東京莫與爲比."라는 기사를 통해 그 대강을 짐작할 수 있다.
106) 北宋의 歐陽修가 "昔漢名儒系譜以賢傳."이라고 한 것은 家譜 편찬이 처음에는 일부
名儒의 집안에서 시작했음을 알려준다. [北宋]歐陽修,「衡陽漁溪王氏譜書」, 2499쪽.
107) 왕허밍은 한대 출현한 새로운 가보의 하나로 '碑譜'를 들었다. 즉, 돌에 가보를
새긴〈삼로휘자기일기〉를 당시 유행하던 表의 형식을 취한 '비보'라는 이름으로
부르며 甲骨이나 청동기에 새겨진 가보에서 발달한 형태로 파악하였다. 王鶴鳴,
『中國家譜通論』(上海: 上海古籍, 2010), 66쪽.

후손에게 조상의 제사를 성실히 모실 것을 당부하고 가문의 피휘법을 밝히고
자 했던 묘지로는 〈후한연희8년(165)무우묘지後漢延熹八年繆紆墓誌〉가 있다.

무군繆君의 휘는 우우紆고① 자는 계고季高다.② 서주(자사)徐州(刺史)에 의해
군군郡에서 출사하여, (여러 지위를) 두루 거친 끝에 서주종사徐州從事, 무원장
행사武原長行事에 이르렀다.③ 사방의 백성들로부터 우러름을 받다가 71세에
세상을 떠나셨다.④ 태세가 을미乙未에 있던 영수永壽 원년(155) 12월 7일에
병을 얻어 끝내 돌아가시니,⑤ (다음 해) 병신년丙申年 10월에 이르게 되었다.⑥
태세가 도로 한 바퀴 돌아서 을사년乙巳年(165)에 이르러⑦-1 부인 역시 71세
로⑦-2 윤7월 17일⑦-3 큰 병에서 일어나지 못하게 되었고, 10월에 장례를
지냈다.⑦-4 자식은 네 명을 두었다.⑧ □□하게 학문을 했고 열심히 지난날의
덕을 법도에 맞게 지켰다. 시절에 따라 이미 여러 번 자리를 옮기셨고
□□□儀하시니 (그 위용이) 매우 화려하였다. 그러나 군의 성품이 청정하고
검소하며 한결같으시어 □□□舍하시고 관□棺□는(은) 몸을 가릴 정도로만
하게 하고, 의복은 과거에 쓰던 것을 그대로 쓰게 하시었다. □□□하는
물품들 역시 매장하지 못하게 하셨다. 부인에게는 □□을 쓰지 말며, 흙으로
부장용 기물을 만들되 무늬를 넣어 장식하는 일이 없게 할 것이며, 順□대로
따라서 곽槨에 안치하는 물건은 진기한 것이 없게 하라고 경계하셨다.⑨
이 무덤을 조성함에 명당明堂은 서쪽에 두고 돌로 □□한 궁宮은 천지가
서로를 마주하는 곳에 두었다.⑩ 군께서는 (살아생전) 왕성히 분투하셨으니
돌아가신 다음에도 혼령이 충만하실 것이다. □신□神에게 제사 올리는
것을 자손들은 영원히 받들지어다. 다섯 세대가 지나고 난 이후 □□□한
일이 있더라도『춘추春秋』의 의리를 잊지 말고 휘를 고쳐 존자尊字를 피하도
록 하라. □재□才라 할 만하니 같은 이름을 쓰는 것은 온당치 않기 때문이다.⑪
위대한 한왕조 시절 무원현이 팽성에 속했을 때, 군의 부친은 관내후關內侯
로 무덤은 봉□封□에 있었는데 (이곳이) 길한 곳이라 하여 근처인 이곳으

로 이장하게 되었다.⑫108)

165년에 제작된 이 묘지는 ①묘주의 휘, ②묘주의 자, ③묘주의 이력, ④향년, ⑤사망 연월일, ⑥장례일, ⑦-1 배우자의 사망 연도, ⑦-2 배우자의 향년, ⑦-3 배우자의 사망일, ⑦-4 배우자의 장례일, ⑧가족 관계, ⑨묘주의 품행, ⑩무덤의 구조, ⑪각석의 목적, ⑫이장移葬의 이유로 구성되어 있다. ⑦을 제외한 ①부터 ⑨까지는 일반적인 묘비의 구성 요소와 같아 당시 유행하고 있던 묘비로부터 영향을 받았을 것임을 추측할 수 있다.

그러나 〈무우묘지〉가 묘비의 영향만을 받은 것은 아니다. 이 묘지가 묘기류로부터 영향을 받았음을 말해주는 증거는 바로 ⑩, ⑪, ⑫다. ⑩은 무덤 구조에 관한 것이다. 무덤의 구조나 무덤 내부에 그려진 화상畵像에 대한 기술은 전형적인 묘기류의 특징이다. 대표적으로 〈후한원가원년(151)화상석제기後漢元嘉元年畵像石題記〉에는 묘주에 대한 설명이 전무한 대신 묘안에 안치되어 있는 화상석에 대한 기술이 자세하다.109) 다음으로는 ⑪

---

108) 毛遠明 校注,『漢魏六朝碑刻校注 第一冊』(北京: 線裝書局, 2009), 252쪽, 〈繆紆墓誌〉, "繆君者諱紆, 字季高, 爲其徐州署郡仕, 周竟徐州從事, 武原長行事, 民四假望, 殁年七十一. 永壽元年, 太歲在乙未, 十二月丙寅遭疾終辛, 至丙申十月. 太歲旋大周迄于乙巳, 夫人七十一, 七有閏□丁巳, 不起假疾, 其十月葬. 有四子焉. □□學問, 競軌往徳. 時已更遷, □□□儀, 或黃或白. 君性清儉醇, □□□舍, 棺□掩身, 衣服因故. □□□之物, 亦不得葬. 丁寧夫人, 勿有□□, 瓦爲藏器, 不飭雕文, 從令順□, 安郭無珍. 造立此冢, 明堂之辛, 石□□宮, 天地相塋. 君王奮覇, 亡則多靈. □神之旌薦, 子孫永奉. 恐五眚後, 有□□□, 不忘春秋之義, 改諱辟尊字, 可□才, 不宜同名也. 時皇漢之眚, 武原縣屬彭城, 君父關內侯, 冢在土主(封)□, 曰吉地, 造迫, 故徙于玆."

109) 永田英正 編, 앞의 책, 110쪽, 〈元嘉元年畵像石題記〉, "**元嘉元年年八月卄四日, 立郭畢成, 以送貴親. 魂零有知, 柃哀子孫, 治生興政, 壽皆萬年.** 簿疏郭中畵, 觀後當, 朱雀對游奐仙人. 中行白虎後鳳皇. 中直柱, 隻結龍. 主守中霤辟邪, 夾室上石央, 五子舉. 僮女隨後駕鯉魚. 前有白虎靑龍車, 後卽被輪雷公君. 從者推車桓宛. 廚上衛橋尉車馬. 前者工曹後主簿·亭長·騎佐·胡便駑. 下有深水多魚者, 從兒刺舟渡諸母. 便坐上, 小車軿, 驅馳相隨到都亭. 游徼候見謝自便. 後有羊車橡其麥慧. 上卽聖鳥乘浮雲. 其中畵, 橡家親. 玉女執尊杯·桉·柈. 局子尤穩杭好弱兒. 堂石央外, 君出游. 車馬道後騎吏留. 都督在前後賊曹. 上有虎雀銜利米. 百鳥共□至錢財. 其石央內, 有倡家. 生□相和伬吹廬. 龍爵除央鸕囑魚. 堂三柱, 中□□, 龍□非詳. 左有玉女與仙人. 右柱□□請丞卿, 新婦主待給水將. 堂蓋慈, 好中□. 葉上□色未有旰. 其當

각석의 목적이다. 묘비에서도 각석의 목적은 찾아볼 수 있지만 주로 묘주의 공적을 찬양하고 기억하는 것이다. 그러나 이 묘지의 제작 목적은 조상의 제사를 제대로 봉양하는 것과 『춘추春秋』의 의리에 따라 존자尊字를 피할 것을 당부하고 있다[不忘春秋之義, 改諱辟尊字]. 조상의 휘와 기일을 기억하고 피할 것을 기록한 〈삼로휘자기일기〉와 흡사하다. 불특정 다수에게 묘주의 공적을 드러내고 찬양하는 것과는 달리 집안 내에서 지켜야 하는 가족법·종족법이 간각된 것이다. ⑫이장의 기록 역시 마찬가지다. 이는 조상의 무덤을 이장한 것에 관한 것으로 집안 구성원들에게 이장의 원인을 밝혀 이후 무덤을 조성함에 있어 피해야할 사항들을 전하고 있다. 이 역시 묘지가 구성원들에게 가족법·종족법의 내용을 밝히고 주지시키는 것을 목적으로 하고 있음을 알려준다.

처음 묘주와 무덤 위치에 관한 간단한 정보만이 기록되었던 묘기는 사회적 필요에 의해 효성을 표현하는 기재로 변화하였다. 또한 시간의 흐름에 따라 지상과 지하에 위치하며 성격이 변화하였다. 분명한 것은 중국 고대인들은 자신들의 목적에 따라 석각을 발전시켰고, 선별하여 사용하였다는 점이다. 누구는 선거에 도움이 되는 명성을 얻기 위해, 누구는 가족과 종족의 결속을 위한 종족법을 기록하기 위해, 또는 죽은 후에도 영원한 안식을 위한 토지를 구입하기 위해. 정부 역시 왕조의 위대함을 영원히 기록하기 위해 돌을 사용하였다. 그렇다고 그 내용이 늘 동일한 것은 아니었다. 시대에 따라 사회적 필요에 따라 다른 특징들을 드러냈다.

飲食就天倉飲江海. 學者高遷宜印綬, 治生日進錢萬倍. 長就幽冥則決絶, 閉曠之後不復發." 처음 기년과 기념물을 제작하여 貴親을 보낸다는 내용과 혼령이 있다면 자손을 哀矜이 여겨 생계를 도모하고 집안을 일으키게 하시며, 수명은 모두 萬壽를 누리게 해달라는 염원(굵은 글씨)을 제외하면 모두 무덤 속 畵像의 내용을 설명하고 있다.

2장 중국 고대 명계 문서의 종류와 성격
-죽은 자를 위한 석각: 고지책,1) 매지권, 진묘문-

돌이 살아있는 사람들의 욕망을 기록하는 데만 사용된 것은 아니었다. 돌이 상징하는 불변성은 영원한 삶에 대한 욕망을 기록하기에도 마침했다. 망자亡者가 죽은 후에 고통 받지 않기를 바라는 마음, 죽은 후에도 살아 있을 때와 같이 일상을 영위하기를 원하는 마음, 죽은 자의 영혼이 영구한 안식을 누리고 산 자를 해코지하지 않기를 바라는 마음. 이런 마음들이 돌에 기록되었다. 이 장에서는 중국 고대인들이 죽은 자를 위해 사용한 석각을 살펴보고자 한다.

사람이 죽은 후 불사의 세계로 날아가는 혼魂과는 달리 백魄은 지하에 남아 살아생전과 같은 생활을 영위한다는2) 고대 중국인의 '영혼불멸관靈魂不滅觀'은 무덤에 다양한 부장품들을 매장하는 풍습을 만들었다.3) 호남성湖南省 장사시長沙市 마왕퇴馬王堆에서 발견된 신씨辛氏 부인의 무덤에서 나온 많은 수의 목용木俑과 생활 도구들은 물론이고 1,400여 점이 넘는 부장품 명세서와 요리법이 기술된 목간은4) 인간이 죽은 후에도 지하 세계에서 여전히 삶을

---

1) 告地策은 木牘이나 竹牘에 쓰여 있어 석각을 다루고 있는 이 책의 주제와는 거리가 있다. 그러나 冥界 문서의 특징과 차이를 다루는 이 장의 특성상 함께 다루며 다른 문서들과 비교하고자 하였다.

2) 마이클 로이·이성규 역, 『古代中國人의 生死觀』(서울: 지식산업사, 1987; 1998), 42~43쪽.

3) Loewe, Michael, *Ways to Paradise: The Chinese Quest for Immortality*, George Allen & Unwin, Ltd., London, 1979, pp.9~10,

살아갈 것이라 믿는 사람들의 관념을 잘 보여준다.[5]

시신과 함께 묻은 부장품 중에는 부장품 명세서나 요리법 외에 또 다른 문자 자료들이 포함되어 있었다. 이들 문자 자료는 시신과 함께 무덤에 묻었다고 해서 묘장문서墓葬文書 또는 상장문서喪葬文書라고 불린다. 문자는 주로 돌에 각석刻石되어 있으나 나무나 납[鉛], 벽돌[磚], 도기陶器에 쓰인 것도 있다. 이들 문서를 편의적으로 구분해 보면 묘기墓記, 묘지墓誌를 하나로 묶을 수 있고, 고지책告地策, 매지권買地券, 진묘문鎭墓文을 다른 하나로 구분할 수 있다.

구분의 기준은 다음과 같다. 묘기와 묘지는 무덤 조영의 사정이나 무덤의 주인, 즉 묘주墓主에 관한 간단한 정보-이름(휘諱 또는 자字)·본적·가계家系·관직 등-를 기록하여 후일 발생할지도 모르는 무덤의 변천에 방비하고자[6] 후세에게 남긴 것이다. 그렇기에 이것들은 지하에 매장되었다 해도 궁극적으로 살아있는 자들을 위해 제작된 것이다.[7] 이와는 달리 고지책, 매지권, 진묘문은 망자가 이승에서 저승으로 갈 때 지하 세계의 관리 및 신에게 보내는 신고서, 또는 죽은 자들과 맺은 계약의 증명서, 혹은 죽은 혼령을 달래고 악귀의 해코지로부터 산 자를 보호하며 무덤 주위의 수상한 기운을 눌러 진정시키는 진혼문鎭魂文이다. 흔히 묘권墓券으로 불리는 이들 문서는 지하 세계, 즉 명계冥界의 관리들 혹은 죽은 자들에게 보내는 문언文言을 기록한 것이다.[8] 따라서 이들은 명계 문서, 명권冥券, 유권幽券 등으로도 불린다.

이들 명계 문서들은 시기적으로는 대체로 전한前漢~후한後漢 초에 등장하

---

4) 何介鈞·張維明 編寫, 『馬王堆漢墓』(北京: 文物, 1982), 28쪽.

5) [前漢]王充, 『論衡』, 「薄葬」, "是以世俗內持狐疑之議, 外聞杜伯之類, 又見病且終者, 墓中死人來與相見, 故遂信是, 謂死如生. 閔死獨葬, 魂孤無副, 丘墓陰藏, 穀物乏匱, 故作偶人以侍尸柩, 多藏食物以歆精魂."

6) [明]吳訥, 『文章辨體』, 「墓誌」, "墓誌, 則直述世系·歲月·名字·爵里, 用防陵谷遷改."

7) 혹자는 지하의 매장된 墓葬 문서들을 하나의 범주로 이해하여 墓誌 또한 亡者의 사후 생활을 위해 冥界에 신분을 밝히기 위한 증명서라고 보기도 하였다. 도미야 이타루 지음·임병덕 옮김, 『목간과 죽간으로 본 중국 고대 문화사』(서울: 사계절, 2005), 82~83쪽.

8) 鈴木雅隆, 「鎭墓文の系譜と天使道との關係」, 『史滴』 25(2003), 2쪽.

였다. 목독木牘이나 죽독竹牘에 쓰인 고지책을 제외한 나머지 문서들은 주로 돌 혹은 벽돌(넓은 의미의 돌이라고 할 수 있기에 이하 구분하지 않고 돌로 표기)로 제작되었다. 이로써 고대 중국인들이 영원을 상징하는 돌을 이용하여 죽음과 관련한 기록을 남기는 행위가 전국戰國 시기 이후 보편화된 현상임을 알 수 있다. 이들 중에는 고지책과 같이 짧은 시간만 존재하다 사라진 것도 있지만 대부분은 전통 시기 내내 제작되었다. 그러나 이들은 특별히 유행하던 시기와 지역이 따로 있어 시기별·지역별로 사회적 요구에 따른 도구가 선택되었음을 암시하고 있다. 그렇다고 해서 특정 문서의 제작 이 중단되는 일은 거의 없었다. 이들은 대부분 동일한 시기에 함께 제작되어 사용되었다. 이들 문서들이 같은 시기에 함께 제작되어 사용되었다는 것은 아마도 각 문서들이 가진 역할이 달랐음을 의미할 것이다. 제작의 주체나 목적 또한 상이했을 것이다.[9]

지금까지 묘장 문서에 대한 연구는 중국과 일본 학계에서 꾸준히 진행되었 다. 그러나 대부분의 초기 연구들은 문서의 집성과 그 개별적 성격을 규명하 는 데 노력을 기울였기에[10] 문서 사이의 차이점과 유사점 등에 대해서는 소홀했다.[11] 또한 시기별 각 문서의 변화에 대해서도 이렇다 할 전론專論이 없는 상태다. 물론 최근 각 문서의 시기별 차이와 지역별 차이에 주목한

---

9) 자오차오는 이들 묘장 문서들이 계통을 달리한다고 보았다. 趙超,「墓誌溯源」,『文史』 21(1983), 45~46쪽.

10) 池田溫,「中國歷代墓券略考」,『東洋文化研究所紀要』88(1981); 吳天穎,「漢代買地券考」, 『考古學報』1982-1; 富谷至,「黃泉の國と土地賣買-漢魏六朝買地券考-」,『大阪大學敎養部 研究集錄(人文·社會科學)』36(1987); 東賢司,「後漢時代の鎭墓圖書に關する一考察」,『二 松學舍大學大學院文學硏究科紀要』8(1994); 饒宗頤·劉昭瑞,「漢魏鎭墓文」,『漢魏石刻文 字繫年』(臺北: 新文豊, 2001); 黃景春,「早期買地券·鎭墓文整理與研究」, 華東師範大 博士 學位論文(2004); 鈴木雅隆,「後漢鎭墓甁集成」,『長江流域文化研究所年報』5(2007).

11) 菊地大,「後漢·三國·西晉時期の五連罐·神亭壺の性格について-買地券との關わりを中心に-」, 『文學研究論集』16(2001) 정도가 확인된다. 최근 국내에서도 각 묘장 문서에 대한 연구가 발표되었으나 明器의 하나로 간단하게 언급한 정도라 그 유사점과 차이점에 대해서 구체적인 정보를 얻기는 힘들다. 박한제,「魏晉南北朝·隋唐時代 葬俗·葬具의 變化와 墓誌銘-그 資料的 性格-」,『한국고대사연구』75(2014), 39쪽.

연구들이[12] 일본 학계를 중심으로 등장하고 있기는 하지만 아직 만족할
만한 정도는 아니다. 이외에도 묘장 문서에 투영된 고대 중국인의 사후
세계에 관심을 기울인 연구도 있지만[13] 그것을 사용한 목적이나 계층 등에
대해서는 아직도 규명되어야 할 것들이 남아있다.

물론 여기서 이러한 문제들을 모두 검토할 수는 없을 것이다. 다만 고대
중국인들이 돌을 어떻게 사용하였는가를 개괄적으로 살펴보려는 1부의
목적에 맞춰 이 장에서는 거칠게나마 각 묘장 문서의 특징을 살펴보고
문서 간의 차이를 고찰해보고자 한다. 이를 통해 고대 중국인들이 삶과
죽음을 초월하여 돌에 새겨 영원히 기억하고자 했던 바람이 무엇인지에
대한 단서를 얻기를 기대한다.

I. 명계 문서의 종류와 그 특징

우선 논의의 편의를 위해 명계 문서들을 서로 비교해 보고자 간단한
표를 작성하였다. 지하에 매장되어 명계로 보내는 전언을 기록한 세 종류의
문서를 대상으로 하였다.

---

12) 買地券의 시기별 차이에 관심을 둔 연구로는 江優子, 「後漢時代の墓券に關する一考察-特
   に墓券の分類について」, 『佛教大學大學院紀要』 33(2005)을 들 수 있다. 그러나 이 글은
   후한의 매지권 4개만을 대상으로 하였다. 매지권의 지역별 차이에 대해서는 鈴木雅
   隆, 앞의 글(2003)을, 鎭墓文의 지역별 차이에 대해서는 尹在碩, 「중국 고대 『死者의
   書』와 漢代人의 來世觀-鎭墓文을 중심으로」, 『中國史研究』 90(2014)을 참조할 수 있다.
13) 原田正己, 「民俗資料としての墓券-上代中國人の死靈觀の一面」, 『フィロソフィア』 45(1963);
   小南一郎, 「漢代の祖靈觀念」, 『東方學報』 66(1994); 朴永哲, 「출토자료를 통해 본 중세중
   국의 死後世界와 罪의 관념」, 『東洋史學研究』 70(2000); 江優子, 「漢墓出土の鎭墓瓶につい
   て-銘文と墓內配置に見える死生觀-」, 『鷹陵史學』 29(2003); 許飛, 「「泰山治鬼」の形成年代
   考-漢代の鎭墓文を中心に-」, 『中國中世文學研究』 60(2012); 許飛, 「「注連」考-六朝小說と墓
   券を中心に-」, 『中國中世文學研究』 61(2012); 許飛, 「西王母と東王公の冥界とのかかわり-六
   朝買地券を中心に-」, 『中國學研究論集』 28(2012); 尹在碩, 「중국 고대 『死者의 書』와
   漢代人의 來世觀-告地策을 중심으로-」, 『中國史研究』 86(2013); 尹在碩, 위의 글.

〈표 1-2-1〉 명계 문서의 종류와 구조

	고지책	매지권	진묘문
정의	망자가 이승에서 저승으로 입문할 때 담당 관리가 명계를 관할하는 가상의 관리 혹은 지신地神에게 제출하는 문건14)	매장된 망자가 사후 생활의 장으로서 무덤터를 선주자先住者(과거의 망자)로부터 구매하기 위해 관념적·의제적 擬制的으로 토지 매매에 사용하는 계약서15)	무덤을 진안鎭安하는 한편 산 자들의 가택 안전을 희구하기 위해 천제天帝의 사자使者가 지하의 관리에게 망자의 무덤으로의 입문을 알리는 형식의 진혼문16)
재료	목독, 죽독	벽돌, 돌, 납, 옥玉	도병, 도관, 돌, 납
구조	①장례일 ②보고 주체-관리 ③보고 문언文言-'감언지敢言之' ④보고 대상-'지하승地下丞' 또는 '안도승安都丞' ⑤매장된 시종, 노비, 거마車馬, 기물 등의 목록 ⑥문서의 접수를 의미하는 문언-'수수受數', '서도위보書到爲報', '수수무보受數毋報' ⑦문서 기록자의 서명17)	①계약일(장례일) ②묘주의 생전의 지위+성명 ③선주자　거주지+선주자 성명 ④구매지의 위치(와 면적) ⑤구매지 가격 및 지불 일시 ⑥구매지의 사방 경계[四至] ⑦약속의　문언-구매자의 권리 ⑧계약의 증인 ⑨정형구-계약 체결의 행위(고주沽酒) ⑩정형구-계약의 실천을 규정하는 결어(여율령如律令)18)	①장례일 ②보고 주체-천제의 사자 ③보고 대상-묘역과 명계의 관리와 신 ④묘주의 성명 ⑤사자의 혼을 진혼하는 표현[解謫] ⑥자손의 번영을 희구하는 표현[除殃] ⑦정형구(여율령)19)
예시	(전한 문제文帝 전원前元) 7년(기원전 173) 초하루가 병자일丙子日인 10월 25일 경자庚子.① (강릉현江陵縣) 중향中鄕의 (색부嗇夫) 기起가② 감히 다음을 아룁니다.③ "신안리新安里의 대녀大女 연燕이 스스로 말하였습니다. '대노大奴 갑을甲乙과 대비大婢 방妨과⑤ 함께 안도安都로 옮겨가고자 합니다.' 안도승安都丞에게④ 아뢰어 고하니 이들의 명수名數를 받아주시고 문서가 도착하면⑥ 알려주시기를 감히 말씀드립니다.'③ 10월 경자庚子, 강릉 현령縣令 용씨龍氏와 강릉 현승	(후한) 건녕建寧 4년(171) 무오戊午 9월 을유乙酉 28일.① 좌준구관左駿廐官 대노大奴 손성孫成이② 낙양洛陽 남자 장백시張伯始로부터③ (장백시 명의로 된) 광덕정부廣德亭部 나맥羅陌 토지 1정町을⑤ 매입하였다. 토지의 가격은 전錢 만 오천으로 당일 모두 지불하였다.⑤ 토지는 동으로는 장장경張長卿의 땅에 접해있고 남으로는 허중이許仲異의 땅에 접해있으며, 서로는 큰 길에 접해있고 북으로는 장백시의 땅에 접해있다.⑥ 그 땅의 곡물과 태어나 살고 있는 동물은 모두 손성의 것이	(후한) 양가陽嘉 2년(133) 기사일己巳日이 초하루인 8월 갑술甲戌 6일, 제일除日.① 천제天帝 사자使者가② 삼가 조백로曹伯魯의④ 집안家을 위하여 재앙을 옮기고 근심을 제거하여 멀리 천 리 떨어진 곳으로 보냈다.⑥ (재앙은) 커다란 복숭아나무로 인해 머무를 수 없다.…이 귀소鬼所에 이르러…을(를) 제거하였다.⑤ 산 사람은 아홉을 얻고 죽은 이는 다섯을 얻으니 생生사死는 다른 길로 서로 만 리가 떨어져 있다. 지금 이후로 길게 손자를 보살피니 금석金石과 같이 장수할

縣丞 경경敬이 안도승에게 이 문서를 이첩移牒합니다. 정정亭이⑦ 기록하였습니다. 산산産이⑦ 기록하였습니다.	다. 만일 토지에서 시체가 나와 남자라면 '노奴'가 되고 여자라면 '비婢'가 되어 모두 마땅히 손성을 위해 열심히 일해야 할 것이다.⑦ 토지의 동서남북에는 큰 돌로 경계를 삼았다. 계약의 증인은 번영樊永·장의張儀·손룡孫龍과 이성異姓인 번원조樊元祖로 모두 계약의 내용을 안다.⑧ (매입자와 매도자가) 각기 반씩 술을 사 (함께 마셨다.)⑨ ⑩ 없음	것이며 끝내 재앙이 없을 것이다.⑥ 무엇으로 신표信標를 삼을 수 있는가. 신약神藥으로써 무덤을 압진壓鎭하고 황신월장黃神鉞章의 도장으로 봉封하라. 율령律令과 같이 행하라.⑦ ③ 없음
〈강릉고대18호한묘목독(기원전 173)江陵高臺十八號漢墓木牘〉20)	〈후한건녕4년(171)손성매지권後漢建寧四年孫成買地券〉21)	〈후한양가2년(133)조백로진묘문後漢陽嘉二年曹伯魯鎭墓文〉22)

14) 尹在碩, 앞의 글(2013), 47쪽.

15) 高倉洋彰, 「漢代買地券の檢討」, 『日本民族·文化の生成 I 永井昌文教授退官記念論文集』 (東京: 六興, 1988), 773쪽.

16) 洪承賢, 「동아시아 古中世石刻資料解題및 譯註 III」, 『中國古中世史研究』 37(2015), 277쪽.

17) 告地策의 구성 요소에 대해서는 陳松長, 「告地策的行文格式與相關問題」, 『湖南大學學報(社科版)』 22-3(2008), 21~22쪽을 참조.

18) 매지권의 구성 요소에 대해서는 高倉洋彰, 위의 글, 773쪽을 참조.

19) 鎭墓文의 구성 요소에 대해서는 尹在碩, 앞의 글(2014), 33쪽을 참조.

20) 湖北省荊州地區博物館, 「高臺18號墓發掘簡報」, 『文物』 1993-8, 19쪽, "【正面】七年十月丙子朔庚子, 中鄕起敢言之: 新安大女無自言: '與大奴甲乙大婢妨徙安都.' 謁告安都, 受名數, 書到爲報, 敢言之. 十月庚子, 江陵龍氏·丞敬移安都丞. 亭手【背面】産手." 표점과 글자의 확정은 해석의 편의를 위해 저자가 부분적으로 새로 진행하기도 하였다. 새로 진행한 내용에 대해서 별도로 표기하지는 않는다. 이하 동일하다.

21) [民國]羅振玉, 『蒿里遺珍』, 420쪽, 〈漢孫成鉛買地券〉, "建寧四年九月戊午卅八日乙酉. 左駿廐官大奴孫成, 從洛陽男子張伯始, 賣所名有廣德亭孝部羅佰田一町. 賈錢萬五千, 錢卽日畢. 田東比張長卿, 南比許仲異, 西盡大道, 北比張伯始. 根生土著毛物, 皆孫成. 田中若有尸死, 男卽當爲奴, 女卽當爲婢, 皆當爲孫成趨走給使. 田東西南北, 以大石爲界. 時傍人樊永·張儀·孫龍·異姓樊元祖, 皆知張約. 沽酒各半." 이 매지권에 대한 자세한 내용은 홍승현, 〈後漢建寧四年(171)孫成買地券〉, 『석각을 통해 본 동아시아 고중세 사회』(서울: 신서원, 2018), 386~392쪽을 참조.

22) 禚振西, 「陝西戶縣的兩座漢墓」, 『考古與文物』 1980-1, 46~47쪽, "陽嘉二年八月己巳朔六日甲戌, 徐. 天帝使者, 謹爲曹伯魯之家移殃去咎, 遠之千里. 咎□大桃不得留. □□至之鬼所,

명계로 보내는 세 종류의 문서는 모두 지하 세계의 관리나 신들에게
보낸다는 공통점을 지니고 있다. 이것은 앞서 간단히 언급했던 것처럼 고대
중국인들이 죽은 후의 세계에 대한 인식을 가지고 있었다는 점을 말해준다.
비록 몸은 죽어 사라지나 혼과 백, 그 중에서도 백은 지하에 남아 사후의
삶을 지속한다는 믿음이 이러한 문서를 제작하게 하였을 것이다. 특히 과소
문서過所文書, 즉 관문關門을 통과할 때 제출하는 통행증의 성격이 강한 고지책
은 당시인들이 죽음을 이승으로부터 저승으로의 통과 의례로 이해하고
있었음을 말해준다.[23]

고지책이 통행증이었다면 매지권은 죽은 이들 사이의 토지 매매를 증명하
는 계약서, 진묘문은 혼령을 위안하고 일체의 사특함으로부터 무덤을 보호하
는 진혼문이라고 할 수 있다. 요컨대 각기 그 역할이 상이함을 알 수 있다.
그렇다면 각 문서는 상황과 필요에 의해 선택되어 사용되었을 가능성이
높다. 그 상황과 필요란 무엇이었을까? 우선 매지권은 중국인 특유의 영혼
불멸관과 함께 토지 매매의 활성화라는 경제적 상황을 상정하지 않고서는
그 출현에 대해 설명하기 어렵다. 활발해진 현실의 토지 매매[24]가 죽어서도
삶을 영위할 토지의 구매로 연결된 것이 매지권 출현의 이유일 것이다.

한편 진묘문은 혼령에 대한 인식 변화로부터 등장의 원인을 찾을 수
있을 것 같다. 기존 연구에 따른다면 춘추春秋 시기 이전 중국인들은 죽은
후의 세계를 두려워하지 않았다고 한다. 중국에는 지하 세계를 관장하는
신이 없었다는 지적은[25] 당시인들이 죽은 후의 세계를 두려워하지 않았다는

徐□□. 生人得九, 死人得五, 生死異路, 相去萬里. 從今以長保孫子, 壽如金石, 終無凶.
何以爲信. 神葬壓墳, 封黃神鉞章之印. 如律令." 이 진묘문에 대한 자세한 내용은 홍승현,
〈後漢陽嘉二年(133)曹伯魯鎭墓文〉, 앞의 책, 464~471쪽을 참조.

23) 尹在碩, 앞의 글(2013), 70쪽.

24) 漢代 이래 활발해진 토지 매매에 관해서는 仁井田陞,『中國法制史硏究 土地法·取引法』
(東京: 汲古書院, 1960), 410~415쪽을 참조.

25) Wu, Hung, *The Art of the Yellow Spring: Understanding Chinese Tombs*, Reaktion Books,
London, 2010, p.32.

방증일 것이다.26) 그러나 전한 선제宣帝 시기(기원전 74~기원전 49) 조성된 무덤 속에서 발견된 '신령명위독神靈名位牘'이라는 목독에 죽은 자를 보호한다고 알려진 신령의 이름이 기록된 것을 통해27) 전한인들이 죽은 후의 세계가 망자의 안식처만은 아니라는 것을 믿게 되었음을 알 수 있다.

　잠시 살펴본 것처럼 이들 세 문서는 모두 죽은 후의 세계가 존재한다는 전제 하에 만들어졌다. 그럼에도 불구하고 이 세 문서는 차이를 보인다. 동일한 명계 문서라 해도 차이가 존재하는 것은 죽음, 사후 세계 또는 혼령에 대한 각기 다른 인식들이 빚어낸 결과일 것이다.28) 한편 이들의 차이는 지역적 차이일 가능성도 있는데,29) 각 문서들이 집중적으로 출토되는 지역이 각기 다르기 때문이다.30) 그런데 흥미로운 것은 지금까지 이 세 문서가 함께 발굴된 사례가 없다는 점이다. 이것은 Terry F. Kleeman의 지적처럼 석각의 역할이 전혀 다르거나 유사하다는 것을 의미할 것이다.31) 어느 쪽이었을까? 혹 이들 문서들의 역사를 추적하면 답을 얻을 수 있을까? 각 문서의 차이를 조금 더 구체적으로 살펴보기로 하자.

---

26) 李成九,「漢代의 死後世界觀」,『中國古中世史硏究』38(2015), 131쪽.
27) 揚州博物館·邗江縣圖書館,「江蘇邗江胡場五號漢墓」,『文物』1981-11, 17쪽.
28) 이성구는 고대 중국인이 분명한 영혼관이나 사후 세계관을 갖고 있지 않았다고 판단하였다. 李成九, 위의 글, 120쪽.
29) 예를 들어 春秋戰國 시기 이래로 북중국의 문헌에 사후 세계가 흔히 '黃泉'으로 서술되는 것과 달리『楚辭』에서는 土伯이 관할하는 '幽都'로 표현되어(『楚辭』,「招魂」, "魂兮歸來!, 君無下此幽都些. 土伯九約, 其角觺觺些.") 지역적 차이를 확인할 수 있다. 사후 세계를 '황천'으로 묘사한 대표적인 사례는 다음과 같다.『左傳』,「隱公元年」, "不及黃泉, 無相見也.";『莊子』,「秋水」, "且彼方跐黃泉而登大皇, 無南無北.";『管子』,「小匡」, "殺之黃泉, 死且不朽."; [前漢]王充,『論衡』,「薄葬」, "其死也, 葬之黃泉之下. 黃泉之下, 非人所居."
30) 후술하겠지만 한대 고지책이 주로 湖北·湖南에서 출토되는 것과는 달리 매지권은 洛陽과 그 주변, 진묘문은 西安 및 낙양 주변으로 주 출토 지역이 다르다.
31) Terry F. Kleeman, "Land Contracts and Related Documents",『中國の宗敎·思想と科學』(東京: 國書刊行會, 1984), p.19.

II. 고지책의 구성과 특징

먼저 고지책부터 살펴보자. 흔히 고지문告地文, 혹은 고지서告地書라고도 불리는 이 문서는 다루게 될 명계 문서 중 재료 면에서 가장 이질적이다. 다른 묘장 문서들이 돌 혹은 납, 도기陶器에 작성된 것과는 달리 고지책 작성에는 목독, 죽독이 이용되었다. 〈표 1-2-1〉에서 살펴본 것처럼 고지책은 죽은 이가 명계로 들어갈 때 명계의 관리들에게 제출하는 일종의 통행증이자 신분증명서의 성격을 가진 문서다.[32] 따라서 그 형식은 현실의 관문을 통과할 때 소지해야 하는 과소 문서와 매우 흡사한 것으로 알려져 있다.

고지책의 경우 함께 명계로 들어가는 시종, 노비, 거마車馬, 기물 등의 목록이 부가되어 있는 점이 특이하다. 물론 현실의 과소 문서에도 함께 관문을 넘는 소나 말, 수레가 기록되기는 하지만[33] 고지책의 경우는 의복을 비롯하여 명계에서 죽은 이가 생활하는 데 필요한 다양한 물건들이 기록된다는 점이 다르다. 특히 몇몇 고지책은 복수의 간簡으로 이루어져 물건의 목록이 별도로 기재되어 있기도 하다. 혹 단간單簡인 경우는 배면背面, 즉 뒷면에 기재되어 있다. 그 별도의 목록은 흔히 견책遣策으로 불리거나 의물소衣物疏로 불린다.[34] 혹자는 고지책 전체를 견책으로 부르기도 하는데, 이 경우 물건의 목록 외의 과소 문서에서 볼 수 있는 행정 처리의 내용을 부가문언附加文言이라고 한다.[35]

---

32) 大庭修,「墓葬の木簡」,『木簡-古代からのメッセージ』(東京: 大修館書店, 1998), 82~83쪽.

33) 甘肅簡牘保護研究中心等 編, 위의 책, 23쪽, 73EJT3:64, "戍佐范惲, 用馬一匹, 騮牡齒七歲, 高五尺八寸. 十月辛丑入. 十一月甲子出."; 23쪽, 73EJT3:65, "己丑朔丙申, 居延令…肩水金關遣亭長張永從, 令到封當舍傳舍從者, 如律令. 掾京宗守令詡佐昌."; 39쪽, 73EJT5:72, "□□□□□馬二匹輢車一乗, 謹移過所縣道河津關毋苟留止, 如律令. 令史宗行丞事移過所, 如律令. 佐定安世."

34) 아사미 나오이치로는 경계가 명확한 것은 아니지만 遣策은 비교적 오래된 시기의 것을 말하며 衣物疏은 후대의 것, 학술 용어상으로는 晉代 이후의 것을 지칭한다고 하였다. 淺見直一郎,「黃泉の土地と冥途への旅-中國の葬送文書に關する一考察」,『大谷學報』 87-1(2007), 6~7쪽.

〈표 1-2-2〉 고지책과 과소 문서의 구성 요소

고지책	구성 요소	과소 문서
(전한 여후呂后) 5년(기원전 183) 초하루가 계묘일癸卯日인 11월 28일 경오일庚午日. 서향西鄉의 진辰이 감히 아룁니다.	날짜	(전한) 원수元壽 2년(기원전 1) 초하루가 정묘일丁卯日인 10월 신묘일辛卯日.36)
	보고 주체 및 문언	광창향廣昌鄉 색부嗇夫 가좌굉假佐宏이 감히 아룁니다.
낭중郎中 오대부五大夫 창昌이 스스로 말하기를 "모친 대여자大女子 에恚가 사망하여 【의류·장례 용구[葬具] 및 시종[從者]을 (데리고 감에) 자부子婦·편처偏妻·하처下妻·노비·우마牛馬]는 물건과 사람으로 나누어 첩牒 하나에 하나씩 기재하니 첩이 (모두) 197매枚입니다."하였습니다.	행정 요청	양리陽里 남자 임량任良이 집안을 위해 무위武威 장액군張掖郡으로 가서 개인적으로 일처리를 하고자 전傳을 취득하기를 바란다고 합니다.
창의 집은 요역徭役을 면제받아[復] 주어야 할 것이 없으니 (이는) 조령詔令에 따른 것입니다. 낭중 오대부 창 모친의 가속은 마땅히 요역을 면제 받아야 합니다.	행정 절차	삼가 살펴보니 임량은 나이 58세로 경부更賦를 모두 납부하였고 관에 죄지은 것도 없으며 도망갈 사람이 아니니 마땅히 전을 취득할 만합니다.
지하승地下丞이 (이에 따라) 처리하도록 알립니다. 감히 말씀드립니다.	보고 대상	지나는 하진관河津關에 (이 문서를) 이관하여 붙잡아 두지 마시기를 아뢰니 율령대로 처리하십시오. 10월 신묘일, 옹령승雍令丞 봉鳳이 지나는 곳에 이관하니 율령대로 처리하십시오.
의류·장례 용구[葬具], 종자從者, 자부子婦, 편처偏妻, 하처下妻, 노비, 우마牛馬.37)	보고된 물건과 사람의 목록	말이 끄는 수레[馬車] 1량, 수레용 말 1필, 12살. 소가 끄는 수레[牛車] 1량, 수레용 소 2마리.
11월 28일, 강릉江陵 현승縣丞인 체匵가 지하승에게 이 문서를 이관함에, (명계의) 관리로 하여금 일을 처리해주시기 바랍니다. 장臧이 기록하였습니다.38)	문서 기록자의 서명	연掾 병並, 수령守令 사보史普가 작성. 옹승雍丞의 인印.39)

---

35) 淺見直一郎, 앞의 글, 7쪽.

36) 전한 哀帝 元壽 2년(기원전 1) 10월의 초하루는 丁卯日이 아닌 辛卯日이다. 따라서 구체적인 날짜를 특정하는 것은 불가능하다.

37) 원문의 경우 매장된 물건과 사람의 목록은 모친 恚의 사망을 신고하는 행정 요청 안에 포함되어 있으나 여기서는 이해의 편의를 위해 분리하여 다시 한 번 기술하였다. 표의 행정 요청에서는 구분을 위해 【 】를 이용하여 기술하였다.

38) 劉國勝, 「謝家橋一號漢墓《告知書》牘的初步考察」, 『江漢考古』112(2009), 120~121쪽. "五年十一月癸卯朔庚午. 西鄉辰敢言之. 郎中五大夫昌自言. 母大女子恚死, 以衣器·葬具及從者, 子婦·偏下妻·奴婢·馬牛, 物·人一牒, 牒百九十七枚. 昌家復無有所與, 有詔令. 謁告地下

현재 보고된 진秦·한대漢代 고지책은 총 9종으로 알려져 있는데,[40] 다음과
같다.

〈표 1-2-3〉 진한 시기 고지책 일람[41]

연번	고지책 이름	내용	연구자	비고
1	운몽 용강 6호 진묘목독雲夢 龍崗6號秦墓木牘 (기원전 209 ~ 기원전 208)[42]	鞫之: 辟死, 論不當爲城旦. 吏論失者已坐以論, 九月丙申, 沙羡丞甲·史丙, 免辟死爲庶人, 令自尙也. 신문 결과: 사형에 처해야 하는 자를 성단城旦으로 삼은 것은 부당하다고 논단하였다. 이에 관리가 (사형에 해당하는 죄를) 잘못 판결한 자를 이미 논죄하였고, 9월 3일 사이현沙羡縣의 승丞인 갑甲과 사史인 병丙이 사형에 처해야 하는 죄를 사면하여 서인庶人으로 삼은 것을 스스로 (지신地神에게) 보고하게 하였다.	張, 尹	쉬 페 이 는 〈진간독秦簡 牘〉이란 표제 하에 별도로 구분
2	**형주 사가교 1호 한묘죽독**荊州謝家橋1號漢墓竹牘 (기원전 183)[43]	【A牘】五年十一月癸卯朔庚午, 西鄉辰敢言之: 郎中[五]大夫昌自言, 母大女子恚死, 以衣器·葬具及從者·子婦·偏下妻·奴婢·馬牛, 物·人一牒, 牒百九十七枚. 昌家復無所與, 有詔令, 謁告地下丞以從事. 敢言之. 【B牘】郎中五大夫昌母家屬當復毋有所與. 【C牘】十一月庚午, 江陵丞匯移地下丞, 可令吏以從事. 臧手. 【A독】(여후) 5년 초하루가 계묘일癸卯日인 11월 28일 경오庚午, 서향西鄉의 진辰이 감히 아룁니다. 낭중郎中 오대부五大夫 창昌이 스스로 말하기를 "모친 대여자大女子 에恚가 사망하여 의복과 장례 용품[葬具] 및 시종을 (데리고 감에) 자부子婦, 편처偏妻, 하처下妻, 노비, 말과 소는 물건과 사람으로 나누어 첩牒 하나에 하나씩 기재하니 첩이 (모두) 197매입	許, 張, 横田, 尹	

丞以從事. 敢言之. 郎中五大夫昌母家屬當復毋有所與. 十一月庚午, 江陵丞匯移地下丞, 可令
吏以從事. 臧手."

39) 甘肅簡牘保護研究中心等 編, 『肩水金關漢簡 貳·下冊』(上海: 中西書局, 2012), 120쪽, 73EJT23: 897A, 73EJT23:897B, "元壽二年十月丁卯朔辛卯. 廣昌鄕嗇夫假佐宏敢言之. 陽里 男子任良自言欲得取傳, 爲家私使之武威張掖郡中. 謹案良年五十八, 更賦皆給, 毋官獄征事, 非亡人命者, 當得取傳. 謁移過所河津關, 毋留留, 如律令. 十月辛卯, 雍令丞鳳移過所, 如律 令. 馬車一兩, 用馬一匹, 齒十二歲. 牛車一兩, 用牛二頭. 掾並, 守令史普. 雍丞之印."

40) 현재 연구자들이 秦漢代 告地策이란 이름으로 저록해 놓은 자료들을 살펴보면 다소 차이가 나기는 하지만 대체적으로 8~9종으로 보고 있다. 표의 굵은 글자는 전형적인 고지책으로 파악되는 것들이다.

		니다."하였습니다. 창의 집은 요역을 면제받았으니 (이는) 조령詔令에 따른 것입니다. 지하승地下丞이 (이에 따라) 처리하도록 알립니다. 감히 말씀드립니다. 【B독】낭중 오대부 창 모친의 가속은 마땅히 요역을 면제받아야 합니다. 【C독】11월 28일, 강릉현승江陵縣丞인 체䚡가 지하승에게 이 문서를 이관함에, (명계의) 관리로 하여금 일을 처리해주시기 바랍니다. 장臧이 기록하였습니다.		
3	강릉 고대 18호 한묘목독江陵高臺18號漢墓木牘(기원전 173)44)	【A牘】安都 江陵 丞印 【B牘】(正面)七年十月丙子朔庚子, 中鄕起敢言之: 新安大女燕自言: '與大奴甲乙大婢妨徙安都.' 謁告安都, 受名數, 書到爲報, 敢言之. 十月庚子, 江陵龍氏·丞敬移安都丞. 亭手. (背面)産手. 【C牘】新安戶人大女燕關內侯寡. 大奴甲. 大奴乙. 大婢妨家復不算不繇. 【D牘】壺一雙. 髹杯二雙一奇. 盛一雙. 閒一雙. 鉈一雙. 椑二雙. 檢一合, 五角囊一. 卮一合. 黃金囊一. 畵杯三雙. 脯一束. 【A독】안도安都 강릉현승의 인印. 【B독】(정면)(문제文帝 전원前元) 7년 병자일丙子日이 초하루인 10월 경자庚子 25일, (강릉현) 중향中鄕의 (색부嗇夫) 기起가 감히 다음을 아룁니다. "신안리新安里의 대녀大女 연燕이 스스로 말하였습니다. '대노大奴 갑을甲乙과 대비大婢 방妨과 함께 안도로 옮겨가고자 합니다.' 안도승에게 아뢰어 고하니 이들의 명수名數를 받아주시고 문서가 도착하면 알려주시기를 감히 말씀드립니다." 10월 경자 강릉현령 용씨龍氏와 강릉현승 경敬이 안도승에게 이 문서를 이첩합니다. 정亭이 기록하였습니다. (뒷면) 산産이 기록하였습니다. 【C독】신안리 호인戶人의 대녀 연은 관내후關內侯의 과부다. 대노 갑. 대노 을. 대비 방. 이 집안은 요부徭賦가 면제되었기에 산부算賦와 요역을 부과하지 않는다. 【D독】호壺 한 쌍. 휴배髹杯 두 쌍 한 벌. 성盛 한 쌍. 하閘 한 쌍. 사鉈 한 쌍. 비椑 두 쌍. 검檢 한 합. 오각랑五角囊 하나. 치卮 한 합合. 황금랑黃金囊 하나. 화배畵杯 세 쌍. 포脯 한 속束.	陳, 張, 田	許, 橫, 尹	
4	장사 마왕퇴 3호 한묘죽간長沙馬王堆3號漢墓竹簡(기원전 168)45)	十二年二月乙巳朔戊辰, 家丞奮移主藏郎中: 移藏物一編, 書到, 無選(撰)具素(奏)主藏君. (문제 전원) 12년 초하루가 을사일乙巳日인 2월 무진戊辰 24일, 가승家丞 분奮이 주장랑중主藏郎中에게 (이 문서를) 이관합니다. "장물藏物 1편編을 이관하니 문서가 도착하면 지니고 있지 말고 주장군主藏君에게 갖추어 아뢰어 주십시오."	陳, 張, 田	許, 橫, 尹	윤재석은 장사 지역 고지책의 특징을 지닌 것으로 파악

5	강릉 모가원 1호 한묘목독 江陵毛家園1號漢墓木牘(기원전 168)[46]	十二年八月壬寅朔己未, 建鄕疇敢告地下主, □陽關內侯寡大女精死, 自言以家屬·馬牛徙. 今牒書所與徙者七十三牒移. 此家復不事. 可令吏受數以從事, 他如律令, 敢告主.	陳, 許, 張, 橫 田, 尹	
		(문제 전원) 12년 초하루가 임인일壬寅日인 8월 기미己未 18일, 건향建鄕의 (색부인) 주疇가 지하주地下主에게 감히 고합니다. "□양□陽 관내후의 과부 대녀 정精이 사망하여 스스로 '가속과 말과 소를 (지하로) 옮기고자 합니다.'라고 말하였습니다. (따라서) 지금 첩서牒書를 작성함에 옮기는 것을 73개의 첩에 기재하여 (지하주에게) 이관합니다. 이 집안은 요부가 면제되었으니 (요역에) 종사하지 않습니다. 관리로 하여금 명수를 접수하여 일을 처리하게 해주시고, 다른 것들은 율령에 따라 처리해 주실 것을 감히 (지하)주에게 고합니다."		
6	강릉 봉황산 168호 한묘죽독江陵鳳凰山168號漢墓竹牘(기원전 167)[47]	十三年五月庚辰, 江陵丞敢告地下丞: 市陽五夫(大夫)=燧自言: 與大奴良等廿八人·大婢益等十八人·軺車二乘·牛車一兩·駟馬四匹·駧馬二匹·騎馬四匹. 可令吏以從事, 敢告主.	陳, 許, 張, 橫 田, 尹	
		(문제 전원) 13년 5월 경진庚辰, 강릉현승이 지하승에게 감히 고합니다. "시양리市陽里의 오대부五大夫 수燧가 스스로 말하기를 '대노 양良 등 28인, 대비 익益 등 18인, 초거軺車 2승乘, 우거牛車 1량兩, 사마駟馬 4필, 류마駧馬 2필, 기마騎馬 4필과 함께 (명계로) 간다.'고 하였습니다. 관리로 하여금 처리하게 해주실 것을 감히 지하주에게 고합니다."		
7	강릉 봉황산 10호 한묘죽독江陵鳳凰山10號漢墓竹牘(기원전 153)[48]	四年後九月辛亥, 平里五夫(大夫)偃(張)偃〔敢告〕地下〔主〕: 偃衣器物, 所以蔡(祭)具器物, □(可)令吏以律令從事.	陳, 許, 張, 橫 田, 尹	
		(경제景帝 전원) 4년 윤閏9월 신해辛亥 8일,[49] (강릉현 서향西鄕) 평리平里의 오대부 장언張偃이 지하주에게 감히 고합니다. "언이 (지하에서 사용할) 의복 및 제사 용구祭具를 (가져가고자) 하니 관리로 하여금 율령에 따라 처리하게 해주십시오."		
8	수주 공가파 8호 한묘간독州孔家坡8號漢墓簡牘(기원전 142)[50]	二年正月壬子朔甲辰, 都鄕燕·佐戎敢言之: 庫嗇夫辟與奴宜馬·取·宜之·益衆, 婢益夫·末衆, 車一乘, 馬三匹. 正月壬子, 桃侯國丞萬移地下丞, 受數毋報. 定手.	陳, 許, 張, 橫 田, 尹	
		(경제 후원後元) 2년 초하루가 임자일壬子日인 정월 갑진甲辰,[51] 도향都鄕의 (색부) 연燕과 좌佐 융戎이 감히 말씀드립니다. "고색부庫嗇夫인 벽辟이 노奴인 의마宜馬·취取·의지宜之·익중益衆, 비婢인 익부益夫·말중末衆, 수레 1승, 말 3필과 함께 (명계로 가고		

		자 합니다.) 정월 임자일, 도후국桃侯國의 승丞인 만萬이 지하승에게 (이 문서를) 이관하니, 명수를 받으시고 보고해 주십시오."52) 정定이 기록하였 습니다.		
9	광화 오좌분 3 호 한묘목독光 化五座墳3號漢墓 木牘(무제기武 帝期)53)	不明 명확하지 않음	陳, 橫田	
10	강소 한강호 장 5호 한묘목 독江蘇邗江胡場 5號漢墓木牘(기 원전 71)54)	冊七年十二月丙子朔辛卯, 廣陵宮司空長前·丞□敢告 土主: 廣陵石里男子王奉世有獄事, 事已, 復故郡鄉里. 遣自致移棺穴. 冊八年獄計, □〔承〕書從事, 如律令. (광릉왕廣陵王 유서劉胥) 47년(선제宣帝 본시本始 3 년) 병자일丙子日이 초하루인 12월 신묘辛卯 16일, 광릉국廣陵國 궁사공宮司空의 장長인 전前과 승丞인 □가 감히 토주土主에게 고합니다. 광릉현廣陵縣 석리石里 남자 왕봉세王奉世에게 옥사獄事가 있었는 데, 이미 옥사가 종료되어 고향 군향리郡鄉里로 복귀하였습니다. (망자를 보내) 스스로 이서移書 를 가지고 묘혈墓穴로 가게 하였습니다. 48년 옥계 獄計에서는 이서를 받아 일을 처리함에 율령에 따라 처리해 주시기 바랍니다.	陳, 許, 橫田, 尹	윤재석은 전 형적인 고지 책과 달리 1 과 유사하다 고 파악
11	무위 마저자 15호 한묘직 물武威馬咀子15 號漢墓織物55)	姑臧北鄉西夜里女子□寧死下世, 當歸塚次, □□□□ □水社毌□河(苟)留□□〔有天〕帝敎如律令. 고장현姑臧縣 북향北鄉 서야리西夜里의 여자인 □녕 □寧이 죽어 하세下世하여 총차塚次로 돌아감에 이 르러, …수사水社가 이를 막아 저지하지 말고□□, 천제天帝의 교교敎가 있으니 율령에 따라 처리해 주 시기 바랍니다.	尹	윤재석은 진 묘문에 가깝 다고 파악
12	무위 오패산 3 호 한묘목독武 威五壩山3號漢墓 木牘56)	張掖西鄉定武里田升寧, 今歸黃, 過所毋留難也. 故爲 □□□. 今升寧自小婦得綏, 取升寧衣履燒祠, 皆得□ 過也. 今升寧田地皆當歸得孫趙季平所可. □升寧田 地皆當歸得孫任. 今升寧田地皆當歸得田地皆當歸 得孫任胡開口, 願皆自得綏禁之物, 復以得孫任胡亞語 言□□□□□□在張昊天知曲直, 故爲信. 장액군張掖郡 서향西鄉 정무리定武里의 전승녕田升寧 이 이제 황천으로 돌아감에, 과소過所에서 이를 저지하여 어려움에 처하지 않게 해주십시오.…지 금 승녕의 소부小婦인 득수得綏가 승녕의 의복과 신발을 취하여 사祠에서 불태워 모두…. 이제 승녕 의 땅은 모두 마땅히 손자인 조계평趙季平에게 모	尹	윤재석은 진 묘문에 가깝 다고 파악

| | | 두 귀속하는 것이 옳다. (이제) 승녕의 땅은 모두 마땅히 손자인 임호任壻에게 귀속한다. 이제 승녕의 땅은 모두 마땅히 손자인 임호에게 귀속하고 개구開口(?), 원컨대 금물禁物은 모두 득수에게 돌아가며, 다시 손자 임호가…장호천張昊天이 그 곡직曲直을 알고 있으니, 이를 신표로 삼는다. | | |

41) 이 표는 陳松長, 앞의 글; 許飛, 「漢代の告知文·鎭墓文·買地券に見られる冥界(上)」, 『中國學研究論集』 26(2011); 張文瀚, 「告地策研究評述」, 『中國史研究動態』 2013-1; 横田恭三, 「前漢墓出土 「告地策」考」, 『書學書道史研究』 23(2013); 尹在碩, 앞의 글(2013)을 참조하여 작성하였다. 각 고지책의 출전은 별도로 명기하였다.

42) 劉信芳·梁柱 編著, 『雲夢龍崗秦簡』(北京: 科學, 1997), 45쪽.

43) 劉國勝, 「謝家橋一號漢墓 《告地書》牘的初步考察」, 『江漢考古』 112(2009), 120쪽.

44) 湖北省荊州地區博物館, 「高臺18號墓發掘簡報」, 『文物』 1993-8, 19쪽.

45) 湖南省博物館·中國科學院考古研究所, 「長沙馬王堆二·三號漢墓發掘簡報」, 『文物』 1974-7, 43쪽.

46) 楊定愛, 「江陵縣毛家園一號西漢墓」, 『中國考古學年鑑 1987』(北京: 文物, 1988), 204쪽.

47) 湖北省文物考古研究所, 「江陵鳳凰山一六八號漢墓」, 『考古學報』 1993-4, 499쪽.

48) 黃盛璋, 「江陵鳳凰山漢墓簡牘及其歷史地理研究上的價值」, 『文物』 1974-6, 70쪽.

49) 이 고지책의 紀年에 대하여 이견이 있다. 홍이는 "四年□九月辛亥."를 "四年後九月辛亥."로 보고 後九月이 있는 4년이 언제인가를 추적하였다. 그 결과 惠帝 4년과 景帝 前元 4년에 후구월이 있어 각기 기원전 191년 후9월 27일과 기원전 153년 후9월 8일임을 밝혔다. 그 후 墓葬의 다른 유물들과 비교하여 혜제 4년의 기년을 갖는 것은 어렵다고 여겨 경제 전원 4년으로 比定하였다. 추이시귀 역시 '四年後九月'로 보아 경제 전원 4년으로 비정하였다. 차례대로 弘一, 「江陵鳳凰山十號漢墓簡牘初探」, 『文物』 1974-6, 84쪽; 裘錫圭, 「湖北江陵鳳凰山十號漢墓出土簡牘考釋」, 『文物』 1974-7, 54쪽. 그러나 이와는 달리 墓主가 사망한 文帝 12년을 상한으로 보고 연호를 사용하는 武帝 때를 하한으로 보아 문제 12년~무제 이전을 비정한 경우도 있다. 黃盛璋, 위의 글, 71쪽. 그러나 이 경우 4년에 해당하는 것은 문제 後元 4년(기원전 160), 경제 전원 4년(기원전 153), 경제 中元 4년(기원전 146)인데, 이 중 9월에 辛亥日이 있는 해는 경제 전원 4년이 유일하다.

50) 湖北省文物考古研究所·隨州市考古隊 編, 『隨州孔家坡漢墓簡牘』(北京: 文物, 2006), 197쪽.

51) 高祖 2년(기원전 205)부터 경제 후원 2년(기원전 142)까지 2년에 해당하는 해 중 壬子日이 초하루인 경우는 없다. 이 때문에 湖北省文物考古研究所와 隨州市考古隊는 "二年正月壬子朔甲辰"을 "正月甲辰朔壬子"의 잘못으로 보고 초하루가 갑진일인 정월이 있는 경제 후원 2년으로 비정하였다. 湖北省文物考古研究所·隨州市考古隊 編, 위의 책, 197쪽. 그러나 리쉬에친은 淮南王 劉長 2년, 즉 한고조 12년(기원전 195)으로 추정하였는데, 이 경우 초하루가 임자일이라는 것에 부합한다. 하지만 초하루가 임자일 경우 그 달에 갑진일이 있을 수 없다는 문제는 해결하지 못하였다. 李學勤,

이 중 전형적인 고지책57)은 굵은 글씨의 5종으로 이해되고 있다(연번 2, 3, 5, 6, 7). 모두 호북湖北·호남湖南에서 출토된 것들이며 특히 호북에서 출토된 것이 가장 많다. 이 때문에 황성장黃盛璋은 고지책을 초楚의 습속이라고 하였다.58) 사람이 죽어도 백은 지하로 돌아가 현세와 동일한 내세의 사회에서 생전과 다를 바 없는 삶을 영위할 것이라는 고대 중국인의 믿음은 잘 알려져 있다. 그 중에서도 '귀신을 믿고 제사 지내기를 좋아하는'59) 초 지역에서는 지하에 매장된 혼백에 지대한 관심을 가지고 있었고, 이러한 명계에 대한 관심이 고지책으로 나타난 것으로 이해한 것이다.60)

고지책은 표에서 확인할 수 있는 것처럼 죽음을 이승에서 저승으로의 이전으로 이해하며, 죽은 자가 여전히 저승에서 이승에서의 삶을 연장하여 생활한다는 관념의 결과물이다. 따라서 저승에서 필요한 물품들이 나열되고 있다. 그런데 한 가지 눈에 띄는 점은 이들 문서에 죽은 자들의 요역徭役 또는 산부算賦가 면제되었다는 것을 기록한 것이다(연번 2, 3, 5). 이는 당시인

「隨州孔家坡8號墓的年代學問題」,『新出簡帛硏究』(北京: 文物, 2004), 326~327쪽. 여기서는 정확한 기년을 확정하진 못하였다.

52) "受數毋報."는 "受名數, 書到爲報."와 같은 뜻으로 봐야 한다는 윤재석의 의견을 따랐다. 尹在碩, 앞의 글(2013), 54쪽.

53) 楊權喜,「光化五座墳西漢墓」,『考古學報』1976-2, 167쪽. 보고에 따르면 3호 묘에서 약 30개의 竹簡 殘片과 글자를 파악하기 어려운 5개의 죽간이 나왔다. 보고자는 이것을 '遣冊'에 속한다고 하였고, 아마도 이로 인해 두 연구자가 이 죽간을 고지책으로 구분한 것으로 생각된다.

54) 揚州博物館·邗江縣圖書館,「江蘇邗江胡場五號漢墓」,『文物』1981-11, 17쪽.

55) 甘肅省博物館·中國科學院考古硏究所 編,『武威漢簡』(北京: 中華書局, 2005), 149쪽.

56) 李均明·何双全 編,『散見簡牘合輯』(北京: 文物, 1990), 25쪽, 第244簡.

57) 여기서 전형적인 고지책은 앞에서 언급한 陳松長이 제시한 일곱 가지 구성 요소를 모두 갖춘 것을 의미한다. 〈표 1-2-1〉을 참조.

58) 黃盛璋,「雲夢龍崗六號秦墓木牘與告地策」,『龍崗秦簡』(北京: 中華書局, 2001), 154쪽. 이외에도 고지책의 특징으로 (1) 상한은 戰國 후기, (2) 前漢과 後漢 사이에 매지권으로 대체, (3) 지하에 戶籍을 등기하는 것이 목적, (4) 현실의 공문서를 모방한 것을 들었다.

59)『楚辭』,「九歌序」, "其俗信鬼而好祠."

60) 橫田恭三, 앞의 글, 13쪽.

들이 삶 속에서 가장 힘들어 했던 것이 노역勞役이었음을 말해주는 증거다. 사람들은 **저승에서 만큼은 이승의 고단했던 노역에서 해방되기를 기대**했던 것이다. 이와 관련하여 윤재석은 요부徭賦 면제의 구절이 있는 고지책이 모두 망자가 여성인 묘에서만 출토되었다는 점에 착안하여 고지책의 구성 요소에서 절대적인 것이 아니었을 것으로 추정하였다.[61]

그러나 이 구절이 등장한 문서가 모두 가장 전형적인 고지책으로 분류되는 것들이라는 점에서 오히려 고지책에서 중요한 구성 요소가 아닐까 생각한다. 요컨대 지하의 관리들에게 죽은 자의 저승 입문을 보고하는 목적이 망자로 하여금 지하 세계로 안전하게 이전하게 하며 지하에서 편안히 생활하게 하는 데 있다면, 이들 망자들의 고단한 삶을 종결시킬 수 있는 방책을 마련해 주는 것이 고지책의 목적일 수 있을 것이다. 그렇다면 부역 면제의 사실이 있다면[62] 이를 반드시 기술하였을 것이다.[63] 물론 현재 보고된 고지책의 수가 너무 적은 관계로 단정하는 것은 어렵다. 하지만 고지책이 죽은 자를 위한 문서라는 점에서 망자의 안녕을 위한 조처들이 취해지는 것은 지극히 자연스럽다.

현재 기년을 확인할 수 있는 것들 중에서 가장 후대의 것은 기원전 71년, 즉 전한 선제 본시本始 3년에 제작된 〈강소한강호장5호한묘목독〉이다. 전형 적인 호북·호남의 것들 중에는 전한 경제景帝 전원 4년(기원전 153)의 〈강릉

---

61) 尹在碩, 앞의 글(2013), 61쪽.

62) 연번 2 〈荊州謝家橋1號漢墓竹牘〉의 "昌家復無有所與, 有詔令."이라는 표현에서 알 수 있는 것처럼 요역 면제의 조치인 復은 사망 전 詔令에 의해 처리된 것이다. 이성구는 이것이 신분을 세탁하거나 詐稱하여 얻게 되는 특권이라고 하여 허위라고 보았다. 李成九, 앞의 글, 143쪽. 그러나 어느 쪽이든 당시 고지책을 작성하는 목적 중 하나가 죽은 자가 저승에서 더 이상 요역과 賦稅에 시달리지 않도록 하기 위한 것이었다는 점은 분명하다.

63) 연번 3 〈江陵高臺18號漢墓木牘(기원전 173)〉을 분석한 윤재석은 묘주인 燕이 저승으로 입문하는 과정에서 제출한 가장 중요한 서류는 江陵縣丞이 中鄉 嗇夫의 보고를 기초로 작성한 연의 호적 자료와 세역 면제 보증 문건이라고 하였다. 尹在碩, 위의 글, 78쪽.

봉황산10호한묘죽독)이 가장 늦은 기년의 것이다. 워낙 출토된 고지책의
숫자가 적은 관계로 결론을 내리는 것은 어렵지만 고지책은 전한 선제
시기를 하한으로 짧은 시간을 영위한 후 사라지는 것으로 보인다. 혹자는
이 고지책이 전한~후한 시기의 매지권·진묘문으로 변화한다고 하였다.[64]
그렇다면 왜 선제 시기가 하한이며, 매지권·진묘문으로의 변화는 확인할
수 있는 것인가 하는 의문이 남는다.

진한 시기 고지책이 선제 시기를 끝으로 더 이상 발견되고 있지 않기는
하지만 다음의 사례는 고지책이 완전히 사라진 것은 아니라는 것을 말해준다.

(1) (동진東晉) 영화永和 8년(352) 무자일戊子日이 초하루인 7월 5일 임진壬辰.
강주江州 파양군鄱陽郡 파양현鄱陽縣⋯남창령南昌令 뇌해雷陔의 명부命婦인
파양□鄱陽□ 창?張犅가(이) 나이 86세로 사망하였다.⋯소유한 의물衣物의
소疏. 여청조서女青詔書와 같이 처리하여 (다른 사람은 그 물건에 대해)
뜻을 이루지 못하게 하라.[65]

(2) (동진) 승평升平 5년(361) 병인일丙寅日이 초하루인 6월 29일 갑오甲午,
사망하였다. 공국公國 전위령典衛令인 형주荊州 장사군長沙郡 임상현臨湘縣
도향都鄉 길양리吉陽里 주방周芳의 명처命妻 반씨潘氏가 나이 58세로 당일
사망하였다. 입고 있는 옷들은 모두 반씨가 생전에 입었던 것들로 다른
사람은 멋대로 빌릴 수 없다. 동해東海 동자童子가 썼다. 문서 작성이
끝나면 다시 바다로 돌아간다. 율령과 같이 처리하라.[66]

---

64) 黃盛璋, 앞의 글(2001), 154쪽; 橫田恭三, 앞의 글, 13쪽.

65) 江蘇省文物考古研究所·南昌市博物館, 「南昌火車站東晉墓葬群發掘簡報」, 『文物』 2001-2,
24쪽, "永和八年七月戊子朔五日壬辰. 江州鄱陽郡都陽縣都□□□□□南昌令雷陔命婦
鄱陽□張犅, 年八十六, 卽醉酒□□□□□身衣物疏. 如女青詔書, 不得志者."

66) 「長沙北門桂花園發現晉墓」, 『文物參考資料』 1955-11, 136쪽, "升平五年六月丙寅朔廿九日
甲午, 不祿. 公國典衛令, 荊州長沙郡臨湘縣都鄉吉陽里周芳命妻潘氏, 年五十八, 以卽日醉酒
不祿. 其隨身衣物, 皆潘氏生存所服飾, 他人不得妄認詆債. 東海童子書. 書迄還海去. 如律
令."

(3) (전량前涼) 승평升平 14년(370) 9월 14일, 진晉의 사망한 대녀大女, 손구녀孫狗
女. 오른쪽 첩牒(에 기재된) 의물, 잡채雜綵, 소지물所持物들은 모두 생전에
사용했던 것들이다. 송백기松柏器 1구口의 가격은 전錢 만만구천구백구십
萬萬九千九百九十이다. 관할 관청에서는 보내주어 머무르게 하지 말라.
증인은 좌측 청룡靑龍과 우측 백호白虎로 장狀의 내용을 안다. 율령과
같이 처리하라.[67]

　위의 세 기사는 동진·십육국十六國 시기의 고지책들이다. (1)과 (2)는 각각
강소성 남창南昌과 호남성 장사, 즉 장강 이남에서 발견된 것이고, (3)은
감숙성甘肅省 옥문玉門에서 발견된 것이다. 따라서 지역적으로 (1)과 (2)는
장강 이남 즉 초 지역의 상장 풍습의 계통성을 지닌 것으로 볼 수 있을
것이며, (3)의 경우는 〈표 1-2-3〉 연번 11·12 무위 지역의 상장 풍습과 같은
계통이 아닐까 한다.
　세 건 모두 부장품 목록, 즉 견책과 함께 출토되었다. 견책을 기준으로
한다면 위의 기사들은 모두 부가문언이라고 할 수 있다. 그런데, 그 구성이
진·한대와는 사뭇 달라졌음을 알 수 있다. 우선 망자를 매장한 날짜는 있지만
관리가 상부에 보고하는 형식을 띠고 있지 않다. '감언지敢言之'라는 보고
문언도 없으며, '지하승地下丞'으로 대표되는 보고 대상도 없다. 당연히 '수수受
數', '서도위보書到爲報', '수수무보受數毋報'와 같은 문서 접수와 관련한 용어나
문서 기록자의 서명도 보이지 않는다. 사실상 견책과 함께 발견되지 않았다
면 율령과 같이 처리하라는 '여율령如律令'이란 진묘문의 독특한 문언으로
인해 진묘문으로 여겨질 정도다. 한편 (3)에서는 매지권의 토지 대금을 연상
케 하는 '전만만구천구백구십錢萬萬九千九百九十'이 등장한다.

67) 張俊民,「甘肅玉門畢家灘出土的衣物疏初探」,『湖南省博物館館報』2010-7, 403쪽, "升平十
　四年九月十四日, 晉故大女孫狗女. 右牒衣物·雜綵·所持皆生時所秉. 買松柏器一口, 顧賈錢
　萬萬九千九百九十. 所在聽遣不得留停. 時人左靑龍·右白虎, 知狀. 如律令."

하지만 매지권이나 진묘문으로 보기에도 부적절한 것은 매지권의 가장 중요한 요소인 매도자와 무덤의 위치 및 사방 경계가 나타나지 않으며, 진묘문의 가장 중요한 요소인 망자의 혼을 진혼하는 표현인 해적解讁과 자손의 번영을 희구하는 표현인 제앙除殃도 보이지 않는다. 전체적인 구성을 보면 사례 (1)과 (2)는 ①기년+②본적+③(남편의 관직과 이름+)본인 이름+④향년享年의 구조로 되어 있어 오히려 묘비나 묘지의 구성과 흡사하다. 요컨대 진한대 고지책과 비교하면 내세에 대한 인식과 서술이 많이 사라지고 부장품에 대한 명세서의 성격이 강해졌음을 알 수 있다. 고지책이 완전히 사라졌다고 할 수는 없지만 진한대 출현하였던 고지책의 정형성은 사라졌음이다.[68]

따라서 진한대 이후 고지책이 사라진다는 분석은 어느 정도는 타당성을 지닌다고 생각한다. 다만 그것이 매지권과 진묘문으로 변화했는가 하는 점은 좀 더 분석이 필요할 것 같다. 위에서 살펴본 것처럼 동진·십육국시기 고지책 안에는 매지권, 진묘문, 묘비(묘지) 등의 구성 요소들이 모두 등장하기 때문이다. 본래 지역의 상장 풍습에 북중국의 상장 풍습이 섞이면서 나타난 현상이라고 생각된다. 그래서 고지책이 매지권이나 진묘문으로 변화했다기보다는 한층 강력한 힘을 가진 문서(주술성이 강화된 매지권 혹은 진묘문)에 의해 대체되었던 것은 아닐지 생각해 본다. 앞으로 살펴볼 것처럼 매지권이나 진묘문 역시 망자의 안식, 특히 노역으로부터 해방을 위해 제작되었다. 그러나 그 주술성면에서는 고지책을 훨씬 뛰어넘는다. 또한 고지책이 명계로 들어가는 망자에 대한 배려에 중점을 두었다면, 매지권과 진묘문은 망자와 더불어 남아 있는 산 자에 대한 관심이 증가한다. 특히 죽은 자로부터 산 자를 보호하려는 의도가 강하게 투영된다. 점차 고달파지는 사회 속에서 죽은 자의 안식만을 고려한 고지책이 제일 먼저

---

68) 이 때문에 연구자들은 한대 이후 출토되는 고지책에 대해서 '衣物疏'라는 용어를 사용하곤 한다.

사라진 것이 이상하지만은 않다.

그렇다면 왜 전한 선제 시기를 기점으로 고지책이 사라지게 된 것일까? 현재로서 이와 관련한 확실한 근거를 찾는 것은 어렵다. 다만 한 가지 고려하고자 하는 것은 앞 세 건의 고지책은 물론이고 〈표 1-2-3〉의 망자들이 여성 아니면 모두 낮은 신분의 남성이라는 점이다.[69] 따라서 학식이나 문화적 소양에 있어 재래 신앙이나 민간 질서와 친연성親緣性을 가졌었을 가능성이 매우 높다. 북중국과는 다른 민간 질서를 가진 초 지역의 인민들이 자신들의 문화적 특징을 이용하여 매우 독특한 상장 문서를 발전시킨 것이다. 그리고 그것이 현실의 행정 문서를 모방한 것은 관리를 스승 삼는다는 '이리위사以吏爲師[70]'라는 사회적 분위기와도 밀접하게 관련되어 있었을 것이다. 그렇다면 고지책이 선제 시기를 끝으로 보이지 않게 되는 것도 이해되지 않는 것은 아니다.

알려진 것처럼 전한 선제 시기는 본격적으로 유학이 통치 이념과 생활 규범으로 작동하기 시작했던 시기다. 비록 한제국 통치 이념이 '왕패잡술王覇雜術[71]'이라고 하기는 하였지만 유가적 성향의 관리들이 약진한 것도,[72] 경의經義에 의한 정치가 시작된 것도,[73] 월령月令이 통치에 본격적으로 도입

---

69) 〈표 1-2-3〉 중 여성 묘주는 남편의 爵이 關內侯인 경우도 있고, 남성은 五大夫의 경우도 있지만 이성구는 모두 허구로 보았다. 그는 고지책 작성에 허위의 爵稱이 일종의 관행이라고 보았다. 李成九, 앞의 글, 144쪽. 이와 관련하여 고지책에 기술된 官爵이 실재임을 주장하는 견해가 있다. 예를 들어 묘주의 아들이 오대부인 연번 2와 묘주가 오대부인 연번 6은 그 墓葬의 규모와 부장품의 정도가 크고 많아 고지책의 관작이 허구가 아닌 실재일 수 있다는 것이다. 그러나 표에서 관작이 확인되는 6점 중 5점이 오직 일반인과 상층을 가르는 9등의 오대부와 封地를 갖지 않는 관내후라는 점을 우연이라고만 보기는 힘들 것 같다.

70) 『史記』 卷87, 「李斯列傳」, 2546쪽.

71) 『漢書』 卷9, 「元帝紀」, "漢家自有制度, 本以霸王道雜之."

72) 保科季子, 「前漢後半期における儒家禮制の收容-漢的傳統との對立と皇帝觀の變貌-」, 『歷史と方法 方法としての丸山眞男』(東京: 靑木書店, 1998), 229쪽.

73) 宮本勝, 「蕭望之の學問と經術」, 『中國學論文集: 竹內照夫博士古稀記念』(札幌: 竹內照夫博士古稀記念論文集刊行會, 1981), 174쪽.

된 것도,[74] 최초의 상복서喪服書가 제작된 것도[75] 모두 선제 시기였다. 이렇듯 유학에 기초한 통치 이념과 제도가 수립되고, 사회의 규범마저 그것에 의해 완비되는 시기에 강력한 법술에 의해 통제되는 명계를 전제로 하는 고지책의 설 자리는 점차 줄어들었을 것이다.

Ⅲ. 매지권의 등장과 변화 양상

> 지금 사람들이 묘墓를 조영할 때는 반드시 매지권을 사용한다. 가래나무로 만드는데, 붉은 색으로 "전錢 99,999문文을 사용하여 모처의 땅을 산다." 등등의 글을 써 넣는다. 이는 촌무村巫의 풍속과 같은 것으로 특별히 우스운 것이다.[76]

송대인宋代人 주밀周密의 눈에는 당시인들이 무덤을 조영하며 매지권을 묻는 것이 우스운 일로 비쳤는지 몰라도 중국의 상장 풍습 중 매지권의 매납埋納은 꽤 이른 시기까지 거슬러 올라간다. 일반적으로 매지권은 망자가 사후 생활의 장소로서 묘지墓地를 선주자先住者(과거에 먼저 죽은 이)로부터 구매하기 위해 사용한 관념적·의제적擬制的인 토지 매매 계약서로 알려져 있다.[77] 흔히 최초의 매지권은 후한 건초建初 6년(81)에 제작된 〈미영매지권靡嬰買地券〉으로 거론된다.

(후한) 건초 6년 11월 16일 을유乙酉.① 무맹자武孟子의 아들 미영靡嬰이②

---

74) 洪承賢, 「兩漢時期 月令類 저작의 편찬과 성격」, 『中國古中世史研究』 24(2010), 29쪽.
75) 洪承賢, 「戴德의 『喪服變除』와 前漢後期 禮學의 발전」, 『中國史研究』 71(2011)을 참조.
76) [南宋]周密, 『癸辛雜識別集』, 「買地券」, "今人造墓, 必用買地券, 以梓木爲之, 朱書云:「用錢九萬九千九百九十九文, 買到某地」云云, 此村巫風俗如此, 殊爲可笑."
77) 高倉洋彰, 앞의 글, 773쪽.

마의희馬宜熙(에 사는) 주朱의 큰 동생 소경少卿으로부터③ 무덤 터[冢田]를 매입하였다. 남으로 너비가 94보步, 서로 길이가 68보, 북으로는 너비가 65(보), 동으로 길이가 79보로 총 23무畝와 나머지 164보다.④ 가격은 전 10만 2천이다.⑤ 동으로는 진씨陳氏의 땅과 경계를 맞대고 있고 북·서·남으로 는 주소朱少의 땅과 경계를 맞대고 있다.⑥ 당시 계약을 알고 있는 이는 조만趙滿과 하비何非다.⑦ 각기 2두斗의 술을 사서 (함께) 마셨다.⑧78)

위의 매지권은 ①토지 매매일(장례일) ②매입자(묘주) ③매도자(과거의 망자) ④토지의 위치 및 면적 ⑤토지의 가격 ⑥토지의 사방 경계 ⑦매매 입회인(증인) ⑧정형화된 문구로 구성되어 한 눈에 봐도 경계를 넘을 때 필요한 과소 문서의 성격과 구성을 갖춘 고지책과는 그 성격이 다름을 알 수 있다.

한편 1990년 하남성河南省 언사성偃師城 관진關鎮에서 출토된 〈후한영평16 년(73)요효경매지권後漢永平十六年姚孝經買地券〉은 앞에서 살펴본 〈미영매지 권〉보다도 8년이나 빠른 기년紀年을 가지고 있는 것으로 매지권의 전개 과정을 파악하는 데 도움을 준다. 〈요효경매지권〉은 불완전하기는 하지만 매지권의 구성 요소를 갖추고 있다.

영평 16년 4월 22일.① 요효경姚孝經이② 고위稿偉로부터③ 무덤 터 약간을④ 매입하였다. 매입한 땅에 대해 점유를 주장하고자 한다면 문서에 따라 처리한다. (증인은) 주중□周中□과(와) 그의 동생 주문공周文功이다.⑦79)

78) [民國]羅振玉,『蒿里遺珍』,〈漢建初玉買地券〉, "建初六年十一月十六日乙酉. 武孟子男靡嬰 買馬宜熙朱大弟小卿冢田. 南廣九十四步, 西長六十八步, 北廣六十五, 東長(背面)七十九步, 爲田二十三畝奇百六十四步. 直錢十苗二千. 東陳田比介, 北西南朱少比介. 時知券約趙滿· 何非. 沽酒各二斗." 이 매지권에 대한 자세한 내용은 홍승현,〈後漢建初六年(81)靡嬰買 地券〉, 앞의 책, 371~376쪽을 참조.

79) 偃師商城博物館,「河南偃師東漢姚孝經墓」,『考古』1992-3, 230쪽, "永平十六年四月廿二日. 姚孝經買稿偉冢地約畝. 出地有名者, 以卷書從事, 周中□弟□周文功."

〈요효경매지권〉은 ①토지 매매일 ②매입자 ③매도자 ④토지의 면적 ⑦입회인으로 구성되어 있다. 〈미영매지권〉과 비교한다면 ⑤토지의 가격 ⑥토지의 사방 경계 ⑧정형화된 문구가 결락되어 있음을 알 수 있다. 역시 고지책과는 확연히 다른 구성 요소를 가지고 있다. 따라서 매지권을 전한 선제 시기 이후 제작되지 않은 고지책을 대신한 명계 문서로 파악할 수 없을 것 같다.

매지권이 고지책과는 별개로 등장하였다면 그 출현 이유는 무엇일까? 우선은 '이원적二元的 영혼관'과 무관하지 않을 것이다. 이는『예기禮記』「교특생郊特牲」에서 볼 수 있는데, 사람이 죽음으로써 그 육체에서 분리되어 나온 혼과 백이 각기 하늘과 땅으로 돌아간다는 것이다.[80] 이 입장에 따른다면 백은 땅 속에서 죽은 후의 삶을 영위하게 된다. 자연히 죽은 후의 삶을 영위할 수 있는 토지(실상은 무덤)가 필요하게 된다. 묘주는 살아 있을 때와 마찬가지로 토지를 매입하고 그 증명을 보관해야 한다.

아마도 이러한 사고는 당시 토지 매매와 그 과정에서 사용한 토지 매매 계약서에 대한 사회적 지식에서 발생하였을 것이다. 즉, 매지권은 '이원적 영혼관'과 더불어 토지 매매의 일반화라는 사회적 현상이 낳은 산물일 것이다.[81] 한대 및 삼국三國 시대에는 토지 매매가 자유로웠을 뿐 아니라 소유할 수 있는 토지 총액도 제한이 없었다고 본 니이다 노보루仁井田陞는 매지권을 현실의 토지 매매 계약서로 파악하였다.[82] 실제로 〈미영매지권〉은 현실의 토지 매매 계약서와 거의 비슷한 구성을 가지고 있다.[83]

---

80) 『禮記』, 「郊特牲」, "魂氣歸于天, 形魄歸于地."

81) 당시 토지 매매가 성행한 것에 관해서는 다음의 기사들을 참조할 수 있다.『漢書』卷24上, 「食貨志」, "董仲舒說上曰:「…至秦則不然, 用商鞅之法, 改帝王之制, 除井田, 民得賣買, 富者田連仟伯, 貧者亡立錐之地.…」";『漢書』卷82, 「張禹傳」, "禹爲人謹厚, 內殖貨財, 家以田爲業. 及富貴, 多買田至四百頃, 皆涇·渭漑灌, 極膏腴上賈.";『後漢書』卷14, 「馬防傳」, "防兄弟貴盛, 奴婢各千人已上, 資産巨億, 皆買京師膏腴美田, 又大起第觀, 連閣臨道, 彌亘街路, 多聚聲樂, 曲度比諸郊廟.";『後漢書』卷18, 「吳漢傳」, "漢嘗出征, 妻子在後買田業. 漢還, 讓之曰:「軍師在外, 吏士不足, 何多買田宅乎!」遂盡以分與昆弟外家."

82) 仁井田陞, 앞의 책, 412쪽.

83) 中國社會科學院考古研究所 編, 『居延漢簡 甲乙篇』(北京: 中華書局, 1980), 乙280쪽. 〈甲

그러나 현실의 토지 매매 문서와 매지권은 곧 쉽게 구별되는데, 매지권에
미신적인 요소가 첨가되며 이것이 죽은 자를 위한 명계 문서임을 증명해
주었다.

〈후한건녕4년(171)손성매지권後漢建寧四年孫成買地券〉

(후한) 건녕 4년 초하루가 술오일戊午日인 9월 28일 을유乙酉.① 좌준구관左駿廐
官의 대노大奴 손성孫成이② 낙양洛陽 남자 장백시張伯始로부터③ 장백시 명의로
된 광덕정부廣德亭部의 나맥羅陌 토지 1정町을④ 매입하였다. 가격은 전錢
만 오천이고, 대금은 당일 모두 지불하였다.⑤ 토지는 동쪽으로는 장장경張長
卿(의 땅과) 접해있고 남쪽으로는 허중이許仲異(의 땅과) 접해있으며, 서쪽으
로는 큰 길에 닿아 있고 북쪽으로는 장백시(의 땅과) 접해있다.⑥ 그 땅의
곡물과 태어나 살고 있는 동물은 모두 손성의 것이다. **만일 토지에서
시체가 나와 그가 남자라면 '노奴'가 되고, 여자라면 '비婢'가 되어 모두
마땅히 손성을 위해 열심히 일해야 할 것이다.**⑦ 토지의 동서남북에는
큰 돌로 경계를 삼았다. 계약이 체결될 때 입회한 이는 번영樊永, 장의張儀,
손룡孫龍, 그리고 이성異姓의 번원조樊元祖로⑧ 모두 계약의 내용을 안다.
(매입자와 매도자가) 각기 반씩 술을 사서 (마셨다.)⑨84)

2544A·2544B); 〈乙557·4〉, "…長樂里 樂奴로부터 토지 35仮을 매입하였다. 가격은
전 9백으로 대금은 이미 지불하였다. 토지를 측량하여 (계약상의 약속한 토지의
면적보다) 부족하면 반 수를 계산하여 돈을 돌려받는다. 입회인은 淳于次·孺王充·鄭
少卿이다. 입회인을 위해 술 2升을 내어 함께 마셨다."[囗置長樂里樂奴❶田卅五仮.❷
賈錢九百, 錢畢已.❸ 丈田卽不足, 計仮數環錢.❹ 旁人淳于次·孺王充·鄭少卿.❺ 古酒旁二升,
皆飮之.❻] 이 매매 문서는 ❶매도자 ❷토지의 면적 ❸토지의 가격과 대금 지불일
❹守約 文言 ❺입회인(증인) ❻정형화된 문구(沽酒: 매도자와 매입자가 함께 술을
사 마신다는 의미)로 구성되어 있어, 〈미영매지권〉의 ①토지 매매일 ②매입자 ③매도
자 ④토지의 위치 및 면적 ⑤토지의 가격 ⑥토지의 사방 경계 ⑦매매 입회인(증인)
⑧정형화된 문구와 매우 흡사함을 알 수 있다.

84) [民國羅振玉, 『蒿里遺珍』, 〈漢孫成鉛買地券〉, "建寧四年九月戊午卅八日乙酉. 左駿廐官大
奴孫成, 從洛陽男子張伯始, 賣所名有廣德亭部羅佰田一町. 賈錢萬五千, 錢卽日畢. 田東比張

토지 매매 문서의 모습을 갖췄으면서도 현실의 그것과 구별되는 미신적인 내용을 포함하여 가장 전형적인 매지권으로 이해되는[85] 〈손성매지권〉은 ①토지 매매일(장례일) ②매입자(묘주) ③매도자(먼저 죽은 망자) ④토지(무덤 터)의 면적 ⑤토지의 가격과 대금 지불일 ⑥토지의 사방 경계 ⑧입회인(계약의 증인) ⑨정형화된 문구(계약 체결의 증거 행위)로 구성되어 일반 토지 매매 문서와 다를 바가 없다. 그러나 ⑦의 "만일 토지에서 시체가 나와 그가 남자라면 '노奴'가 되고, 여자라면 '비婢'가 되어 모두 마땅히 손성을 위해 열심히 일해야 할 것이다."라는 수약守約의 문언文言(구매자의 권리)의 미신적인 내용으로 인해 현실의 토지 매매 문서와 구별된다. 따라서 이러한 미신적 내용이 매지권을 일반 토지 문서와 구별되는 명기明器로서 파악하게 하는 근거가 되었다.[86]

그런데 이러한 미신적인 내용을 포함한 최초의 매지권이 〈손성매지권〉은 아니다. 〈손성매지권〉 이전 이미 미신적 요소가 훨씬 농후한 매지권이 제작되었다.

〈후한연희4년(161)종중유처매지권後漢延熹四年鍾仲游妻買地券〉

(후한) 연희延熹 4년 초하루가 병진일丙辰日인 9월 30일 을유乙酉 폐일閉日.① 황제黃帝가 ①구승丘丞·묘백墓伯·지하이천석地下二千石·묘좌墓左·묘우墓右·주묘옥사主墓獄史·묘문정장墓門亭長에게② 알린다. 모두 각각 제자리에 있어야 한다. 지금 평음현平陰縣 언인향偃人鄕 장부리甚富里의 종중유鍾仲游의 처가②

長卿, 南比許仲異, 西盡大道, 北比張伯始. 根生·土著毛物, 皆係成. **田中若有尸死, 男卽當爲奴, 女卽當爲婢, 皆當爲孫成趣走給使.** 田東西南北, 以大石爲界. 時傍人樊永·張儀·孫龍·異姓樊元祖, 皆知張約. 沽酒各半." 〈손성매지권〉에 대한 자세한 내용은 홍승현, 〈後漢建寧四年(171)孫成買地券〉, 앞의 책, 386~392쪽을 참조. 강조는 저자. 이하 동일.

85) 羅振玉에 따르면 〈孫成買地券〉이 가진 전형성으로 인해 이 매지권 출현 이후 이를 모방한 僞買地券들이 다수 등장하였다고 한다. [民國]羅振玉, 『蒿里遺珍』, 420쪽.
86) 吳天穎, 앞의 글을 참조.

박명薄命하여 일찍 죽었다. 지금 장례를 치르려함에 스스로 만세萬世의 묘지를 구입하니 가격은 9만 9천이고 지불은 당일에 완료하였다.⑤ (묘지의) 네 모서리에 봉封을 세워 (경계를 지었다. 무덤 안) 중앙에는 제단이 있는데, 모두 1척尺 6촌寸의 도권桃卷·전포錢布·연인鉛人이③ 있다. 이때 (계약의 내용을) 아는 입회인은 先□曾王父母, □□□氏다.⑧ 이후로 (이 묘지의) 주인을 범할 수 없다.④ 천제天帝의 교敎가 있으니 율령律令과 같이 처리하라.⑤87)

〈손성매지권〉보다 10년 앞서 제작된 〈종중유처매지권〉은 미신적인 내용이 포함된 것은 〈손성매지권〉과 같지만 그 구체적인 내용을 들여다보면 큰 차이가 있다. 〈종중유처매지권〉의 미신적인 내용은 ① 천제天帝의 사자使者 ② 명계의 신 혹은 관리 ③ 진묘鎭墓에 사용되는 압진물壓鎭物 ④ 죽은 자의 영혼을 진혼하는 해적의 표현 ⑤ 정형구인 '여율령如律令'으로 모두 진묘문의 구성 요소들이다. 즉, 이 매지권은 명계의 관리들에게 사자가 명계로 들어가는 것을 신고하고, 무덤을 조영하면서 지신地神을 놀라게 한 것에 대해 진묘하는 것을 목적으로 하는 진묘문에 상당히 접근해 있다.88) 이러한 매지권을 흔히 '진묘매지권鎭墓買地券'이라 한다.

문서가 진묘문에 근접하면서 자연히 매지권의 구성 요소의 상당 부분이 사라졌다. 예를 들어 이 매지권을 〈표 1-2-1〉의 매지권 구성 요소에 대입해 보면, 종중유의 처라는 매입자(구성 요소 ②)는 있으나 매도자(구성 요소 ③)가 등장하지 않는다. 토지의 가격과 대금 지불일(구성 요소 ⑤)은 있지만

87) [民國]羅振玉, 『貞松堂集古遺文 下』, 〈鍾仲游妻鎭墓券〉, "延熹四年九月丙辰朔卅日乙酉直閉. **黃帝告丘丞·墓伯·地下二千石·墓左·墓右·主墓獄史·墓門亭長**, 莫不皆在. 今平陰偃人鄕茛富里鍾仲游妻, 薄命蚤死. 今來下葬, 自買萬世冢田, 賈直九萬九千, 錢卽日畢. 四角立封, 中央明堂, 皆有尺六**桃卷·錢布·金四人**. 時證知者, 先□曾王父母, □□□氏知也. **自今以後, 不得干□主人. 有天帝敎, 如律令**." 굵은 글씨는 진묘문의 요소. 〈鍾仲游妻買地券〉에 대한 자세한 내용은 홍승현, 〈後漢延熹四年(161)鍾仲游妻買地券〉, 앞의 책, 377~385쪽을 참조.
88) 그 때문에 나진옥은 이 매지권의 이름을 '진묘권'으로 명명하였다.

토지의 면적(구성 요소 ④)은 없다. 또한 토지의 사방 경계(구성 요소 ⑥)가 없으며 계약 체결을 의미하는 고유한 행위인 술을 사서 함께 마시는 것과 관련한 정형화된 문구(구성 요소 ⑨) 대신 진묘문의 정형구인 '여율령'이 보인다. 하지만 구성 요소의 결락에도 불구하고 아직은 토지 매매의 흔적을 찾는 것은 어렵지 않다. 즉, 본래의 토지 문서로서의 성격은 유지하고 있다.

그러나 좀 더 시간이 흘러 사회 혼란이 가중되고 이에 따라 민간 재래 신앙의 영향력이 확대되면 토지 문서로서의 성격은 더욱 약화되게 된다. 대신 죽은 자의 혼을 진혼하고 산 자들에게 재앙이 미치지 않게 하려는 '제앙해적'의 목적을 가진 진묘문의 특징이 강화되게 된다. 죽은 자를 위해 제작되었던 매지권이 어느새 산 자를 위한 제액除厄의 방편이 되었던 것이다.

⟨후한광화5년(182)유공칙매지권後漢光和五年劉公則買地券⟩

(후한) 광화 5년 초하루가 술자일戊子日인 2월 28일 을묘乙卯 (건제십이직建除十二直의) □일.① 천제신사天帝神師가[1] 감히 묘상墓上·묘하墓下□ ㄱ중앙주토中央主土·묘□승丞□·지하이천석地下二千石·묘주墓主·묘황墓皇·묘함墓臽·동천서천東阡西阡·남맥북맥南陌北陌·구승丘丞·묘맥墓陌·동東□ ㄱ남성북南成北□·혼魂□□□□·□중유격中游擊·맥문졸리陌門卒吏에게[2] 고한다. □태원태수太原太守 중산국中山國 포음현蒲陰縣 조소향助所鄕 박성리博成里 유공칙劉公則이②…일찍 죽어 오늘 묘에 합장合葬한다.…위로는 창천蒼天에 이르고 아래로는 황천黃泉에 이르렀다. 청골사인靑骨死人 유공칙이 스스로 가전家田 3량梁으로써 동맥東陌 남전南田 28무畝를…. (토지의) 남북 길이는 70보며 동서 너비는 96보다.④ 토지의 장척丈尺은 문서에 명백하게 (기록되어 있다.) 따라서 네 모서리에 봉封을 세워 경계를 지었는데…. 대大□토土, 삼가

유씨 집안을 위하여 재앙을 제거하였다. 오잔육五殘六□, 여女□□활猾, 칠십
이부七十二不□. 요夭□□광光, 팔시구八尸九□[89], 혹 …가 있다면 □부不□를
기다릴 것이다. 생사는 다른 길이니 서로 방해할 수 없다. 죽은 자는
호리蒿里와 무기戊己로 돌아가니[3] 지상과 지하(의 신들은) 제지할 수 없고,
다른 □는(은) …수 없으니…처벌은 없고 부富만 있어 살아있는 자손들을
이롭게 하니, …감히 수고로움이 없을 것이며 닭□를(을) 부를 (일이) 없을
것이고, 꾸짖음을 듣고 금지당하는 (일이) 없을 것이며 책임을 (추궁당할
일도) 없을 것이다.[4]…죽은 자는 처벌 받지 않게 하라.[5]…얻고자 한다면
익힌 콩에서 싹이 돋고 채소에서…하며, 달걀이 울고 복숭아나무로 만든
권券에서 꽃이 피기를 기다려…여러 신들이…. 무엇으로 신표를 삼는가(진
실을 아는가). 1척 6촌의 도권桃券으로 신표를 삼는다(진실을 알 수 있다).
공칙이…위로는 천문天文이 끊어지고 아래로는 지리地理가 끊어질 때까지
묘장墓葬은…하고 벌은 제거되었다.[5] 천추만세토록…다시는 죽는 자가
없을 것이며, 세세토록 부귀하고 영원히 자손을 화순하게 하라.[4] 율령律令과
같이 행하라.[6][90]

결락이 많아 구체적인 내용을 파악하기는 힘들지만 한 눈에도 기존 매지권

---

89) 해석이 되지 않는 구절인데 황징춘은 方術家가 사용하는 용어일 것으로 추정하였다.
黃景春, 앞의 글, 75쪽.
90) 河北省文化局文物工作隊, 『望都二號漢墓』(北京: 文物, 1959), 13쪽, "[光]和五年二月[戌]
[子][朔]卅八日乙卯直□. [天]帝神師敢告墓上·墓下□ □中央主土·墓□丞□·地下二千石·墓
主·墓皇·墓臽·東阡西阡·南陌北陌·丘丞·墓陌·東□ □南成北□·魂□□□·□中游擊·陌
門卒吏. □太原太守中山蒲陰助所博成里劉公則□ □早死, 今日合墓. □□□□, 上至蒼天,
下至黃泉. 靑骨死人劉公則, 自以家田三梁□□ □東陌南田卅八畝. 南北長七十步, 東西廣九
十六步. [田]有丈尺. 券書明白. 故立四角封界□ □. 大□土, 謹爲劉氏之家解除咎殃. 五殘六
□, 女□□猾, 七十二不□. 夭□光, 八尸九□, 或有□ □待□不□. 生死異路, 不得相妨.
死人歸蒿里戊己, 地上地下, 不得[何]止, 他□不□ □無適有富, 利生人子孫, □□□無敢勞苦,
無呼鷄□, 無得苟[止], 無責□ □令死人無適[負]. 卽□□得, 待焦大豆生, 菜□□, 鷄子雛鳴,
[桃]券華榮, □ □諸神□□. 何以爲信(眞), 尺六桃券爲[信](眞). [公]則絶□, 上絶天文, 下絶地
理, □墓葬□, □適除解. 千秋萬歲, □ □[無]復死者, 世世富貴, 永宜子孫. 如[律][令]."

과는 차이가 있음을 알 수 있다. 매지권의 요소라고 할 수 있는 것은 ①토지 매매일(장례일) ②매입자(묘주) ④토지(무덤 터)의 면적뿐이다. "네 모서리에 봉을 세워 경계를 지었는데…"라는 구절은 ⑥토지의 사방 경계, 즉 토지의 사지四至가 기술되었을 여지를 남기지만 확정하기 힘들다. 오히려 "위로는 창천蒼天에 이르고 아래로는 황천黃泉에 이르렀다."는 구절을 토지의 사방 경계를 기술한 것으로 볼 수 있겠다. 그렇다면 이 매지권은 〈표 1-2-1〉의 정형화된 매지권의 구성 요소 중 ③매도자(먼저 죽은 망자) ⑤토지의 가격 및 대금 지불일 ⑦수약의 문언 ⑧입회인(계약의 증인) ⑨정형화된 문구(계약 체결의 증거 행위)를 구비하지 못한 것이다.

대신 진묘문의 구성 요소는 더욱 증가하였다. 우선 진묘를 담당하는 ① 천제의 사자에 해당하는 이로 추정되는 천제신사天帝神師가 등장하였고, 뒤를 이어 ② 명계의 신 혹은 관리들이 기술되었다. 다음으로는 진묘문에 등장하는 독특한 표현인[91] ③ 산 자와 죽은 자의 공간이 다르다는 '생사이로生死異路' 관념이 등장한다. 죽은 자가 돌아간다는 공간인 '호리蒿里'는 태산 남쪽에 위치한 죽은 자를 장례지내는 곳으로 알려져 있다.[92] 무엇보다도 이 석각이 진묘문의 영향을 받았다는 것을 보여주는 것은 ④ 살아있는 자들, 즉 자손의 번영을 희구하는 제앙의 표현과 ⑤ 죽은 자의 죄를 용서하고 그 혼을 진혼하는 해적의 표현이 등장한다는 점이다. 율령과 같이 행하라는 ⑥의 정형구도 전형적인 진묘문의 구성 요소다.

이와 관련하여 우롱정吳榮曾은 한대 이후 민간에서는 미신의 영향을 받아 토지를 움직이는 것[動土]을 토지신에 대한 독범瀆犯으로 이해했다고 보았다. 그의 해석에 따른다면 당시인들은 무덤을 조영한 것을 토지신에게 죄를 진 것이라고 보고 망자를 위해 그 죄과를 해소해 주어야 한다고 생각한

---

91) 尹在碩, 앞의 글(2014), 38~39쪽.
92) 『漢書』 卷63, 「武五子 廣陵厲王胥傳」, "蒿里召兮郭門閱, 師古曰:「蒿里, 死人里.」" 死不得取 代庸, 身自逝."

것이다.93) 그러나 이와 같은 견해는 죽은 자의 죄를 용서한다는 해적에 대해서는 설명할 수 있으나, 자손의 우환을 없애고 번영을 희구한다는 제앙에 대해서는 적절히 해석하지 못한다. 특히 이 매지권 안에 산 자들의 번영을 약속하는 제앙의 내용이 죽은 자에 대한 진혼과 거의 비슷한 비중을 차지하고 있다는 점은 죽은 자를 위한 명계 문서인 매지권의 성격이 산 자들을 위한 문서로 변화하고 있는 것을 의미하기에 해적을 토지신에 대한 죄과 해소로 단순화하는 것에 대해서는 고민이 필요하다. 또한 산 자와 죽은 자의 세계를 구별하는 '생사이로' 관념이 등장한 것에 대해서도 답하기 힘들다.

이 때문에 신과 귀신의 권위 실추 및 악귀화라는 견해에94) 주목하게 된다. 그렇다면 지금까지 인간들에게 은혜를 베풀던 신과 귀신이 악귀로 변화한 이유는 무엇일까? 다양한 이유가 거론되었는데 혹자는 춘추전국 시기에 걸쳐 하락한 주왕周王의 권위와 연동된 최고신인 천天(상제上帝)의 권위 하락 및 신계神界와 인간계의 대립·충돌을 원인으로 꼽았으며,95) 혹자는 죽은 자의 영혼이 좀처럼 조령계祖靈界로 돌아가지 않고 산 자를 위협한다는 조령 관념의 변화를 지적하기도 하였다.96) 전쟁의 격화로 인한 억울한 죽음의 사망자들이 위협적 존재가 되었다는 주장도 있다.97) 이외에도 보다 직접적으로는 후한 시기 역병의 만연이라는 점98)도 원인이 되었을 것 같다.

죽은 자의 혼령이 산 사람을 해칠 수 있다는 인식은 후한 초기에 이미

---

93) 吳榮曾, 「鎭墓文中召見到的東漢道巫關係」, 『文物』 1981-3, 57쪽.

94) 李成九, 앞의 글, 134쪽.

95) 李成九, 위의 글, 134쪽.

96) 小南一郞, 「漢代の祖靈觀念」, 『東方學報』 66(1994), 6쪽.

97) Lai, Guolong, *Excavating the Afterlife: The Archaeology of Early Chinese Religion*, University of Washington Press, Seattle, 2015, p.46.

98) 『後漢書』 「五行」에는 '疫'이라는 항목이 있어 後漢 시기 疫病의 심각성을 말해주고 있다. 기록에 따르면 光武帝 建武 13년(37), 14년(38), 26년(50)에 大疫이 있었고, 이후 安帝 시기에도 대역이 발생하였다. 그리고 桓·靈帝 시기가 되면 만연한다.

등장하였다. 왕충王充의 저작 『논형論衡』에는 "세간에서는 사람이 죽으면 귀신이 된다고 한다. 인식이 있어 능히 사람을 해칠 수 있다."99)고 하였다. 망자가 사후 세계에서 노역과 같은 현실 세계의 고통을 지속할 수도 있다는 관념적인 공포가 아닌, 죽은 자에 의해 산 자가 해코지 당할 수 있다는 좀 더 현실적인 공포가 생겨난 것이다. 악령에 의해 산 자가 병에 걸리거나 죽을 수 있다는 공포는 애초의 죽은 자를 위한 문서의 성격을 살아있는 자를 위한 것으로 변화시켰다.100) 이것은 당시 사회적으로 맹위를 떨치고 있던 재래 민간 신앙을 통해서도 확인할 수 있다.

> 광화光和 연간에 동방에는 장각張角이 있었고, 한중漢中에는 장수張脩가 있었다.…장각은 태평도太平道를, 장수는 오두미도五斗米道를 행하였다. 태평도에서는 사師가 구절장九節杖을 들고 부축符祝(부적을 이용한 기도)을 행하면 교인教人으로 병이 난 자는 머리를 조아리고 잘못을 반성하고 부수符水(부적을 태운 재를 섞은 물 또는 주문을 외면서 표면에 부적을 그린 물)를 마신다. 병이 혹 나으면 이 사람이 도를 믿었다고 말하고, 혹 낫지 않았다면 도를 믿지 않았다고 말한다. 장수의 법도 대체로 장각과 같은데, (그에 더하여) 정실靜室을 설치하고 병자로 하여금 그 속에 있으면서 잘못을 반성하게 한다.101)

당시 재래 민간 신앙 조직의 교리가 대부분 '치병治病'이었음은 잘 알려져 있는 사실인데, 기사는 각 종교 집단이 어떠한 방법으로 병을 치료하는지를

99) [後漢]王充, 『論衡』, 「論死」, "世謂人死爲鬼, 有知, 能害人."
100) 어쩌면 망자를 이승에서 저승으로 안전히 보내는 것만이 중요했던 고지책이 사라진 이유가 이러한 죽은 자로부터 산자를 보호하려는 욕구를 고지책이 해소하지 못했던 것과 관련 있을지도 모르겠다.
101) 『後漢書』卷75, 「劉焉傳」, "(光和中, 東方有張角), 漢中有張脩.…(角)爲太平道, (脩)爲五斗米道. 太平道師持九節杖, 爲符祝, 敎病人叩頭思過, 因以符水飮之. 病或自愈者, 則云此人信道, 其或不愈, 則云不信道. 脩法略與角同, 加施淨室, 使病人處其中思過."

잘 보여준다. 한편 이는 당시 백성들의 삶에서 가장 중요한 것이 질병으로부터의 해방이라는 것을 말해준다. 위정자들의 정치적 무능과 그로 인해 발생한 사회적 혼란 때문에 백성들의 생활은 점점 더 고달파졌고, 생활고가 만들어낸 질병은 백성들의 삶을 더욱 고통스럽게 했을 것이다. 당시 일반 백성들은 척박한 삶 속에서 죽은 자를 위해 사후 생활을 보장해 주기보다는 살아있는 자신들을 위해 질병을 치료(즉 재액災厄의 소멸)할 방법을 찾고자 했던 것이다. 이것이 토지 매매 계약서인 매지권에 죽은 자를 위한 진혼의 글과 살아있는 자를 위한 제액의 내용을 갖추게 했을 것이다.

당시 많은 이들이 재래 민간 신앙을 받아들였던 것으로 알려져 있는데, 앞서 언급한 〈유공칙매지권〉의 묘주 유공칙 역시 재래 민간 신앙을 받아들인 교도였던 것으로 보인다. 그는 매지권에 '청골사인'으로 표현되었는데, '청골'은 '선골仙骨'을 의미하는 것으로 알려져 있다. 『수신기搜神記』에 따르면 광릉廣陵 사람 장자문蔣子文이라는 자가 주색酒色을 즐기는 것에 통달하였는데 항상 자신이 신선神仙의 자질[骨淸]을 타고 났다고 하였고, 과연 죽은 후 신이 되었다고 한다.[102] 『수신기』가 비록 후대 문헌이기는 하지만 지난 시기 이문異聞을 수집했다는 점에서[103] '청골사인'을 신선술神仙術, 즉 초기 도교와 연관 지을 수 있을 것이다.[104] 요컨대 후한 말 사회적 혼란과 그에 따른 민간의 안정 희구는 재래 신앙의 영향력을 확대하였다. 그 결과 재래 신앙의 요소가 매지권에 도입되면서 기존 매지권과는 다른 제액의 기능이 강화된 진묘매지

---

102) [東晉]干寶, 『搜神記』, 「感應三」, "蔣子文者, 廣陵人也. 嗜酒好色, 挑達無度, 常自謂己骨淸, 死當爲神."

103) 『수신기』가 典籍에 실린 先人들의 뜻을 살피고 당시 흩어져 전해 내려오던 異聞을 수집한 책이기에 그 내용을 소급해서 후한 말에 적용하는 것에 큰 무리는 없을 것이다. 『晉書』 卷82, 「干寶傳」, "雖考先志於載籍, 收遺逸於當時, 蓋非一耳一目之所親聞覩也, 亦安敢謂無失實者哉!"

104) 황징춘은 '靑骨死人'을 생전의 神仙信仰者, 즉 道敎信者를 의미하는 것으로 보았다. 黃景春, 「王當買地券的文字考釋及道敎內涵解讀」, 『南陽師範學院學報(社科版)』 2-1(2003), 18쪽.

권이라 부를 수 있는 새로운 형태의 매지권을 출현시켰던 것 같다. 매지권에
대해서는 4부에서 자세히 살펴보고 마지막으로 진묘문에 대해 살펴보고자
한다.

Ⅳ. 진묘문의 특징과 역할

진묘권鎭墓券, 묘권墓券, 지권地券, 연권鉛券, 진묘비鎭墓碑, 진묘병鎭墓瓶, 진묘
두병鎭墓斗瓶, 주서도병朱書陶瓶, 해주병解注瓶, 해주문解注文 등으로도 불리는
진묘문은 죽은 자들의 혼령을 진혼하는 것을 궁극적인 목적으로 한다. 다양
한 이름에서 추측할 수 있는 것처럼 돌에 새긴 것도 있지만 납과 도기陶器를
사용하기도 하였다. 그 중에서도 항아리 모양의 도기에 기록된 것이 압도적
으로 많다. 큰 술그릇 같은 모양 때문에 '두병斗瓶'이라고도 한다. 혼령을
진혼하거나 부정한 것을 진압鎭壓하기 위해 쓴 글이 붉은 색으로 쓰여 '주서도
기朱書陶器'라고 부르기도 한다. 또는 진묘문의 역할이 죽은 자의 사기邪氣가
산 사람의 몸에 들어가 죽음을 초래한다는 '주注'를 해소하는 것이기에 '해주
병解注瓶'으로 불리기도 한다.

항아리 모양의 병에 진묘문이 쓰인 이유로는 발음상의 유사성,[105] 병에
대한 중국 고대인의 인식[106]이 거론되기도 하고, 당시 유행하던 무술巫術과
관련하여 병을 무축巫祝들의 법기法器로 파악하거나[107] 무술의 방법으로서
병을 이용한 진묘 행위를 주장하기도 한다.[108] 한편 죽은 자의 영혼이 우주를

---

105) 황징춘은 瓶(ping)의 발음이 平과 같아 사람들이 병을 사용하면 장례 후 평안을
    얻고 재앙을 막을 수 있다고 생각하였다고 이해하였다. 黃景春, 앞의 글(2004),
    14쪽.
106) 고미나미 이치로는 중국 고대인들이 병을 죽은 이의 魂을 이동시키는 통로로 이해했
    다고 보았다. 小南一郞, 「壺型の宇宙」, 『東方學報』 61(1989), 186쪽.
107) 方詩銘, 「黃巾起義先驅與巫及原始道敎的關係」, 『歷史硏究』 1993-3, 5쪽.
108) 王德剛, 「漢代道敎與"買地券"·"鎭墓瓶"」, 『文獻』 1991-2, 269쪽.

상징하는 도병을 통해서만 진안鎭安된다고 여기는 생각의 결과라고 주장하는 의견도 있다.[109] 현재로서는 어느 것이 맞는지 알 수 없지만 최소한 당시 사람들이 죽은 자들의 혼령을 진혼하기 위해 문서가 필요하다고 여겼던 것만은 분명하다. 어떤 두려움이 죽은 자들의 혼령을 진혼하게 하였던 것일까?

진묘문에 반복적으로 등장하는 "죽은 이를 위해 죄를 해소한다爲死人(死者)解謫(適)."는 표현은 진묘문 작성의 중요한 목적이 죽은 자의 죄를 해소하여 지하에서 살아가는 그들의 안녕을 보장하기 위함을 말해준다. 지하에서의 망자의 삶이 어떠하기에 진혼문까지 작성하는 것인지에 대해서는 뒤에서 다시 언급할 기회가 있을 것이므로 여기서는 우선 사자가 어떤 죄를 저질렀는가를 살펴보자. 그런데 반복적으로 죽은 이를 위해 죄를 해소한다는 '해적'의 표현이 등장하는 것과는 달리 죽은 이가 어떤 죄를 저질렀는가에 대해서 명확하게 서술한 진묘문은 찾을 수가 없다.

그래서인지 앞서 언급한 것처럼 진묘문의 '해적' 행위를 '해토解土'와 관련하여 해석한 연구가 있다. 즉 무덤을 만들기 위해 땅을 파는 과정 속에서 토지신이나 지하의 신들에게 노여움을 일으키게 되면 토지신이 독범瀆犯에 대해 '토구土咎'라는 재앙을 내리게 되는데, 이것이 바로 죽은 자의 죄과라는 것이다.[110] 그 근거는 '장범묘신葬犯墓神·묘백墓伯'이라는 구절로 〈후한보계산거창진묘문後漢寶鷄鏟車廠鎭墓文〉 한 건에서만 등장한다.[111] 이 주장에 따른다면 토지신의 재앙을 피하기 위해서는 공사가 끝난 후 반드시 토지신의 노여움을 풀고 감사드리는 행위를 해야만 한다. 이것이 바로 '해토' 행위, 즉 죽은 이의 죄를 해소하는 것이다. 동일한 표현도 아니고, 죽은 자가

---

109) 尹在碩, 앞의 글(2014), 53쪽.

110) 吳榮曾, 앞의 글, 57쪽.

111) 寶鷄市博物館,「寶鷄市鏟車廠漢墓-兼談M1出土的行楷昨砵書陶瓶」,『文物』 1981-3, 48쪽, "【M1:11】黃□□斗主爲葬者睢方鎭, 解□□殃. 葬犯墓神·墓伯, 不利生人者. 今日移別墓·家無殃. 睢方等無責子孫·子婦·姪弟, 因累□神. 利生人後世子孫. 如律令.【M2:21】黃神北斗主爲葬者阿丘鎭, 解諸咎殃. 葬犯墓神·墓伯, 行利不便, 今日移別, 殃害須除. 死者阿丘等責妻子·子孫·姪弟·賓者, 因累大臣. 如律令."

아닌 산 자에 대한 제앙除殃 행위기는 하지만 〈후한광화2년(179)단씨진묘문後漢光和二年段氏鎭墓文〉에서는 "천제의 신사神師 황(신)월장黃(神)越章이 삼가 단씨 갑□가를 위해 동남□□의 땅의 기운을 통하게 한다."[112]는 구절이 등장하여 토지신의 재앙으로부터의 보호라는 것이 진묘문 제작과 관련 있음을 말해주는 듯하다.[113]

그러나 이와 관련해서는 더 이상의 사례가 없어 단정하기 어렵다. 오히려 이보다는 대부분의 진묘문에서 살아있는 자를 위한 제앙의 내용이 더 비중 있게 다뤄지는 것을 확인할 수 있다. 실제로 진묘문을 살펴보면 이 문서가 죽은 이가 아니라 살아있는 이들을 위한 문서임을 알 수 있다. 현재 발견된 진묘문 중 가장 빠른 기년을 가지고 있는 〈후한영평3년(60)진묘문後漢永平三年鎭墓文〉에는 "황신黃神의 사자使者가 토지를 매입하여 무덤 터를 조영하니 살아있는 이들을 위해 (그) 선조의 무덤을 만든 것이다."[114]라는 구절이 있다. 또한 〈후한양가2년(133)조백로진묘문〉에는 "천제天帝의 사자가 삼가 조백로의 가家를 위하여 재앙을 옮기고 근심을 제거하여 멀리 천 리 떨어진 곳으로 보냈다."[115]고 하는 구절이, 〈후한건화원년(147)가씨진묘문後漢建和元年加氏鎭墓文〉에는 "천제의 사자가 삼가 가씨加氏의 가를 위하여 별도로 지하(의 원망을) 해소한다."[116]는 구절이 등장한다. 이외에도 다량의 진묘문에서

---

112) 下中彌三郎, 『書道全集 第3卷: 漢晉代木簡, 眞蹟, 瓦當, 塼, 印璽, 封泥』, 「釋文解說」(東京: 平凡社, 1931), 15쪽, "天帝神師黃[神]越章謹爲段氏甲□家通東南□□土氣."

113) 이에 대하여 고 유코는 "造新冢恐犯先□."(〈後漢建寧三年(170)趙氏鎭墓文〉), "死人持給地下賦, 立制牡厲辟除土咎."(〈後漢熹平二年(173)張叔敬鎭墓文〉), "冢中先人无驚无恐, 安隱如故令後."(〈後漢初平四年(193)鎭墓文〉) 등의 구절을 근거로 우롱정의 견해에 동의하였다. 江優子, 「漢墓出土の鎭墓瓶について-銘文と墓内配置に見える死生觀-」, 『鷹陵史學』 29(2003), 8~9쪽.

114) 鈴木雅隆, 앞의 글, 201쪽, "黃神使者□地置根, 爲人立先." 原載: 劉衛鵬, 「漢永平三年朱書陶甁考釋」, 『文物考古論集』(西安: 三秦, 2000).

115) 禚振西, 앞의 글, 46쪽. "天帝使者, 謹爲曹伯魯之家移央去咎, 遠之千里."

116) 鈴木雅隆, 위의 글, 212쪽, "天帝使者謹加氏之家, 別解地下." 原載: 陝西省文物管理委員會, 「長安縣三里村東漢墓葬發掘簡報」, 『文物參考資料』 1958-7.

이와 같은 살아있는 자들을 위한 제앙의 구절을 어렵지 않게 발견할 수
있다.117) 특히 〈후한수주석양진묘문後漢壽州石羊鎭墓文〉에는 "만일 가족 중에
죽는 자가 생기게 된다면 반드시 돌로 만든 양이 능히 고개를 돌려 큰
소리로 이야기하고 다리로는 춤을 출 수 있을 때까지 기다려야 비로소
망자가 소환에 응할 것이다. 이 사실을 믿지 못할까 하여 이 돌로 만든
양으로 증거를 삼는다."118)는 구절이 등장하여, 돌로 만든 양이 움직이는
불가능한 일이 일어나야만 산 자에게 재앙이 발생할 것이라고 하고 있다.
이것은 진묘문이 산자를 위한 제앙에 큰 관심을 두고 있다는 것을 말해준다.
　이와 관련해서 주목되는 것이 바로 진묘문의 또 다른 이름 '해주병', '해주문'
이다. 1950년대 낙양洛陽에서 발굴된 한묘에서 나온 '해주병'에는 "주注를
해소하는 병. 모든 (주를) 해소하여 없애라. 율령과 같이 행하라解注瓶. 百解去.
如律令."119)는 글귀가 있어 '주'를 해소하고자 하는 목적에서 제작된 것임을
알 수 있다.
　『석명釋名』에 따른다면 '주'는 물이 흐르듯이 전염되어 사람들을 죽음으로
몰아가는 질병처럼 등장한다.120) 이와는 달리 도경道經인『제병원후론諸病源
候論』에서는 주를 '머무름[住]'으로 해석하여 사기邪氣가 사람의 몸 안에 머물기
에 '주'라 한다고 하였다.121) 그러나 '주'의 성격과 관련하여 "죽음[死] 또

---

117) 이 밖에도 〈後漢陽嘉四年(135)唐氏鎭墓文〉의 "天帝神師臣□謹爲唐氏合衆.", 〈後漢光和
二年(179)段氏鎭墓文〉의 "天帝神師黃[神]越章謹爲段氏甲□家.", 〈後漢光化年間(178~
183)王氏鎭墓文〉의 "黃神北斗謹爲王氏家後□之人世王等.", 〈後漢初平元年(190)劉氏鎭墓
文〉의 "謹爲劉氏之家□去皇男子阿屬解諸句校.", 〈後漢初平元年(190)馮氏鎭墓文〉의 "天
帝使者爲馮氏□□鎭解丘□.", 〈後漢初平四年(193)王氏鎭墓文〉의 "天帝使者謹爲王氏之
家.", 〈後漢靈寶張灒楊氏鎭墓文〉의 "天帝□□謹爲楊□氏之家鎭·□家墓.", 〈後漢韓城閻氏
鎭墓文〉의 "黃帝使者謹爲閻□□之家□殃去欲.", 〈後漢王阿鎭墓文〉의 "天帝使者謹爲王阿
□之□.", 〈後漢張氏鎭墓文〉의 "主爲張氏家鎭利害宅." 등의 구절을 확인할 수 있다.
118) 許飛, 앞의 글, 138쪽, "卽欲有死者, 須石羊能顧告而吒, 足可以莎, 乃應召呼. 以爲不信
石羊爲眞."原載: 周進,『居貞草堂所藏漢晉石影』, 1929년 秋浦周進天津印本.
119) 郭寶鈞 等,「一九五四年春洛陽西郊發掘報告」,『考古學報』1956-2, 24쪽.
120) [後漢]劉熙,『釋名』,「疾病」, "注, 病. 一人死, 一人復得, 氣相灌注也."
121)『諸病源候論』,「諸注候」, "凡注之言住也, 謂邪氣居住人身內, 故名爲注."

〈그림 1-2-1〉 낙양 출토 해주병[122]

주는 옆 사람에게 퍼져나간다."[123]라고 하여 그것의 전염성에 대해서는 동일한 입장을 취한다. 살아있는 자를 해치는[注害生人][124] 전염성이 강한 '주'는 종종 '시주尸注'로도 불려 죽은 자가 만들어낸 사기가 산 사람에게 해코지를 하거나 죽음을 초래하는 것임을 알 수 있다. 따라서 진묘문이 적힌 도병을 '해주병' 혹은 '해주문'으로 부르는 것은 진묘문의 역할이 죽은 자의 사기가 산 사람을 해치지 못하게 하는 데 있었음이다. 즉, 진묘문을 이용하여 죽은 이의 혼령을 위로하는 목적은 죽은 이의 혼령으로부터 살아있는 사람들을 보호하기 위해서였다. 진묘문에 반복적으로 등장하는 '생사이로'의 관념 역시 살아있는 사람들을 죽은 이의 혼령으로부터 보호하고자 하는 조치라고 할 수 있을 것 같다.

그럼, 혼령이 살아있는 자를 해친다는 것의 구체적인 모습은 무엇일까? 전염병에 의해 살아있는 자를 전염시킨다는 것일까? 기존 연구에 따르면 위진남북조魏晉南北朝 시기 의서醫書에는 주병注病의 증상으로 폐결핵, 간질, 정신분열, 순환기 장애 등 매우 다양한 증상이 나열된다고 하였다.[125] 하지만 후한 진묘문에서 이러한 전염병이나 질병을 의미하는 '주'의 용례를 찾기는

---

122) 郭寶鈞 等, 앞의 글, 24쪽 圖21.
123) 『諸病源候論』, 「五注候」, "注者住也, 言其連滯停住, 死又注易傍人也."
124) 『赤松子章曆』, 「新亡遷達開通道路收除土殃斷絶復連章」.
125) 趙晟佑, 「中世 中國 生死觀의 一面과 道敎」, 『中國古中世史硏究』 25(2011a), 2010쪽.

쉽지 않다. 현재 후한 진묘문 중 '주'의 용례를 찾을 수 있는 것은 모두 4건으로 〈후한영건3년(128)진묘문後漢永建三年鎭墓文〉의 '사인정주死人精注', 〈후한낙양당사문성씨진묘문後漢洛陽唐寺門成氏鎭墓文〉의 '절구주絶鉤注·중복重復·군앙君央', 〈후한유백평진묘문後漢劉伯平鎭墓文〉의 '치귀시주魅鬼尸注', 〈후한해주문後漢解注文〉의 '해주병'이 그것이다. 이들 구절들은 모두 죽은 자로부터 나온 '정주精注', '구주鉤注·중복重復·군앙君央', '시주' 등을 해소하거나[解] 끊는 것[絶]에 대해 기술하고 있다.

그러나 출현 숫자에서도 알 수 있듯이 후한 진묘문의 주된 역할이 죽은 자들에 의해 옮겨지는 전염병을 막고자 하는 것은 아니었던 것 같다. 이보다는 대부분의 진묘문에는 죽은 자들이 산 자들을 저승에 끌고 가는 것에 대한 공포가 깃들어 있다. 1935년 산서山西 흔주시忻州市에서 출토된 〈후한희평2년(173)장숙경진묘문後漢熹平二年張叔敬鎭墓文〉에는 부장된 상당上黨의 인삼 9매枚에 대하여 '살아있는 자를 대신하길'이라고 하여[126] 인삼이 죽은 자들이 산 자들에게 해코지 하는 것, 또는 산 자들이 죽은 자들에 의해 저승으로 끌려가는 것을 막는 역할을 담당함을 말해준다. 흔히 압진물의 하나로 알려져 있는 납으로 만든 사람 모양, 즉 연인鉛人에 대한 '죽은 자를 대신하는 연인'[127]이란 표현 혹은 "연인은 죽은 자를 대신한다."[128]는 구절들 역시 죽은 자가 산 자를 저승으로 끌고 가는 것을 막고자 납으로 사람 모양을 만들어 부장한 것임을 알려준다.

앞서 부역 면제의 조항이 고지책에서 매우 중요한 의미를 가질 수 있다는 것을 생각해 보았다. 죽은 자의 안녕을 희구하기 위해 명계 문서를 작성한다면 마땅히 저승에서만큼은 이승에서처럼 힘겨운 노역에 종사하지 않게

---

126) 郭沫若, 「申述一下關於殷代殉人的問題」, 『奴隷制社會』(北京: 新華書店, 1984), 94쪽, "欲持代生人." 初出: 1952년.

127) 鈴木雅隆, 앞의 글, 212쪽, 〈後漢建和元年(147)加氏鎭墓文〉, "自代鉛人." 原載: 陝西省文物管理委員會, 「長安縣三里村東漢墓葬發掘簡報」, 『文物參考資料』 1958-7.

128) 郭沫若, 위의 글, 94쪽, 〈後漢熹平二年(173)張叔敬鎭墓文〉, "鉛人, 持代死人."

해야 하기 때문이다. 당시인들이 저승을 이승의 연속으로 생각하였다는
가정이 틀리지 않다면 중국 고대인들의 삶 속에서 가장 힘들고 두려웠던
것은 부역이었음이 틀림없다. 따라서 고지책에 부역 면제의 조항이 삽입된
것은 죽은 자를 위한 산 자의 배려였을 것이다. 전한 선제 시기 이후 고지책이
더 이상 제작되지 않았지만 그렇다고 해서 이상의 문제들이 해소된 것은
아니었다. 이승에서의 부역은 여전히 힘들었고, 이승에서 이어지는 저승에
서도 부역은 면제되지 않았다. 죽음이 고통으로부터의 해방이 아닌 고난의
지속이라면 누구도 쉽게 저승으로 가려고 하지 않았을 것이다.

후한 영제靈帝 희평 2년(173)에 제작된 〈장숙경진묘문〉에는 "누른 색 콩과
오이로써 죽은 자는 지하의 부세를 지급하라."[129]는 구절이 나온다. 죽은
자가 지하 세계에서 세금을 내야 하는 상황은 변하지 않은 듯하다.[130] 따라서
진묘병 안의 곡식이 죽은 자를 위한 세금이었다면 연인은 죽은 자의 노역을
대신할 존재라는 것을 알 수 있다. 죽은 자가 산 자를 저승으로 데려가
대신 노역에 종사하게 하는 것을 막기 위해 연인을 부장한 것이다. 사람의
형상을 한 인삼 또한 동일한 의도를 가진 부장품일 것이다. 서진西晉 이후
진묘문에는 "지금 두병(진묘병)과 오곡, 연인을 묻고 이것들을 이용하여
지상의 살아있는 사람들에게 미칠 재앙을 제거한다."[131]는 정형구가 등장하
여 진묘병 속에 죽은 자의 부역을 해결할 오곡과 연인을 집어넣은 상태로

---

129) 郭沫若, 앞의 글, 94쪽, "黃豆·瓜子, 死人持給地下賦."
130) 푸무저우는 무덤 속 벽화나 부장품에서 보이는 낙관적인 사후 세계에 관한 관념은
실제 사람들이 가지고 있던 지하 세계에 대한 비관적·회의적 태도의 역설적 표출이
라고 보았다. 蒲慕州, 『墓葬與生死』(臺北: 聯經, 1989), 224~225쪽.
131) 〈西晉太康六年(285)頓覡兒鎭墓文〉, 〈西晉泰熙元年(290)呂阿豊鎭墓文〉, 〈西晉永嘉三年
(309)蘇治鎭墓文〉, 〈東晉建興九年(321)頓盈姜鎭墓文〉, 〈東晉建興卄七年(339)傅長然鎭
墓文〉, 〈東晉建興卅一年(343)吳仁姜鎭墓文〉, 〈前凉升平十二年(368)郭遙黃鎭墓文〉, 〈前
秦建元六年(370)魏得昌鎭墓文〉, 〈前秦建元十三年(377)俔子鎭墓文〉, 〈北凉神璽二年(398)
□富昌鎭墓文〉, 〈西凉庚子六年(405)佛爺廟灣川鎭墓文〉, 〈前凉建初五年(409)畵虜奴鎭墓
文〉, 〈北凉玄始十年(421)佛爺廟灣川鎭墓文〉에는 공통적으로 "今下斗瓶·五穀·鉛人, 用
當復地上生人."이란 구절이 등장하여 鎭墓瓶, 五穀, 鉛人이 하나의 세트가 되어 鎭墓에
사용되었음을 알 수 있다.

부장하는 것이 일반적인 진묘 행위가 된 것을 알 수 있다.

그런데 서진 이후 진묘문은 후한의 그것과는 사뭇 다르다. 출토 장소도
중원이 아닌 주로 돈황 지역인[132] 이 시기 진묘문은[133] 기존 연구에 따르면
두 유형으로 나뉜다.[134]

【유형 1】 서량西涼 경자庚子 6년(405) 초하루가 계미일癸未日인 정월 27일
　기유己酉. 돈황군敦煌郡 돈황현敦煌縣 동향東鄕 창리리昌利里 자字가 덕정德政
　인 장보張輔가 죽었다. 지금 두병斗瓶, 연인鉛人, 오곡병五穀瓶을 묻어 지상의
　살아있는 자들에게 거듭되는 (재앙을) 감당하게 하고자 한다. 청오자青鳥
　子가 북신北辰의 조령詔令을 알린다. "죽은 자가 스스로 그 재앙을 받도록
　하는데, 벌은 한도를 넘어 주면 안 되니 재앙을 옮기고 원한을 옮겨
　멀리 타향으로 보내라. 율령과 같이 처리하라."[135]

【유형 2】 (서진) 건흥建興 2년(314) 윤閏10월 1일 정묘丁卯. 여자 여헌녀呂軒女가

---

132) 기존 연구에 따르면 曹魏 정부의 재래 신앙에 대한 탄압과 곧 이어진 중원의 혼란으로
　인해 五斗米道는 두 갈래로 퍼지는데, 이때 鎭墓文 문화도 오두미도를 따라 전파되었
　다고 한다. 하나는 安徽를 경유하여 長江 이남으로 내려가고 다른 하나는 비단길을
　따라 甘肅, 新疆으로 퍼져 나갔다는 것이다. 특히 후자의 경우 酒泉과 嘉峪關을
　지나면서 일부 신자들이 그곳에 남아 종교 활동을 하였고, 나머지는 계속하여
　서쪽으로 나아가 마지막 오아시스 도시인 敦煌에 도착하여 자신들의 종교적 습속을
　유지하며 포교 활동을 진행하였다고 한다. 張勳燎·白彬, 「中原和西北地區魏晉北朝墓葬
　的解注文硏究」, 『中國道敎考古 2』(北京: 線裝書局, 2006), 561쪽.
133) 이 시기 鎭墓文에 대한 세키오 시로의 연구에 따르면 敦煌을 비롯한 서북 지구에서
　147건의 진묘문이 발견되었다. 그는 서북 지역에서 출토된 진묘문을 '5호 16국
　시기 진묘문' 혹은 '5호 시기 진묘문'이라 부르고 있다. 關尾史郎, 『中國西北地域出土鎭
　墓文集成(稿)』(新潟: 新潟大『大域的文化システムの再構成に關する資料學的硏究』プロジェ
　クト, 2005); 關尾史郎, 「疏勒河古墓群出土鎭墓文について-附, 「中國西北地域出土鎭墓文集
　成(稿)」補遺」, 『西北出土文獻硏究』 3(2006)을 참조.
134) 町田隆吉, 「敦煌出土四·五世紀陶罐等銘文について-中國古代における葬送習俗に關する覺
　え書き-」, 『(東京學藝大學附屬高等學校大泉校舍)硏究紀要』 10(1986), 106~107쪽.
135) 甘肅省敦煌縣博物館, 「敦煌佛爺廟灣五涼時期墓葬發掘簡報」, 『文物』 1983-10, 57쪽, 〈西涼
　庚子六年(405)張輔鎭墓文〉, "庚子六年正月水[癸]未朔卅七日己酉. 敦煌郡敦煌縣東鄕昌利
　里張輔字德政身死. 今下斗瓶·鉛人·五穀瓶, 當重地上生人. 靑鳥子告北辰詔令. 死者自受其
　殃, 罰不加滿, 移殃轉咎, 遠與他里. 如律令."

죽었다. 마침 팔괴八魁·구감九坎에 해당한다. 천주天注, 지주地注, 세주歲注,
월주月注, 일주日注, 시주時注를 눌러 풀라. 산 자와 죽은 자는 각기 길이
다르니 천추만세 동안 서로 주注로써 엮여서는 안 된다. 산 자를 편하고
이롭게 하라. 율령과 같이 처리하라.[136)

    첫 번째 유형은 우선 진묘문의 제작일, 즉 장례일 다음에 자를 포함한
묘주에 대한 간단한 정보를 제공하고 있다. 장례일 다음에 곧바로 천제의
사자 및 그로부터 명령을 받는 묘역과 지하의 신들, 관리들이 등장했던
후한 시기 진묘문과 차이가 있다. 현실의 공문서의 형식과 처리 과정을
답습하며 등장했던 위계질서를 가진 신들과 관리들이 사라진 것인데, 이는
돈황의 진묘문이 현실 세계의 공문서와는 다른 형식으로 전화했음을 말해준
다. 이것이 돈황 출토 진묘문의 허구성을 의미하는지에 대해서는 좀 더
고찰이 필요하겠지만 분명한 것은 진묘문에서 사라진 신들과 관리들이
죽은 자를 안전히 저승으로 이주시키고, 저승에서의 삶을 관리했던 존재라는
점이다. 다시 말해 죽은 자의 안녕을 위한 체계적인 절차와 그를 담당하던
주체가 사라진 것이다.

    돈황에서 발견된 진묘문이 죽은 자가 아닌 산 자에 대해 관심을 집중하고
있는 것은 압진물과 북신의 조령을 통해서도 확인된다. 북신의 조령은 오직
죽은 자로 하여금 스스로 그 재앙을 받을 것을 명령하고 있으며, 압진물들은
살아있는 자들에게 미칠 재앙을 제거하는 역할만을 담당한다. 이 때문에
조성우는 이들 진묘문에서는 '생과 사를 엄격하게 분리하고 저승에서 사자가
겪을 고통을 덜어주며 사자로 인한 앙화 때문에 살아있는 자가 피해를
입지 않을 것을 도모하는' 후한 시기 진묘문의 균형감을 찾아보기 힘들다고

---

136) 甘肅省文物考古研究所, 『敦煌祁家灣: 西晉十六國墓葬發掘報告』(北京: 文物, 1994), 107쪽,
　　〈西晉建興二年(314)呂軒女鎭墓文〉, "建興二年閏月一日丁卯, 女子呂軒女之身死. 適治八魁
　　九坎. 厭解天注·地注·歲注·月注·日注·時注. 生死各異路, 千秋寓歲, 不得相注忤. 便利生人.
　　如律令."

하였다.[137]

후한 진묘문 역시 확실히 살아있는 자들을 위한 측면이 강했다. 죽은 자를 위해 무덤을 만드는 것마저도 재앙을 제거하고 후손을 이롭게 하고자 하는 의도의 산물임을 분명히 밝힌 〈후한영평3년(60)진묘문〉을 비롯하여 생사이로를 강조하며 죽은 자와 산 자를 분리하려는 모든 진묘문의 내용은 죽은 자로부터 산 자를 보호하려는 의도를 유감없이 보여준다. 그러나 이 정도까지 노골적으로 산 사람을 위주로 한 문서는 아니었다.[138]

산 자를 위한 문서라는 점에서 두 번째 유형도 예외는 아니다. 죽은 자의 사기邪氣로부터 산 자들을 보호하려는 해주解注가 이 문서 작성의 목적이다. 천주, 지주, 세주, 월주, 일주, 시주 등 각종 주들이 나열되며 이를 해소할 것을 주장한다. 또한 생사이로를 주장하는 것이 산 자들이 주에 엮이는 것, 즉 주로 인해 피해를 입게 되는 것을 막기 위함임을 분명하게 기술하고 있다. 오직 산 자를 편하고 이롭게 하라고 한다. 죽은 자의 영구한 안식은 아랑곳 하지 않고 있다. 명계 문서가 더 이상 죽은 자를 위한 문서가 아니게 된 것이다. 그럼, 죽은 자의 안식은 무엇이 보증하는가?

지면상 길게 언급할 수는 없지만 그것은 당唐 이후에 등장하는 진묘석鎭墓石을 통해 단서를 얻을 수 있다.[139] 신비주의적 색채가 농후한 부록문符籙文(영전문靈篆文 또는 비전문秘篆文)과 주술적 용어를 나열한 주문主文(진문鎭文 또는

---

137) 趙晟佑, 앞의 글, 66쪽.
138) 동일 사례에 대한 논평은 아니지만 전근대 동아시아 冤魂 의례의 본질이 '죽은 이의 영적 복지보다는 산 이들의 당면한 생존과 안녕을 급선무'로 한 점이라는 강인철의 분석은 매우 날카롭다. 그는 원혼 의례 속에서 "죽은 자들의 존재와 정체성은 희미한 데 비해 산 자들의 공포와 욕망은 더없이 또렷했다."고 하였다. 강인철, 『전쟁과 희생: 한국의 전사자 숭배』(서울: 역사비평사, 2019), 79쪽. 서진 이후 돈황의 진묘문처럼 이 분석에 적합한 사례도 드물 것이다.
139) 趙晟佑는 이를 後漢 시기 鎭墓를 위해 무덤에 부장했던 五石과 구별하여 道敎의 五石이라고 불렀다. 趙晟佑, 「後漢魏晉鎭墓文의 종교적 특징과 道敎」, 『東洋史學硏究』 117(2011b), 73쪽. 현재 출토된 鎭墓石에 대해서는 加地有定, 『中國唐代鎭墓石の硏究-死者の再生と崑崙山への昇仙』(大阪: かんぽうサービス, 2005), 24~26쪽의 〈表1 資料に見る鎭墓石一覽表〉 참조.

천문天文)으로 구성된 진묘석은 진묘에 사용되었던 압진물의 일종이다. 외형은 북위北魏 이후 정형화된 묘지墓誌와 같이 정방형의 덮개와 석판으로 구성되어 있다. 이론적으로는 '오방오정석五方五精石'이라는 이름처럼 무덤 동·서·남·북의 사방 끝과 중앙에 총 5개가 매립되는 것이 원칙이다.[140] 그러나 실제로는 하나 혹은 두 개만이 설치된 경우가 더 일반적이다.[141]

진묘석에는 부록문과 진문이 적혀 있는데, 일반적으로 석판의 윗부분에 부록문이, 아랫부분에 진문이 기록된다. 특별히 부록문만 적혀 있는 것은 진문권眞文券이라고도 부른다. 부록문은 사바娑婆 세계를 주관하는 대범천大梵天의 주인인 대범천왕大梵天王이 말하는 대범은어大梵隱語로도 칭하는데, 천상신계의 언어가 인간계의 문자로 기록된 것이다. 진문은 4세기 말~5세기 초에 성립된 것으로 알려진『태상통현령보멸도오련생시묘경太上洞玄靈寶滅度五鍊生尸妙經』(이하『오련경五鍊經』)의 일부를 이용하여 작성하였다.[142]『오련경』은 '오련생시지법술五鍊生尸之法術'에 의해 죽은 이를 재생시키고 신선으로 만들어 하늘로 승천시키는 내용의 경전이다. 진문은 이『오련경』의 특정 부분을 이용하여 작성한 것인데 그 내용은 오방의 다섯 천제가 도교의

140) 陝西省文物管理委員會, 「西安南郊龐留村的唐墓」, 『文物參考資料』 1958-10, 40쪽.

141) 간지 아리사다가 작성한 표에 따르면 16개의 진묘석 중 5개가 모두 출토된 것은 2개뿐으로 〈唐至德三年(758)壽王第六女淸源縣主鎭墓石〉과 〈宋紹興二年(1132)王宜人夫人鎭墓石〉이다. 加地有定, 앞의 책, 24~25쪽, 〈표1〉의 연번 6과 12를 참조.

142) 『五鍊經』안에서 사용한 부분은 모두 다섯 곳인데, 사용한 부분의 표제를 살펴보면 東方의 경우 '靈寶靑帝鍊度五仙安靈鎭神九氣天文'이고 남방은 '靈寶赤帝鍊度五仙安靈鎭神三氣天文'이며, 중앙은 '靈寶黃帝鍊度五仙安靈鎭神中元天文', 서방은 '靈寶白帝鍊度五仙安靈鎭神七氣天文', 북방은 '靈寶黑帝鍊度五仙安靈鎭神五氣天文'이다. 이러한『오련경』의 표제가 다섯 개의 鎭墓石에 기록되어 각 방위에 맞춰 설치된 것이다. 즉 동방은 靑帝가 元始天尊의 命을 받아 수행하는 것이고 南方은 赤帝가, 중앙은 黃帝가, 西方은 白帝가, 北方은 黑帝가 각기 명령을 집행하게 되는 것이다. 북방의 경우를 예시로 제시하면 다음과 같다. "靈寶黑帝五氣天文. 北方五氣玄天承元始符命, 告下北方無極世界土府神卿諸靈官. 今有淸源縣主, 滅度五仙, 託尸太陰. 今於成寧縣供源鄕少陵原界安宮立室, 庇形后土, 明承正法, 安慰撫恤, 玄靈哺給, 五氣玉滋, 精光充溢, 鍊飭形骸, 骨芳肉香, 億劫不灰. 北嶽恒山明開長夜九幽之符, 出淸源縣主魂神, 沐浴冠帶, 遷上天府, 供拾衣食, 長在光明, 魔無干犯, 一切神靈, 侍衛安鎭, 如元始明眞舊典女靑文."

최고신인 원시천존元始天尊으로부터 저승에서 처벌받는 죽은 자의 영혼을 풀어주고 시신을 잘 보살피라는 명을 받고 이를 당시 명계의 여러 신과 관리에게 전하는 것이다.

진문의 전반부에는 이들 오천제五天帝가 각 방위의 무극세계無極世界(지하 명계)의 관리 및 신들인 '토부신향제령관土府神郷諸靈官'들에게 죽은 자의 시신을 의탁하여 태음太陰(명계)으로 보내게 하는 내용이 기록되어 있다. 예를 들면 서방의 경우 백제白帝가 서방 지하 명계의 신들(서방무극세계토부신향제령관西方無極世界土府神郷諸靈官)에게 지금 망자가 지하로 입문하니 이의 시신을 잘 처우할 것을 명한다(탁시태음託尸太陰). 후반부에는 명계에 맡겼던 죽은 자의 영혼을 구제하여 천상으로 올려 보내 정화된 몸으로 재생하게 하여 영생을 얻게 하라는 내용이 기록되어 있다. 이와 같은 내용은 우선 ㉠ 명계에 맡겨졌던 죽은 갑甲 아무개의 영혼을 불러내어[出某甲鬼神][143] ㉡ 목욕시키고 의복을 갖추게 한 후[沐浴冠帶], ㉢ 천부天府로 올려 보내는 것[遷上天府]으로 표현된다. 이렇게 천부에 올라가면 그 영혼은 ㉣ 천부에서 옷과 음식을 제공받으며[供給衣食] ㉤ 광명한 천상계에서 영생을 얻게 되고[長在光明] ㉥ 마귀들은 다시는 이들을 범하지 못하게 된다[魔無干犯]. 진묘석의 궁극적 목적은 죽은 자의 영혼을 영생을 얻은 정화된 몸, 즉 신선으로 만드는 것이다.

진묘문의 관심이 죽은 자를 지하 세계로 안전하게 입문시키고 그들이 지하 세계에서 받을 고초를 없애는 것, 그리고 죽은 자에 의해 산 사람들이 해코지를 당하지 않게 하는 것에 있었다면 진묘석의 관심은 죽은 자들의 영혼을 안전히 명계에 위탁할 뿐 아니라 그들을 천계로 올려 보내 영생을 사는 신선이 되게 하는 것이다.[144] 이러한 차이에 대해 조성우는 첫째,

---

143) 〈唐至德三年(758)壽王第六女淸源縣主鎭墓石〉의 鎭文에는 '淸源縣主'로 되어 있다. 陝西省文物管理委員會, 앞의 글, 40쪽.

144) 간지 아리사다는 鎭墓石의 목적을 '死者의 救濟'라고 하였다. 그에 의한다면 진묘석은 死靈을 冥府로부터 해방하고 仙界로 상승시켜 光明한 천상세계로의 永生을 巫術에 의해 기원하기 위한 것이다. 加地有定, 앞의 책, 18쪽.

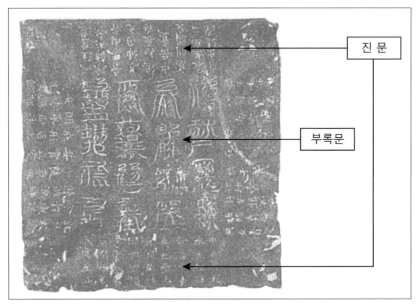

진 문

부록문

〈그림 1-2-2〉〈당지덕3년(758)수왕제육녀청원현주진묘석唐至德三年壽王第六女淸源縣主鎭墓石〉145)

후한·위진의 민간 전통과 달리 도교는 죽은 자로 인하여 발생하는 앙화殃禍에
대하여 특화된 장주章奏나 부주符呪 등 다른 대책을 가지고 있어 굳이 오석죠石
에서 앙화를 다룰 필요가 없었으며, 둘째 도교의 경우에는 지하 명계의
죽은 자의 혼을 선계仙界로 석방함으로써 앙화가 발생할 수 있는 근본적인
원인을 제거하려 하였기 때문이라고 하였다.146) 후자가 보다 본질적인 원인
이라고 생각하는데, 이것이 영혼을 구제한다는 고급 종교의 본령本領이기
때문이다.

중국 고대인들이 망자의 영원한 안식을 위해 사용했던 명계 문서는 일찌감
치 사라진 고지책을 제외하고는 점차 살아있는 자를 위한 문서로 변화하게
된다. 그 결과 문서에는 무엇보다 제액의 내용이 증가하였고, 주술성이

---

145) 陝西省文物管理委員會, 앞의 글, 43쪽.
146) 趙晟佑, 앞의 글(2011b), 78쪽.

강해졌다. 이 주술성은 재래 민간 종교의 영향에 의해 점차 종교색을 강하게 띠게 되는데, 이 문제는 4부에서 매지권에 대해 고찰하며 좀 더 살펴볼 수 있을 것이다.

2부

돌에 새긴 명성
- 묘비

1장 묘비의 출현과 후한 말 묘비명의 정형화

2장 후한 시기 묘비의 유행과
건안 십년 금비령의 반포

1장 묘비의 출현과 후한 말 묘비명의 정형화

　　문자 그대로 돌에 글을 새긴 것을 말하는 석각은 자연 상태의 암석이나 절벽에 문자를 조각한 것부터 돌의 외형을 다듬어 일정한 모양을 만든 후 글자를 새긴 것, 유가儒家 경전經典을 새긴 것으로부터 불경을 새긴 것, 혹은 간단한 글자 몇 자를 새긴 것으로부터 꽤 긴 글을 새긴 것 등 매우 다양하다. 그 결과 다양한 형식과 내용만큼이나 복잡한 명칭이 존재한다. 청淸의 저명한 금석학자인 엽창치葉昌熾는 그의 저서 『어석語石』에서 묘비墓碑, 묘지墓誌, 석궐石闕, 제자題字 등을 비롯한 30여 개가 넘는 석각을 소개하였다. 이는 각기 다른 형식과 내용을 가진 석각을 분류하는 것이 쉽지 않음을 의미한다. 물론 모든 석각을 비명碑銘, 지명誌銘, 석화石畫, 각경刻經의 네 종류로 간결히 정리한 연구자가 없지는 않지만[1] 대부분 20~10개 정도로 적지 않은 분류법을 사용하곤 한다.[2] 최근 중국의 유명한 석각학자 자오차오趙超는 석각 자료의 유형을 (1) 각석刻石(갈碣 포함) (2) 마애摩崖 (3) 비 (4) 묘지 (5) 경판經版 및 각종 불교 각경 (6) 매지권買地券과 진묘권鎭墓券 등으로 나누었다.[3] 석각의 구분이 복잡하고 때로는 연구자들마다 상이한 것은 석각이

---

1) 陸和九, 『中國金石學』(臺北: 明文, 1986), 12, 43, 59, 105쪽.
2) 마형은 『中國金石學槪要』에서 碣, 磨崖, 碑, 造像 등 20개가 넘는 명칭들을 나열하였고, 주지안신은 『金石學』에서 刻石, 碑碣, 墓誌, 塔碣 등 10개의 명칭으로 석각을 구분하였다. 馬衡, 『中國金石學槪要』(臺北: 藝文, 1978), 4~68쪽; 朱劍心, 『金石學』(臺北: 臺灣商務, 1968; 1973), 171~181쪽.

다양하고 분류의 기준이 통일되지 않은 이유도 있지만, 근본적으로는 돌을 이용하여 염원을 기록하고자 했던 인간의 다양한 욕망 때문일 것이다.

이 책은 주로 상장문서喪葬文書라고 구분할 수 있는 석각들, 즉 죽음을 추모하고 장례 과정에서 사용되었던 석각들을 고찰의 대상으로 하고 있다. 그러나 상장 문서라고 해서 모두 죽은 자들을 위한 것들은 아니다. 1부에서 살펴보았던 것처럼 그것들 중에는 살아있는 자들의 필요에 의해 만들어진 것도 있었다. 대표적인 것이 바로 2부에서 살펴보고자 하는 묘비다. 묘주墓主에 대한 간략한 정보 및 고인의 살아생전의 덕德을 기리는 운문韻文의 송사頌辭를 새겨 무덤 앞에 세웠던 기념물을 우리는 묘비라고 부른다. 이 묘비는 일반적으로 사치스러운 장례, 즉 후장厚葬의 상징으로 이해되었다.[4]

후장을 금지하는 황제의 조서詔書가 전한前漢 문제文帝 시기 등장하고,[5] 이어『염철론鹽鐵論』에도 후장에 대한 기록이 등장하는 것으로 보아[6] 후장은 전한 초기부터 사회적 문제가 되었음을 알 수 있다. 그러나 이들 기록에 묘비에 대한 내용은 보이지 않는다.[7] 이는 두 가지 가능성을 의미한다.

---

3) 조초 저·권민균 역·홍승현 정리,「석각 자료의 출현과 발전」,『돌의 문화사』(서울: 신서원, 2018), 23쪽.

4) 市村瓚次郎,「漢代建碑の流行及び其後世の禁制に就いて」,『書苑』2-19(1938). 이치무라 산지로 이후 연구자들은 별 이견 없이 墓碑를 厚葬의 결과물로 이해하였다.

5)『史記』卷4,「文帝紀」,"朕聞蓋天下萬物之萌生, 靡不有死. 死者天地之理, 物之自然者, 奚可甚哀. 當今之時, 世咸嘉生而惡死, 厚葬以破業, 重服以傷生, 吾甚不取."

6) [前漢]桓寬,『鹽鐵論』卷6,「散不足」,"今富者繡牆題湊. 中者梓棺楩梆, 貧者畫荒衣袍, 繪囊緹橐,…今厚資多藏, 器用如生人,…今富者積土成山, 列樹成林, 臺榭連閣, 集觀增樓. 中者祠堂屏閣, 垣闕罘罳."

7) 前漢 시기 대단한 권세를 누리던 霍氏 집안의 장례를 보면 가짓수 많은 부장품과 거대한 封墳, 화려한 사당, 神道 등이 주로 후장의 표현으로 이용되었음을 알 수 있다.『漢書』卷80,「霍光傳」,"賜金錢·繒絮, 繡被百領. 衣五十篋, 璧珠璣玉衣, 梓宮·便房·黃腸題湊各一具, 樅木外臧椁十五具,…發三河卒穿復土, 起冢祠堂, 置園邑三百家, 長丞奉守如舊法.…禹旣嗣爲博陸侯, 太夫人顯改光時所自造塋制而侈大之. 起三山闕, 築神道, 北臨昭靈, 南出承恩, 盛飾祠室, 輦閣通屬永巷, 而幽良人婢妾守之."

첫째, 전한 시기 묘비가 아직 출현하지 않았다. 둘째, 묘비가 출현했어도 후장의 요소는 아니었다. 어느 쪽이었을까?

대부분의 학자들은 묘비를 후한後漢 시기에 출현한 것으로 이해하고 있다. 다만 양콴楊寬은 전한 석각 중 하평河平 3년(기원전 26)에 제작된 〈표효우각석麃孝禹刻石〉을 묘비의 선구로 파악하였다.8) 그러나 〈표효우각석〉에는 묘주의 사망 연월일[卒年月日]과 본적, 그리고 이름만이 적혀 있어,9) 대다수의 연구자들은 후한의 묘비와 비교하여 형태의 상이함과 구성 요소의 차이를 이유로 이를 묘비로 파악하지 않는다.10) 확실히 묘비를 규정하는 형태-원수형圓首形이나 규수형圭首形의 비수碑首 부분과 훈暈과 천穿의 존재-와 정형화된 요소-일반적으로 묘주의 성명, 이력, 성품과 행적, 향년享年, 사망 연월일 등을 기본으로 하는 서序와 묘주를 애도하는 명(사)銘(辭)-에 따른다면 후한 이전으로 묘비의 기원을 소급하는 것은 힘들 것 같다.

현재 학자들이 최초의 묘비로 보는 석각은 일치하지 않는다. 판방진范邦瑾은 건화建和 원년(147)에 건립된 〈무반비武斑碑〉를,11) 하마다 다마미濱田瑞美는 원초元初 4년(117)에 세워진 〈원안비袁安碑〉를,12) 츠카다 야스노부塚田康信는 한안漢安 2년(143)에 건립된 〈북해상경군비北海相景君碑〉를 최초의 묘비로 지목하고 있다.13) 모두 어느 정도 구성 요소를 갖춘 묘비들이다. 그러나 ①비액

---

8) 楊寬, 『中國古代陵寢制度史研究』(上海: 人民, 2003), 155~156쪽. 여기서 양콴은 이 石刻을 〈麃季禹刻石〉이라고 하여, 대부분의 연구자들이 '孝'로 읽는 것과 달리 '季'로 보았다. 그러나 통설에 따라 이 글에서는 〈麃孝禹刻石〉으로 서술하였다.

9) 永田英正 編, 『漢代石刻集成 圖版·釋文篇』(京都: 同朋舍, 1994), 8쪽, 〈麃孝禹刻石〉, "河平三年八月丁亥平邑□里麃孝禹."

10) 그 중 판방진은 이 石刻에는 墓碑의 원형이라고 할 수 있는 豐碑의 흔적인 穿이 없으며 크기 역시 묘비보다 훨씬 작다고 하였고, 내용면에서도 墓主의 事續에 대한 서술 및 頌辭가 없는 것을 들어 묘비라 할 수 없다고 하였다. 그는 양콴이 제시한 각석을 墓碣로 보았다. 그에 따르면 묘갈은 위가 작고 아래가 큰, 정상부는 원형이고 밑 부분은 평평한 석각이다. 范邦瑾, 「東漢墓碑溯源」, 『華夏考古』 1991-4, 94쪽. 이 석각의 크기는 길이 133㎝·너비 44.5㎝(탁본 기준)다.

11) 范邦瑾, 위의 글, 98쪽.

12) 濱田瑞美, 「漢碑考-かたちと意匠をめぐって」, 『美術史研究』 41(2003), 186쪽.

碑額(묘비의 제목), ②휘諱, ③자字, ④본적, ⑤가계家系(혹은 집안의 내력을 기술한 세계世系), ⑥품행, ⑦이력, ⑧사망 연월일, ⑨향년, ⑩추증追贈, ⑪장(례)일 혹은 입비일立碑日, ⑫명사14)라는 정형화된 요소를 모두 갖춘 묘비는 흔치않다. 또한 이후 살펴보겠지만 이들 요소는 어느 한순간이 아니라 시간에 따라 점차 구비되었다. 따라서 이 요소를 모두 충족하는 것만을 묘비로 구분할 경우 오히려 묘비의 역사적·사회적 전개 과정을 간과할 수도 있다. 최초의 묘비는 무엇이며, 어떻게 변화해 갔을까?

이 장에서는 중국 고대 묘비의 출현과 비문碑文의 정형화 과정을 복원해 보고자 한다. 특히 비문의 정형화 과정에 영향을 미쳤던 요소는 무엇이며, 비문이 언제 정형화되는가 하는 문제에 초점을 맞추고자 한다. 그 이유는 다음과 같다. 일반적으로 묘비의 출현은 후장의 결과로 이해되었다. 특히 후한 시기 유교儒敎가 국교화國敎化되면서 사회적으로 효를 실천하는 것이 관료 채용이나 승진의 기준으로 작용함에 따라 묘비가 묘주의 공적을 기리기 위해서기보다는 자손의 효도 정도를 표현하는 수단으로 사용되었다고 주장하는 연구도 등장하였다.15)

그러나 이렇게 본다면 첫째, 왜 묘비의 건립이 후한 후기에 들어서야 비로소 활발해진 것인지 답하기 어렵다. 역대 후장을 금지하는 조서에서 보듯이 후장의 폐해는 역사적으로 전한 시기부터 존재하였기 때문이다. 둘째, 화려한 분묘나 사당祠堂을 세워 극진한 효성을 표현하는 방식이 존재하고 있는 상태에서16) 묘비가 등장한 이유를 해석할 수 없다. 특히 우리는

---

13) 塚田康信, 「碑の起源と形式の研究 Ⅰ」, 『福岡教育大學紀要 第5分冊』 28(1978), 51쪽.

14) 구보죠에 요시후미는 묘비를 구성하는 정형화된 요소를 이상의 12가지로 설정하였다. 窪添慶文, 「墓誌の起源とその定型化」, 『立正史學』 105(2009), 2쪽.

15) 朴漢濟, 「魏晉南北朝時代 墓葬風習의 變化와 墓誌銘의 流行」, 『東洋史學硏究』 104(2008), 59~60쪽.

16) 가토 나오코는 당시 부모를 위해 재력을 다한 墓를 조영하는 것은 자신의 孝를 물질적인 형태로 표현하는 방식이었다고 하였다. 加藤直子, 「ひらかれた漢墓-孝廉と'孝子'たちの戰略」, 『美術史硏究』 35(1997), 76쪽.

이미 1부 1장에서 당시 효성을 표현하는 유력한 방식-묘기류墓記類-이
있었음을 확인하였다. 마지막으로 후한 시기 유교가 국교화되면서 사회적으
로 효를 실천하는 것이 관료 채용이나 승진의 기준으로 작용하게 됨에
따라 묘비 건립이 활발해졌다는 주장은 그 견강한 설득력에도 불구하고,
후한 후기 이후 문생고리門生故吏들에 의해 세워지는 묘비가 많았다는 사실[17]
을 해석하지 못한다. 이것은 입비 행위의 유행이 단순한 후장의 결과나
사회적으로 효의 실천을 드러낼 필요 이상의 의미를 가지고 있었다는 것의
반증일 것이다.

　따라서 이 장에서는 묘비의 출현과 묘비 구성 요소의 정형화 과정을
복원하는 작업을 통해 입비 행위에 영향을 미쳤던 요소들을 분석해 보고자
한다. 이 과정에서 묘비를 후장의 표현만으로 볼 수 없음이 규명될 것이다.
또한 입비 행위가 활발해지는 시기를 확인하여, 그것이 어떠한 사회적 현상
의 표현인지를 밝혀보고자 한다.

I. 묘비의 연원과 변화

　지금까지 축적된 묘비에 관한 연구는 그리 많지 않다. 그나마 얼마 되지
않는 묘비 관련 연구도 모두 후한 묘비에 관련한 것이다. 그것은 대부분의
연구가 묘비의 출현을 후한대로 보기 때문이다. 묘비의 출현을 후한 시기로
보는 설은 『석명釋名』으로부터 유래하였다. 유희劉熙가 묘비에 대해 '신하와
자식이 그 군주와 부친의 공덕功德을 서술하여 돌 위에 새긴 것'[18]이라고
규정하였기 때문이다. 즉, 단순한 표지가 아닌 송덕頌德의 문언文言이 쓰인
것을 묘비로 본 것이다. 이러한 입장은 송宋의 구양수歐陽修에 의해서도

---

17) [南宋]洪适, 『隸釋』 卷8, 「後漢建寧四年(171)愼令劉脩碑」, "漢碑多門生故吏爲之."
18) [後漢]劉熙, 『釋名』 卷6, 「釋典藝」, "臣子述君父之功美, 以書其上, 後人因焉."

천명되었는데, 그는 후한 이후 비문이 등장하였고 그것은 문생고리들이
비를 세워 묘주의 덕을 칭송한 것으로부터 시작되었다고 보았다.[19] 이로써
전통 시기 중국에서는 "공덕을 서술하여 기린다."는 점을 묘비의 가장 중요한
요소이자, 존재 이유로 이해했음을 알 수 있다.

　연구자 중에서도 이 기준을 가지고 묘비의 출현을 이해한 경우가 있다.
예컨대 세키노 다다시關野貞는 최초의 묘비로 〈배잠기공비裴岑紀功碑〉를 들었
다.[20] 〈배잠기공비〉는 영화永和 2년(137) 돈황태수敦煌太守였던 배잠이 군병郡
兵 3천명을 이끌고 흉노匈奴의 호연왕呼衍王 등을 격파하고, 금성金城·돈황·장
액張掖·주천酒泉 네 군의 호환胡患을 제거한 공을 기념하기 위해 건립되었다.[21]
그러나 〈배잠기공비〉는 무덤 앞에 세운 묘비로 단정하기 힘들다는 점[22]과
그 비 이전 이미 동일 지역에서 발견된 공적비가 존재한다는 점[23]에서
최초의 묘비로 보기 힘들다. 또한 묘비의 기원을 언급하고 있는 고대의
문헌들을 살펴봐도 묘비 출현의 시점을 〈배잠기공비〉의 영화 2년보다 앞서
서 잡는 것이 타당할 것 같다.

---

19) [北宋]歐陽修, 『集古錄跋尾』 卷4, 「宋文帝神道碑」, "自後漢以來, 門生故吏多相與立碑頌德
　　矣.…至後漢以後始有碑文, 欲求前漢時碑碣, 卒不可得. 是則冢墓碑自後漢以來始有也."
20) 關野貞, 『支那碑碣形式の變遷』(東京: 座右寶刊行會, 1935), 7쪽.
21) 永田英正 編, 앞의 책, 78쪽, 〈裴岑紀功碑〉, "惟漢永和二年八月, 敦煌太守雲中裴岑將郡兵
　　三千人, 誅呼衍王等, 斬馘部衆, 克敵全師, 除西域之灾, 蠲四郡之害, 邊境艾安, 振威到此,
　　立海祠, 以表萬世."
22) 〈裴岑紀功碑〉가 발견된 것은 淸 雍正 7년(1729)이고, 장소는 新疆省 巴里坤(지금의
　　신강 위구르자치구 파리곤 哈薩克自治縣)이다. 따라서 雲中(지금의 山西省 大同)
　　출신의 裴岑의 묘가 조성된 곳으로 보기 힘들다. 파리곤은 漢代 蒲類로 불린 곳으로
　　匈奴와의 격전지 중 하나였다. 따라서 이것을 무덤 앞에 세워진 묘비라기보다는
　　전승지에 세워진 功績碑로 보는 것이 타당할 것이다. 내용면에서도 묘주의 諱,
　　字, 본적 등의 기본 정보가 서술되어 있지 않고, 사망일 또는 장례일도 기록되지
　　않아 전형적인 묘비로 보기 힘들다.
23) 신강성 파리곤에서 〈배잠기공비〉와 함께 발견된 〈任尙平戎碑〉는 몇 글자 남아
　　있지 않아 판독이 되지 않지만, 大將軍 竇憲의 부하로 흉노와의 전투에서 軍功을
　　세운 任尙의 공적을 기리기 위해 전승지에 세운 것으로 이해되고 있다. 자세한
　　내용은 李遇春, 「新疆巴里坤縣新發現東漢任尙碑的初步考證」, 『考古與文物』 1982-4를
　　참조.

묘비의 기원에 대한 정설이 없는 상태에서 우리에게 단서를 주는 것은 정현鄭玄의 『의례주儀禮注』와 『예기주禮記注』다. 이에 따르면 묘비의 기원은 두 계통으로 설명이 가능하다.[24] 하나는 종묘宗廟 옆에 희생을 묶어 놓기 위해 세웠던 기둥이고,[25] 다른 하나는 매장을 위해 파 놓은 구덩이 옆에 있었던 기둥[豊碑]인데 이것은 구덩이에 관을 내릴 때 사용한 것이다.[26] 세키노 다다시는 전자와 후자 모두가 묘비의 기원이 된다고 보았고,[27] 츠카다 야스노부塚田康信는 이 두 계통 중 후자의 경우 신하나 자식이 사망한 천자나 제후의 공적을 흠모하여 업적을 서술해 놓기도 하였다고 분석하였다.[28] 풍비를 묘비의 기원으로 본 것이다.[29] 그러나 그 역시 공적의 서술 유무를 묘비의 전제 조건으로 파악한 점은 세키노 다다시와 같다.

이와는 달리 북송北宋의 손종감孫宗鑑은 『동고잡록東皐雜錄』에서 "주周가 쇠락한 후, 전국戰國·진秦·한漢 시기 모두 비碑를 이용하여 관을 묶어 (묘혈墓穴로 내렸다. 비는) 나무로 만들기도, 혹은 돌로 만들기도 하였다. 장례를 마친 후 무덤의 비를 뽑아내지 않았다. 그 후 점차로 그 위에다 (묘주의) 성명과 작爵, 지역(본적)을 써 넣었다. 후한 시기에 이르러 마침내 문사文辭를 짓게 되었다"[30]고 하며 최초의 묘비는 표지의 의미가 강했던 것으로 보았다.

---

24) 『儀禮注』에 의하면 宗廟나 墳墓 앞에 있던 碑이외에도 宮에도 비가 있어, 그림자를 가지고 시간을 측정하던 용도였음을 알 수 있다. [後漢]鄭玄, 『儀禮注』, 「聘禮」, "宮必有碑, 所以識日景, 引陰陽也."

25) [後漢]鄭玄, 『儀禮注』, 「聘禮」, "凡碑, 引物者, 宗廟則麗牲焉, 以取毛血. 其材, 宮廟以石, 窆用木."

26) [後漢]鄭玄, 『禮記注』, 「檀弓下」, "豊碑, 斫大木爲之, 形如石碑, 於椁前後四角樹之, 穿中於間爲鹿盧, 下棺以綍繞."

27) 그러나 그 역시 전자에서는 내용이 아닌 형식적인 면만이 이후 묘비로 계승되었다고 보아, 묘비 내용의 기원을 豊碑에서 찾고 있다. 關野貞, 앞의 글, 5쪽.

28) 塚田康信, 「碑の基源と型式の研究 I , II」, 『福岡教育大學紀要 第5分冊』 28·29(1978·1979).

29) 비의 기원을 豊碑에서 찾는 대표적인 이로는 趙翼이 있다. [淸]趙翼, 『陔余叢考』, 「碑表」, "然則墓道之有碑刻文, 本由於懸空之豊碑, 而或易以石也."

30) [北宋]孫宗鑑, 『東皐雜錄』, "自周衰, 戰國秦漢皆以碑懸棺, 或以木, 或以石, 旣葬碑留壙中,

비의 최초의 모습이 표지에 가깝다는 이 주장에 따른다면 묘비의 출현은 후한 시기보다 위로 소급될 수 있을 것이다.

전한 시기 이미 묘비가 출현했다고 보는 연구자로 양콴이 있다. 그가 최초의 묘비로 지목하는 것은 기원전 26년, 즉 전한 하평 3년에 제작된 〈표효우각석〉이다. 〈표효우각석〉은 2행 총 15자로 구성되어 있는데, 그 내용은 ①사망한 날짜와 ②묘주의 본적, 그리고 ③묘주의 이름으로 구별할 수 있다[河平三年八月丁亥①平邑□里②麃孝禹③]. 여기에는 묘주의 사적事跡이라고 할 만한 것이 기록되어 있지 않아, 후한 말 등장하는 묘비와는 다소 차이가 있다. 이는 무덤 앞에 세워져 단지 무덤이 누구의 것인지를 알려주는 묘표墓表의 성격을 띠고 있다.

후한 이전 묘비로 구분되는 것으로는 〈내자후각석萊子侯刻石〉도 있다. 〈내자후각석〉은 〈표효우각석〉보다는 좀 더 많은 내용이 기록되어 있다. 매 5자, 7행, 총 35자로 구성된 이 석각에는 "시건국 천봉 3년(16)[31] 2월 13일, 내자후(를 대신하여) 족인들이 봉을 만드니, 차자량 등 백여 명의 인력을 동원하였다. 이후 자손들은 파괴하지 말지어다.[始建國天鳳三年二月十三日, 萊子侯爲支人爲封, 使偖子良等用百余人, 後子孫毋壞敗.]"[32]라고 기록되어 있다. 그런데 이 석각과 관련하여 문제가 되는 것은 '봉封'이다. 양콴처럼 이 '봉'을 '봉분封墳'으로 해석한다면 이 석각을 묘 앞에 세워진 것, 즉 묘비로 보는 것이 가능하다. 그러나 최초 발견자들은 '봉'을 '봉전封田', 즉 토지의 경계로 해석하여[33] 이 석각을

不復出矣. 其後稍書姓名爵里其上, 至後漢遂作文字."

31) '始建國'과 '天鳳' 둘 다 王莽이 건국한 新의 연호다. 시건국은 9~13년, 천봉은 14~19년에 해당한다. 두 개의 연호를 적은 이유는 분명치 않으나 '天鳳三年'이라는 기년이 각석된 것에 따르면 '始建國'은 불필요하다. 리챵은 이것을 당시 인민들이 時政에 어두웠던 증거라며 당시인들이 '시건국'을 국호로 이해한 것으로 해석하였다. 즉 국호+연호+날짜를 쓰는 습관에 의해 연호 앞에 국명으로 이해한 '시건국'을 쓴 것으로 이해하였다. 李樹, 『秦漢刻石選譯』(北京: 文物, 2009), 13쪽.

32) 永田英正 編, 앞의 책, 12쪽.

33) [淸]汪鋆, 『十二硯齋金石過眼錄』卷1, 「萊子侯刻石」, "嘉慶丁丑秋, 滕七四老人顔逢甲·同郡孫生容·王輔·仲緒山得此於臥虎山前, 蓋封田贍族, 勒石戒子孫者. 近二千年未泐, 亦無知者,

토지 경계석으로 이해하였다. 이 경우에는 "시건국 천봉 3년(16) 2월 13일,
내자후가 그 족인들을 위해 봉을 만들었다. 여러 아들들로 하여금 먹고
사는 방편으로 삼게 함에 백 여인이 평등하게 사용할 수 있게 하였다.
이후 자손들은 파괴하지 말지어다."[34]라고 해석할 수 있다. 물론 이견도
있지만[35] 최근의 연구자들 중에도 이것을 토지 경계석으로 이해하는 경우가
있다.[36] 그런데 이 석각을 묘비로 본다고 해도 여전히 문제는 남는데, 〈표효
우각석〉과 같이 묘주의 사적에 대해서는 별다른 정보가 기술되어 있지
않기 때문이다.[37]

한편 이들 석각을 묘비로 이해하지 못하는 또 다른 이유는 외형의 문제다.
묘비의 형태적인 측면을 주목한 하마다 다마미濱田瑞美의 연구를 살펴보자.
하마다 다마미는 천穿(〈그림 2-1-3〉)과 훈暈(〈그림 2-1-4〉)을 묘비의 외형적
필요 요소로 들었다.[38] 하마다 다마미 이전 일찍이 츠카모토 야스시塚本靖도
천과 훈을 한비의 형태적 특징으로 이해하였다.[39] 『봉씨문견기封氏聞見記』에
따르면 묘비에 난 구멍穿은 장례 시 하관下棺할 때 관을 묶은 끈을 통과시키는
용도였다.[40] 한편 『예속隷續』에 의하면 묘혈 앞 비의 구멍이 하관시에 끈을

可異也. 逢甲記, 生容書." 밑줄은 저자.

34) 홍승현, 〈萊子侯刻石〉, 『석각을 통해 본 동아시아 고중세 사회』(서울: 신서원, 2018),
   24쪽.
35) 〈萊子侯刻石〉의 題跋을 쓴 陸耀遹은 '封'을 흙(으로 제단)을 높이 쌓는 것으로 이해하여,
   封樹의 '봉'으로 이해한 최초 발견자들의 견해에 반대하였다. [淸]陸耀遹, 『金石續編』
   卷 1, 「萊子侯刻石」, "上建武祀泰山, 使奉車子矣爲封, 奉高一丈二尺之類, 顏君以爲封田贍族
   者, 非也."
36) 대표적으로 리챵을 들 수 있을 것이다. 그는 石文의 '封'을 田界인지, 祭壇인지,
   무덤인지 정확하지 않다고 하였지만 결국 '封土의 標記'로 해석하였다. 李檣, 앞의
   책, 13쪽.
37) 范邦瑾, 앞의 글, 94쪽.
38) 濱田瑞美, 앞의 글.
39) 塚本靖, 「碑の裝飾」, 『考古學雜誌』 5-12(1915), 812~813쪽.
40) [唐]封演, 『封氏聞見記』 卷6, 「碑碣」, "天子諸侯葬時下棺之柱, 其上有孔, 以貫縴索, 懸棺而
   下, 取其安審,…古碑上往往有孔, 是貫縴索像."

<그림 2-1-1> 〈표효우각석〉(홍승현ⓒ)　　　〈그림 2-1-2〉 〈내자후각석〉[41]

<그림 2-1-3> 〈공표비孔彪碑〉
(한위석각진열관漢魏石刻陳列館ⓒ)　　　〈그림 2-1-4〉 〈공겸비孔謙碑〉(홍승현ⓒ)

통과시키는 용도였다면, 사당[廟] 앞 비의 구멍은 희생犧牲을 묶어두는 데
사용하였다.[42] 훈은 원수형 비의 비수 부분에 존재하는 의장意匠으로 관을
구덩이에 내릴 때 관을 묶은 밧줄이 잘 미끄러지거나 이탈하지 않게 하는

---

41) 北京圖書館金石組 編, 『北京圖書館藏 中國歷代石刻拓本匯編 第一冊』(鄭州: 中州古籍,
1989), 19쪽.

42) [南宋]洪适, 『隸續』 卷7, 「碑式」, "碑之有穿, 在廟則以繫牲, 在穴則以下柩, 漢碑蓋多有之."

기능을 한다.43)

그러나 묘비 중에는 구멍을
갖지 않는 것도 있으며, 훈은
원수형 비에만 있는 것이어서
형식적으로 반드시 구멍과 훈이
있어야 묘비라고 할 수는 없다.
예를 들어 〈사신비史晨碑〉(〈그림
2-1-5〉)는 천도 훈도 없는 대표
적인 원수형 비다. 따라서 형태
적인 측면을 근거로 이들을 묘
비로 취급하지 못할 이유는 없
을 것이다.

그렇다면 남은 문제는 묘주
의 사적이 기술되지 않고, 송사
가 없는 것을 묘비로 볼 수 있는

〈그림 2-1-5〉〈사신비史晨碑〉(홍승현ⓒ)

가 하는 점이다. 이와 관련하여 『주례周禮』의 기록을 살펴보자. "만일 도로에서
죽은 자가 있다면 매장하고 푯말(楬)을 세우는데, (매장한) 날짜를 적는다."44)
여기서 갈楬이 표지의 의미를 가지고 있었던 것은 의심할 바가 없다.45)
그런데 이것은 도로에서 죽음을 당했을 때만 세웠던 것은 아닌 것 같다.
『한서漢書』에서는 갈을 '성명을 적는 것'이라고 하였고,46) 안사고顔師古는
이에 대해 "갈은 말뚝이다. 무덤에 세우고 죽은 자의 이름을 적는다."47)고

---

43) [淸]畢沅, 『山左金石志』 卷8, 「泰山都尉孔宙碑」, "其絳繞鹿盧橫而斜過碑頭, 碑頭爲此暈,
以限絳使之滑且不致外脫."
44) 『周禮』, 「秋官·司寇·蜡氏」, "若有死於道路者, 則令埋而置楬焉, 書其日月焉."
45) 鄭玄은 鄭司農의 말을 인용하여 이것이 식별을 위한 말뚝이라고 해석하였다. [後漢]鄭
玄, 『周禮注』, 「秋官·司寇·蜡氏」, "鄭司農云, 楬欲令其識取之, 今時楬橥是也."
46) 『漢書』 卷90, 「酷吏 尹賞傳」, "楬著其姓名."

주해하였다. 아마도 같은 무덤을 조성한 후 그 무덤의 표지로 사용되었던
것으로 보인다.

『한서』에는 갈과 비슷한 역할을 하는 표表가 등장한다. 표는 무덤을 만들고
묘주의 이름을 적어 놓는다는 점에서,48) 갈과 같은 것으로 생각된다. 요컨대
전한 시기에는 무덤을 조영한 후 무덤 앞에 사자의 성명이나 작, 혹은 지역을
적어 놓은 표지를 세웠는데 이것이 묘비의 초기 모습일 것이다.49) 이상과
같은 내용에 따른다면 앞에서 살펴본 묘표의 성격을 띤 〈표효우각석〉을
비의 초기 형태로 보지 못할 이유가 없을 것이다. 최초의 묘비는 무덤
표지석이라는 기능을 가지면서 출현하였음이다.50)

그럼 송사를 갖춘 정형화된 묘비가 등장하는 것은 언제일까? 연구자들은
정형화된 묘비가 후한 시기에 등장한다고 파악하고 있다.51) 그러나 그
정확한 시기에 대해서도, 최초의 정형화된 묘비에 대해서도 견해가 일치하지
않는다. 연구자에 따라 〈알자경군묘표謁者景君墓表〉,52) 〈국삼로원량비國三老袁
良碑〉,53) 〈북해상경군비〉,54) 〈무반비〉,55) 〈삼로휘자기일기三老諱字忌日記〉56)
등을 가장 이른 정형화된 묘비로 지목하고 있다. 이들을 정형화된 구성

---

47) 『漢書』 卷90, 「酷吏 尹賞傳」, "師古曰: 「楬, 杙也. 椓杙於瘞處而書死者名也.…」"
48) 『漢書』 卷44, 「淮南厲王 劉長傳」, "又陽聚土, 樹表其上曰『開章死, 葬此下』."
49) 허루위에는 풍비가 한대 묘비로 변화하는 과정 중에 表는 중요한 단계이자 형식이라
고 분석하였다. 何如月, 『漢碑文學硏究』(北京: 商務, 2010), 57쪽.
50) 히비노 다케오는 前漢 말기 墳墓의 표지로서 돌로 만든 墓表를 세우는 것이 시작되었
다고 보았다. 日比野丈夫, 「墓誌の起源について」, 『江上波夫敎授古稀記念論集 民族·文化
篇』(東京: 山川, 1977), 183쪽.
51) 왕쓰리와 라이페이의 경우 秦~前漢 武帝期를 無定型 시기, 무제 이후~後漢初를 形成期,
후한 중기~말기를 定型期로 분류하였다. 王思禮·賴非, 「漢碑原流·分期和碑形釋義」,
『漢碑硏究』(濟南: 齊魯書社, 1990), 26~32쪽.
52) 汪慶正, 「東漢石刻文字綜述」, 『上海博物館館刊』 1(1981), 64쪽.
53) 劉寶楠, 『漢石例』(臺北: 臺灣商務, 1966), 1쪽.
54) 關野貞, 앞의 글, 7쪽; 水野淸一, 「碑碣の形式」, 『書道全集 二 中國2 漢』(東京: 平凡社,
1969), 31쪽; 塚田康信, 앞의 글(1978), 44쪽.
55) 范邦瑾, 앞의 글, 98쪽.
56) 李德品, 「論東漢墓碑文的發展分期」, 『遵義師範學院學報』 11-3(2009), 34쪽.

요소에 의해 분석하면 다음과 같은 표가 만들어진다.

〈표 2-1-1〉 최초의 정형화된 묘비로 지목된 석각들의 구성 요소[57]

	① 비액	② 휘	③ 자	④ 본적	⑤ 가계*	⑥ 품행	⑦ 이력	⑧ 졸년**	⑨ 향년	⑩ 추증	⑪ 장일	⑫ 명사
〈삼로휘자기일기(52)〉[58]	×	○	○	×	○	×	×	○	×	×	×	×
〈알자경군묘표(114)〉[59]	×	×	×	○	×	×	○	○	×	×	×	○
〈국삼로원량비(131)〉[60]	×	○	○	○	○	○	○	○	○	×	×	○
〈북해상경군비(143)〉[61]	○	○	×	○	○	×	○	○	×	×	×	○
〈무반비(147)〉[62]	○	○	×	×	○	○	×	○	×	×	×	○

* 가계와 더불어 가족 관계를 모두 포함하였다.
** 사망일만 있는 것도 모두 포함하였다.

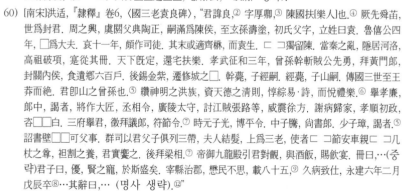

57) 괄호 안은 제작 연도를 의미한다. 이하 동일.

58) 永田英正, 앞의 책, 18쪽, 〈三老諱字忌日記〉, "【右一段】三老諱通,② 字小父,③ 庚午忌日,⑧ 祖母失諱,② 字宗君,③ 癸未忌日.⑧【右二段】掾諱忽,② 字子儀,③ 建武十七年, 歲在辛丑, 四月五日辛卯忌日.⑧ 母諱捐,② 字謁君,③ 建武廿八年, 歲在壬子, 五月十日甲戌忌日.⑧【右三段】伯子玄曰大孫, 次子但曰仲城, 次子紆曰子淵, 次子提餘曰伯老, 次子持侯曰仲雍, 次子盈曰少河.⑤【右四段】次子邠曰子南, 次子士曰元士, 次子富曰少元, 子女曰无名, 次女反曰君明.⑤【左段】三老德業赫烈, 克命先己, 汁藉履仁, 難名兮, 而有九孫. 日月虧代, 猶元風力射. 邢及所識祖諱, 欽顯後嗣. 蓋春秋義, 言不及尊, 翼上也. 念高祖至九子未遠, 所諱不列, 言事觸忌, 貴所出嚴及□, 敬曉末孫, 冀副祖德焉." 본문 〈표 2-1-1〉의 기준에 따라 구성 요소를 표시하였다. 이하 동일.

59) [南宋]洪适, 『隷釋』卷6, 〈謁者景君墓表〉, "惟元初元年五月丁卯,⑧ 故謁者⑦任城④景君卒. 嗚呼□□, 國喪淑臣, 朝失貞良. 同□□□□吏無□□□□瞻學者靡□□□□□紀德□□. 生有爵號, 歿〔 〕. 其功□□追□□, 卽辭云,…(銘辭 생략).⑫"

60) [南宋]洪适, 『隷釋』卷6, 〈國三老袁良碑〉, "君諱良,② 字厚卿,③ 陳國扶[樂人]也.④ 厥先舜苗, 世爲封君. 周之興, 虞閼父典陶正, 嗣滿爲陳侯, 至玄孫濤塗, 初氏父字, 立姓曰袁. 魯僖公四年, □爲大夫. 哀十一年, 頗作司徒. 其末或適齊楙, 而袁生. 〔 〕獨留陳. 當秦之亂, 隱居河洛, 高祖破碩, 寔從其冊. 天下既定, 還宅扶樂. 孝武征和三年, 曾孫幹斬賊公先勇, 拜黃門郎, 封關內侯, 食遺鄉六百戶. 後錫金紫, 遷修城之□. 幹薨, 子經嗣. 經薨, 子山嗣. 傳國三世至王莽而絶. 君卽山之曾孫也.⑤ 纘神明之洪族, 資天德之清則, 悼綜易·詩, 而悅禮樂.⑥ 舉孝廉, 郎中, 謁者, 將作大匠, 丞相令, 廣陵太守, 討江賊張路等, 威震徐方. 謝病歸家, 孝順初政, 咨□□白. 三府舉君, 徵拜議郎, 符節令.⑦ 時元子光, 博平令. 中子騰, 尚書郎. 少子璋, 謁者.⑤ 詔書壁□□可父事. 群司以君父子俱列三帶, 夫人結髮, 上爲三老, 使者〔 〕節安車親〔 〕几杖之尊, 袒割之養, 君實饗之. 後拜梁相.⑦ 帝御九龍殿引君對觀, 與酒飯, 賜飲宴. 冊曰,…(중략)君子曰, 優, 賢之寵, 於斯盛矣. 宰縣治郡, 懋民不思, 載八十五,⑨ 久病致仕, 永建六年二月戊辰卒⑧…其辭曰,… (명사 생략).⑫"

61) 永田英正, 위의 책, 88쪽, 〈北海相景君碑〉, "漢故益州太守北海相景君銘.① 惟安安二年仲秋□□,⑧ 故北海相⑦任城④景府君卒. 歆歟哀哉, 國□□寶, 英彥失疇. 列宿虧精, 晚學後時.

이들을 분석한 결과 연구자들에게 정형화된 묘비를 규정하는 데 중요하게 영향을 미쳤던 요소는 ⑧ 졸년·졸일, 즉 사망일과 ⑫ 명사, ②·③의 휘와 자, 그리고 ⑦ 이력임을 알 수 있다. 사망일을 기준으로 본다면 그 구성 요소를 가장 먼저 갖춘 것은 전한 시기의 〈표효우각석〉이고, 명사로 본다면 〈알자경군묘표〉가 제일 먼저 명사를 완비하였다. 한편 구성 요소를 가장 많이 포함하고 있는 것은 〈국삼로원량비〉와 〈무반비〉다. 그런데 이 구성 요소 중 사망일과 성명은 묘표의 구성 요소기도 하여, 결국 정형화된 묘비의 가장 중요한 요소는 이력과 명사임을 알 수 있다. 묘주의 공적과 그것에 대한 송사가 정형화된 묘비를 규정하는 중요 요소로 이해된 것임을 알 수 있다. 그렇다면 묘비의 가장 중요한 요소인 이력과 명사가 본격적으로 등장하는 것은 언제일까?

이를 위해 최초의 정형화된 묘비로 거론된 비들을 전후하여 제작된 다른 석각들의 구성 요소를 살펴보았다. 구성 요소에 따른다면 〈표효우각석〉(기원전 26)과 〈내자후각석〉(16)은 묘표로서의 성격이 강하다. 그러다 그것에 묘주의 관력이 좀 더 자세히 첨가되기도 하고(〈원안비〉·〈원창비〉), 가계가 서술되

于何穹倉, 布命授期, 有生有死, 天寔爲之. 豈夫仁哲, 攸剋不遺.⑥ 於是故吏諸生, 相與論曰, 上世群后, 莫不流光□於無窮, 垂芳耀於書篇. 身沒而行明, 體亡而名存. 或著形象於列圖, 或戴頌於管弦. 後來詠其烈, 竹帛敍其勳. 乃作誄曰,…(명사 생략).⑫”

62) 永田英正 編, 앞의 책, 100쪽, 〈武斑碑〉, “故敦煌長史武君之碑.① 建和元年, 大歲在丁亥, 二月辛巳朔卄三日癸卯, 長史同□□□□□□□. 敦煌長史武君諱斑,② 字宣張.③ 昔殷王武丁, 克伐鬼方, 元功章炳, 勳臧王府. 官族分析, 因以爲氏焉, 武氏蓋其後也, 商周假藐, 歷世壙遠, 不隕其美. 漢興以來, 爵位相踵, □朝忠臣.⑤ 君幼□顔閔之懋質, 長敷斿夏之文學. 慈惠寬□, 孝友玄妙. 苞羅術藝, 貫洞聖□. 博兼□□, 耽綜典籍. □思□純, 求福不回. 清聲美行, 闡形遠近.⑥ 州郡貪其高賢幼少, 請以□□歲擧. 翼紫宮, □□詔除, 光顯王室, 有□於國, 帝庸嘉之. 掌司古□, 領校秘隩, 硏□幽微. 追昔劉向, 辯賈之徒, 比□萬矣. 時戎□□, 匡正一□. □朝廷惟憂□□, 有司□□擧君. 斑到官之日, □虐吏士, 哮虎之怒, 薄伐□□. □□□□, □□□並, 百姓賴之, 邦域旣寧. 久勞于外, 當還本朝, 以敍左右.⑦ 以永嘉元年□月□日, 遭疾不□, 哀.⑧ 於是金鄕長河閒高陽史恢等, 追惟昔日, 同歲郎署, 感以爲自古在昔, 先聖與仁, □□興替, □□人存, 生榮死哀, 是爲萬年. 伊君遺德, 亦孔之珍. 故立石銘德, 以旌明德焉. 其辭曰, 於惟武君,…(명사 생략)…萬載歎誦.⑫ 尙書丞沛國蕭芝□宣. 成武令中山安熹曹种□□. 豐令下邳良成徐崇□□. 故陳留府丞魯國魯□□□□. 防東長齊國臨蓄□. 紀伯允書此碑, □嚴祺字伯魯.”

〈표 2-1-2〉 최초 묘비로 지목된 석각들을 전후하여 제작된 석각들의 구성 요소[63]

	① 비액	② 휘	③ 자	④ 본적	⑤ 가계	⑥ 품행	⑦ 이력	⑧ 졸년	⑨ 향년	⑩ 추증	⑪ 장일	⑫ 명사
〈표효우각석(전26)〉		O		O				O				
〈내자후각석(16)〉		O						O				
〈삼로휘자기일기(52)〉		O	O		O			O				
〈알자경군묘표(114)〉				O			O	O				O
〈자유잔비子游殘碑(115)〉			O	O	O	O	O	O				
〈원안비袁安碑(117)〉		O	O	O			O	O			O	
〈원창비袁敞碑(117)〉			O				O	O			O	
〈왕효연묘비王孝淵墓碑(128)〉		O		O	O		O	O				O
〈국삼로원량비(131)〉		O	O	O	O		O	O	O			
〈양가잔비陽嘉殘碑(133)〉						O	O	O			O	
〈사남후획비沙南侯獲碑(140)〉		O		O			O				O	
〈북해상경군비(143)〉	O			O		O	O	O				O
〈무반비(147)〉	O	O		O		O	O	O				O
〈공군묘갈孔君墓碣(155)〉	O					O	O	O				
〈정고비鄭固碑(158)〉	O	O	O			O	O	O	O			O

는가 하면(〈왕효연묘비〉·〈국삼로원량비〉), 명사가 기록되기도 한다(〈알자경군묘표〉·〈왕효연묘비〉). 이러한 변화는 『석명』에서 말한 묘비가 '공덕을 기술'한 것이라는 기준에 근접해 나가는 것이라 할 수 있다.

〈표 2-1-1〉, 〈표 2-1-2〉를 통해 알 수 있는 것처럼 〈알자경군묘표〉와 〈국삼로원량비〉, 〈왕효연묘비〉에서 명사가 등장하기는 하지만, 그것이 140년대까지 일반적인 현상은 아니라는 것을 알 수 있다. 오히려 115년부터 시작되어 140년대까지 뚜렷한 증가세를 보이는 것은 묘주의 이력, 본적, 가계, 품행 등의 요소임을 알 수 있다. 즉, 묘비는 묘주 이름과 사망일 등을 적은 간단한 묘표에서 묘주의 공적 및 이력 서술과 가계 서술이 더해지는 상태로 발전하게 되었음을 알 수 있다. 묘비가 단순한 무덤 표지에서 공적과 가계를 갖추고, 이후 품행과 송사를 더하게 되는 데에는 어떤 요소가 작용하였을까? 왜 그것은 140년대 이후 정형화되는 것일까?

---

63) 음영처리된 것이 연구자들에 의해 최초의 정형화된 묘비로 지목되고 있는 것들이다.

Ⅱ. 묘비의 정형화-이력과 가계의 서술

살펴본 것처럼 정형화된 묘비의 등장은 아무리 빨라도 140년대에 이르러서다. 이 시기 정형화된 묘비를 등장시킨 원인은 무엇일까? 한순간에 정형화된 묘비가 등장한 것이 아니라면 묘비의 정형화 과정을 살펴보는 것이 이 문제를 해결하는 방법이 될 것이다. 따라서 이 절에서는 묘비의 정형화 과정을 복원해 보고자 한다. 묘비의 정형화 과정을 복원할 수 있다면 묘비에 반영된 후한 사회의 변화를 규명할 수도 있을 것이다. 이를 위해 여남汝南 원씨袁氏 집안의 묘비들인 〈원안비〉·〈원창비〉·〈국삼로원량비〉를 살펴보고자 한다.

그 중 우선 〈원안비〉를 살펴보자.

〈원안비〉

司徒公汝南女陽袁安召公、授易孟氏學、
永平三年二月庚午、以孝廉除郎中、四年
十一月庚午、除給事謁者、五年四月乙□、
遷東海陰平長、十年二月辛巳、遷東平任
城令、十三年十二月丙辰、拜楚郡太□
守、十七年八月庚申、徵拜河南尹、建□
初八年六月丙申、拜太僕、元和三年五月
丙子、拜司空、四年六月己卯、拜司徒、
孝和皇帝加元服、詔公爲賓。永元四年三
月癸丑薨、閏月庚午葬。[64]

---

64) 永田英正 編, 앞의 책, 52쪽, 〈袁安碑〉.

사도공 여남 여양 원안 소공, 『맹씨역』을 전수받았다.

영평 3년(60) 2월 경오, 효렴으로 낭중에 제수되었다. 4년

11월 경오, 급사알자에 제수되었다. 5년 4월 을□,

동해 음평장으로 옮겼다. 10년(67) 2월 신사, 동평 임

성령으로 옮겼다. 13년 12월 병진, 초군태수를 배수 받고,

17년(74) 8월 경신, 불려와 하남윤을 배수 받았다. 건

초 8년(83) 6월 병신 태복을 배수 받았다. 원화 3년(86) 5월

병자, 사공을 배수 받았다. 4년 6월 기묘, 사도를 배수 받았다.

효화황제 원복 시에 조로써 공을 빈으로 삼았다. 영원 4년(92)

3월 계축, 사망[薨]하였다. 윤달 경오에 장사지냈다.

알려져 있는 것처럼 원안은 후한 최대 문벌門閥 중 하나인 예주豫州 여남 원씨의 일원이다. 여남 원씨 집안의 시조로 알려져 있는 원량袁良의 손자로 원씨 집안에서 최초로 삼공三公(사공司空, 사도司徒)이 되었다. 이후 여남 원씨 집안은 두 사람의 사공司空(원창, 원봉袁逢)과 각 한 사람씩의 사도司徒(원외袁隗)와 태위太尉(원탕袁湯)를 배출하며, 초일류 저성著姓이 되었다.[65] 원씨 집안은 후한 창업에 참여한 공신 집단, 삼보三輔의 명가名家와 더불어 유학적儒學的 능력에 의해 후한 초기 삼대三代(광무제光武帝·명제明帝·장제章帝)의 정치를 담당하면서 성장하였다.[66] 그러다 화제和帝 시기 보정輔政 두헌竇憲과 삼보 인사들[67]이 권력의 중핵으로 활동할 때, 이들과 대립하며 『맹씨역孟氏易』이라는 학문적 능력 이외에도 반외척 태도에 의해 정부의 중요 세력이 된다.[68]

65) 자세한 내용은 矢野主稅, 『改訂 魏晉百官世系表』(長崎: 長崎大, 1971), 6쪽, 〈袁氏世系圖〉를 참조.
66) 東晉次, 『後漢時代の政治と社會』(名古屋: 名古屋大, 1995), 136~137쪽.
67) 耿氏(耿夔), 廉氏(廉范), 班氏(班固), 宋氏(宋由), 傅氏(傅毅), 王氏(王調) 등을 의미한다.
68) 『後漢書』卷45 「袁安傳」에는 竇氏 집단의 北匈奴 정벌 및 擅權에 반대하는 상황이

원안은 이러한 여남 원씨 집안의 기반을 놓은 이로, 사실상 원안으로부터 원씨 집안의 성장이 가시화되었다고 볼 수 있다. 〈원안비〉는 바로 그 원안 사후에 세워진 묘비다. 그렇다면 종래와 다른 묘주의 사적, 특히 관력이 자세히 서술된 묘비가 등장하게 된 것은 무엇 때문일까? 또 다른 원씨 집안의 묘지인 〈원창비〉도 살펴보자.

〈원창비〉

字叔平、司徒公□□
□月庚子、以河南尹子除
□五月丙戌、除郎中、九年
[黃]門侍郎、十年八月丁丑、
步兵校尉、延平元
十月甲申、拜侍中
匠、其十月丁丑、拜東
丙戌、徵拜太僕、五年
初二年十二月庚戌
薨、其辛酉葬。[69]

자는 숙평, 사도공□□□

□월 경자, 하남윤의 아들로 (태자사인太子舍人)에 제수되었다.

…5월 병술, 낭중에 제수되었다. (영원永元) 9년(97)

…(황)문시랑에 (제수되었다). 10년 8월 정축,

…10월 갑신, 시중을 배수 받았다.

…보병교위, 연평 원(년)(106)…

…(장작대將作大)장(을 배수 받았다.) 그해 10월 정축, 동(군 태수郡太守를 배수 받았다.)

자세히 서술되어 있다. 그리고 그것이 결국에는 '천자로부터 대신 모두가 그를 믿고 의지하는(自天子及大臣皆恃賴之)' 결과를 만들어 냈다.

69) 永田英正 編, 앞의 책, 54쪽, 〈袁敞碑〉.

…병술, 불려와 태복을 배수 받았다. (영초永初) 5년(111)

…(원元)초 2년(115) 12월 경술, (사공을 배수 받았다.)

…(4년 4월 무신戊申) 사망[薨]하였다. 그 달 신유에 장사지냈다.[70]

〈원창비〉 역시 〈원안비〉와 마찬가지로 묘주의 관력이 자세히 서술되어 있다. 우리는 묘주의 관력만이 자세히 서술된 이 묘비들의 제작 목적이 제작자의 지극한 효성을 표현하는 것이 아님을 알고 있다. 효성을 표현하는 묘기, 혹은 무덤의 표지석과 다른 석각이 출현해야 하는 이유는 무엇이었을까? 이것이 선거와 관련 있었던 것은 아닐까?

오카무라 시게루岡村繁에 의하면 후한 시기 다른 지역에 비해 진류陳留·여남汝南·영천穎川 세 군郡에서 인물평론人物評論이 성행하였다. 그 이유는 이 세 군에 우수한 인재가 많아 어떤 곳보다도 효렴孝廉 선발의 경쟁이 치열하였고 벽소辟召와 같은 인재전형人才銓衡이 어려웠기 때문이다.[71] 그 결과 자연스럽게 강한 인물평의 풍기가 만들어진 것이다.[72] 물론 오카무라 시게루가 분석한 것은 환제桓帝(146~167)·영제靈帝 시기(167~189)였기에 두 비의 성격을 파악하는 데 적합한 근거가 될 수 없을지도 모르겠다. 그러나 여남군의 인사들이 대두한 것이 환제·영제 시기가 아닌 후한 중기였음을 논증한 연구[73]에 따른다면 여남군에서 효렴이나 벽소에 관련한 치열했던 경쟁을 원안이나 원창 시기의 일로 받아들여도 큰 잘못은 아닐 것이다.

---

70) 결락된 비문의 내용 중 일부는 『後漢書』 卷45 「袁安傳」과 「袁敞傳」의 내용에 따라 보충하였다.
71) 이것은 이 지역이 문화적 선진 지역으로 수도 洛陽에서 가깝고 전국에서 私塾이 가장 번성한 것과도 관련이 있을 것이다. 이 지역의 특징에 대해서는 宇都宮淸吉, 『漢代社會經濟史硏究』(東京: 弘文堂, 1955), 94쪽을 참조.
72) 岡村繁, 「後漢末期の評論的氣風について」, 『名古屋大學文學部硏究論叢』 22-文學8(1960), 73~74쪽.
73) 渡邉義浩, 『後漢國家の支配と儒敎』(東京: 雄山閣, 1995), 116쪽, 124~125쪽, 130~135쪽을 참조.

원씨 집안 역시 이 치열한 경쟁 속에서 보다 유리한 고지를 점유하기 위해 노력했을 것이고, 그러한 노력이 삼공을 배출한 집안의 이력을 '**돌에 새겨**', '**영구히**', '**불특정 다수에게 공개**'하는 방식으로 표현되었을 가능성은 충분하다. 한대의 인재 선발이 위진魏晉 시기의 그것과는 달리 개인의 능력에 의해 행해졌다고는 하지만 고급 관료가 자제들이 인재 선발 과정에서 유리했음을 부정할 수 없을 것이다. 따라서 가문의 관력을 상세히 기술한 입비 행위는 당시 선거에 영향을 미쳤을 것이다. 또한 이러한 입비 행위는 지역 사회에서 원씨 집안의 영향력을 극대화하는 데도 일조했을 것이다.

선거에 영향을 미치고 지역 사회에서 집안의 영향력을 확대하려는 노력은 묘비를 다시 한 번 변화시킨다. 그 변화를 잘 보여주는 것이 원안의 조부 원량의 묘비다. 이 비는 순제順帝 영건永建 6년(131)에 그 후손들에 의해 제작되었다. 원량의 생졸 연대는 명확히 알려져 있지 않지만 전한 평제平帝 시기 명경明經으로 발탁되어 광무제 건무建武 초에 성무령成武令을 역임하였다는 『후한서後漢書』의 기사에 따른다면[74] 비가 만들어진 것은 사망 후 백 년 정도 시간이 흐른 후일 것이다. 백 년이나 지난 후에 묘비를 세운 이유를 정확히 알 수는 없다. 그러나 그것이 특별한 목적 하에 세워졌을 것임을 추측하는 것은 어렵지 않다.

여남 원씨 집단의 시조로 일컬어지는 원량의 묘비에는 효렴으로 발탁된 후 낭중郎中, 알자謁者, 장작대장將作大匠, 승상령丞相令, 광릉태수廣陵太守, 의랑議郎, 부절령符節令, 국삼로國三老에 이르는 묘주의 관력이 상세히 서술된 것과 더불어 그 세계에 대한 서술이 전체 묘비 내용의 반 이상을 점하고 있다. 그 세계에 대한 서술은 다음과 같다.

> 그 선조는 순舜임금의 후예로 대대로 봉군封君이 되었다. 주나라가 흥하자 우알보虞閼父가 도정陶正이 되었고, 계승자 만滿이 진후陳侯가 되었다. 현손玄

---

74) 『後漢書』卷45,「袁安傳」, "祖父良, 習孟氏易, 平帝時擧明經, 爲太子舍人; 建武初, 至成武令."

孫 도도濤塗에 이르러 처음으로 씨氏를 만듦에 부친의 자字로써 성姓을 세워 원袁이라 하였다. 노희공魯僖公 4년(기원전 657) □가(이) 대부大夫가 되고, 애공哀公 11년(기원전 484) 파頗가 사도司徒가 되었다. 그 후예 중 혹 제齊의 무蕪로 옮긴 자가 있었으니 원생袁生이다.…홀로 진陳에 머물렀다. 진秦의 난리를 만나 하락河洛 사이에 은거하였고, 고조高祖가 항우項羽를 격파하니 식寔은 그 책호冊號를 따랐다. 천하가 안정되자 부락扶樂으로 돌아가 살았다. 효무제孝武帝 정화征和 3년(기원전 90), 증손 간幹이 도적 공선용公先勇을 참수斬首하여 황문랑黃門郎에 배수되고 관내후關內侯에 봉해 졌는데 식읍食邑이 향鄕 6백 호戶였다. 후에 금자金紫를 하사받고 수성修城의 □로 옮겼다. 간이 죽고 아들 경經이 이었다. 경이 죽고 아들 산山이 이었다. 3세 동안 국國을 후손에게 물려주었으나 왕망 때 끊어졌다. 군君(원량)은 곧 산의 증손이다.[75)]

묘주 사망 후 백 년이나 지난 뒤 세워진 묘비에 기록된 여남 원씨 집안의 세계를 모두 믿을 수 있을지는 모르겠지만, 이 기록대로라면 여남 원씨 집안은 그저 최근에 삼공을 두 명 배출한 신흥 고급 관료가 아니다. 뿌리를 순임금에 두고 있으며, 춘추春秋 시기와 전한 시기를 거치며 대대로 명문가였다. 묘비는 집안의 몇몇 구성원들만이 뛰어나 고관에 오른 것이 아니라, 집안 자체가 대대로 능력을 갖췄다는 것을 웅변하고 있다. 이러한 가문의 위대함을 불특정 다수에게 보이는 이유는 무엇인가? 이것을 이 시기 호족豪族의 자립화나 지방 지배력의 증대[76)]와 연결시키는 것은 무리한

---

75) [南宋]洪适, 『隸釋』 卷6, 〈國三老袁良碑〉, "厥先舜苗, 世爲封君. 周之興, 虞閼父典陶正, 嗣滿爲陳侯, 至玄孫濤塗, 初氏父字, 立姓曰袁. 魯僖公四年, □爲大夫. 哀十一年, 頗作司徒. 其末或適齊蕪, 而袁生. □ □獨留陳. 當秦之亂, 隱居河洛, 高祖破項, 寔從其冊. 天下既定, 還宅扶樂. 孝武征和三年, 曾孫幹斬賊公先勇, 拜黃門郎, 封關內侯, 食遺鄕六百戶. 後錫金紫, 遷修城之□. 幹薨, 子經嗣. 經薨, 子山嗣. 傳國三世至王莽而絕. 君卽山之曾孫也."

76) 히가시 신지는 和帝·安帝 시기를 거치면서 지방 豪族들이 자립화하고, 지방에 대한 지배력이 증대되었다고 분석하였다. 東晉次, 앞의 책, 253쪽. 이러한 분석에 따른다면

일일까?

전한 후기 이후 사회 경제적으로 힘을 획득하기 시작한 호족들 사이에는 후한 중기 이후 지방 사회에 침윤浸潤한 유학을 습득하는 풍조가 생겼고, 곧 일반화되었다. 호족 출신의 제생諸生·유생儒生이 배출되었고, 이들은 지방 통치에 필요한 교양과 능력을 바탕으로 군현郡縣의 연사층掾史層을 독점하게 되었다.77) 이것은 지역 사회에 대한 호족의 영향력이 증대되었다는 것을 의미한다. 그 결과 지방관과 호족의 제휴는 더욱 긴밀해졌다. 지역의 유력한 호족 집안이 군현의 연사를 독점하고, 이를 이용하여 중앙 관계로 진출하는 것이 하나의 코스처럼 되었다. 이러한 일련의 과정 속에서 호족들이 묘비를 통해 자신의 세계를 공공연하게 드러내게 된 것이 아닐까 한다. 그 예로 비슷한 시기에 제작된 〈왕효연묘비〉를 들 수 있다. 〈왕효연묘비〉의 명사에는 유가적 소양에 근거한 자신의 교양을 한껏 드러내고 있는 왕씨 집안의 자긍심이 잘 드러나 있다.78)

묘주에 대한 간단한 정보뿐 아니라 묘주의 관력, 그리고 세계가 상세히 서술된 묘비의 등장은 후한 시기 지방 호족의 성장에 따른 하나의 현상임을

선거가 치열해지는 시기, 호족들의 성장 시기, 묘비의 본격적인 완비 시기가 겹친다는 것을 알 수 있다.

77) 히가시 신지는 이러한 현상이 豪族을 중심으로 하는 지역적 지식 계층=사대부 서클을 성립시키게 되었다고 분석하였다. 東晉次, 앞의 책, 254쪽.

78) 銘辭는 다음과 같다. 永田英正, 앞의 책, 70쪽, 〈王孝淵墓碑〉, "惟王孝淵, 嚴重毅□. □懷慷慨.…□□. 清約節儉, 進退應名. □□□□, 稱其□□.…豎孚□發, □□…璧參之□, 兩伯□□. □□公墳, 造墓門□□□□□…敞恍燿立. □俾□□, □功□□, □□承哀. □□踰□…思, 相□偏□, 維將溫溫, 隆崇□大. 協同建石, 立碑□□. 爰示後世, 台台勿忘. 子子孫孫, 秉承久長(왕효연은 엄격하고 신중하며 의연하고…강개함을 품었다.…청렴하고 검약하며 절제하고 검소하였으며, 나아가고 물러남이 명분에 걸맞았다.…그를…라고 칭하였다. 진실함을 세우고…드러내어…璧參의…兩伯은…公의 무덤을…墓門을 만들었으니…아득하니 밝게 세워졌다.…하도록 하여…功이…슬픔을 받들어…더욱…생각한다. 서로…치우치니, 오직 장차 광대하여 융숭하고…크리라. 힘을 합하여 돌을 세우고 碑를 세워… 에 후세에 보여줄지니 기뻐하며 잊지 말라. 자자손손 오래도록 받들라.)." 이 석각의 자세한 내용에 대해서는 홍승현, 〈後漢永建三年(128)王孝淵墓銘〉, 앞의 책, 36~45쪽을 참조.

알 수 있다. 물론 그것이 궁극적으로 선거에서 보다 유리한 고지를 점하고자
하는 노력의 결과라는 점은 부정할 수 없을 것이다. 지역 사회에서 영향력을
증대시키고 과시하며 지역 지배자의 위치를 공고히 해나가고자 했던 지역
호족들에게 묘비는 좋은 도구가 되었을 것이다.

III. 문생고리의 입비와 명사의 출현

이제 마지막으로 묘비에 명사가 완비되는 과정을 살펴보자. 한비漢碑의
대부분이 문생고리들에 의해 만들어졌다는 구양수와 홍괄洪适의 지적처
럼,[79] 후한 시기 세워진 묘비의 대부분은 문생고리들에 의해 건립되었다.
특히 환제와 영제 시기에 세워진 135개의 묘비들은 대부분 문생고리들이
그들의 스승이나 고주故主(구군舊君)들을 위해 세운 것으로 알려져 있다.[80]
제자弟子들이 스승을 위해 세웠던 묘비 중 비교적 이른 시기의 묘비로는
〈알자경군묘표〉가 있다. 묘주의 본적과 짧은 이력, 졸년만이 기록되어 묘표
라는 표현이 적합해 보이지만 가장 먼저 명사가 등장한 묘비다. 안제安帝
원초元初 원년인 114년에 사망한 스승을 위해 14명의 제자와 1인의 의사義士가
건립하였다. 원초 원년 5월 정묘丁卯(7일)에 사망한 알자謁者를 지냈던 임성현
任城縣(지금의 산동성山東省 제녕시濟寧市) 출신의 경군景君의 죽음을 슬퍼하며,
그 덕을 기리기 위해 세운다는 짧은 서와 명사를 가지고 있다.

비의 뒤편, 비음碑陰에는 이 비를 세운 경군의 제자들 이름이 새겨져
있다. 그들은 다음과 같다.

---

79) [北宋]歐陽修,『集古錄跋尾』卷4,「宋文帝神道碑」,"自後漢以來, 門生故吏多相與立碑頌德矣
    予."; [南宋]洪适,『隸釋』卷8,「愼令劉脩碑」,"漢碑多門生故吏爲之."
80) 黃金明,『漢魏晉南北朝誄文研究』(北京: 人民大, 2005), 45쪽.

〈표 2-1-3〉〈알자경군묘표〉 비음[81]

연번	구분	이름	자	지역(대)	지역(소)
1	의사	장민張敏	공보公輔	북해北海(현 산동)	극현劇縣(현 수광시壽光市 기대촌紀臺村)
2	제자	영존寧尊	백존伯尊	제북濟北(현 산동)	치평荏平(현 치평현荏平縣)
3	제자	방경方京	맹평孟平	산양山陽(현 산동)*	남평양南平陽(현 추성시鄒城市)
4	제자	오량吳良	위현威賢	제북(현 산동)	치평(현 치평현)
5	제자	송성宋成	자빈子賓	제국齊國(현 산동)	임치臨淄(현 치박시淄博市)
6	제자	유봉劉封	한보漢輔	제국(현 산동)	임치(현 치박시)
7	제자	여창呂昌	영흥永興	노국魯國(현 산동)	변卞(현 쇄수현洒水縣)
8	제자	모룡牟龍	문세文世	낙안樂安(현 산동)	고완高宛(현 추평현鄒平縣)
9	세사	유익劉翼	중우仲禹	청하淸河(현 산동)	엉靈(현 고당현高唐縣 남진南鎭)
10	제자	맹소孟訴	보공輔公	청하(현 산동)	영(현 고당현 남진)
11	제자	맹복孟福	숙도叔道	청하(현 산동)	영(현 고당현 남진)
12	제자	전랑田朗	계특季特	위군魏郡(현 하북河北)	척구斥丘(현 성안현成安縣)
13	제자	경무景茂	원개元愷	위군(현 하북)	내황內黃(현 탕음현湯陰縣 고성촌故城村)
14	제자	윤창尹倉	승진水進	산양(현 산동)*	호륙湖陸(현 어대현魚臺縣)
15	제자	동분董奮	원야元夜	산양(현 산동)	호륙(현 어대현)

* 산양의 경우 관아를 기준으로 하면 현재 하남성에 소속되나 남평양현과 호륙현이 지금의 산동성에 속해 있으므로 산동으로 구분하였다.

지금의 산동성 제녕시에 해당하는 임성현 출신인 경군의 제자들 역시 당시 유행하던 유학遊學의 풍조에 따라 저명한 스승을 찾아 모인 이들일 것이다. 의사로 표현된 1인과 제자들 대부분이 산동인이라는 점이 눈에 띈다. 경군에 대한 정보가 부족한 상태에서 어떤 경우인지 단언하기는 어렵지만 제자들의 출신지가 대부분 산동이었다는 점에서 경군이 산동에서 지방관을 역임할 때 교수敎授하였던 이들이 아닐까 한다.[82] 이들은 스승과 문생 사이기도 하지만 고주와 고리 사이일 가능성도 농후하다. 이들은 왜 경군의 묘비를 만들게 되었을까?

후한 시기 스승과 제자 사이의 인격적 결합이 강화되고, 스승에 대한

---

81) [南宋]洪适, 『隷釋』 卷6, 〈謁者景君墓表〉 碑陰.
82) 碑文에 官歷이 서술되지 않아 景君이 지방관을 역임했는지 알 수 없으나 후한의 경우 지방관이 임지의 郡國學이나 縣校에서 儒學을 교수하는 경우가 많았다는 분석에 의한다면(東晉次, 앞의 책, 264쪽) 지방관으로 교수했을 가능성을 염두에 둘 수 있을 것이다.

제자의 복종과 헌신이 사회적으로 일반적인 현상이 된 것은 이미 알려진
사실이다.[83] 그 원인으로 사학私學의 번성이 지적되었다. 사학의 번성으로
인해 스승과 제자 사이의 은의감恩義感이 긴밀해지면서 발생한 일이라는
분석이다.[84] 그러나 서간徐幹이 당시 스승에 대한 제자의 태도를 '비첩의
태도婢妾之態'라고까지 하며, 그 이유를 '규도사진規圖仕進(관직에 나가는 것을
도모함)'[85] 때문이라고 해석한 것은 이러한 현상이 왜 발생했는가를 잘
말해준다. 즉, 후한 시기 문생이 관료가 되는 유력한 방법으로 성격이 변화되
면서[86] 발생한 것이다. 스승과 제자 사이가 추천자와 피추천자의 관계가
되면서 그들의 관계는 점차 일종의 군신 관계처럼 되었고,[87] 그로 인해
스승에 대한 제자의 복종과 헌신이 사회적으로 일반화된 것이다. 한대 사대
부들의 궁극적 목표가 입사入仕였기에[88] 이러한 현상은 선거의 경쟁이 심해
지는 후한 말기로 가면서 더욱 극심해졌다. 문생들은 스승을 위해 복종과
헌신을 표현할 필요에 직면하였다.

한편 한의 선거가 지방관의 추천에 의해 행해졌기에 지방관과의 밀착된
관계 역시 선거의 중요한 변수가 되었다. 따라서 지방관의 교수를 받았다는
것, 지방관의 문생이었다는 점은 선거에 있어 매우 중요한 의미를 가졌다.[89]

---

83) 朱子彦,「論先秦秦漢時期的兩重君主觀」,『史學月刊』 2004-2, 22쪽.
84) 王彦輝,「漢代的"去官"與"棄官"」,『中國史研究』 1998-3, 21쪽, 25쪽.
85) [後漢]徐幹,『中論』,「譴交」,"至乎懷丈夫之容, 而襲婢妾之態. 或奉貨而行賂, 以自固結,
求志屬託. 規圖仕進, 然擲目指掌, 高談大語, 若此之類, 言之猶可羞, 而行之者不知恥, 嗟乎!
王教之敗, 乃至於斯乎."
86) 川勝義雄,「門生故吏關係」,『六朝貴族制社會の研究』(東京: 岩波書店, 1982), 268쪽. 原載:
「魏晉南朝の門生故吏」,『東方學報』 28(1979).
87) 余英時,『士與中國文化』(上海: 上海人民, 1987), 298쪽.
88) 이것은 孔子 이래 儒家의 전통으로, 유가들은 관리가 됨으로써 道를 완성하고 세상에
義를 행할 수 있다고 믿었다.『論語』,「微子」, "子路曰, 不仕無義, 長幼之節, 不可廢也.
君臣之義, 如之何其廢之. 欲潔其身, 而亂大倫. 君子之仕也, 行其義也." 특히 '治國平天下'라
는 행동과 결부된 한대 유학은 사대부들로 하여금 任官하는 것을 존재 구현의
모습으로 여기게 하였다.
89) 漢代 지방관에게 功曹·督郵·主簿와 같은 屬吏 임명권이 있었음은 일찍이 옌경왕에

지방관에 의해 교육받은 이들이 유가적 소양을 쌓고 결국에는 지방관에
의해 군현의 연사掾史가 될 가능성이 농후했음은 이미 기존 연구에서 지적한
바 있다.90) 따라서 지방관에게서 유학을 수학한 이들은 더욱 특별한 태도로
그의 죽음을 추모했을 가능성이 있다. 아마도 이러한 일련의 상황이 문생들
에 의한 묘비 건립이라는 현상을 만들어 냈을 것이다.

〈알자경군묘표〉에서 주목되는 것은 명사다. 묘비에 간각된 최초의 명사
로 알려져 있는데91) 유감스럽게도 결락된 부분이 너무 많아 해석이 힘든
상태다. 하지만 '수인脩仁', '언신행독言信行篤', '겸렴謙廉', '효친충군孝親忠君' 등
의 유가적 용어가 사용된 것을 발견하는 것은 어렵지 않다. 유가적 소양을
가진 이들에 의해 쓰였음을 쉽게 알 수 있다. 입비자들이었던 경군의 제자들
이 자신들의 학문적 능력을 드러내는 수단으로 명사를 이용한 것이라 생각된
다.92) 유학에 정통함이 관리 등용의 자격이었던 후한 시기,93) 스승에 대한
추모의 마음을 드러냄과 동시에 자신들의 학문적 능력을 드러낼 수 있는
명사는 선거에 영향을 미칠 수 있는 좋은 수단이었을 것이다.

그러나 아직 〈알자경군묘표〉의 명사에서 유가 경전經典의 경구經句를 인용
한 흔적은 발견되지 않는다. 혹 등장한다 해도 아직은 온전한 유교 세계의
모습은 아니다. 이것은 〈왕효연묘비〉의 명사가 대표적이다. '태태물망台台勿
忘'과 같은 화순和順한 모양을 표현하는 『논어論語』의 구절94)이 인용되었지만,
한편으로는 도가道家의 세계를 표현하는 청약淸約이나 절검節儉, 진퇴進退,

의해 상세히 분석되었다. 嚴耕望, 『中國地方行政制度史 甲部 秦漢地方行政制度』(臺北: 中央研究院語言硏究所, 1990), 77쪽.
90) 遠藤祐子, 「漢代における地方官學の政治的機能」, 『立命館史學』 14(1993), 35~47쪽을 참조.
91) [南宋]洪适, 『隷釋』 卷6, 「謁者景君墓表」, "蓋表阡, 銘壙之濫觴也. 有文而傳于今, 則自景君始."
92) 정옌은 화상제기 역시 효자들이 자신의 문학적 修養을 보여주고자 한 결과로 보았다. 鄭岩, 앞의 글, 156쪽.
93) 遠藤祐子, 위의 글, 29쪽.
94) 『論語』, 「子路」, "朋友切切偲偲, 兄弟怡怡."

응명應名 등의 표현95)도 눈에 띈다. 그러다 한안漢安 2년(143)에 세워지는 〈북해상경군비〉의 명사에는 『논어』96)는 물론이고, 『시詩』,97) 『상서尚書』,98) 『예기禮記』99) 등에서 가져온 글귀가 보인다. 또한 명사 부분이 아닌 서 부분에도 역시 『논어』, 『시』, 『역易』, 『예기』 등의 경전의 글귀가 인용된 것이 발견된다.100) 이러한 경향은 후대로 가면 더욱 분명해져서, 건화建和 원년(147) 세워진 〈무반비武斑碑〉의 비문碑文은 사망일과 묘주의 성명을 제외 한 세계, 묘주의 품성, 관력의 서술 부분에도 『논어』101)를 위시하여, 『시』,102) 『상서』,103) 『좌전左傳』,104) 『맹자孟子』105)의 구절들이 다수 인용되거나 혹은 변용되어 사용되었다. 이렇듯 명사는 묘비를 세우거나 명사를 작성한 이들 의 유가적 교양을 드러내는 좋은 수단이 되었다.

---

95) 節儉은 『淮南子』에서, 進退는 『莊子』에서, 應名은 『尹文子』에서 보인다. 『淮南子』, 「主術訓」, "堯乃身服節儉之行, 而明相愛之仁."; 『莊子』, 「達生」, "進退中繩, 左右施中規."; 『尹文子』, 「大道上」, "名者, 名形也. 形者, 應名也."

96) '主忠信'과 '愼終追遠'이 모두 「學而」에서 보인다.

97) '羽衛藩屏' 중 '藩屏', '不永糜壽'의 '糜壽(眉壽)'는 각각 「大雅·板」과 「豳風·七月」에 보이고, '著甘棠' 중 '甘棠'은 「召南」의 한 篇名이다.

98) '考積幽㝹' 중 '考積'은 「堯典」에, '海岱'는 「禹貢」에서 보인다.

99) '諒闇沈思' 중 '諒闇'은 「喪服四制」에, '仁綱禮備'의 '禮備'는 「樂記」에서 보인다.

100) 『左傳』, 「哀公十六年」, "歃歃哀哉."; 『詩』, 「小雅·節南山之什·正月」, "于何弯倉."; 『論語』, 「顔淵」, "有生有死."; 『詩』, 「邶風」, "天寔爲之."; 『尚書』, 「舜典」, "上世群后."; 『論語』, 「衛靈公」, "帥禮踏仁."; 『論語』, 「顔淵」, "剋己治身."; 『易』, 「說掛傳」, "寔柔寔剛."; 『詩』, 「魯頌」, "乃武乃文."; 『詩』, 「大雅」, "强衙改節."; 『詩』, 「魯頌」, "夙宵朝庭."; 『孝經』, 「三才」, "先以敬讓." 등이 있다. 이러한 현상을 황진밍은 '稽古用典, 力求典雅'라고 표현하였다. 黃金明, 앞의 책, 58쪽.

101) 『論語』, 「先進」, "顔閔之懋質, 長敷游夏之文學."; 『論語』, 「述而」, "先聖與仁."; 『論語』, 「子張」, "生榮死哀."

102) 『詩』, 「小雅」, "孝友玄妙."; 『詩』, 「大雅」, "求福不回."; 『詩』, 「大雅」, "薄伐□□."; 『詩』, 「商頌」, "自古在昔."; 『詩』, 「大雅」, "是爲萬年."

103) 『尚書』, 「呂刑」, "百姓賴之, 邦域旣寧."

104) 『左傳』, 「僖公五年」, "勳臧王府."; 『左傳』, 「隱公八年」, "因以爲氏焉."; 『左傳』, 「文公十八年」, "不隕其美."; 『左傳』, 「成公十二年」, "慈惠寬□."; 『左傳』, 「昭公元年」, "帝庸嘉之."; 『左傳』, 「哀公十年六」, "匡正一□."

105) 『孟子』, 「公孫丑上」, "貫洞聖□."

 물론 한말 비문의 작성이 오직 선거와 직결된 것만은 아닐 것이다. 이 시기 집단적인 조문弔問 행위 및 입비, 사시私諡의 헌상 등을 통해 재야에서 독자적인 사회를 형성하고 황제 권력과 대치적 명성을 영위하고 있었던 사대부 존재와 관련 있는 복잡한 의도를 가진 행위였을 것이다. 그렇기 때문에 후한 시기 비문의 작성을 일괄적인 잣대로 해석할 수는 없다. 다만 살펴본 것과 같이 명사의 등장이라는 것이 당시 선거와 관련하여 유가적 소양의 표출, 그리고 그로 인한 명성 획득이라는 특정한 목적과 밀접한 관련이 있는 것을 부정할 순 없을 것 같다. 그렇다면 정부는 이러한 행위에 어떻게 대응하였을까?

2장 후한 시기 묘비의 유행과 건안 십년 금비령의 반포

후한後漢 말 사대부士大夫들 사이에서 스승을 비롯한 과거에 모셨던 주군主君인 구군舊君(혹은 고주故主), 거장舉將(추천자)에 대한 삼년상三年喪이 유행하였다. 그런데 예경禮經의 상복喪服 규정에 따른다면 구군에 대한 복상服喪은 자최齊縗 3개월에 해당하고,[1] 스승은 별도의 복상 규정 없이 상복을 입지 않고 상주喪主와 같이 애모하는 마음을 갖고 근신하는 심상삼년心喪三年에 해당한다.[2] 삼년상은 자식이 부친을 위해, 신하가 군주를 위해 치르는 가장 무거운 상이었다. 그럼에도 불구하고 스승을 위해 혹은 구군과 거장을 위해 삼년상을 치르는 사람들이 증가하였고, 이를 위해 관직에서 물러나는 거관去官 또는 기관棄官이 일상화되었다.[3]

이러한 현상은 엄밀한 의미에서 경전經典에 없는 행례行禮 혹은 경전의 규정을 넘어선 과례過禮라는 점에서 고례古禮에 대한 공공연한 위반이라 할 수 있다. 유학의 절대성으로 황제의 고사故事에 맞서며 황제의 권위를 압도하려했던, 경전만을 유일한 행위 규범의 근저로 받아들였던[4] 사대부들

---

1) 『儀禮』,「喪服」, "舊君. 傳曰, 大夫爲舊君. 何以服齊衰三月也. 大夫去君埽其宗廟, 故服齊衰三月也."
2) 『禮記』,「檀弓上」, "事師無犯無隱. 左右就養無方. 服勤至死. 心喪三年."
3) 後漢 말, 스승 및 舊君·舉將에 대한 服喪에 관해서는 洪承賢,「後漢末 舊君 개념의 재등장과 魏晉時期 喪服禮」,『東洋史學硏究』94(2006)를 참조.
4) 대표적으로 후한 시기 三年喪 허용을 둘러싼 논쟁 중 荀爽은 文帝의 遺詔를 '以日易月'로 이해하면서 당시는 그 조처가 時宜에는 적절했으나 萬世를 관통할 기준이 아닌

의 행동이라고 하기에는 모순이 아닐 수 없다. 이를 두고 후한 시대에는
아직 예경에 기술된 내용으로부터 복상이나 혼취婚娶의 부합하는 법칙을
추출해서 사회적으로 확인하는 단계에 이르지 못하였을 뿐 아니라 그 앞선
단계의 작업이라고 할 수 있는 예경의 확정도 불충분했었기 때문이라고
이해할 수도 있겠다.[5] 그러나 역사적으로 사대부들이 행위의 적합성을
보장받기 위해서 중요한 정치적 사안마다 경전을 분석하고 적용하려고
했었던 사례에 비추어보면[6] 이와 같은 해석이 그리 타당해 보이지는 않는다.
유학의 실천자이자 수호자를 자처했던 사대부들이 격에 맞지 않는 스승과
구군에 대한 삼년상을 치르며 경전을 위배한 과례의 사례를 유학의 미성숙만
으로 이해하기는 어렵기 때문이다.

여기에는 유학의 미성숙만으로는 설명할 수 없는 문제가 결부되어 있다고
생각한다. 이와 관련하여 생각해 볼 만한 것이 후한 말 행해졌던 상장례喪葬禮
중 입비立碑 행위와 사사로운 추시追諡 행위다. 스승의 장례 혹은 구군과
거장의 장례에 몰려 간 사대부들은 비용을 갹출하여 비석을 세웠고, 묘주墓主
의 덕德을 기리는 묘비명墓碑銘을 새겼다. 그것이 다가 아니었다. 비의 뒤편[碑
陰]에는 자신들의 이름과 분담한 비용을 세세하게 적었다. 이들은 천리를
멀다 하지 않고 행한 조문弔問 중에 사적으로 망자亡者를 위해 시호諡號를
헌상하였다.[7] 그러나 전통적으로 시호는 임금이 죽은 자를 위해 내리는

權道임을 주장하였다. 그는 대신이 부모의 상을 당하면 군주가 3년 동안 그를
부르지 않는다는 『公羊傳』의 기사(『公羊傳』, 「宣公元年」, 古者臣有大喪, 則君三年不呼其
門)를 근거로 詔令은 시의이며, 오직 儒家의 經典만이 절대적 기준임을 주장했다.
『後漢書』卷62, 「荀爽傳」, "故有遺詔以日易月. 此當時之宜, 不可貫之萬世."

5) 神矢法子, 「漢唐間における喪服禮の規範的展開」, 『東洋學報』63-1·2(1981), 77쪽.

6) 이를 논증한 연구로는 渡邉義浩, 「兩漢における『春秋』三傳と國政」, 『兩漢における詩と三
傳』(東京: 汲古書院, 2007)을 들 수 있다. 한편 간화이전은 이를 '經典主義'로 지칭하였
다. 甘懷眞, 「『制禮』觀念的深析」, 『皇權·禮儀與經典詮釋: 中國古代政治史研究』(臺北: 喜瑪
拉雅研究發展基金會, 2003), 79쪽. 原載: 「中國中古時期制禮觀念初探」, 『史學: 傳承與變遷
學術研究討論會論文集』(臺北: 臺灣大, 1998).

7) 『後漢書』卷43, 「朱穆傳」, "初, 穆父卒, 穆與諸儒考依古義, 諡曰貞宣先生. 及穆卒, 蔡邕復與

것이고,[8] 애초의 묘비는 신하가 군주를 위해 또는 자식이 부친을 위해 세운 것이었다.[9] 이들의 집단적이며 고의적인 고례 파괴 행위를 유학의 미완성으로만 설명할 수는 없을 것이다.[10]

우리는 앞 장에서 후한 시기 건립된 묘비들이 공적인 명성─묘주와 건비자 모두의─획득과 결부되어 있음을 확인하였다. 그 중에서도 건비자의 경우 입비를 통한 명성 획득이 선거와 깊은 관련을 맺고 있었다. 따라서 건비자들의 행위 역시 사회적 필요로부터 설명하는 것이 타당할 것이다. 특히 그것이 단순히 고례에 위배되는 것만이 아니라 군주의 고유 행위를 침해하는 것이라면 더더욱 그 행위의 근저를 분석할 필요가 있을 것이다. 이렇게 생각하는 것은 당시 사대부들의 행위가 황제 권력 밖에서 독자적인 사회적 기준을 만들어 가던 사대부 사회와 관련 있을 것이라는 점 때문이다.

당시 사대부들은 후한 이후의 새로운 시대를 재야에서 자신들만의 기준에 의해 명성을 획득해 가며 준비하고 있었다.[11] 그렇다면 정부는 이러한

門人共述其體行, 謚爲文忠先生.";『後漢書』卷62,「陳寔傳」, "中平四年, 年八十四, 卒于家. 何進遣使弔祭, 海內赴者三萬餘人, 制衰麻者以百數. 共刊石立碑, 謚爲文範先生.";『後漢書』卷81,「獨行 范冉傳」, "中平二年, 年七十四, 卒於家,…於是三府各遣令史奔弔. 大將軍何進移書陳留太守, 累行論謚, 僉曰宜爲貞節先生."

8) 衛大夫 公叔文子가 사망하자 그의 아들이 그 君에게 부친의 謚를 청한 것에서 알 수 있듯이 시는 임금이 내리는 것이다.『禮記』,「檀弓下」, "公叔文子卒, 其子戌請謚於君, 曰:「日月有時, 將葬矣. 請所以易其名者.」"

9) [後漢]劉熙,『釋名』,「釋典藝」, "臣子述君父之功美, 以書其上, 後人因焉."

10) 이러한 사사로운 謚號의 헌상은 당시 사대부들 안에서도 비판의 대상이 되었다.『後漢書』卷43,「朱穆傳」, "袁山松書曰:「蔡邕議曰:『魯季文子, 君子以爲忠, 而謚曰文子. 又傳曰:「忠, 文之實也.」忠以爲實, 文以彰之.』遂共謚穆. 荀爽聞而非之.…」"

11) 대표적으로 본문에서 서술한 立碑나 私謚 행위 이외에도 자신들의 문화적 기준으로 人物評을 했던 것을 들 수 있을 것이다. 가와카즈 요시오는 이러한 사대부들의 행위를 '정부와는 별개로 인격자를 심사하고 그들의 대표자를 지정하는 행위'로 보았고, 이러한 행위가 있다는 것은 사회가 '명확하게 정부를 버린 것'이라고 보았다. 그래서 이러한 행위를 '마치 현재의 재야 정당이 차기 정권의 획득을 예상해서 내각에 오를만한 인물들을 준비하는 사정과 흡사'하다고 설명하였다. 川勝義雄,「貴族政治の成立」,『六朝貴族制社會の硏究』(東京: 岩波書店, 1985), 12쪽. 原載:「シナ中世貴族政治の成立について」,『史林』33(1950).

움직임에 어떻게 대응하였을까? 식물화된 후한 왕조야 아무런 대응도 하지
못한 채 방기하였지만 창건을 목적에 둔 새로운 왕조로서는 묵과할 수
없는 문제였을 것이다. 새 정부는 체제 밖의 사대부 사회를 체제 안으로
흡수하던지, 강제적으로라도 해체해야만 했을 것이다. 사대부들의 독자적
인 정치적 행위에 대해 역사적으로 폭력적인 해체의 모습도 보이고, 체제
안으로 견인하려고 하는 모습도 보인다. 조조曹操는 일명 '부화浮華 사건'이라
는 사대부 집단의 수장들을 차례로 제거하는 유례없는 폭력적 방법을 사용하
였고,12) 그의 아들 위문제魏文帝 조비曹丕는 구품중정제九品中正制를 실시하여
사대부들의 인물평人物評을 체내로 견인하였다.13) 이것은 사대부들의 행례
에 대해서도 마찬가지다. 때로는 강압적인 방법이 사용되었고, 때로는 타협
의 지점이 모색되었다.14)

 이 장에서는 후한 말 사대부들의 자율적이고 집단적인 행례를 정부가
어떻게 금지하였는지를 조조가 내린 건안建安 10년(205)의 금비령禁碑令을
통해 확인해 보고자 한다. 이를 위해 후한 말 입비 행위의 성행 정도와
원인을 분석하고, 이에 대응하여 내려진 것으로 알려진 금비령의 반포 목적
을 복원하고자 한다. 이 과정 속에서 중국 고대 상장의례喪葬儀禮의 변화에
대한 단서를 찾을 수 있을 것이다. 또한 이 작업은 금비령에 대응하여
새롭게 등장한 묘지墓誌의 출현 의미를 규명하는 데 도움이 될 것이다.

12) 建安 시기 일련의 浮華 사건에 대해서는 洪承賢, 「漢末魏初 士大夫 社會와 浮華」,
   『中國古代史硏究』 12(2004)를 참조.
13) 渡邉義浩, 「九品中正制度における「孝」」, 『(大東文化大)漢學會誌』 41(2002), 33쪽.
14) 대표적인 타협물로는 魏晉 시기에 제정된 喪葬令을 들 수 있을 것이다. [唐]杜佑,
   『通典』 卷99, 「禮五十九」, "魏令曰: 「長官卒官者, 吏皆齊縗, 葬訖而除之.」"; [唐]杜佑, 『通典』
   卷99, 「禮五十九」, "晉喪葬令曰: 「長吏卒官, 吏皆齊縗以喪服理事, 若代者至, 皆齊之.」"
   屬吏들이 長官의 葬禮를 위해 자의적으로 去官하는 것을 막고자 위와 진은 장관의
   장례를 마칠 때까지 혹은 신임 장관이 올 때까지 속리들이 齊縗服을 입는 것을
   허용하였다. 비록 기한이 정해지기는 하였지만 국가가 사대부들 안에서 행해지던
   喪服禮를 체내화하려는 노력이라 할 수 있을 것이다. 자세한 내용은 홍승현, 『禮儀之
   國: 고대 중국의 예제와 예학』(서울: 혜안, 2014), 4부 1장 「진대 상복서의 편찬과
   성격」 중 1절을 참조.

I. 입비 목적에 대한 검토

조조의 금비령은 일반적으로 후장厚葬 풍습의 금지, 즉 박장薄葬의 일환으
로 이해되었다.[15] 그런데, 금비령을 박장의 표현으로 이해하려면 우선 묘비
의 건립을 후장의 일환으로 설명해야만 한다. 과연 입비는 후장의 발현일까?
이치무라 산지로市村瓚次郎[16]이래 대부분의 연구자들은 후한 들어 활발해
진 묘비 건립을 큰 이견 없이 후장의 표현으로 이해하였다. 그 원인에
대해서는 다양한 의견이 있지만,[17] 후한 정부가 행한 효의 칭양稱揚이 중요한
원인의 하나로 꼽힌다.[18] 후한 시기 유교가 국교화國敎化되면서[19] 사회적으
로 효의 실천이 관료 채용이나 승진의 기준으로 작용하게 되었고, 그 결과
후장이 성행하게 되었다는 것이다. 그리고 그 중에서도 묘비가 자손의 효도
정도를 표현하는 수단이 되어, 경쟁적인 입비 활동이 나타났다고 해석되었

15) 劉選·辛向軍,「魏晉薄葬成因的考察」,『甘肅社會科學』1994-1, 110쪽; 韓國河,「論秦漢魏晉
時期的厚葬與薄葬」,『鄭州大學學報(哲社版)』31-5(1998), 99쪽; 沙忠平,「魏晉薄葬論」,
『文博』 2001-3, 30쪽; 蔡明倫,「魏晉薄葬原因探析」,『湖北師範學院學報(哲社版)』
22-2(2002), 8쪽; 陳穎,「三國時期的薄葬與厚葬」,『成都大學學報(社科版)』2009-6, 81쪽.
16) 市村瓚次郎,「漢代建碑の流行及び其後世の禁制に就いて」,『書苑』2-19(1938).
17) 厚葬 풍습의 원인으로는 우선 의식적으로 고대 중국인들이 가지고 있던 靈魂不滅觀과
先秦 儒家의 효도관이 거론되며, 사회적으로는 '文景之治''漢武盛世''光武中興' 등과
같이 안정되고 부유했던 경제적 기반들이 지적된다. 또한 豪族의 등장과 성장,
아직 喪葬儀禮가 사회적으로 확정되지 못했던 것 역시 후장에 영향을 미친 요소로
이해되고 있다. 鞏本棟,「厚葬」評議」,『中國典籍與文化』1994-2, 63쪽; 張捷夫,「漢代厚葬
之風及其危害」,『中國歷史博物館館刊』1995-12, 22~23쪽; 盧昌德,「中國喪禮的形成與厚葬
的關係」,『信陽師範學院學報』16-1(1996), 51~52쪽; 鄧沛,「漢代爲何盛行厚葬之風」,『文史
知識』, 1996-4, 10쪽; 馬鵬,「淺議先秦儒家孝道觀與厚葬陋習」,『楚雄師範學院學報』17-1
(2002), 59~60쪽; 郝建平,「論漢代厚葬之風」,『臨沂師範學院學報』29-2(2007), 125~126쪽;
王惠茗,「兩漢時期的厚葬之風」,『滄桑』2008-5, 7~8쪽.
18) 황진밍은 후장 풍습은 귀신 관념과도 어느 정도 관련이 있지만, 결정적인 작용은
유가의 禮敎가 하였다고 분석하였다. 黃金明,「東漢墓碑文興盛的社會文化背景」,『漳州
師範學院學報』53(2004), 22쪽.
19) 儒敎國敎化에 대해서는 渡邉義浩,「「儒敎の國敎化」をめぐる議論と本書の方法論」,『後漢
における「儒敎國家」の成立』(東京: 汲古書院, 2009), 6~25쪽을 참조.

다.[20] 요컨대 묘비가 묘주의 공적을 기리기 위해 건립되기보다는 후손의 명성 획득을 위해 세워졌다고 이해한 것이다. 후한 사회가 지극한 효성을 드러냄으로 인해 사회적 명성을 얻을 수 있었던 사회라는 점에서 설득력 있는 분석이다. 특별히 이것은 인물평에 근거한 선거와 직결됨으로 인해 중요하게 작용하였을 것이다.[21]

그러나 묘비의 유행을 후장의 경쟁 결과나 지극한 효의 표현으로만 이해한다면 한비漢碑를 둘러싼 다음의 몇 가지 문제를 해결하기 힘들다. 우선 묘비가 건립된 기간의 쏠림 현상이다. 현재 남아있는 한비 중 대다수가 환제桓帝(146~167)와 영제靈帝 시기(167~189) 44년간 집중적으로 건립되어,[22] 입비가 단순히 후장의 결과만은 아님을 알려준다. 알려진 것처럼 한대 후장의 문제는 전한 시기부터 사회 문제로 부각되어 이미 『염철론鹽鐵論』 안에서도 그 폐해가 지적되고 있다.[23] 하지만 기록에 따르면 이 시기 후장의 주된 표현은 사치스러운 부장품과 지나친 분묘의 높이에 관한 것들이다. 입비에 관한 사례는 등장하지 않는다. 묘비가 후장의 결과라면 이미 후장이 사회 문제가 된 전한 시기 입비에 관한 기록이 보이지 않는 이유는 무엇이며, 후한에서도 특히 환·영제 시기에 집중적으로 건립된 이유는 무엇일까?

환·영제 시기 건립된 비들을 효성을 드러냄으로써 명성을 획득하는 방식으로 이해하는 데는 몇 가지 문제가 있다. 우선 이 시기 건립된 비가 자식들을 비롯한 후손에 의해 세워진 것보다는 문생고리門生故吏들에 의해서 세워진

---

20) 朴漢濟, 「魏晉南北朝時代 墓葬風習의 變化와 墓誌銘의 流行」, 『東洋史學研究』 104(2008), 59~60쪽.

21) Martin Powers, *Art & Political Expression in Early China*, Yale University Press, New Haven, 1991, pp.42~43.

22) 황진밍의 분석에 따르면 紀年이 확인되는 후한 碑刻 160여 점 중 桓帝 시기에 제작된 것이 59건, 靈帝 시기에 제작된 것이 76점으로 절대 다수를 차지함을 알 수 있다. 黃金明, 『漢魏晉南北朝誄文研究』(北京: 人民大, 2005), 45쪽.

23) [前漢]桓寬, 『鹽鐵論』, 「散不足」, "厚資多藏, 器用如生人,…今富者積土成山, 列樹成林, 臺榭連閣, 集觀增樓. 中者祠堂屏閣, 垣闕罘罳."

것들이 대다수라는 점이다.[24] 이와 관련하여 도미야 이타루富谷至는 문생고리에 의한 입비를 당시 관리 임용 방식과 예교주의禮敎主義의 결과로 이해하였다. 지방관의 추천에 의한 관리 임용 방식과 예 실천을 중시하는 예교주의가 스승이나 구군·고장 등에 대한 지나칠 정도의 은의감恩義感을 표현하게 하였다고 본 것이다.[25]

둘째, 혹 이 시기 묘비가 후손에 의해 제작되었다면 왜 묘기류에 등장하는 노골적이라고밖에는 할 수 없는 '효자○○○'와 같은 표현이나, 최소 몇천 전에서 최대 십만 전이 넘는 소요 경비가 기록되지 않은 것일까?[26] 한비의 중요한 건립 목적이 효성에 의한 명성의 획득이 아니었던 것은 아닐까? 한비의 중요한 역할이 송덕에 있었음은 잘 알려져 있다.[27] 우홍巫鴻의 지적처럼 비문은 죽은 자의 공적인 이미지와 건비建碑 비용을 출연出捐한 이들의 충성심을 강조하는 내용으로 채워졌다. 출연자들의 효성을 강조했던 사당의 묘기류와는 다를 수밖에 없었다.[28] 요컨대 효성을 표현하는 방식은 이미 사회적으로 존재하고 있었던 것이다.

셋째, 입비가 후장의 실제적 표현인가 하는 문제다. 이에 관해서 흥미로운 연구가 제출되었다. 하마다 다마미濱田瑞美는 후한 시기 입비 비용을 대체로 만 2천전에서 2만전 사이로 추정하였다. 이것은 당시 소 한 마리 값, 혹은 노비 1인의 가격에 해당하는 금액이다.[29] 그런데 이 비용은 대부분 한사람에

---

24) [北宋]歐陽修, 『集古錄跋尾』 卷4, 「宋文帝神道碑」, "自後漢以來, 門生故吏多相與立碑頌德矣予."; [南宋]洪适, 『隸釋』 卷8, 「愼令劉脩碑」, "漢碑多門生故吏爲之."

25) 도미야 이타루 지음·임병덕 옮김, 『목간과 죽간으로 본 중국 고대 문화사』(서울: 사계절, 2005), 63~64쪽.

26) 〈肥城縣欒鎭畵像石題記〉에는 "建初八年八月成, 孝子張文思哭父而禮, 石治三千, 王次作, 勿敗裹."라고 하여 '孝子張文思'라는 표현과 '三千'이라는 비용이 각석되어 있다. 永田英正 編, 『漢代石刻集成 圖版·釋文篇』(京都: 同朋舍, 1994), 26쪽.

27) 久田麻實子, 「墓誌銘の成立過程について」, 『中國學志』 14(1999), 29쪽.

28) 우홍·김병준 옮김, 『순간과 영원-중국 고대의 미술과 건축』(서울: 아카넷, 2001; 2003), 524쪽.

29) 王褒의 「僮約」에 따르면 당시 노비 1인의 가격은 대략 만 오천 정도였던 것으로

의해서 부담된 것이 아니라 다수에 의해 분담되었다. 하마다 다마미에 따르면 1인이 부담한 입비 비용은 수백 전에 해당하는데, 당시 종복從僕이 매달 1천 5백전을 벌었던 것을 기준삼는다면 이 가격이 사회적으로 인민을 피폐하게 할 정도의 금액은 아니라고 할 수 있다.30) 실제로 희평熹平 2년(173)에 제작된 〈노준비魯駿碑〉를 보면 많은 금액을 낸 경우 천에서 오백 전에 달하고, 대부분의 경우는 삼백에서 이백 전을 출연하였다. 장례 후 파산한다는 당시 후장의 심각함과 비교하면 입비가 그리 심각한 경제적 문제를 발생시키지는 않았을 것 같다.

마지막으로 환·영제 시기 예교의 문란과 선거 부실이 사회적 문제가 되어 두 차례의 당고黨錮가 발생하였던 것도 이 시기 묘비의 건립 목적을 효성의 표현으로만 설명하기 어렵게 한다.31) 물론 비의 건립이 명성 획득과 무관하다는 것은 아니다. 다만 지적하고 싶은 것은 환·영제 시기 명성의 획득이 지극한 효성으로 인한 것은 아니라는 점이다.

이와 관련해서 후한 사회에서 유행하던 인물평에 대해 살펴볼 필요가 있을 것 같다. 후한 사회 지속적으로 인물평이 유행했다 해서 그 인물평이 동일한 가치 기준에 의해 진행된 것은 아니다. 후한대 유행했던 인물평의 방법이었던 속언俗諺, 즉 칠자언七字諺(혹은 칠언요七言謠. 일곱 자로 인물을 품평한다고 하여 붙여진 이름)을 통해 인물평의 기준을 고찰한 류쩡구이劉增貴에 따르면 안제安帝 시기(106~125)까지는 주로 경학가經學家들이 주된 인물

보인다. [前漢]王褒, 「僮約」, "券文曰: 神爵三年正月十五日, 資中男子王子淵, 從成都安志里女子楊惠, 買亡夫時戶下髥奴便了, 決賈萬五千. 奴當從百役使, 不得有二言."
30) 濱田瑞美, 「曹操による建安十年立碑の禁令の實相について」, 『東洋美術史論叢』(東京: 雄山閣, 2000), 102~103쪽.
31) 와타나베 요시히로에 따르면 桓帝 시기 이후 중앙과 지방의 관직에 宦官 일파의 점유 비율이 높아짐에 따라 家柄이 낮은 豪族들은 孝廉이나 학문에 의해 官界로 진출하는 것이 어려워졌다고 한다. 渡邉義浩, 「黨錮」, 『後漢國家の支配と儒敎』(東京: 雄山閣, 1995), 387쪽. 原載: 『史峯』 6(1991). 이와 같은 분석에 따른다면 관계에 진출하기 위해서는 이제까지와는 다른 명성이 필요할 것이다.

〈표 2-2-1〉〈노준비〉비음에 기록된 건비자와 분담 비용32)

故吏河內襄管懿幼遠千	門生河東蒲反李□□□時三百
故吏九江壽春歟龔伯麟五百	門生河東蒲反陽成□文智三百
故吏九江壽春任琪孝長五百	門生汝南汝南鄭立□節三百
故吏東郡頓丘許踰伯過五百	門生東郡臨邑夏侯弘子松二百
故吏東郡臨邑夏侯弘子松二百	門生東郡樂平邢顯□□二百
門生沛國譙丁直景榮千	門生東郡樂平邢顯□□二百
門生渤海高成呂圖世階千	門生東郡博平孫謙□□二百
門生東郡濮陽殷敦登高千	門生魏郡內黃馬萌子□季二百
門生汝南邵陵于商朝公五百	門生魏郡犁陽壬□少□二百
門生南陽新野魏顯文臺五百	門生魏郡犁陽壬徒超□二百
門生平原般龍顯公五百	門生汝南濦強尹顯叔□二百
門生平原西平昌壬端子行五百	門生汝南濦強尹徒超□二百
門生陳留尉氏胡嵩永高五百	門生勃海南及劉扶節□□百
門生陳留尉氏胡豆仲表五百	門生勃海南及劉盛興□百
門生濟陰定陶棣眞子然五百	門生河閒皐成東鄉晨子□二百
門生城樊兒雄大平五百	門生河閒皐成東鄉恭公□二百
門生平原樂陵路福世輔三百	門生平原西平昌劉本景高二百
門生魏郡斥丘李牧君伯三百	門生平原般張謙伯讓二百
門生魏郡繁陽壬輔子助三百	門生陳留尉氏夏統子思二百
門生任城任城周普妙高三百	門生濟陰乘氏許仁伯德二百
門生任城任城吳盛子興三百	門生濟陰離狐周維元興二百
門生勃海重合梁愙叔節三百	義士梁國寧陵史強強良二百

평의 대상이었고, 순제順帝 시기(125~144)까지 인물평의 주된 내용은 유교의 교양이었다.33) 아마도 사회적으로 경학이 중시되면서 발생한 현상일 것이다. 그러나 환제 시기 이후부터 인물평은 주로 당인黨人들이나 독행자獨行者들에 대한 것으로 변화한다.34) 요컨대 환제 시기에는 유교 교양의 축적이 명성을 획득하는 중요하고도 유력한 방법이 아니었다. 그렇다면 이제 어떤 덕목으로 명성을 쌓아야 할까?

---

32) 永田英正 編, 앞의 책, 204쪽, 〈魯峻碑〉碑陰.

33) 대표적으로 井丹을 '五經粉綸井大春'(『後漢書』卷83,「逸民 井丹傳」), 戴憑을 '解經不窮戴侍中'(『後漢書』卷79上,「儒林 戴憑傳」), 魯丕를 '五經復興魯叔陵'(『後漢書』卷25,「魯丕傳」), 許愼을 '五經無雙許叔重'(『後漢書』卷79下,「儒林 許愼傳」), 周舉를 '五行縱橫周宣光'(『後漢書』卷61,「周舉傳」)으로 稱揚한 것을 들 수 있다.

34) 劉增貴,「論後漢末的人物評論風氣」,『成大歷史學報』10(1983), 167~170쪽.

환제 시기 당고 이후의 명성은 명사名士들로부터 인물평을 받았는지 여부
와 반환관적 태도에 달렸었다는 지적은 의미심장하다.35) 당시 민간에서
불리던 속언들을 살펴보면 당인들과 관련된 것(이응李膺: 천하의 모범 이원례
[天下模楷李元禮],36) 진번陳蕃: 천하 의리의 태수 진중거[天下義府陳仲舉]37)·탄압도
두려워하지 않는 진중거[不畏强禦陳仲舉],38) 왕창王暢: 천하의 수재 왕숙무[天下俊
秀王叔茂]39))과 반환관적 태도를 보였던 이들에 대한 것(주진朱震: 질풍처럼
악을 미워하는 주백후[疾惡如風朱伯厚]40))으로 대별할 수 있다.41) 더 이상 효성
은 명성 획득의 중요한 요소가 되지 못했던 것이다.42) 그보다는 황제 권력과
대치하는 당인의 명성이 사회적 권위를 보장해 주게 되었다. 그렇다면 당인
과의 관계를 드러내는 것이 명성을 획득하는 방법이 될 것이다. 정현鄭玄의
장례식에 군수郡守 이하 수업을 들었던 제자들 천여 인이 몰려왔던 것이나43)
곽태郭太가 죽었을 때 천여 명의 사대부士大夫들이 모여 장례를 치르고 함께
비를 세운 것은 단적인 예가 될 것이다.44)

---

35) 渡邉義浩, 앞의 책, 416쪽 注43 참조.
36) 『後漢書』 卷67, 「黨錮傳」, 2186쪽.
37) 逯欽立 輯校, 『先秦漢魏晉南北朝詩』 卷漢詩8, 「雜歌謠辭」, 〈太學中謠〉(北京: 中華書局, 1983), 222쪽.
38) 『後漢書』 卷67, 「黨錮傳」, 2186쪽.
39) 『後漢書』 卷67, 「黨錮傳」, 2186쪽.
40) 『後漢書』 卷66, 「陳蕃傳」, 2171쪽. 이외 자세한 것은 逯欽立 輯校, 『先秦漢魏晉南北朝詩』 卷漢詩8, 「雜歌謠辭」, 〈太學中謠〉(222쪽)를 참조. 여기에는 당시 三君, 八俊, 八顧, 八及, 八廚에 대한 七言謠가 기록되어 있다.
41) 이 시기 민간에서 불리던 謠를 분석한 구시다 히사하루에 따르면 이 시기 노래는 황제에 대한 노래를 제외하면 크게 '환관을 우롱하는 동요', '黨錮의 禍에 항의하는 동요', '清流派를 칭송하거나 그들에게 기대하는 동요'로 구분할 수 있다. 구시다 히사하루 지음·홍승현 옮김, 『왕조멸망의 예언가-동요를 통해 본 한제국 흥망사』(大邱: 慶北大, 2015), 139~150쪽.
42) 관련 연구에 따르면 후한 시기 孝廉科 출신 관료들은 초기 18%, 중기 44%, 후기 69%, 말기 26%로 말기가 되면 그 중요도가 급감함을 알 수 있다. 永田英正, 「後漢の三公にみられる起家と出自について」, 『東洋史研究』 24-3(1965), 62~63쪽.
43) 『後漢書』 卷35, 「鄭玄傳」, "自郡守以下嘗受業者, 縗絰赴會千餘人."
44) 『後漢書』 卷68, 「郭太傳」, "明年春, 卒于家, 時年四十二. 四方之士千餘人, 皆來會葬. 同志者

이것이 비단 당인에 국한된 일은 아니다. 평판이 좋았던 지방관이 사망하거나 이직移職하는 경우 지역 사회의 고리들이 돈을 출자하여 '거사비去思碑'로 불리는 비석을 세웠다. 타지역에 거주하여 특별한 관계를 맺지 못했던 이들은 처사處士나 의사義士의 이름으로 경비를 부담하며 자신들의 이름을 비음碑陰에 올렸다. 현재 남아 있는 〈후한중평2년(185)조전비後漢中平二年曹全碑〉, 〈후한중평3년(186)장천비後漢中平三年張遷碑〉들에서 이러한 모습을 찾아볼 수 있다.

고주와 더불어 스승도 충성심을 표현했던 중요 대상이었다. 〈노준비〉에는 문생 320인이 묘비를 세우고 자신들을 자유子游·자하子夏에 비견하며 노준에게 '충혜보忠惠父'라는 시호를 올린 것이 기록되어 있다.[45] 이로써 장례와 추시, 입비라는 세 가지 행위가 하나의 세트를 이루어 행해졌음을 알 수 있다. 이처럼 입비가 주로 묘주의 문생고리들에 의해 이루어졌다면, 당시 입비 행위는 한 집안의 장례 문화를 넘어 사회적 행위이기에 입비 행위에 대한 새로운 시각이 필요할 것이다. 이 문제를 좀 더 자세히 살펴보자.

II. 사대부의 조제 행위와 입비 활동

고대 중국에 있어 인물평이 하나의 사회적 현상이 된 것은 관리 등용과 관련이 있다. 한대 인재 등용의 방식은 '찰거察擧'와 '징벽徵辟'으로 말할 수 있는데, 각기 '아래로부터 위로', '위에서 아래로' 인재를 추천 또는 발굴한다는 방식 상의 차이는 있지만 모두 개인에 대한 여론에 근거한다는 공통점을

乃共刻石立碑, 蔡邕爲其文, 旣而謂涿郡盧植曰:「吾爲碑銘多矣, 皆有慙德, 唯郭有道無愧色耳.」

45) 永田英正 編, 앞의 책, 202쪽, 〈魯峻碑〉, "年六十一, 熹平元年□月癸酉卒. 年四月庚子葬. 於是門生汝南干商·沛國丁直·魏郡馬萌·渤海呂圖·任城吳盛·陳留城屯·東郡夏侯弘等三百廿人追惟在昔, 游·夏之徒作諡宣尼, 君事帝則忠, 臨民則惠, 乃昭告神明, 諡君曰忠惠父."

가지고 있다. 따라서 인물평이라는 것은 당시 사회적 필요에 의해 자연스럽게 조성된 현상이라고 볼 수 있다. 그러나 후한 말, 인물평이 중앙 정계와 무관하게 독자성을 갖게 되면서 문제가 발생하게 된다.

당고 이후, 재야에 만들어진 자율적이고 독자적인 사대부 사회는 황제와 대치적 명성을 갖게 되었고,[46] 사대부들은 정계에서 관위官位를 갖는 것보다 사대부들로부터 인정을 받는 것을 중요하게 여겼다.[47] 그 결과 사대부 사회에서 행해지던 인물평은 어떤 무엇보다도 사회적 권위를 갖게 되었고 심지어는 곽태, 허소許劭와 같이 인물평을 전문적으로 하는 이들까지 등장하였다.[48] 이러한 재야의 인물평은 황제 권력 밖에서 사회적 기준이 만들어지는 것을 의미하기에 위험할 수밖에 없었다. 정부로서는 민간의 인물평은 금지시켜야만 하는 행위였다. 하지만 후한 정부의 식물화로 이러한 자율적인 사대부들의 활동은 근절되지 않았다.

자율적인 사대부들의 활동이 인물평에 국한된 것은 아니었다. 그들은 자신들만의 행동 지침들을 마련하였다.[49] 새로운 칭위稱謂가 등장하였고,[50]

---

46) 渡邉義浩,「漢魏交替期の社會」,『歷史學硏究』626(1991), 53~54쪽.

47) 유력한 환관의 손자였던 曹操가 자신에 대해 인물평을 하지 않으려는 許邵에게 굳이 평가를 받고자 했던 것은 대표적인 사례일 것이다. 홍승현,『사대부와 중국 고대 사회-사대부의 등장과 정치적 각성에 대한 연구』(서울: 혜안, 2008), 183쪽.

48) 가장 대표적으로는 郭太와 허소를 들 수 있겠으나, 이들 이외에도 荀淑, 度尙, 吳祐, 牛逑, 王讜, 謝甄, 符融, 韓卓, 田盛, 橋玄, 何顒, 孔迪, 許靖 등도 인물평으로 이름을 날리던 이들이다.

49) 대표적으로 '京洛之法'을 들 수 있을 것이다. 선거와 太學을 매개로 洛陽에 모이게 된 사대부들은 서로 간의 교류를 통해 京師 사대부 사회를 구성하였고, '경락지법'이라고 불리는 자신들만의 문화적 표준을 만들어냈다. [東晉]葛洪,『抱朴子 外篇 下』,「譏惑」, 17쪽. 이 '경락지법'은 학문의 내용은 물론이고 자신들만의 언어, 喪禮의 哭聲 방식 등 광범위한 분야를 포함했던 것으로 알려져 있다. 이에 대해서는 甘懷眞,「唐代京城社會與士大夫禮儀之硏究」, 臺灣大 博士學位論文(1993), 2장 '京城社會的發展' 중 '士大夫社會的成立', 15~20쪽을 참조.

50) 후한 말 그동안 사라졌었던 舊君이란 칭호가 재등장한 것이나, 추천자를 의미하는 擧將의 칭호가 사용되기 시작한 것을 들 수 있다. 洪承賢, 앞의 글(2006), 76~85쪽을 참조.

스승을 비롯하여 정치 관계가 소멸한 구군과 거장에 대한 복상에 상례常禮를
넘어서는 과례가 행해졌다.51) 더 큰 문제는 이러한 사대부들의 활동이
'당대의 풍속'으로 평가받았으며,52) 심지어 후대에는 '문아한 풍속雅俗'으로
칭송받았다는 점이다.53) 장례와 관련하여 이 시기 또 하나 주목되는 것은
사시私諡의 헌상이다. 당시 사대부들은 명사名士의 장례식에 참석하는 조제弔
祭 활동에 열심이었으며 사적으로 시호를 추증하였다.54)

  그런데 '시'라는 것이 사전적 의미로도 '죽은 자의 생전의 행적에 의해
군주가 내려주는 칭호'이기에, 사적으로 행할 수 있는 행위가 아니었다.
후대 환범桓範도 이를 '인주의 권리人主權柄'로 표현하며, 한말 사대부 안에서
행해지던 사적인 추시 행위를 비판하였다.55) 그러나 후한 정부는 이를
금지하지 못하였고, 조위曹魏에 들어와 비로소 금지하게 된다. 정부 밖에서
공공연하게 사회적 기준이 만들어지고, 그것을 따르는 사회적 행위가 칭송받
는다는 것은 정부로서는 묵과할 수 없는 문제였기에 당연히 금지되었던
것이다.

---

51) 『後漢書』卷62,「荀淑傳」, "(荀淑)年六十七, 建和三年卒. 李膺時爲尚書, 自表師喪.";『後漢書』
   卷64,「延篤傳」, "擧孝廉, 爲平陽侯相. 到官, 表龔遂之墓, 立銘祭祠, 擢用其後於畎畝之閒.
   以師喪棄官奔赴, 五府並辟不就.";『後漢書』卷58,「傅燮傳」, "少師事太尉劉寬. 再擧孝廉.
   聞所擧郡將喪, 乃棄官行服.";『後漢書』卷76,「童翊傳」, "及(童)懷被命, 乃就孝廉, 除須昌長.
   化有異政, 吏人生爲立碑. 聞擧將喪, 棄官歸.";[南宋]洪适,『隷釋』卷11,〈太尉劉寬碑〉,
   "拜侍御史, 遷梁令, □□康, 踰產豹, 喪舊君, 以棄官.";『後漢書』卷66,「王允傳」, "(王允)年十
   九, 爲郡吏.…桓帝震怒, 徵太守劉瓆, 遂下獄死. 允送喪還平原, 終畢三年."
52) 『後漢書』卷62,「荀爽傳」, "世往往化以爲俗."
53) 『後漢書』卷68,「郭太傳」, "而林宗雅俗無所失.";[梁]蕭統,「爲范尚書讓吏部封侯第一表」,
   "雅俗所歸, 惟稱許郭."
54) 『後漢書』卷62,「荀爽傳」, "私諡其君父及諸名士."
55) [曹魏]桓範,「世要論·銘誄」, "且生以爵祿, 榮死以誄諡, 是人主權柄而漢世不禁! 使私稱與王
   命爭流, 臣子與君上俱用, 善惡無章, 得失無效, 豈不誤哉." 晉의 張瑶 역시 諡號란 아랫사람
   이 만들 수 있는 것이 아니라 했고, 宋의 洪适은 私諡 행위를 '末流의 弊라고 비판하였
   다. 『後漢書』卷43,「朱穆傳」, "故張瑶論曰: 『夫諡者, 上之所贈, 非下之所造, 故顔·閔至德,
   不聞有諡. 朱·蔡各以衰世臧否不立, 故私議之.』";[南宋]洪适,『隷釋』卷9,「玄儒先生婁壽碑」,
   "群下私相諡, 非古也. 末流之弊, 故更相標榜, 三君八顧之目紛然, 而奇禍作矣."

묘비를 세우는 행위도 마찬가지다. 본래 장사지낸 날과 피장자의 성명을
기록한 단순한 무덤의 표지였던 묘비는 후한 시대가 되면 '신하와 자손이
군주와 부친의 공로와 미덕을 추념한 것을 표면에 기록'한 기념비가 된다.
즉, 피장자의 평생의 사적과 공덕功德에 대한 송사가 기술되기 시작한 것이다.
그리고 후한 말이 되면 대략 비문의 내용은 ①비액碑額(묘비의 제목), ②묘주
의 이름[諱], ③자字, ④본적, ⑤가계家系, ⑥묘주의 품행, ⑦관력官歷을 중심으로
하는 이력, ⑧사망일[卒年月日], ⑨향년享年, ⑩추증追贈, ⑪장례일 또는 입비일,
⑫명사銘辭로 정형화되었다.56) 비의 뒷면에는 비를 세운 입비자들의 이름이
기록되었다. 대부분 문생고리들이었다.

건비자가 문생고리라는 점은 후한 시기 대부분의 묘비가 부모에 대한
자식의 지극한 효성의 표현이 아님을 알려준다. 이것은 고도의 정치적 행위
라고 할 수 있다. 이를 증명하는 단적인 사례가 우홍이 거론한 한소韓韶의
석비다. 환제 시기 태산泰山의 반란으로 인해 발생한 유민流民을 현창縣倉의
곡식으로 진휼했던 한소의 공덕을 찬미하고자 같은 영천군潁川郡의 명사名士
들이었던 이응, 진식陳寔, 두밀杜密, 순숙荀淑 등이 석비를 세웠다. 이 석비는
당고 이후 일련의 당인들이 낙향하여 지역 사회 안에서 황제와 대치적
명성을 유지하며, 사대부들만의 자율적 행동 규범을 만들어 가던 상황 속에
서 건립되었을 것으로 추정되고 있다.57)

이들은 황제의 조정에서 쫓겨나 있는 상태에서 한소를 기리는 석비를
건립함으로써 가장 중요한 것이 세속의 관위가 아닌 사대부들이 공유한
도덕이나 행동이라는 것을 보여준 것이다. 사대부들은 자신들이 신봉하는
도덕과 행동은 직위의 차이나, 현실에서의 친밀함 등에 구애받지 않는 절대
적인 것임을 보여주고자 하였다.58) 이러한 행위가 그들에게 또 다른 명성을

56) 정형화된 묘비의 구성 요소에 대해서는 窪添慶文, 「墓誌の起源とその定型化」, 『立正史
學』 105(2009), 2쪽을 참조.
57) 우홍·김병준 옮김, 앞의 책, 519쪽.

가져왔음을 덧붙일 필요는 없을 것이다. 전문적으로 비문碑文을 작성하는
이들이 등장하였고,59) 당대 문원文苑이라고 할 수 있는 이들이 대부분 비문을
작성하였다.60) 이에 대해 판원란范文瀾은 『묘지명고墓誌銘考』를 인용하여 그러
한 행위는 대부분 명성을 얻기 위한 행위였다고 분석하였다.61)

묘비가 묘실 안이 아니라 지상에 세워졌다는 것은 그것이 살아있는 자들을
향해 제작되었음을 말해주는 것이다.62) 묘비 건립에 기금을 출연한 자들을
제자弟子, 문생, 문동門童, 고리, 고민故民 등으로 세심하게 구분하여 비음에
새겨 넣었던 공주孔宙의 묘비는 죽은 자와의 관계를 이용하여 명성을 얻고자
한 이들의 정치적 욕망이 잘 투영되어 있다. 이렇게 고리나 문생들에 의한
묘비 건립이 사회적 유행이 되는 것이 환제·영제 시기, 즉 1·2차 당고가
발생한 때라는 것은 우연이 아닐 것이다. 당시 사대부들은 황제의 조정
밖에서 명성을 획득하는 방법을 모색하고, 적극적으로 이용하고 있었던

---

58) 孔融이 北海의 相으로 있을 당시 東萊郡의 奏曹史였던 太史慈는 공융이 위기에 처하자,
   그를 돕기 위해 劉備에게 구원을 청하러 가게 된다. 유비를 만난 태사자는 자신과
   공융과의 관계를 이렇게 설명한다. "저 태사자는 東萊郡 사람으로 공융과는 친척도
   아니며 同鄕도 아닙니다. 오직 명성과 志操로 서로 좋아하여 재앙을 나누고 근심을
   함께 하는 뜻을 가지고 있습니다(『三國志·吳書』 卷49, 「太史慈傳」, 慈, 東萊之鄙人也,
   與孔北海親非骨肉, 比非鄕黨, 特以名志相好, 有分災共患之義)." 당시 사대부들의 교류를
   보여주는 단적인 예로, 명성과 지조로 서로 연결된 이들의 관계를 와타나베 요시히로
   는 '名聲主義'라는 표현으로 설명하였다. 이에 대해서는 渡邉義浩, 「三國時代における
   「文學」の政治的宣揚-六朝貴族制形成史の視點から-」, 『東洋史硏究』 54-3(1995), 27~40쪽
   을 참조.

59) 蔡邕이 그 대표적인 인물이라 할 수 있을 것이다. [南宋]王應麟, 『困學紀聞』 卷13,
   「考史」, "蔡邕文今存九十篇, 而銘墓居其半, 曰碑, 曰銘, 曰神誥, 曰哀讚, 其實一也." 채용의
   경우 많은 碑文을 작성한 것에서 알 수 있는 것처럼 당대 최고의 수준이었던 것으로
   알려져 있다. [梁]劉勰, 『文心雕龍』, 「銘箴」, "蔡邕銘思, 獨冠古今."; [梁]劉勰, 『文心雕龍』,
   「誄碑」, "才鋒所斷, 莫高蔡邕."

60) 蔡邕 외에도 後漢 시기 碑文을 작성한 유명한 이들로는 桓麟, 崔瑗, 胡廣, 孔融, 馬融,
   盧植, 服虔, 張升, 張超, 皇甫規, 劉珍, 邊詔 등이 있다.

61) 范文蘭 注, 『文心雕龍注』, 「誄碑」(北京: 人民大, 1962), 232쪽, "東漢則大行碑文, 蔡邕爲作者
   之首, 後漢文苑諸人, 率皆撰碑, 東京士風, 雖號淳厚, 意者慕聲市利之事."

62) 濱田瑞美, 앞의 글, 108쪽.

것이다.

〈표 2-2-2〉〈공주비〉비음에 기록된 건비자[63]

門生鉅鹿癭陶張雲、字子平	門童安平下博張忠、字公直

（아래는 비음 명단을 세로쓰기로 기록한 표. 오른쪽에서 왼쪽으로 읽음）

門生鉅鹿癭陶張雲、字子平
門生鉅鹿癭陶趙政、字元政
門生鉅鹿廣宗捕巡、字升臺
門生東平寧陽韋勳、字幼昌
門生魏郡陶陽張上、字仲舉
門生魏郡館陶張時、字子表
門生魏郡陰安張典、字少高
門生魏郡魏孟忠、字待政
門生魏郡魏李鎮、字世君
門生魏郡陶陽吳讓、字子敬
門生魏郡館陶彡儉、字元節
門生魏郡館陶鄉塡、字仲雅
門生魏郡鄃暴香、字伯子
門生魏郡東武陽梁淑、字元祖
門生東郡東武陽趙恭、字和平
門生東郡衛公國趙恭、字和平
門生東郡東武陽張表、字公方
門生東郡武陽凌穆、字奉德
門生東郡樂平桑演、字仲厚
門生東郡樂平斳京、字君賢
門生東郡樂平梁布、字叔光
門生東郡樂平桑顯、字伯異

門生陳留平丘馬規、字伯昌
門生安平下博張祺、字叔松
門生安平下博張朝、字公房
門生安平下博張觀、字伯帶
門生安平堂陽張琦、字子異
門生北海安丘齊納、字榮謀
門生北海都昌呂升、字山甫
門生北海劇秦麟、字伯麟
門生北海劇如廬浮、字遺伯
門生北海劇薛頭、字勝輔
門生北海劇高冰、字季超
門生濟南梁鄒趙震、字叔政
門生濟南梁鄒徐璜、字幼彡
門生濟南平陵吳進、字升臺
門生甘陵廣川李都、字元章
門生甘陵貝丘賀曜、字升進
門生北淵許祺、字升明
門生魏郡清淵史崇、字少賢
門生魏郡館陶孫忠、字府彡
門生東郡樂平盧脩、字子節
門生任城任城□□、字景漢

門童安平下博張忠、字公直
故吏北都昌逢祈、字伯惠
故吏北海都昌瑩章、字彡理
故吏北海都昌魏稱、字彡長
故吏北海都昌呂規、字元規
故吏泰山費魚淵、字漢長
故吏泰山華母樓頭、字世光
故吏泰山南城禹規、字宣光
故吏泰山南武陽蕭誨、字伯謀
故民泰山費淳于薰、子季道
故吏北海劇陸暹、字孟輔
弟子陳留襄邑樂禹、字宣舉
弟子下邳下邳朱班、字宣□
弟子東平寧陽周順、字承□
弟子沛國小沛周升、字仲甫
弟子魯國彡陽陳襃、字聖博
弟子汝南平興謝洋、字子讓
弟子山陽瑕丘丁瑤、字實堅
弟子魯國戴璋、字元珪
弟子魯國卞王政、字漢方

---

63) 永田英正 編, 앞의 책, 150쪽,〈孔宙碑〉碑陰.

Ⅲ. 금비령의 반포와 그 의미

전한 시기부터 후장이 사회 문제가 되었던 점과 후한 말 묘비가 자손 이외의 문생고리 등에 의해 건립된 점은 묘비의 성행을 후장의 표현만으로 이해하는 것이 적절하지 않음을 알려준다. 특히 여러 사람에 의해 비용이 분담되어 결코 경제적 피폐로 이어지지 않았다는 연구는 우리에게 많은 시사를 준다.[64]

그래서 건안 10년(205) 조조가 내린 금비령을 박장의 조치로만 이해하는 주장에 언뜻 동의하기 어렵다. 이 문제에 대해 단서를 주는 것은 쉬궈룽徐國榮 과 뤼타오劉濤의 연구다. 쉬궈룽은 당시 입비 행위와 사시 행위가 함께 성행했음을 주목하였다. 그는 입비 행위가 단순한 후장의 표현이 아니라 사시와 같은 사대부 사회 안에서 명성을 제고提高하는 정치적 행위라고 보았다.[65] 한편 뤼타오는 자신의 출생에 대해 콤플렉스를 가지고 있던 조조가 세가世家 대족大族의 세력을 와해시키고, 중앙 집권제를 수립하기 위해 금비령을 내렸다고 보았다. 비가 모종의 지위와 위망威望의 상징물이기 에, 조조가 사가私家에서 세운 비를 제거하여 여론과 민심을 통제하며 사대부 가를 압박하였다고 해석한 것이다.[66] 이들 연구는 조조에 의해 내려진 금비령을 단순한 후장의 금지로만 이해할 수 없다고 주장한다. 그러나 두 연구 모두 아쉽게도 금비령에 대한 정치적 해석이 소략하여 더 이상 정보를 얻기는 힘들다.[67] 특히 당시 사대부들에 의해 행해진 입비 행위와 건안 10년의 금비령을 연동하여 설명하지 않았다.

---

64) 濱田瑞美, 앞의 글.

65) 徐國榮, 「漢末私諡和曹操碑禁的文化意蘊」, 『東南文化』 117(1997).

66) 劉濤, 「魏晉南北朝的禁碑與立碑」, 『故宮博物院院刊』 95(2001).

67) 쉬궈룽은 立碑 행위가 사대부 안에서 명성을 提高하는 방법임을 주목하였지만, 禁碑令의 원인을 입비가 백성을 피로하게 하고 재물을 피폐하게 하며 虛飾의 풍조를 조성하기 때문이라고 분석하여 曹操의 금비 조치에 대한 정치적 해석은 소략한 편이다.

한대 후장이 사회적 문제가 된 것은 전한 문제文帝의 조서를 통해서도 알 수 있다.[68] 문제는 후장의 폐해를 열거하며 박장을 명하였다. 그러나 사회적으로 후장이 효성의 곡진한 표현으로 인식되어 명성을 획득하는 방법이 되어감에 따라[69] 후장의 폐해는 오히려 점점 더 커져갔다. 그런데 기록을 통해 확인할 수 있는 후장의 내용은 주로 사치스러운 부장품의 문제이거나 거대한 봉분, 그리고 엄청난 규모의 사당들이었다.[70] 후장의 폐해로 묘비가 거론된 기록은 찾아볼 수 없다. 물론 전한 시기에는 묘비의 수가 적어 묘비가 후장의 폐해로 지목되지 않았을 수 있다. 그러나 후한 말 찬술된『잠부론潛夫論』에서도 후장을 비판하며 묘비에 대해 거론하지 않은 것[71]은 의아하다.

그러다 건안 10년 조조가 갑자기 후장 금지와 묘비 건립을 금지하는 명령을 내린다. 그 전후 사정을 살펴보자.

(1) 한 이후 천하가 장례를 사치스럽게 하여, 석실石室과 석수石獸, 비명碑銘 등을 만드는 자가 많았다. 건안 10년(205) 위무제魏武帝(조조)는 천하가 쇠퇴하고 피폐해지자 후장을 하지 못하도록 명령을 내리고, 또 묘비를 세우는 것을 금지하였다. 고귀향공高貴鄕公 감로甘露 2년(257)에 대장군참군 大將軍參軍 태원太原 출신 왕륜王倫이 죽자, 그의 형 왕준王俊이 〈표덕론表德論〉을 지어 왕륜이 남긴 미덕을 서술하였는데, 글에서 말하길 "삼가 조정의 법령을 두려워하여 비명을 만들지 않았으니, 이에 그의 행적을 적어 묘의

---

68) 『史記』卷10,「孝文本紀」, 433~434쪽.

69) [前漢]桓寬,『鹽鐵論』,「散不足」,"厚葬重幣者, 則稱以爲孝, 顯名立於世, 光榮著於俗."

70) 『漢書』卷80,「霍光傳」,"賜金錢·繒絮, 繡被百領. 衣五十篋, 璧珠璣玉衣, 梓宮·便房·黃腸題湊各一具, 樅木外臧椁十五具. … 發三河卒穿復土, 起冢祠堂, 置園邑三百家, 長丞奉守如舊法, … 禹旣嗣爲博陸侯, 太夫人顯改光時所自造塋制而侈大之. 起三山闕, 築神道, 北臨昭靈, 南出承恩, 盛飾祠室, 輦閣通屬永巷, 而幽良人婢妾守之."

71) [後漢]王符,『潛夫論』,「浮侈」,"或至刻金鏤玉, 檽梓梗柟, 良田造塋, 黃壤致藏, 多埋珍寶偶人車馬, 造起大家, 廣種松柏, 廬舍祠堂, 崇侈上僭."

뒤편에 새기노라"고 하였다. 이는 입비의 금지가 아직 엄중하던 때의 일이
다. 이후 다시 금령禁令이 느슨해졌다.[72]

이러한 입비 금지령은 진晉에서도 확인된다.

(2) 진무제晉武帝 함녕咸寧 4년(278) 다시 조서를 내려 말하였다. "이 석수와
비표碑表는 사사로이 미덕을 기리는 것이므로 허위를 조장하고 재물을
축내어 백성을 해롭게 함이 이보다 큰 것은 없다. 일체 이를 금지한다.
금령을 위반하는 자는 비록 사면령이 내리더라도 비명을 무너뜨리도록
하라."[73]

위의 두 기사는 『송서宋書』「예지禮志」의 기록으로, 입비 금지 정책이 조위
시기를 거쳐 진대까지 지속되었던 사정을 전하고 있다. 확실히 기사 (1)에서
는 후장과 입비 금지를 따로 기술하기는 하였지만 두 문제를 함께 거론하여,
입비 금지가 후장 금지의 일환이라는 인상을 받을 수 있다. 그러나 (2)의
내용에 따른다면 입비 금지가 후장 금지의 일환만은 아님을 알 수 있다.
(2)에 의한다면 묘비를 세우는 행위는 재물을 축내는 것 이전에 '사사로이
미덕을 기리는 것'으로, 사회적으로 '허위를 조장'하는 것이 문제가 된다.
이것은 다름 아니라 사사로이 인물을 평가하는 것을 금지한다는 것으로,
한대 이래 민간에서 행해지던 인물평에 대한 금지임을 알 수 있다.
다시 조조의 건비建碑 금지령에 대해 살펴보자. 조조가 건비 행위를 금지했

---

72) 『宋書』卷30,「禮二」, "漢以後, 天下送死奢靡, 多作石室石獸碑銘等物. 建安十年, 魏武帝以天
下雕弊, 下令不得厚葬, 又禁立碑. 魏高貴鄉公甘露二年, 大將軍參軍太原王倫卒, 倫兄俊作表
德論, 以述倫遺美, 云「祗畏王典, 不得爲銘, 乃撰錄行事, 就刊於墓之陰云爾」. 此則碑禁尙嚴
也. 此後復弛替."

73) 『宋書』卷30,「禮二」, "晉武帝咸寧四年, 又詔曰:「此石獸碑表, 旣私褒美, 興長虛僞, 傷財害
人, 莫大於此. 一禁斷之. 其犯者雖會赦令, 皆當毁壞.」"

던 명령이 반포된 해는 건안 10년(205)이다. 그럼 건안 10년은 조조의 정치적
성장 과정 속에서 어떤 의미를 갖는 해였을까? 건안 10년은 조조가 관도官渡
전투 이후 기주冀州에 남아있던 원소袁紹의 큰 아들 원담袁譚을 주멸하고,
기주를 평정한 해다. 관도 전투로부터 기주를 완전히 평정할 때까지 5년이란
시간이 걸린 것은 원소가 사망한 후에도 원씨 집단이 하북河北 일대를 장악하
고 있었기 때문이다.74) 기록에도 나와 있는 것처럼 당시 원씨의 세력은
4대에 걸쳐 은덕을 베풀어 천하에 문생과 고리들이 존재하였다.75)

당시 원씨의 문생고리들은 심정적으로만 연결된 것이 아니라 원씨 집안에
대한 강렬한 충성심을 가지고 있었다. 원소가 반동탁 연합군을 결성하고
수장이 되었다는 소식을 접한 동탁은 원소의 숙부였던 태부太傅 원외袁隗를
비롯하여 원씨 일족을 살해한다. 이후 동탁이 장안長安에서 여포呂布에게
살해당하자 원씨의 문생들은 원씨의 원수를 갚기 위해 동탁 일족의 시체를
모아 불을 지르고 그 재를 길에 뿌렸다고 한다.76) 한편 그들은 원소 집단의
중핵으로써 조조와의 대결에서는 무력 부대로서 활약하였다.77)

그뿐만 아니라 천하의 호걸豪傑들 역시 다수가 원소에게 귀부歸附해 있었
다.78) 이것은 아마도 그가 삼공三公의 후예기도 했지만, 그 스스로 '사대부를
아끼고[愛士]' 마음을 기울여 자신을 낮추고 사람을 대했기 때문일 것이다.79)

74) 金文京,『中國の歷史 三國志の世界』(東京: 講談社, 2005), 74쪽.
75)『三國志·魏書』卷6,「袁紹傳」, "袁氏樹恩四世, 門世故吏徧於天下, 若收豪傑以聚徒衆, 英雄
  因之而起."
76)『後漢書』卷72,「董卓傳」, "諸袁門生又聚董氏之尸, 焚灰揚之於路."
77)『三國志·魏書』卷26,「滿寵傳」, "時袁紹盛於河朔, 而汝南紹之本郡, 門生賓客布在諸縣, 擁兵
  拒守."
78)『三國志·魏書』卷6,「袁紹傳」, "卓聞紹得關東·乃悉誅紹宗族太傅隗等. 當是時, 豪俠多附紹,
  皆思爲之報, 州郡蠭起, 莫不假其名."
79)『後漢書』卷74上,「袁紹傳」, "紹有姿貌威容, 愛士養名. 旣累世台司, 賓客所歸, 加傾心折節,
  莫不爭赴其庭, 士無貴賤, 與之抗禮." 이에 대해 비록 荀彧과 郭嘉가 "선조의 밑천에
  기대어 얼굴빛을 부드럽게 하고 지혜를 꾸며 명예를 얻었다(『三國志·魏書』卷10,
  「荀彧傳」, 紹憑世資, 從容飾智, 以收名譽).", "누대 선조의 밑천에 기대어 고명한 의론과
  揖讓의 예의로서 명예를 얻었다(『三國志·魏書』卷14,「郭嘉傳」, 紹因累世之資, 高議揖讓

원소가 죽고 난 후에도 원씨의 문생과 고리들의 일부는 원담 휘하에서, 일부는 원상袁尙 휘하에서 종군하여 조조와 대립하였다. 아마도 이것이 조조가 관도전 이후 기주를 완전히 평정할 때까지 5년이나 소요하게 된 원인일 것이다.

따라서 기주를 평정한 조조에게 원씨의 세력을 와해시키며, 한편으로 자신의 진영으로 흡수하는 것은 필수적인 일이었을 것이다. 이와 관련하여 당시 기주 사회를 살펴보자. 『삼국지三國志·위서魏書』 「무제기武帝紀」에는 조조가 기주를 평정한 후 내린 영令이 기록되어 있다.

> 9월, 영을 내려 말하였다. "당黨을 이뤄 사리私利를 도모하는 것은 선성先聖께서 싫어하셨던 바다. 듣건대 기주의 풍속은 아비와 자식이 당파를 달리하여 서로 명예를 훼손하고 있다고 한다. 옛날 직불의直不疑는 형이 없었건만 세상 사람들은 그가 형수와 사통하였다고 하였다. 제오백어第五伯魚는 세 번째로 고아인 여자를 처로 맞아들였는데, (세간에서는) 그를 며느리를 겁탈한 늙은이라 하였다. 왕봉王鳳은 권력을 멋대로 휘둘렀음에도 곡영谷永은 그를 신백申伯에 비유하였고, 왕상王商은 충성스러운 의견을 개진하였건만 장광張匡은 그가 정도正道를 벗어났다고 하였다. 이는 모두 흰 것을 검다 하는 것으로 하늘을 속이고 군주를 기망하는 것이다. 나는 풍속을 가지런히 하고자 하는데, 이 네 가지 폐단이 사라지지 않는 것을 치욕으로 여길 것이다.[80]

以收名譽)."고 혹평했으나, 실제로 이것이 袁紹가 曹操와 천하를 다툴 수 있었던 능력이었다고 생각된다. 이와 관련하여 오쿠보 야스시는 원소를 '많은 문생·고리들의 기대에 부응할 수 있는 인물'이라고 표현하였다. 大久保靖, 「漢末門生故吏考-汝南袁氏の場合」, 『史友』 14(1982), 40쪽.

[80] 『三國志·魏書』 卷1, 「武帝紀」, "九月, 令曰:「阿黨比周, 先聖所疾也. 聞冀州俗, 父子異部, 更相毀譽. 昔直不疑無兄, 世人謂之盜嫂; 第五伯魚三娶孤女, 謂之撾婦翁; 王鳳擅權, 谷永比之申伯, 王商忠議, 張匡謂之左道: 此皆以白爲黑, 欺天罔君者也. 吾欲整齊風俗, 四者不除, 吾以爲羞.」"

기사를 보면 당시 기주의 사대부들은 서로 당파를 달리하여 대립하고
있었던 것을 알 수 있다. 실제로 「원소전袁紹傳」에는 기주 사대부들 사이의
대립이 곳곳에서 보인다. 대표적으로 원소가 10만 병사를 일으켜 허창許昌에
대한 공격을 준비할 때 저수沮授와 전풍田豊은 백성들이 피로하고 창고가
빈 것을 이유로 전쟁하지 말 것을 간언한다. 그러나 이와는 달리 심배審配와
곽도郭圖는 조조를 격파하는 일은 손바닥을 뒤집는 것과 같다고 하며 때를
놓치지 말 것을 건의한다.[81] 당시 기주의 사대부들은 각기 자신들이 가진
정세 판단력을 기초로 원소에게 입사하였고, 입사 후에는 서로의 입장에
따라 한 치의 양보도 없이 대립하였다.

이러한 대립은 때로는 참언讒言에 의한 상대방에 대한 음해로 이어졌다.
저수가 감군監軍이 되어 내외를 통령統領하게 되자 곽도 등이 그에 대해
참언하여 원소는 감군을 삼도독三都督으로 나눠, 저수와 곽도·순우경淳于瓊에
게 각기 1군씩을 관할하게 하였다.[82] 또한 건안 5년(200) 관도전 패배 후
전풍은 봉기逢紀의 수차례에 걸친 참언에 의해 죽임을 당했다.[83] 역시 관도
전투 중 순우경의 패배를 예견하며 구조를 주장하던 장합張郃은 곽도의
참언에 의해 목숨을 위협받고 적진인 조조 군영에 귀순하였다.[84] 이렇듯
당시 기주 사대부들의 대립은 원소 정권의 안위마저 위협하였고, 원소 사후

81) 『三國志·魏書』卷6,「袁紹傳」, 196쪽 注 [五]『獻帝傳』曰 이하 참조.
82) 『三國志·魏書』卷6,「袁紹傳」, "圖等因是譖授「監統內外, 威震三軍, 若其浸盛, 何以制之?
夫臣與主不同者昌, 主與臣同者亡, 此黃石之所忌也. 且御衆于外, 不宜知內」紹疑焉. 乃分監
軍爲三都督, 使授及郭圖·淳于瓊各典一軍, 逾合而南."
83) 『三國志·魏書』卷6,「袁紹傳」, "紀憚豊亮直, 數譖之於紹, 紹逾忌豊. 紹軍之敗也, 土崩奔北,
師徒略盡, 軍皆拊膺而泣曰「向令田豊在此, 不至於是也.」紹謂逢紀曰「冀州人聞吾軍敗,
皆當念吾, 惟田別駕前諫止吾, 與衆不同, 吾亦慚見之.」紀復曰「豊聞將軍之退, 拊手大笑,
喜其言之中也.」紹於是有害豊之意."
84) 『三國志·魏書』卷17,「張郃傳」, "太祖與袁紹相拒於官渡,…(張)郃說紹曰「曹公兵精, 往必
破瓊等;瓊等破, 則將軍事去矣, 宜急引兵救之.」郭圖曰「郃計非也. 不如攻其本營, 勢必還,
此爲不救而自解也.」…太祖果破瓊等, 紹軍潰. 圖慚, 又更譖郃曰「郃快軍敗, 出言不遜.」
郃懼, 乃歸太祖."

원씨 정권 분열의 원인이 되었다.

그렇다면 기주 사대부들은 왜 그토록 대립하였으며, 일련의 상황은 왜 원소에 의해 통제되지 못하였을까? 순욱荀彧의 말처럼 원소 휘하에는 능력은 없고 의논하기 좋아하는 이들만 모여 있었기 때문이었을까,[85] 아니면 진수陳 壽의 짤막한 논평처럼 겉모습과는 달리 '마음속으로 질시하고 꺼리는 것이 심했'[86]던 원소 때문이었을까? 이에 대해 주목할 만한 견해가 와타나베 요시히로渡邉義浩에 의해 제출되었다. 그는 위에 서술한 기주의 상황이 원소의 통치 스타일에서 기인하였다고 보았다. 그에 따르면 원소는 본인 스스로가 '민民의 망望'으로 불리던 명사名士인 관계로 '명사층의 의향을 존중하는 인사人事를 행했고 명사층의 견해를 널리 수용하였으며, 명사의 가치인 유교를 따랐고 명사층의 명성을 존중'했다.[87]

이것은 관도전 이후 조조와 원소를 비교한 순욱의 논평을 통해서도 알 수 있다. 순욱은 원소에 대해 "선조가 남긴 밑천에 의지하여 얼굴빛을 부드럽게 하고 지혜를 꾸밈으로써 명예를 얻었다."고 분석하였다. 그러나 그런 그도 천하의 사와 호걸들이 원소에게 귀의한 것은 인정하며, 그 원인을 원소가 그들이 가진 자율적 질서를 보장해 준 것이라고 하였다.[88] 하지만 그것은 한편으로 원소를 우유부단하다고 평가하는 원인이 되었고, 결국 원소는 강력한 군주 권력 확립에 실패하였다.

기주에서 승리한 후 조조는 종래 기주의 기풍을 해체하기 위한 조치를 강구하였다. 전투에서 승리한 조조에게 당장 문제가 되었던 것은 원담의 장례였다. 여전히 원씨 집단에 대해 의리를 지키고자 하는 이들이 존재하던 상황에서 적절한 조치가 필요했을 것이다. 따라서 기주의 기풍을 변화시키

---

85) 『三國志·魏書』 卷10, 「荀彧傳」, "故士之寡能好問者多歸之."
86) 『三國志·魏書』 卷6, 「袁紹傳」, "紹外寬雅, 有局度, 憂喜不形于色, 而內多忌害, 皆此類也."
87) 渡邉義浩, 「三國政權形成前史-袁紹と公孫瓚-」, 『吉田寅先生古稀記念アジア史論集』(東京: 吉田寅先生古稀記念論文集編集委員會, 1997), 52쪽.
88) 원소의 이러한 태도는 흔히 '寬' 혹은 '寬緩'으로 표현된다.

는 영을 내리기 전 후장 금지령을 내린다. 후장 금지령을 내리게 된 상황은
다음과 같다.

> 왕수王脩는 당시 낙안樂安에서 식량 운반을 담당하고 있었는데, 원담이
> 위급하다는 말을 듣고 자신이 인솔하던 병사 및 여러 종사從事 수십 인을
> 이끌고 원담에게로 갔다. 고밀高密에 이르러 원담이 사망했다는 말을 듣고,
> 말에서 내려 곡哭을 하며 말하였다. "군君이 없으니 어디로 돌아간단 말인
> 가?" 곧 조조에게로 가 원담의 시신을 거두어 장례치를 수 있기를 청하였다.
> 태조太祖(조조)가 왕수의 뜻을 알고자 묵묵히 대답하지 않았다. 왕수가
> 다시 말하였다. "원씨의 두터운 은혜를 입었으니, 만일 원담의 시신을
> 거두어 염殮을 할 수 있다면 이후 찢겨 죽는다 해도 한이 없을 것입니다."
> 태조가 그 뜻을 아름답게 여겨 청을 들어 주었다.[89]

왕수는 원소의 고리였던 인물로 원소가 사망한 후에는 원담을 따랐다.
그런 그는 원담이 사망한 후 목숨을 걸고 원담의 장례를 치르기 위해 노력하
였다. 기사는 조조가 그런 그의 마음을 가상히 여겨 왕수의 요청을 허락했다
고 전한다. 하지만 조조에게 이러한 원씨 고리들의 행동은 위험천만한 일이
아닐 수 없었을 것이다. 특히 문생과 고리들에 의해 묘비가 세워지는 것이
유행이었던 당시 많은 이들이 참석하는 장례식에서 원담의 살아생전 공적을
찬양하는 묘비를 세우는 행위는 정치적으로 상당한 위협이었을 것이다.
그러나 아직 사대부들의 협조가 절실했던 조조는 노골적으로 이를 금지할
수 없었을 것이고, 자연히 이 모든 것을 포함하는 후장에 대한 금지령을
내렸을 것이다.

---

89) 『三國志·魏書』卷11, 「王脩傳」, "(王)脩時運糧在樂安, 聞譚急, 將所領兵及諸從事數十人往
赴譚. 至高密, 聞譚死, 下馬號哭曰:「無君焉歸?」遂詣太祖, 乞收葬譚屍. 太祖欲觀脩意,
默然不應. 脩復曰:「受袁氏厚恩, 若得收斂譚屍, 然後就戮, 無所恨.」太祖嘉其義, 聽之."

(건안) 10년 봄 정월, 조조가 원담을 공격하여 격파한 후, 원담을 참수斬首하고 그의 처자식을 주살誅殺하자 기주가 평정되었다. 명령을 내려 말하였다. "원씨와 함께 나쁜 일을 한 자도 함께 새롭게 시작하게 하겠다." 백성들에게 사사로운 복수를 할 수 없게 하였고 후장을 금지하였으며, 모두 법에 따라 처리하였다.[90]

『삼국지』에서 유일하게 조조의 후장 금지령을 기록하고 있는 기사다. 이 기사에는 후장 금지만이 등장하고 입비 금지에 대한 사항은 없다. 그러나 이것이 앞서 확인한『송서』의 기사와 동일한 시기의 같은 사건을 기록한 것임에는 의문의 여지가 없다.

조조는 기주를 근거지로 삼고 있던 원씨 집안의 장례식이 정치적으로 부담스러웠을 것이다. 사전에 이러한 문제를 제거할 필요가 있었을 것이다. 따라서 건안 10년의 후장 금지령을 단순한 후장 금지가 아닌 정치적 의도의 산물로 이해하는 것이 타당할 것이다. 왜냐하면 왕수의 장례 요청을 허가한 것과는 달리 원상의 목이 요동遼東에 도착했을 때 조조가 "삼군三軍 중에서 감히 그를 위해 곡을 하는 자가 있다면 참수하겠다."[91]는 명령을 내렸기 때문이다. 이것은 원씨들에 대한 어떠한 감정적, 정치적 표현도 불허하겠다는 의지에 다름 아닐 것이다. 조조의 금비령은 이러한 맥락 하에서 이해되어야 할 것이다.

---

90) 『三國志·魏書』卷1,「武帝紀」, "十年春正月, 攻譚, 破之, 斬譚, 誅其妻子, 冀州平. 下令曰: 「其與袁氏同惡者, 與之更始.」令民不得復私讎, 禁厚葬, 皆一之于法."
91) 『三國志·魏書』卷11,「田疇傳」, "三軍敢有哭之者斬."

Ⅳ. 묘지의 출현

조조의 묘비 건립 금지가 단순한 후장 금지의 일환이 아닌 민간에서
행해지던 인물평의 금지며, 황제의 권력 밖에서 행해지던 사대부들의 정치
행위에 대한 금지임을 살펴보았다. 자연히 이러한 금비령은 서진西晉 왕조에
계승되어 법제화되었다.92) 그러나 입비에 대한 시대적 요구는 여전히 존재
하여 입비에 관한 기사를 종종 찾아볼 수 있다. 그 중에는 군주의 칙령勅令에
의해 세워진 것이나,93) 백성들에 의해 세워진 비도 있지만94) 여전히 문생고
리들에 의해 세워지는 비도 꽤 있었던 것으로 보인다.95) 공공연한 금비령의
위반 사례는 조정의 느슨한 태도에서도 기인하였을 것이다.

> 원제元帝 대흥太興 원년(318)에 이르러 담당 관원이 상주하였다. "전 표기장
> 군부驃騎將軍府 주부主簿가 지난날의 은의로 구군 고영顧榮의 장사를 치르면
> 서 비석 세우는 것을 청구하였습니다." 조서를 내려 비석 세우는 것을
> 특별히 허락하였다. 이후 금령은 다시 점차 해이해졌다. 대신과 장리長吏들
> 모두가 사사로이 비석을 세웠다.96)

---

92) 張鵬― 編著·徐淸廉 校補, 『晉令輯存』, 「喪葬令」(西安: 三秦, 1989) 187쪽, "諸葬者皆不得立
祠堂·石碑·石表·石獸."

93) 『晉書』卷37, 「宗室 南陽王模傳」, "(南陽王 司馬)模感丁邵之德, 敕國人爲邵生立碑."; 『晉書』
卷58, 「周訪傳」, "帝哭之甚慟, 詔贈征西將軍, 諡曰壯, 立碑於本郡."

94) 『晉書』卷34, 「羊祜傳」, "襄陽百姓於峴山(羊)祜平生游憩之所建碑立廟, 歲時饗祭焉."; 『晉書』
卷42, 「唐彬傳」, "百姓追慕(唐)彬功德, 生爲立碑作頌."; 『晉書』卷47, 「傅祇傳」, "祇乃造沈萊
堰, 至今兗豫無水患, 百姓爲立碑頌焉."

95) 『晉書』卷42, 「唐彬傳」, "(唐)彬初受學於東海閻德, 門徒甚多, 獨目彬有廟才. 及彬官成,
而德已卒, 乃爲之立碑."; 『晉書』卷51, 「束晳傳」, "(束)晳辭疾罷歸, 敎授門徒. 年四十卒,
元城市里爲之廢業, 門生故人立碑墓側."; 『晉書』卷54, 「陸雲傳」, "孟玖扶穎入, 催令殺(陸)
雲, …門生故吏迎喪葬淸河, 修墓立碑, 四時祠祭."; 『晉書』卷66, 「陶侃傳」, "(陶)侃遺令葬國
南二十里, 故吏刊石立碑畵像於武昌西."

96) 『宋書』卷30, 「禮二」, "至元帝太興元年, 有司奏:「故驃騎府主簿故恩營葬舊君顧榮, 求立碑」
詔特聽立. 自是後, 禁又漸頹. 大臣長吏, 人皆私立."

금비령 하에서도 버젓이 건비를 요청하는 상주에 대한 조정의 허가는 사실상 금비령을 무력화시켰을 것이다. 이러한 금비령의 위반과 건비 요청 사례는 당시 국가에 의한 강제 조치가 있었음에도 민간에서는 꺼지지 않는 건비에 대한 열망이 존재했음을 알려준다. 당시 묘비가 어떤 의미를 가지고 있었기에 건비에 대한 열망이 존재하였을까?

그것은 무엇보다 자신의 공업功業이 영원히 기억되길 바라는 욕망의 투영일 것이다. 아니, 공업의 유무를 떠나 자신의 존재가 영원히 기억되기를 원하는 바람의 발로일 것이다.[97] 그러나 이것만이 이유는 아니었을 것이다. 『예기禮記』「제통祭統」의 '명銘'에 대한 해석에 따르면 묘비를 세우는 행위의 또 다른 목적은 건비자의 이름을 후세에 드러내기 위해서다.[98] 즉, 선조의 공업을 칭양하는 행위(건비 행위)를 통해 그 건비자는 자신이 효자·효손(혈연이 아닌 경우 현자賢者)임을 보여줄 수 있기 때문이다. 건비에 대한 또 다른 열망은 산자가 얻을 수 있는 사회적 명성으로부터 기인했음을 알 수 있다.

후한 말 일족이 아닌 비혈연자들에 의한 건비의 열풍은 사회적 명성의 획득이 가져올 정치적 성공에 대한 기대로부터 기인한 것임은 충분히 살펴보았다. 사대부 사회의 자율성이 극대화된 후한말, 황제의 조정을 부정하고 있던 사대부들의 건비 행위는 정치적 행위에 다름 아니다. 조조는 조정

---

97) 後漢 趙岐가 功業을 이루지 못한 채 병을 얻어 오랜 기간 투병하며 죽음을 생각할 때 이야기한 자신의 묘비명은 "한의 은거하는 이가 있었으니 성은 조고 이름은 기다. 뜻을 가졌으나 시기를 만나지 못했으니 운명이 그러할진대 어찌한단 말인가 (『後漢書』卷64, 「趙岐傳」, 漢有逸人, 姓趙名嘉, 有志無時, 命也奈何)!"였다. 공업의 유무에 상관없이 자신의 존재를 기억시키고 싶어 하는 인간의 욕망이 잘 표현된 일화라고 할 수 있겠다.

98) 『禮記』, 「祭統」, "銘者, 自名也, <u>自名以稱揚其先祖之美, 而明著之後世者也</u>. 爲先祖者, 莫不有美焉, 莫不有惡焉, 銘之義, 稱美而不稱惡. 此孝子孝孫之心也, 唯賢者能之. 銘者, 論譔其先祖之有德善·功烈·勳勞·慶賞·聲名, 列於天下, 而酌之祭器, 自成其名焉, 以祀其先祖者也. 顯揚先祖, 所以崇孝也. 身比焉, 順也. 明示後世, 教也. 夫銘者, 壹稱而上下皆得焉耳矣. 是故君子之觀於銘也, 旣美其所稱, 又美其所爲." 묘비에 대한 것은 아니지만 이 기사는 기념물을 제작하는 목적이 무엇인지를 잘 보여준다. 밑줄은 저자.

밖에서 행해지던 사대부들의 자율적인 정치 행위를 종식시키고자 금비령을
내렸던 것이다.

이후에도 사대부들 사이에서 건비를 통해 명성을 획득하려는 노력은
지속되었다. 그러나 그것은 종종 사실과 부합하지 않아[有乖事實], 그로 인해
진위眞僞가 서로 혼동되어[眞假相蒙] 심지어는 마땅히 덕행을 칭찬받아야 하는
이가 현귀顯貴해지지 못하였다[殆使令美者不貴]. 뿐만 아니라 건비에 소용되는
공정工程과 비용도 묘주의 신분에 맞지 않아[功費又不可稱] 풍속 파괴와 허위가
성행하는 부화浮華하고 번쇄繁瑣한 기풍이 지속되었다[俗敝僞興, 華煩已久].99)
그 결과 다시 동진東晉 의희義熙 연간(405~418)에 입비가 금지되게 되었다.100)

그런데, 당시 배송지裴松之에 의해 주도된 입비 금지 논의를 살펴보면
이러한 패속敗俗의 근원으로 후한 말 여러 차례 묘비명을 쓰고 사시를 주도했
던 채옹이 언급되고 있다. 동진 말 입비 금지 역시 조정 밖에서 사사로이
행해지던 사대부들의 인물평 및 명성 획득 행위에 대한 금지라는 성격을
가지고 있었던 것이다. 앞으로 새롭게 왕조를 창건할 유유劉裕는 조정 밖의
사적 권위를 인정할 수 없었던 것이리라.101)

다시 후한 말로 눈을 돌려보자. 조조는 정부 밖의 일체의 사적 권위를
금지하고 모든 사회적 기준을 만들어 내고자 하였다. 금비령은 그 일환이었
다. 다만 문제는 이로 인해 혈연 안에서 행해지던 입비 행위마저도 허가되지
않게 된 것이다. 자연히 묘비를 대신하여 죽은 자를 추도하며, 산 자의
정성을 보일 수 있는 대체물이 필요하게 되었다. 바로 묘지墓誌의 성행이다.
묘지의 기원에 대해서는 연구자마다 의견을 달리 하고 있지만, 유행의 원인
을 금비령에서 찾고 있는 것은 같다.102) 묘지를 묘비의 대체물로만 이해할

99)『宋書』卷64,「裴松之傳」, 1699쪽.
100)『宋書』卷15,「禮志二」, 407쪽.
101) 東晉 義熙 연간에 輔政으로서 실질적인 권력자였던 劉裕가 금비와 관련한 논의에
    직접 등장하지는 않지만 劉宋 왕조 창건을 바로 앞둔 시기에 입비 금지가 행해진
    것과 후한 말 조조의 금비령이 겹쳐지는 것이 저자만은 아닐 것이다.

수 있겠는가 하는 의문이 있기는 하지만, 금비령이 묘지의 성행에 역할을
한 것만은 부정할 수 없을 것이다.

후한 묘비와 서진 묘지를 비교하면 형태상의 차이도 있지만 가장 두드러진
차이는 묘지의 경우 망자에 대한 서술뿐 아니라 처·자 혹은 그 부모나
조부 등과 같은 가족 관계에 대한 서술이 등장한다는 점이다.[103] 가족 관계,
혹은 세계世系가 묘지에 기술된 이유는 무엇일까? 왜 서진 묘지에는 후한
시기 묘비의 가장 중요한 특징이라고 할 수 있는 명사가 사라진 것일까?
혹 묘비에서 묘지로의 변화라는 것이 타인에게 보이기 위한 기념비에서
가족만이 볼 수 있는 기념비로의 성격 변화를 의미하는 것일까?[104]

정밀한 고찰이 필요하겠지만 세계를 비롯한 처자의 가족 관계가 모두
서술된다는 것이 귀족제 사회라는 특수한 상황에서 발현된 것은 아닐까
하는 생각이다. 혹 귀족제 사회에 부합하는 가문의 가풍과 신분적 내혼제內婚
制의 약속이 돌에 새겨져 암묵적인 가례家禮의 한 내용으로 작동한 것은
아닐까? 금비령에 의해 사사로운 입비 행위가 저지되면서 사대부들은 이제
또 다른 기념비를 준비해야만 할 듯하다.

102) 中田勇次郎,「中國の墓誌」,『中國墓誌精華』(東京: 中央公論社, 1975), 11쪽; 日比野丈夫,
    앞의 글, 186쪽; 福原啓郎,「西晉の墓誌の意義」,『中國中世の文物』(京都: 京都大, 1993),
    317쪽; 吳煒,「墓志銘起源初探」,『東南文化』1999-3, 7쪽; 李士彪,「漢魏六朝的禁碑與碑文
    的演變」,『中國典籍與文化』1999-4, 87쪽. 단 후쿠하라 아키로는 墓誌를 두 가지 유형으
    로 구분하였고, 그 중 소형의 碑 형태를 지닌 B형을 禁碑令에 의해 지상에 세우지
    못하게 된 묘비의 대체물로 이해하였다.
103) 窪添慶文,「石に刻された生涯」,『東洋文化研究』14(2012), 586쪽.
104) 기존 연구에 따르면 西晉 墓誌 중에서 碑陰에 門生故吏의 이름이 열거된 것은 단
    하나의 예만이 있을 뿐이다. 福原啓郎, 앞의 글, 325쪽.

3부

돌에 새긴 종족법
- 묘지

1장 서진~유송 시기 묘지의 구성과 역할

　죽은 이의 공덕功德을 칭송하기 위해 무덤 앞에 세워졌던 묘비墓碑는 건안建
安 10년(205) 조조曹操가 내린 금비령禁碑令에 의해 지상에서 사라지게 되었다.
물론 금비령 이후에 건립된 묘비가 없는 것은 아니지만[1] 금비령이 재반포된
서진西晉 초기에는[2] 비교적 금령이 잘 지켜졌던 것으로 보인다.[3] 그 결과
후한後漢 말 구름처럼 세워졌던 묘비나 묘갈墓碣[4]은 자취를 감춘다. 그러나
선조의 덕행德行을 칭양稱揚하고, 그로써 자신의 이름을 후세에 알리고자
하는 욕망[5]이 사라진 것은 아니었다. 그렇다면 묘비를 대신할 금령에 위배되
지 않는 대체물의 등장은 자연스러운 일이다.

---

1) 『晉書』 卷42, 「唐彬傳」, "(唐)彬初受學於東海闔德, 門徒甚多, 獨目彬有廊廟才. 及彬官成,
　　而德已卒, 乃爲之立碑."; 『晉書』 卷51, 「束晳傳」, "(束)晳辭疾罷歸, 敎授門徒. 年四十卒,
　　元城市里爲之廢業, 門生故人立碑墓側."; 『晉書』 卷54, 「陸雲傳」, "孟玖扶穎入, 催令殺(陸)
　　雲,…門生故吏迎喪葬淸河, 修墓立碑, 四時祠祭."

2) 『宋書』 卷30, 「禮二」, "晉武帝咸寧四年, 又詔曰:「此石獸碑表, 旣私褒美, 興長虛僞, 傷財害
　　人, 莫大於此. 一禁斷之. 其犯者雖會赦令, 皆當毁壞.」"

3) 西晉 초기 墓碑 건립의 사례는 극히 드문 것으로 보인다. 물론 묘비가 아닌 功德碑도
　　발견되지만 그 주인공과 설립 과정을 보면 대부분 정부의 허가 하에 건립된 것으로
　　추정된다. 『晉書』 卷38, 「扶風王司馬駿傳」, "(司馬駿)遂發病薨. 追贈大司馬, 加侍中·假黃
　　鉞. 西土聞其薨也, 泣者盈路, 百姓爲之樹碑, 長老見碑無不下拜, 其遺愛如此."; 『晉書』 卷37,
　　「南陽王司馬模傳」, "(南陽王司馬)模感丁邵之德, 救國人爲邵生立碑."

4) [梁]劉勰, 『文心雕龍』, 「誄碑」, "自後漢以來, 碑碣雲起."

5) 『墨子』, 「兼愛下」, "以其所書於竹帛, 鏤於金石, 琢於盤盂, 傳遺後世子孫者知之."; 『禮記』,
　　「祭統」, "銘者, 自名也, 自名以稱揚其先祖之美, 而明著之後世者也."

금비령 이후 상장의물喪葬儀物로 유행한 것은 묘지墓誌다. 묘비가 세워지던 시기에도 묘지가 제작되었지만, 사회적으로 유행이라 할 수 있을 정도로 묘지가 만들어진 것은 금비령 이후였다. 묘지에 대해서는 "무덤 앞에 세워진 것을 비碑나 표表라 하고, 무덤 안에 묻은 것을 지명誌銘이라 한다."[6]는 양옥승梁玉繩의 해석이 가장 일반적으로 받아들여지고 있다.[7] 곧 지상에 세워지지 않고 지하에 매장되었다는 것이 묘비와 묘지의 가장 큰 구별 기준인 셈이다. 그렇다면 묘비와 묘지의 역할과 구성 요소는 동일할까?

이에 대해 정보를 주는 것은 『문장변체文章辨體』의 다음의 기사다.

> 묘지는 (망자亡者의) 세계世系(가계家系), (졸장卒葬) 연월年月, 이름과 자字, 작爵과 본적 등을 정확히 적어서 (후대 발생할지 모르는) 능묘陵墓의 변천에 방비하고자 하는 것이다.[8]

위의 기사에 따르면 묘지는 묘비와는 차이가 있음을 알 수 있다. 이것은 『문장변체』를 증보한 『문체명변文體明辨』에서도 동일하게 설명하고 있다. 『문체명변』에서는 최초의 묘지를 전한前漢 두자하杜子夏 묘지로 보며 장례 시에 피장자被葬者의 세계(가계), 이름과 자, 작과 본적, 행치行治(묘주의 품행), 수년壽年(향년享年), 졸장년월, 자손에 대한 대략 등을 적어 묘 안에 매장하여 다른 시기 능묘의 변천에 방비한다고 서술하였다.[9] 이상 두 문헌의 설명에 의한다면 묘지는 한대 묘비가 가진 송덕頌德의 기능을 갖고 있지 않았다. 오히려 지하에 매장한 표지, 즉 묘표墓表의 의미가 강한 것으로

---

6) [淸]梁玉繩, 『誌銘廣例』, "凡刻石顯立墓前者, 曰碑, 曰表. 惟納於壙中, 謂誌銘."
7) 엽창치 역시 묘비와 墓誌를 무덤 밖에 설치하는가, 안에 설치하는가로 구분하였다. [淸]葉昌熾, 『語石』, 「墓誌」, "今則漢以來石刻論之, 碑闕墳壇皆置壙外, 其納諸壙中者始爲墓誌之用."
8) [明]吳訥, 『文章辨體』, 「墓誌」, "墓誌, 則直述世系·歲月·名字·爵里, 用防陵谷遷改."
9) [明]徐師曾, 『文體明辨』, 「墓誌銘」, "蓋於葬時述其人世系·名字·爵里·行治·壽年·卒葬年月, 與其子孫之大略, 勒石加蓋, 埋於壙前三尺之地, 以爲異時陵谷變遷之防, 而謂之誌銘."

봐야 할 것이다.

후한 시기 묘비는 주로 피장자의 신분을 알려주는 용도보다는 송덕의
목적을 가지고 있었다.[10] 이것은 후한 묘비들에서 공통적으로 보이는 매우
완성도 높은 명사銘辭로부터 확인할 수 있다. 그런데 앞의 기사들에 따른다면
묘지의 구성 요소에는 명사가 없다. 묘지의 설치 목적이 후대 발생할 수
있는 능묘의 위치 변화에 대비하기 위한 것이었기에 묘비와는 달리 명사를
그 구성 요소로 갖지 않았던 것일까?

그러나 문제는 그렇게 간단하지만은 않은 것 같다. 『문체명변』의 다음
기사를 보자.

> 묘지명墓誌銘이라 함은 지誌가 있고, 명(사)銘(辭)가 있기 때문이다.…그러나
> 지명誌銘이라 해도 혹은 지만 있고 명이 없는 것이 있고, 혹 명만 있고
> 지가 없는 것도 있으니 (모두) 별체別體다. (그래서) 묘지墓誌라고 하면
> 지만 있고 명이 없는 것이요, 묘명墓銘이라 하면 명만 있고 지가 없는
> 것이다.[11]

요컨대 묘지명으로도 불리는 묘지는 지와 명을 모두 포함하는 것이나
경우에 따라 그 중 하나만을 갖는 경우가 있다는 것이다. 그렇다면 이러한
해석은 어떻게 가능했던 것일까? 이것은 시대별로 차이가 있던 묘지의
구성 요소 때문인 것으로 생각된다. 묘지 역시 묘비와 마찬가지로 완성된
형식이 어느 순간 갑자기 출현한 것이 아니라 긴 시간 동안 시대와 사회의

---

10) 히사다 마미코는 銘石文의 경우 器物의 이름을 밝히는 경우를 제외하면 대체로
그 목적을 기념과 頌德으로 구별할 수 있는데, 漢碑 대부분은 송덕을 목적으로
한다고 보았다. 久田麻實子, 「墓誌銘の成立過程について-北魏墓誌銘の意義」, 『中國學志』
14(1999), 29쪽.

11) [明]徐師曾, 『文體明辨』, 「墓誌銘」, "墓誌銘, 有誌·有銘者, 是也.…然云誌銘而或有誌無銘,
或有銘無誌者, 則別體也. 曰墓誌, 則有誌而無銘. 曰墓銘, 則有銘而無誌."

필요에 의해 그 구성 요소를 완비하며 정형화 되었기 때문이다. 또는 필요에 의해 특정 구성 요소가 강조되거나 생략되기도 하였다. 예를 들어 명사는 동진東晉 시기에는 작성되지 않았지만 유송劉宋 시기에는 강조되었다.

『문체명변』의 기술처럼 모든 묘지에 명사가 있는 것은 아니다. 그렇기에 명사의 존재 유무는 해당 시기 묘지의 역할을 규정하는 중요한 지표가 되었다. 서진 시기 금비령에 의해 묘지가 묘비를 대체하면서 명사가 사라지기 시작하였다. 구경꾼을 상실하며 묘주의 공적인 이미지를 강조하고 건비자의 충성심을 보여주었던 명사가 생략된 것이다. 이후 동진 시기를 지나 유송 시기 묘지에 명사가 재등장한다. 그 결과 동진과 유송 묘지의 차이 중 가장 특기할 만한 것으로 명사의 유무가 지적되었다.[12]

나카무라 게이지中村圭爾는 묘지에 명사가 재등장한 이유를 동진과는 달리 유송 시기 입비立碑가 금지되었던 것에서 찾았다. 동진 시기는 금비령이 느슨해져 사실상 묘비 건립이 허가되어 묘비에 송덕의 명사를 기록하였기 때문에 묘지에는 굳이 명사를 기록할 필요가 없었다는 것이다.[13] 이는 묘지가 단순히 묘비 금지의 반작용이 아니라는 것을 의미함과 동시에 그것과는 다른 역할을 하는 석각이었음을 말하는 것이다. 후한 시기 묘비가 있었음에도 여전히 묘기墓記와 묘지가 제작되었던 것을 생각하면, 충분히 설득력 있는 주장이다.

그러나 금비령이 엄격하게 행해지던 서진 시기에도 명사를 갖지 않는 묘지가 상당수 출토된 것은 해결해야 하는 문제다. 또한 한 무덤에 각기 묘지와 묘비가 사용되었다는 점을 증명해야 하는 문제가 남는다. 이를 위해

---

12) 羅宗眞, 『魏晉南北朝考古』(北京: 文物, 2001), 151쪽. 뤄쫑전은 銘辭를 묘지 規範化의 조건으로 보았다.

13) 中村圭爾, 「東晉南朝の碑·墓誌について」, 『六朝江南地域史研究』(東京: 汲古書院, 2006), 399~400쪽. 앞서 나가타 류지로 역시 南北朝 시기의 묘지는 墓誌銘으로 불려야 한다고 하면서 남북조 시기가 되어야 묘지에 銘辭가 더해지는 것으로 이해하였다. 中田龍次郎, 「中國の墓誌」, 『中國墓誌精華 解說 釋文·解題』(東京: 中央公論社, 1975), 13쪽.

서는 묘지와 짝을 이룬 묘비의 발견이 필요하다. 하나의 무덤에서 두 종류의 석각이 모두 사용되었다는 증거가 없는 한 묘지를 묘비의 대체물로 보는 것이 타당할 것이다. 따라서 유송 시기 명사가 간각刊刻된 묘지의 등장을 엄격했던 금비령과만 결부해서 해석하는 것에는 주의가 필요하다.

유송 시기 들어 묘주의 덕을 찬미하는 명사가 다시금 등장하고 강조되었던 것은 어떠한 사회적 요청으로부터 기인한 것일까? 지하에 매장함에도 불구하고, 다시금 명사가 등장한 것은 무엇 때문일까? 혹 이러한 현상이 유송 시기 사대부 사회의 모종의 변화를 반영한 것은 아닐까? 그와 관련하여 유송 시기 가장 유명한 묘지가 등장하는 원가元嘉 연간(424~453)[14]으로 눈을 돌릴 필요가 있을 것이다.

이 장은 금비령 후 급속하게 증가한 묘지가 각 시대별로 사회적 요구에 부응한 특별한 역할을 담당했을 것이라는 가정으로부터 시작한다. 금비령의 직접적인 영향을 받았던 서진의 묘지와 이장移葬의 필요와 갈망이 존재하고 있었던 동진 시기의 묘지, 그리고 중원 회복의 의식이 사라지고 무인武人 황제에 의해 황제권이 강화된 유송 시기의 그것은 시대와 사회의 요구에 부응하며 그 구성 요소와 특징을 달리 했을 것이다. 또한 종족제宗族制가 엄격하게 지켜지고 문지門地의 고하에 따라 위계와 승진의 제약이 있었던 사회적 분위기에 따라, 혹은 문벌사족門閥士族의 지위가 고정되어 감에 따라 관적貫籍·출자出自, 그리고 세계를 기록하는 묘지의 내용은 달라졌을 것이다.

---

14) 元嘉 시기 가장 유명한 묘지라는 것은 顔延之가 王球를 위해 지은 〈왕구묘지〉를 말한다. 그러나 이 묘지는 현재 남아 있지 않아 그 내용을 알 수 없다. 王儉에 따르면 안연지의 묘지명 이후 사회적으로 묘지명이 유행하게 되었다고 한다. 이 때문에 趙翼은 이것을 묘지의 기원으로 보고 있다. [淸]趙翼, 『陔餘叢考』, 「墓誌銘」, "王儉曰:「石志不出禮經, 起自宋元嘉中, 顔延之爲王球石志, 素族無銘策, 故以紀行. 自爾以來, 共相祖襲. 今儲妃之重, 旣有哀策, 不煩石志.」 此則墓志起於元嘉中之明據也."

I. 묘지의 연원과 출현

묘지가 언제 출현했는가에 대한 연구자들의 견해는 일치하지 않는다. 가장 큰 이유는 묘지의 형태와 내용이 다양하기 때문이다. 묘지의 유형을 하나로 규정할 수 없어 그 출현 연원淵源을 확정하기 어려운 것이다.

묘지를 형태적으로 구분한 후쿠하라 아키로福原啓郞의 연구에 따르면 묘지는 크게 두 유형으로 구분할 수 있다.[15] 그 중 하나가 한대 유행했던 묘비나 묘갈의 축소 형태로, 그 형태상의 특징을 따서 '비형묘지碑型墓誌'라고 한다. 묘비와 같이 비액碑額(제목)이 있거나, 경우에 따라서는 비수碑首 부분에 천穿이나 훈暈을 가진 것도 있다. 따라서 이 유형은 금비령의 결과물로 이해된다. 대표적인 것으로 영평永平 원년(291)에 제작된 〈관락묘지菅洛墓誌〉[16]를 들 수 있다. 이 석각은 무덤 안에 매장되어 있어 묘지로 구분되지만, 형태적으로 묘비의 정형화된 구성 요소인 훈과 지액誌額(제액題額, 표제標題)이 있으며 지액에는 명확하게 '묘비'라는 표현도 있다. 묘지임에도 〈관락묘비〉란 이름으로도 불리는 이유다.

내용 구성도 후한 시기 유행했던 여타 묘비들과 거의 차이가 없다. 이해를 위해 잠시 살펴보자.

〈서진영평원년(291)관락묘지〉의 구성과 내용

【지액誌額】

진의 대조待詔와 중랑장中郞將을 역임한 서군徐君 부인 관씨의 묘비.①

---

15) 福原啓郞, 「西晉の墓誌の意義」, 『中國中世の文物』(京都: 京都大, 1993). 후쿠하라 아키로는 이 글에서 묘지를 A·B 두 가지 유형으로 구분하였다. 그는 A형을 被葬者의 기록인 墓記·封記·(畵像石·石槨)題字·墓甎 등으로, B형을 禁碑令에 의해 墓碑가 지하로 들어간 墓誌碑로 이해하였다. 316~317쪽.

16) 碑額에는 '晉待詔中郞將徐君夫人菅氏之墓碑'라고 쓰였지만 여기서는 일반적으로 불리는 〈菅洛墓誌〉로 표기한다. 묘지의 표기는 〈王朝名+紀年(西曆)+墓主名+墓誌〉의 형식으로 표기하는 것을 원칙으로 한다.

【서序】

부인의 휘諱는 낙洛이고② 자字는 승勝이며③ 대군代郡 사람이다.④ 부인은 정숙하고 진실하며 청정하면서도 온화하였고 공경스럽고 성실하였으며 맑고 식견이 있었다.⑤ 나이 열일곱에 바야흐로 서씨에게 시집갔다. 본래 효성이 독실한 가문 출신인데다가 (스스로) 예양禮讓에 뜻을 두어 시부모를 공경히 받들고 남편을 받들어 섬김에 (시집 온) 처음부터 (생을) 마칠 때까지 41년 간 그 겸양한 뜻과 유순한 행실로 줄곧 말 한마디의 어긋남과 태만한 행동의 과실이 없었다. 집안일을 가지런히 다스림에 부리는 사람들은 숙연해졌다. 이로써 시댁에서는 그 뜻을 사모하였고, 친정에서는 그 행실을 귀히

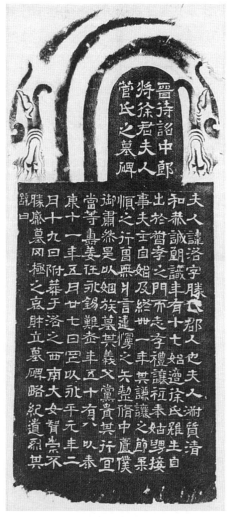

〈그림 3-1-1〉'묘비'라는 제목을 가진 〈관락묘지〉의 탁본(국립공주박물관ⓒ)

여겼다. 마땅히 태강太姜과 대임大任과 같은 천수를 누리시어 길이길이 늙지 않으셔야 했다.⑥ (그러나) 나이 58세,⑦ 태강泰康 11년(290) 5월 27일 돌아가셨다.⑧ 영평永平 원년(291) 2월 19일,⑨ 낙洛의 서남쪽에 합장하였다.⑩

큰 사위 숭崇은 사모하는 마음과 지극한 슬픔을 감당할 길 없어 미력하나마 묘비를 세우고 남기신 행적을 대략 기록한다.⑪

【명사銘辭】

그 명사는 다음과 같다. 황령皇靈이 낳으시고 산악이 내리셨도다. 아 부인의 품은 덕은 맑고 담백하였다. 총명하여 안으로 식견을 갖추었으며 사람을 대함에 정성을 다하셨다. 어진 자는 장수한다 하였으니 마땅히 백수를 누리셔야 했다. (그러나) 하늘이 불쌍히 여기지 않아 수명이 중간에 기울여졌다. 점을 쳐서 묘역을 이곳으로 삼아 영원히 저승에서 머무시게 하였다. 남겨진 고아는 울부짖고 인척들은 눈물을 흘린다. 천추만세 후 언제나 다시 뵐 수 있으리오, 아, 슬프도다!⑫ 17)

구성을 보면 ①지액, ②휘, ③자, ④본적, ⑤품행, ⑥이력, ⑦향년, ⑧졸년월일, ⑨장례일, ⑩장지葬地, ⑪건비자建碑者, ⑫명사로 되어 있다. 여성의 경우라 이력은 이렇다 할 것이 없지만, 17세에 결혼을 한 후 58세가 될 때까지 시부모를 봉양하며 남편에게 내조했던 일들이 기록되어 있다. 이러한 내용 구성은 기존 묘비와 거의 동일하다고 할 수 있다.18) 금비령에 의해 묘비가 지하로 들어간 결과일 것이다.

다만 후한 시기 묘비와 다른 점으로는 ⑪건비자 부분을 들 수 있다.

---

17) 趙超, 『漢魏晉南北朝墓誌彙編』(天津: 天津古籍, 2008), 4쪽, 〈晉待詔中郎將徐君夫人菅(洛)氏之墓碑〉, "晉待詔中郎將徐君夫人菅氏之墓碑. 夫人諱洛, 字勝, 代郡人也. 夫人淑質清和, 恭誠朗識. 年有十七, 始適徐氏. 雖生自出於督孝之門, 而志存禮讓, 祗奉姑舅, 接事夫主, 自始及終卌一年, 其謙讓之節, 柔順之行, 曾無片言違慢之矢. 整脩中匱, 僕御肅然. 是以姻族墓其義, 父黨貴其行. 宜當等壽姜任, 永錫難老. 年五十有八, 以泰康十一年五月卄七日罔. 於永平元年二月十九日附葬于洛之西南. 大女婿崇, 不勝感墓罔極之哀, 財立墓碑, 略紀遺烈. 其辭曰: 皇靈誕育, 惟嶽絳猗. 猗與夫人, 秉德淑清. 聰朗內識, 接物以誠. 曰仁者壽, 當享百齡. 昊天不弔, 大命中傾. 卜茲宅窆, 永卽幽冥. 遺孤號咷, 姻族涕零. 千秋萬歲, 何時復形. 嗚呼哀哉!"

18) 구보죠에 요시후미는 묘비를 구성하는 요소를 다음과 같이 규정하였다. ①碑額 ②諱 ③字 ④본적 ⑤家系 ⑥品行 ⑦官歷을 중심으로 하는 이력, ⑧卒年月日 ⑨享年 ⑩追贈 ⑪葬日 혹은 立碑日 ⑫銘辭. 窪添慶文, 「墓誌の起源とその定型化」, 『立正史學』 105(2009), 2쪽. 이에 따른다면 〈菅洛墓誌〉의 경우 家系와 追贈만이 차이가 날 뿐이다.

후한 묘비는 건비자를 비음碑陰, 즉 묘비 뒷면에 새기는 것이 일반적이었다.
대신 이렇게 석각의 서 부분에 건비자가 간각되는 것은 묘기나 봉기封記,
화상석제자畵像石題字 등에서 쉽게 찾아볼 수 있다. 〈관락묘지〉는 맏사위에
의해 만들어졌는데, 구경꾼을 잃은 석각에 기꺼이 비용을 내고 자신의 이름
을 올려 충성심을 보이고자 하는 이들이 없었기 때문일 것이다. 지하로
들어간 묘비, 즉 묘지는 가족만의 기념물이 되었던 것이다. 이 문제를 고찰한
이가 구보죠에 요시후미窪添慶文다. 그는 19개의 서진 묘지를 분석하였는데,
명사를 포함하지 않는 묘지가 13개로 전체 68%가 넘는다.[19] 죽은 이를
추모하는 한편 입비자의 유가적 소양을 드러낼 수 있는 기재였던 명사는
독자를 상실하며 사라지게 된 것이다.

　그 결과 서진 시기 대부분의 묘지는 후한 묘비보다 간략하다. 예를 들어
〈서진태강3년(282)풍공묘지西晉太康三年馮恭墓誌〉를 살펴보면 "진 태강 3년 2
월 3일 기유, 조국 고읍도관령과 태중태부를 역임한 자가 원각인 풍공.
아들의 이름은 영이며, 다음은 징, 다음은 귀다晉故太康三年二月三日己酉趙國高邑導
官令太中大夫馮恭字元恪. 有子曰寧, 次曰徵, 次曰貴]."[20]라고 하여 묘주墓主에 대한 짧은
기록과 가족에 대한 간략한 소개(아들들의 이름)만이 적혀 있다. 내용이
간소화되기는 하였지만 〈풍공묘지〉는 형태면에서는 여전히 전형적인 묘비
의 모습을 갖추고 있다. 형식은 규수형圭首形이고 하관下官 시 끈을 통과시키기
위해 뚫어 놓은 비의 전형적인 특징인 천穿도 있다.[21] 서진 시기 등장한

---

19) 구보죠에 요시후미는 서진 시기 묘지를 모두 4개의 기준으로 구분하고자 하였다.
　　(1) 誌額과 명사가 모두 있는 묘지 6건, (2) 지액은 있지만 명사는 없는 묘지 5건,
　　(3) 지액은 없지만 명사는 있는 묘지 0건, (4) 지액도 명사도 모두 없는 묘지 8건.
　　窪添慶文, 앞의 글, 2쪽.
20) 趙超, 앞의 책, 4쪽, 〈馮恭墓誌〉.
21) 趙超, 위의 책, 4쪽. 하지만 현재 남아 있는 탁본을 보면 윗부분만이 확인될 뿐이고,
　　그나마도 비의 형태를 명확하게 파악하기 힘든 상태다. 〈馮恭墓誌〉의 탁본은 北京圖
　　書館金石組, 『北京圖書館藏中國歷代石刻拓本匯編 第二冊』(鄭州: 中州古籍, 1989), 46쪽을
　　참조.

묘지를 묘비의 대체물로 이해하는 대표적인 연구자로는 나가타 류지로中田龍
次郎를 들 수 있다.22)

이와는 달리 묘기·봉기·화상석제자·석곽제자石槨題字·묘전墓磚 등 묘기류
를 묘지의 기원으로 보는 이도 있다.23) 묘지의 궁극적 목적이 묘주가 누구인
가를 알려주는 것이라면 무덤 안에 매장된 다양한 석각들을 묘지의 초기
형태라 보지 못할 이유는 없을 것이다. 연구자 중에는 최초의 묘지로 진시황
릉구秦始皇陵區 서측 조배호촌趙背戶村 형도묘刑徒墓에서 발굴된 와지각문瓦誌刻
文24)을 지목하기도 한다.25) 묘지를 규정하는 가장 중요한 약속이 (1) 무덤
안에 매장되어야 한다는 점과 (2) 묘주에 대해 정보를 제공해야 한다는
점26)이라면 묘기는 묘지의 초기 모습이라 할 수 있을 것이다.

비교적 완성된 묘지의 모습을 보여주는 초기 석각으로는 연평延平 원년
(106)에 제작된 〈마강묘지馬姜墓誌〉가 있다. 높이 46cm, 폭 58cm, 15행 각
행 2~19자로 구성된 이 묘지는 후한 좌장군左將軍·특진特進·교동후膠東侯 가복
賈復의 다섯째 아들인 가무중賈武仲에게 시집간 복파장군伏波將軍·신식충성후
新息忠誠侯 마원馬援의 딸 마강의 묘지다. 23세에 남편과 사별하고 네 딸을
키워 성혼시킨 사실과 73세로 연평 원년에 사망한 행적이 기록되어 있다.

---

22) 中田龍次郎, 앞의 글, 11쪽.

23) 대표적인 연구자로는 히비노 다케오를 들 수 있다. 그는 畵像石 일부에 각석되었던
被葬者에 대한 애도의 뜻을 담은 설명문이 묘지의 전신이라 보았고, 禁碑令에 의해
지하로 내려간 소형의 석비와는 구분할 필요가 있다고 하였다. 日比野丈夫, 「墓誌の基
源について」, 『江上波夫敎授古稀記念論集 民族·文化篇』(東京: 山川, 1977), 185~186쪽.

24) 이 瓦誌刻文은 '刑徒磚' 또는 '刑徒瓦' 등으로 불리는데, 여기에는 매장된 이들에
대한 간단한 정보가 (1) 地名+人名, (2) 지명+爵名+인명, (3) 지명+刑名+작명+인명,
(4) 지명+형명+작명+인명의 형태로 기술되어 있다. 자세한 사항은 始皇陵秦俑考古
發掘隊, 「秦始皇陵西側趙背戶村秦刑徒墓」, 『文物』 1983-3, 6~11쪽 또는 1부 1장 참조.

25) 袁仲一, 『秦代陶文』(西安: 三秦, 1987), 31쪽; 毛遠明, 『碑刻文獻學通論』(北京: 中華書局,
2009), 107쪽.

26) 封演이 인용한 王儉의 『喪禮』에 기술된 묘지의 내용을 보면, 그 주된 목적이 후대인에
게 墓主에 대한 정보를 제공하는 것임을 알 수 있다. 「唐]封演, 『封氏聞見記』, 「石誌」,
"(王)儉所著喪禮云: 「施石誌於壙裏, 禮無此制, …原此旨, 將以千載之後, 陵谷遷變, 欲後人有
所聞知. 其人若無殊才異德者, 但紀姓名·歷官·祖父·姻媾而已. 若有德業, 則爲銘文."

여기에는 묘주의 이름, 묘주의 남편, 묘주 시아버지와 아버지, 딸들에 대한
간략한 정보를 비롯하여 사망한 날짜와 장례일, 그리고 간단한 묘주의 성품
이 기록되어 있다.[27] 이러한 구성 요소는 이후 왕행王行이 서술한 휘, 자,
성씨, 향읍鄕邑(본적), 족출族出(가계), 품행[行治], 이력, 졸일, 수년(향년), 처,
자, 장일, 장지라는 열세 가지 묘지 구성 요소[28]와 많이 닮아 있다.

　대신 후한 시기 정형화된 묘비에서 보이는 명사는 기록되어 있지 않아
이 석각이 불특정 다수에게 보여주기 위한 기념비기보다는 가족 안에서
묘주를 추도하고자 제작된 기념비임을 알 수 있다.[29] 따라서 묘비보다는
가족 관계에 대한 기술이 많이 기록되어 있음을 알 수 있다. 특히 그 딸들의
경우 두 딸은 현종顯宗 즉, 명제明帝의 귀인貴人이 되고 다른 두 딸은 각기
격후鬲侯 주씨朱氏와 양천후陽泉侯 유씨劉氏[30]에게 시집간 것을 기술하여 묘지
가 한 개인의 공적을 기념함과 동시에 문제門第를 기록하여 가족 규범의
역할을 담당하고 있음을 알 수 있다. 이로써 우리는 묘지와 묘비가 상호
관련을 맺고 영향을 주고받았다는 사실 이외에도 묘지와 묘비가 서로 다른
역할을 담당하고 있었음을 알 수 있다.

27) 永田英正 編,『漢代石刻集成 圖版·釋文編』(京都: 同朋社, 1994), 44쪽,〈賈武仲妻馬姜墓
　　誌〉,“惟永平七年七月卄一日, 漢左將軍特進膠東侯, 第五子賈武仲卒, 時年卄九. 夫人馬姜,
　　伏波將軍新息忠成侯之女, 明德皇后之姊也. 生四女, 年卄三而賈君卒. 夫人深守高節, 劬勞歷
　　載, 育成幼媛, 光□祖先. 遂升二女爲顯節貴人, 其次適鬲侯朱氏, 其次適陽泉侯劉氏. 朱紫繽
　　紛, 寵祿盈門, 皆猶夫人. 夫人以母儀之德, 爲宗族之覆. 春秋七十三, 延平元年七月四日薨.
　　皇上潤悼, 兩宮賻贈, 賜秘器以禮殯, 以九月十日葬于芒門舊塋. □□子孫, 懼不能章明, 故刻
　　石紀.…”
28) [明]王行,『墓銘擧例』,“凡墓誌銘書法有例, 其大要十有三事焉. 曰諱, 曰字, 曰姓氏, 曰鄕邑,
　　曰族出, 曰行治, 曰履歷, 曰卒日, 曰壽年, 曰妻, 曰子, 曰葬日, 曰葬地.”
29) 도미야 이타루는 지상에 서 있는 묘비와 지하에 매장된 묘지, 양자는 설치 장소를
　　달리하는 것으로부터 그 기원과 목적을 달리 했기에 상정하고 있는 비문의 독자도
　　다르다고 하였다. 도미야 이타루 지음·임병덕 옮김,『목간과 죽간으로 본 중국
　　고대 문화사』(서울: 사계절, 2005), 79쪽.
30) 나가타 히데마사는 鬲侯 朱氏를 朱祐의 손자인 朱演으로 추정하였고, 陽泉侯 劉氏는
　　宗室로 추정하였으나 누구인지는 구체적이지 않다고 하였다. 永田英正 編,『漢代石刻
　　集成 本文編』(京都: 同朋社, 1994), 27쪽.

II. 서진 묘지의 구성과 특징

이제 각 시기별 묘지의 특징과 사회적 역할을 살펴보자. 우선 서진 묘지의
특징과 그 사회적 역할을 규명하기 위한 사전 작업으로 다음과 같은 표를
작성해 보았다.[31]

〈표 3-1-1〉 서진 묘지 일람[32]

연번	묘지*	자수	구성	기계 및 가족 관계**	외형(단위㎝)***
1	〈서진태시원년(265)장광전지西晉泰始元年張光磚誌〉	8	장일+본적+휘+자		세로31/가로16
2	〈서진태강원년(280)양호묘지西晉太康元年羊祜墓誌〉	57	**지액誌額**+휘+자+장일+장지+**가족 관계**	부인(吳國 劉氏)	세로46/가로14 방수비형方首碑形
3	〈서진태강원년(280)노전묘표西晉太康元年魯銓墓表〉(36)	36	졸년+관력+향년+장일		세로28/가로30
4	〈서진태강3년(282)풍공묘지西晉太康三年馮恭墓誌〉	38	장일+관력+휘+자+**가족 관계**	아들(寧), 아들(徵), 아들(貴)	상 세로40/가로12 하 세로93/가로12
5	〈서진태강3년(282)왕씨묘지西晉太康三年王氏墓誌〉	106	졸일+성+장일+**가족 관계**(남편의 관작)+소요 인력+제작자	남편(太常 戴侯)	세로48/가로24/두께10 방수비형
6	〈서진태강5년(284)화국인묘비西晉太康五年和國仁墓碑〉	30	장일+관력+본적+성+휘		세로50/가로23 방수비형
7	〈서진태강8년(287)왕□묘지西晉太康八年王□墓誌〉	19?	장일+관력+성		세로22/가로17 규수비형圭首碑形, 천천穿

---

31) 이들 석각 안에는 磚誌·柩誌를 비롯한 墓記類가 포함되어 있다. 이름과 상관없이 지하에 매장되어 묘주에 대한 정보를 주는 것들은 모두 포함하였다.

32) 표는 趙超, 앞의 책; 北京圖書館金石組, 앞의 책; 羅新·葉煒, 『新出魏晉南北朝墓誌疏證』(北京: 中華書局, 2005); 毛遠明, 『漢魏六朝碑刻校注 第二冊』(北京: 線裝書局 2009); 王壯弘 外, 『六朝墓誌檢要』(上海: 上海書店, 2008); 彭興林, 『中國歷代名碑釋要 上』(濟南: 山東美術, 2011)을 이용하여 작성하였다. 이들 문헌 이외의 문헌이 사용되었을 경우 주에서 典據를 밝혔다. 석각은 표제에 '묘비'라는 표현이 있어도 지하에 매장된 경우 모두 포함하였다. 필요한 경우에는 * 표를 이용하여 설명하였다. 구체적인 쪽 수는 생략한다.

8	〈서진태강8년(287)소화지묘전西晉太康八年蘇華芝墓磚〉	13	본적+성+휘+장일		대 세로26,5/가로12,8 소 세로24/가로12
9	〈서진태희원년(290)두속제기西晉太熙元年杜護題記〉	56	성+휘+자+관력+향년+장일+장지		세로132/가로67
10	〈서진영평원년(291)관락묘지西晉永平元年菅洛墓誌〉	244	**지액**+휘+자+본적+품행+이력+향년+졸일+장일+제작자+**명사**		세로58/가로24 원수비형圓首碑形, 훈暈
11	〈서진원강원년(291)장지구지西晉元康元年蔣之柩誌〉	13	장일+성+휘		
12	〈서진원강원년(291)성황묘지西晉元康元年成晃墓誌〉	172	**지액**+휘+자+본적+향년+품행+졸일		세로63/가로28 원수비형, 훈
13	〈서진원강3년(293)악생구지西晉元康三年樂生柩誌〉	18	장일+본적+성+휘+향년		세로32/가로16
14	〈서진원강3년(293)배기묘지西晉元康三年裴祇墓誌〉	93	관력+성+휘+자+본적+향년+졸일+장일+**가족 관계**	대부인(東莞 東武 伏氏) 부인(秦國 陳倉 馬氏)	세로34/가로25 방수비형
15	〈서진원강5년(295)순악묘지西晉元康五年荀岳墓誌〉	627	**지액**+졸일+**가계**+향년+장일+장지+조서詔書의 내용(이상 앞면)+휘+자+관력+**가족 관계**(이상 뒷면)+**가족 관계**(이상 우측)+부인 유씨劉氏 관련 기술(이상 좌측)	先祖世安措于潁川潁陰縣之北 부인(東萊 劉蘭訓)·유씨의 부친(劉仲雄) 딸(荀柔)·남편(樂陵 石庶祖) 아들(荀隱)·처(琅邪 王琛의 딸) 딸(荀和)·남편(許昌 陳敬祖) 딸(荀恭)·남편(弘農 楊士彦)	세로59/가로41,6 규수비형. 부인 유씨 합장 시 좌우측을 증각增刻
16	〈서진원강6년(296)곽괴구명西晉元康六年郭槐柩銘〉	171	**지액**+휘+자+본적+**가계**+**가족 관계**+품행+향년+졸일+졸지+장지	其先胤自宗周王系之穆, 建國東號, 因而氏焉 부친(城陽太守 郭配)	세로65/가로31,2 규수비형
17	〈서진원강7년(297)진거중묘지西晉元康七年陳居中墓誌〉	20	장일+**가족 관계**(남편의 관력, 남편의 성, 남편의 휘)+성+휘	남편(散都尉 齊蔥)	세로34/가로18
18	〈서진원강8년(298)조범묘지西晉元康八年趙汜墓誌〉	341	**지액**+휘+자+본적+**가계**+품행+관력+	惟君先裔, 奕世高宗	세로84,5/가로83,5 원수비형, 비좌碑座

			향년+**명사**+제작인		
19	〈서진원강8년(298)서문□ 묘지西晉元康八年徐文□墓誌〉	60	장일+본적+성+휘 +향년+장지		세로68/가로33
20	〈서진원강8년(298)위추 구명西晉元康八年魏雛柩銘〉	152	**지액**+휘+자+품행 +**명사**		세로45/가로5 규수비형
21	〈서진원강9년(299)서의 묘지西晉元康九年徐義墓誌〉	1001	**지액**+휘+본적+<u>가 계</u>+<u>가족 관계</u>+품행 +관력+향년+졸일 +추증追贈+장일+**명 사**	其祖禰九族, 出 自海濱之寓 남편(太原 徐氏)	세로86/가로50 규수비형
22	〈서진영강원년(300)좌분 묘지西晉永康元年左芬墓誌〉	89	성+휘ㅣ지ㅣ본적+ 관력+졸일+장일+ 장지(이상 앞면)+<u>가 족 관계</u>(뒷면)	부친(太原 相代陽 太守 左熹), 형(左 思), 남조카(左 髦), 여조카(左 芳), 여조카(左 媛), 남조카(左聰 奇), 형수(翟氏)	세로27.5/가로14.5 방수비형
23	〈서진영강원년(300)장랑 묘지西晉永康元年張朗墓誌〉	418	**지액**+휘+자+본적 +<u>가계</u>+품행+향년 +졸일+장일+**명사**	其先張老, 爲晉 大夫,…自春秋 爰迄周末, 弈世 相□顯名戰國. 遝于子房	세로 54/가로 27 원수비형, 훈
24	〈서진영강2년(301)유보 묘지西晉永康二年劉寶墓誌〉	57	**지액**+휘+자+장일		세로44/가로21.5/ 두께5 원수비형
25	〈서진영녕원년(301)손송 묘지西晉永寧元年孫松墓誌〉	139	본적+성+휘+자+ <u>가족 관계</u>+품행+향 년+졸일+장일+<u>가 족 관계</u>	부친(翊軍府君 孫松), 아들(嬰 齊), 아들(黃元)	세로60/가로36
26	〈서진영가원년(307)유씨 묘지西晉永嘉元年劉氏墓誌〉	28	본적+성+<u>가족 관계</u> +장일	부친(徐州 田曹屬 劉安), 모친(河東 王氏)	세로38.5/가로11
27	〈서진영가원년(307)화방 묘지西晉永嘉元年華芳墓誌〉	1630	**지액**+<u>가족 관계</u>(남 편의 휘+남편의 자+ 남편의 가족 관계)+ 성+휘+자+향년+ 자녀+<u>가족 관계 및 가계</u>+본적+품행+ 향년+졸일+졸지+ 장지+**명사**+장일	본문에서 상술	세로126/가로55 방수비형

28	〈서진영가2년(308)석선묘지西晉永嘉二年石尠墓誌〉	481	본적＋성＋휘＋자＋가족 관계＋품행＋관력＋졸일＋졸지＋향년＋추증＋장일＋장지＋가족 관계	부친(太尉·昌安元公 石鑒)·부인(廣平 臨水 劉阿容)·유씨의 부친(步兵校尉·關內侯 劉世穎) 묘주의 부인(琅邪 楊都 諸葛男姊)·제갈씨의 부친(廷尉卿·平陽鄉侯 諸葛長茂) 장자(本國功曹 石定), 작은 아들(本國功曹 石邁), 서자(石恭嗣) 딸(石令脩)·남편(黃門侍郎·江安侯 穎川 陳世範)	세로46/가로63 방수비형
29	〈서진영가2년(308)석정묘지西晉永嘉二年石定墓誌〉	185	본적＋성＋휘＋자＋가계+가족 관계＋품행＋관력＋졸일＋졸지＋향년＋장일＋장지＋가족 관계	조부(太尉·昌安元公 石鑒) 부친(尚書·城陽鄉侯 石尠)·부인(沛國 劉貴華)·유씨의 부친(太常卿 劉終嘏)	세로46/가로23 방수비형
30	〈서진영가3년(309)조령지묘지西晉永嘉三年趙令芝墓誌〉	27	졸일＋가족 관계(남편의 관명＋남편의 성＋남편의 휘)＋성＋휘＋향년	남편(中尙方散都尉 孟□)	
31	〈서진유도묘지西晉劉韜墓誌〉	47	지액＋휘＋자＋가족 관계	부인(沛國 蔡氏)	세로46/가로15 규수비형
32	〈서진유씨묘지西晉劉氏墓誌〉	55	본적＋성＋가계＋가족 관계	조부(魏 琅邪太守 劉謀), 부친(使持節·領護匈奴中郎將·鷹揚將軍·幷州刺史·菅丘烈男 劉欽)	세로48/가로15 규수비형?****

| 33 | 〈서진장영창구지西晉張永昌柩誌〉 | 20 | 관력+본적+성+휘 | | 세로27/가로10 |

* 묘지의 이름은 〈왕조명+기년(서력)+묘주명+석각 종류〉의 방식으로 표기하였다.
** 가계 중에서 선조의 대한 내용은 비문을 적시하였고(예: 연번 15 "先祖世安措于潁川潁陰縣之北"), 가족 관계는 '관계(비문)'의 형식(예: 연번 2 "부인(吳國 劉氏)")으로 서술하였다. 편의적으로 조부 이상은 가계로, 부친 이하는 가족 관계로 구분하였다. 이하 모든 표에서 동일하다.
*** 탁본만 남아 있는 것은 탁본 상의 외형을 적기하였다.
**** 탁본상으로는 정확한 외형을 확정하기 어려우나, 일반적인 방형과는 차이가 있다.

전체 33점의 묘지들을 형태적인 면에서 보면 19점(연번 32를 포함하면 20점)이 묘비의 형태를 띠고 있음을 알 수 있다. 그 중에서는 묘지의 상부가 규수와 원수로 되어 있을 뿐 아니라 천과 훈 같은 묘비의 형태적 특징을 고스란히 가지고 있는 것도 있어 묘비로부터 전화되었음을 알 수 있다. 구성면에서 보면 후한의 묘비처럼 명사를 갖춘 것은 모두 6점(연번 10, 18, 20, 21, 23, 27) 밖에 없지만, 지액을 가진 것이 12점(연번 2, 10, 12, 15, 16, 18, 20, 21, 23, 24, 27, 31)이나 되는데 본적, 성, 휘, 자, 가계, 품행, 관력, 졸일, 졸지, 향년, 추증追贈, 장일, 장지 등이 서술된 것은 한비漢碑의 구성과 거의 동일하다. 이것은 서진 묘지의 원류가 한비에 있음을 알려주는 유력한 증거일 것이다.

그러나 한편으로는 전형磚形(벽돌형)이나 장방형長方形의 묘지들도 11점(연번 11과 30은 외형 정보 없음)이나 있어 이전부터 지하에 매장되었던 봉기·제자(기)題字(記)·전지 등이 발전한 것임을 알 수 있다. 연원이 다른 두 형태의 묘지들의 제작 연대를 보면 시기적으로 고루 분포하고 있어, 서진 시기에는 특정한 형태의 묘지로의 전개라는 모습은 찾아보기 힘들다. 서진 시기는 종래 관습적으로 지하에 설치되던 묘기들과 금비령에 의해 지하로 들어간 묘비가 공존하며 묘지의 특성을 만들어 나가던 시기라고 할 수 있다.

내용면에서 서진 묘지의 가장 특징적인 점은 무엇보다도 명사의 소멸일 것이다. 물론 명사를 가진 묘지들도 일부 있지만 대부분 한비에 비해 분량이 대폭 줄어들어, 서진 묘지의 목적이 죽은 이의 공덕을 칭송하는 것이 아님을 알 수 있다. 불특정 다수에게 반복적으로 공개되었던 묘비와는 달리 가족 혹은 종족에게 그것도 장례일에만 공개된다는[33] 묘지의 성격이 석각의 문학성文學性과 서사성敍事性을 축소시켰던 것으로 보인다.

대신 가계와 가족 관계에 대한 서술이 증가한 것을 볼 수 있다. 표에서 분석한 33점의 묘지 중 19점(연번 2, 4, 5, 14, 15, 16, 17, 18, 21, 22, 23, 25, 26, 27, 28, 29, 30, 31, 32)에서 이를 발견할 수 있다. 특히 선조에 대한 서술보다 묘주의 자손·혼인 관계, 즉 가계보다는 가족 관계에 대한 기록이 상세해졌다. 후한 묘비가 선조에 대한 내용을 상세하게 기록했던 것과는[34] 사뭇 차이가 난다.[35] 묘비가 지하로 들어가 묘지로 전화되면서

---

33) 晉代는 漢代와는 달리 묘비를 세울 수도 없었고 무덤 앞에 사당을 지을 수도 없어(張鵬 — 編著·徐淸廉 校補, 『晉令輯存』卷17, 「喪葬令」(西安: 三秦, 1989), 187쪽, "諸葬者皆不得 立祠堂·石碑·石表·石獸."), 죽은 이를 위한 기념비를 불특정 다수에게 보이지 못함은 물론이거니와 종족·인척·빈객들에게조차 반복적으로 드러낼 수 없었다. 西晉 盧湛 의 「祭法」에 의하면 廟가 있는 집안에서는 神座를 설치하고 묘가 없는 집안에서는 廳堂에서 제사지낸다 하여([北宋]李昉 等, 『太平御覽』卷185, 「居處部·廳事」, "凡祭法, 有廟者置之於座, 未遑立廟, 祭於廳事可也."), 墓祭를 지냈던 한대와는 다른 제사 방식이 채택되어 묘지의 공개는 사실상 불가능하였음을 알 수 있다. 이에 대해 다니가와 미치오는 後漢에서 六朝 시기에 걸쳐 제사의 방식은 墓祭에서 寢祭로, 종족·인척·빈객 의 행사에서 동거 가족 또는 그에 준하는 가족만의 행사로 변화하였다고 하였다. 谷川道雄, 「六朝時代の宗族-近世宗族との比較において-」, 『名古屋大學東洋史研究報告』 25(2001), 132~133쪽. 중국 고대 제사 방법의 변천에 대한 좀 더 자세한 내용은 甘懷眞, 『唐代家廟禮制硏究』(臺北: 臺灣商務, 1991), 9~25쪽을 참조.

34) 대표적으로 汝南 袁氏 집단의 〈袁良碑〉에는 舜임금으로부터 시작하여, 西周·春秋戰國 ·秦·漢에 걸친 家系가 자세히 서술되어 있다. [南宋]洪适, 『隸釋』卷6, 〈國三老袁良碑〉, "厥先舜苗, 世爲封君. 周之興, 虞關父典陶正, 嗣滿爲陳侯, 至玄孫濤塗, 初氏父字, 立姓曰袁. 魯僖公四年, □爲大夫. 哀十一年, 頗□司徒. 其末或適齊楙, 袁生獨留陳. 當秦之亂, 隱居河 洛, 高祖破項, 寔從其冊. 天下卽定, 還宅扶樂. 孝武征和三年, 曾孫幹斬賊公先勇, 拜黃門郞, 封關內侯, 食遺鄕六百戶. 後錫金紫, 遷修城之□. 幹薨, 子經嗣. 經薨, 子山嗣. 傳國三世至王 莾而絶. 君卽山之曾孫也."

35) 동일한 後漢 시기 석각이라 해도 封記나 墓記, 혹은 畫像石題記 등에서는 자손 관련 혹은 가족 관계에 대한 서술이 두드러지게 서술되어 있다. 대표적으로 〈三老諱字忌日 記〉를 들 수 있을 것이다. 建武 28년(52)에 제작된 이 석각에는 조부모, 부모, 자식 등 모두 11명의 諱와 字 및 亡者의 命日이 기록되어 있다. 또한 建康 원년(144)과 建和 원년(147)에 제작된 〈文叔陽食堂畫像題記〉와 〈武氏祠石闕銘〉에도 기념비를 세운

종족 및 가족을 위한 기념물로의 성격이 강화된 결과라고 생각한다.

원강元康 연간(291~299)부터 본격적으로 등장하는 가계나 가족 관계의 기술은 대체로 두 가지로 구별할 수 있다. 하나는 그야말로 묘주에 관한 정보를 제공하는 것이다. 이 경우 선조에 대한 서술은 극히 짧게 처리되고 가족 관계 역시 부인, 자식, 부모의 성씨와 이름이 기술될 뿐이다. 예를 들어 연번 14 〈배기묘지〉에 서술된 가족 관계는 '대부인 동완 동무 복씨, 부인 진국 진창 마씨'뿐이고, 연번 21 〈서의묘지〉에는 남편만 기록되어 있으며, 연번 26 〈유씨묘지〉에는 부모만 기록되어 있다. 이 같은 유형은 표에서 확인할 수 있듯이 서진 묘지의 대부분을 차지한다.

이와는 달리 다소 많은 가족 관계 정보를 가지고 있는 묘지들도 흔치않지만 존재한다. 연번 28 〈석선묘지〉의 경우는 부친의 관력은 물론이고 부친의 장인과 본인 장인의 관력, 그리고 자식들의 관력을 기술하고 있다. 공공연히 가문의 막강한 가병家柄을 드러내는 경우라 할 수 있다. 가장 대표적인 것이 연번 27의 〈화방묘지〉다. 이 묘지에는 묘주인 화방의 증조부 화흠華歆을 시작으로 하는 평원平原 화씨華氏의 막강한 가계는 물론이고 남편 왕준王浚의 태원太原 왕씨王氏 집안의 구성원에 대한 정보, 심지어는 태원 왕씨와 혼인으로 결합되어 있는 제음濟陰 문씨文氏, 하동河東 위씨衛氏 집안에 대한 정보까지 꼼꼼하게 적고 있다.[36)]

묘주의 자식, 동생, 조카에 대한 정보가 수록되어 있다. 참조를 위해 차례대로 원문의 일부를 제시하면 다음과 같다. 永田英正 編, 앞의 책(圖版·釋文編), 18쪽, 〈三老諱字忌日記〉, "三老諱通, 字小父, 庚午忌日, 祖母失諱, 字宗君, 癸未忌日 㙯諱忽, 字儀, 建武十七年, 歲在辛丑, 四月五日辛卯忌日, 母諱捐, 字謁君, 建武卄八年, 歲在壬子, 五月十日甲戌忌日, 伯子玄曰大孫, 次子㫄曰仲城, 次子紆曰子淵, 次子提餘曰伯老, 次子持侯曰仲雍, 次子盈曰少河 次子邴曰子南, 次子士曰元士, 次子富曰少元, 子女曰无名, 次女反曰君明."; 永田英正 編, 같은 책, 94쪽, 〈文叔陽食堂畵像題記〉, "建康元年八月乙丑朔十九日丁未, 壽貴里文叔陽食堂, 叔陽故曹史, 行亭市㙯, 鄕嗇夫, 廷㙯, 功曹, 府文學㙯, 有立子三人, 女寧, 男弟叔明, 女弟思, 叔明蚤失春秋, 長子道士[司]立[成]□."; 永田英正 編, 같은 책, 102쪽, 〈武氏祠石闕銘〉, "建和元年, 太歲在丁亥, 三月庚/戌朔四日癸丑, 孝子武始公, 弟綏宗, 景興, 開明, 使石工孟李, 李弟卯造此闕, 直錢十五萬, 孫宗作師子, 直四萬, 開明子宣張, 仕濟陰, 年卄五, 曹府君察擧孝廉, 除敦煌長史, 被病夭沒."

〈화방 묘지〉에 기술된 가계 및 가족 관계

남편 – 진晉 사지절使持節·시중侍中·도독유주제군사都督幽州諸軍事·영호오환
교위領護烏丸校尉·유주자사幽州刺史·표기대장군驃騎大將軍·박릉공博陵公 태원
太原 진양晉陽 팽조彭祖 왕준王浚

남편의 증조부 – 한漢 사지절使持節·호흉노중랑장護匈奴中郎將·안문태수雁門
太守 숙우叔優 왕유王柔

남편 증조부의 첫 번째 처 – 송씨宋氏

남편 증조부의 두 번째 처 – 이씨李氏

남편의 조부 – 위魏 동군태수東郡太守 산평産平 왕기王機

남편 조부의 첫 번째 처 – 곽씨郭氏

남편 조부의 두 번째 처 – 포씨鮑氏

남편의 종증조부 – 대군부군代郡府君 왕택王澤

남편의 종조부 – 동평부군東平府君

남편의 부친 – 사지절使持節·산기상시散騎常侍·사공司空·박릉원공博陵元公 처
도處道 왕침王沈

남편 부친의 처 – 영천潁川 순씨荀氏

남편의 종조부 – 사공司空·경릉목후京陵穆侯 왕창王昶

남편의 첫 번째 전처 – 제음濟陰 세휘世暉 문찬文粲

---

36) 이들 가문의 門第에 대해서는 矢野主稅, 『改訂 魏晉百官世系表』(長崎: 長崎大, 1971)를
참조.

전처 문씨 소생 딸—소영韶英 왕소王韶, 남편 영천穎川 조대산棗臺産, 산의
부친 태자중서자太子中庶子

전처 문씨 소생 딸—소영韶榮 왕려王麗, 남편 제음濟陰 변치인卞稚仁, 인의
부친 정위廷尉

전처 문씨 소생 딸—소의韶儀 왕칙王則, 남편 낙안樂安 손공연孫公淵, 연의
부친 평남장군平南將軍

전처 문씨의 조부—광록훈光祿勳 숙역叔懌 문화文和

전처 문씨 조부의 첫 번째 처—장씨張氏

전처 문씨 조부의 두 번째 처—해씨解氏

전처 문씨의 부친—온령溫令 자과子課 문의文猗

전처 문씨 부친의 처—손씨孫氏

전처 문씨의 외조부—정북사마征北司馬 의양義陽 공종恭宗 손조孫朝, 처 번씨
樊氏

전처 문씨의 큰 외삼촌—건평태수建平大守 현평玄平 손부孫溥, 처 맹씨孟氏

전처 문씨의 둘째 외삼촌—태자서자太子庶子 현숙玄叔 손초孫超, 처 등씨鄧氏

전처 문씨의 셋째 외삼촌—남양태수南陽大守 현회玄回 손주孫疇, 처 최씨崔氏

전처 문씨의 막내 외삼촌—남안태수南安大守 현명玄明 손계孫啓, 처 색씨索氏

남편의 두 번째 전처—하동河東 혜영惠瑛 위수衛琇

전처 위씨의 조부—위魏 상서尙書·문양향경후聞陽鄕敬侯 백유伯覦 위기衛覬,
처 □씨

전처 위씨의 백부—시중侍中·행태자태보行太子太保·사공司空·치양공酇陽公
백옥伯玉 위관衛瓘, 처 동씨董氏, 임씨任氏

전처 위씨의 부친—산기상시散騎常侍·문양향후聞陽鄕侯 숙시叔始 위식衛寔,
처 유씨劉氏

전처 위씨의 외조부—하동태수河東大守 □□ 유□劉□

묘주－평원平原 경화敬華 화방華芳

아들－박릉세자博陵世子 도세道世 왕주王冑

아들－도현道賢 왕예王裔

증조부曾祖父－위魏 태위太尉 자어子魚 화흠華歆, 처 등씨滕氏

조부祖父－위魏 시어사侍御史 위명偉明 화병華炳, 처 임씨任氏

부친－시어사侍御史·안향정후安鄉亭侯 장주長冑 화연華衍, 처 유씨劉氏

형－예장왕문학豫章王文學·안향정후安鄉亭侯 경시敬始 화풍華酆

형－서안령西安令 경형敬珩 화기華璣

언니－선화宣華 화초華苕, 남편 영천潁川 순태장荀泰章, 장의 부친 사도司徒

외조부－상서尚書·숙성백肅成伯 패국沛國 유분劉芬, 처 무씨武氏

큰 외삼촌－남중랑장南中郎將 순하純蝦 유수劉粹, 처 순씨荀氏

둘째 외삼촌－태상太常 종하終蝦 유굉劉玄, 처 화씨華氏

막내 외삼촌－광록훈光祿勳 충하沖蝦 유한劉漢, 처 정씨程氏[37]

이러한 서술의 목적이 단순히 묘주에 대한 정보를 제공하는 것이라고 보기는 힘들 것 같다. 한편의 보첩譜牒에 가까워진 이 기록이 가족법 혹은 종족법의 역할을 담당했던 것은 아닐까? 기왕의 연구가 지적하는 것처럼 진대 문벌 사회에서 결혼은 가격家格이 비슷한 가문 사이에서 행해졌고, 그 범주는 극히 한정적이거나 협소하였다.[38] 또한 협소하다고 할 수 없는 경우라도 그 상대는 명문名門 또는 권문權門으로 한정되어, 일정한 혼인의 그룹이 형성되어 있었다.[39] 나카무라 게이지는 묘지에서 증조(일부의 묘지

---

37) 趙超, 앞의 책, 12~13쪽, 〈晉使持節侍中都督幽州諸軍事領護烏丸校尉幽州刺史驃騎大將軍 博陵公太原晉陽王公故夫人平原華(芳)氏之銘〉.

38) 예를 들어 陳郡 袁氏의 경우는 같은 군의 謝氏와 殷氏, 潁川 荀氏, 琅邪 王氏 네 집안하고만 통혼하였고, 河東 裴氏는 王室 司馬氏 가문을 비롯하여 낭야 왕씨, 太原 王氏, 河東 賈氏, 河東 衛氏, 弘農 楊氏의 집안하고만 통혼하였다. 차례로 矢野主稅, 「南朝における婚姻關係」, 『(長崎大學敎育學部)社會科學論叢』 22(1973), 14쪽; 矢野主稅, 「裴氏硏究」, 『(長崎大學敎育學部)社會科學論叢』 14(1965), 20~21쪽.

는 고조)부터 자식에 이르는 가계 및 가족 관계, 그리고 통혼에 대한 내용이
많은 부분을 차지하는 것을 제씨족보氏族의 가계와 통혼 관계에 대한 당시의
예사롭지 않은 관심과 의식에서 비롯된 것으로 보았다.[40] 귀족제 사회의
가문 중시 분위기와 무관하지 않다는 분석이다.

자신의 집안과 혼인 관계로 맺어진 집안을 열거하여 가문의 번영과 가격을
드러내는 한편, 자손들에게 이러한 가계도를 인지시킴으로써 가문에 대한
자부심과 충성심을 유발시키고자 했을 가능성은 없을까?[41] 더 나아가 혼인
으로 관계 맺을 수 있는 특정 집안의 수준과 범주를 규정하고 그것을 성문화
함으로써 가문의 가격을 유지 혹은 고정화하는 역할을 담당하게 했던 것은
아닐까?[42] 묘지가 지하에 묻혀 가족과 종족만을 위한 기념비가 되었다면
서진의 묘지는 후한의 묘비와는 달리 특별한 역할을 담당했을 것이다. 저자
는 그 특별한 역할이 종족법 혹은 가족법의 약속을 기억시키는 기념비로서의
역할이라 생각해 보았다.

이러한 추정에 단서를 주는 것이 영강 원년(300)에 제작된 〈장랑묘지〉다.
지액, 묘주의 휘, 자, 본적, 세계, 품행, 향년, 졸일, 장일, 명사로 구성되어

---

39) 낭야 왕씨는 왕실인 사마씨 가문을 위시하여 열네 개 가문하고 통혼하고, 진군
   사씨는 역시 왕실을 포함하여 열두 가문하고 통혼하였다. 따라서 이 두 가문의
   경우 혼인의 범주가 협소했다고는 할 수 없으나 당대 최고의 가문들에 국한하여
   통혼하였다. 矢野主稅, 앞의 글(1973), 13~14쪽.

40) 中村圭爾,「婚姻からみた階層と官僚身分」,『六朝貴族制研究』(東京: 風間書房, 1987), 362
   쪽. 原載:「『劉岱墓志銘』考-南朝における婚姻と社會的階層」,『東洋學報』61-3·4(1980).

41) 晉陽 王氏는 王浚의 증조부인 王柔와 王昶의 부친인 王澤 형제로부터 시작된다.
   이 중 왕준 일가의 번영은 그의 아버지 王沈부터 시작되어 왕준 시기에 가장 절정에
   달하며 名族으로서 이름을 공고히 한다. 이른바 종족 안에서 한 일가를 중심으로
   하는 門流獨立化 과정이 왕침과 왕준 시기에 진행되었다고 할 수 있는데, 이러한
   한 일가의 발전과 성공이 〈華芳墓誌〉에는 잘 나타나 있다고 생각된다. 왕침과
   왕준 시기 일족의 번영에 관해서는 胡志佳,「西晉王浚家族興衰及其人際網絡-由華芳墓誌
   銘觀察」,『逢甲人文社會學報』7(2003), 143~153쪽을 참조.

42) 『通志』에는 "官有簿狀, 家有譜系, 官之選擧, 必由於簿狀, 家之婚姻, 必由於譜系"라는 기사
   가 있어 당시 혼인이 정해져 있는 수준과 범주 하에서 진행되었음을 알려준다.
   [南宋]鄭樵,『通志』卷25,「氏族一」, 439쪽.

있는 이 묘지는 후한 묘비에 비해 명사의 분량은 확연히 적어졌지만, 소박함
과 검소함으로 열 아들을 키워내 집안을 영화롭고 현귀하게 만들었던 묘주의
품행에 대한 기록이 비교적 자세히 기록되어 있다. 그리고 말미에 "무덤
안에 각석을 (세워) 우리의 가풍을 기록하고자 한다[刊石玄堂, 銘我家風]."43)는
구절이 각석되어 있다. 묘지의 제작 목적이 종족법 혹은 가족법의 증거로
삼고자 하는 것에 있음을 밝히고 있다. 묘지가 종족 또는 가족만 볼 수
있는 기념물이 되면서 그 집안의 서약을 기록하는 역할을 담당하게 된
것이다.

III. 동진 묘지의 구성과 특징

서진의 묘지가 한비로부터 형태적인 면을 계승한 것과는 달리 동진 묘지의
경우 비 형태를 띠는 것은 거의 찾아보기 힘들다. 태녕太寧 3년(325)에 제작된
〈장진묘지張鎭墓誌〉, 태화太和 6년(371)의 〈온식지묘지溫式之墓誌〉 두 점을 제
외하곤 모두 장방형을 띠고 있다. 재질 역시 그때까지 일반적으로 사용된
돌[石]을 찾아보기 힘들다. 〈동진태녕원년(323)사곤묘지東晉太寧元年謝鯤墓誌〉,
〈장진묘지〉, 〈동진함강7년(341)왕흥지묘지東晉咸康七年王興之墓誌〉, 〈동진태
화6년(371)유미자묘지東晉太和六年劉媚子墓誌〉, 〈동진함안2년(372)왕건지묘지
東晉咸安二年王建之墓誌〉 정도를 제외하면 모두 전질磚質(벽돌)의 재료를 사용하
고 있다. 동진 묘지가 석질에서 전질로 변화된 것과 관련하여 지금까지의
연구는 강남 풍속의 영향,44) 남방 토질의 문제 등을45) 이유로 들었다.

---

43) 趙超, 앞의 책, 11쪽, 〈晉故沛國相張(朗)君之碑〉.
44) 자오차오는 方形 磚質 묘지의 등장을 후한 이후 강남 일대에서 제작되고 있었던
    文字墓磚의 영향을 받은 것으로 파악하였다. 趙超, 『古代墓誌通論』(北京: 紫禁城, 2003),
    83쪽.
45) 뤄쫑전은 남방의 토질이 비교적 腐蝕性이 강해 石質 묘지의 보존이 쉽지 않다고

<그림 3-1-2> '가장假葬'이란 표현이 등장하는 <사곤묘지>(홍승현ⓒ)

그러나 이와 더불어 동진 묘지가 가장假葬의 표지였던 것도 염두에 두어야 할 것 같다. 북쪽으로부터 남쪽으로 피난 온 이들의 경우 당시의 매장을 임시적인 성격의 '가장'(<사곤묘지>)[46]으로 이해하고 있었기에, 후일 발생하게 될 이장에 대한 준비가 고려되었을 것으로 생각된다. 즉 동진 묘지의 경우 임시적인 조치였고, 그 결과 비교적 쉽게 문자를 새길 수 있는 벽돌이 선호되었을 것이다.[47]

동진 묘지 중 지액과 명사를 가진 것은 지금까지 하나도 발견되지 않았다. 동진 묘지의 글자 수가 서진 묘지의 글자 수보다 현저하게 적은 것은 이와 관련이 있을 것이다(<표 3-1-1>과 <표 3-1-2>의 글자 수 참조). 외형도 서진 묘지가 묘비와 묘지의 과도적 상태에 있었다면 동진의 묘지는 장방형이 주류를 이뤄 정형화 단계에 들어선 것으로 보인다. 동진 묘지의 분석을 위해 다음과 같은 표를 작성해 보았다.

보았다. 羅宗眞, 앞의 책, 149쪽.

46) 趙超, 앞의 책(2008), <謝鯤墓誌>, 18쪽, "泰寧元年十日月卄八日假葬建康縣石子岡." 밑줄은 저자.

47) 邱建智, 「漢魏南北朝墓誌的起源與發展」, 臺灣大 碩士學位論文(2011), 52쪽.

〈표 3-1-2〉 동진 묘지 일람[48]

연번	묘지	자수	구성	가계 및 가족관계	외형(단위㎝) 및 비고
1	〈동진태녕원년 (323)사곤묘지 東晉太寧元年謝鯤墓誌〉	67	관력+본적+성+휘 +자+장일+장지+ 가족 관계+구묘지舊墓地	처(中山 劉氏), 아들(謝尙), 딸 (眞石), 동생(襃), 동생(廣)	세로60/ 가로15.5 '假葬建康縣'
2	〈동진태녕3년 (325)장진묘지 東晉太寧三年張鎭墓誌〉[49]	98	관력+본적+성+휘+ 자+가족 관계(처와 처의 동생)+졸일+향년 +품행+처의 품행	처(嘉興 郭氏), 처의 동생(始安太守 郭徐庸)	원수비형, 천
3	〈동진함화4년 (329)온교묘지 東晉咸和四年溫嶠墓誌〉	104	가계+관력+추증+ 본적+성+휘+자+ 향년+가족 관계	조부(濟南太守 溫恭)·부인(太原 郭氏) 부친(河東太守 溫襜)·부인(穎川 陳氏)·부인(淸河 崔氏) 처(高平 李氏)·처(琅邪 王氏)· 처(廬江 何氏) 아들(溫放之), 아들(溫式之), 딸(溫瞻), 딸(溫光)	세로45/ 가로44
4	〈동진함강7년 (341)왕흥지묘지東晉咸康七年王興之墓誌〉	115	휘+자+본적+관력 +향년+졸일+장일 +장지 및 묘의 위치+ 가족 관계	부친(散騎常侍·尙書左僕射·特進·衛將軍·都亭肅侯 王彬)· 장자(王閩之), 딸(王稚容), 아들(王嗣之), 아들(王咸之), 아들(王預之)	세로37.8/ 가로8.5 '故刻石爲識'
5	〈동진함강7년 (341)송화지묘지東晉咸康七年宋和之墓誌〉	88	본적+성+휘+자+ 향년+졸일+장일+ 묘의 위치+가족 관계	부친(使持節·散騎常侍·都督秦梁二州諸軍事·冠軍將軍·梁州刺史·野王公 宋哲), 남편(王興之), 동생(野王公 宋延之)	세로37.8/ 가로8.5 〈왕흥지묘지〉 뒷면
6	〈동진영화원년 (345)유씨묘지 東晉永和元年劉氏墓誌〉	24	가족 관계(남편의 본적+남편의 성+남편의 휘)+성+향년+졸일+장일	남편(琅邪 顔謙)	세로32/ 가로14.5
7	〈동진영화6년 (350)막룡편후묘지東晉永和六年莫龍編侯墓誌〉	14	장일+관력		세로32 /가로6
8	〈동진영화11년 (355)사씨묘지 東晉永和十一年謝氏墓誌〉	40	가족 관계(남편의 관력+남편의 본적+남편의 성+남편의 휘)+ 본적+성+졸일+장일	남편(鎭西長史·騎都尉·建昌伯 廣陵 高崧)	세로50.5/ 가로5.5

9	〈동진영화12년(356)왕강지묘지東晉永和十二年王康之墓誌〉	79	졸일+본적+성+휘+자+향년+장일+장지		세로 50/가로25 '故刻塼爲識'
10	〈동진승평원년(357)유극묘지東晉升平元年劉鬼墓誌〉	30	본적+성+휘+향년+자+졸일		세로27/가로5.5(동향) 세로28/가로15.5(서향)50)
11	〈동진승평원년(357)이집묘지東晉升平元年李緝墓誌〉	43	관력+본적+성+휘+자+가족 관계(처의 본적+처의 성)+장일	처(譙國 陳氏)	세로31.4/가로14.9 부부합장묘.
12	〈동진승평원년(357)무씨묘지東晉升平元年武氏墓誌〉	34	가족 관계(남편의 관력+남편의 본적+남편의 성+남편의 휘)+본적+성+장일	남편(撫軍參軍 廣平郡 廣平縣 李蓁)	세로30.7/가로15.1
13	〈동진승평원년(357)이모묘지東晉升平元年李暮墓誌〉	21	관력+본적+성+휘+자+장일		세로31.2/가로15.1
14	〈동진승평2년(358)왕민지묘지東晉升平二年王閩之墓誌〉	84	본적+성+휘+자+가계+향년+졸일+장지 및 묘의 위치+가족 관계	조부(尚書左僕射·特進·衛將軍 王彬), 부친(贛令 王興之), 처(吳興 施氏), 동생(王嗣之), 동생(王咸之), 동생(王預之)	세로42.3/가로19.851) '故刻塼於墓爲識'
15	〈동진승평3년(359)왕단호묘지東晉升平三年王丹虎墓誌〉	66	가족 관계+자+향년+졸일+장일+장지 및 묘의 위치	부친(散騎常侍·特進·衛將軍·尚書左僕射·都亭肅侯 琅耶 臨沂 王彬)	세로48/가로24.852) '刻塼爲識'
16	〈동진태화원년(366)고숭묘지東晉太和元年高崧墓誌〉	31	관력+본적+성+휘+졸일+장일		세로48.1/가로24.853)
17	〈동진태화3년(368)왕기지묘지東晉太和三年王企之墓誌〉	88	관력+본적+성+휘+자+향년+졸일+장일+장지+가족 관계	생모(夏氏), 처(曹氏), 딸(媚榮), 사위(何祖慶), 아들(王摸之)	세로51/가로2654) '故刻石爲志'
18	〈동진태화6년(371)유미자묘지東晉太和六年劉媚子墓誌〉	170	가족 관계(남편의 관력+남편의 본적+남편의 성+남편의 휘+남편의 자)+본적+성+자+향년+졸일+졸지+가계+가족 관계+장일+장지	조부(修武令 劉父), 부친(光祿勳·東昌男 劉璞), 남편(振威將軍·鄱陽太守·都亭侯 琅耶 王建之 榮妣), 장녀(王玉龜), 차녀(王道末), 말녀(王張願)·,남편(卞嗣之) 아들(紀之)	세로45/가로3555) '故刻石爲識'
19	〈동진태화6년	265	장일+관력+본적+	조부(司徒右長史·河東太守 溫	세로55.2/

	(371)온식지묘지東晉太和六年溫式之墓誌〉		성+휘+장지+**가계**+**가족 관계**	譫)·부인(穎川 陳氏)·부인(淸河 崔氏)·최씨 부친(御史中丞崔參) 부친(使持節·侍中·大將軍·始安郡忠武公 溫嶠)·부인(高平李氏)·이씨의 부친(河南□□李晅)·부인 (琅邪 王氏)·왕씨의 부친(修武令 王詡)·부인(廬江 何氏)·하씨의 부친(吳國內史 何邃) 형(使持節·輔國將軍·交州刺史·始安公 溫方之)·부인(太原 龐氏)·방씨의 부친(廬陵太守 龐企) 처(穎川 荀氏)·순씨의 부친(御史中丞 荀闓) 큰 누이(溫瞻)·남편(穎川 庾志) 작은 누이(溫光)·남편(餘杭令 陳國 袁矯之) 형의 장녀·남편(陳國 謝廓) 형의 장자(散騎侍郎·始安公溫嵩之)·처(河內 山氏)·산씨의 부친(東陽太守 山遐) 장녀·남편(譙國 桓融) 차녀·남편(陳國 謝逋) 계녀·남편(琅邪 顔暢) 장자(崇之), 차자(鋥之), 삼남(慕之), 말자(穉之)	가로30.4 원수비형, 천
20	〈동진함안2년(372)왕건지묘지東晉咸安二年王建之墓誌〉	275	관력+<u>본적</u>+성+휘+자+**가계**+관력+향년+졸일+졸지+장일+장지 및 묘의 위치+**가족 관계**	조부(散騎常侍·特進·衛將軍·尙書左僕射·都亭肅侯 王彬), 부친(給事黃門侍郎·都亭侯 王彭之), 숙부(丹楊令 王企之), 처(南陽 劉氏), 장녀(王玉龜), 차녀(王道末) 말녀(王張願)·남편(卞嗣之) 아들(紀之), 동생(廬陵太守 翹之), 말제(從事中郎 翊之)	세로47/ 가로28[56] '故刻石爲識'
21	〈동진녕강3년(375)이기묘지東晉寧康三年李纂墓誌〉	21	관력+<u>본적</u>+성+휘+장일		세로29.7/ 가로14.5[57]

22	〈동진녕강3년(375)하씨묘지東晉寧康三年何氏墓誌〉	8	본적+성		세로29.4/가로14.5[58]
23	〈동진태원원년(376)맹부군묘지東晉太元元年孟府君墓誌〉	29	장일+본적+관력+성		
24	〈동진태원7년(382)하금호묘지東晉太元七年夏金虎墓誌〉	85	가족 관계(남편의 관력+남편의 본적+남편의 성+남편의 휘)+성+휘+향년+졸일+가족 관계	남편(衛將軍·左僕射·蕭侯 王彬)·아들(衛軍參軍 王企之)·처(彭城 曹季姜)·조씨의 부친(少府卿 曹蔓) 장녀(土翁愛)·남편(淯陽 丁引)·정인의 부친(永嘉太守 丁寶) 말녀(王隆愛)·남편(長樂 馮循)·풍순의 부친(太常卿 馮懷)	세로50.8/가로23.7[59]
25	〈동진태원14년(389)하법등묘지東晉太元十四年何法登墓誌〉	79	가족 관계(남편의 본적)+본적+성+가족 관계+자+향년+졸일+장일+묘의 위치 및 장지+가족 관계	부친(侍中·司空 何充), 남편(王康之), 남편의 형(王臨之), 양자(王績之) 딸(王夙旻)·남편(何元度)	세로49/가로23.5[60]
26	〈동진태원1□년곽□묘지東晉太元十□年霍□墓誌〉	41	관력+휘+자+장지+향년+구묘지+개장일+개장지		
27	〈동진태원21년(396)사염묘지東晉太元二十一年謝琰墓誌〉	68	본적+관력+성+휘+자+가족 관계+장일+장지	처(晉陽 王氏), 왕씨의 부친(司徒長史 王濛)	세로31/가로24.5[61]
28	〈동진의희2년(406)사온묘지東晉義熙二年謝溫墓誌〉	130	졸일+본적+성+휘+자+장일+장지+가계 및 가족 관계	조부(散騎郎 謝攸), 조모(潁川 庚女淑), 부친(謝琠), 모친(河東 衛氏), 백부(豫寧縣開國公 謝琰), 숙부(輔國參軍 謝救) 姉(□)·夫(溫楷之) 外祖父(□□□開國公 衛准) □의 부친(散騎郎 □簡之) 처의 조부(右將軍·會稽內史 王凝之)	세로46.4/가로23[62]
29	〈동진의희3년(407)사구묘지東晉義熙三年謝救墓誌〉	221	관력+본적+성+휘+자+향년+졸일+장일+장지+가계 및 가족 관계+장지	조부(侍中·使持節·鎮西將軍·豫州刺史 謝奕)·부인(陳留 阮氏) 부친(散騎郎 謝攸)·부인(潁川 庚女淑) 백부(義興太守 謝淵)·부인(琅	세로45/가로23[63]

			邪 王氏) 숙부(太常卿 謝靖)·부인(潁川 庾氏) 숙부(車騎將軍·會稽內史·康 樂公 謝玄)·부인(譙國 桓氏) 형(豫寧伯 謝琰)·부인(陳郡 袁 氏) 형(謝瑗)·부인(河東 衛氏) 위씨의 외조부(車騎將軍·揚 州刺史 庾翼)·부인(劉氏) 처(琅邪 王德光)·왕씨의 조부 (右軍將軍·會稽內史 王羲之)· 왕씨의 부친(海鹽令 王煥之) 딸(謝令□), 아들(謝元)	
30	〈동진의희12년 (416)왕덕광묘 지東晉義熙十二年 王德光墓誌〉	29	**가족 관계**(남편의 성 +남편의 휘)+성+휘 +졸일+장일+묘의 위치	남편(謝球)	세로30/ 가로15[64]
31	〈동진채빙묘전 東晉蔡冰墓磚〉	8	<u>본적</u>+성+휘+자		
32	〈동진황부인묘 전東晉黃夫人墓磚〉	9	**가족 관계**(아들의 본 <u>적</u>+아들의 성+아들 의 휘)+성	아들(陳留 周叔)	
33	〈동진왕부인묘 전東晉王夫人墓磚〉	5	**가족 관계**(남편의 성) +성	남편(卞氏)	
34	〈동진유경묘지 東晉劉庚墓誌〉	12	<u>본적</u>+관력+성+휘		세로32.5/ 가로15.5[65]
35	〈동진서씨묘지 東晉徐氏墓誌〉	11	**가족 관계**(남편의 본 <u>적</u>+남편의 성+남편 의 휘)+성	남편(彭城 呂縣 劉頤)	세로32.5/ 가로15.5[66]
36	〈동진유도묘지 東晉劉韜墓誌〉	48	관력+성+휘+자+ **가족 관계**	부친(處士) 처(沛國 蔡氏)	세로46/ 가로15
37	〈동진유씨묘지 東晉劉氏墓誌〉	55	**가족 관계**(남편의 관 력+남편의 성+남편 의 휘)+<u>본적</u>+성+**가 계**	조부(琅邪太守 劉護), 부친(使 持節·領護匈奴中郎將·鷹揚將 軍·并州刺史·菅丘烈男 劉欽), 남편(大司農·關中侯 鄭舒)	세로48/ 가로15

표를 통해 확인할 수 있는 동진 묘지의 가장 중요한 특징은 지액과 명사가

---

48) 표는 趙超, 앞의 책(2008); 北京圖書館金石組, 앞의 책; 羅新·葉煒, 앞의 책; 毛遠明, 앞의 책; 毛遠明, 『漢魏六朝碑刻校注 第三冊』(北京: 線裝書局 2009); 王壯弘 외, 앞의

사라졌다는 점이다. 서진 묘지의 경우 비록 지하에 매장되었어도 묘비처럼
제목인 지액과 명사가 기술된 것이 있었던 것에 반해 동진 묘지에는 지액과
명사가 기술되어 있지 않다. 이러한 변화에 대해 나카무라 게이지는 동진
시기 금비령이 완화되면서 송덕을 담당하는 묘비가 건립되었고, 그로 인해
묘지는 기덕紀德을 담당할 필요가 없어졌기 때문이라고 분석하였다.[67]

송덕을 담당하는 묘비가 건립되고 있었기 때문에 묘지는 후일 발생할지
모르는 능묘 변천에 대비한 표지로서의 역할만을 담당하였고, 묘비가 있는
상태에서 굳이 묘지가 명사와 지액을 가질 필요가 없었다는 것이다. 실제로

책; 彭興林, 앞의 책을 이용하여 작성하였다. 이들 문헌 이외의 문헌이 사용되었을
경우 주에서 전거를 밝혔다. 구체적인 쪽 수는 생략한다.

49) 가와이 야스시는 이를 〈張鎭夫人郭氏墓誌〉로 이해하였다. 川合安, 「東晉の墓誌」, 『『歷
史資源』として捉える歷史資料の多角的研究(平成14年度東北大學校育硏究共同プロジェク
ト成果報告書』(2003), 60쪽.

50) 묘지 두 점이 동·서향을 향해 등을 대고 있는 상태로 발견되어 편의적으로 동향,
서향으로 구분하였다.

51) 南京市博物館, 「南京象山5號·6號·17號墓淸理簡報」, 『文物』 1972-11, 25쪽.

52) 南京市文物保管委員會, 「南京象山東晉王丹虎墓和二·四號墓發掘簡報」, 『文物』 1965-10,
10쪽, 45쪽.

53) 南京市博物館, 「江蘇南京仙鶴觀東晉墓」, 『文物』 2001-3, 25쪽.

54) 南京市博物館, 「南京象山8號·9號·10號墓發掘簡報」, 『文物』 2000-7, 6~7쪽.

55) 南京市博物館, 위의 글(2000), 12쪽.

56) 南京市博物館, 위의 글(2000), 10쪽.

57) 南京市博物館, 「南京呂家山東晉李氏家族墓」, 『文物』 2000-7, 30쪽.

58) 南京市博物館, 위의 글(2000-7李氏), 30쪽.

59) 南京市博物館, 위의 글(1972), 27쪽.

60) 南京市博物館, 「南京象山11號墓淸理簡報」, 『文物』 2002-7, 35쪽.

61) 南京博物館, 「江蘇溧陽菓園東晉墓」, 『考古』 1973-9, 229~230쪽.

62) 南京市博物館·雨花區文化局, 「南京南郊六朝謝溫墓」, 『文物』 1998-5, 17쪽.

63) 南京市博物館·雨花區文化局, 「南京司家山東晉·南朝謝氏家族墓」, 『文物』 2000-7, 42쪽.

64) 南京市博物館·雨花區文化局, 위의 글(2000), 40쪽.

65) 鎭江博物館, 「江蘇鎭江諫壁磚瓦廠東晉墓」, 『考古』 1988-7, 630쪽.

66) 鎭江博物館, 위의 글, 630쪽.

67) 中村圭爾, 앞의 글(2006), 392, 400쪽.

낭야琅邪 왕씨王氏 가족묘에서 나온 "따라
서 돌에 글자를 새겨 표지로 삼는다故刻石
爲識.",(68) "벽돌에 글자를 새겨 표지로 삼
는다刻塼爲識."(69)와 같은 표현들은 묘지가
표지로서의 역할을 담당하고 있음을 알려
준다.(70)

그렇다면 잠시 이러한 이해가 타당한지
확인하기 위해 동진 시기 송덕을 담당했
던 묘비의 사례를 살펴볼 필요가 있을 것
같다. 기록은 원제元帝 시기 이후 금비령이
점차 느슨해져 대신과 장리長吏 모두가 사
사로이 묘비를 건립하게 되었다고 하여(71)
동진의 경우 서진과 달리 공공연한 입비立
碑 행위가 가능하였음을 알 수 있다. 따라
서 묘지와 별도로 세워졌던 묘비의 존재
를 상정할 수 있을 것이다. 『송서宋書』에

〈그림 3-1-3〉'각전위지刻塼爲識'란 표현
이 등장하는 〈왕단호묘지〉(홍승현ⓒ)

등장하는 고영顧榮의 사례,(72) 『수경주水經注』「면수沔水」 조條의 양호羊祜·두예杜
預·유엄劉儼·환선桓宣·호응胡熊·주방周訪의 비,(73) 같은 책「강수江水」 조의 호분

---

68) 趙超, 앞의 책(2008), 19쪽.

69) 趙超, 위의 책, 19쪽.

70) 그러나 372년을 마지막으로 묘지를 표지로 삼는다는 기술은 등장하지 않게 된다.
中原 회복의 가능성이 사라지면서 陵墓 변천에 대비한 표지로서의 역할은 점차
사라졌던 것이 아닐까 한다.

71) 『宋書』 卷15, 「禮志二」, "至元帝太興元年,…自是後, 禁又漸頹. 大臣長吏, 人皆私立. 義熙中,
尙書祠部郞中裴松之又議禁斷, 於是至今."

72) 『宋書』 卷15, 「禮志二」, "至元帝太興元年, 有司奏:「故驃騎府主簿故恩營葬舊君顧榮, 求立
碑.」詔特聽立."

73) [北魏]酈道元 注, 『水經注』 卷28, 「沔水中」, "城南門道東有三碑, 一碑是〈晉太傅羊祜碑〉,
一碑是〈鎭南將軍杜預碑〉, 一碑是〈安南將軍劉儼碑〉, 并是學生所立.…峴山東. 山上有桓宣

胡奮·왕이王廙의 비,74) 「점강수漸江水」 조의 고양顧颺·범녕范寗의 비 등은75) 금비령 하에서도 건립되었던 비의 생생한 증거일 것이다. 또한 당대 최고의 문사文士였던 손작孫綽이 환온桓溫·왕도王導·치감郗鑒·유량庾亮의 비문을 썼다는 기록76) 역시 동진의 묘비 건립 증거로 삼을 수 있을 것이다.

그러나 이들 비의 대부분은 묘비가 아닌 공적비功績碑인 것으로 생각된다. 예를 들어『수경주』에 기록된 비들은 모두 그 주인들이 생전에 진수鎭戍했던 지역이나 재직했던 지방에 세워졌던 것으로, 양호나 두예는 양양襄陽에 주둔하면서 학교를 설립하고 교화에 힘썼던 것이『진서晉書』본전本傳에도 나와 있어77) 이를 뒷받침해 주고 있다. 현산峴山에 있는 〈환선비桓宣碑〉 역시 건위 장군建威將軍으로 현산에서 진수했던 환선의 이력78)에 비추어보면 공적비임을 알 수 있다. 이것은 양주자사梁州刺史로서 양양에 주둔했던 주방의 사례79)도 마찬가지다. 그러므로 이들 사례를 통해 동진 시기 금비령의 이완과 그에 따른 송덕을 목적으로 하는 묘비가 설립되었다는 주장을 그대로 받아들이기는 힘들다. 물론 고영의 경우나 손작의 묘비문 작성은 여전히 묘비 건립의 근거가 될 수 있을 것이다. 하지만 고영의 경우 중앙 정부의 허가詔特聽立를 받았다80)는 점에서 후한 시기와 같은 사사로운 묘비의 건립으로 치부하기 힘들다.

所築城, 孫堅死于此. 又有〈桓宣碑〉,…山上又有〈征南將軍胡熊碑〉, 又有〈征西將軍周訪碑〉, 山下水中, 杜元凱沈碑處."

74) [北魏]酈道元 注,『水經注』卷35,「江水三」, "城中有〈晉征南將軍荊州刺史胡奮碑〉. 又有平南將軍王世將刻石記征杜曾事."

75) [北魏]酈道元 注,『水經注』卷40,「漸江水」, "縣南有三碑, 是顧颺·范寗等碑."

76)『晉書』卷56,「孫綽傳」, "綽少以文才垂稱, 于時文士, 綽爲其冠. 溫·王·郗·庾諸公之薨, 必須綽爲碑文, 然後刊石焉."

77)『晉書』卷34,「羊祜傳」, "祜率營兵出鎭南夏, 開設庠序, 綏懷遠近, 甚得江漢之心.";『晉書』卷34,「杜預傳」, "預以天下雖安, 忘戰必危, 勤於講武, 修立泮宮, 江漢懷德."

78)『晉書』卷81,「桓宣傳」, "(庾)翼怒, 貶宣爲建威將軍, 使移戌峴山."

79)『晉書』卷58,「周訪傳」, "訪以功遷南中郎將·督梁州諸軍·梁州刺史, 屯襄陽."

80)『宋書』卷15,「禮二」, "至元帝太興元年, 有司奏:「故驃騎府主簿故恩營葬舊君顧榮, 求立碑.」詔特聽立."

손작에 의해 지어진 묘비문들에 대해 생각해 보자. 당대 최고의 문사인 손작이 역시 당대 최고 문벌의 묘비문을 작성했다는 사실은 마치 후한 말 명사들의 묘비명을 전문적으로 작성하였던 채옹蔡邕[81]을 떠올리게 한다.[82] 그런데 현재 남아 있는 손작의 묘비문을 살펴보면 〈태위유량비太尉庾亮碑〉를 비롯하여 왕도, 치감 등의 모든 비문이 우리가 알고 있는 정형화된 비문과는 차이가 있다. 마땅히 기록되어야 하는 묘주의 휘나 자, 성씨, 사망일, 장례일, 장지 등이 서술되지 않고, 묘주의 성품과 공적, 그리고 명사만이 기록되어 있는데 그나마도 화려한 문학적 수사로 점철되어 있다.[83] 남아 있는 비문만으로는 당시 손작이 작성한 비문이 묘비문인지 확정하기 어렵다. 설사 묘비문이라 해도 묘주에 관한 기본 정보가 없는 이 비문이 간각되어 무덤 앞에 놓였을 것이라 보기 어렵다. 따라서 손작에 의해 만들어진 비문을 근거로 동진 시기 묘비의 건립이 일반적이었음을 말하기는 어렵다고 생각한다.

그가 비문을 지은 대상이 왕도, 유량, 치감, 환온 등 당대 최고의 재상들이었다는 점에서 국가에 의해 비 건립이 용인되었을 가능성이 크다. 요컨대 이들의 비는 예외적인 사례라고 할 수 있을 것이다. 이에 더하여 동진

---

81) [南宋]王應麟, 『困學紀聞』卷13, 「考史」, "蔡邕文今存九十篇, 而銘墓居其半, 曰碑, 曰銘, 曰神誥, 曰哀讚, 其實一也."

82) 『南齊書』에서는 "孫綽之碑, 嗣伯喈之後"라고 하여 孫綽의 비문이 蔡邕을 계승한 것이라고 논평하였다. 『南齊書』卷52, 「文學傳」, 908쪽.

83) 대표적으로 〈太尉庾亮碑〉의 전문을 소개하면 다음과 같다. [東晉]孫綽, 〈太尉庾亮碑〉, "次黃中以啓曹, 鍾遷武于軒轅. 爰及晉代, 世號多士. 公吸峻極之秀氣, 誕命世之深量, 微言散于秋毫, 玄風暢乎德音. 閫門者貴其凝峙, 入室者議其通玄, 摽形者得之廊廟, 悟日者期諸濠川. 提挈南翔, 息肩靈越, 會大君有命, 納妃德門. 自求多福, 辭不獲已. 鳳羽籠于華樊, 麟趾縶于椒房. 王敦阻兵翫權, 志窺神器, 乃轉公左衛將軍, 要雄戟以扶華轂, 勒武旅以翼豹尾. 死難之心, 義形于色, 親受中詔, 奔告方伯. 于是羣后契盟, 同寰高謀, 嚴栖懷德, 以嚮赴義. 拯神器于獸吻, 扶帝座于已傾. 王室之不壞, 翳伯舅是賴. 公以爲戰伐之謀, 仁所恥聞, 況立德弘道. 年幾不惑, 閫門沈舟, 將遠迹山海. 詔累遣侍中黃門逼以嚴制, 知不獲免, 乃固求外任. 江外無烽燧之警, 宇內歸穆然之美. 公雅好所託, 常在塵垢之外, 雖柔心應世, 蠖屈其迹, 而方寸湛然, 固以玄對山水. 銘曰: 金德時昏, 乾綱絶紀. 素靈南映, 中宗蔚起. 誰其贊之, 數鍾伊公. 達人忘懷, 形隨運通. 再潛再躍, 婉若游龍."

시기 묘비문과 묘지문이 하나의 문학 장르로 확립되었을 가능성을 염두에
두면84) 현재 남아 있는 비문 중 일부는 실제로 돌에 간각되지 않은 채
서물書物의 형태로 공개되어 전해 내려왔을 수도 있다.85) 동진 시기 송덕을
담당했던 묘비가 별도로 존재했다는 나카무라 게이지의 가정에는 주의가
필요하다.

한편 동진 시기 묘비를 통해 송덕을 행할 사회적 필요가 있었는지도
생각해 볼 필요가 있다. 후한 말 묘비를 통한 송덕 행위가 단순히 후장厚葬의
발현이 아니라 사회적 명성을 얻고자 했던 정치적 행위라면,86) 동진 시기
묘비를 통한 송덕 행위의 목적은 무엇이었을까? 왕도나 환온, 치감, 유량과
같은 당대 최고의 문벌들이87) 묘비를 통한 송덕을 필요로 했다면 그 목적은
어디에 있었을까? 그들에게 사회적으로 명성을 제고하기 위한 장치가 필요
했을까? 구품중정제九品中正制에 의해 가격이 고정되어 문벌의 위치가 확고했
던 동진 시기88) 초일류 귀족들이었던 이들이 불특정 다수를 향한 묘비를
세워 명성 제고提高의 행위를 했다고 이해하는 것이 적절할까? 또한 당시의

---

84) 中村圭爾, 앞의 글(2006), 392쪽.

85) 魏晉南北朝 시기 誄碑文을 연구한 황진밍은 위진 시기 禁碑令에 저촉되지 않으면서
亡者의 德을 칭송하고 후세에 전하고자 하는 욕망은 刊石의 형태가 아닌 특별한
文體로 발현되었다고 보았다. 바로 頌과 贊이 그것이다. 손작이 그러한 송과 찬의
대표적인 저자임은 말할 것도 없다. 이러한 현상은 誄文·墓碑文 등이 이 시기 하나의
문학 장르로서 자리 잡았음을 말해준다. 黃金明, 『漢魏晉南北朝誄碑文硏究』(北京:
人民文學, 2005), 130~134쪽.

86) 洪承賢, 앞의 글, 82쪽.

87) 東晉 정치사에서 琅邪王氏, 譙國桓氏, 穎川庾氏는 陳郡謝氏, 太原王氏와 더불어 최고의
문벌로 알려져 있다. 田余慶, 『東晉門閥政治』(北京: 北京大, 1989), 331쪽.

88) 劉宋 시기를 門閥政治의 최정점의 시기로 보던 초기 연구와는 달리 지금은 대부분의
연구자들이 동진 시기를 門閥士族들의 최고 번성기로 보는 것에 이견이 없는 듯하다.
특히 유송의 황제들이 보여 준 황권 강화의 움직임으로 인해 유송 시기는 문벌
사족의 지위가 동진보다 불안정해지는 시기로 인식되고 있다. 이와 관련된 최근의
연구로는 리레이의 연구를 참조할 만하다. 李磊, 「晉宋之際的政局與高門士族的動向」,
『華東師範大學學報(哲社版)』 39-5(2007); 李磊, 「王儉'風流'與南朝士風之轉變」, 『歷史教學
問題』 2009-4; 李磊, 「宋齊間的士林輿論與皇權權威」, 『中國古中世史硏究』 30(2013).

매장을 임시적 조치인 가장으로 이해했던 이들이 묘 앞에 후한 말과 같은 대단한 묘비를 세웠을까?

구품중정제로 인해 발생한 문벌주의는 국가보다 가문이라는 의식을 만들어냈으며, 그에 따라 장례의 기념비 역시 가족 혹은 종족 안에서의 역할이 더 중시되는 분위기가 만들어졌다. 따라서 금비령도 한 몫을 했겠지만 이러한 가족과 종족의 기념비는 더 이상 불특정 다수를 위해 공개될 필요가 없었을 것이다. 묘비를 세울 수도 있었지만 묘지라는 보다 은밀한 기념비가 이용될 이유는 충분히 있었으리라. 그렇다면 그 기념비에는 어떤 내용이 기록되어야 했을까?

표를 통해 확인할 수 있는 동진의 묘지는 서진의 묘지에 비해 묘주 자신에 대한 정보는 축소되고 대신 가계와 가족 관계에 대한 서술이 증가한 것을 볼 수 있다. 표에서 분석한 37점의 묘지 중 26점이 가계 또는 가족 관계 혹은 그 둘 다를 기록하고 있다. 여기다 본적 또는 관력을 표기하여 간접적으로 가족 관계를 파악할 수 있는 것까지 포함하면 그 수는 더 늘어난다. 그러나 서진 묘지에서 보이던 묘주의 품행에 대한 기록(33건 중 11건)은 찾을 수가 없다. 이것은 동진의 묘지가 서진의 묘지보다 개인의 기록물에서 좀 더 가족 혹은 종족의 기록물로 완정完整되어 감을 의미하는 것이라고 생각한다.[89]

특히 동진 묘지의 가계와 가족 관계 서술을 서진의 그것과 비교하면 우선 서진 묘지에 있었던 선조에 대한 기술, 즉 가계에 대한 서술이 사라졌음을 알 수 있다. 멀게는 서주西周 시기까지 거슬러 올라가 선조를 적고, 가깝게는 증조부를 기록하고 있는 서진 묘지에 비해(〈표 3-1-1〉-15·16·18·21·23·

---

[89] 당시 유행하던 또 다른 일족의 기록물로는 譜系를 들 수 있다. 이들 私家의 보계는 中正官이 작성하는 簿狀의 작성 시에 참고가 되었는데, 주로 개인의 出自, 名字, 조부형제, 인척 관계, 官爵 등을 간결하게 서술한 것이었다고 한다. 谷川道雄, 앞의 글, 137쪽. 당시 묘지의 기록이 이러한 보계의 기록과 상당히 흡사한 것이 우연은 아닐 것이다.

27) 동진 묘지는 조부 이상이 기록되지 않아 가계보다 가족 관계 서술에 집중하였음을 알 수 있다. 이것은 아무래도 야노 지카라矢野主稅가 주장한 서진 말부터 시작된 일가를 중심으로 하는 문벌독립화門閥獨立化 과정90)의 산물이 아닐까 한다.91)

대신 동진 묘지의 가족 관계 서술에서 눈에 띄는 점은 수평적 관계의 서술이 증가하였다는 것이다. 부친과 모친 이외에도 형과 동생, 형수와 제수는 물론이고 조카에 대한 서술까지 상세하게 기록하고 있다. 이것은 서진과 마찬가지로 가문의 가격을 드러냄과 동시에 혼인의 범주를 기록한 것이라고 생각한다. 또한 앞서 언급한 문벌독립화가 진행되면서 종족보다는 일가에 대한 서술이 증가하게 된 것도 원인이 되었을 것이다. 더하여 당시 수평적 가족 관계의 서술이 사회적으로 필요했던 것을 지적해야 할 것이다.

기왕의 연구에 따르면 조위曹魏 시기 이후 작爵 계승의 범위가 확대된다.92) 적자가 없는 경우라면 둘째 아들은 물론이고 서자庶子까지 계승의 대상자가 되고, 대상자가 없을 경우 그 범위가 더 확대되어 종자從子·종손從孫까지도 그 대상이 될 수 있었다.93) 따라서 종족 전체가 아닌 탁월한 특정 개인을 중심으로 하는 가족 관계가 중시될 수밖에 없었을 것이며,94) 작 계승의

---

90) 矢野主稅,「六朝門閥の社會的·政治的考察」,『長大史學』7(1961), 69~70쪽.

91) 당시 門閥獨立化가 진행되었다는 증거는『世說新語』에서도 발견된다. 동진 시기 같은 낭야 왕씨 집안의 형제였던 王渾과 王湛은 각기 東海家와 京陵家로 불렸는데, 서로 다른 家法을 가지고 있었다. [劉宋]劉義慶,『世說新語』卷19,「賢媛」,"東海家內, 則郝夫人之法. 京陵家內, 範鍾夫人之禮."

92) 守屋美都雄,「曹魏爵制に關する二三の考察」,『東洋史研究』20-4(1962), 50쪽.

93)『三國志·魏書』卷10,「荀攸傳」,"長子緝, 有攸風, 早沒. 次子適嗣, 無子, 絶. 黃初中, 紹封攸孫彪爲陵樹亭侯, 邑三百戶, 後轉封丘陽亭侯.";『三國志·魏書』卷25,「楊阜傳」,"(楊阜)會卒, 家無餘財. 孫豹嗣.";『三國志·魏書』卷21,「劉廙傳」,"文帝卽王位, 爲侍中, 賜爵關內侯. 黃初二年卒. 無子. 帝以弟子阜嗣.";『三國志·魏書』卷16,「蘇則傳」,"黃初四年, 左遷東平相. 未至, 道病薨, 諡曰剛侯. 子怡嗣. 怡薨, 無子, 弟愉襲封.";『三國志·魏書』卷15,「司馬朗傳」, "明帝卽位, 封(司馬)朗子(司馬)遺昌武亭侯, 邑百戶. 朗弟(司馬)孚又以子(司馬)望繼朗後. 遺薨, 望子(司馬)洪嗣." 강조는 저자.

94) 谷川道雄, 앞의 글, 140쪽.

범주를 확인할 수 있는 횡적인 서술이 필요했을 것이다. 여기에 당시 문벌 사족의 가산家産이 적서嫡庶의 차별 없이 형제간에 균등하게 분할되어 상속되었던 것도 이유가 되었을 것이다.[95] 이러한 사회적 분위기가 수평적 가족 관계의 서술을 증대시킨 또 다른 원인이 되었을 것이라 보고 싶다.

　동진 묘지의 구성 요소 중 빼놓을 수 없는 특징의 하나는 본적의 서술이다. 서진 묘지 역시 본적이 기록된 묘지가 적지 않지만(20/33), 동진 묘지는 대부분 본적을 적고 있다(27/37). 여성의 경우 자신의 본적은 물론이고 남편의 본적을 기술하기도 하였다(연번 8, 12, 18, 25). 본적이 기술되어 있지 않더라도 가족 관계를 서술하는 과정에서 본적이 드러난 것(연번 15)을 더하면 그 숫자는 더 늘어난다. 거기다 본적이 별도로 기술되어 있지 않지만 집안 구영舊塋(촉군蜀郡)을 기술함으로 인해 그것을 유추할 수 있는 사례와(연번 26) 자신의 본적은 아니지만 남편이나 아들의 본적을 적은 것(연번 6, 24, 32, 35), 합장되어 있어 남편의 본적을 알 수 있는 것도 있다(연번 30). 또한 묘주가 남자일 경우 가족 관계의 서술 안에서 자연스럽게 처의 본적이 드러나는 경우도 존재한다(연번 1, 2, 3, 14, 36). 그렇다면 표에서 사실상 묘주의 본적이든 배우자의 그것이든 본적을 알 수 없는 사례는 연번 7과 33 두 점에 불과하다.

　본적 서술의 관습이 언제부터 시작되었는지 분명하지는 않으나 한비의 경우 본적지가 서술된 것이 많지 않다는 점에서 그 시작을 위진魏晉 시기로 볼 수 있을 것 같다. 동진 묘지에 본격적으로 본적이 서술된 것은 이민移民이라는 현상과 관련이 있을 것이다. 그렇기 때문에 이것을 북래인北來人들의 특수한 상황에서 비롯한 것이라 파악할 수 있다. 본래의 거주지로부터 유망하여 강남에서 살고 있는 북래인들이 자신들의 뿌리를 잊지 않고, 후대 이장의 대비로 본적을 기술한 것이라 생각할 수 있기 때문이다. 또한 이주민

---

95) 山田勝芳, 「中國古代の「家」と均分相續」, 『東北アジア硏究』 2(1998), 258쪽.

으로서 강남 토착인들에 대해 우위를 점하기 위해 자신들의 본적을 기술하여
자신들이 군망郡望임을 드러내는 방식으로 삼았을 것이다.96) 즉, 본적은
자신과 가문의 존귀함을 드러내는 일종의 지표였던 것이다.

그런데 북래인 뿐 아니라 토착인들 중에서도 본적을 기술하는 사례를
발견할 수 있어, 본적을 기술하는 것이 동진 묘지의 한 특징임을 알 수
있다. 연번 2 〈장진묘지〉를 살펴보자.

〈장진묘지〉

【앞면】 진晉의 산기상시散騎常侍·건위장군建威將軍·창오군蒼梧郡과 오군吳郡
2군 태수太守·봉거도위奉車都尉·흥도현덕후興道縣德侯①를 역임한 오국吳國 오
현吳縣② 출신 자字가 의원義遠③인 장張④진鎭⑤의 곽부인郭夫人은 진의 시안태
수始安太守인 가흥嘉興 출신 서용徐庸의 손윗누이다.⑥

【뒷면】 태세太歲가 을유乙酉에 있던 태녕太寧 3년(325),⑦ 후侯의 나이 80⑧에
사망하였다. 세세토록 관족冠族으로 어짊과 덕이 두텁고 융성하였다. 진왕
조 원제元帝·명제明帝 시기에 관직에 있었는데 조야朝野 모두 존중하였다.⑨
부인은 정숙하고 현명하여 역시 시대의 뛰어난 여인이었다.⑩ 천 세 후
우연히 이 묘지를 보게 되는 이는 모쪼록 애처로이 여기기를.97)

그 구성을 보면 ①관력, ②본적, ③자, ④성, ⑤휘, ⑥가족 관계-처(처의

---

96) 北來 인사에 강남 호족층의 상위에 있었던 이들이 다수 포함되어 있던 것은 잘
   알려져 있다. 이들은 자신들이 보유한 선진 문화를 이용하여 강남 토착 호족에
   대한 우위를 점하고자 했을 것이다. 川本芳昭,『中國の歷史 5-中華の崩壞と擴大: 魏晉南
   北朝』(東京: 講談社, 2005), 120~121쪽.
97) 趙超, 앞의 책(2008), 18쪽, 〈晉故散騎常侍建威將軍蒼梧吳二郡太守奉車都尉興道縣侯
   吳國吳張鎭墓誌〉, "【앞면】 晉故散騎常侍·建威將軍·蒼梧吳二郡太守·奉車都尉·興道縣德
   侯吳國吳張鎭字義遠之郭夫人, 晉始安太守嘉興徐庸之姉.【뒷면】太寧三年太歲在乙酉, 侯
   年八十, 薨. 世爲冠族, 仁德隆茂. 仕晉元明, 朝野宗重. 夫人貞賢, 亦時良媛. 千世邂逅,
   有見此者幸愍焉."

본적 포함), ⑦졸일, ⑧향년, ⑨묘주의 품행, ⑩묘주 처의 품행으로 되어있다. 묘주 자신의 본적은 물론이거니와 가족 관계를 서술하면서 처의 본적까지 기재하고 있다. 오국 오현과 가흥은 지금의 강소성江蘇省과 절강성浙江省의 소주蘇州와 가흥으로, 장진과 장진의 처는 북래인이 아닌 토착 강남인이다. 따라서 동진 시기 묘지에 본적이 기재되는 것은 반드시 북래인들의 경우에만 해당하는 사항이 아님을 알 수 있다.

그렇다면 북래인과 토착인을 막론하고 묘지에 본적을 기술하게 된 것은 무엇 때문일까? 사실 묘주인 장진의 오국 오 출신의 장씨 집안은 '과강過江한 교성僑姓'으로 불리는 북래한 문벌 사족에 대해 '동남東南의 오성吳姓'으로 불리는 토착 문벌 사족의 하나다.[98] 그러나 이들 토착 문벌 사족들은 북래 문벌 사족의 도래로 인해 문지의 하락을 겪게 되며, 삼류 사류의 가문으로 전락하게 된다.[99] 그렇다고 해서 동진 조정이 이들을 포용하지 않을 수는 없었다. 본질적으로 유우정권流寓政權이란 한계는 강남 제 세력의 도움을 필요로 할 수밖에 없었다. 진 왕조 남천 이후 강남의 재능 있는 이들을 발탁하여 영令·복僕 이하 상서랑尚書郎·중서사인中書舍人으로 삼았다는 『안씨가훈顏氏家訓』의 기록[100]이나, 동진 명제가 주군州郡 중정中正에게 손오孫吳의 장상將相이나 명현名賢의 후예 중 이름 난 이들을 조사 보고하라[101]는 조詔를

---

98) [北宋]王溥, 『唐會要』卷36, 「氏族」, "過江則有僑姓, 王·謝·袁·蕭爲大. 東南則有吳姓, 朱·張·顧·陸爲大." 이들 朱·張·顧·陸 네 성씨는 흔히 '吳四姓'으로 불리며 三國 시기 이미 '公族子弟'와 竝擧될 정도로 대단한 위세를 가졌었다. 자세한 사항은 『三國志·吳書』 卷56, 「朱治傳」, 1305쪽을 참조.

99) 첸인커에 따르면 동진·南朝 시기 士人은 모두 北語를 쓰고, 庶人은 吳語를 썼다고 하며 북래인에 의해 토착 강남인이 무시당했던 당시 상황을 설명하였다. 陳寅恪, 「東晉南朝之吳語」, 『中央研究院歷史語言研究所集刊』7(1936), 1~4쪽. 허치민 또한 동진 조정에서 중요 직위에 있던 인물들의 출신지를 비교하여 中原人에 비해 강남 토착 大族들이 차별받았음을 주장하였다. 何啓民, 「永嘉前後吳姓與僑姓關係之轉變」, 『中古門第論集』(臺北: 學生書局, 1978), 71쪽.

100) [北齊]顏之推, 『顏氏家訓』第11, 「涉務」, "晉朝南渡, 優借士族; 故江南冠帶, 有才幹者, 擢爲令僕已下尚書郎中書舍人已上, 典掌機要."

101) 『晉書』卷6, 「明帝紀」, "吳時將相名賢之冑, 有能纂修家訓, 又忠孝仁義, 靜己守眞, 不聞于時

내린 것이 그 증거가 될 것이다.

동진 정부의 일련의 포용 정책을 통해 몇몇 강남 문벌 사족들은 북래 문벌 사족만큼의 가문의 위세를 유지하고 혹은 만들어 낼 수 있었다. 〈장진묘지〉에 보이는 본적의 서술은 북래 문벌 사족과 대립하고 경쟁할 수밖에 없었던 강남 토착 사족들이 자신들의 가격을 제고하고자 했던 노력의 결과일 것이다. 토착인들의 본적 서술은 북래인의 본적 서술로부터 촉발되었을 것으로 생각된다. 북래 문벌 사족은 그들대로 본적을 기록함으로 해서 자신들의 가문과 신분을 드러냈던 것이고, 이들과 경쟁하였던 토착 문벌 사족들 역시 북래인들이 사용하던 증표를 차용하였던 것이다.

IV. 유송 시기 명사의 재등장

유송劉宋 시기 묘지의 특징으로 거론할 수 있는 것은 표제(지액)와 묘주의 품행에 대한 기술, 그리고 명사가 재등장한 것이다. 그 중에서도 가장 주목되는 것은 명사의 등장인데, 동진 시기 묘지 중 명사를 가진 것이 하나도 없는 반면 유송 시기가 되면 반 수 이상의 묘지에서 명사가 등장한다. 유송 시기 묘지의 경우 그 출토 건수가 적어 단정하기는 힘들지만 이러한 현상은 묘주에 대한 송덕이 다시 강조되기 시작된 것을 의미할 것이다. 묘주의 품행에 대한 기술이 재등장한 것도 같은 맥락일 것이다. 특히 〈유송대명8년(464)유회민묘지劉宋大明八年劉懷民墓誌〉의 경우 송덕을 담당하는 운문韻文(명사)이 먼저 나오고, 그 후 묘주에 대한 정보를 담은 산문散文(서序) 부분이 나중에 나와 송덕을 강조하는 효과를 극대화하고 있다.

어떤 사회적 필요가 유송 시기 들어 송덕이 강조된 묘지를 재등장시켰을

者, 州郡中正甌以名聞, 勿有所遺."
102) 毛遠明, 앞의 책(第三冊), 98~99쪽.

〈표 3-1-3〉 유송 묘지 일람

연번	묘지	자수	구성	외형(단위㎝)
1	〈유송영초2년(421)사충묘지劉宋永初二年謝琉墓誌〉102)	681	**지액**+졸일+본적+성+휘+자+장일+장지+가계 및 가족 관계	세로33/가로17
2	〈유송원가2년(425)송걸묘지劉宋元嘉二年宋乞墓誌〉103)	110	가계+본적+성+휘+가족 관계+졸일+장지	세로34/가로16.6
3	〈유송대명7년(463)사도묘지劉宋大明七年謝濤墓誌〉104)	219	가계+관력+본적+성+휘+자+향년+졸일+장일+장지+가족 관계(처의 성·졸일·장일·가계)	
4	〈유송대명8년(464)유회민묘지劉宋大明八年劉懷民墓誌〉105)	224	**지액**+**명사**+휘+본적+향년+졸일+장일+장지+가족 관계+관력	세로49/가로52.5
5	〈유송태시6년(470)유습묘지劉宋泰始六年劉襲墓誌〉106)	2101	가계 및 가족관계+**지액**+휘+자+본적+**품행**+관력+향년+졸일+추증+장일+장지+**명사**	
6	〈유송원휘원년(473)장제묘지劉宋元徽元年張濟墓誌〉107)	137	가족 관계(부친의 관력+부친의 성·휘+모친의 성·휘)+휘+향년+장일+장지+**명사**	
7	〈유송원휘2년(474)명담희묘지劉宋元徽二年明曇憘墓誌〉108)	660	**지액**+가계 및 가족 관계+휘+자+본적+**품행**+관력+향년+졸일+장일+장지+**명사**+가족 관계	세로65/가로48

까? 이와 관련하여 현재 설득력 있는 주장은 의희義熙 연간(405~418)에 다시 반포된 금비령을 원인으로 보는 것이다. 엄격한 금비령에 의해 묘비가 세워지지 않음으로 해서 유송 묘지에는 명사가 재등장하였다는 것이다.109) 그러나 이 견해는 동진 시기 묘지와 묘비가 한 쌍으로 제작되었다는 전제 하에 타당성을 갖는데, 이 문제에 대해서는 앞에서 살펴보았다.

다른 원인으로 생각해 볼 수 있는 것은 동진 북래인들에게 이장이라는

103) 毛遠明, 앞의 책(第三冊), 105쪽.
104) [明]陶宗儀, 『知不足齋本 古刻叢鈔』(臺北: 藝文, 1966), 29左~30右쪽.
105) 毛遠明, 위의 책, 119쪽.
106) [明]陶宗儀, 위의 책, 52右~55左쪽.
107) [明]陶宗儀, 위의 책, 30右~30左쪽.
108) 毛遠明, 위의 책, 124쪽.
109) 中村圭爾, 앞의 글(2006), 400쪽.

가장 중요한 문제가 해결된 점이다. 동진 묘지는 고향의 선영先塋으로 돌아가
지 못한다는 현실적 한계로 인해 후에 있을 이장을 위한 표지의 역할을
담당하였다. 그러나 유송이 건국된 후 북벌北伐이 포기되고 강남에서의 생활
이 고정되면서110) 사실상 이장의 가능성은 사라지게 되었다. 따라서 묘지는
더 이상 임시적인 조처가 아니게 되었다. 단순한 표지의 역할만을 담당하였
던 종래와는 다른 역할이 부여되게 된 것이다. 대표적으로 〈송걸묘지〉에는
묘주의 관적貫籍과 관련하여 '양주 단양군 건강현 도향 중황리[楊州丹楊建康都鄉
中黃里]', '예주 진군 양하현 도향 부락리[豫州陳郡陽夏縣都鄉扶樂里]'라고 하여 현재
거주하고 있는 강남의 호적戶籍과 북쪽의 본적이 모두 기술되어 있다.

  동진 시기 북래인들은 묘지에 자신들의 호적을 기술할 경우 예외 없이
모두 북쪽의 본적을 기술하였고, 현재의 거주지는 별도로 기술하지 않고
장지로 표현하였다. 예를 들어 〈왕기지묘지〉에는 본적인 '낭야군 임절현
도향 남인리[琅邪臨浙都鄉南仁里]'가 기술되고, 장지로 '단양군 건강현[丹楊建康]'이
기록되어 있다. 즉, 지금의 거주지는 임시 장지일 뿐이었던 것이다. 그러나
유송 시기에 들어서면 현 거주지가 묘주에게 본적만큼 중요한 정보 사항이
된다.111)

  묘지가 임시적 조처의 표지에서 벗어나자 자연히 묘지문의 길이가 늘어났다.
동진 묘지 중 가장 긴 지문을 가진 것은 〈왕건지묘지〉로 275자다. 그러나

---

110) 金裕哲,「北伐을 통해 본 東晉朝廷의 國家觀과 皇帝權」,『魏晉隋唐史硏究』6(2000),
64쪽.
111) 이것을 일찍이 모리야 미츠오가 말한 '北人의 南人化'로 설명할 수 있을 것이다.
모리야 미츠오는 이주 초기 강렬한 열망이었던 北土 회복이 동진의 무능으로 사실상
불가능했고, 그 와중에 강남에서의 僑姓人이 吳姓人보다 사회적으로 우월한 지위를
유지할 수 있었던 것 등은 북인의 중원으로의 회귀 감정을 상실하게 했고, 그
과정에서 북인이 남인화의 길을 걸었다고 분석하였다. 守屋美都雄,「南人と北人」,
『中國古代の家族と國家』(京都: 東洋史硏究會, 1968), 428~431쪽. 原載:『東亞論叢』6(1948).
한편 야노 지카라는 이러한 이유 외에도 이주지에 선조의 墓가 조성되게 된 것도
북인의 남인화를 촉진하였다고 보았다. 矢野主稅,「東晉における南北人對立問題-その社
會的考察」,『史學雜誌』77-10(1968), 42~52쪽.

대부분의 묘지는 100자가 안 되는 짧은 지문을 가지고 있다. 그러나 유송의 묘지들은 비교적 짧다고 하는 〈송걸묘지〉도 100자를 넘기고 〈사충묘지〉는 681자, 〈명담희묘지〉는 660자에 달한다. 심지어 2천 자를 넘는 것도 있다. 글자 수에서 서진 묘지만큼 늘어난 것이다.(〈표 3-1-2〉와 〈표 3-1-3〉의 글자수 참조) 유송의 묘지는 이장이 포기되면서 개인의 공덕에 대한 현창顯彰이라는 역할을 다시 부여받은 것이다.

　그러나 이것이 명사 등장의 하나의 이유가 될 수는 있지만 절대적인 원인이 될 순 없을 것이다. 더 중요한 것은 어떠한 사회적 변화가 공덕의 현창을 추동하였는가 하는 점이다. 이와 관련하여 『남제서南齊書』 다음의 기사가 주목된다.

　　담당 관원이 상주上奏하여 말하였다. "대명大明 연간(457~464)의 고사故事에 서는 태자비의 무덤 안에 묘지[石誌]를 넣었다고 합니다. 참의參議에 따르면 묘지명은 예전禮典에는 나오지 않는다고 합니다. 근래 송 원가元嘉 연간 (424~453)에 안연지顔延之가 왕구王球의 묘지명을 썼다고 합니다. 한문寒門들 은 묘비墓碑와 애책哀策이 없기에 묘지명으로써 공덕을 기린 것입니다. 그 이후로 왕공王公 이하 모두가 따라 사용하였습니다. 황태자비의 신분이 중重하니 상례常例와는 달라야 하지만, 이미 애책이 있으므로 묘지는 불필요 합니다." 그 의견을 따랐다.112)

　남제 무제武帝 건원建元 2년(480), 황태자비였던 목후穆后 배씨裴氏가 사망하 자 장례 절차를 의논하면서 묘실 안에 묘지를 매납할지의 여부에 대해 논의가 진행된다. 이때 논의를 주도했던 왕검王儉은 묘지가 예전에 규정된

---

112) 『南齊書』 卷10, 「禮志下」, "有司奏: 「大明故事, 太子妃玄宮中有石誌. 參議墓銘不出禮典. 近宋元嘉中, 顔延作王球石誌. 素族無碑策, 故以紀德. 自爾以來, 王公以下, 咸共遵用. 儲妃之 重, 禮殊恆列, 旣有哀策, 謂不須石誌.」 從之."

의례가 아니라는 이유로 매납을 반대한다. 담당 관원 역시 반대 의견을 개진하였다. 상주에 따르면 왕공들에게는 생전의 공적을 운문으로 적은 애책이라는 문체文體가 있어 공덕을 기릴 수 있었음에도 민간에서 사용되었던 묘지가 왕공 이하에까지 유행했다고 한다.

이와 관련하여 묘지명이 모든 사람에게 어떻게 공개되었는가 하는 점113) 이 궁금하다. 지하에 매장된 묘지의 글이 어떤 경로로 대중에게 알려져 하나의 유행이 되었을까? 이 문제의 해답은 『문선文選』에서 찾을 수 있을 것 같다. 『문선』에는 문체의 하나로 묘지명이 수록되어 있다.114) 즉, 당시 묘지의 명사는 동진 시기와 마찬가지로 석각을 통해 알려지기 보다는 하나의 문학 장르로 정착하여 서책의 형태로 사람들에게 읽혀졌을 것이다.

후한 말과는 다른 방식이기는 하지만 묘지명이 대중에게 공개되게 되면서 망자에 대한 송덕이 다시 강조될 수 있는 사회적 배경이 마련되었다. 하지만 이보다 더 중요한 것은 **명사의 등장이 개인에 대한 송덕 행위가 사회적으로 필요해졌음을 의미**한다는 점이다. 유송 시기 들어 개인에 대한 송덕 행위가 사회적으로 필요해진 이유는 무엇일까?

이를 동진 시기를 끝으로 가전류家傳類 저작 편찬이 감소하는 현상과 연관하여 생각해 보고자 한다. 이를 위해 가전의 편찬에 대해 간단히 정리하면 다음과 같다. 후한 말부터 편찬되기 시작한 가전은 동진 시기까지 집중적으로 편찬된다. 이에 대하여 일찍이 미야카와 나오시宮川尙志는 "가문의 명예와 영귀榮貴함을 과시하고 선전하기 위해 보학譜學·가전류 저작이 많이 찬술되었다"115)고 분석하였고, 야노 지카라 역시 '가전·세보世譜의 성행은 문벌

---

113) 묘지가 유행했다는 것은 이미 사회적으로 고정된 묘지의 형식과 관용적 문체 또는 문장의 격식이 그 사회 안에서 공유되었다는 것을 의미할 것이다. 따라서 묘지의 공개를 상정하는 것이 상식적이라고 생각한다. 실제로 王儉이 "銘과 誄가 없었기 때문에 (묘지로써) 행적(덕)을 기록했다(以其無銘誄, 故以紀行(德))."고 한 것은 그가 〈王球墓誌〉의 내용을 알고 있었음을 의미한다.

114) 현재 『文選』에 수록되어 있는 哀悼文으로는 文誄文, 哀策文, 碑文, 墓誌, 行狀 등이 있다.

115) 宮川尙志, 「六朝時代の史學」, 『東洋史研究』 5-6(1940), 12쪽.

형성의 진전 과정에 동반된 것'116)이라고 하였다. 또한 루야오동逯耀東도 구품중정제 하에서 발전한 문벌·귀족 사회가 혈연관계를 중시하는 사회적 풍조를 만들어냈고, 그것이 위진남북조 사학史學에 영향을 미쳐 가사家史·가전·세록世錄 등의 별전別傳을 만들어 냈다고 보았다.117) 지금까지의 연구들은 가전의 성행을 문벌 사회 발전의 결과로 본 것이다.118)

그런데 동진 말을 기점으로 가전의 편찬이 감소하게 된다.119) 인물평과 가전을 연관하여 이해했던 후바오궈胡寶國는 이 시기가 되면 문벌의 가격이 고정화되어 지난 시기에 비해 인물평이 더 이상 중시되지 않으면서 가전의 편찬이 감소하였다고 해석하였다.120) 그러나 유송 묘지에 사자의 공덕을 기리는 명사가 등장한다는 사실은 인물평이 더 이상 중시되지 않았다는 후바오궈의 분석과는 거리가 있다.121) 따라서 더 이상 가전이 편찬되지 않는 것에 대한 다른 분석이 필요할 것이다.

---

116) 矢野主稅, 앞의 글(1961), 16쪽.

117) 逯耀東, 「魏晉別傳的時代性格」, 『魏晉史學的思想與社會基礎』(臺北: 東大, 2000), 22쪽.

118) 그러나 후바오궈는 家傳의 편찬이 후한 말에 이미 시작되었다는 사실에 주목하여 가전의 성행을 문벌 사회의 발전으로만 설명할 수 없다고 주장하였다. 그는 후한 말 가전의 편찬과 당시 유행하고 있던 인물평을 연관시켜, 가전이 大族을 많이 배출한 지역에서 만들어진 대족을 紐帶로 한 자기 주장의 결과물이라고 보았다. 胡寶國, 「雜傳與人物品評」, 『漢唐間史學的發展』(北京: 商務, 2003), 145쪽.

119) 『三國志』, 『世說新語』, 『太平御覽』, 『北堂書鈔』, 『藝文類聚』, 『初學記』 등에 인용된 가전을 분석한 루야오동의 분석에 따른다면, 총 211종의 가전은 전국 시기 인물의 가전이 1종, 전한 시기의 그것이 5종, 후한 시기의 것이 12종, 삼국 시기의 것이 52종, 서진 시기의 것이 46종, 동진 시기의 것이 95종이다. 그의 분석에 따른다면 동진 이후 가전의 편찬은 확인되지 않는다. 逯耀東, 위의 글, 104~105쪽.

120) 胡寶國, 위의 글, 153쪽.

121) 義熙 연간 禁碑令을 건의하는 배송지의 表文에 의하면 묘비의 내용이 종종 사실과 부합하지 않고(有乖事實), 그로 인해 眞僞가 서로 혼동되어(眞假相蒙) 심지어는 마땅히 덕행을 칭찬받아야 하는 이가 顯貴해지지 못하였다고 한다(殆使合美者不貴). 뿐만 아니라 건비에 소용되는 工程과 비용도 묘주의 신분에 맞지 않아(功費, 又不可稱) 풍속 파괴와 허위가 성행하는 浮華하고 繁瑣한 기풍이 지속되었다(俗敝僞興, 華煩已久)고 하였다. 이는 당시 묘비를 통해 사대부들 사이에 인물평이 행해지고 있었음을 의미한다. 『宋書』 卷64, 「裴松之傳」, 1699쪽 참조.

여기에 새로운 견해를 제시한 것은 나가타 다쿠지永田拓治로, 그는 가전이
편찬된 이유를 국가에 의한 작위爵位 계승의 범주가 확대된 것에서 찾았다.
즉, 적자가 없는 가문의 경우 근친자近親者에게 작위 계승의 가능성이 확대되
면서 집안 구성원들을 포함하는 가전이 활발하게 만들어졌다고 본 것이다.
특히 동진 명제 시기 폐절廢絶된 가문의 경우라도 일족 중에 공적이 있는
선인先人이 있다면 재흥再興할 수 있다는 암시가 담긴 조령詔令이 반포되면서
북래인들의 가전 편찬이 줄을 이었고, 이에 따라 토착 강남인들 사이에서도
가전 편찬이 촉발되었다고 보았다. 그러나 유송의 유유劉裕는 동진 시기의
작을 그대로 인정하지 않았고, 오직 자신과 왕조에 대한 충성과 공적만을
기준으로 작을 수여하면서 더 이상 가전을 편찬하지 않게 되었다고 보았다.[122]

이것은 동진과 유송 교체기에 발생했던 사회적 변화와 한말~동진 시기의
특별한 저작인 가전을 연관시켜 분석한 것으로 현재 우리가 살펴보고 있는
묘지의 명사 등장이라는 점에 큰 시사를 준다고 생각한다. 무인 황제의
등장으로 인해 지난 시기와 같은 문벌 사족의 특권이 더 이상 보장되지
않는 사회에서, 다시 말해 가문의 힘이 왕조를 압도하던 시기가 지나면서
가문의 우월함을 표현하는 기록물보다는 황제와 왕조에 충성하는 개인의
공적을 드러내는 기록물이 필요해진 것이다. 그것을 묘지에 다시 등장하는
명사로 볼 수는 없을까?

물론 그렇다고 문벌 가문이 영향력이 사라졌다는 것은 아니다. 여전히
유송 시기에도 특정 가문의 사회적 지위나 영향력은 유지되었다. 서진~동진
시기 묘지를 거치며 정형화된 가계와 가족 관계에 대한 번잡한 서술이
유송 묘지에 변함없이 온존하는 것은 그것의 반증일 것이다. 그러나 송제
시기를 귀족제의 '내면적 붕괴기'로 이해한 연구가 있는 것처럼[123] 유송

---

122) 永田拓治,「漢晉期における「家傳」の流行と先賢」,『東洋學報』94(2012)를 참조.
123) 越智重明,「宋齊政權と宋齊貴族制」,『魏晉南朝の貴族制』(東京: 硏文, 1982), 276쪽. 가와
　　카스 요시오 역시 劉宋의 元嘉 시기를 붕괴기까지는 아니라 해도 귀족들 최후의
　　영광의 시대이자 그 영광을 회고하는 시대라고 하여 문벌 세족의 세력 약화를

황제들의 일련의 황권 강화와 문벌 사족의 영향력 약화는 잘 알려져 있는 사실이다.[124] 특히 황권 강화에 따라 대두했던 한문들의 존재는 유력 문벌 가문의 구성원이라 할지라도 국가와 사회에 대해 공업을 쌓을 것을 강제했다.[125] 유송 시기 정치적 약진을 위해 노력해야 했던 것은 한문만은 아니었던 것이다. 이러한 사회적 분위기가 유송 시기 묘지에 사자의 공덕을 기리는 명사를 재등장시켰을 것이다.

설명하였다. 川勝義雄,「劉宋政權の成立と寒門武人」,『六朝貴族制社會の硏究』(東京: 岩波書店, 1985), 322쪽. 原載:『東方學報』36(1964); 川勝義雄,「『世說新語』の編纂-元嘉の治の一面-」, 같은 책, 327쪽. 原載:「「世說新語」の編纂をめぐって-元嘉の治の一面」,『東方學報』41(1970).

124) 유송 武帝·文帝·孝武帝의 황권 강화와 관련해서는 다음의 글을 참조할 수 있다. 石田德行,「劉裕集團の性格について」,『木村正雄先生退官記念 東洋史論集』(東京: 汲古書院, 1976); 越智重明,「宋の武帝と土斷·官僚層對策」,『魏晉南朝の人と社會』(東京: 硏文, 1985); 安田二郎,「元嘉時代史への一つの試論-劉義康と劉劭の事件を手がかりに-」,『名古屋大學東洋史硏究報告』2(1973); 川合安,「元嘉時代後半の文帝親政について-南朝皇帝勸力と寒門·寒人-」,『集刊東洋學』49(1993); 越智重明,「宋の孝武帝とその時代」, 같은 책(1985); 小尾孝夫,「劉宋孝武帝の對州鎭政策と中央軍改革」,『集刊東洋學』91(2004).

125) 洪承賢,「'浮華'와 '素業' 槪念을 통해 본 南朝 士大夫들의 意識變化」,『中國學報』47(2003), 475쪽.

2장 북위 시기 묘지의 정형화와 유행

　한족漢族에 의해 만들어진 묘지墓誌가 남조南朝가 아닌 호족胡族의 북위北魏에서 유행한 것과 관련하여 지금까지 많은 연구자들이 관심을 가졌다. 그 결과 몇 가지 주목할 만한 연구 성과들이 제출되었고, 그를 통해 북위 묘지를 둘러싼 다양한 내용들이 규명되었다.[1] 다른 한편 여전히 이견이 있는 문제들도 존재한다. 대표적으로 묘지가 어느 곳에서 완성되고 전파되었는가 하는 문제를 들 수 있다. 현재 남조에서 출토된 묘지의 수와 북조北朝에서 출토된 그것의 수를 살펴보면 남조 115점,[2] 북조 1,211점[3]으로 압도적인 차이를 확인할 수 있다. 숫자상으로만 본다면 북조에서 묘지가 완성되고 유행했다는 결론에 도달하는 것은 자연스럽다.[4] 그러나 최근 이와는 달리 묘지의

---

1) 久田麻實子,「墓誌銘の成立過程について-北魏墓誌銘の意義」,『中國學志』14(1999); 殷憲, 「北魏早期平城墓銘析」,『北朝研究』1(2000); 趙超,「試談北魏墓誌的等級制度」,『洛陽出土 墓誌研究文集』(北京: 朝華, 2001); 林登順,『北朝墓誌文研究』(臺北: 麗文文化, 2009); 室山 留美子,「出土刻字資料研究における新しい可能性に向けて-北魏墓誌を中心に-」,『中國史學』 20(2010); 松下憲一,「北魏後期墓誌における官位と大きさの關係」,『史朋』44(2011); 窪添慶 文,「北魏墓誌中の銘辭」,『立正大學文學部論叢』133(2011); 徐沖,「從"異刻"現象看北魏後 期墓誌的"生産過程"」,『復旦學報(社科版)』2011-2; 朴漢濟,「魏晉南北朝時代 墓葬習俗의 變化와 墓誌銘의 流行」,『東洋史學研究』104(2008); 窪添慶文,「遷都後の北魏墓誌に關する 補考」,『東アジア石刻研究』5(2013); 梶山智史,「北魏における墓誌銘の出現」,『駿台史學』 157(2016).

2) 中村圭爾,「東晉南朝の碑・墓誌について」,『六朝江南地域史研究』(東京: 汲古書院, 2006), 404~406쪽, 446~448쪽.

3) 梶山智史,『北朝隋代墓誌所在總合目錄』(東京: 汲古書院, 2006), 30~106쪽.

완성과 전파의 기점을 남조로 파악하는 연구들이 등장하여 이 문제는 쉽게
단정하기 어려운 상태다.

북위의 묘지 유행에 관한 전론專論을 발표한 박한제는 남북조 묘장墓葬
문화의 특징을 '남조의 묘전 석각, 북조의 묘지명[南朝的墓前石刻, 北朝的墓誌銘]'이
라고 규정하였다.[5] 모든 것을 지하에 매장하는 호족의 장속葬俗－허장虛葬·잠
매潛埋의 습속－으로 인하여 지하에 묻는 묘지가 유행하게 되었다는 것이다.
매장지를 숨기고 싶어 했던 그들에게 사람들 눈에 띄는 묘비墓碑는 적절하지
않았다는 것이다. 따라서 연구는 일관되게 묘지의 완성 및 전파가 북위를
중심으로 진행되었다고 보았다.[6] 그러나 이 입장에 따른다면 효문제孝文帝
이후 허장·잠매의 장속이 변화함에도 불구하고 여전히 묘지가 성행하고,
특히 묘지의 구성 요소 중 송덕頌德을 담당하는 명사銘辭가 발달하게 된
것에 대해서는 충분한 답을 할 수 없다.

한편 남조에서 묘지가 완성되고 그곳으로부터 전파되었다는 연구가 있다.
최근에 가지야마 사토시梶山智史는 유송劉宋 묘지로부터 북위 묘지의 원형을
찾았던 기존 연구[7]를 계승하여 북위 묘지에 투영된 남조의 영향에 대하여

---

4) 川本芳昭, 「胡族漢化の實態について」, 『魏晉南北朝時代の民族問題』(東京: 汲古書院, 1998),
   395쪽.

5) 朴漢濟, 앞의 글, 58쪽.

6) 北朝에서 墓誌가 완성되고 전파되었다는 입장은 일본학계에서도 발견할 수 있다.
   水野淸一, 「墓誌について」, 『書道全集6-中國6 南北朝II-』(東京: 平凡社, 1974), 38쪽; 日比野
   丈夫, 「墓誌の起源について」, 『江上波夫敎授古稀記念論文集(民族·文化篇)』(東京: 山川,
   1976), 192쪽; 塚田康信, 「墓誌の研究」, 『廣島文敎女子大學紀要(人文·社會科學編)』
   25(1988), 6쪽; 久田麻實子, 앞의 글, 47쪽.

7) 序와 銘을 갖춘 정형적인 묘지의 출현을 南朝에서 찾는 입장의 근거는 『南齊書』
   「禮志」의 "近宋元嘉中, 顏延作王球石誌. 素族無碑策, 故以紀德."이라는 기사다. 이를
   근거로 전통 시기 역사가들은 묘지의 출현을 남조에서 찾았다. 최근 일본에서는
   구보조에 요시후미가 북조 묘지가 남조 묘지의 영향을 받아서 제작되기 시작했다고
   보았다. 窪添慶文, 「墓誌の起源と定形化」, 『立正史學』 105(2009); 窪添慶文, 앞의 글
   (2011), 17쪽. 한편 청장찬은 〈王球墓誌〉를 최초의 묘지로 보는 것은 묘지의 연대를
   너무 늦춰 본 것이라고 하며, 묘지의 시작은 秦漢 시기고 魏晉南北朝 시기는 묘지의
   定型化 시기라 하였다. 程章燦, 「墓誌起源考-兼對關於墓誌起源的諸種傳統說法的考察」,

고찰하였다. 연구는 북위 시기 명사를 포함한 전형적인 묘지의 시작을 효문제孝文帝 태화太和 19년(495)에 제작된 〈풍희묘지馮熙墓誌〉로 보며, 493년 남제南齊에서 망명한 왕숙王肅으로부터 남조 묘지의 전통이 전해졌을 것이라 보았다.[8] 그런데 연구는 〈풍희묘지〉 이전, 즉 낙양洛陽 천도 이전 북위의 묘지에는 명사가 각석되지 않았다고만 짧게 언급하였을 뿐, 북위 묘지의 계통을 분석하는 데까지는 나가지 못하였다.

이 장에서는 낙양 천도 이전 북위 묘지의 특성을 분석하여 북위 묘지의 계통을 밝히는 것부터 작업을 시작해보고자 한다. 북위 묘지의 계통을 밝히는 작업을 통해서 북위 묘지의 발전상을 구명究明할 수 있을 것이다. 이 과정에서 정형화된 묘지가 어느 곳에서 시작된 것인지는 자연히 밝혀지리라 생각한다. 한편 북위 시기 556점이라는 많은 숫자의 묘지가 제작되었던 이유는 무엇일까?[9] 무엇이 묘지 유행의 원인일까? 이 장의 두 번째 목적은 바로 북위 시기 묘지 유행의 원인을 고찰하는 것이다.

지금까지 북위에서의 묘지의 유행을 설명하는 유력한 관점 중 하나는 '호족胡族의 한화漢化'라는 해석이었다. 가와모토 요시아키川本芳昭는 천도 후에 묘지가 유행하게 된 것은 북위 종실이 빠짐없이 묘지 제작에 노력했기 때문이라고 하면서 묘지의 제작을 '호족 한화의 일표징一表徵'이라고까지 표현하였다.[10] 그러나 문제는 그렇게 간단하지만은 않다. 그것은 낙양 천도 후 유행한 묘지가 송덕을 목적으로 하는 명사가 기술된 묘지기 때문이다.

『石學論叢』(臺北: 大安, 1999), 10~12쪽.

8) 梶山智史, 앞의 글. 35~42쪽. 남조 묘지의 전통이 망명한 南齊의 王肅으로부터 북위로 전해졌을 가능성은 이미 구보조에 요시후미에 의해서도 타진되었다. 窪添慶文, 앞의 글(2013), 21쪽. 한편 최근 국내에서도 梁代 '奉勅撰墓誌'를 검토하여 묘지 격식의 완성이 북조가 아닌 남조에서 이루어졌음을 주장한 연구가 제출되었다. 梁鎭成, 「梁代 奉勅撰墓誌를 통해 본 墓誌銘의 定型化」, 『中國史研究』 105(2016).

9) 가지야마 사토시에 따르면 북조 시기 제작된 1211점의 묘지 중 연대를 알 수 있는 것은 1151점인데, 그 중 약 반수인 556점이 북위 시기에 제작되었다. 梶山智史, 위의 글, 25쪽.

10) 川本芳昭, 앞의 글, 395쪽.

후한後漢 시기 묘주墓主에 대한 정보만을 기록하던 묘비에 명사가 등장한 것은 선거를 위해 명성을 획득할 필요가 있었기 때문이고, 동진東晉 시기 묘지에 명사가 기록되지 않다가 유송 들어 간각되기 시작한 것은 무인武人 황제의 등장으로 인해 더 이상 문벌사족門土族의 특권이 보장되지 않게 되자 왕조에 충성하는 개인의 공적을 드러내는 기록물이 필요해졌기 때문이다.[11] 요컨대 송덕을 목적으로 하는 명사의 출현은 시대적 필요, 그 중에서도 공적功績의 표현과 명성의 획득이라는 사회적 필요에 의해 강제되었던 것이다. 따라서 낙양 천도 이후 북위 묘지에 명사가 등장하였다면 북위 사회에도 명사의 출현을 필요로 하는 요인이 있었을 것이다.

이 장은 이상과 같은 목적을 달성하기 위해 첫 번째 낙양 천도 이전, 평성平城에 도읍하고 있던 시기(이하 평성 시기로 서술) 묘지의 구성과 특징을 살펴보고자 한다. 이 작업은 북위 묘지의 계통을 밝히고 발전상을 규명하는 데 도움을 줄 것이다. 다음으로는 낙양 천도 이후 묘지의 정형화 과정을 복원하고자 한다. 이 과정 속에서 명사의 출현 원인을 밝힐 수 있을 것이라 기대한다.

Ⅰ. 평성 시기 묘지의 구성과 특징

북위에서 정형화된 묘지가 출현한 것이 남조로부터 영향을 받은 것인지 아니면 자체적인 발전의 결과인지를 확인하기 위해 다음과 같은 두 가지 표를 작성해 보았다. 〈표 3-2-1〉의 묘지의 구성 요소는 구보죠에 요시후미窪添 慶文가 규정한 정형화된 묘지의 구성 요소를 따랐다. 다만 '⑯ 석각의 종류'는 구보죠에 요시후미의 규정에는 없지만 낙양 천도 전 평성 시기 북위 묘지의 특징을 드러내기 위해 저자가 삽입한 요소다. ⑯ 석각의 종류는 낙양 천도

---

11) 後漢 墓碑에 관해서는 2부를, 東晉~劉宋 묘지에 대해서는 3부 1장을 참조.

〈표 3-2-1〉 평성 시기 북위 묘지 일람[12]

연번	묘지	재료 및 외형 (높이·너비 ㎝)	내용 및 구성 ①지액誌額 ②휘諱 ③자字 ④성姓 ⑤본적 ⑥가계家系(및 가족 관계) ⑦품행 ⑧이력 ⑨사망일 ⑩향년享年 ⑪졸지卒地 ⑫추증追贈 ⑬장례일 ⑭장지 ⑮명사[13] ⑯석각의 종류
1	〈북위태연2년(436)만종□부부묘지北魏太延二年萬縱□夫婦墓誌〉[14]	벽돌. 29·13	大魏太延二年四月九日.⑬ 萬④縱□②及妻樊④合會塚墓記.⑯
2	〈북위정평년간(451~452)손각묘지北魏正平年間孫恪墓誌〉[15]	돌. 40.5·43	代故東宮中庶子·謁者僕射·建武將軍·賓徒子·建節將軍·山陽滎陽二郡太守·定陵侯,⑧ 薨, 追贈寧東將軍·冀州刺史·漁陽郡公, 謚曰康公,⑫ 昌黎郡⑤孫④恪②字文恭③之銘.⑯
3	〈북위천안원년(466)질간갈후묘지北魏天安元年叱干渴侯墓誌〉[16]	벽돌. 27.2·14.2	天安元年歲在丙午十一月甲申朔廿六日己□.⑬ 長安人, 京兆郡·長安縣,⑤ 叱干④渴侯②家銘.⑯
4	〈북위황흥2년(468)장략묘지北魏黃興二年張略墓誌〉[17]	사암砂巖. 87·30	惟大代皇興二年歲次戊申十一月癸卯朔十三日乙卯,⑬ 涼故西平郡·阿夷縣⑤凌江將軍·萬平月·金昌白土二縣令·東宮記室主簿·尙書郎·民部典征西府錄事戶曹二參軍·左軍府戶曹參·領內直·征西鎭酒泉後都護留府·安彌侯·常侍·□南公·中尉·千人軍將⑧張④略②之墓.
5	〈북위황흥2년(468)어현명묘지北魏皇興二年魚玄明墓誌〉[18]	벽돌. 34·17	皇興二年戊申歲十一月癸卯朔十九日辛酉.⑬ 安西將軍·雍州刺史,□康公⑧漁④玄明②之銘.⑯
6	〈북위연흥2년(472)신홍지묘지北魏延興二年申洪之墓誌〉[19]	돌. 53·42	君姓申,④ 諱洪之,② 魏郡魏縣人也.⑤ 曾祖鍾, 前趙司徒·東陽公. 祖道生, 輔國將軍·兗州刺史·金鄕縣侯, 子孫家焉. 少曹屯蹇, 與兄直懃令乞之, 歸命於魏.⑥ 君識干强明, 行操貞敏, 孝友慈仁, 溫恭惠和. 兄弟同居, 白首交歡, 閨門怡怡, 九族式軌.⑦ 是以詮才委任, 甫授東宮莫堤.⑧ 將闡茂積, 克崇世業, 而降年不遐, 年五十有七.⑩ 以魏延興二年十月五日,⑨ 喪於京師.⑪ 以舊墳懸遠, 歸窆理難. 且巖博之葬, 蓋隨時矣. 考謀龜筮, 皆稱云吉. 遂築堂於平城桑干河南,⑭ 形隨化住, 德與時著. 敢剋斯石, 以昭不朽.
7	〈북위연흥3년(473)왕원처조씨묘지北魏延興三年王源妻曹氏墓誌〉[20]	벽돌. 미상	延興三年歲在癸丑. □□□王源⑥妻曹④年卅二,⑩ 十一月八日⑬…
8	〈북위연흥4년(474)사마금룡처희진묘지北魏延興四年司馬金龍妻姬辰墓誌〉[21]	돌. 30·28	惟大代延興四年歲在甲寅十一月戊辰朔二十七日甲午.⑬ 河內·溫縣·倍鄕·孝敬里人,⑤ 使持節·侍中·鎭西大將軍·儀同三司·都督梁益兗豫諸軍事·領護南蠻校尉·揚州刺史·羽眞瑯瑯貞王故司馬楚之嗣子, 使持節·侍中·鎭西大將軍·朔州刺史·羽眞瑯瑯王金龍⑧妻, 侍中·太尉·隴西王直懃賀豆跋⑥女, 乞伏文照王⑥外孫女欽文③姬辰②之銘.⑯

9	〈북위연흥6년(476)진영부부묘지北魏延興六年陳永夫婦墓誌〉22)	벽돌. 29·14.5	維大代延興六年歲次丙辰六月己未朔七日乙丑.⑬ 元雍州·河北郡·安戎縣民,⑤ 尙書令史⑧陳④永② 幷命婦劉夫人④之銘記.⑯
10	〈북위태화원년(477)상관하음처유안묘아묘지北魏太和元年上官何陰妻劉安妙娥墓誌〉23)	벽돌. 34·18	太和元年十一月廿.⑬ 河陰縣□本縣令上官何陰⑥ 妻劉④安妙娥②□.
11	〈북위태화원년(477)송소조묘지北魏太和元年宋紹祖墓誌〉24)	벽돌. 30·15	大代太和元年歲次丁巳.⑬ 幽州刺史·敦煌公,⑧ 敦煌郡⑤宋④紹祖②之柩.
12	〈북위태화8년(484)사소자처□씨묘지北魏太和八年史小磁妻□氏墓誌〉25)	미상	大魏太和八年月日.⑬ 幽州·范陽縣⑤史小磁⑥妻□④氏銘記.⑯
13	〈북위태화8년(484)양중경묘지北魏太和八年楊衆慶墓誌〉26)	벽돌. 31-33·15	大代太和八年歲在甲子十一月庚午朔.⑬仇池投化客楊④衆慶,② 代建威將軍·靈開子·建興太守,⑧ 春秋六十七卒,⑩ 追贈冠軍將軍·秦州刺史·清水靖使,⑫ 葬於平城南十里,⑭ 略陽清水⑤楊④衆慶②之銘.⑯
14	〈북위태화8년(484)사마금룡묘지北魏太和八年司馬金龍墓誌〉27)	돌. 47·14.4	司空琅琊康王墓表.① 維大代太和八年歲在甲子十一月庚午朔十六日乙酉.⑬ 代故河內郡·溫縣·肥鄉·孝敬里,⑤ 使持節·侍中·鎭西大將軍·吏部尙書·羽眞司空·冀州子史·琅琊康王⑧司馬④金龍②之銘.⑯
15	〈북위태화14년(490)왕아퇴묘지北魏太和十四年王阿隤墓誌〉28)	미상	太和十四年歲次庚午九月丙申朔廿三日戌午.⑬ 好時縣民⑤王阿④隤②銘.⑯
16	〈북위태화14년(490)굴돌륭업묘지北魏太和十四年屈突隆業墓誌〉29)	벽돌. 31·16	太和十四年十一月三日.⑬ 屈突④隆業②塚也. 故記.
17	〈북위태화16년(492)개천보묘지北魏太和十六年蓋天保墓誌〉30)	미상	太和十六年二月廿九日.⑨ 積弩將軍⑧蓋④天保②喪. 三月十七日⑬葬在臺東南八里坂上, 向定州大道東一百六十步.⑭ 墓中無棺木, 西廂壁下作磚狀.⑯ 蓋興國⑥父.

이전 북위 묘지만의 특징이라 해도 좋을 것 같다. '묘기墓記', '~지명之銘',

---

12) 표는 太和 19년(495) 이전의 紀年을 가지고 있는 北魏 墓誌 중 저자가 내용을 확인할 수 있는 묘지를 이용하여 작성한 것이다. 묘지의 이름만을 확인할 수 있는 것들은 제외하였다. 태화 19년 이전 묘지는 가지야마 사토시의 연구에 따르면 모두 26개다. 梶山智史, 앞의 책, 30쪽. 여기서는 표에서 17개, 본문에서 2개의 묘지를 분석하여 모두 19개의 묘지를 이용하였다. 묘지의 제목은 〈王朝名+紀年(西曆)+墓主名+墓誌〉의 방식으로 표기하였다.

13) 정형화된 묘지의 구성 요소는 구보조에 요시후미의 기준을 따랐다. 窪添慶文, 앞의 글(2013), 1쪽. ①標題 ②諱 ③字 ④姓 ⑤本籍 ⑥家系 ⑦品行 ⑧官歷을 중심으로 하는 經歷 ⑨卒日 ⑩享年 ⑪卒地 ⑫諡號와 葬費 등과 같은 追贈 ⑬葬日 ⑭葬地 ⑮銘辭. 이하

'~총명冢銘', '~명기銘記', '전장磚狀' 등 명문銘文이 각석된 석각의 성격이 기록되어 있는데, 〈표 3-2-2〉에 따르면 17점 중 11점에 석각의 성격이 기록되어 비율상 64%가 넘는다. 또한 장례일이 맨 앞에 위치한 것이 17점 중 13점(사망일이 맨 앞에 위치한 것까지 포함하면 14점)으로 이 역시 특이한 점이다. 이하 좀 더 구체적으로 천도 이전 제작된 북위 묘지의 특징에 대해 살펴보겠다.

우선 지적할 수 있는 것은 436년부터 492년까지 약 57년 간 북위 묘지의 구성 요소를 분석한 결과 묘지가 정형성을 갖춰 가는 것을 확인할 수 없었다는 점이다. 436년 〈만종□부부묘지〉가 '묘주墓主의 성명+장례일+석각의 성격'으로 구성되어 있는 것과 같이 490년 〈왕아퇴묘지〉 역시 동일하게 '묘주의 성명+장례일+석각의 성격'으로 구성되어 있다. 물론 더 많은 구성 요소를 가지고 있는 묘지들도 있지만 시간의 흐름에 따라 구성 요소가

모든 표는 동일한 기준에 의해 작성하였다.

14) 北京圖書館金石組 編, 『北京圖書館藏中國歷代石刻拓本匯編 第三冊』(鄭州: 中州古籍, 1989), 3쪽.
15) 殷憲, 앞의 글, 168쪽.
16) 大同市考古研究所, 「山西大同迎賓大道北魏墓群」, 『文物』 2006-10, 70쪽.
17) 遼寧省文物考古研究所·朝陽市博物館, 「朝陽市發現的幾座北魏墓」, 『遼海文物學刊』 19(1995), 143~144쪽.
18) 毛遠明 校注, 『漢魏六朝碑刻校注 第三冊』(北京: 線裝書局, 2009), 244~245쪽.
19) 池田溫, 「中國歷代墓券略考」, 『東洋文化研究所紀要』 86(1981), 229~230쪽.
20) 胡海帆·湯燕 編, 『中國古代磚刻銘文集』(北京: 文物, 2008), 156쪽.
21) 趙超, 『漢魏南北朝墓誌彙編』(天津: 天津古籍, 2008), 35쪽.
22) 殷憲, 위의 글, 169쪽.
23) 胡海帆·湯燕 編, 위의 책, 156쪽.
24) 毛遠明 校注, 위의 책, 258~259쪽.
25) 韓理洲 等 輯校編年, 『全北魏東魏西魏文補遺』(西安: 三秦, 2010), 84쪽.
26) 大同市考古研究所, 「山西大同七里村北魏墓群發掘簡報」, 『文物』 2006-10, 44쪽.
27) 毛遠明 校注, 위의 책, 266쪽, 268쪽.
28) 韓理洲 等 輯校編年, 위의 책, 84쪽.
29) 毛遠明 校注, 위의 책, 274~278쪽.
30) 殷憲, 「蓋天保墓磚銘考」, 『晉陽學刊』 2008-5, 25쪽.

〈표 3-2-2〉 평성 시기 북위 묘지의 구성 요소

	① 지액	② 휘	③ 자	④ 성	⑤ 본적	⑥ 가계*	⑦ 품행	⑧ 이력	⑨ 사망일	⑩ 향년	⑪ 졸지	⑫ 추증	⑬ 장례일	⑭ 장지	⑮ 명사	⑯ 석각종류
〈만종□부부묘지〉		○		○										○		○
〈손각묘지〉		○	○	○	○			○				○				○
〈질간갈후묘지〉		○		○	○									○		○
〈장략묘지〉		○		○	○			○						○		
〈어현명묘지〉		○		○				○						○		○
〈신흥지묘지〉		○		○	○	○	○	○	○	○	○			○		
〈왕원처조씨묘지〉			○	○					○					○		
〈사마금룡처희진묘지〉		○	○		○									○		○
〈진영부부묘지〉		○		○	○			○						○		○
〈상관하음처유안묘아묘지〉		○	○		○									○		
〈송소조묘지〉		○		○	○			○						○		
〈사소자처□씨묘지〉				○	○**	○								○		○
〈양중경묘지〉		○		○	○			○		○		○	○	○		○
〈사마금룡묘지〉	○	○		○	○			○						○		○
〈왕아퇴묘지〉		○		○	○									○		○
〈굴돌륭업묘지〉		○		○										○		
〈개천보묘지〉		○		○		○		○	○					○		○

* 가계에는 가족 관계를 포함하였다. 이하 모든 표에서 동일하다.
** 남편의 본적이다.

완비되어 간다고 보기는 힘들다. 따라서 평성 시기 북위 묘지가 자체적인 발전 끝에 완성되어 정형화되었다고 볼 수 없을 것 같다. 이것은 북위의 묘지가 남조로부터 영향을 받아 완성되고 사회적으로 유행했다는 반증일 수 있을 것이다. 실제로 구성상의 특징을 살펴보면 이 시기 북위 묘지는 남조 묘지와는 다른 북쪽만의 특징을 가지고 있다.

그 첫 번째 특징은 묘지 기술에 있어 맨 앞에 장일 혹은 사망일(연번 17 한 사례)을 서술하는 것이다. 전체 17건 중 14건에 해당하는 이 현상은 북위 이전 십육국十六國 시기 묘지에서 흔히 찾아볼 수 있다. 다음 〈표 3-2-3〉

〈표 3-2-3〉 십육국 시기 묘지의 내용 및 구성

연번	묘지명	내용 및 구성 ①지액 ②휘 ③자 ④성 ⑤본적 ⑥가계(및 가족 관계) ⑦품행 ⑧이력 ⑨사망일 ⑩향년 ⑪졸지 ⑫추증 ⑬장례일 ⑭장지 ⑮명사 ⑯석각의 종류
1	〈전연영창3년(324)이외묘지前燕永昌三年李廆墓誌〉31)	燕國薊⑤李④廆,② 永昌三年正月廿六日亡.⑨
2	〈후조건무11년(345)노잠묘지後趙建武十一年魯潛墓誌〉32)	趙建武十一年, 太歲在乙巳十一月丁卯朔,⑬ 故大僕卿·駙馬都尉⑧渤海趙安縣⑤魯④潛,② 年七十五,⑩ 字世甫.③ 以其年九月廿一日戊子卒,⑨ 七日癸酉瘞.⑬ 墓在高決橋陌西行一千四百廿步. 南下去陌一百二十步. 故魏武帝陵西北角. 西行卅三步, 北廻至墓明堂二百五十步.⑭ 師上黨解建, 字子奉. 所安墓入四丈. 神道南向.
3	〈전진건원2년(366)호국정원후묘지前秦建元二年護國定遠侯墓誌〉33)	護國定遠侯.⑧ 祖籍建昌.⑤ 以北邊有警, 杖節孤征. 馳逐被虜.⑧ 建元二年四月朔一日身故.⑨ 軍士負土以瘞焉.
4	〈전진건원12년(376)양서묘지前秦建元十二年梁舒墓誌〉34)	涼古中郎·中督護公國中尉·晉昌太守.⑧ 安定郡烏弐縣⑤梁④舒,② 字爲仁.③ 夫人故三府錄事·掌軍中侯京兆宋延女, 名華, 字成予.⑥ 以建元十二年十一月卅日⑬葬城西十七里, 楊墓東百步深五丈.⑭
5	〈후연건흥10년(395)최흘묘지後燕建興十年崔遹墓誌〉35)	燕建興十年,⑬ 昌黎太守⑧ 清河武城⑤崔④遹.②
6	〈전진건원16년(400)양아광묘지前秦建元十六年梁阿廣墓誌〉36)	墓表.① 秦故領民酋大·功門將·襲爵興晉王,⑧ 司州西川⑤梁④阿廣.② 以建元十六年三月十日丙戌終.⑨ 以其年七月歲在庚辰十二日丁酉⑬葬於安定西北小廬川大墓塋內, 壬居所居靑巖川東南卅里.⑭
7	〈후진홍시4년(402)여헌묘지後秦弘始四年呂憲墓誌〉37)	墓表.① 弘始四年十二月乙未朔廿七日辛酉.⑬ 秦故遼東太守⑧略陽⑤呂④憲②葬於常安北陵, 去城卅里.⑭
8	〈후진홍시4년(402)여타묘지後秦弘始四年呂他墓誌〉38)	墓表.① 弘始四年十二月乙未朔廿七日辛酉.⑬ 秦故幽州刺史⑧略陽⑤呂④他②葬於常安北陵, 去城卅里.⑭
9	〈서량가흥2년(418)이초부인윤씨묘지西涼嘉興二年李超夫人尹氏墓誌〉39)	隴西狄道李超夫人尹氏墓表.① □□□涼嘉興二□十二月十九日□□十二月□□(⑨)⑬*…
10	〈양부군(386~421)묘지梁府君墓誌〉40)	鎭軍梁府君之墓表.①
11	〈북량승평13년(455)저거봉재묘지北涼承平十三年(455)且渠封載墓誌〉41)	大涼承平十三年歲在乙未四月廿四日.⑬ 冠軍將軍·涼都高昌太守·都郎中大⑧且渠④封載②府君之墓表也.⑯

* 사망일과 장례일이 모두 기술되어 있는 것으로 생각된다. 다만 장례일을 기술하는 것이 일반적이라 사망일은 괄호로 표기하였다.

31) 李發·魯寶林·吳鵬, 「錦州前燕李廆墓淸理簡報」, 『文物』 1995-6, 43쪽.

에서 볼 수 있는 것처럼 후조後趙 건무建武 11년(345)의 기년紀年을 지닌 〈노잠
묘지魯潛墓誌〉를 비롯하여 후연後燕 건흥建興 10년(395)의 〈최휼묘지崔遹墓誌〉,
후진後秦 홍시弘始 4년(402)의 〈여헌묘지呂憲墓誌〉, 역시 후진 홍시 4년의 〈여타
묘지呂他墓誌〉, 서량西涼 가흥嘉興 2년(418)의 〈이초부인윤씨묘지李超夫人尹氏墓
誌〉,[42] 북량北涼 승평承平 13년(455)의 〈저거봉재묘지且渠封載墓誌〉 등은 모두
장례일이 제일 먼저 서술되어 있다. 그렇다면 북위 평성 시기 묘지는 구성상
십육국 시기 묘지를 계승하고 있는 것으로 봐야 할 것이다.

　다음으로 지문誌文 마지막에 석각의 성격을 서술하는 것에 대해 살펴보자.
〈표 3-2-2〉를 통해서 알 수 있는 것처럼 평성 시기 17건의 묘지 중 11건이
제작한 석각의 종류에 대해 서술하고 있다. '묘기墓記'(연번 1), '총명冢銘'(연번
3), '명기銘記'(연번 9, 12), '명銘'(연번 2, 5, 8, 13, 14, 15), '전장磚狀'(연번
17) 등으로 해당 석각의 종류가 서술되었다. 결락으로 뒷부분의 내용을
확인할 수 없는 연번 7과 10의 경우도 석각의 종류가 서술되었을 가능성이
높다고 생각한다. 또한 '~지묘之墓', '~지구之柩'로 서술된 연번 4와 11을 변형으
로 본다면, 석각의 종류가 기술된 것을 보편적인 현상으로 간주해도 좋을

32)　毛遠明 校注, 앞의 책, 88쪽.
33)　毛遠明 校注, 위의 책, 71~72쪽.
34)　鍾長發·寧篤學, 「武威金沙公社出土前案建元十二年墓表」, 『文物』 1981-2, 8쪽.
35)　李宇峰, 「遼寧朝陽發現十六國時期後燕崔遹墓碑」, 『文物』 1981-4, 93쪽.
36)　町田隆吉, 「「前秦建元十六年(380)梁阿廣墓表」試釋」, 『國際學レヴュー』 18(2006), 93~94
　　쪽.
37)　兼平充明, 「書道博物館藏「後秦呂憲墓表」について」, 『明大アジア史論集』 7(2002), 69쪽.
38)　李朝陽, 「呂他墓表考述」, 『文物』 1997-10, 81쪽.
39)　關尾史郎, 「西涼嘉興二年十二月李超夫人尹氏墓表」について-「五胡」時代石刻ノート(2)」, 『環
　　日本海研究年報』 12(2005), 55쪽.
40)　甘肅省博物館, 「酒泉·嘉峪關晉墓的發掘」, 『文物』 1979-6, 3쪽. 이 묘지의 경우 墓誌首
　　부분만 발견되었다.
41)　新疆維吾爾自治區博物館, 『新疆出土文物』(北京: 文物, 1975), 33쪽.
42)　〈呂憲墓誌〉, 〈呂他墓誌〉, 〈李超夫人尹氏墓誌〉. 이들 세 묘지는 誌額이 가장 먼저 기술되
　　어 있지만 모두 誌首 부분에 기록되어 있어 본문 첫 번째 내용은 장례일이다.

것 같다. 그렇다면 이러한 현상이 의미하는 것은 무엇일까? 이를 위해
한대漢代 묘비墓碑의 발전 과정을 잠시 살펴보는 것이 좋겠다.

일반적으로 후한 시기 묘비의 중요한 역할은 무덤의 묘주가 누구인가를
밝히는 것보다는 '송덕'에 있었다고 이해되고 있다.[43] 물론 처음부터 한대
묘비의 역할이 '송덕'이었던 것은 아니다. 『한서漢書』에 등장하는 전한前漢
시기 묘비는 무덤을 조영한 후 죽은 이의 성명姓名이나 작爵, 혹은 본적지
등을 적어 무덤 앞에 세웠던 '표지標識'의 성격을 띠고 있었다.[44] 즉, 묘비의
초기 모습은 무덤의 소재와 묘주에 대한 정보를 제공하는 '묘표적墓表的'
성격이 강했음이다. 그러다 후한 들어 사회적 필요-선거를 위한 명성 획득-
에 의해 묘주의 관력官歷과 가계(세계世系)가 소상히 서술되기 시작하였고,
이후 건립자들의 유가적儒家的 소양을 드러내기 위한 명사가 서술되면서
묘비가 정형화되기 시작하였다. 그리고 이후 후한 묘비의 중요한 역할이
'송덕'이 되었다.[45]

사회적으로 묘주의 '송덕'이 필요하지 않을 경우 묘비가 묘표의 성격이
강했던 것처럼 묘지 역시 '송덕'의 역할을 부여받기 전에는 표지로서의
역할을 담당하였다. 명明의 오눌吳訥은 묘지의 역할을 "(망자亡者의) 세계,
(졸장卒葬) 연월, 이름과 자字, 작爵과 본적 등을 정확히 적어서 (후대 발생할지
모르는) 능묘陵墓의 변천에 방비하고자 하는 것이다."[46]라고 하였다. 이에
따른다면 최초의 묘지 역시 초기 묘비처럼 무덤의 소재와 묘주에 대한
정보를 제공하는 것이 역할이었음을 알 수 있다. 이러한 역할에 가장 부합되
는 묘지가 바로 십육국 시기 묘지다.

---

43) 히사다 마미코는 漢碑의 대부분은 송덕을 목적으로 한다고 보았다. 久田麻實子,
    앞의 글, 29쪽.
44) 『漢書』卷44,「淮南厲王 劉長傳」, "又陽聚土, 樹表其上曰『開章死, 葬此下.』";『漢書』卷90,
    「酷吏 尹賞傳」, "楬, 杙也. 椓杙於瘞處而書死者名也."
45) 이상 後漢 시기 묘비의 정형화 과정에 대해서는 2부 1장을 참조.
46) [明]吳訥,『文章辨體』,「墓誌」, "墓誌, 則直述世系·歲月·名字·爵里, 用防陵谷遷改."

〈표 3-2-4〉 십육국 시기 묘지의 구성 요소

	① 지액	② 휘	③ 자	④ 성	⑤ 본적	⑥ 가계	⑦ 품행	⑧ 이력	⑨ 졸일	⑩ 향년	⑪ 졸지	⑫ 추증	⑬ 장일	⑭ 장지	⑮ 명사	⑯ 석각종류
〈이외묘지〉		○		○	○				○							
〈노잠묘지〉		○	○	○					○	○	○			○	○	
〈호국정원후묘지〉				○					○	○						
〈양서묘지〉		○	○	○	○	○								○	○	
〈최휼묘지〉		○		○	○									○		
〈양아광묘지〉	○	○		○	○				○					○		
〈여헌묘지〉	○	○		○	○				○					○		
〈여타묘지〉	○	○		○	○				○					○		
〈이초부인윤씨묘지〉	○									○				○		
〈양부군묘지〉	○															
〈저거봉재묘지〉		○		○					○							○

십육국 시기 묘지들을 살펴보면 장례일 혹은 사망일을 제일 먼저 서술하는 것이 하나의 특징이라 할 수 있다. 다음으로는 지액(제액題額, 표제標題)의 존재를 특징으로 들 수 있다. 그런데 그 지액이라는 것이 흥미롭다. 단지 '묘표墓表'라고만 각석되어 있기 때문이다. 남조의 경우 모든 묘지에 지액이 있는 것은 아니지만 존재하는 경우 일반적으로 '①왕조명王朝名+②고故+③ 관직官職+④성姓+⑤부군府君+⑥묘지명墓誌銘'(예: 〈①宋②故③建威將軍·濟 北海二郡太守·笠鄕侯·東陽城主④劉⑤府君⑥墓誌銘〉)의 형태를 가지고 있 다.[47] 이것은 한비 비액碑額의 전통을 계승한 것이다.[48] 한비의 경우 '한漢+고故 +관직官職+성姓+군君+(지)비(之)碑 또는 명銘'(예: 〈한고낭중정군지비漢故郎中 鄭君之碑〉,[49] 〈한고익주태수북해상경군명漢故益州太守北海相景君銘〉[50])의 형식이

---

47) 毛遠明 校注, 앞의 책, 129쪽.
48) 최근 연구에 따르면 후한 墓碑 중 문헌 기록과 탁본 등으로 題額(碑額)을 확인할 수 있는 것은 모두 132점이다. 현재 紀年이 확인되는 후한 묘비가 160여 점인 것을 감안하면 제액이 후한 묘비의 중요한 구성 요소임을 알 수 있다. 후한 제액의 건수에 대해서는 陳星平, 『東漢碑額書法藝術硏究』(臺北: 文津, 2012), 52쪽을, 후한 묘비 수에 대해서는 黃金明, 『漢魏晉南北朝誄文硏究』(北京: 人民大, 2005), 45쪽을 참조.

<그림 3-2-1> '묘표'라는 지액이 있는 <여타묘지>의 탁본(국립공주박물관ⓒ)

많지만 간략하게 '관직官職＋성姓＋군君＋(지)비(之)碑'(예: <기주종사풍군비冀州從事馬君碑>)51), <고돈황장사무군지비故敦煌長史武君之碑>52))의 형식을 띠기도 한다. 관직을 갖지 못한 경우에는 더욱 간략하게 '한漢＋고故＋성姓＋군君＋(지)비(之)碑'의 형식 (예: <한고왕군지비漢故王君之碑>)53)이나 혹은 더 간단한 '성姓＋군君＋(지)묘(之)墓'(예: <공군지묘孔君之墓>)54)와 같은 형식도 있다. 그러나 어떠한 경우에도 '묘비墓碑' 혹은 '비碑'라는 비액은 존재하지 않는다. 따라서 묘주와 관련된 어떠한 정보도 없는 <표 3-2-3>의 연번 6, 7, 8의 '묘표'라는 지액은 매우 특이한 모습이라고 할 수 있다. 아니, 이것을 지액으로 이해해도 좋을지 모르겠다.

왜 땅 속에 묻으면서 '묘표'라는 표현을 사용하였는지를 여기서 자세히 고구考究하는 것은 불가능할 것이다. 그러나 전형적인 묘지의 구성 요소를 갖추지 못하면서 오직 묘주에 대한 극히 간단한 정보와 사망일, 장례일, 각석의 성격만이 등장하는 십육국 시기 묘지의 성격은 '묘표' 그 이상도 이하도 아니었던 것만은 틀림없다. 그렇다면 십육국 시기 묘지와 중요한

49) 毛遠明 校注, 『漢魏六朝碑刻校注 第一冊』(北京: 線裝書局, 2009), 210쪽.
50) 毛遠明 校注, 위의 책, 136쪽.
51) 毛遠明 校注, 위의 책, 132쪽.
52) 毛遠明 校注, 위의 책, 155, 157쪽.
53) 北京圖書館金石組 編, 『北京圖書館藏中國歷代石刻拓本匯編 第一冊』(鄭州: 中州古籍, 1989), 178쪽.
54) 毛遠明 校注, 위의 책, 194, 195쪽.

특징을 공유하는 낙양 천도 전 북위의 묘지 역시 묘주에 대한 '송덕'이 목적이 아니라 '능묘의 변천에 방비하고자 하는' 목적을 가진 '묘표적' 성격을 가진 것으로 봐야 할 것이다.

II. 북위 묘지의 정형화

낙양 천도 이전 정형화된 묘지는 출현하지 않았던 것일까? 북위 사회 안에서 정형화된 묘지를 향한 발전 과정을 확인하는 것은 불가능할까? 이와 관련하여 연흥延興 5년(475)의 기년을 지닌 〈원리묘지元理墓誌〉와 기년을 확인할 수 없는 〈유현묘지劉賢墓誌〉가 주목된다. 우선 〈원리묘지〉에 대해 살펴보자.[55]

위魏의 처사處士 원공元公 묘지.① 군의 휘는 이리고② 자는 치민治民이다.③ 하남河南 낙양洛陽 사람이다.⑤ 성양회왕城陽懷王의 손자며 황문시랑黃門侍郎 의 아들이다.⑥ 군이 하루살이와 같이 잠시 천지天地에 의탁하니 여러 신령이 정신과 기백으로 군에게 귀속하였다. 어려서는 영화롭고 귀한 환경 속에서 나고 자라며 나라의 뛰어난 문화를 도야하고 습득하였고, 장성하여서는 재덕才德을 겸비하여 나라에는 아름다운 품덕品德을 전파하였으며 향수鄕遂 에는 효성과 우애를 밝고 환하게 비추었다.⑦ 갑자기 연흥延興 4년(474)⑨ 49세의 나이로⑩ 집에서 돌아가셨다.⑪ 하늘이 불쌍히 여기지 않았으니 오호 슬프도다. 철인哲人이 돌아가셨으니 아 슬프도다. 연흥 5년(475) 초하 루가 임신壬申인 12월 무술戊戌 27일 장례를 치렀다.⑬[56]

---

55) 이하 〈元理墓誌〉에 관한 내용은 洪承賢, 「洛遷 이전 墓誌를 통해 본 北魏 墓誌의 展開-〈馮熙墓誌〉 前史-」, 『中國史硏究』 110(2017), 269~277쪽을 참조.

56) 毛遠明 校注, 앞의 책(第三冊), 253쪽, 〈元理墓誌〉, "魏故處士元公墓誌. 君諱理, 字治民. 河南洛陽人. 城陽懷王之孫, 黃門侍郎之子. 君寄蜉蝣於天下, 衆靈歸以精魄. 幼而吐納榮華,

이 묘지는 성씨(④), 관력을 중심으로 하는 이력(⑧)과 추증(⑫), 장지(⑭), 명사(⑮)를 제외한 나머지 묘지 구성 요소를 갖추고 있다. 지액의 '처사處士'라는 표현에서 알 수 있는 것처럼 벼슬을 살지 않았기에 관력과 추증이 없는 것은 자연스러운 현상으로 구성 요소의 결락이라고 하기 어렵다. 성씨가 결락되어 있기는 하지만 지액에 '원공'이라는 표현이 있어 성씨를 확인할 수 있다. 구성 요소로만 본다면 장지와 명사만이 빠진 거의 완전한 묘지의 모습을 보여준다. 따라서 우리는 이 묘지를 통해 북위 사회 안에서 묘지의 발전과 완성, 전파를 확인할 수 있을 것이다. 그런데 이 묘지에는 문제가 있다.

묘주의 조부인 성양회왕城陽懷王은 원란元鸞을 말한다. 『위서魏書』「경목십이왕전景穆十二王傳」에 따르면 본래는 숙부인 장무경왕章武敬王의 작爵을 계승하였으나 장자인 원다후元多侯가 죽자 부친의 작을 세습하여 성양왕이 되었다. 슬하에 아들로는 현순顯順, 현위顯魏, 현공顯恭, 현화顯和가 있었는데, 묘지에 기술된 황문시랑黃門侍郎을 지낸 이는 기록에 없다. 하지만 이것만으로 이 묘지를 위조라고 단정하기에는 이르다. 사서에 누락이 있을 수 있기 때문이다. 문제는 묘주인 원리의 사망 연도다. 그가 49세의 나이로 사망한 연흥延興 4년은 효문제의 통치 시대로 474년에 해당한다. 그런데 『위서』에 따르면 그의 조부인 원란이 38세의 나이로 사망한 것이 정시正始 2년, 즉 505년이다.[57] 따라서 38세의 조부보다 32년 앞서 사망한 손자가 49세였다는 계산이 나온다.

또한 원리의 본적이 하남 낙양으로 기술되어 있는 것도 의심스럽다. 선비鮮卑 탁발씨拓跋氏들이 하남 낙양을 본적으로 갖게 된 것은 잘 알려져 있는 것과 같이 효문제 태화 19년(495) 4월에 내려진 "낙양으로 이주한

陶練國粹, 壯而才德, 播美於邦畿, 孝友照朗於鄉逫. 忽以延興四年, 春秋卅九, 終於第. 昊天不吊, 烏乎痛哉. 哲人云亡, 于差悲矣. 延興五年十二月壬申朔卅七日戊戌葬."

57) 元鸞에 대한 내용은 『魏書』 卷19下, 「景穆十二王列傳」, 509~513쪽을 참조.

백성들은 사망 후 하남에서 장례지내야 하고 북으로 돌아갈 수는 없다."⁵⁸⁾는 유명한 조서詔書 때문이다. 그 결과 낙양으로 이주한 대인代人들은 모두 하남 낙양을 관적으로 삼게 된다.⁵⁹⁾ 따라서 낙양 천도 전인 연흥 4년에 사망한 원리의 관적을 하남 낙양으로 기술하는 것은 불가능하다. 요컨대 낙양 천도 이전 북위 묘지 중 비교적 정형화된 모습을 보여주는 원리의 묘지는 위각僞刻이라는 것을 알 수 있다.⁶⁰⁾

다음은 〈유현묘지〉다.⁶¹⁾ 요녕성遼寧省 조양시朝陽市에서 출토된 〈유현묘지〉는 졸년과 장일 모두가 기록되어 있지 않다. 그러나 지문誌文의 "위 태무황제가 중원을 개척하고 평정하다[魏太武皇帝開定中原]."라는 구절에 의해 452~465년으로 기년이 비정比定되었다.⁶²⁾

유수주劉戍主의 묘지.① 군의 휘는 현賢이고② 자는 낙후洛侯며③ 삭방朔方 사람이다.⑤ 그 선조는 헌원軒轅 황제黃帝로부터 나왔으며 아래로는 유루劉累에 미치는데, 공갑孔甲의 환룡豢龍으로 유劉 땅에 책봉됨으로 땅이름으로써 씨氏를 삼았다. 기회를 봐서 진晉으로 돌아왔으나 남은 자손들은 진秦에 머무르며 유씨劉氏 성을 회복하고 선조의 제사를 지냈다. 위魏 태무황제太武皇帝가 중원을 개척하여 평정하고 진秦·농隴 지역을 병합한 후 진의 대성大姓을 이주시키니 흩어져 연燕과 제齊 땅으로 들어갔다. 군께서 먼저 영산營山에 이르러 인하여 마침내 (그곳에서) 가家를 이루었다.⑥ 그러나 영주營州는

58) 『魏書』 卷7下, 「高祖紀下」, "十有九年,…夏四月,…丙辰, 詔遷洛之民, 死葬河南, 不得還北."
59) 『魏書』 卷7下, 「高祖紀下」, "於是代人南遷者, 悉爲河南洛陽人."
60) 馬立軍, 「北魏《給事君夫人韓氏墓志》與《元理墓志》辨僞-兼談北朝墓志著錄中的僞刻問題」, 『江漢考古』 115(2010), 90쪽.
61) 이하 〈劉賢墓誌〉에 관한 내용은 洪承賢, 앞의 글, 277~294쪽을 참조.
62) 曹汛, 「北魏劉賢墓誌」, 『考古』 1984-7, 615쪽. 차오쉰은 '太武帝'라는 諡號가 쓰인 것에 의해 묘지 제작의 상한이 태무제가 사망한 452년이라고 보았고, 墓主가 中正을 지냈던 冀陽郡이 447년에 철폐되었던 점, 墓室의 형태와 묘지의 형태 등을 고려하여 文成帝 시기가 하한일 것이라고 보았다.

〈그림 3-2-2〉 〈유현묘지〉[63]

변새邊塞로 땅이 육번六蕃에 접해있었다. 군은 굳세며 용감하였고 과감하며 의연하였고 충성스러움과 용감함을 겸비하여 펼치니[7] 기양백공冀陽白公이 벽소辟召하여 중정中正으로 삼았다. 후에 임천수주臨泉戍主가 되었다 동면도독東面都督이 되었다.[8] 하늘이 선善한 것을 불쌍히 여기지 않으셔 이처럼 명철名哲한 이를 죽이셨구나. 춘추春秋 64세에[10] 갑자기 돌아가셨다. 온 마을이 비통해하며 돌을 쪼아 묘지명을 새겼다. 그 시詞는 다음과 같다. 망망한 은하수여, 교교한 항아姮娥여. 오호 슬프도다, 그 사람을 어찌하면 좋으랴, 오호 슬프도다.[15] 군의 아들 승소僧沼는 주서조州西曹다. 아들 다흥多興은 진사進士로 도독이 되었다. 아들 이흥貳興과 강인康仁이 있다. 손자는 고화高和, 덕소德素,

법애法愛가 있다.[6][64]

구성에서 알 수 있는 것처럼 묘지의 구성 요소 대부분을 가지고 있을

63) 遼寧省博物館, 『遼寧省博物館藏碑誌精粹』(北京: 文物; 東京: 中敎, 2000), 25쪽, 圖6.
64) 曹汛, 앞의 글, 615쪽; 王力春, 「遼寧出土《劉賢墓誌》入窆年代獻疑」, 『蘭臺世界』 2012-6, 57쪽, "劉戍主之墓誌. 君諱賢, 字洛侯, 朔方人也. 其先出自軒轅黃帝, 下及劉累, 豢龍孔甲, 受爵於劉, 因土命氏. 隨會歸晉, 留子處秦, 還複劉氏, 以守先祀. 魏太武皇帝開定中原, 併有秦隴, 移秦大姓, 散入燕齊. 君先至營土, 因遂家焉. 但營州邊塞, 地接六蕃. 君桌雄果毅, 忠勇兼施, 冀陽白公辟爲中正. 後爲臨泉戍主, 東面都督. 天不吊耆, 殲此名喆. 春秋六十有四, 奄致薨殂. 州閭悲痛, 鐫石文銘. 其詞曰, 芒芒天漢, 皎皎姮娥. 嗚呼哀哉, 渠可奈何, 嗚呼哀哉. 君息僧沼, 州西曹. 息多興, 進士, 都督. 息貳興, 息康仁. 孫高和, 孫德素, 孫法愛."

뿐 아니라 명사도 구비하고 있다. 현재 많은 연구자들에 의해 북위 묘지 중 낙양 천도 전 명사를 가진 유일한 묘지로 거론되고 있다. 형식면에서 가장 완성도 높은 묘지라고 할 수 있다. 연구자들은 이 묘지의 완성을 남조와의 교류에서 찾고 있다.[65] 특히 구보조에 요시후미는 이 묘지를 남조 묘지 중 최초로 명사가 간각刊刻된 〈유송대명8년(464)유회민묘지劉宋大明八年劉懷民墓誌〉로부터 영향을 받은 것으로 보았다.[66]

그러나 이 묘지의 내용을 살펴보면 북위 문성제文成帝 시기 묘지로 보기에 부적절한 점들이 있다. 예를 들어 유현의 아들인 유다흥이 진사로 도독이 되었다는 기록은 수隋 대업大業 연간(605~617)이라야 가능한 표현이다.[67] 또한 묘주가 수주로 있었던 임천현臨泉縣도 대업 연간에 설치된 것으로 확인된다.[68] 묘주가 중정中正을 지냈던 기양군冀陽郡은 태무제 생전인 태평진군太平眞君 8년(447) 창려군昌黎郡에 병합되었다가 동위東魏 무정武定 5년(547)에야 다시 설치된다.[69] 따라서 이 묘지의 제작 연대를 북위 천도 이전으로 볼 수는 없으며,[70] 남조의 영향을 받아 정형화된 묘지로 이해할 수도 없을 것 같다. 태화 연간(477~499)에 명사가 간각된 묘지가 없다는 기록은[71] 이와 같은 사정을 전하는 것으로 봐야 할 것 같다.[72]

---

65) 久田麻實子, 앞의 글, 44쪽; 窪添慶文, 앞의 글(2009), 12쪽.

66) 窪添慶文, 위의 글, 12쪽.

67) 『新唐書』卷44, 「選擧上」, "進士科起於隋大業中, 是時猶試策."; [唐]杜佑, 『通典』卷14, 「選擧二」, "煬帝始建進士科."

68) 『舊唐書』, 『元和郡縣志』, 『太平寰宇記』는 大業 2년(606)으로, 『隋書』는 대업 4년(608)으로 기록하고 있다.

69) 『魏書』卷106上, 「地形二上」, "冀陽郡. 眞君八年併昌黎, 武定五年復."

70) 王力春, 「遼寧今存早期四碑誌釋讀」, 『文化學刊』2011-9; 王力春, 앞의 글. 왕리춘은 〈劉賢墓誌〉를 隋代 것으로 비정하였다.

71) 毛遠明 校注, 『漢魏六朝碑刻校注 第五冊』(北京: 線裝書局, 2009), 4쪽, 〈北魏神龜二年(519) 高道悅墓誌〉, "昔太和之世, 壙內有記無銘."

72) 외형을 봐도 〈劉賢墓誌〉가 당시 묘지 제작의 전통에서 벗어나 있다는 것을 알 수 있다. 당시 묘지는 이미 소형비 형태를 벗어나 정방형으로 고정되었다. 설사 비형 묘지를 제작한다 해도 그리 관품이 높지 않은 지방 하급 관리의 묘지에

이 두 묘지 외 '묘표'의 성격을 보이는 여러 묘지들 사이에서 전형적인 묘지의 구성 요소를 갖춘 것이 바로 〈표 3-2-1〉 연번 6의 〈신홍지묘지〉다.[73] 〈신홍지묘지〉는 구성 요소 중 지액과 자, 추증, 명사가 보이지 않는다. 이 중 추증은 신홍지가 동궁東宮에서 문서를 관리하는 비교적 낮은 직급의 관리(동궁막제東宮莫堤)였다는 점에서 결락으로 보기 힘들다. 사실 추증은 전형적이라고 평가되는 묘지에서도 등장하지 않는 경우가 제법 있기에 구성 요소에서 예외적인 것으로 이해해도 큰 잘못은 아닐 것이다. 그렇다면 지액과, 자, 명사를 제외한 대부분의 구성 요소를 갖추고 있다고 봐도 좋을 것이다. 따라서 472년 북위에서 비교적 완비된 묘지가 등장했다고 볼 수 있겠다.

그런데 문제는 이 〈신홍지묘지〉가 북위에서 자체적으로 출현했다고 보기 힘들다는 점이다. 〈신홍지묘지〉는 앞부분은 묘지, 뒷부분은 매지권買地券으로 구성된 독특한 형식의 석각이다.[74] 현재 보고되기로는 남조에서도 양대梁 代 것으로 추정되는 〈남조보국장군매지권南朝輔國將軍買地券〉이 이렇게 앞부분은 묘지, 뒷부분은 매지권으로 구성되어 있어 유일한 사례라고는 할 수 없지만 두 점의 사례가 말해주듯 흔치 않다. 대체로 묘지와 매지권이 동시대 이용되고, 모두 무덤 안에 매납된다는 점에서 유사점을 가지고 있지만 분명한 계층성을 띤다는 점에서[75] 묘지와 매지권을 하나의 돌에 새겼다는

　　龜趺를 갖추고 誌首에 네 마리의 蛟龍을 조각하였다는 것도 僞刻을 의심하게 한다. 또한 서체상으로도 다수의 서체가 섞여 있어 전체적으로 통일감이 떨어진다는 평가를 받고 있다. 서체에 대해서는 遼寧省博物館, 앞의 책, 47쪽을 참조.

73) 〈申洪之墓誌〉에 관한 더 자세한 내용은 洪承賢, 앞의 글, 295~312쪽을 참조.

74) 買地券 부분은 다음과 같다. "先地主文㣎于吳提·賀賴吐伏延·賀賴吐根·高梨高郁突四人 邊買地卄頃, 官絹百疋, 從來卄一年, 今洪之喪靈, 永安於此, 故記之." 내용은 墓主인 申洪之가 先住者인 文㣎于吳提, 賀賴吐伏延, 賀賴吐根, 高梨高郁突 네 사람으로부터 토지 20頃을 官絹 100疋에 매입하여 무덤지로 사용하였다는 것이다.

75) 지금까지 출토된 매지권의 묘주가 대부분 낮은 계층이거나 여성이었다는 점은 洪承賢, 「後漢 買地券의 분류와 역사적·지역적 특징」, 『中國史硏究』 101(2016), 26~27쪽의 〈표 1. 後漢時期 買地券 一覽〉과 「三國~南朝 買地券의 특징과 성격」, 『中國古中世史硏

점은 매우 특이하다.

묘주인 신홍지는 사서에 전傳이 없는 관계로 그의 구체적인 사적을 복원하는 것은 불가능하다. 다만 그의 증조부인 신종申鍾이 『진서晉書』「석계룡재기石季龍載記」에 등장하고, 신종의 증손인 신찬申纂이 『위서』에 본전本傳이 있어 그 집안에 대해 다소나마 살펴볼 수 있다. 우선 신홍지의 증조부인 신종에 대해 살펴보면, 그는 후조後趙 함강咸康 원년(335) 석호石虎에 의해 시중侍中이 되었고, 건무建武 연간(335~348)에는 사도司徒가 되었다.[76] 묘지에 기술된 '전조사도前趙司徒(이전 시기 조에서 사도를 역임)'라는 것은 석호에게 발탁되어 건무 연간에 사도가 된 것을 말한다. 350년 염민冉閔이 석감石鑑을 살해하고 건국한 염위冉魏에서도 여전히 사도로 활동하였다. 이후 태위太尉가 되었고 전연前燕 모용준慕容儁에 의해 염민이 포획되어 업성鄴城으로 옮겨질 때, 그는 염민의 처 동씨董氏·태자 지智, 그리고 여러 공경公卿 등과 함께 계薊로 끌려가게 된다.[77] 계로 끌려간 후의 신종의 행적은 더 이상 사서에서는 찾을 수 없다. 그러나 다행히도 그의 증손인 신찬에 대한 기록이 『위서』에 있어 그 집안에 대해 단서를 준다.

신찬은 본래 위군魏郡 사람으로 신종의 증손이다. 황시黃始(396~397) 초, 태조太祖(도무제道武帝)가 중산中山을 평정할 때 찬의 종실은 남으로 도주하여 제음군濟陰郡에서 가家를 이루었다. 무염無鹽에 이르렀을 때, 유욱劉彧(송명제宋明帝)이 (신찬을) 연주자사兗州刺史로 임용하였다. 현조顯祖(헌문제獻文帝)가 말하였다. "신찬은 이미 사태의 변화를 알지도, 힘을 헤아릴 줄도 모른다. 나가도 정삭正朔을 받들지 못할 것이고 물러서도 강남으로 돌아가지 못할 것이니, 멸망이 임박한 땅의 고립무원의 성을 지키며 공을 세우고

究』40(2016), 137~138쪽의 〈표 1. 三國 孫吳時期 買地券 一覽〉, 149~150쪽의 〈표 2. 兩晉時期 買地券 一覽〉, 159~160쪽의 〈표 3. 南朝 買地券 一覽〉을 참조.

76) 『晉書』卷106, 「石季龍載記上」, 2762, 2776쪽.

77) 『晉書』卷107, 「冉閔載記」, 2793, 2797쪽.

절개를 지키고자 한들 어찌 가능하겠는가!" 찬이 패하자 그의 아들 경의景義
는 위魏로 귀순하여 (효문제) 태화太和 연간(477~499)에 산원사散員士·송왕宋
王 유창劉昶의 국시랑國侍郎이 되었고, 경명景明(500~503) 초에 시수제음군試
守濟陰郡·양주거기부록사참군揚州車騎府錄事參軍·우사마右司馬가 되었다.78)

　　신찬의 본전에 따르면 그의 집안은 황시 초 북위 도무제가 중산을 평정할
때 남하하여 제음군(지금의 산동성 정도定陶)에 정착하게 된다. 이로써 증조
부 신종이 계로 끌려간 후 다시 중산으로 이주하였고, 다시 제음군으로
이주했을 가능성을 생각해 볼 수 있겠다. 당시 제음군은 남연南燕의 영토였다.
남연 멸망 후 이곳은 동진을 거쳐 유송의 관할 지역이 된다. 무염(지금의
산동성 동평東平)에 이르러 신찬이 유송 명제明帝에게 발탁되어 연주자사에
임용되었다는 기술은 당시 제음군이 유송에 귀속되어 있었음을 말해준다.
　『위서』「필중경전畢衆敬傳」에 따르면 본래 신찬은 동평태수東平太守였는데,
필중경과 설안도薛安都가 466년 북위 헌문제에게 투항하면서 송명제에 의해
연주자사에 임용된다. 그러나 467년 북위 모용백요慕容白曜에게 무염성이
함락되며 포로가 된 후 살해되었다.79) 한편 이들과는 달리 신종의 또 다른
지손支孫인 신념申恬의 종실은 유유劉裕가 광고廣固(지금의 산동성 청주시靑州市
서북)를 평정할 때 유송으로 귀순하였다.80) 따라서 신종의 후손들은 지파별
로 다소의 차이는 있지만 대체로 중산에서 산동성으로 이주한 후 산동이
남연을 거쳐 동진, 유송에 의해 점유됨에 따라 유송으로 들어갔고, 그곳에서

78) 『魏書』卷61,「申纂傳」, "申纂者, 本魏郡人, 申鍾曾孫也. 皇始初, 太祖平中山, 纂宗室南奔,
　　家于濟陰. 及在無鹽, 劉彧用爲兗州刺史. 顯祖曰:「申纂旣不識機, 又不量力, 進不能歸正朔,
　　退不能還江南, 守孤城於危亡之地, 欲建功立節豈可得乎!」纂旣敗, 子景義入國, 太和中, 爲散
　　員士·宋王劉昶國侍郎. 景明初, 試守濟陰郡·揚州車騎府錄事參軍·右司馬."
79) 『魏書』卷61,「畢衆敬傳」, 1359~1360쪽.
80) 『宋書』卷65,「申恬傳」, "申恬字公休, 魏郡魏人也. 曾祖鍾, 爲石虎司徒. 高祖平廣固, 恬父宣·
　　宣從父兄永皆得歸國, 並以幹用見知. 永歷靑·兗二州刺史. 高祖踐阼, 拜太中大夫. 宣, 太祖元
　　嘉初, 亦歷兗·靑二州刺史."

관직에 나간 것으로 파악된다.

이와 같은 사정은 신홍지 집안도 크게 다르지 않았을 것으로 생각된다. 신홍지가 직근령直懃令이었던 그의 형과 북위로 귀순하였다는 것은 신홍지 역시 유송에 몸담고 있었음을 전해주는 것이라 생각된다. 그렇다면 이들은 유송, 즉 남조의 문화를 향유하고 남조 상장예속喪葬禮俗에 익숙하였을 것이다. 요컨대 북위 영역에서 발견되기는 하였지만 〈신홍지묘지〉에서 볼 수 있는 묘지의 정형성은 남조로부터 수입된 것으로 볼 수 있을 것이다.[81] 북위 낙양 천도 전 출현한 비교적 정형화된 묘지가 남조 영향의 결과물일 가능성에 무게를 두어야 할 것 같다.

Ⅲ. 낙양 천도 후 묘지의 변화와 원인

앞에서 살펴본 것처럼 낙양 천도 이전 제작된 대부분의 북위 묘지는 전형적인 묘지의 구성 요소를 갖추지 못하였다. 그러다 남조로부터 귀순한 망명자들의 영향으로 구성 요소를 갖추게 되었고, 천도 후에는 명사까지 구비한 완성된 형태의 묘지가 등장하게 된다. 그래서인지는 몰라도 북위 묘지의 정형화와 유행을 설명하는 가장 영향력 있는 입장은 '한화漢化'다.

그런데, 한화에 대한 기존 연구들의 공통된 견해는 선비족鮮卑族들이 한화에 대해 불만과 두려움을 가지고 있었다는 것이다. 이것은 『위서』를 통해서도 쉽게 찾아볼 수 있어, 효문제의 일련의 한화 정책에 대한 선비족의 저항감

---

81) 〈申洪之墓誌〉는 정형화된 묘지의 구성 요소 중 가장 중요한 명사가 결락되어 있어 이를 통해 묘지의 완성을 단정할 수는 없다. 그러나 이후 제작되는 〈馮熙墓誌〉에 비해 經典의 인용은 좀 더 심화된 모습을 보인다. 이후 정형화된 북위 묘지에서 經句의 빈번한 인용과 변용이 확인되는 것을 고려한다면 구성 요소 상에서는 〈풍희묘지〉가 정형화된 묘지에 접근해 있을지 몰라도 내용상에서는 〈신홍지묘지〉가 한층 정형화된 묘지의 모습을 띤다고 할 수 있을 것이다. 洪承賢, 앞의 글(2017), 310쪽.

은 거의 정설처럼 받아들여지고 있다. 특히 태화 20년에 발발한 태자 원순元恂
의 평성으로의 반도叛逃 사건,82) 같은 해 여러 종실이 연루된 항주자사恒州刺史
목태穆泰 등의 반란83)은 효문제 개혁에 대한 북족北族들의 반발을 보여주는
상징적 사건으로 거론된다. 그렇다면 북위 사회에 등장한 묘지의 유행과
관련하여 우리는 몇 가지 의문에 봉착하게 된다. 왜 한인의 문화 중 오직
묘지만이 저항감 없이 북위 사회에 받아들여졌는가? 묘지가 시대적·사회적
필요에 의해 그 형태를 변화해왔음에도 유독 북위 묘지의 유행만을 한화의
결과로 보는 것은 타당한가? 남조에서 묘지가 예제禮制에 어긋난다고 부정했
음에도 불구하고 북위가 묘지를 중요한 상장예속의 도구로 선택한 이유는
무엇일까?

　낙양 천도 후 묘지에 명사가 간각되고 그것을 포함한 묘지의 정형화가
남조로부터의 영향이라는 점을 부정하는 것은 아니다. 다만 북위 묘지의
정형화가 단지 '한화'의 결과라고만 한다면 한화에 대한 북위 사회 내의
복잡한 태도들을 정확하게 이해할 수 없을 것이며, 북위 사회 내부에서
성숙된 한화의 필요도 적절하게 해석하기 어려울 것이라 생각한다. 따라서
묘지의 정형화를 강제한 당시 사회적 요소가 무엇이었는가를 확인하는
것이 필요할 것이다.

　　태사太師·경조군개국풍무공京兆郡開國馮武公의 묘지명墓誌銘.① 태사·경조군
　　개국공의⑧ 성은 풍馮이요,④ 휘는 희熙며② 자는 진국晉國이다.③ 기주冀州
　　장락군長樂郡 신도현信都縣 사람이다.⑤ 필공畢公 풍고馮高의 후예로 연燕 소문
　　황제昭文皇帝의 손자며 대위大魏 태재太宰 연선왕燕宣王의 중자中子고, 경목황
　　제景穆皇帝의 사위며 문명태황태후文明太皇太后의 오빠이자 현조顯祖 헌문황
　　제獻文皇帝의 큰외삼촌이다. 또 황제의 장인이 되셨다.⑥ 군께서는 굳세고

82) 『魏書』 卷22, 「廢太子恂」, 588쪽을 참조.
83) 『魏書』 卷27, 「穆泰傳」, 663쪽을 참조.

건전하며 빼어난 기운을 품으시고 자비롭고 공순함을 체현하여 신묘함을
품으셨다. (군의) 무공武功은 격동되고 미혹함 속에서 제어함을 헤아리고,
인仁은 온화하게 해가 떠오르는 중에 광명을 낳는 (것 같았다).⑦ 집안이
무너지는 운명을 만났으나 서소西沼에서 명성이 점차 (높아지고) 훌륭하신
황후께서 기틀을 안정시키시니 또 대연代淵에서 약진하게 되었다. 당대에는
부친의 업業을 계승하고 후세에 대해서는 공업을 세워 빛나게 하셨다.⑧
효는 가문의 멀리까지 비추고, 도道는 나라의 먼 곳까지 무성하였다. 정미한
깨달음은 그윽하고도 심원하였으며 담박한 사랑은 오묘하면서도 통달하셨
다. 공경스런 깨달음은 조화로움으로 귀결되고 식견의 뛰어남은 장차
(세상을) 윤택하게 하려 하였다.⑦ (그러나) 복록福祿은 아직 모이지 않았는
데 하늘은 무너지고 어그러졌으니, 태화 19년 을해乙亥 초하루가 신미辛未인
정월 갑오甲午 24일⑨ 향년 58세로⑩ 대代의 평성 집에서⑪ 돌아가셨다. 시호는
무공武公이다.⑫ 그해 12월 경신庚申,⑬ 하남河南 낙양의 북망산北邙山에 묻히셨
다.⑭ 그 명사는 다음과 같다. 옥玉의 광채는 희성姬姓을 시작하게 하였고,
옥돌의 기초는 진국晉國을 열었다. 풍馮 땅에서 공고히 하여 성씨를 건립하였
으며, 연燕에서 (지위가) 높아져 후대에까지 복운福運을 미치게 되었다.
금풍金風이 서방을 쓸어버리고 난운蘭雲이 동방에 고루 미쳤다. 기개의
준엄함은 서리와 폭풍 같았지만 지혜의 □은(는) 햇볕으로 싸안는 것 같았
다. 나가 (지방의) 장관이 되어서는 강태공姜太公과 같아 실로 백성들의
어려움을 편안히 하였고 들어와 조정(의 대신이) 되어서는 정자산鄭子産과
같이 참으로 대법大法에 화합하였다. 어질고 덕이 있는 훌륭하신 어머니(박
릉장공주博陵長公主)와 짝이 되었으니 □은 빛나고 대지는 안정되었다. 신령
함을 삼가 받들어 국아國婀(가 되었고) 근본을 깊게 하여 (그 후예가) 잇달아
고귀해졌다. 도는 지난날의 영화로움을 초탈하고, 명망은 시대의 준걸俊傑
을 능가하였다. 깊은 못의 비춤이여, 쟁쟁한 옥의 울림이여. 하늘이 어두워지
며 보배는 사라졌고 내川가 그치며 진귀한 옥은 재가 되었다. 뛰어난 이를

〈그림 3-2-3〉〈풍희묘지〉[84]

죽이고 쓸쓸한 무덤 안에 슬픔을 머금고 (돌에) 새겨 고하노라.⑮[85]

---

84) 趙君平·趙文成, 『秦晉豫新出墓誌蒐佚 1』(北京: 國家圖書館, 2012), 14쪽

85) 李風暴, 「北魏『馮熙墓誌』考評」, 『中國書法』 2010-6, 129쪽; 梶山智史, 앞의 글, 30쪽;
劉連香, 「北魏馮熙馮誕墓誌與遷洛之初陵墓區規劃」, 『中原文物』 2016-3, 82~83쪽, "太師京
兆郡開國馮武公墓誌銘. 太師·京兆郡開國公, 姓馮, 諱熙, 字晉國, 冀州·長樂郡·信都縣人.
畢公高之苗裔, 燕昭文皇帝之孫, 大魏太宰燕宣王之中子, 景穆皇帝之壻, 文明太皇太后之兄,
顯祖獻文皇帝之元舅也. 又爲國之外舅矣. 惟公含剛健之秀氣, 體慈順以苞神. 武則震眩商收,
仁焉暄旴生景. 遭家屯運, 鴻漸西沼, 睿后康基, 或躍代淵. 紹堂構於一朝, 輝脩業乎來祀.
孝光家遠, 道藹國遙. 精悟玄幽, 沖尙微洞. 欽覺歸和, 識超欲津. 福履未鍾, 星寓隱辰, 以太和
十九年歲在乙亥正月辛未朔廿四日甲午, 年五十有八, 薨于代平城第. 諡曰武公. 其年十二月
庚申, 空于河南洛陽之北芒. 其辭曰, 瓊光肇姬, 琭業闡晉. 凝馮命姓, 升燕祚胤. 金風薰兒,
蘭雲周震. 氣陵霜颯, 慧□曦巾. 出牧均姜, 實恬民客. 入台同鄭, 寬融大順. 聯芳睿姒, □耀坤
鎭. 承臺國姬, 深基曇峻. 道逸羲華, 望騰時儁. 渟渟淵照, 鏘鏘玉韻. 上玄泯寶, 川輟瑤燼.
殲神寞墟, 含痛鐫問." 〈풍희묘지〉에 대한 자세한 사항은 홍승현, 〈北魏太和十九年(495)

이 묘지는 문명태후文明太后 풍씨馮氏의 형인 풍희馮熙의 것으로 태화 19년
(495), 즉 천도 직후에 만들어진 것이다. 효문제의 유모였던 문명태후의
형이자 경목제景穆帝의 딸인 박릉장공주의 남편이며 두 황후(효문유황후孝文
幽皇后·효문폐황후孝文廢皇后)와 두 소의昭儀(풍희의 넷째·다섯째 딸)[86]의 부친
인 풍희가 북위 정계에서 차지하는 위치 때문인지는 몰라도 위 묘지명은
효문제가 친히 작성한 것으로 알려져 있다.[87] 황제 스스로 신하를 위해
묘지를 작성했다는 것은 매우 특별한 사례다. 따라서 〈풍희묘지〉는 이후
북위 묘지에 많은 영향력을 미친 하나의 전형으로 인식되었다.[88] 구성
요소 면에서도 ①지액, ②휘, ③자, ④성, ⑤본적, ⑥가계(및 가족관계),
⑦품행 ⑧이력 ⑨졸일, ⑩향년, ⑪졸지, ⑫시호 및 추증 ⑬장일, ⑭장지,
⑮명사로 이루어져 완전한 모습을 보인다.[89]

구성 요소를 완전하게 갖춘 묘지의 출현 원인에 대한 현재 가장 유력한
입장은 남조로부터의 영향이다. 특히 일본학계에서는 낙양 천도 직전인
493년 남조로부터 망명한 왕숙王肅이 묘지에 관한 정보를 북조에 전한 것으로
보고 있다.[90] 왕숙은 유송 왕구王球의 손자인데, 왕구는 다름 아닌 전통
시기 역사가들이 흔히 최초의 묘지로 지목한[91] 유송 원가元嘉 시기(424~452)

馮熙墓誌), 『고대 동아시아 석각자료 연구 上』(서울: 동북아역사재단, 2018), 189~211
쪽을 참조.

86) 『魏書』「外戚 馮熙傳」에는 "高祖前後納熙三女, 二爲后, 一爲左昭儀."라 하여 세 명의
딸이 孝文帝에게 시집간 것으로 나오나 〈魏故樂安王妃馮氏墓誌銘〉에 따르면 "第二第三
姊並爲孝文皇帝后. 第四第五姊並爲孝文皇帝昭儀."라 하여 馮熙의 딸 네 명이 효문제에
게 시집갔음을 알 수 있다. 趙超, 앞의 책(2008), 156쪽.

87) 『魏書』卷83上,「外戚 馮熙傳」, "柩至洛七里澗, 高祖服衰往迎, 叩靈悲慟而拜焉. 葬日,
送臨墓所, 親作誌銘."

88) 窪添慶文, 앞의 글(2013), 17쪽.

89) 다만 이력과 관련하여 구체적인 내용이 없고 은유적으로 표현한 점은 이 묘지를
완전한 묘지로 보는 것을 망설이게 한다. 그러나 지액에 太師·京兆郡開國公이라는
관직명이 나와 관력을 추정케 하다는 점, 품행과 관련한 기술 중에 그의 이력을
추정할 수 있는 내용이 나오는 점을 고려하여 이력이 기술된 것으로 판단하였다.

90) 窪添慶文, 위의 글, 21쪽; 梶山智史, 앞의 글, 11~12쪽.

안연지顔延之가 지은 〈왕구묘지〉의 주인공이다. 즉, 왕숙은 묘지 제작과 관련하여 남조 묘지의 정수를 알고 있는 인물이고 그 인물이 북위에 망명함으로 인해 남조 묘지가 북위에 전해졌다는 것이다. 왕숙이 북위로 귀순한 후 북위의 의례儀禮와 전장典章을 정비하는 데 공헌을 했던 것을 고려하면, 왕숙으로부터 북위로 묘지에 대한 정보가 전해졌다고 보는 것은 매우 타당하다고 생각된다. 다만 〈신홍지묘지〉의 사례를 통해 알 수 있는 것처럼 남조로부터 귀순한 이들에 의해 묘지명에 대한 정보가 이미 북위 사회에 존재했을 가능성도 배제할 수 없다.

〈표 3-2-5〉〈풍희묘지〉 이후 제작된 북위 묘지의 내용과 구성[92]

연번	묘지명	①지액 ②휘 ③자 ④성 ⑤본적 ⑥가계 ⑦품행 ⑧이력 ⑨사망일 ⑩향년 ⑪졸지 ⑫추증 ⑬장례일 ⑭장지 ⑮명사
1	〈원정묘지元楨墓誌〉(496)	使持節·鎭北大將軍·相州刺史·南安王⑧[93]楨,② 恭宗之第十一子, 皇上之從祖也.⑥ 惟王體暉霄極, 列耀星華, 茂德基於紫墀, 凝操形於天儀. 用能端玉河山, 聲金岳鎭, 爰在知命, 孝性諶越, 是使庶族歸仁, 帝宗攸式. 曁寶衡徒御, 大訊群言, 王應機響發, 首契乾衷, 遂乃寵彰司勳, 賞延金石.⑦ 而天不遺德, 宿耀淪光. 以太和廿年歲在丙子八月壬辰朔二日癸巳,⑨ 春秋五十,⑩ 薨於鄴.⑪ 皇上震悼, 諡曰惠王, 葬以彝典.⑫ 以其年十一月庚申朔廿六日乙酉,⑬ 窆於芒山.⑭ 松門已杳, 玄闥將無, 故刊茲幽石, 銘德熏壚. 其辭曰: (명사 생략).⑮
2	〈원언묘지元偃墓誌〉(498)	大魏太和十二年歲次戊寅十二月戊申朔二日己酉.⑬ 太和十五年十二月十七日, 制詔使持節·安北將軍·賀侯延鎭都大將·始平公⑧元④偃,② 今加安西將軍. 太和十九年十二月十九日乙未朔癸亥, 除制詔光爵元偃, 今除城門校尉. 太和廿二年六月辛亥朔七日丁巳, 除制詔城門校尉元偃, 今除大中大夫.⑧ 案諡法, 敏以敬謹曰順侯.⑫
3	〈원간묘지元簡墓誌〉(499)	太保·齊郡王⑧元,④ 諱簡,② 字叔亮③ 司州·河南郡·洛陽縣·都鄉·洛陽里人.⑤ 高宗之叔子, 皇帝之第五叔也.⑥ 惟王稟旻融度, 資造流仁, 澄神守質, 志性寬雅.

91) 南齊 王儉이 묘지명의 시작을 〈王球墓誌〉로 규정한 후(近宋元嘉中, 顔延作王球石誌. 素族無碑策, 故以紀德. 自爾以來, 王公以下, 咸共遵用) 전통시기 많은 학자들이 왕검의 견해를 따라 〈왕구묘지〉를 최초의 묘지명으로 이해하였다. 封演, 『封氏聞見記校注』 卷6, 「石誌」, "古葬無石誌, 近代貴賤通用之. 齊太子穆妃將葬, 立石誌. 王儉曰:「石誌不出禮經, 起元嘉中顔延之爲王球石誌. 素族無名策, 故以紀行迹耳. 遂相祖習,…」…案儉此說, 石誌宋·齊以來有之矣."; 顧炎武, 『金石文字記』 卷2, 〈滎澤令常丑奴墓志〉, "墓之有誌, 始自南朝, 南齊書云, 宋元嘉中顔延之作王球石志, 素族無碑策, 故以紀德. 自爾已來, 王公以下, 咸共遵用."; 趙翼, 『陔余叢考』 卷32, 「墓誌銘」, "王儉曰:「石誌不出禮經, 起元嘉中, 顔延之爲王球石誌, 素族無銘策, 故以紀行. 自爾以來, 共相祖襲…」此則墓誌起於元嘉中之明據也."

		⑦ 冥慶舛和, 端宿墜日. 以太和卅三年歲在己卯正月戊寅朔卄六日癸卯.⑨ 春秋卅,⑩ 寢疾, 薨于第.⑪ 諡曰順王.⑫ 其年三月甲午,⑬ 卽窆于河南洛陽之北芒.⑭ 迺鑱石□銘, 式述徽蹤. (이하 결락)
4	〈원필묘지元弼墓誌〉(499)	魏故元諮議墓誌銘.① 君諱弼,② 字扶皇,③ 河南洛陽人也.⑤ 高祖昭成皇帝. 曾祖根, 淸河桓王. 祖突, 肆州刺史. 父崙, 秦雍二州刺史·隴西定公.⑥ 君祐緖岐陰, 輝構朔垂, 公族載興, 仁驕攸止. 是以霄光唯遠, 綴彩方滋, 淵源旣淸, 餘波且澈. 君體內景於金水, 敷外潤於鍾楚, 名標震族, 聲華樞苑. 臨風致詠, 藻思情流, 鬱若相如之美上林, 子雲之賦雲陽也. 然凝神瑋貌, 廉正自居, 淹辭雅韻, 顧昈生規.⑦ 釋褐, 起家爲荊州廣陽王中兵參軍. 頗以顯翼荊蠻, 允彼淮夷, 接理南嶼, 而竹馬相迎. 還朝爲太子步兵校尉. 自以股肱皇儲, 溫恭夙夜. 然高祖孝文皇帝思哀職之任, 懷託孤之委, 以君骨骾之風, 遷爲太尉府諮議參軍.⑧ 莊志焉達, 祿願已終, 昊天不弔, 殲此良人. 春秋卅七,⑩ 以太和卅三年九月十九日,⑨ 薨于洛陽.⑪ 與夫人張氏合窆于西陵.⑭ 趙郡李珍, 悲春秋之無始, 託金石以遺文. 乃作銘曰: (명사 생략).⑮
5	〈원빈묘지元彬墓誌〉(499)	持節·征虜將軍·汾州刺史⑧彬, 恭宗景穆皇帝之孫, 鎭北大將軍·相州刺史·南安王之第二子也. 叔考章武王絶世, 出纂其後.⑥ 惟君稟徽天感, 發彩蕃華, 襲玉聲金, 章組繼世. 溫仁著於弱齡, 寬恭形於立載.⑦ 自國升朝, 出荒爲使持節·征西大將軍·都督東秦邠三州諸軍事·領護西戎校尉·統萬突鎭都大將·夏州刺史·章武王. 直方佷憲, 用勉爵土, 收中散第, 消遙素里. 後以山胡寇亂, 徵撫西岳, 綏之以惠和, 靖之以威略. 一二年間, 群兇懷懲. 勳績旣昭, 朝賞方委, 而彼倉不弔, 儵焉夙祖.⑧ 以太和卅三年歲在己卯五月丙子朔二日,⑨ 春秋卅有六,⑩ 薨於州.⑪ 朝庭哀悼, 追贈散騎常侍, 加諡曰恭, 葬有隆典.⑫ 以其年十一月壬寅朔卄日辛酉,⑬ 附於先陵.⑭ 玄宮長邃, 永夜無晨, 敬述徽績, 俾傳來聞. 其辭曰: (명사 생략).⑮
6	〈한현종묘지韓顯宗墓誌〉(499)	魏故著作郎韓君墓誌.① 君諱顯宗,② 字茂親,③ 昌黎棘城人也.⑤ 故燕左光祿大夫儀同三司雲南莊公之玄孫, 大魏使持節散騎常侍安東將軍齊冀二州刺史燕郡康公之仲子.⑥ 以成童之年貢秀京國, 弱冠之華徵榮麟閣. 載籍旣優, 又善屬文.⑧ 立志噭然, 外明內潤, 加之以善與人交, 人亦久而敬焉. 仕雖未達, 抑亦見知, 洗善獨足, 不迷淸淵, 可謂美寶爲質, 彫磨益光也.⑦ 春秋卅有四,⑩ 太和卅三年四月一日,⑨ 卒於官.⑪ 有褚陽之功, 追贈五等男, 加以繒帛之賻, 禮也.⑫ 其年十二月卄六日,⑬ 卜窆於灅水之西.⑭ 緋引在途, 魂車靡託, 妻亡子幼, 無以爲主, 唯兄子元雍, 仁孝發表, 義同猶子, 送往念居, 攝代喪事. 親舊嗟悼, 痛兼綿愴, 迺鑱製幽銘, 以旌不朽之令名. 其辭曰: (명사 생략).⑮ 妻魏故中書侍郎·使持節·冠軍將軍·郢州刺史·昌平侯呂黎孫玄明之叔女.⑥ 大和卅三年歲次己卯十二月壬申朔十六日丁酉.⑬
7	〈조영묘지曹永墓誌〉(500)	大魏洛州太守·定州刺史曹君墓誌.① 君諱永,② 字伯樂,③ 東魯太縣人也.⑤ 少喜武術, 中習儒道, 老收文玩字畫, 是君之常念也.⑦ 年七十三歲,⑨ 病終於洛州.⑪ 景明元年二月安葬.⑬
8	〈원정묘지元定墓誌〉(500)	大魏景明元年歲次庚辰十一月丁酉朔十九日乙卯,⑬ 景穆皇帝之孫.⑥ 使持節·侍中·征南大將軍·都督五州諸軍事·靑雍二州刺史·故京兆康王之第四子·廣平內史·前河間王元泰安諱定君墓誌銘.① 天鑒有魏,…(명사 생략)…以刊遐馨.⑮

9	〈원영종묘지元榮宗墓誌〉(500)	大魏景明元年歲次庚申十一月丁酉朔十九日乙卯.⑬ 景穆皇帝之玄孫.⑥ 使持節·征南大將軍·都督五州諸軍事·靑雍二州刺史·故京兆康王之第四子廣平內史·前河間王元定之長子榮宗之墓誌銘.① 剛通乾範,…(명사 생략)…揚志玄碑.⑮
10	〈원우묘지元羽墓誌〉(501)	侍中·司徒公·廣陵王墓銘誌.① 使持節·侍中·司徒公·驃騎大將軍·冀州刺史·廣陵惠王⑧元④羽,② 河南人.⑤ 皇帝之第四叔父也.⑥ 景明二年歲在辛巳,⑨ 春秋卅二,⑩ 五月十八日,⑨ 薨於第.⑪ 以其年七月卅九日,⑬ 遷窆於長陵之東崗.⑭ 龍遊淸漢…(명사 생략)…庶迹悽而.⑮
11	〈조밀묘지趙謐墓誌〉(501)	大魏故持節·龍驤將軍·定州刺史趙郡趙謐墓誌銘.① 遠源洪休…(명사 생략)…淸塵空傳.⑮ 魏景明二年歲次辛巳十月壬戌朔卅四日乙酉造.⑬
12	〈원징비이씨묘지元澄妃李氏墓誌〉(501)	惟魏景明二年九月三日.⑨ 雍州刺史·任城王⑥妃李氏,④ 薨於長安.⑪ 粤今十一月十九日,⑬ 乃永窆於京西.⑭ 輀旒孤返, 松門已闋, 伊厥子臣, 敢揚明誌. 其辭曰: (명사 생략).⑮ 前國大農府功曹史臣茹仲敬造.
13	〈목량묘지穆亮墓誌〉(502)	太尉·領司州牧·驃騎大將軍·頓丘郡開國公·穆文獻公亮墓誌銘.① 高祖崇, 侍中·太尉·宜都貞公. 稟蕭曹之資, 佐命列440, 廓定中原, 左右皇極. 曾祖闥, 太尉·宜都文成王. 以申身之俊, 光輔太宗, 弼諧帝猷, 憲章百辟. 尙宜陽公主. 祖壽, 侍中·征東大將軍·領中秘書監·宜都文王. 含章挺秀, 才高器遠, 爰毗世祖, 剋廣大業, 處三司之首, 總機衡之任. 尙樂陵公主. 父平國, 征東大將軍·領中書監·駙馬都尉. 位班三司, 式協時雍. 尙城陽長樂二公主.⑥ 四葉重暉, 三台疊映, 餘慶流演, 實挺明懿. 公弱冠朝, 爰暨知命, 內贊百揆, 外撫方服, 宣道揚化卅餘載.⑧ 以景明三年歲在壬午夏閏四月晦,⑨ 寢疾, 薨于第.⑪ 天子震悼, 群公哀動, 賵襚之禮, 有加恒典.⑫ 乃刊石立銘, 載播徽烈. 其辭曰: (명사 생략).⑮ 維大魏景明三年歲次壬午六月丁亥朔卅九日乙卯.⑬
14	〈이백흠묘지李伯欽墓誌〉(502)	魏故國子學生李伯欽墓誌銘.① 曾祖翻, 驍騎將軍·酒泉太守. 夫人晉昌唐氏, 父瑤, 冠軍將軍·永興桓侯. 夫人天水尹氏, 父永, 張掖令. 祖寶, 使持節·侍中·鎭西大將軍·開府儀同三司·幷州刺史·敦煌公. 夫人金城楊氏, 父禕, 前軍參軍. 後夫人同郡彭氏, 父含, 西海太守. 父佐, 使持節·安南將軍·懷荊秦四州刺史·兼都官尙書·涇陽照子. 夫人同郡辛氏, 父松, 秦遠將軍·漢陽太守·狄道侯. 後夫人滎陽鄭氏, 父定宗.⑥ 諱伯欽,② 秦州·隴西郡·狄道縣·都鄕和風里人也.⑤ 幼而岐悟明經, 早歲輒韻沈筆, 談瑞辨密.⑦ 故以衿嶺於上庠, 峻標於胄子矣.⑧ 方隆克家之寄, 增荷薪之屬, 必慶有聲. 唯因無實, 春秋十有三,⑩ 魏太和六年歲次壬戌二月丙成朔十七日壬子,⑨ 卒於平城. 蕙殘富春, 名流慟惜. 粤景明三年歲次壬午十二月乙酉朔十二日丙申,⑬ 遷窆於鄴城西南豹寺東原吉遷里.⑭ 志銘: (명사 생략).⑮
15	〈원표묘지員標墓誌〉(502)	兗岐涇三州刺史·新安子① 姓員,① 諱標,② 字顯業,③ 涇州·平涼郡·陰槃縣·武都里人.⑤ 楚莊王之苗裔, 石鎭西將軍·五部都統·平昌伯暖旽之曾孫, 冠軍將軍·涇州刺史·始平侯彖之長子.⑥ 惟公文照資於世略, 英毅栝囊人倫, 納言則貞波顯司, 出牧則純風再宣.⑦ 匪悟星寢宵泯, 華景盡戾, 以大魏景明三年歲次壬午,…⑨(이하 결락)
16	〈원홍빈후씨묘지元弘嬪侯氏墓誌〉(503)	顯祖獻文皇帝第一品嬪侯夫人墓誌銘.① 夫人本姓侯骨,④ 其先州人,⑤ 世酋部落. 其遠祖之在幽都, 常從聖朝, 立功累葉. 祖侯萬斤, 第一品大酋長. 考伊莫汗, 世祖之世, 爲散騎常侍, 封安平侯, 又遷侍中尙書, 尋出鎭臨濟, 封曰南郡公.

		孝文皇帝徙縣伊京, 夫人始賜爲侯氏焉.⑥ 誕稟婑靈, 應茲妙氣, 柔婉表於自然, 靜恭光於素里.⑦ 入嬪紫闈, 貞問蹤芬; 曜質椒墀, 愼徽彌遠. 故能協慶承乾, 載育王姬. 旣含章之美, 懋於早年; 母德之風, 志而方著. 應享胡壽, 靈儀內外.⑧ 昊天不弔, 春秋五十三,⑩ 奄然薨殞. 夫存播令稱,…(명사 생략)…以志不朽.⑮ 大代景明四年歲次癸未三月癸丑朔廿一日癸酉造訖.⑬
17	〈원유처풍씨묘지元誘妻馮氏墓誌〉(503)	魏司徒參軍事元誘命婦馮氏誌銘.① 魏吏部尚書·常山侯第三子誘⑥之命婦馮氏,④ 冀州·長樂·信都縣人.⑤ 太宰·燕宣王之孫, 太師·武懿公之女.⑥ 承芳誕體, 淑麗前脩, 弱齡懷哲, 長而彌邵.⑦ 率禮從傳, 准宋姬於往日; 敬奉姑舅, 則陳婦於今辰.⑧ 降年弗永, 瑤華霜墜, 春秋十八,⑩ 以景明三年歲在壬午十一月乙卯朔廿八日壬午,⑨ 卒穀水里.⑪ 慈姑撫慟, 親里沾衿. 粵八月甲申,⑬ 附葬北芒之塋.⑭ 本系萇揚,…(명사 생략)…千齡有述.⑮
18	〈장정묘지張整墓誌〉(503)	魏故中常侍·大長秋卿·平北將軍·幷州刺史·雲陽男張君墓誌銘.① 君諱整,② 字菩提,③ 幷州·上黨郡·刈陵縣·東路鄕·吉遷里人. 源出荊州·南陽郡·白水縣.⑤ 五世祖充, 晉末爲路川戍主, 因宦遂居上黨焉. 燕趙之世, 冠冕彌光.⑥ 暨世祖太平眞君中, 君以鄕難入京, 奉策宮掖, 幼有明肅之稱, 顯細異焉. 高祖嘉其祇篤, 授以太官令, 除中給事中, 遷中常侍·立忠將軍·雲陽男. 上美其勳績, 加大長秋卿·龍驤將軍, 委以六宮之事.⑧ 春秋六十,⑩ 景明四年十月廿一日,⑨ 寢疾, 薨于第.⑪ 皇上悛悼, 朝間悲惻. 使持節·策贈平北將軍·幷州刺史, 男如故.⑫ 十一月廿五日,⑨ 葬於洛陽之西北斗泉陵. 景明四年十一月己酉朔廿五日癸酉造.⑬
19	〈봉화돌묘지封和突墓誌〉(504)	屯騎校尉·建威將軍·洛州刺史·昌國子封使君墓誌銘.① 屯騎校尉·領郡牧令·昌國子⑧ 公姓封,① 字和突, 恒州·代郡·平城人也.⑤ 昊天不弔, 春秋六十有四,⑩ 以景明二年春正月,⑨ 薨於官. 帝用震悼, 遣使卽柩, 贈州刺史蜜印綬, 禮也.⑫ 以正始元年夏四月,⑬ 卜兆于武周界.⑭ 刊石勒頌, 式述聲芳. 其辭曰: (명사 생략).⑮
20	〈원룡묘지元龍墓誌〉(504)	魏故使持節·平北將軍·恒州刺史·行唐伯元使君墓誌銘.① 君諱龍,② 字平城,③ 河南洛陽人.⑤ 平文皇帝之六世孫也.⑥ 極天爲構, 帶地稱源, 盛德顯於望雲, 雄圖煥於羈鹿. 祖功祚彼相, 瞻八命以高驤; 父任屬維城, 守四方而作鎭. 君幼挺奇姿, 生而秀穎, 早深漠北之志, 少稟山西之風.⑦ 高祖宸居兩楹, 志淸九服, 有念名駒, 顧懷虎子. 太和之始, 襲爵平舒男. 雖猛志未申, 而雄姿簡帝. 會北虜寇邊, 烽燧時警, 妙簡勳冑, 以啓戎行. 乃假君寧朔將軍, 龔行北討. 帝親臨慰, 勉奬以殊績. 君前無橫陣, 戰必先登, 以攘敵之功, 拜奉車都尉. 及大軍南伐, 師指義陽, 復假君龍驤將軍·大將軍司馬. 君被堅執銳, 斬將搴旗. 軍嘉厥庸, 昝言捨爵, 進授行唐伯, 授前軍將軍. 趙王以帝弟之尊, 作蕃列岳. 司武之任, 非君勿居, 授開府司馬. 及鑾輿親戎, 問津南服, 鼓鞞之思, 允屬伊人, 復以安遠將軍爲右軍統軍, 司馬如故. 以母憂去官. 君至性通神, 哀感行路, 豈唯致歡加人, 故亦非扶不起. 旣而泗陽卽序, 江右未賓, 金革旣興, 呼門復及. 復以驍騎將軍扈駕南討, 還加閑野將軍, 驍騎如故. 景明在運, 邊亭息警, 我求明哲, 屬以共治, 乃除淸河內史, 伯如故. 復以荊蠻蠢動, 將殄王略, 輟彼飛帥, 統茲戎馬, 以龍驤將軍秉麾南伐. 又以義陽尙阻, 南師競進, 勝負未形, 先鳴莫在. 以君功宜歷識, 氣蓋當時, 選衆而擧, 朝無異議. 君臨機電決, 猛志衝冠, 郢城請罪, 與有其力.⑧ 方當騁茲果毅, 運此奇謀, 掃狡冠於塞垂, 追衛刀於江右; 而輔善無驗, 大寶多違, 忽阻巷歌,

		奄捐館舍. 以正始元年十月十六日,⑨ 薨於第.⑪ 葬於首陽之巔.⑭ 朝廷興嗟舊德, 永念勳庸, 追贈使持節·平北將軍·恒州刺史, 諡曰武侯.⑫ 今重啓幽延, 聿遵合骨, 故刊石玄泉, 式揚不朽. 其辭曰: (명사 생략).⑮ 祖諱阿斗那, 侍中·內都大官·都督河西諸軍事·啓府儀同三司·高梁王. 父諱使和, 散騎常侍·外都大官·使持節·鎭北將軍·度斤鎭大將·平舒男. 夫人洛陽紇干氏. 祖和突, 南部尙書·新城侯. 父萇命, 代郡尹. 夫人下邳皮氏. 祖豹, 侍中·儀同三司·淮陽王. 父欣, 侍中·豫州刺史·廣川公.⑥
21	〈최륭묘지崔隆墓誌〉(505)	魏故左將軍康毅崔君墓誌銘.① 君諱隆,② 字成功,③ 原博陵安平人.⑤ 德公之曾孫, 拔公之孫. 父蔭, 太常初, 除壽春令. 問民疾苦, 敎化漸行. 累擧汾州刺史, 后以病乞骨骸歸里, 而終天年. 母古侍中之女, 有家法, 嘗以大器期君.⑥ 君自幼倜儻有大志, 善騎射.⑦ 蠕蠕寇邊, 從伊將軍北巡, 冒矢石以爭先, 掃煙氛以却敵. 伐凉之役, 而君亦與有功. 後以牧犍降, 特授左將軍. 太和十一年, 春夏大旱. 君散積累以濟, 貧民如涸轍之漁, 得赴江海, 咸與享甦生之樂焉.⑧ 君尤秉通經術, 善談玄理, 得法門之奧窒, 識因累之輪流, 故善行表表, 揭日月而爭光, 曆千載而不能掩.⑦ 君兄弟二人, 君居長, 第顯, 早歿. 君配李氏, 徵音克嗣, 與君亦多內助. 君素在外, 李氏事姑以孝聞, 人無間言.⑥ 君後遷洛, 正始元年十二月壬辰,⑨ 病卒, 春秋六十有六.⑩ 知名者咸臨弔焉. 諡康毅.⑫ 子嘉, 擧秀才,⑥ 哀慟毁容. 越三月,⑬ 卜窆於洛城東北雙盤嶺.⑭ 感妓幽德, 爰銘陰石. 曰: (명사 생략).⑮ 正始二年三月庚戌日.⑬

황제에 의해 남조 묘지의 정보가 공개된 후 북위 사회는 이를 어떻게 받아들였을까? 이를 위해 〈풍희묘지〉 이후 등장한 북위 묘지를 분석해 보았다. 몇몇 묘지(연번 2, 8. 9, 12)는 여전히 천도 이전 묘지들과 동일한 서술 태도를 보이기도 한다. 그러나 천도 전 묘지가 장례일이나 사망일을 가장 먼저 기술했던 것과는 달리 많은 묘지(연번 4, 6, 7, 10, 11, 13, 14, 16, 17, 18, 19, 20, 21)에 지액이 제일 먼저 서술되고 있다. 또한 묘지 기술 마지막에 석각의 종류를 서술하는 방식도 사라졌다. 묘지의 정형화를 보여주는 것이라 생각한다. 정형화의 과정을 확인하기 위해 다음과 같은 표를 하나 더 작성해 보았다.

천도 후 제작된 묘지의 구성 요소를 보면 묘주의 성명, 사망일, 장례일과 같은 가장 기본적인 요소 외에 지액, 품행, 명사 등이 첨가되었고, 그 포함

---

92) 표는 毛遠明 校注, 앞의 책(第三冊)과 毛遠明 校注, 『漢魏六朝碑刻校注 第四冊』(北京: 線裝書局, 2009)을 이용하여 작성하였다. 〈崔隆墓誌〉 이후 제작된 북위 묘지는 대체로 정형화된 모습을 띄고 있어 표에서는 다루지 않았다. 괄호 안은 제작 연도.

93) 지액이 아닌 부분에서 관직이 나열될 경우 관력으로 파악하였다. 이하 동일하다.

〈표 3-2-6〉〈풍희묘지〉 이후 제작된 북위 묘지의 구성 요소

연번	묘지명	① 지액	② 휘	③ 자	④ 성	⑤ 본적	⑥ 가계	⑦ 품행	⑧ 이력	⑨ 사망일	⑩ 향년	⑪ 졸지	⑫ 추증	⑬ 장례일	⑭ 장지	⑮ 명사
	〈풍희묘지〉(495)	(1)*	(4)	(5)	(3)	(6)	(7)	(8)·(10)	(2)·(9)	(11)	(12)	(13)	(14)	(15)	(16)	(17)
1	〈원정묘지〉(496)	×	(2)	×	×	×	(3)	(4)	(1)	(5)	(6)	(7)	(8)	(9)	(10)	(11)
2	〈원언묘지〉(498)	×	(4)	×	(3)	×	×	×	(2)·(5)	×	×	×	(6)	(1)	×	×
3	〈원간묘지〉(499)	×	(3)	(4)	(2)	(5)	(6)	(7)	(1)	(8)	(9)	(10)	(11)	(12)	(13)	×
4	〈원필묘지〉(499)	(1)	(2)	(3)	×	(4)	(5)	(6)	(7)	(9)	(8)	(10)	×	×	(11)	(12)
5	〈원빈묘지〉(499)	×	(2)	×	×	×	(3)	(4)	(1)·(5)	(6)	(7)	(8)	(9)	(10)	(11)	(12)
6	〈한현종묘지〉(499)	(1)	(2)	(3)	×	(4)	(5)·(15)	(7)	(6)	(9)	(8)	(10)	(11)	(12)	(13)	(14)
7	〈조영묘지〉(500)	(1)	(2)	(3)	×	(4)	×	(5)	×	×	(6)	(7)	×	(8)	×	×
8	〈원정묘지〉(500)	(3)	×	×	×	×	(2)	×	×	×	×	×	×	(1)	×	(4)
9	〈원영종묘지〉(500)	(3)	×	×	×	×	(2)	×	×	×	×	×	×	(1)	×	(4)
10	〈원우묘지〉(501)	(1)	(4)	×	(3)	(5)	(6)	×	(2)	(7)·(9)	(8)	(10)	×	(11)	(12)	(13)
11	〈조밀묘지〉(501)	(1)	×	×	×	×	×	×	×	×	×	×	×	(3)	×	(2)
12	〈원징비이씨묘지〉(501)	×	×	×	(3)	×	(2)	×	(1)	×	(4)	×	(5)	(6)	(7)	
13	〈목량묘지〉(502)	(1)	×	×	×	(2)	×	×	(3)	(4)	×	(5)	(6)	(8)	×	(7)
14	〈이백흠묘지〉(502)	(1)	(3)	×	×	(4)	(2)	(5)	(6)	(8)	(7)	(9)	×	(10)	(11)	(12)
15	〈원표묘지〉(502)	×	(3)	(4)	(2)	(5)	(6)	(7)	(1)	(8)	×	×	×	×	×	×
16	〈원홍빈후씨묘지〉(503)	(1)	×	×	(2)	(3)	(4)	(5)	(6)	×	(7)	×	(9)	×	(8)	
17	〈원유처풍씨묘지〉(503)	(1)	×	×	(3)	(4)	(2)·(5)	(6)	(7)	(9)	(8)	(10)	×	(11)	(12)	(13)
18	〈장정묘지〉(503)	(1)	(2)	(3)	×	(4)	(5)	×	(6)	(8)	(7)	(9)	(10)	(11)·(13)	(12)	×
19	〈봉화돌묘지〉(504)	(1)	×	(4)	(3)	(5)	×	×	(2)	(7)	(6)	(8)	×	(10)	(11)	(12)
20	〈원룡묘지〉(504)	(1)	(2)	(3)	×	(4)	(5)·(13)	(6)	(7)	(8)	(9)	(11)	×	(10)	(12)	
21	〈최룡묘지〉(505)	(1)	(2)	(3)	×	(4)	(5)·(9)·(13)	(6)·(8)	(7)	(10)	(11)	×	(12)	(14)·(17)	(15)	(16)

* 숫자는 묘지에서 등장하는 순서를 의미

비율도 높다. 특히 천도 전 묘지에서 한 건도 발견되지 않았던 명사가 거의 모든 묘지에서 발견된다. 형식적으로 완성되어 감을 말해주는 것이다.[94] 시기적으로는 503년 경이 되면 묘지가 정형화되고, 505년 〈최륭묘지〉에 이르면 거의 완전해짐을 알 수 있다.[95] 구성 요소의 완비도 완비지만 그 순서도 고정화된다. 물론 499년 원씨들의 묘비는 상당히 정형화된 모습을 보이고 있지만 북위 사회 전체로는 아직 정형화를 이야기하기는 힘들다. 따라서 황제가 친히 묘지를 작성하여 세간의 모범을 보였다고는 하지만 그것을 정치적 목적을 가진 강력한 한화 정책으로 이해할 필요는 없을 것 같다. 당시 사회적으로 묘지의 사용을 강압적인 성격의 한화 정책으로 받아들인 것 같지도 않다.[96]

여기서 주목되는 것은 묘지가 정형화되지 않았던 시기부터 대부분의 묘지가 명사를 구비하고 있다는 점이다. 십육국 시기 묘지나 평성 시기 북위 묘지가 명사를 갖추지 않았던 것과 비교하면 큰 변화라 할 수 있다. 기존 연구에 따른다면 명사는 송덕이라는 특별한 목적을 위해 기술된 것이다.[97] 그렇기 때문에 명사의 발전이라는 것은 낙양 천도 이전 묘지가 가지고 있던 '후대 발생할 능묘 변천에 대비하기 위한' 고전적인 역할에 변화가 생겼음을 말해주는 것이다. 또한 대부분의 묘지가 명사를 구비하고 있다는

---

94) 형식적으로는 499년에 만들어진 〈韓顯宗墓誌〉가 완성된 모습을 보이나 이후 묘지의 완성을 말할 수 있는 지표가 되지는 못한다. 따라서 〈한현종묘지〉를 근거로 북위 묘지의 완성을 말하는 것은 부적절하다.

95) 구보죠에 요시후미는 洛遷 후 십여 년 후인 永平 연간(508~511)이 되면 북위 묘지가 정형화되었다고 해도 좋은 상태가 되었다고 하였다. 窪添慶文, 앞의 글(2013), 1쪽.

96) 최진열의 연구에 따르면 효문제의 漢化 정책이 일괄적으로 잘 집행된 것은 아니다. 그에 따르면 胡語 금지와 胡服 금지는 잘 지켜지지 않았고, 胡姓·葬地·本籍·봉분형 무덤 등은 잘 지켜졌다. 요컨대 사안에 따라 다소의 차이를 가지며 집행되고 수용되었던 것 같다. 따라서 효문제의 한화 정책 전체를 강압적인 것으로 받아들일 필요는 없을 것 같다. 崔珍烈, 「北魏孝文帝의 胡姓 개칭과 그 성격-孝文帝의 漢化政策의 실증적 검토」, 『大東文化研究』 82(2013), 232~233쪽.

97) 久田麻實子, 앞의 글, 41쪽.

것은 사회적으로 송덕이 필요해졌다는 것을 의미할 것이다.

후한 시기 묘비에 명사가 등장하게 된 것이 선거와 관련 있음은 이미 지적하였다. 인물평人物評에 의해 출사出仕가 결정되는 특별한 사회 구조 속에서 가문의 힘, 자신이 가진 리더십, 그리고 유가적 학식의 보유 정도를 지역 사회에 효과적으로 알릴 수 있는 방법으로 묘비가 선택되었다. 가계 또는 가족 관계를 통해 가문의 능력을 드러냈으며, 품성에 관한 서술을 통해서는 리더십을 설명하였다. 경전經典의 구절들을 이용하여 작성한 운문 韻文의 명사는 유학에 정통함으로 관리를 등용하였던 후한 시기98)에 유가적 소양을 드러내는 데 부족함이 없었다.99) 선거에 필요한 덕목들을 '돌에 새겨' '영구히' '불특정 다수에게' '반복적으로' '공개하기 위해' 묘비의 구성 요소들이 완비되었던 것이다. 사회적 필요에 의해 하나의 기념비가 출현한 것이다.

동진 묘지에서 사라졌던 명사가 유송 시기 묘지에 재등장한 이유도 유사하다. 왕조의 힘이 가문의 힘을 압도하게 되면서100) 황제와 왕조에 충성하는 개인의 공적을 드러내는 기록물이 필요해졌고, 이러한 사회적 필요가 사자의 공덕을 찬양하는 명사를 재등장시켰다.101) 그렇다면 북위 묘지가 묘표로서

---

98) 遠藤祐子,「漢代における地方官學の政治的機能」,『立命館史學』14(1993), 29쪽.
99) 이상 묘비의 역할에 대해서는 본서 2부를 참조.
100) 劉宋 시기 황제권의 강화와 이에 따른 門閥士族의 세력 약화에 대해 많은 연구들이 존재하고 있다. 유송 武帝, 文帝, 孝武帝의 황권 강화와 관련해서는 다음의 글을 참조할 수 있다. 石田德行,「劉裕集團の性格について」,『木村正雄先生退官記念東洋史論集』(東京: 汲古書院, 1976); 越智重明,「宋の武帝と土斷·官僚層對策」,『魏晉南朝の人と社會』(東京: 硏文, 1985); 安田二郎,「元嘉時代史への一つの試論-劉義康と劉劭の事件を手がかりに-」,『名古屋大學東洋史研究報告』2(1973); 川合安,「元嘉時代後半の文帝親政について-南朝皇帝勸力と寒門·寒人-」,『集刊東洋學』49(1993); 越智重明,「宋の孝武帝とその時代」, 같은 책; 小尾孝夫,「劉宋孝武帝の對州鎭政策と中央軍改革」,『集刊東洋學』91(2004). 한편 문벌의 세력 약화에 대해서는 다음을 참조할 수 있다. 越智重明,「宋齊政權と宋齊貴族制」,『魏晉南朝の貴族制』(東京: 硏文, 1982); 川勝義雄,「劉宋政權の成立と寒門武人」,『六朝貴族制社會の研究』(東京: 岩波書店, 1985); 川勝義雄,「世說新語の編纂-元嘉の治の一面-」, 같은 책.
101) 유송 시기 묘지에 명사가 재등장하는 것에 대해서는 3부 1장을 참조.

의 성격을 버리고 송덕의 역할을 담당하게 되었다는 것은 **북위 사회 역시 송덕을 필요로 하는 사회로 변화하였다**는 것을 의미할 것이다. 무엇이 북위 사회에 송덕의 필요를 만들어 냈을까?

저자는 북위 사회 안에서 송덕이 중시되게 된 중요한 원인이 효문제에 의해 추진된 성족분정姓族分定(성족상정姓族詳定)이라고 생각한다. 알려진 것처럼 성족분정은 태화 19년(495) 조詔를 내려 태조太祖 도무제 이래 공훈이 뛰어난 목穆·육陸·하賀·유劉·누樓·우于·혜嵇·위尉의 8성을 선비 제1급의 귀족으로 정하여 한인漢人 4성에 비견하게 하여 비교적 직급이 낮은 관직에는 임용할 수 없게 한 것이다. 또한 원출原出과 건국 이래 관직의 고하에 따라 성족을 구분하였다.[102] 이는 흔히 한족(남조)의 문벌주의門閥主義를 채용한 것으로 해석되었고, 그 결과 전통 시기 역사가를 비롯하여[103] 근래 연구자들까지 성족분정에 대한 입장은 부정적이다.[104]

그러나 효문제의 성족분정책에 의해 가문의 서열이 나누어졌다고는 하지만 그것은 남조 문벌주의의 엄격함과는 달랐다. 기왕의 연구가 지적한 것처럼 북위의 문벌은 정치권력 밖에서 독립적으로 성장하여 고정화된 남조[105]

---

102) 『魏書』卷113,「官氏志」, "其穆·陸·賀·劉·樓·于·嵇·尉八姓, 皆太祖已降, 勳著當世, 位盡王公; 灼然可知者, 且下司州·吏部勿充猥官, 一同四姓. 自此以外, 應班士流者, 尋續別敕. 原出朔土, 舊爲部落大人, 而自皇始已來, 有三世官在給事已上, 及州刺史·鎭大將, 及品登王公者爲姓. 若本非大人, 而皇始已來, 職官三世別書已上, 及品登王公而中間不降官緒, 亦爲姓. 諸部落大人之後, 而皇始已來官不及前列, 而有三世爲中散·監已上, 外爲太守·子都, 品登子男者爲族. 若本非大人, 而皇始已來, 三世有令已上, 外爲副將·子都·太守, 品登侯已上者, 亦爲族."

103) [北宋]司馬光, 『資治通鑑』卷140,「齊紀六」, "選擧之法, 先門地而後賢才. 此魏·晉之深弊, 而歷代相因, 莫之能改也.…當是之時, 雖魏孝文之賢, 猶不免斯蔽. 故夫明辯是非而不惑於世俗者誠鮮矣."

104) 대표적으로 첸한위는 孝文帝의 門閥主義가 '北魏末 大亂의 직접적 원인'이었다고 하며 姓族分定을 비판하였다. 陳漢玉,「也談北魏孝文帝的改革」,「中國史硏究」 1982-4, 38쪽.

105) 南齊 武帝의 총애를 받고 있던 紀僧眞이 무제에게 士大夫가 되게 해달라고 하자 "사대부는 천자가 명령해서 될 수 있는 것이 아니다(士大夫故非天子所命)."라고 대답한 것은 남조의 門閥主義가 황제권력 밖에서 독립적으로 존재하는 자율적 질서임을

2장 북위 시기 묘지의 정형화와 유행 289

와는 달리 부족部族 시기의 지위와 더불어 황제와의 친밀도와 제실帝室에
대한 충성심이 고려되어[106] 황제의 정치적 힘에 의해 만들어졌다.[107] 그
결과 가격의 고정화는 남조에 비해 덜 엄격했고, 사적인 특권인 작爵의
권한이 황제에 의해 조정되기도 하였다.[108] 문지門地가 정해졌다고는 해도
능력과 치적을 기준으로 하는 고과考課 제도의 운영으로 인해[109] 관직에서
파출罷黜되는 경우가 종종 있었다. 첸인커陳寅恪는 성족분정을 반대하였던
이충李沖, 한현종韓顯宗, 이표李彪 등이 효문제를 향해 한 발언인 "오늘날 어찌
문품만을 (중시하고) 재능에 따라 선발하는 조령은 없는 것입니까今日何爲專崇
門品, 不有拔才之詔?"[110] "가문을 기준으로 사를 선발하다取士於門."[111] "오로지
문지만을 기준으로 삼았다專以門地."[112] 등의 기사를 근거로 효문제의 인재
선발取士 기준이 오직 문벌 하나라고 평가하였지만[113] 고과에 있어 중요한
것은 가문이 아닌 능력과 치적이었다. 효문제가 오로지 문지만을 중히 여긴

잘 보여주는 일화일 것이다. 『南史』 卷36, 「江斅傳」, 943쪽.

106) 谷川道雄, 『隋唐帝國形成史論』(東京: 筑摩書房, 1971; 1986), 140, 142쪽. 이 중 142쪽에는
8姓들이 王朝 수립 과정과 明元帝, 文成帝, 孝文帝의 옹립에 어떠한 공적을 세웠는지
소상히 서술되어 있다.

107) 효문제의 성족분정에 대해 저우이량은 '제왕의 역량을 이용用帝王的力量'하였다고
하였고, 탕창루는 '조정의 권위로써 법률적 형식을 채용하여以朝廷的權威取法律形
式)' 실행하였다고 표현하였다. 周一良, 「北朝的民族問題與民族政策」, 『魏晉南北朝史論
集』(北京: 北京大, 1997), 131쪽. 原載: 『燕京學報』 30(1950); 唐長孺, 「論北魏孝文帝定姓族」,
『魏晉南北朝史論拾遺』(北京: 中華書局, 1983), 91쪽.

108) 대표적으로 太和 16년(492) 功勳에 의해 官爵을 받은 자의 자손이 軍號를 세습하던
것을 폐지한 것을 들 수 있다. 『魏書』 卷113, 「官氏志」, "舊制, 諸以勳賜官爵者子孫世襲軍
號. 十六年, 改降五等, 始革之, 止襲爵而已."

109) 『魏書』 卷7下, 「高祖紀下」, "三載考績, 自古通經; 三考黜陟, 以彰能否. 今若待三考然後黜陟,
可黜者不足爲遲, 可進者大成賒緩. 是以朕今三載一考, 考卽黜陟, 欲令愚滯無妨於賢者, 才能
不壅於下位."

110) 『魏書』 卷60, 「韓顯宗傳」, 1343쪽.

111) 『魏書』 卷60, 「韓顯宗傳」, 1340쪽.

112) 『魏書』 卷60, 「韓顯宗傳」, 1343쪽.

113) 萬繩楠 整理, 「北魏後期的漢化(孝文帝的漢化定策)」, 『陳寅恪 魏晉南北朝史講演錄』(合肥:
黃山書社, 1987), 265쪽

다고 비판했던[114] 이표 또한 한미寒微한 집안 출신이었다.[115]

〈표 3-2-7〉 효문제 시기 고과에 의한 처벌 사례

성명	성족	시기	내용	처벌	전거
원우元羽	종실	태화 16(492)~ 18년(494)	近小人, 遠君子, 在公阿黨, 虧我皇憲, 出入無章, 動乖禮則. 計汝所行, 應在下下之第	黜汝錄尙書·廷尉, 但居特進·太保	『위서』 권21상
육예陸叡	대인 8성	상동	偏頗懈怠	奪卿尙書令祿一周	상동
원찬元贊	종실	상동	久居機要, 不能光贊物務, 獎勵同僚, 賊人之謂…又爲少師, 未允所授	解卿少師之任, 削祿一周	상동
원징元澄	종실	상동	神志驕傲, 少保之任, 似不能存意	可解少保	상동
우과于果	대인 8성	상동	不能勤謹夙夜, 數辭以疾	解卿長兼, 可光祿大夫·守尙書, 削祿 一周	상동
위우尉羽	상동	상동	殊無憂存左史之事	降爲長兼常侍, 亦削祿一周	상동
노연盧淵	한인 4성	상동	不以左史在意	降卿長兼王師, 守常侍·尙書如故, 奪常侍祿一周	상동
공손량 公孫良	상동	상동	不能正心直言, 規佐尙書	以白衣守本官, 冠服祿恤, 盡皆削奪. 若三年有成, 還復本任; 如其無成, 則永歸南畝	상동
걸복의수 乞伏義受	대인	상동	不能正心直言, 規佐尙書	以白衣守本官, 冠服祿恤, 盡皆削奪. 若三年有成, 還復本任; 如其無成, 則永歸南畝	상동
원경元景	종실	상동	合省逋墮, 致使王言遺滯, 起居不修	今降爲中大夫·守常侍, 奪祿一周	상동
이언李彦	한인	상동	實人不稱職	可去諫議, 退爲元士	상동
원전元詮	종실	상동	無直言	解東華之任, 退爲員外散騎常侍	상동
풍숙馮夙	외척	상동	無直言	免中庶子, 免爵兩任, 員外常侍如故	상동
여현보 閭賢保	미상	상동	無直言	退爲武騎常侍	상동

114) 『魏書』卷60, 「韓顯宗傳」, "祕書令李彪曰:「師旅寡少, 未足爲援, 意有所懷, 敢盡言於聖日. 陛下若專以門地, 不審魯之三卿, 孰若四科?」"

115) 『魏書』卷62, 「李彪傳」, "家世寒微, 少孤貧, 有大志, 篤學不倦."

〈표 3-2-7〉은 태화 16~18년 사이에 있었던 대대적인 관인 고과의 내용을 가지고 작성한 것이다. 구체적인 상황이 기술되지 않아 더 이상의 자세한 사정을 알 수는 없지만 다양한 원인에 의해 처벌이 행해졌음을 알 수 있다. 원인으로 나태, 불성실, 교만, 무능력, 파당 짓기, 요직에 있으면서 성과를 내지 못함, 직언하지 않음 등 품행 문제부터 직무 성취 여부까지 거의 모든 것들이 망라되어 있다. 처벌 역시 해직과 강등, 면관, 녹의 박탈 등 다양하면서도 꽤 무겁다.

물론 성족분정이 있기 전에 행해졌던 고과여서 성족분정과는 별도의 사안으로 이해할 수도 있을 것이다. 그러나 성족분정의 중요한 기준 중의 하나가 유지하고 있는 관위官位의 고하라는 점을 생각하면 성족분정 전에 행한 대대적인 고과의 의도를 간과할 수 없을 것이다. 특히 폄출貶黜의 대상이 종실, 대인 8성, 한인 4성은 물론이고 당대 최고의 외척이었던 풍씨까지 망라된 것은 비록 문벌 사회가 만들어진다 해도 그 사회가 남조와는 다른 개인의 능력이나 치적과 연동한 사회일 것을 말해준다.[116]

그렇다면 앞으로 북위 사회에서는 가문의 위대함을 설명하면서도 개인의 치적을 드러내는 장치들이 고안되고 작동될 필요가 있을 것이다. 저자는 그것이 묘지의 유행이며, 북위 묘지 안에 송덕을 담당하는 명사를 출현시킨 사회적 원인이 되었을 것으로 생각한다. 이렇게 생각하는 또 다른 이유는 다음과 같다.

고조高祖께서 장차 천하의 씨족氏族을 분별하시고자 하여 (중정관을) 역시 찾아 정하니 이에 최정崔挺에게 요령본주대중정遙領本州大中正을 제수하였다.[117]

(선문제宣文帝 정시正始 말~영평永平 초) (하남읍河南邑 중정中正) 우충于忠과

116) 杜紹順,「北魏門閥制度辨析」,『華南師範大學學報(社科版)』1985-4, 42쪽.
117) 『魏書』卷57,「崔挺傳」,"高祖將辨天下氏族, 仍亦訪定, 乃遙授挺本州大中正."

이부상서吏部尙書 원휘元暉, 탁지상서度支尙書 원광元匡, 하남윤河南尹 원장元萇
등에게 조를 내려 대 지역의 성족姓族을 추정할 것을 명하였다.[118]
(효명제孝明帝 정광正光 원년) 12월, 제주중정諸州中正을 파파罷하였다. (이후)
군현郡縣에서 성족을 정하기 위해 다시 설치하였다.[119]

이상의 기사들을 통해 우리는 다음의 두 가지 사항을 확인할 수 있다.
첫째 성족분정이 주중정州中正의 실무적 처리에 의해 진행되었다는 점이고,
둘째 성족분정이 효문제 시기 일괄적으로 처리된 것이 아니라 효문제, 선문
제, 효명제 시기를 거치면서 완성되었다는 것이다.[120] 요컨대 태화 시기를
지나서도 성족분정은 지속적으로 진행되었고, 이 과정에서 등급을 높게
받기 위한 가문과 개인의 노력은 꾸준히 경주되었어야 함이다. 특히 그
등급 판정이 주중정에 의해 진행되었기에 북위 사회 안에서 인물평의 중요성
은 증대되었을 것이다. 그리고 기왕의 경험과 정보에 따라 묘지가 이용되었
을 것이다.

"송변宋弁이 또 본주本州의 대중정大中正이 되어 성족 중 많은 수가 등급이
떨어지니 자못 당시인들에게 원망을 받았다."[121]는 기사는 성족분정 과정에
서 주중정의 역할이 상당했음을 말해준다. 따라서 좋은 등급을 받기 위해서
모든 사족士族들은 호한胡漢을 막론하고 자신의 가계의 위대함을 적극적으로
드러냄과 동시에 개인이 가진 능력과 이룬 치적을 적극적으로 선전해야만
했을 것이다. 특히 선문제 시기에도 종실인 원란元鸞이 고과 결과에 따라
1년 치의 녹봉이 박탈되는[122] 사회적 분위기가 존재했던 것은 종실인 원씨元

118) 『魏書』卷31, 「于忠傳」, "詔忠與吏部尙書元暉·度支尙書元匡·河南尹元萇等推定代方姓族."
119) 『魏書』卷113, 「官氏志」, "(正光元年)十二月, 罷諸州中正, 郡縣定姓族, 後復."
120) 장쉬화는 북위의 성족분정을 효문제 태화 19년에 시작하여 宣文帝~孝明帝 시기
    30여년을 거치며 완성된 제도라고 하였다. 張旭華, 「北魏州中正在定姓族中的作用與地
    位」, 『鄭州大學學報(哲社版)』 1989-6, 25쪽.
121) 『魏書』卷63, 「宋弁傳」, "弁又爲本州大中正, 姓族多所降抑, 頗爲時人所怨."

氏 역시도 사회적으로 가문과 개인의 능력을 선전하고 인정받으려 노력했던 이유가 되었을 것이다.

---

122) 『魏書』卷19下,「元鷙傳」, "世宗聞而詔曰:「鷙親唯宗懿, 作牧大州, 民物殷繁, 綏寧所屬, 宜克己厲誠, 崇清樹惠, 而乃驟相徵發, 專爲煩擾, 編戶嗷嗷, 家懷嗟怨. 北州土廣, 姦亂是由, 準法尋愆, 應加黜. 以鷙戚屬, 情有未忍, 可遣使者, 以義督責, 奪祿一周, 微示威罰也.」"

3장 북위 묘지 기술의 특징과 문벌 사회

묘주墓主에 대한 간략한 정보를 기록하여 후일 발생할지도 모르는 능묘陵墓 변천에 대비하기 위해 무덤 안에 매장했던 묘지墓誌[1]는 지하에 설치되었음에도 불구하고 시대에 따라 내용의 변화를 보인다. 땅 속에 묻혔음에도 시대마다 묘지의 구성 요소가 달라진다는 것은 묘지가 단순히 능묘 변천에 대비한 석각만은 아님을 의미한다.

묘지의 구성 요소가 변화하는 이유는 묘지가 담당했던 역할이 시대별로 달랐기 때문이다. 후한後漢 건안建安 10년(205) 조조曹操에 의해 금비령禁碑令이 내려진 이후로 가문의 위대함과 망자亡者의 공덕功德을 현창顯彰하던 기능을 담당했던 묘비는 더 이상 지상에 세워질 수 없었다. 묘비가 지하로 들어감에 따라 불특정의 독자들은 더 이상 그 집안과 망자에 대한 정보와 추도사를 보지 못하게 되었다. 따라서 후한 묘비의 형태와 내용을 답습했던 서진 초기 묘지는 시간이 지남에 따라 차츰 형태와 내용에서 변화가 발생하였다.

묘지가 지하에 묻혀 불특정 다수의 독자를 상실하면서 제일 먼저 나타난 현상은 명사銘辭의 사라짐이다. 송덕頌德과 명성 획득을 목적으로 간각刊刻되었던 명사는 기념물이 지하로 들어감에 따라 사라졌다. 대신 묘지에는 가계

---

1) [明]吳訥, 『文章辨體』, 「墓誌」, "墓誌, 則直述世系·歲月·名字·爵里, 用防陵谷遷改."; [明]徐師曾, 『文體明辨』, 「墓誌銘」, "蓋於葬時逑其人世系·名字·爵里·行治·壽年·卒葬年月, 與其子孫之大略, 勒石加蓋, 埋於壙前三尺之地, 以爲異時陵谷變遷之防, 而謂之誌銘."

와 가족 관계가 상세하게 기록되었다. 특히 동진東晉 시기 묘지는 가족 관계에 대한 서술이 상세해지는데, 이것은 동진의 묘지가 '귀족제 사회'라는 이름이 붙은 시대의 필요에 의해 종족법宗族法을 기록하고 증명하는 역할을 하였기 때문이다.[2] 그러나 유송劉宋이 건국되어 기존 왕조의 작爵이 인정되지 않자 개인의 공적功績을 드러낼 수 있는 도구가 필요해졌고, 그 결과 묘지에는 송덕의 기능을 담당하는 명사가 재출현하게 된다.[3]

사회적 필요에 의해 묘지의 구성 요소가 변화하고 정형화되었던 것을 북위에서도 찾아볼 수 있다. 북위 초의 묘지는 묘지에 새겨진 '묘표墓表'라는 표현처럼 표지의 의미가 강했다. 그러다 효문제孝文帝 시기 행해진 '성족분정 姓族分定'[4]은 부족部族 시기의 지위와 더불어 황제와의 친밀도 및 제실帝室에 대한 충성심을 고려하여 가문의 고하를 규정하였기 때문에[5] 사회적으로 가문과 개인의 능력을 적극적으로 드러낼 기재를 필요로 하였다. 500년대 이후 북위 묘지에서 보이는 명사의 등장과 묘지의 정형화는 이로 인한 결과라 할 수 있다.[6]

묘지가 시대적·사회적 필요에 의해 구성 요소와 표현 양식을 달리 했다면 묘지를 통해 시대 및 사회의 특징을 고찰하는 것 역시 가능할 것이다. 요컨대 동일하게 귀족제 사회라 불려도 동진과 유송의 국가 성격의 변화가 묘지의 구성 요소 및 기술에 영향을 미쳤던 것에 따른다면, 북위 묘지의 변화상을 통해 당시 북위 사회의 모습을 조망하는 것도 가능할 것이다. 이 장에서는 이러한 가정으로부터 시작하여 묘지를 통해 북위 사회의 계층적

---

2) 趙超, 『漢魏南北朝墓誌彙編』(天津: 天津古籍, 1992), 11쪽, 〈晉故沛國相張君之碑〉, "刊石玄堂, 銘我家風."
3) 묘지의 시대적 특성에 대해서는 3부 1장을 참조.
4) 『魏書』 卷113, 「官氏志」, "令司空公穆亮·領軍將軍元儼·中護軍廣陽王嘉·尙書陸琇等詳定北人姓, 務令平均. 隨所了者, 三月一列簿帳, 送門下以聞. 於是昇降區別矣."
5) 谷川道雄, 『隋唐帝國形成史論』(東京: 筑摩書房, 1971; 1986), 140, 142쪽.
6) 北魏 묘지의 정형화 과정에 대해서는 3부 2장을 참조.

층차를 확인해 보고자 한다.

'성족분정'으로 인해 북위 사회 전체가 모두 가문의 위대함과 개인의 공적을 드러내는 데 힘썼다 해도 호한胡漢이 동거하며 한 왕조 안에서 경쟁하며 정치적 지위를 차지해야만 하는 상황에서 호한의 차이, 등급의 차이가 무시되었을 것 같지는 않다. 한인漢人의 경우 최고의 문벌이라 해도 탁발拓跋 원씨元氏나 대인代人 제1급의 목穆·육陸·하賀·유劉·누樓·우于·혜嵇·위尉의 훈신勳臣 팔성八姓과 동일할 수는 없었을 것이다. 더하여 한인 안에서 일류와 이류의 차이도 있었을 것이다. 그렇다면 종족과 가격家格의 차이에 따라 묘지를 이용하는 방법에도 차이가 존재하지 않았을까? 북위 묘지에 반영된 북위 사회의 특징과 변화상이 무엇인지를 확인하기 위해 우선 호한 간의 묘지 기술을 살펴보자.

Ⅰ. 호한 묘지 기술의 차이

북위의 문벌제도가 남조南朝와는 달리 황제와의 친밀도나 제실에 대한 충성도에 의해 규정되었기 때문에 각 가문 혹은 개인들은 가문의 위대한 가계 및 개인의 뛰어난 자질과 능력을 드러내지 않으면 안 되었다. 이러한 상황은 지금까지 표지의 의미만을 가지고 있던 북위 묘지를 변화시켰고, 급기야 송덕을 근본 목적으로 하는 명사의 출현을 촉진시켰다. 그런데 아무리 호인 한인을 막론하고 모두 가문의 위대함과 개인의 공적을 드러내는 데 힘썼다 해도 호한의 차이, 등급의 차이 등이 있다면 묘지 서술에 차이가 존재하기 않았을까? 특히 성족분정을 반대하며 능력 본위의 현재주의賢才主義를 주장했던 한현종韓顯宗[7]과 이표李彪[8]와 같은 보잘 것 없는 가문 출신들[9]의

---

7) 『魏書』卷60,「韓顯宗傳」, "顯宗又上言曰:「進賢求才, 百王之所先也. 前代取士, 必先正名, 故有賢良·方正之稱. 今之州郡貢察, 徒有秀·孝之名, 而無秀·孝之實. 而朝廷但檢其門望,

묘지는 일류 가문 구성원의 그것과는 다른 기술 방식을 보이지 않을까? 여기서는 이상과 같은 의문에서 출발하여 북위 묘지 기술의 차이가 존재하는지, 혹 존재한다면 어떤 차이를 보이는지를 살펴보고자 한다.

〈표 3-3-1〉〈한현종묘지〉와 〈목량묘지穆亮墓誌〉의 구성 및 내용 비교

〈한현종묘지(499)〉	제목	〈목량묘지(502)〉
위魏 저작랑著作郎 한군韓君의 묘지.	지액誌額	태위太尉·영사주목領司州牧·표기대장군驃騎大將軍·돈구군개국공頓丘郡開國公·목문헌공穆文獻公 양량의 묘지명
군의 휘諱는 현종顯宗이고 자字는 무친茂親이며, 창려昌黎 극성棘城 사람이다.	휘·자·관적貫籍	
연燕의 좌광록대부左光祿大夫·의동삼사儀同三司·운남장공雲南莊公의 현손玄孫이고 위대한 위왕조의 사지절使持節·산기상시散騎常侍·안동장군安東將軍·제기이주자사齊冀二州刺史·연군강공燕郡康公의 둘째 아들이다.	가계家系	고조는 숭崇으로 시중侍中·태위·의도정공宜都貞公이다. 소하蕭何와 조참曹參의 자질을 타고나 열조列祖(도무제道武帝)의 창업을 도왔다. 중원中原을 깨끗이 소탕하여 평정하였고 나라의 표준을 세우는 일을 보좌하였다. 증조는 달闥로 태위·의도문성왕宜都文成王이다. 신백申伯과 중산보仲山甫와 같은 뛰어난 자질로 태종太宗(명원제明元帝)을 여러 방면으로 도왔다. 제왕의 치국治國의 도道를 보좌하고 화합하였으며 백관百官의 도를 준수하였다. 의양공주宜陽公主에게 장가들었다. 조부는 수壽로 시중·정동대장군征東大將軍·영중비서감領

不復彈坐. 如此, 則可令別貢門望, 以敍士人, 何假冒秀·孝之名也? 夫門望者, 是其父祖之遺烈, 亦何益於皇家? 益於時者, 賢才而已. 苟有其才, 雖屠釣奴虜之賤, 聖皇不恥以爲臣; 苟非其才, 雖三后之胤, 自墜於皁隷矣. 是以大才受大官, 小才受小官, 各得其所, 以致雍熙. 議者或云, 今世等無奇才, 不若取士於門. 此亦失矣. 豈可以世無周邵, 便廢宰相而不置哉? 但當校其有寸長銖重者, 即先敍之, 則賢才無遺矣.」

8) 『魏書』 卷60, 「韓顯宗傳」, "祕書令李彪曰: 「師旅寡少, 未足爲援, 意有所懷, 敢盡言於聖日. 陛下若專以門地, 不審魯之三卿, 孰若四科?」

9) 韓顯宗, 李彪와 더불어 姓族分定을 반대하던 이로는 李沖이 있다. 그는 오직 門品만을 숭상하고 재능에 의해 인재를 발탁하지 않는 황제의 행위를 비판하였다. 『魏書』 卷60, 「韓顯宗傳」, "沖曰: 「若欲爲治, 陛下今日何爲專崇門品, 不有拔才之詔?」" 그런데 이충은 隴西李氏로 결코 寒微한 집안 출신이라고 할 수 없다. 그러나 당시 농서 이씨는 북위에 귀화한 후 중앙 정계에서 두각을 나타내지 못하고 있는 상태였다. 즉, 농서 이씨는 아직 북위에서 일류 가문은 아니었던 것이다. 아무래도 이러한 상황이 이충으로 하여금 가문이 아닌 능력 위주의 발탁을 주장하게 하였을 것이다.

		中祕書監·의도문선왕宜都文宣王이다. 아름다운 바탕을 간직하여 특출하게 빼어났으며 뛰어난 재능과 원대한 도량을 (갖췄다.) 이에 세조世祖(태무제太武帝)를 도와 대업을 능히 넓혔으며 삼사三司의 수장으로 있으면서 긴요한 정사의 직임을 총령總領하였다. 낙릉공주樂陵公主에게 장가들었다. 부친은 평국平國으로 정동대장군·영중서감·부마도위를 지냈다. 관위는 삼공三公의 반열이었고 모범이 되어 화합하니 (관료들과) 화목하였다. 성양城陽·장락長樂 두 공주에게 장가들었다.
15세의 나이로 수도에 수재秀才로 추천되어 (나가고), 20세 시절에는 영광스럽게 기린각麒麟閣에 불려갔다. 전적典籍에 뛰어났으며 속문屬文을 잘 지었다. 밝은 뜻을 세우니 밖이 환해지고 안은 윤택해졌으며, 그에 더하여 사람들하고의 교류도 올바르니 모두가 끝내 존경하게 되었다. 벼슬은 비록 현달顯達하지는 못하였으나 사람들에게 알려졌으며, 선善을 닦았으나 홀로 만족하였고 맑은 물에도 미혹되지 않았다. (마치) 아름다운 구슬 같은 타고난 자질을 아로새기고 연마하니 더욱 빛난다고 말할 수 있다.	품행 및 이력	4대가 빛나는 업적을 계속 잇고 삼공으로서 밝음을 첩첩히 비춰, 선행의 결과 자손이 받는 복이 끊임없이 이어져 마침내 명철하고 아름다운 덕을 갖춘 이가 태어났다. 공은 약관弱冠에 조정에 나가 지명知命에 이르기까지 안으로는 백관을 이끌어 인도하고 밖으로는 사방의 외족外族을 진무鎭撫하며 도를 펼치고 교화를 드날린 것이 삼십여 년이었다.
34세의 나이로 태화太和 23년(499) 4월 1일 관직에서 돌아가셨다[주]. 자양赭陽을 평정한 공이 있어 오등남五等男으로 추증하고 증백繒帛의 부의賻儀를 더해주니 예禮에 부합하였다. 그 해 12월 26일 전수澶水 서쪽의 땅을 골라 하관下棺하였다.	(향년享年)·사망일·졸년卒地·추증(·장례일·장지)	경명景明 3년(502) 세차歲次가 임오壬午에 있던 해 여름 윤사閏四월 그믐, 병으로 몸겨누우신 후 집에서 돌아가셨다[주]. 천자께선 몹시 놀라며 슬퍼하셨고 뭇 제후들과 조신朝臣들에게는 슬픈 마음이 일었다. 상가喪家에 보내는 부의의 예는 상제常制에 더함이 있었다.
(무덤으로) 가는 길에 상여喪輿의 끈을 끌고 혼거魂車를 따르고 떠받쳐야 하는데, 처는 죽고 아들은 어려 상주喪主가 될 사람은 없고 오직 형의 아들 원옹元雍만이 있어 (그가) 인효仁孝를 드러내 보이니 (그) 의리는 마치 아들과 같아 죽은 이를 예로써 장사지내고 산 사람을 가엾이 여기며 상사喪事를 대신하였다. 친구들은 탄식하고 슬퍼하였는데, 애석함은 (시간이 지날수록) 거듭되어 오래도록 슬프니 이에 묘지	추도사	이에 돌에 새겨 묘지명을 세워, 위대한 업적을 (널리) 드러내고자 한다.

명을 새겨 썩지 않을 아름다운 이름을 밝히고자 한다.		
그 명사는 다음과 같다. 형산荊山에서 빛나는 옥이 나고 바다에서 밝은 진주가 나니 만물에서 이와 같은 상황은 대유大儒의 (출현을) 기약하는 것이다. 한韓이 성씨를 연 것은 주周나라 초부터 시작된 것으로 강공康公의 아들이며 장공莊公의 후예다. 학문은 장張·마馬에 정통하였고, 문장은 굴원屈原을 흠모하였으니 봄날의 꽃봉우리처럼 일찍 펼쳐지고 가을꽃처럼 늦게까지 폈다. 말과 행동이 합치되었고 행동과 생각이 부합하였으며, 현자賢者를 공경하고 도덕을 숭상하였으며, 법도를 세우고 계책을 세웠다. 동관東觀에서는 (저작랑著作郎으로서) 성실함을 드러냈고 남쪽 변경에서는 (장수將帥로서) 절의를 지켰으니 황제께서 (그) 공功을 고려하셔 작爵을 내려주시니 이는 신뢰의 (뜻이다.) 그러나) 상천上天이 불쌍히 여기지 않으셔 병이 들어 온 몸을 휘감았으니, (이는) 선인善人이 없어진 것으로 영원히 죽은 것이다. 옛날 진晉나라 숙향叔向의 죽음을 듣고 지금 제齊가 고립된 것을 보는 것과 같으니 조야朝野가 (모두) 슬퍼하고 친한 벗들은 (모두) 흐느끼며 묘지에 (명)을 새겨 뛰어남을 드러내고자 한다.	명사	그 명사는 다음과 같다. 구름 위로 높게 솟은 산이 광채를 올려 보내자 아득한 하늘이 신령스런 기운을 내려 보내셨다. 도리를 행하고 복을 펼치니 하늘이 치국의 재능을 가진 이를 세상에 내셨다. 위대한 업적을 계승하니, 아름다운 명성이 높고 커졌다. 조정에서는 삼공(의 덕을) 쌓았으며 집안에서는 충성스러움과 우아한 아름다움의 기풍을 쌓았다. 심신心神은 맑고 시원하였고 기개는 탁월하였으며, 뜻은 조화로웠고 생각은 곧았다. 인도仁道를 실천하는 것을 마음가짐으로 삼고, 의義를 지키는 것을 성정性情으로 삼았다. 『시詩』을 숭상하고 『예禮』를 애호하였으며, 공순함을 베풀었으며 공경함을 실천하였다. 안으로 도덕의 근본을 세웠으며 밖으로 삼공의 직임을 펼쳤다. 동호부銅虎符는 빛나고 죽사부竹使符는 넘치며 인수印綬는 무성하였다. 네 차례 삼공의 자리에 올랐으며 다섯 차례 왕명 출납을 총괄하였다. 한 차례 동궁東宮의 일을 전담하고, 두 차례 멀리 출정하는 군대를 통솔하였다. 풍교風教는 기주冀州의 동쪽까지 향기롭게 퍼졌으며 은택은 섬주陝州의 서쪽까지 흘러 나갔다. (그런데) 조상이 내려주신 복록福祿이 순리順理를 거스르고 영묘한 도리는 어짐仁이 없구나. 나라는 빼어난 재상을 잃었으며 집은 자애로운 부모를 떠나보냈다. 요옥瑤玉은 형산에서 부러지고 옥은 곤진琨津에서 깨졌다. 삼가 묘석墓石에 공덕을 새겨 아름다운 기풍을 널리 퍼뜨리고자 한다.
부인은 위나라의 중서시랑中書侍郎·사지절·관군장군冠軍將軍·영주자사郢州刺史·창평후昌平侯 창려昌黎 출신 손현명孫玄明의 훌륭하신 따님이시다.	가족 관계	
태화 23년 세차歲次가 을묘乙卯에 있던 해 초하루가 임신일壬申日인 12월 정유丁酉 26일.10)	장례일	대위大魏 경명 3년 세차가 임오에 있던 해 초하루가 정해일丁亥日인 6월 을묘乙卯 29일.11)

표는 효문제에게 성족분정을 반대하던 한인 한현종과 대인 8성 중에서도 수위首位라고 할 수 있는 목량穆亮의 묘지를 비교한 것이다. 먼저 한현종에 대해 살펴보자. 한현종은 태화(477~499) 초에 수재에 발탁되어 갑등甲等으로 대책對策의 성과를 낸 후 저작좌랑著作佐郎이 된 인물이다. 효문제의 낙양洛陽 천도 시기에는 중서시랑中書侍郎을 겸하였고, 후에 본주중정本州中正에 오른다. 『위서魏書』 본전本傳에 따르면 낙양 천도를 비롯하여 국정의 중요 사안들을 건의하여 정책화한 인물로 그려지고 있으나 그가 역임한 관직을 살펴보면 고관이라 하기는 힘들다.[12] 아마도 묘지의 '벼슬은 비록 현달하지 못했으나

---

10) 趙超, 앞의 책, 39~40쪽, 〈魏故著作郎韓(顯宗)君墓誌〉, "魏故著作郎韓君墓誌. 君諱顯宗, 字茂親, 昌黎棘城人也. 故燕左光祿大夫·儀同三司·雲南莊公之玄孫, 大魏使持節·散騎常侍·安東將軍·齊冀二州刺史·燕郡康公之仲子. 以成童之年, 貢秀京國, 弱冠之華, 徵榮麟閣. 載籍旣優, 又善屬文. 立志皦然, 外明內潤, 加之以善與人交, 人亦久而敬焉. 仕雖未達, 抑亦見知, 洗善獨足, 不迷淸淵, 可謂美實爲質, 彫瑩益光也. 春秋卅有四, 太和卅三年四月一日卒於官. 有裨陽之功, 追贈五等男, 加以繒帛之賻, 禮也. 其年十二月十六日卜窆於灄水之西. 紼引在途, 魂車靡託, 妻亡子幼, 無以爲主, 唯兄子元雍, 仁孝發表, 義同猶子, 送往念居, 攝代喪事. 親舊嗟悼, 痛兼綿愴, 迺鐫製幽銘, 以旌不朽之令名. 其辭曰: 荊挺光璧, 海出明珠, 在物斯況, 期之碩儒. 應韓啓族, 肇自姬初, 康公之子, 莊公之餘. 學綜張馬, 文慕三閭, 春英早被, 秋華晚敷. 言與行會, 行與心符, 欽賢尙德, 立式存護. 揚貞東觀, 建節南隅, 惟帝念功, 錫爵是孚. 上天不弔, 枕疾纏軀, 人之云亡, 永矣其徂. 昔聞晉叔, 今觀齊孤, 朝野悽愴, 親友欷歔, 銘之之石, 以表其殊. 妻魏故中書侍郎·使持節·冠軍將軍·郢州刺史·昌平侯昌黎孫玄明之叔女. 太和卅三年歲次乙卯十二月壬申朔卅六日丁酉."

11) 趙超, 위의 책, 41~42쪽, 〈太尉領司州牧驃騎大將軍頓丘郡開國公穆文獻公亮墓誌銘〉, "太尉·領司州牧·驃騎大將軍·頓丘郡開國公·穆文獻公亮墓誌銘. 高祖崇, 侍中·太尉·宜都貞公. 稟蕭曹之資, 佐命列祖, 廓定中原, 左右皇極. 曾祖闡, 太尉·宜都文成王. 以申甫之俊, 光輔太宗, 弼諧帝獻, 憲章百辟. 尙宜陽公主. 祖壽, 侍中·征東大將軍·領中祕書監·宜都文宣王. 含章挺秀, 才高器遠, 爰毗世祖, 剋廣大業, 處三司之首, 總機衡之任. 尙樂陵公主. 父平國, 征東大將軍·領中書監·駙馬都尉. 位班三司, 式協時雍. 尙城陽長樂二公主. 四葉重暉, 三台疊映, 餘慶流演, 實挺明懿. 公弱冠登朝, 爰暨知命, 內贊百揆, 外撫方服, 宣道揚化卅餘載. 以景明三年歲在壬午夏閏四月晦寢疾薨于第. 天子震悼, 群公哀動, 賵襚之禮, 有加恒典. 乃刊石立碑, 載播徽烈. 其辭曰: 雲巖昇綵, 天淵降靈, 履順開祉, 命世篤生. 纂戎令緒, 逸駿茂聲, 朝累台鉉, 家積忠英. 神淸氣邈, 志和慮正, 體仁爲心, 秉義爲性. 敦詩悅禮, 恩恭能敬, 內殖德本, 外延亮命. 暉金溢竹, 組紱斯繁, 四登三事, 五總納言. 一傳儲宮, 再統征軒, 風芳冀東, 澤流陝西. 餘祉惢順, 靈道匪匡, 國喪司台, 家徂慈城. 瑤摧荊嶺, 玉碎琨津, 敬銘幽石, 式揚芳塵. 維大魏景明三年歲次壬午六月丁亥朔廿九日乙卯." 〈穆亮墓誌〉에 대한 보다 자세한 내용은 홍승현, 〈北魏景明三年(502)穆亮墓誌〉, 『고대 동아시아 석각자료 연구 上』(서울: 동북아역사재단, 2018), 213~243쪽을 참조.

[仕雖未達]'라는 표현은 이러한 상황을 설명하는 것이라 생각된다. 그렇다면 그의 가계는 어떤가?

부친이었던 한기린韓麒麟은 〈한현종묘지〉에서는 '사지절·산기상시·안동 장군·제기이주자사·연군강공'으로 나오지만 『위서』 본전에 따르면 이 중 산기상시·안동장군·연군공은 추증追贈이다.13) 본전에 등장하는 한기린의 달관達官은 관군장군冠軍將軍·제주자사齊州刺史로만 나와14) 사지절 또한 추증 으로 생각된다. 따라서 한기린 역시 높은 벼슬에 올랐다고 보기는 힘들다. 고관을 역임한 이가 없었던 사정은 그의 가계를 살펴보아도 마찬가지다. 한기린 본전을 보면 그 가계와 관련하여 스스로 전한前漢의 대사마大司馬였던 한증韓增의 후예라고 하고15) 〈한현종묘지〉에는 "고연좌광록대부·의동삼사· 운남장공지현손."이라 하여 현종의 오대조五代祖가 전연前燕에서 벼슬하였다 하였지만 정작 한기린과 한현종 두 사람의 본전에서는 확인할 길이 없다. 그러므로 이상의 내용을 종합하면 한현종의 가계가 보잘 것 없었던 것은 분명하다. 효문제의 성족분정에 대해 '가문을 기준으로 사를 선발한다取士於 門'16)며 비판했던 이유를 알 수 있을 것 같다.

이와는 달리 목량의 집안은 고조부터 중앙의 고관을 역임하였을 뿐 아니라 증조부터는 모두 공주와 혼인하여 황실과의 친밀도가 매우 높았음을 알 수 있다. 『위서』「관씨지官氏志」에 따르면 목씨穆氏는 본래 '구목릉씨丘穆陵氏' 로17) 성족분정 방침의 하나인 한성漢姓으로 개성改姓하게 한 조처에 따라 목씨가 되었다.18) 목량의 고조 목숭穆崇은 북위의 개국 공신으로 『위서』

12) 그의 本傳에 따르면 著作佐郎으로 起家하여 中書侍郎, 本州中正을 역임하고 遷都 후에는 右軍長史·征虜將軍, 廣陽王元嘉의 諮議參軍을 지냈다.
13) 『魏書』卷60,「韓麒麟傳」,"贈散騎常侍·安東將軍·燕郡公, 諡曰康."
14) 『魏書』卷60,「韓麒麟傳」,"高祖時, 拜給事黃門侍郎,…尋除冠軍將軍·齊州刺史, 假魏昌侯.…臣所統齊州,…十二年春, 卒於官, 年五十六."
15) 『魏書』卷60,「韓麒麟傳」,"自云漢大司馬增之後."
16) 『魏書』卷60,「韓顯宗傳」, 1340쪽.
17) 『魏書』卷113,「官氏志」,"神元皇帝時, 餘部諸姓入者. 丘穆陵氏, 後改爲穆氏."

본전에 따르면 그의 선조는 역미力微(신원제神元帝), 의이猗迤(환제桓帝), 의로猗盧(목제穆帝) 시기 대를 이어 탁발씨를 모셨다.[19] 『위서』에 더 자세한 사정은 기록되지 않아 초기 목씨 집안과 황실과의 관계를 구체적으로 파악할 수는 없다.

황실과의 관계는 목량의 고조, 즉 목숭 때부터 그 구체적인 실상을 파악할 수 있다. 목숭은 어려서부터 도무제를 도와 북위를 건국하는 데 큰 공을 세웠다. 386년 도무제가 위왕魏王이 되자 정로장군征虜將軍이 되었으며, 중원 평정의 공으로 역양공歷陽公에 책봉되었다. 후에 태위가 되었으며 시중을 더하였고 안읍공安邑公으로 사봉徙封되었다. 예주자사豫州刺史로 외직外職에 나갔다가 들어와 다시 태위가 되었고, 의도공宜都公으로 사봉되었다.[20] 목숭의 아들 목관穆觀 역시 부친을 이어 태위에 오르는 인물로 명원제 즉위 후 좌위장군左衛將軍이 되고 문하門下·중서中書를 담당하여 조명詔命의 출납出納을 관장하였다. 의양공주宜陽公主와 혼인하여 부마도위駙馬都尉가 되고 잠시 뒤 태위로 옮겼다.[21] 목관의 아들이자 목량의 조부 목수穆壽는 시동궁侍東宮이 되어 입사한 후 부마도위에 임명되었고 태무제 시기 하대부下大夫가 되었다. 이후 시중·중서감中書監으로 옮겼으며 남부상서南部尙書를 겸령兼領하였다. 의도왕宜都王으로 진작進爵된 후 정동대장군征東大將軍을 더하였다. 공종恭宗의 태자감국太子監國 시기에는 최호崔浩 등과 보정輔政이 되어 추기樞機를 총람하였다.[22] 목수의 아들이며 목량의 부친인 목평국穆平國은 부친의 작을 계승하고 성양장공주城陽長公主와 혼인하였다. 혼인 후 부마도위·시중·중서감에 제수되었고, 태자사보太子四輔가 되었다. 묘지에 보이는 정동대장군은 본전

18) [南宋]章定, 『名賢氏族言行類稿』, "代人, 本姓丘目陵氏, 代爲部落大人, 爲北人八族之首, 孝文遷洛陽改爲穆氏."

19) 『魏書』 卷27, 「穆崇傳」, "其先世效節於神元·桓·穆之時."

20) 『魏書』 卷27, 「穆崇傳」, 661~662쪽.

21) 『魏書』 卷27, 「穆觀傳」, 664쪽.

22) 『魏書』 卷27, 「穆壽傳」, 665쪽.

에는 기록되어 있지 않다.[23] 이상을 종합하면 목량의 집안에 대한 '대인 팔성의 수위'라는 표현이 허언이 아님을 알 수 있다.

그렇다면 이와 같은 두 집안의 차이나는 내력이 묘지에는 어떻게 반영되어 있을까? 두 묘지는 구성면에서는 큰 차이를 보이지 않는다. 두 묘지 모두 어느 정도 정형화된 모습을 보이는데, 〈한현종묘지〉 쪽이 좀 더 정형화된 모습을 보인다. 형식면에서는 큰 차이를 발견할 수 없다. 그러나 내용면에서 두 묘지의 차이를 발견할 수 있다. 〈한현종묘지〉가 가계 보다는 묘주의 성품과 이력이란 개인적 기록에 더 충실한 반면, 〈목량묘지〉는 묘주의 성품과 이력보다는 가계 서술에 더욱 치중했음을 볼 수 있다. 특히 고조부터 의 내력을 기술하면서 단순히 그들의 관력 뿐 아니라 혼인 관계에 대해서도 구체적으로 서술하고 있으며, 선조 개개인이 북위 왕조에 어떤 공헌을 하였 는지를 소상하게 적고 있다. 마치 성족분정을 위한 기초 자료로 사용해도 손색이 없을 만큼 제실과의 친밀도와 국가에 대한 공적이 분명히 기록되어 있다.

그러나 〈한현종묘지〉는 5대조와 부친의 달관만이 소개되어 있을 뿐 가계 에 대한 이렇다 할 서술이 없다. 이것은 한현종이 일류 가문 출신이 아니라는 점에서 자연스럽다. 대신 그의 경우는 어려서부터의 이력과 성품에 치중하 여 개인적 능력을 소상히 하고 있다. 선비족과는 달리 개인의 능력, 즉 현재주의를 강조해야 했던 한인 사대부들의 고민이 엿보이는 장면이다.[24] 같은 시기 사회적 명성 획득을 위해 동일한 장치를 이용했다 해도 가문의 힘을 강조해야 하는 이와 개인의 능력을 강조해야 하는 이의 묘지명은 기술의 차이를 통해 목적한 바를 획득하였던 것이다.

그럼, 이러한 현상을 일반화시켜도 좋을까? 다른 호인 묘지 하나를 살펴보자.

---

23) 『魏書』卷27, 「穆壽傳」, 666쪽.
24) 홍승현은 이러한 북위 士大夫들의 賢才主義를 崔浩 이래의 전통이라고 보았다. 洪承賢, 「崔浩와 北朝 士大夫의 賢才主義」, 『大丘史學』 71(2003), 217~218쪽.

〈북위경명4년(503)후부인묘지北魏景明四年侯夫人墓誌〉

부인의 본래 성은 후골侯骨로 그 선조는 삭주朔州 출신으로 대대로 부락의
추장이었다. 그 먼 조상이 북방에 있을 당시 항상 황제를 쫓아 공을 세운
것이 누대累代였다. 조부인 후만근侯萬斤은 제1품 대추장大酋長이었다. 부친
이막한伊莫汗은 세조 때 산기상시가 되었으며 안평후安平侯에 책봉되었고
이후 시중·상서尚書로 옮겼다가 곧 나가 임제臨濟에 주둔하였으며 일남군공
日南君公에 책봉되었다. 효문황제孝文皇帝께서 낙양으로 천도하시면서 부인
은 비로소 후씨侯氏 성을 하사받았다.[25]

위 묘지는 503년, 경명 4년에 제작된 헌문제獻文帝의 빈이었던 후(후골)씨
의 묘지 중 묘주의 품행 및 향년, 추도사, 장례일에 대한 기술을 제외한
내용이다. 여성인 관계로 이렇다 할 이력이 없는 것은 자연스러우나 서序의
대부분이 가계로 채워져 있는 것이 흥미롭다. 그런데 그 가계가 〈목량묘지〉
에서 볼 수 있는 것처럼 주로 북위 왕조에 대한 충성심을 드러낼 수 있는
방식을 채용하여 서술되었음을 알 수 있다. 호인의 경우 북위 왕조와의
관계를 강조하는 것이 필요했던 시대적 요청에 따른 결과라 할 수 있을
것이다.

알려진 것처럼 태화 19년(495)에 시행된 효문제의 성족분정은 국가 주도로
북위 지배층의 서열을 확정하고자 하였던 시도였다. 효문제는 태화 16년
(492) 이미 군호軍號의 세습을 금지하였다.[26] 이는 유유劉裕가 유송을 건국한

---

25) 趙超, 앞의 책, 42쪽, 〈顯祖獻文皇帝第一品嬪侯夫人墓誌銘〉, "夫人本姓侯骨, 其先朔州人,
世當部落. 其遠祖之在幽都, 常從聖朝, 立功累葉. 祖侯萬斤, 第一品大酋長. 考伊莫汗, 世祖之
世, 爲散騎常侍, 封安平侯, 又遷侍中·尚書, 尋出鎮臨濟, 封日南郡公. 孝文皇帝徙縣伊京,
夫人始賜爲侯氏焉."
26) 『魏書』卷113,「官氏志」, "舊制, 諸以勳賜官爵者子孫世襲軍號. 十六年, 改降五等, 始革之,
止襲爵而已."

〈그림 3-3-1〉〈북위후부인묘지〉(홍승현ⓒ)

후 동진에서 받은 작爵의 계승을 인정하지 않고,[27] 오직 자신과 왕조에 대한 충성과 공적만을 기준으로 작을 수여했던 것과[28] 매우 흡사하다. 효문제나 송고조宋高祖 모두 황제의 힘에 의해 사회적 질서를 구축하고자 하였던 것이다. 그렇다면 북위 역시 유송 사회가 그랬던 것처럼 개인의 공적, 황제에의 충성을 드러낼 필요가 있었을 것이다.

　　그러나 유송에서 작 수여의 가장 중요한 근거가 공적임은 분명하지만 그렇다고 가격이 무시된 것은 아니었다. 태종太宗(명제明帝)이 낭야琅邪 왕씨王氏 집안의 왕경문王景文에게 강안현후江安縣侯를 내릴 때의 상황을 전하는 『송서宋書』에서 "(태종이) 조정에서 명성을 가진 대신을 발탁하여 대업을 돕게 하고자 하였다[欲引朝望以佐大業]."[29]고 하여 수작授爵의 이유 중 하나가

27) 永田拓治, 「漢晉期における家傳の流行と先賢」, 『東洋學報』 94(2012), 72쪽.
28) 越智重明, 「五等爵制」, 『魏晉南朝の政治と社會』(東京: 吉川弘文館, 1963), 337~339쪽.

'조망朝望', 즉 왕경문이 가진 명망, 그의 가격임을 알 수 있다. 그렇다면 개인의 공적 외에도 가문의 위대함을 적극적으로 선전할 필요가 있었을 것이다. 묘지에 기록되는 가계가 이와 같은 사회적 필요를 충족시키는 장치로 작용했을 것이다.

이는 한인이라 해서 모두 개인의 능력, 공적만을 강조했다고 볼 수 없음을 말해준다. 묘지가 제작될 때 묘주 및 묘주의 가족들에게 유리한 점이 부각되었을 것이다. 가문의 가격을 드러내는 것이 유리한 이들은 가계 부분에 치중했을 것이고, 개인의 능력을 드러내는 것이 유리한 경우에는 이력에 관한 기술에 주의했을 것이다. 따라서 선비 귀족보다 사회적으로 불리한 위치에 있던 한인이라 해도 그들 안에서의 차이는 있었을 것이다. 예컨대 한현종과는 달리 일류 가문 출신이라면 가계 서술을 소홀히 하지 않았을 것이다. 또한 개인의 관력이 출중하지 않을 경우에는 가계 서술을 강조했을 가능성이 높다.

Ⅱ. 한인 묘지 기술의 차이-가격과 능력

논의의 편의를 위해 북위 한인 가문 중 수위에 드는 홍농弘農 양씨楊氏 집안의 묘지를 하나 살펴보고자 한다.

〈북위영평4년(511)양영묘지北魏永平四年楊穎墓誌〉

【지액】 위魏 화주별가華州別駕 양부군楊府君의 묘지명.
【휘·자·관적】 군의 휘는 영영이고 자는 혜철惠哲로 홍농군弘農郡 화음현華陰縣 동향潼鄕 습선리習仙里 사람이다.

---

29) 『宋書』卷85, 「王景文傳」, 2179쪽.

【가계 1】한漢 태위 양진楊震의 12세 후손이고 진晉의 상서령尙書令 양요楊瑤의 7세 후손이며, 상곡부군上谷府君 양진楊珍의 증손이고 청하부군淸河府君 양진楊眞의 손자며, 낙주사군洛州史君 양의楊懿의 셋째 아들이다.

【품행 및 이력】군의 타고난 성품은 깊고 원대하였으니 뜻[志]이 우뚝한 것은 하늘의 구름 같고, 정이 깊은 것은 특별한 반열이었으니 (세속의 하찮은) 풍속에 휘둘리지 않았다. 이에 효제孝悌는 총명했던 어린 시절부터 시작되었고 공검恭儉은 솜옷을 기어 입는 정도였다. 간공簡公이 돌아가셨을 때는 정사를 돌보지도 못하고 몸을 해칠 정도로 슬퍼하였다. 매일 행장行狀을 읽을 때마다 슬픔이 비처럼 쏟아졌다. 당시 사람들 모두 (군을) 증참曾參과 자고子羔에 비견된다 말하였다. 고조高祖 효문황제孝文皇帝께서 처음으로 벽옹辟雍을 세우셨을 때 중서학생中書學生으로 뽑혀 들어갔다. 학교에 선발되어서는 문재文才의 뛰어남이 범상치 않았다. 어려서는 도道를 좋아한다는 이름을 널리 알리고, 나이 들어서는 견실함을 다한다는 칭송을 받았다. 세월이 지나도 자신의 뜻과 일에 흔들림 없이 삼왕위진三王魏晉의 문장들을 기록하여 30권으로 만들었는데 모두 세상에 전한다. 대사농승大司農丞·평북부록사참군平北府錄事參軍을 역임하고 본주本州의 치중종사사治中從事史로 징소徵召되었고 잠시 후 별가別駕로 옮겼다. 군의 집안은 부유하고 고관高官이 거듭 났으니 형제들은 영화로움을 계승하였고 처가의 어른 여러 분은 지방 장관을 역임하였으며, 높은 벼슬에 오른 문생門生을 많이 두었고 재주가 있는 복첩僕妾을 거느렸다. 그럼에도 군의 성정은 순박하고 신실하였으며, 소박함으로 업業을 삼고 고상하기를 바랐다. 음식을 먹을 때는 여러 반찬을 잘 차려 먹지 않았으며 옷은 마麻로 된 옷이 반드시 헤지도록 입었다. (그런데) 어찌 인仁을 도우려 꾀했는데도 부름이 없고 선善에 보답하려고 하였는데도 적막하고 공허하였는가!

【향년·사망일·졸지】춘추春秋 38세, 세차가 신묘辛卯에 있던 영평永平 4년 (511) 초하루가 병신丙申인 5월 27일 임술壬戌에 수도 의인리依仁里 집에서

사망하였다.

【장례일·장지】아 (그 해) 계사癸巳가 초하루인 11월 17일 기유己酉 동향潼鄕에 장사지냈다.

【추도사】언덕 위 측백나무 여름에 부러지고 오吳땅의 계수나무 봄에 무너지 니 저녁 구름 처량하고 새벽이슬 한 덩이 얼음과 같구나. 조정의 어질고 강직한 이는 몹시 애석해 하고 향리는 더더욱 비통해하며 돌에 새겨 묘지명 을 세워 영원히 아름다운 명성을 밝히고자 한다.

【명사】생략

【가계 2】증조모 부풍扶風 두씨竇氏. (증조모의) 부친 진秦은 북평태수北平太守 (를 지냈다.) 조모 고양高陽 허씨許氏. (조모의) 부친 명월明月, 동궁시랑東宮侍 郞(을 지냈다.) 모친 태원太原 왕씨王氏, 신창군군新昌郡君에 봉封해졌다. (모친 의) 부친 융融은 유주자사幽州刺史·여남장공汝南莊公(을 지냈다.)[30]

위의 묘지는 북위 영평 4년(511)에 제작된 홍농 양씨 양영의 묘지다. 홍농 양씨는 후한後漢 이래 군망郡望으로 그 시작은 전한前漢의 승상丞相 양창楊 敞이다. 이후 창의 현손玄孫 양진이 후한 안제安帝 시기(106~125) 태위가 되었고,[31] 진의 아들과 손자, 증손인 양병楊秉·양사楊賜·양표楊彪가 모두 태위

30) 趙超, 앞의 책, 61쪽, 〈魏故華州別駕楊(潁)府君墓誌銘〉, "魏故華州別駕楊府君墓誌銘. 君諱 潁, 字惠哲, 弘農華陰潼鄕習仙里人也. 漢太尉震之十二世孫, 晉尚書令瑤之七世孫, 上谷府君 珍之曾孫, 淸河府君眞之孫, 洛州史君懿之第三子. 君資性沖邈, 志秀天雲, 情高古列, 不橈下 俗. 至迺孝悌始於岐嶷, 恭儉終於綴纊. 及簡公薨, 毀幾滅性. 每讀行狀, 未嘗不哀感如雨. 時人僉比之曾柴云. 高祖孝文皇帝初建壁雍, 選入中書學生. 及登庠序, 才調秀逸. 少立愛道之 名, 長荷彌篤之稱. 春秋代易, 而志業不移, 錄三王魏晉書記爲卅卷, 皆傳於世. 歷官大司農丞· 平北府錄事參軍, 徵本州治中從事史, 俄遷別駕. 君籍冑膏腴, 朱組重映, 昆弟承華, 列岳八牧, 榮斑門生, 祿逮僕妾. 而君性靈璞亮, 業素期神, 食不兼膳, 庥衣必碎, 豈圖輔仁無徵, 報善寂 廖. 春秋卅有八, 以永平四年歲次辛卯五月丙申朔十七日壬戌卒於京師依仁里第. 粤以十一 月癸巳朔十七日己酉窆於潼鄕. 蘽柏夏摧, 吳桂春殘, 夕雲悽悽, 曉露冰團. 朝良鯁痛, 邑里增 酸, 鏤石立銘, 永旌芬蘭. …(銘辭 생략)…曾祖母扶風竇氏. 父秦, 北平太守. 祖母高陽許氏. 父明月, 東宮侍郞. 母太原王氏, 封新昌郡君. 父融, 幽州刺史·汝南莊公."
31) 『後漢書』卷54, 「楊震傳」, "延光二年, 代劉愷爲太尉."

의 자리에 오르게 되며[32] 4대에 걸쳐 태위를 배출하였다[四世太尉]. 이로써
여남汝南 원씨袁氏와 더불어 후한 최고 명족名族의 위치에 오르게 된다.[33]
이후 진의 다섯째 아들 양봉楊奉의 손자인 양중楊衆은 시중이 되며 모정후蓩亭
侯에 추증되었고,[34] 중의 아들은 병柄·준駿·요珧·제濟를 낳았다. 그 중 준과
요·제는 서진西晉의 '삼양三楊'으로 불렸다.[35] 이후 북위에서도 양파楊播 형제
가 고관에 올라 홍농 양씨는 역대 왕조에서 모두 고관을 배출한 문벌로서
그 위세가 대단했음을 알 수 있다. 앞에서 살펴본 한현종과는 달랐음이다.

그 중 묘주인 양영은 서진에서 상서령·위장군衛將軍·태복경太僕卿을 지냈던
양요의 7대 손으로, 양요-양초楊超-양결楊結-양진楊珍-양진楊眞-양의楊懿
로 이어지는 가계에 속한다.[36] 고조인 양결은 모용慕容 정권에 입사하여
중산상中山相의 자리에 올랐으며, 증조인 양진楊珍은 397년 북위의 공격에
중산이 함락되자 북위에 투항하여 상곡태수上谷太守가 되었다. 조부인 양진楊
眞은 하내河內·청하淸河 두 군의 태수를 지냈으며 부친인 양의는 연흥延興
(471~476) 말기에 광평태수廣平太守를 지냈다.[37] 삼공三公을 연속으로 배출했
던 후한과 위진魏晉 시기만큼은 아니라 해도 북위 들어서도 대대로 태수를
배출하는 명문이었다. 묘지에는 짧기는 하지만 이러한 가계의 우월함이
잘 드러나 있다. 확인되지 않는 5대조와 부친만을 언급한 한현종의 묘지와는
확실히 차이가 있다. 또 하나 특기할 것은 한현종 묘지와는 달리 명사
다음에 또 다른 가계를 기록하고 있는 점이다. 바로 외가 쪽 가계에 대한

---

32) 차례대로 다음과 같다. 『後漢書』卷54, 「楊秉傳」, "(永壽)六年, (梁)冀誅後, 乃(楊秉)拜太
僕, 遷太常.…(延熹) 五年冬, 代劉矩爲太尉.";『後漢書』卷54, 「楊賜傳」, "(熹平)五年冬,
復(楊賜)拜太尉.";『後漢書』卷54, 「楊彪傳」, "興平元年, (楊彪)代朱儁爲太尉, 錄尙書事."

33) 『後漢書』卷54, 「楊震傳」, "自震至彪, 四世太尉, 德業相繼, 與袁氏俱爲東京名族云."

34) 『後漢書』卷54, 「楊震傳」, "及帝東還, 夜走度河, (楊衆)率諸官屬步從至太陽, 拜侍中. 建安二
年, 追前功封蓩亭侯."

35) 『晉書』卷40, 「楊駿傳」, "而駿及珧·濟勢傾天下, 時人有「三楊」之號."

36) 田中由起子, 「弘農楊氏系圖」, 『駿台史學』144(2012), 2쪽.

37) 『魏書』卷58, 「楊播傳」, "高祖結, 仕慕容氏, 卒於中山相. 曾祖珍, 太祖時歸國, 卒於上谷太守.
祖眞, 河內·淸河二郡太守. 父懿, 延興末爲廣平太守, 有稱績."

서술이다. 한현종의 묘지에도 처에 대한 기술이 있기는 하지만 양영의 경우 증조모의 가계부터 기술되어 있다.

양영의 증조모는 부풍 두씨로 그의 부친은 북평태수를 지낸 두진이다. 부풍 두씨는 위진남북조魏晋南北朝 시기에 들어서면 한대와 같은 위세를 보이지는 못하지만 명족이라 할 수 있는 집안이다. 전한 문제文帝 시기 역사의 무대에 등장한 후, 두융竇融이 광무제光武帝를 도와 기병起兵하여 후한 건국의 공신功臣이 되면서 부풍의 대족大族으로 성장하였다. 이후 두융의 증손녀인 장덕두황후章德竇皇后가 장제章帝의 황후가 되면서 외척으로서 세력을 획득하게 되었으며, 장제 사후에는 두헌竇憲이 보정輔政이 되어 만기萬機를 총람總覽하면서 그야말로 후한 최고의 집안이 되었다. 그러나 화제和帝의 친위쿠데타에 의해 두헌이 제거되면서 두씨 일족의 영화는 종말을 고하였다. 이후 두융의 현손인 두무竇武가 딸인 환사두황후桓思竇皇后 두묘竇妙로 인해 보정이 되며 다시 한 번 두씨 집안이 역사의 중심에 등장하지만 얼마 되지 않아 두무가 환관에 의해 화를 당하면서 후한사를 장식했던 부풍 두씨는 무대 밖으로 퇴장하게 된다.[38] 이후 부풍 두씨는 한대와 같은 망족望族의 모습을 재현하지는 못하였다. 묘지에 기술된 증조모의 부친인 두진은 사서에서는 찾을 수 없는데, 그래도 북평태수에 올랐다는 것은 부풍 두씨가 태수를 배출할 수 있는 정도의 여력은 남아 있었음을 말해준다.

조모의 집안인 고양 허씨는 여남汝南 허씨에서 갈라져 나온 지파支派로, 사서에서 가장 먼저 확인되는 이는 후한 시기 전농교위典農校尉와 태수를 역임한 허거許據다.[39] 그의 아들 허윤許允은 조위曹魏에서 중령군中領軍을 지냈는데, 『삼국지三國志』 배송지裴松之 주에 인용된 『위략魏略』에 따르면 '세관족世冠族'[40]이라 하여 이미 고양 허씨가 군망이었음을 알 수 있다. 야노 지카라矢野

---

38) [唐]林寶, 『元和姓纂』 卷9, 「竇」, 【扶風】, "魏晋以後, 竇氏史傳無聞."

39) 『三國志·魏書』 裴松之注에서 인용한 『魏略』에 따른 것으로, 『新唐書』 「宰相世系表」에는 大司農으로 되어 있다. 차례로 『三國志·魏書』 卷9, 「夏侯玄傳」, 303쪽; 『新唐書』 卷13上, 「宰相世系表」, 2875쪽.

主稅가 정리한『개정 위진백관세계표改訂 魏晉百官世系表』에서 허윤은 서진西晉의 유주자사幽州刺史 맹猛과 사례교위司隸校尉 기奇를 낳았으며[41] 맹과 기는 각각 평원태수平原太守 식式과 시중 하遐를 낳았다. 식의 장자인 동진東晉의 사도연司徒掾 판昄[42]은 순詢을 낳았으며, 순은 유송의 계양태수桂陽太守 규珪를 낳고 규는 남제南齊의 태자가령太子家令·용종복야冗從僕射·진릉현후晉陵縣侯 용혜勇慧를 낳았다. 용혜의 아들 무懋는 소량蕭梁의 천문태수天門太守·중서자中庶子가 되었다. 허무는『양서梁書』에 전傳이 있다.[43]

한편 식의 둘째 아들인 매邁는 서진에서 동해태수東海太守를 지냈는데 호號가 북조北祖다.[44] 도강渡江하지 않고 호족胡族 정권 하 고양군高陽郡에 남았기 때문에 붙여진 이름일 것이다. 매의 손자 무茂는 모용 정권 하에서 본군 태수를 지냈고, 그의 손자 언언彦은 북위 태무제 시기 안동장군安東將軍·상주자사相州刺史·무창공武昌公에 올랐다.[45] 그의 아들 종지宗之는 문성제文成帝 때 진동장군鎭東將軍·정주자사定州刺史·영천공潁川公에 올랐다.[46] 삼공을 배출할 정도의 위세라고 할 수는 없지만 태수 및 자사를 배출하는 집안임은 분명하다.

모친의 집안인 태원太原 왕씨王氏에 대해서는 긴 설명이 필요 없을 것이다. 훗날 농서隴西 이씨李氏, 조군趙郡 이씨李氏, 청하淸河 최씨崔氏, 박릉博陵 최씨崔氏, 범양范陽 노씨盧氏, 형양榮陽 정씨鄭氏와 더불어 칠성七姓의 하나로 분류되는[47]

---

40)『三國志·魏書』卷9,「夏侯玄傳」, 303쪽.

41) 矢野主稅,『改訂 魏晉百官世系表』(長崎: 長崎大, 1971), 58쪽. 이와는 달리『新唐書』「宰相世系表」에는 "生允, 字士崇, 魏中領軍·鎭北將軍. 三子, 殷·動·猛."이라 기술되어 있다.

42)『元和姓纂』에는 '昄'으로 되어 있다. [唐]林寶,『元和姓纂』卷6,「許」,【高陽】, 852쪽.

43) 許珪, 許勇慧의 관력은『梁書』卷40「許懋傳」에 기술된 것을 따랐다. 575쪽.

44) [唐]林寶,『元和姓纂』卷6,「許」,【高陽】, 853쪽.

45)『魏書』卷46,「許彦傳」, 1036쪽.

46)『魏書』卷46,「許彦傳」, 1036쪽.

47) [北宋]沈括,『夢溪筆談』卷24,「雜誌一」, "自後魏據中原, 此俗遂盛行於中國, 故有八氏·十姓·三十六族·九十二姓. 凡三世公者曰『膏粱』, 有令僕者曰『華腴』, 尙書領護而上者爲『甲姓』, 九卿方伯者爲『乙姓』, 散騎常侍·太中大夫者爲『丙姓』, 吏部正員郞者爲『丁姓』. 得入者謂之四姓. 其後遷易紛爭, 莫能堅定, 遂取前世仕籍, 定以博陵崔·范陽盧·隴西李·榮陽鄭爲甲族.

태원 왕씨는 동주東周 영왕靈王의 태자 진晉의 후예로 알려져 있다.[48] 태자
진의 18세 손인 왕전王翦을 비롯하여 그의 아들 왕분王賁과 손자 왕리王離는
모두 진秦의 명장名將으로 알려져 있다. 왕리는 원元과 위威를 낳았는데,
원은 진 말의 혼란을 피해 낭야로 이주하였으며[49] 한의 양주자사揚州刺史를
역임한 둘째 아들 왕위의 9세 손인 왕패王霸가 후한 시기 태원 진양晉陽에
거주하게 됨으로써 태원 왕씨가 시작되었다.[50]

태원 왕씨가 역사에 본격적으로 등장하는 시기는 후한 말이다. 사도司徒였
던 왕윤王允을 비롯하여 대군태수代郡太守를 역임한 왕택王澤과 북중랑장北中郎
將 왕유王柔[51]는 태원 왕씨 전성기를 여는 출발점이 되었다. 왕택과 왕유의
아들들은 모두 조위에서 고관에 올랐는데[52] 왕유의 손자 왕침王沈은 "가충·
배수·왕침이 (조위를 배신하며) 기강을 어지럽혔고, 왕침·배수·가충이 (서
진을 건국하여) 세상을 구하였다[賈(充)·裴(秀)·王(沈), 亂紀綱. 王·裴·賈, 濟天下]."[53]
는 인물평人物評의 주인공이 될 정도로 서진 건국에 큰 공을 세웠다. 왕침은
관직이 사공司空에 이르렀으며 박릉군공博陵郡公이 되었다. 왕침의 아들 왕릉
王淩은 대사마大司馬가 되어 아버지와 더불어 삼공의 지위에 올랐다. 한편
왕택의 아들 왕창王昶은 조위에서 사공·경릉후京陵侯가 되었고,[54] 그의 아들

唐高宗時, 又增太原王·淸河崔·趙郡李, 通謂『七姓』."

48) 『新唐書』 卷72中, 「宰相世系二中」, "王氏出自姬姓. 周靈王太子晉以直諫廢爲庶人, 其子宗敬
   爲司徒, 時人號曰「王家」, 因以爲氏."; [唐]林寶, 『元和姓纂』 卷5, "王姓, 出太原·琅邪, 周靈王
   太子晉之後."

49) 『新唐書』 卷72中, 「宰相世系二中」, "生翦, 秦大將軍. 生賁, 字典, 武陵侯. 生離, 字明,
   武城侯. 二子: 元·威. 元避秦亂, 遷于琅邪, 後徙臨沂."

50) 『新唐書』 卷72中, 「宰相世系二中」, "太原王氏出自離次子威, 漢揚州刺史, 九世孫霸, 字儒仲,
   居太原晉陽, 後漢連聘不至."

51) 『三國志·魏書』 卷27, 「王昶傳」, 裴松之注引, "王氏譜: 昶伯父柔, 字叔優; 父澤, 字季道.";
   "郭林宗傳曰…叔優至北中郎將, 季道代郡太守.…"

52) 『晉書』 卷39, 「王沈傳」, "王沈字處道, 太原晉陽人也. 祖柔, 漢匈奴中郎將. 父機, 魏東郡太守.
   沈少孤, 養於從叔司空昶,…"

53) 『晉書』 卷40, 「賈充傳」, 1175쪽.

54) 『三國志·魏書』 卷27, 「王昶傳」, "於是遷昶征南大將軍·儀同三司, 進封京陵侯.…增邑千戶,

왕혼王渾은 서진에서 사도를 지냈으며,[55] 왕혼의 아들 왕제王濟는 서진 무제武帝 상산공주常山公主의 남편이 되었고 시중의 자리에 올랐다.[56] 이때 왕혼의 동생인 왕심王深과 왕감王湛도 각기 기주자사冀州刺史와 여남태수汝南太守가 되었다.[57]

간단히 살펴본 것처럼 후한 말~서진 영가永嘉 연간(307~313)까지 태원 왕씨는 전성기를 구가하며 당대 최고 문벌의 모습을 갖추게 된다. 이후 전란으로 일부는 강남으로 이주하고 일부는 북중국에 남아 호인胡人 왕조에 입사하게 되는데, 강남으로 이주한 태원 왕씨는 동진 말 권력 투쟁의 와중에 거의 소멸에 가까운 상태에 놓이게 된다. 이때 북위로 망명한 왕혜룡王慧龍이 북중국에서 태원 왕씨 재건의 불씨가 된다.

그는 동진 상서복야尚書僕射 왕유王愉의 손자이자, 산기상시散騎侍郞 왕집王緝의 아들로 송고조 유유에 의해 가문이 멸문당할 때 후진後秦으로 도피하였다가 최후로 북위에 정착하게 된다.[58] 망명자인 관계로 벼슬은 영남장군寧南將軍에 그쳤지만 북위 최고의 대신이었던 최호의 동생 최념崔恬의 딸을 처로 맞이하는 등 북위 최고 집안과 혼인 관계를 맺으며 명족으로서의 모습을 회복한다. 그 후 손자인 왕경王瓊은 진동장군·금자광록대부金紫光祿大夫·중서령中書令의 자리에 오르고,[59] 그의 딸은 효문제의 비妃가 되었다. 그 결과 당대 최고의 가문 출신인 범양 노민盧敏·청하 최종백崔宗伯·형양 정희鄭義와 어깨를 나란히 할 수 있게 되었다.[60] 홍농 양씨가 태원 왕씨와 혼인을

并前四千七百戶, 遷司空, 持節·都督如故."

55) 『晉書』 卷42, 「王渾傳」, "太熙初, 遷司徒. 惠帝卽位, 加侍中, 又京陵置土官, 如睢陵比."

56) 『晉書』 卷42, 「王渾傳」, "尙常山公主. …數年, 入爲侍中."

57) 『三國志·魏書』 卷27, 「王昶傳」, 裴松之注引, "晉書: 渾弟深, 冀州刺史. 深弟湛, 字處沖, 汝南太守."

58) 『魏書』 卷38, 「王慧龍傳」, "王慧龍, 自云太原晉陽人, 司馬德宗尙書僕射愉之孫, 散騎侍郞緝之子也. …初, 劉裕微時, 愉不爲禮, 及帝志, 愉合家見誅. 慧龍年十四, 爲沙門僧彬所匿. …遂自虎牢奔于姚興. …泰常二年, 姚泓滅, 慧龍歸國."

59) 『魏書』 卷38, 「王瓊傳」, 878쪽.

하였다는 것은 그 집안이 상당한 위세를 갖춘 집안임을 의미한다. 아마도 이러한 가문의 위세가 묘지 제작에 영향을 미쳤을 것이다. 요컨대 달관이 주별가州別駕에 불과했던, 비교적 낮은 관직으로 생을 마감했던 양영의 경우 개인의 이력보다는 이와 같은 가격을 드러내는 것이 자신이나 가문의 명성에 유리했을 것임을 추정하는 것은 어렵지 않다.

그런데 이러한 가계에 대한 서술이 같은 홍농 양씨 묘지 안에서 동일하게 보이는 것은 아니다. 바로 양영의 형 양파의 묘지가 그렇다. 동생 양춘楊椿과 더불어 홍농 양씨의 가세를 높인 장본인으로 알려진 양파는 영평 2년(509)에 사지절使持節·도독정주제군사都督定州諸軍事·안북장군安北將軍·정주자사定州刺史·화음백華陰伯의 지위에 올라 동생 양영에 비해 고관을 역임하였다. 그러다 문소황후文昭皇后의 형인 고조高肇의 모함에 의해 제명除名되어 민民으로 강등되지만[61] 사후 희평熙平 원년(516) 복권되어 작을 회복하고 사지절·진서장군鎭西將軍·옹주자사雍州刺史에 추증된다.

흥미롭게도 양파의 묘지는 양영의 그것과는 달리 가계와 가족 관계가 조부와 부친에 대해서만 기록되어 있다.[62] 대신 묘지의 절반가량이 묘주 양파의 이력(관력 포함)에 할애되어 있다. 열다섯에 사주司州 수재秀才로 천거되어 내소內小에 제수된 것을 시작으로 태화 15년(491)부터 영평永平 2년(509)까지 평생의 관력에 대해 서술하고 있다. 그 내용을 간단히 살펴보면 다음과 같다.

60) [北宋]司馬光, 『資治通鑑』 卷140, 「齊紀六」, 高宗明皇帝建武三年條, "魏主雅重門族, 以范陽 盧敏·淸河崔宗伯·滎陽鄭義·太原王瓊四姓, 衣冠所推, 咸納其女以充後宮."
61) 이상의 내용은 〈楊播墓誌〉에 기술된 것이고, 『魏書』 本傳에는 "出除安北將軍·幷州刺史, 固辭, 乃授安西將軍·華州刺史. 至州借民田, 爲御史王基所劾, 削除官爵."이라고 하여 安北 將軍·幷州刺史가 아닌 安西將軍·華州刺史에 제수되었으며 民田을 빌린 것 때문에 御史 王基의 탄핵을 받은 것으로 기술되어 있다. 『魏書』 卷58, 「楊播傳」, 1280쪽.
62) 趙超, 앞의 책, 86쪽, 〈魏故使持節鎭西將軍雍州刺史華陰莊伯墓誌銘〉, "祖父仲眞, 河內淸河 二郡太守. 父懿, 廣平太守·選曹給事中·使持節·安南將軍·洛州刺史·恒農簡公."

〈표 3-3-2〉 묘지와 『위서』 본전에 기술된 양파의 관력

연도	나이	묘지의 기술[63]	『위서』 본전의 기술
태화 15년(491)	39세	員外散騎常侍·龍驤將軍·北征都督	除龍驤將軍·員外常侍
태화 16년(492)	40세	員外散騎常侍·征虜將軍·都督北蕃三鎭→ 員外散騎常侍·武衛將軍·中道都督→ 衛尉少卿·員外散騎常侍	轉衛尉少卿, 常侍如故
태화 17년(493)	41세	左將軍	(左將軍 전) 遷武衛將軍 除左將軍
태화 18년(494)	42세	前將軍	尋假前將軍
태화 19년(495)	43세	右衛將軍·華陰子	賜爵華陰子, 尋除右衛將軍
태화 22년(498)	46세	太府卿·平東將軍·華陰伯	進號平東將軍…除太府卿, 進爵爲伯
태화 23년(499)	47세	假節平西將軍·華陰伯	본전에 없음
경명 원년(500)	48세	使持節·侍中·大使·華陰伯	兼侍中, 使桓州
경명 2년(501)	49세	侍中·左衛將軍·華陰伯→ 使持節·都督幷州諸軍事·安北將軍·幷州刺史·華陰伯→ 使持節·都督華州諸軍事·安西將軍·華州刺史·華陰伯	轉左衛將軍出除安北將軍·幷州刺史, 固辭, 乃授安西將軍·華州刺史
		君以直方居性, 權臣所忌. 帝舅司徒公高肇譖而罪之, 遂除名爲民	至州借民田, 爲御史王基所劾
영평 2년(509)	57세	使持節·都督定州諸軍事·安北將軍·定州刺史·華陰伯	본전에 없음

〈표 3-3-2〉를 보면 관력의 서술은 묘지 쪽이 본전보다 훨씬 자세함을 쉽게 알 수 있다. 따라서 동생 양영의 묘지가 주로 가계를 서술한 것과 달리 양파의 경우 개인의 이력 쪽에 치중하여 묘지를 작성했음을 알 수 있다. 이것은 양파의 관직이 양영과는 비교할 수 없이 고관이었던 것에서 기인하였을 것이다. 양파의 경우 자신의 이력을 통해 충분히 개인과 가문의 명예를 드높일 수 있었을 것이기에 이력 위주의 묘지를 제작하였을 것이다.

이와는 달리 묘주가 좋은 집안에서 출생했지만 고관에 오르지 못했거나 혹은 젊은 나이에 사망한 경우 개인의 이력보다는 가계 서술에 치중했던 것으로 판단된다. 이러한 추정의 타당성 여부를 확인하기 위해 이번에는 농서 이씨 집안의 이백흠李伯欽의 묘지명을 살펴보자.

---

63) 묘지의 내용은 趙超, 앞의 책, 86~87쪽에 따라 작성하였다.

〈북위경명3년(502)이백흠묘지北魏景明三年李伯欽墓誌〉

【지액】 위 국자학생國子學生 이백흠의 묘지명.

【가계】 증조부 번翻은 (조)위에서 효기장군驍騎將軍·주천태수酒泉太守를 지냈다. 부인은 진창晉昌 당씨唐氏다. (부인의) 부친 요珧는 관군장군冠軍將軍·영흥환후永興桓侯였다. 부인은 천수天水 윤씨尹氏다. (부인의) 부친 영永은 장액령張掖令을 지냈다.① 조부 보寶는 사지절·시중·진서대장군鎭西大將軍·개부의동삼사開府儀同三司·병주자사井州刺史·돈황령敦煌令을 지냈다. 부인은 금성金城 양씨楊氏다. (부인의) 부친 위緯는 전군참군前軍參軍을 지냈다. 후부인後夫人은 같은 군의 팽씨彭氏다. (부인의) 부친 함含은 서해태수西海太守를 지냈다.② 부친 좌佐는 사지절·안남장군安南將軍·회상형진사주자사懷相荊秦四州刺史·겸도관상서兼都官尙書·경양조자涇陽照子이다. 부인은 같은 군의 신씨辛氏다. (부인의) 부친은 송松으로 진원장군鎭遠將軍·한양태수漢陽太守·적도후狄道侯다. 후부인後夫人은 형양滎陽 정씨鄭氏다. (부인의) 부친은 정종定宗이다.③

【휘·자·관적】 휘는 백흠이고 진주秦州 농서군隴西郡 적도현狄道縣 도향都鄕 화풍리和風里 사람이다.

【품행 및 이력】 어려서 총명하여 (빨리) 깨달았으며 젊은 시절 경전經典에 밝았다. 시부詩賦를 (잘)엮고 산문散文에 탐닉하였으며, 말은 바르고 논변은 치밀하였다. 따라서 국자학國子學에서 (우뚝 솟은) 봉우리 같았으며 국자학 학생 중 중 (가장) 고상한 풍격을 지녔다. 바야흐로 성장하면 가업家業을 계승할 계승자가 되고, 나이가 들면 부친을 이을 자가 되어 반드시 경사스럽게도 명성을 얻었을 텐데, 오직 (일찍 사망함으로 인해) 실현되지 못하였구나.

【향년·사망일·졸지】 나이 13살, 위 태화 6년(479) 세차가 임술壬戌에 있던 해 초하루가 병술丙戌인 2월 27일 임자壬子일, 평성平城에서 사망하였다.

【추도사】 봄은 (아직) 많이 남았건만 향초香草가 사라지니 명류名流들이 서러워하고 아까워하도다.

【장례일·장지】 아, 세차가 임오壬午에 있던 경명景明 3년(502) 초하루가 을유乙酉인 12월 12일 병신丙申일, 업성鄴城 서남 표사豹寺 동쪽 원길천리原吉遷里에 옮겨 장례 지냈다.

【명사】 생략[64]

묘지에서 확인할 수 있는 것처럼 묘주인 이백흠은 열세 살의 어린 나이로 사망했기에 이력이라고 할 만한 것이 없다. 따라서 그의 묘지에서 성품이나 이력에 대한 기술이 짧은 것은 당연하다고 할 수 있다. 대신 가계에 대한 서술이 긴 것을 확인할 수 있다. 가계와 관련하여 ① 증조부와 그의 두 명의 부인은 물론이고 두 부인의 부친까지 적고 있으며, ② 조부와 관련해서는 그의 부인과 후부인, 부인의 부친, 후부인의 부친까지 기록하였다. 또한 ③ 부친의 경우도 그의 부인, 부인의 부친, 후부인, 후부인의 부친을 서술하여 가계에 대한 상세한 기술을 보여주고 있다.

이것은 묘주가 여자인 경우에도 동일하다. 팽성무선왕彭城武宣王의 비였던 이원화李媛華는 이백흠과는 부친은 다르지만 조부가 같은 항렬의 농서 이씨 일원이다. 그녀의 묘지는 다른 어떤 이의 묘지보다 가계 및 가족 관계에 대한 기술이 긴 것으로 유명하다. 다음은 〈이원화묘지〉에서 가계 및 가족 관계를 서술한 부분만을 적출하여 정리한 것이다. 선대는 물론이고 동세대, 자식들까지를 포함하여 서술하였다는 특징이 있다.

64) 毛遠明 校注, 『漢魏六朝碑刻校注 第三冊』(北京: 線裝書局, 2009), 363쪽, 〈李伯欽墓誌〉, "魏故國子學生李伯欽墓誌銘. 曾祖翻, 魏驍騎將軍·酒泉太守. 夫人晉昌唐氏. 父瑤, 冠軍將軍·永興桓侯. 夫人天水尹氏. 父永, 張掖令. 祖寶, 使持節·侍中·鎭西大將軍·開府儀同三司·幷州刺史·敦煌令. 夫人金城楊氏. 父褘, 前軍參軍. 後夫人同郡彭氏. 父含, 西海太守. 父佐, 使持節·安南將軍·懷相荊秦四州刺史·兼都官尙書·涇陽照子. 夫人同郡辛氏. 父松, 鎭遠將軍·漢陽太守·狄道侯. 後夫人滎陽鄭氏. 父定宗. 諱伯欽, 秦州隴西郡狄道縣都鄕和風里人也. 幼而岐悟, 明經早歲. 緝韻沉筆, 談端辨密. 故以衿嶺於上庠, 峻標於胄子矣. 方隆克家之寄, 增荷薪之屬, 必慶有聲, 唯因無實. 春秋十有三, 魏太和六年, 歲次壬戌二月丙戌朔廿七日壬子, 卒於平城. 蕙殘富春, 名流慟惜. 粤景明三年歲次壬午十二月乙酉朔十二日丙申, 遷窆於鄴城西南豹寺東原吉遷里. 誌銘:…(명사 생략)"

〈북위정광5년(524)이원화묘지北魏正光五年李媛華墓誌〉 중 가계 부분

돌아가신 조부, 휘는 보. 사지절·시중·진서대장군·개부의동삼사·병주자사·돈환선공[亡祖諱寶, 使持節·侍中·鎭西大將軍·開府儀同三司·幷州刺史·燉煌宣公]

돌아가신 부친, 휘는 충. 사공·청연문목공[亡父諱沖, 司空·淸淵文穆公]

(부친의) 부인 형양 정씨. (정씨의) 부친 덕현, 자는 문통. 송의 산기상시, 위의 사지절·관군장군·예주자사·양무정후[夫人滎陽鄭氏. 父德玄, 字文通, 宋散騎常侍, 魏使持節·冠軍將軍·豫州刺史·陽武靖侯]

형 연□. 현 지절·독광주제군사·좌장군·광주자사·청연현개국후[兄延□, 今持節·督光州諸軍事·左將軍·光州刺史·淸淵縣開國侯]

사망한 동생 휴찬. 태자사인을 역임[亡弟休纂, 故太子舍人]

동생 연고. 현 태위·외병참군[弟延考, 今太尉·外兵參軍]

언니 장비. 사지절·진북장군·상주자사를 역임한 문공자 형양 정도소와 혼인[姊長妃, 適故使持節·鎭北將軍·相州刺史·文恭子, 滎陽鄭道昭]

언니 신왕. 사도·주부를 역임한 형양 정홍건과 혼인[姊伸王, 適故司徒·主簿, 滎陽鄭洪建]

언니 영비. 사지절·무군·청주자사를 역임한 문자 범양 노도유와 혼인[姊令妃, 適故使持節·撫軍·靑州刺史·文子, 范陽盧道裕]

동생 추비. 전 경거장군·상서랑·중조양백 청하 최욱과 혼인[妹稚妃, 適前輕車將軍·尙書郎·中朝陽伯, 淸河崔勗]

동생 추화. 현 태위·참군사 하남 원계해와 혼인[妹稚華, 適今太尉·參軍事, 河南元季海]

아들 자눌, 자는 영언. 현 팽성군왕. 비 농서 이씨. (이씨의) 부친 휴찬[子子訥, 字令言, 今彭城郡王. 妃隴西李氏, 父休纂]

아들 자유, 자는 언달. 현 중서시랑·무성현개국공[子子攸, 字彦達, 今中書侍郎·武城縣開國公]

아들 자징, 자는 휴도. 현 패싱현개국공[子子正, 字休度, 今霸城縣開國公]

딸 초화. 현 광성현주. 광록대부를 역임한 장락군개국공 장락 풍호와 혼인. (풍호의) 부친 탄, 사지절·시중·사도를 역임한 장락원공[女楚華, 今光城縣主, 適故光祿大夫·長樂郡開國公, 長樂馮顥. 父誕, 故使持節·侍中·司徒·長樂元公]

딸 계망. 현 안양향주. 현 원외산기시랑·청연세자 농서 이욱과 혼인. (이욱의) 부친 연식[女季望, 今安陽鄉主, 適今員外散騎侍郎·淸淵世子, 隴西李彧. 父延寔][65]

농서 이씨의 당시 위세를 증명이나 하듯이 묘지에 기록된 배우자들의 가문 역시 당시 최고의 문제門第를 자랑하는 '형양 정씨', '범양 노씨', '청하 최씨' 등이다. 흔히 후대인들이 말하는 7성에 포함되지 않는 가문으로는 '하남 원씨'가 있는데, 하남 원씨는 다름 아닌 북위 황실인 탁발씨다.[66] 이원화 역시 하남 원씨에게 시집갔는데, 남편은 헌문제의 여섯째 아들이며 효문제의 동생인 무선왕武宣王 원협元勰이다. 또한 농서 이씨와 직접적인 혼인 관계를 맺지는 않지만 이원화의 딸은 '장락 풍씨'와 혼인하여 농서 이씨는 장락 풍씨와도 인척 관계를 형성하게 된다. 장락 풍씨는 북위 문성제文成帝 탁발준拓跋濬의 황후고 헌문제 탁발홍拓跋弘의 적모嫡母며, 효문제 탁발굉拓跋宏의 조모이자 유모였던 문명태후文明太后(풍태후馮太后)의 집안으로 이원화 딸의 시부가 바로 풍태후의 조카이며 풍희馮熙의 아들인 풍탄馮誕이다. 즉 훗날 오성칠족五姓七族에 포함되지는 않지만 북위에서는 오히려 두 집안이 더 등급이 높은 가문이라고 할 수 있다.[67]

65) 趙超, 앞의 책, 148~149쪽, 〈魏故使持節假黃鉞侍中太師領司徒都督中外諸軍事彭城武宣王妃李氏墓誌銘〉.
66) 『魏書』에는 이충의 딸이 孝文帝의 夫人이 되었다는 기록이 있는데(『魏書』 卷53, 「李沖傳」, "高祖初依周禮, 置夫·嬪之列, 以沖女爲夫人.") 〈李媛華墓誌〉에는 이에 대한 서술은 없다.
67) 최진열은 "凡三世有三公者曰「膏粱」, 有令·僕者曰「華腴」, 尙書·領·護而上者爲「甲姓」, 九卿若方伯者爲「乙姓」, 散騎常侍·太中大夫者爲「丙姓」, 吏部正員郎爲「丁姓」. 凡得入者, 謂之「四姓」."이라는 『新唐書』「儒學中·柳冲傳」의 기사에 근거하여 長樂 馮氏를 膏粱 3姓으로 분류하였다. 崔珍烈, 「孝文帝 시기 皇室 通婚의 성격」, 『東洋史學硏究』 121(2012), 121쪽.

여성인 관계로 이렇다 할 개인의 이력이 없는 대신 당시 농서 이씨가 맺고 있던 혼인의 상대들을 자세히 기록하였다. 이는 마치 북위 사회 내에서 특정 가문에 대응하는 가문들이 어디인가를 알려주는 혼인 관계 지침서를 방불케 한다. 북위 묘지 역시 단순히 개인의 공적만을 드러내는 기재가 아니라 그 가문의 구성원이 지켜야할 종족법의 기록지라는 역할마저 담당하게 된 것은 아닐까? 〈이백흠묘지〉로부터 〈이원화묘지〉까지 20년, 불과 20년 사이 농서 이씨에, 아니 북위 사회에 무슨 일이 일어났던 것일까?

Ⅲ. 북위 사회의 변화와 묘지의 역할

북위 사회에서 묘지가 유례없는 발전을 했다면 사회적으로 가문의 지위와 개인의 공적을 드러낼 필요가 있었기 때문일 것이다.[68] 묘지에는 가문의 지위를, 혹은 개인의 능력과 공적을 드러내기 위한 가장 효율적인 방법이 동원되었다. 농서 이씨 역시 예외는 아니다. 그래서 관직에 나가지 못하고 어린 나이에 사망한 이백흠의 경우 개인의 품성이나 이력이 아닌 가계 기술에 치중하여 가문의 위대함을 강조하는 방식으로 묘지가 제작되었다. 이것은 여성의 경우도 동일하여 무선왕 원협에게 시집간 이원화도 장문의 가계 서술을 통해 가문의 위대함을 강조하였다.

그런데 20여년의 시간차를 가진 두 묘지는 그 가계 서술에 있어 다소의 차이를 보인다. 〈이원화묘지〉쪽이 훨씬 자세히 가족 관계를 서술하고 있다. 그 가족 관계에서 눈에 띄는 것은 농서 이씨와 혼인으로 연결된 대부분의 집안이 이후 오성칠족으로 불리는 당시 일류의 가문이라는 점이다. 우리는 이백흠과 이원화 두 묘지를 통해 당시 북위 사회의 폐쇄적 혼인의

---

68) 洪承賢, 「北魏時期 墓誌의 定型化와 流行」, 『東洋史學硏究』 142(2018), 60~62쪽.

〈그림 3-3-2〉〈이원화묘지〉(홍승현ⓒ)

진상 및 더 나아가 북위 사회가 문벌을 중시하는 사회로 변화하고 있음을
확인할 수 있다.

이백흠의 묘지에 묘사된 혼인들은 대부분 444년 이백흠의 조부 이보가
북위로 귀순하기 전의 농서 이씨의 세력을 보여준다. 증조부 이번의 경우
진창 당씨와 천수 윤씨와 혼인하였는데, 그 중 진창 당씨의 부친인 요는
북량北凉의 진창태수로 단업段業을 배신하고 이번의 부친 이숭李崇을 양공凉公
으로 추대했던 인물이다.[69] 이번의 아들이자 묘주의 조부 이보는 금성

---

69) 『晉書』 卷87, 「李玄盛傳」, "隆安四年, 晉昌太守唐瑤移檄六郡, 推玄盛爲大都督·大將軍·凉公

양씨, 농서 팽씨와 결혼하였다. 묘주의 부친인 이좌는 농서 신씨, 형양
정씨와 혼인하였다. 이 중 형양 정씨를 제외하고는 모두 농우隴右의 저성著姓
들이다. 즉 농서 이씨가 아직 북위로 귀순하기 전 지금의 감숙성甘肅省 일대의
저성들과 혼인으로 결합했음을 알 수 있다.

그러다 444년 이보가 북위로 귀순하여 사지절·시중·도독서수제군사都督西
垂諸軍事·진서대장군·개부의동삼사·영호서융교위領護西戎校尉·사주목沙州牧·
돈황공敦煌公이 되면서70) 농우를 벗어난 저성과 혼인을 맺게 되는데, 그
집안이 바로 형양 정씨였다. 왜 제일 먼저 형양 정씨인가와 관련하여 여러
가지 이유가 있을 수 있을 것이다. 우선은 이보의 장남인 이승李承이 형양태수
榮陽太守로 부임한 것71)이 이유가 되었을 것이다. 그러나 이승이 아무리
형양태수라 해도 정씨가 지역에서 영향력을 가진 군망이 아니었다면 굳이
정씨와 혼인하지는 않았을 것이다. 요컨대 농서 이씨는 형양 정씨가 가진
지역적 영향력을 필요로 했을 것이다. 이보의 경우 국주國主의 자손이라는
점에서 귀순과 동시에 사지절·시중·도독서수제군사·진서대장군·개부의동
삼사·영호서융교위·사주목·돈황공으로 우대받았다. 그러나 그의 장남이
물론 젊은 나이에 사망한 탓도 있겠지만 형양태수에 머물렀다는 것은 농서
이씨가 북위에서 일류 집안은 아니라는 점을 말해준다.72) 따라서 이씨는
북위에서 가격 상승을 모색할 필요가 있었을 것이다. 그 방법으로 혼인이
선택된 것은 자연스럽다. 그렇다고 해서 최고 일류의 집안과 혼인을 맺기에
는 아직 농서 이씨의 세력이 크지 않았던 상황이었다. 형양 정씨는 그런
농서 이씨에게는 안성맞춤이었을지도 모르겠다.

·領秦涼二州牧·護羌校尉."
70) 『魏書』卷39, 「李寶傳」, 885쪽.
71) 『魏書』卷39, 「李承傳」, "承, 字伯業, 少有策略.…高宗末, 以姑臧侯出爲龍驤將軍·榮陽太守."
72) 자오하이리는 李寶가 북위에 귀순하였을 때 隴西 李氏의 門第와 家勢가 淸河 崔氏나
范陽 盧氏, 榮陽 鄭氏의 그것과는 어느 정도 차별이 있었다고 보았다. 趙海麗, 「《魏書》所
記孝文帝"以沖女爲夫人"之思考」, 『理論學刊』193(2010), 111쪽.

왜 형양 정씨가 맞춤이었을까? 이 혼인은 형양 정씨에게도 가격 상승과 관련하여 중요한 의미를 가지고 있었던 것 같다. 형양 정씨는 형양과 개봉開封, 그리고 이주한 회서淮西 일대의 영향력을 가진 집안은 분명하다.[73] 그러나 그 본거지가 비교적 늦게 북위에 포함되었다는 약점이 있었다.[74] 그래서 그들은 형양이 북위의 영역이 되었을 당시 군망이기는 하였지만 중앙 정계에 징소徵召되지 못한 채 형양에 부임한 지방 장관의 속관屬官에 머물렀다.[75] 따라서 형양 정씨 역시 혼인을 통한 가격 상승을 모색할 필요가 있었고 그를 통한 중앙 정계로의 진입이 절실했을 것이다. 그런 형양 정씨에게 국주의 자손이라는 이름을 가지고 있는 농서 이씨와의 혼인은 중앙에 자신들을 알리는 하나의 계기가 되었을 것이다.

형양 정씨가 혼인을 통해 가격 상승을 꾀한 것은 조군趙郡 이씨李氏와의 혼인을 통해서도 알 수 있다. 태평진군太平眞君 원년(440) 동진으로부터 귀순한 후 사지절·영남장군寧南將軍·호뢰진도부장虎牢鎭都副將에 배수된 왕혜룡의 공조功曹였던 정엽鄭曄은 왕혜룡이 10년 간 형양태수로 재직할 때 속관이 되었을 것으로 생각되는데, 형양 정씨가 아직은 중앙 정계로 진출하지 못했던 사정을 전한다. 이후 정엽의 아들 정희는 중서박사中書博士로 관계에 나가 태화太和 초 사지절·안동장군·연주자사兗州刺史를 역임하고 비서감秘書監까지 올라가는데,[76] 그는 중서박사로 기가起家하기 전 조군 이효백李孝伯의 딸과 혼인하였다.

---

73) 장원화는 榮陽 鄭氏를 '魏晉의 舊族'으로 표현하였다. 그에 따르면 형양 정씨는 북위에서는 이렇다 할 모습을 보이지 못했지만 漢化 조치에 따라 위진 시기 조상의 餘光에 힘입어 名族으로 인정된 케이스다. 張雲華, 「北魏宗室與"五姓"婚姻關係簡論」, 『鄭州大學學報(哲社版)』 45-3(2012), 120쪽.

74) 구보죠에 요시후미는 정씨들의 본적지인 형양이 북위 영역으로 확정되는 것은 新麐 4년, 즉 431년에 이르러야 한다고 보았다. 窪添慶文, 「北魏における榮陽鄭氏」, 『墓誌を用いた北魏史硏究』(東京: 汲古書院, 2017), 496쪽. 原載: 『お茶の水史學』 51(2008).

75) 太平眞君 원년(440) 鄭曄이 使持節·寧南將軍·虎牢鎭都副將에 배수된 王慧龍의 功曹라는 것이 확인된다. 『魏書』 卷38, 「王慧龍傳」, 877쪽.

76) 『魏書』 卷56, 「鄭羲傳」, 1237~1239쪽.

당시 조군 이씨는 청하 최씨에 견주는 명족으로 이효백 자신도 비부상서比部尚書를 거쳐 진주자사秦州刺史가 되었다. 언뜻 보기에는 조군 이씨에게 기우는 혼인이라 할 수 있다. 그러나 이러한 혼인이 성사된 것은 비록 형양 정씨가 아직 중앙 정계에서 두각을 나타내지는 못하지만 지역 사회에서 상당한 영향력을 보유했던 명족임을 말해준다. 당시 형양 정씨는 중앙에서 실력을 갖춘 조군 이씨가 필요했고, 조군 이씨는 지역의 영향력을 확실히 가지고 있어 앞으로의 가능성을 가진 형양 정씨를 인정한 것이다.[77] 이상의 사실들은 북위 사회가 남조에 비해 능력이 중시되는 사회기는 해도 그 역시 가문의 힘을 무시할 수 없는, 아니 가문의 힘이 중요했던 문벌 사회의 면모를 가지고 있었음을 알려준다. 또한 이러한 현상은 북위 사회 안에서 문벌을 중시하는 분위기가 점차 고조될 것임을 의미한다.[78]

한편 농서 이씨가 일류가 되는 것은 이보의 막내아들 이충李沖에 의해서였다.[79] 헌문제 말년 중서학생中書學生으로 관직에 나간 이충은 효문제 시기 금중禁中의 문서를 담당하는 비서중산祕書中散을 거쳐 내비서령內祕書令과 남부급사중南部給事中이 되었다. 태화 10년(486) 그의 건의로 삼장제三長制와 새로운 조조제租調制가 시행되었다. 그 결과 이충은 문명태후의 총애를 받아 중서령中書令, 산기상시, 급사중給事中을 거쳐 남부상서南部尚書가 되었으며 농서공隴西公에 책봉되었다. 문명태후 사후에도 효문제의 신임을 얻어 남부상서로서 장작대장將作大匠을 겸령兼領하였으며 후에 보국장군輔國將軍을 더하

---

77) 구보죠에 요시후미는 아직 이렇다 할 官歷을 갖지 못한 형양 정씨가 이미 중앙 정계에서 확실한 지위를 가지고 있던 趙郡 李氏와 혼인했다는 것은 형양 정씨가 지방에 매몰된 집안만은 아니라는 것을 말해준다고 하였다. 窪添慶文, 앞의 글, 498쪽.

78) 첸슈앙은 唐代 五姓七家, 七姓十家는 北魏 후기에나 만들어진 것이라 보았다. 陳爽, 「"四姓"辨疑: 北朝門閥體制的確立過程及其歷史意義」, 『世家大族與北朝政治』(北京: 中國社會科學, 1998), 65~71쪽.

79) 唐長孺, 앞의 글, 83쪽; 張金龍, 「隴西李氏初論-北魏時期的隴西李氏」, 『蘭州大學學報(社科版)』 22-4(1994), 110쪽.

고 시중, 태자태부太子太傅를 거쳐 상서복야尙書僕射에까지 이르게 된다. 효문
제의 명에 따라 예의禮儀·율령을 제정하고 천도 전 낙양을 경영하였으며,
효문제의 남정南征 때에는 낙양을 지키는 등 북위의 실세가 되었다.[80] 농우에
서 귀순한 지방 대성에 불과했던 농서 이씨는 이제 북위 정가에서 가장
유력한 집안이 된 것이다. 혼인 상대가 변화하는 것은 자연스러운 일이다.[81]
아니 혼인 상대를 변화시켜야 했을 것이다.

　물론 혼인이 일방의 필요에 의해서만 이루어지는 것은 아니다. 기존
연구가 지적했던 것처럼 청하 최씨나 태원 왕씨, 형양 정씨 등은 지역의
군망임은 분명하지만 정계에서 두각을 보이지 못하고 있었다.[82] 따라서
그들은 정치적으로 문명태후와 효문제에게 총애를 받으며 실권을 장악하고
있던 이충과의 혼인을 통해 가격 상승의 효과를 기대하였을 것이다. 이충과
혼인으로 맺어진 집안은 그들대로 이충과의 혼인을 가격을 상승시킬 수 있는
요인으로 인식하였을 것이다. 이충 역시 조정에서의 명성은 있지만 지역적
기반이 없었던 농서 이씨의 가격 유지를 위해 대대로 군망의 명성을 가졌던
이들과의 혼인이 필요했을 것이다.[83] 이러한 사실은 북위 사회에서 문벌로
존재하기 위해서는 지역적 영향력과 중앙에서의 실력 모두를 필요로 했음을
알려주는 한편, 그러한 조건이 혼인을 통해 획득되곤 했음을 말해준다.

　〈이백흠묘지〉와 〈이원화묘지〉는 북위의 가문들이 일정한 격에 따라 그

---

80) 『魏書』 卷53, 「李沖傳」, 1179~1184쪽.

81) [北宋]司馬光, 『資治通鑑』 卷140, 「齊紀六」, 高宗明皇帝建武三年條, "魏主雅重門族, 以范陽
　　盧敏·淸河崔宗伯·滎陽鄭羲·太原王瓊四姓, 衣冠所推, 咸納其女以充後宮. 隴西李沖以才識
　　見任, 當朝貴重, 所結姻婭, 莫非淸望, 帝亦以其女爲夫人."

82) 구보죠에 요시후미에 따르면 북위 왕조는 건국 단계부터 漢人들을 관료로 기용하였
　　지만 정계 상층부에 도달한 인물은 明元·太武帝 시기에 활약한 崔宏·崔浩 부자
　　등 소수에 불과하였다고 하였다. 窪添慶文, 「北魏後期の門閥制に關わる覺書」, 앞의
　　책, 399쪽. 그렇다면 많은 한인들이 孝文帝 개혁 전 대부분 지역적 특성을 강하게
　　띠는 鄕豪였을 가능성이 높을 것이다.

83) 『魏書』 卷53, 李沖 本傳에는 "而謙以自牧, 積而能散, 近自姻族, 逮于鄕閭, 莫不分及."이라
　　하여 이충이 혼인과 지역(鄕里)을 중시하고 있음을 말해준다.

배우자 집안을 선택하였음을 말해준다. 달리 말하면 당시 북위의 가문들은 결혼 상대를 통해 일정한 격을 유지했다고 할 수도 있을 것이다.[84] 따라서 묘지의 기록은 단지 그 집안의 가격과 위세를 드러내는 장치에 그치는 것이 아니라 동시에 그 집안이 앞으로 혼인을 할 때 반드시 참조하고 지켜야 하는 규약으로 작용하게 될 것이다. 북위의 묘지 역시 남조의 그것이 그랬던 것처럼 문벌 사회 안에서 종족법을 기록한 종족지의 역할을 함과 동시에, 한편으로는 폐쇄적인 문벌 사회를 유지·운영하는 일종의 지침서의 역할을 담당하게 될 것이다.[85]

효문제의 성족분정이 아무리 가문이 아니라 능력을 기준으로 행해졌다 해도 가문의 등급이 만들어진 이상, 각 가문은 자신들의 등급을 유지 또는 향상시키기 위한 노력을 했을 것이다. 그것은 일차적으로 정계에서 두각을 나타내고 황제와 밀접한 관계를 맺는 것을 통해 가능했을 것이다. 즉, 능력을 발휘하여 고위의 관작官爵을 획득하는 것이 무엇보다도 중요한 가격 상승의 요인이 되었을 것이다.[86] 그러나 우리는 〈이원화묘지〉를 통해서 다른 한편 가격의 향상과 유지는 혼인을 통해서도 모색되었을 것임을 알 수 있다. 그 때문에 지역적 기반을 갖지 못하고 북위에 비교적 늦게 귀부한 농서 이씨는 지역적 기반을 가지고 북위 정계에서 활동하고 있던 가문들과 혼인을 통해 자신들의 가격을 높이고자 했을 것이다. 현재 북위 묘지는 각 가문들의 이러한 일련의 치열한 가격 제고 및 유지와 관련된 노력을 우리에게 전하고 있다.

84) 최진열은 농서 이씨·형양 정씨·博陵 崔氏·범양 노씨·청하 최씨 등은 효문제 시기 북위 皇室과 通婚했을 뿐만 아니라 자신들끼리도 통혼하며 배타적인 통혼권을 만들고 정치적으로 두각을 나타내기 시작하였다고 보았다. 崔珍烈, 앞의 글, 127쪽.
85) 당시 혼인이 정해져 있는 수준과 범주 하에서 진행되었음을 알려주는 기사는 『通志』에 나와 있는데 다음과 같다. [南宋]鄭樵, 『通志』 卷25, 「氏族一」, "官有簿狀, 家有譜系, 官之選擧, 必由於簿狀, 家之婚姻, 必由於譜系." 기사에 따르면 집안의 譜系가 혼인의 수준과 범주를 규정한 宗族法의 역할을 하고 있음을 알 수 있는데, 묘지 작성에 보계가 이용되었던 것은 잘 알려진 사실이다. 南朝의 묘지가 종족법의 역할을 담당한 것과 관련해서는 3부 1장을 참조.
86) 唐長孺, 앞의 글, 83~87쪽.

4부

돌에 새긴 계약
-매지권

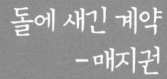

1장 후한 매지권의 분류와 시대적·지역적 특징

지식인 혹은 지배층들이 묘비墓碑와 묘지墓誌를 이용하여 명성 획득과 종족의 결속을 도모할 때, 일반 백성들은 영원한 삶에 대한 욕망을 돌에 새겼다. 그 구체적인 모습은 죽은 후 지하에서 살아갈 토지를 구매하고 그 매매 계약을 돌에 새겨 무덤에 함께 넣는 것으로 표현되었다. 바로 매지권買地券이다. 죽은 이가 사후 생활의 장소로서 영위할 묘지墓地를 선주자先住者, 즉 과거에 먼저 죽은 이로부터 구매하기 위해 사용한 관념적·의제적擬制的 토지 매매 계약서로 알려져 있는 매지권[1]은 후한後漢 시기 처음 등장하여[2] 청대清代까지 지속적으로 사용되었다.

매지권은 사람이 죽어서도 백魄은 지하에 남아 생전과 같은 삶을 영위한다는 영혼 불멸에 관한[3] 고대 중국인의 의식과 한대漢代 들어 활발해진 토지

---

1) 高倉洋彰,「漢代買地券の檢討」,『日本民族·文化の生成Ⅰ 永井昌文教授退官記念論文集』(東京: 六興, 1988), 773쪽.

2) 買地券의 등장과 관련하여 그 출현 시기를 前漢 시기로 보는 연구자도 있다. 이케다 온은 〈前漢地節二年(기원전 68)揚量買山記〉를 최초의 매지권으로 구분하였다. 池田溫,「中國歷代墓卷略考」,『東洋文化研究所紀要』86(1981), 13쪽. 그러나 "地節二季正月, 巴州民揚量買山. 直錢千百, 作業分. 子孫永保, 其毋替."라는 내용을 통해서는 죽은 자를 위해 무덤을 조영했다는 것을 명확히 알기 힘들어, 여기서는 "永平十六年四月卄二日. 姚孝經買稿偉家地約畝. 出地有名者, 以卷書從事, 周中□弟□周文功."이라 하여 무덤을 조영한 것이 분명히 드러난 〈後漢永平十六年(73)姚孝經買地券〉을 최초의 매지권으로 보고자 한다. 〈姚孝經買地券〉에 대해서는 偃師商城博物館,「河南偃師東漢姚孝經墓」,『考古』1992-3을 참조.

3) 마이클 로이·이성규 역,『古代中國人의 生死觀』(서울: 지식산업사, 1987; 1998), 42~43

매매의 경제 활동이 반영된[4] 상장문서喪葬文書로, 그 중에서도 명계冥界로
보내는 글이라고 하여 명계 문서로 불린다. 따라서 이를 통해 고대 중국인의
생사관 및 종교관을 엿볼 수 있을 뿐 아니라 당시 사회 경제의 측면을
확인할 수 있다. 그 결과 많은 연구자들이 매지권을 주목하였다. 그러나
현재 매지권에 대한 연구를 일별해보면 매지권에 대한 정확한 이름도 확정하
지 못한 채 연구자별로 묘권墓券, 지권地券, 유권幽券, 매지권, 매지별買地莂
등으로 달리 명명하고 있음을 알 수 있다. 아마도 매지권의 유형과 계통이
다양한 결과일 것이다.

초기에는 토지 매매 문서와 내용과 형식이 동일한 점에 주목하여 매지권을
실제의 토지 매매 문서라고 인식하는 연구자도 있었지만,[5] 현실의 토지
매매 문서에서는 볼 수 없는 미신적인 요소로 인하여 대부분의 연구자들은
매지권을 죽은 이를 위한 명기明器로 보고 있다.[6] 그러나 매지권을 죽은
이들만을 위한 명기라고 단정하기는 힘들다. 점차 산 자를 위한 내용이
더해지는 경향을 보이기 때문이다. 초기 매지권에 관한 연구가 매지권의
성격 파악에 집중되어 있었음에도 불구하고 여전히 각론에선 풀어야 하는
문제가 남아 있음이다.

지금까지 매지권 연구의 대종은 매지권의 집성이라고 할 수 있다. 많은
연구자들이 매지권을 집성하고 그를 통해 그 성격을 규명하려고 하였다.[7]

쪽.

4) 仁井田陞, 『中國法制史研究 土地法·取人法』(東京: 汲古書院, 1960), 410~415쪽; 吳天穎,
「漢代買地券考」, 『考古學報』 1982-1, 15쪽; 呂志峰, 「東漢買地券著錄與研究槪述」, 『南都學
壇』 32-2(2003), 6쪽.
5) 仁井田陞, 위의 책, 412쪽.
6) 吳天穎, 위의 글; 王仲殊, 『漢代考古學槪說』(北京: 中華書局, 1984).
7) 池田溫, 앞의 글; 吳天穎, 위의 글; 富谷至, 「黃泉の國と土地賣買-漢魏六朝買地券考-」,
『大阪大學敎養部研究集錄(人文·社會科學)』 36(1987); 高倉洋彰, 앞의 글; 黃景春, 「早期買
地券·鎭墓文整理與研究」, 華東師範大 博士學位論文(2004); 江優子, 「後漢時代の墓券に關
する一考察-特に墓券の分類について-」, 『佛敎大學大學院紀要』 33(2005); 魯西奇, 「漢代買
地券的實質·淵源與意義」, 『中國史研究』 2006-1; 許飛, 「漢代の告知文·鎭墓文·買地券に見

하지만 연구의 대부분은 한대 매지권에 대한 집성과 분류, 혹은 개별 매지권의 분석에 그치고 있어 매지권의 시기별 차이를 이해하기는 쉽지 않다. 물론 통시대적으로 매지권을 집성한 연구가 없는 것은 아니나[8] 이 경우 각 매지권에 대한 분석이 없거나 소략하여 시기별 차이와 특징을 이해하기는 역시 어렵다. 또한 매지권이 시기별로 특정 지역에 국한되어 출토됨에도 불구하고 매지권의 지역적 특징에 대해 주의를 기울인 연구도 찾기 어렵다.[9]

  4부에서는 이러한 문제를 해결하고자 매지권의 시기적 변화 및 특징을 일별하여 시기에 따른 매지권의 변화를 확인하고, 그 변화를 이끌었던 원인을 규명하고자 한다. 이를 위해 우선 시기별로 특징적인 매지권에 대한 분석을 진행하고, 그 차이를 분명히 하고자 한다. 또한 매지권의 출토 지역에 따른 유형화를 진행하고자 한다. 일련의 작업 속에서 매지권의 시기별·지역별 특징과 내용 및 변화의 정황을 확인할 수 있을 것이다. 마지막으로는 그 변화의 요인을 찾아보고자 한다. 이를 통해 매지권을 둘러싼 중국 고대의 민간 신앙을 이해할 수 있는 단초를 발견할 수 있을 것이다.

I. 매지권의 분류와 초기 매지권의 특징
-〈후한건녕이년(169)왕말경매지권〉-

  매지권의 다양함으로 인해 후한 매지권에 대한 연구자들의 분류는 매우 복잡하다. 후한 매지권을 분석하기 전에 먼저 그 분류들을 살펴보자. 매지권

    られる冥界(上)」,『中國學研究論集』26(2011); 魯西奇,『中國古代買地券研究』(廈門: 廈門 大, 2014).
  8) 대표적으로 池田溫, 富谷至, 黃景春, 魯西奇(2014)의 글을 들 수 있다.
  9) 스즈키 마사타카는 시기별 매지권의 특징을 지역적 특성과 결부하여 분석하였다. 그러나 鎭墓文을 분석하면서 부가적으로 진행한 작업이라 너무 적은 매지권을 대상으로 하였으며 매지권의 구성 요소나 용어들에 대한 정치한 분석이 없는 것이 아쉽다. 鈴木雅隆,「鎭墓文の系譜と天師道との關係」,『史滴』25(2003).

을 제일 먼저 집성하고 저록著錄하기 시작한 나진옥羅振玉은 매지권을 (1) 인간에게 구매하는 형식과 (2) 귀신에게 구매하는 형식으로 분류하였으며10) 우톈잉吳天穎은 ❶ 실재의 매매 문서를 모방한 갑형甲型 매지권과 ❷ 토지 매매와 관련한 계약 내용을 주 내용으로 하면서도 진묘문鎭墓文의 영향을 받아 주술적 문언文言이 포함된 을형乙型 매지권으로 구분하였다.11) 한편 고 유코江優子는 ① 현실 토지 매매를 모방한 간결한 형식의 Ⅰ-a유형, ② 토지 매매의 형식은 갖추었지만 다른 한편으로 미신적 요소를 포함하는 Ⅰ-b유형(구입한 토지에서 매장된 시체가 나오면 모두 구매자의 노비로 삼는다는 약속이 명시), ③ 매지권과 진묘문의 중간에 해당되는 것으로 토지 매매의 모습을 포함하지만 명확하게 명계의 신神들에게 신고하는 목적을 가지고 있는 Ⅱ유형으로 구분하였다.12)

이와 유사하면서도 조금 더 복잡한 것이 스즈키 마사타카鈴木雅隆의 분류다. 그는 분묘 안에 매장한 부장품 중에서 명계로 보내는 메시지를 기록한 문장을 모두 진묘문으로 규정하였다. 그리고 그 안에서 망자亡者의 안면安眠과 자손의 번영을 기원하는 문장을 도병陶甁 측면에 붉은 색으로 기록한 것을 ■1 주서도병朱書陶甁으로 구분하였고, 토지 매매와 관련된 것들을 ■2 현실적 매지권과 ■3 후한 매지권으로 구분하였다. 현실적 매지권은 다시 ■2-■1 현실적 매지권 A와 ■2-■2 현실적 매지권 B로 구분되는데, A는 현실의 매매 계약서로 보아도 문제가 없는 것이고 B는 비현실적 요소가 다소 포함된 것이다. ■3의 후한 매지권은 주서도병의 내용과 토지 매매의 내용 모두를 포함한 것이다. 이것을 스즈키 마사타카는 '진묘매지권鎭墓買地券'이라 불렀다. 이외에도 '진묘권鎭墓券'이라 하여 도병이 아닌 납鉛, 옥玉, 돌石, 벽돌磚에 주술적 내용이 쓰인 것을 추가로 분류하였다.13)

---

10) [民國]羅振玉, 『蒿里遺珍』, 421쪽.
11) 吳天穎, 앞의 글, 15쪽.
12) 江優子, 앞의 글, 75쪽.

이러한 복잡한 분류들은 앞서 언급한 것처럼 매지권이 하나로 유형화하기 어려울 정도로 다양한 모습과 내용을 가지고 있기 때문이다. 그러나 분류한 범주의 차이에도 불구하고 나진옥의 (1)은 우톈잉의 ❶, 고 유코의 ①, 스즈키 마사타카의 ❷-❶과 같다. 여기서 이해를 위해 미신적 요소가 첨가되기 전 현실의 토지 매매 문서를 모방한 전형적인 매지권 하나를 제시하면 다음과 같다.

〈후한건녕2년(169)왕말경매지권後漢建寧二年王末卿買地券〉[14]

【앞면】建寧二年八月庚午朔廿五日甲午.① 河內 懷男子王末卿,② 從河南 河南 街郵部男子袁叔威,③ 買塞門亭部什三陌西【뒷면】袁田三畝.④ 畝賈錢三千一百, 幷直九千三百, 錢卽日畢.⑤ 時約者袁叔威.⑥ 沽酒各半,⑦ 卽日丹書鐵券爲約.⑧

①토지 매매일(장례일) ②매입자(묘주) ③매도자(먼저 죽은 망자) ④토지 소재지와 면적 ⑤토지의 가격과 대금 지불일 ⑥입회자(증인) ⑦정형구 1(고주沽酒: 계약 체결의 행위), ⑧정형구 2(권위약券爲約: 계약 체결의 증거)

건녕建寧 2년(169) 초하루가 경오일庚午日인 8월 25일 갑오甲午. 하내군河內郡 회현懷縣 남자 왕말경王末卿이 하남윤河南尹 하남현河南縣 가우(정)부街郵(亭)部의 남자 원숙위袁叔威로부터 고문정부皐門亭部 십삼맥什三陌 서쪽의 전답[園田] 3무畝를 매입하였다. (토지의) 무 당 가격은 전錢 3천 백으로 모두 (전)

---

13) 鈴木雅隆, 앞의 글, 6쪽.

14) [民國]羅振玉, 『貞松堂集古遺文 下』, 346~347쪽. 매지권의 제목은 〈王朝名+紀年(西曆)+墓主名+買地券〉의 형태로 표기하였다. 해석의 편의를 위해 저자가 글자의 확정 및 분절을 진행하였으나 구체적인 내용은 생략한다. 이하 동일. 〈王末卿買地券〉의 자세한 내용은 洪承賢, 「漢代 買地券의 분류와 역사적·지역적 특징」, 『中國史硏究』 101(2016), 4~7쪽을 참조.

9천 3백이다. 돈은 그날 모두 지불하였다. 계약을 아는 자는 원숙위袁叔威다. (매입자와 매도자가) 각기 술을 반씩 내어 마셨다. 당일 단서철권丹書鐵券을 만들어 계약의 (증명으로) 삼았다.

후한 영제靈帝 건녕 2년, 즉 169년 하내군 회현의 왕말경이 하남윤 하남현의 원숙위로부터 전답 3무를 산 사실을 기록한 이 매지권은 낙양洛陽에서 발견되었는데 언제, 누구에 의해 발견되었는지에 대해서는 알려진 것이 없다. 나진옥에 의해 가장 먼저 저록되었고 형태적 특징이 보고되었다.[15] 내용은 현실의 토지 매매의 형식을 그대로 차용하여 작성한 것으로 실제의 토지 매매 문서와 큰 차이가 없다. 그래서 종종 실제의 토지 계약서로 이해되기도 하였다. 확인을 위해 거연居延에서 발견된 토지 매매 문서와 비교해 보자.

〈한장락리악노매전권漢長樂里樂奴賣田券〉[16]

[…]장락리長樂里 악노樂奴로부터❸ 토지 35반仮을❹ 매입하였다. 가격은 전 9백전으로 대금은 이미 지불하였다.❺ 토지를 측량하여 (계약상의 약속한 토지의 면적보다) 부족하면 반 수를 계산하여 돈을 돌려받는다.❽ 입회인은 순우차淳于次·유왕충孺王充·정소경鄭少卿이다.❻ 입회인을 위해 술 2승升을 내어 함께 마셨다.❼ [17]

이 토지 문서에는 ❶계약일과 ❷매입자가 결락되어 완전한 형태라고 할

---

15) 재료는 납(鉛)이고 길이 1尺 1寸(34cm), 너비 4分(1.25cm)의 竹簡形으로 보고되었다. [民國]羅振玉, 앞의 책(貞松堂下), 347쪽.

16) 문서의 이름은 張傳璽 主編, 『中國歷代契約會編考釋』(北京: 北京大, 1995), 40쪽에서 명명한 것을 따랐다.

17) 中國社會科學院考古研究所 編, 『居延漢簡 甲乙篇』(北京: 中華書局, 1980), 乙280쪽, 〈甲 2544A·2544B〉; 〈乙557·4〉, "☐置長樂里 樂奴田卅五仮. 賈錢九百, 錢畢已. 丈田卽不足, 計仮數環錢. 旁人淳于次·孺王充·鄭少卿. 古酒旁二升, 皆飮之."

수는 없지만 ❸매도자 ❹토지의 면적 ❺토지의 가격과 대금 지불일 ❻입회인 (증인) ❼정형화된 문언(술을 내어 함께 마신다는 고주沽酒) ❽약속의 문언(계약 내용이 불일치할 경우 지불 대금의 반환) 등으로 구성되어 있어, 앞의 〈왕말경매지권〉의 ③매도자 ④토지 소재지와 면적 ⑤토지의 가격과 대금 지불일 ⑥입회인(증인) ⑦정형화된 문언 1(고주)과 거의 일치한다. 보이지 않는 매매일과 매입자는 결락된 앞부분에 기록되어 있을 가능성이 있어 〈왕말경매지권〉이 현실의 토지 계약서 양식에 의해 작성되었을 가능성은 매우 높다.

실제로 당시 매매 문서는 대개 비슷한 구성 요소를 가진 것으로 보인다. 토지 매매 문서는 아니지만 또 다른 계약 문서를 살펴보면 건녕 2년의 〈왕말경매지권〉이 현실의 매매 문서에 기초한 것임을 쉽게 알 수 있다.

〈전한건소2년(기원전 37)갑거새구위매구권前漢建昭二年甲渠塞歐威賣裘券〉[18]

건소建昭 2년 윤8월 병술丙戌,① 갑거새甲渠塞의 영사令史 동자방董子方이② 장졸鄣卒 구위歐威에게③ 가죽 옷 한 벌을④ 매입함에 가격은 7백 5십이다. …대금은 모두 지불하였다.⑤ 입회인은 두군전杜君雋이다.⑥ [19]

이 계약 문서는 매매 대상이 비록 토지는 아니지만 그 구성이 ①매매일 ②매입자 ③매도자 ④매매 대상 ⑤가격과 대금 지불일 ⑥입회인(증인)으로 되어 있어, 토지 매매 문서 및 매지권의 구성 요소와 대부분의 내용을 공유한다.

이 때문에 니이다 노보루仁井田陞는 매지권 모두를 현실의 토지 매매 문서로 보았으며,[20] 나진옥도 미신적인 요소를 포함하기 전의 매지권을 현실의

---

18) 문서의 이름은 張傳璽 主編, 앞의 책, 39쪽에서 명명한 것을 따랐다.

19) 中國社會科學院考古研究所 編, 앞의 책, 乙16쪽, 〈甲187〉; 〈乙16·1〉, "建昭二年閏月丙戌. 甲渠令史董子方買鄣卒歐威裘一領. 直七百五十, 給□□, 錢畢已. 旁人杜君雋."

토지 매매 문서로 파악하였다.[21] 그러나 이렇게 현실의 토지 매매 문서의
형식을 가진 것은 전체 매지권 중 그리 많지 않다. 정도의 차이는 있지만
미신적인 요소를 포함한 매지권이 대종을 이룬다고 봐야 할 것이다.

II. 전형적인 매지권의 등장
-〈후한건무중원원년(56)서승매지권〉-

미신적인 요소를 포함한 매지권의 등장은 종종 진묘문의 영향으로 설명된
다. 진묘문이란 무덤을 진안鎭安하는 한편 산 자들의 가택 안전을 희구하기
위해 도병陶瓶이나 도관陶罐, 혹은 돌이나 납에 쓴, 천제天帝의 사자使者가
명계冥界 및 지하의 관리에게 망자의 무덤으로의 입문을 알리는 형식의
진혼문鎭魂文을 의미한다.[22] 진묘문의 일반적인 구성은 다음과 같다. ①망자
의 사망 연월일 ②천제의 사자[23] ③명계의 주신主神·관리 및 여러 신들 ④묘주

---

20) 仁井田陞, 앞의 책, 412쪽을 참조.

21) 나진옥은 현실의 토지 매매 문서의 형식을 갖춘 매지권으로 본문에서 분석한
〈後漢建寧二年(169)王未卿買地券〉과〈後漢建初六年(81)靡嬰買地券〉을 들었다. [民國]
羅振玉, 앞의 책(蒿里), 421쪽. 참고로〈미영매지권〉의 내용을 소개하면 다음과
같다. [民國]羅振玉, 같은 책, 419쪽,〈漢建初玉買地券〉, "建初六年十一月十六日乙酉.
武孟子男靡嬰買馬宜熙朱大弟小卿冢田. 南廣九十四步, 西長六十八步, 北廣六十五, 東長七
十九步, 爲田二十三畝奇百六十四步. 直錢十苗二千. 東陳田比介, 北西南朱少比介. 時知券約
趙滿·何非. 沽酒各二斗."〈미영매지권〉에 대한 자세한 내용은 홍승현,〈後漢建初六年
(81)靡嬰買地券〉,『석각을 통해 본 동아시아 고중세 사회』(서울: 신서원, 2018),
371~376쪽을 참조.

22) 洪承賢,「동아시아 古中世 石刻資料 解題 및 譯註 III」,『中國古中世史研究』 37(2015),
277쪽.

23) 天帝의 使者는 鎭墓文마다 지칭하는 존재가 다르다. 黃帝라는 冥界의 신이 천제의
사자로 등장하는 진묘문이 있는가 하면, 장례 의식 전반을 책임지고 진묘문을
작성한 方士 또는 巫者를 의미하는 진묘문도 존재한다. 천제의 사자에 대한 자세한
사항은 尹在碩,「중국 고대『死者의 書』와 漢代人의 來世觀-鎭墓文을 중심으로-」,
『中國史研究』 90(2014), 32~36쪽을 참조.

의 성명 ⑤사자의 혼을 진혼하는 표현(해적解謫) ⑥자손의 번영을 희구하는
표현(제앙除殃) ⑦'율령과 같이 행하라如律令'와 같은 정형구.[24] 당시 민간에
서 유행하고 있던 무술巫術 혹은 방술方術의 영향을 받아 미신적인 요소를
매우 많이 포함하고 있는 진묘문은 사람이 죽어서도 지하에서 생시와 같은
생활을 영위한다는 단순한 내세관을 넘어 삶과 죽음이 서로 다르다는 '생사
이로生死異路'의 관념 하에 복잡한 지하 세계와 죽은 자에게 벌을 주고 산
자에게 재앙을 내리는 강력한 귀신의 존재 등을 표현하고 있다. 따라서
산자를 위한 '제앙'과 죽은 자를 위한 '해적' 관념이 나타나는 특징을 보인다.
　진묘문은 점차 매지권에 영향을 주어 후한 후기에 이르면 '진묘매지권'이
라 부를 정도로 진묘문의 구성 요소를 다수 포함하는 매지권이 등장한다.
그러나 비교적 이른 기년을 가지고 있는 매지권들은 그것이 진품이든 위작이
든 비교적 간단한 미신적 내용을 가지고 있을 뿐, 진묘문에서 보이는 '제앙해
적'의 내용은 아직 등장하지 않는다. 또한 매지권의 작성 및 매장 등의
장례 의식을 책임지는 무자巫者들의 존재도 아직은 매지권 안에서 찾아보기
힘들다. 간단한 미신적 요소를 포함하는 대표적인 매지권 하나를 살펴보자.

〈후한건무중원원년(56)서승매지권後漢建武中元元年徐勝買地券〉[25]

建武中元元年丙辰四月甲午朔卄八日乙酉.① 廣陽太守官大奴徐勝,② 從武邑男子
高紀成,③ 賣所名有黑石灘部羅陌田一町.④ 賈錢二萬五千, 錢卽日畢.⑤ 田東比皇浦
忠, 南比孫仲信, 西比張維, 北比大道.⑥ 根生·土著毛物, 皆屬徐勝.⑦ 田中若有屍死,
男卽爲奴, 女卽爲婢, 皆當徐勝給使.⑧ 時旁人姜同·許義皆知券約.⑨ 沽酒各半.⑩

---

24) 洪承賢, 앞의 글(2015), 277쪽.
25) 魯波, 「漢代徐勝買地鉛券簡介」, 『文物』1972-5, 60쪽. 〈徐勝買地券〉에 대한 자세한
　　내용은 洪承賢, 앞의 글(2016), 11~14쪽을 참조.

①토지 매매일(장례일) ②매입자(묘주) ③매도자(먼저 죽은 망자) ④토지의
위치와 크기 ⑤토지 가격과 대금 지불일 ⑥토지의 사방 경계[四至] ⑦약속의
문언文言 1(매입자의 권한) ⑧약속의 문언 2(매입자의 권한) ⑨입회인(증인)
⑩정형구(계약 체결의 행위)

건무建武 중원中元 원년 병진丙辰 초하루가 갑오일甲午日인 4월 28일 을유乙酉.
광양태수廣陽太守 관부의 대노大奴 서승徐勝이 무읍현武邑縣 남자 고기성高紀成
으로부터 (그의 명의로 된) 흑석탄부黑石灘部의 나맥羅陌 1정町을 매입하였다.
가격은 전 2만 5천으로 대금은 당일 모두 지불하였다. 동으로는 황포충皇浦
忠, 남으로는 손중신孫仲信, 서로는 장유張維의 땅에 접해있으며 북으로는
큰 길에 접해있다. 그 땅의 곡물과 태어나 살고 있는 동물은 모두 서승의
것이다. 만일 토지에서 시체가 나와 그가 남자라면 '노奴'가 되고 여자라면
'비婢'가 되어 모두 마땅히 서승을 위해 일해야 할 것이다. 이때의 입회인은
강동姜同·허의許義로 모두 문서(에 기록된) 계약의 내용을 안다. (매입자와
매도자가) 각기 반씩 술을 사서 마셨다.

〈서승매지권〉은 광무제 시기의 매지권으로 기년 상으로 매우 이른 편에
속한다. 산동박물관山東博物館에 소장 중이었던 이 매지권이 1972년 5월에
보고된 후[26] 팡스밍方詩銘과 리셔우강李壽岡에 의해 진위 여부에 대한 논쟁이
시작되었다. 팡스밍은 (ㄱ) 간지干支·기일紀日이 부합하지 않는 점, (ㄴ) 토지
소재지가 한대 지방 기층 행정 구획과 부합하지 않는 점, (ㄷ) 기재된 토지
가격이 당시 상황에 부합하지 않는 점 등을 이유로 이 매지권을 위작으로
보았다. 그러나 리셔우강은 무덤 속에 매장된 명기인 매지권에 기록된 내용
이 현실과 다르다는 것이 위작의 증거가 될 수 없다고 하며 반박하였다.[27]

26) 魯波, 앞의 글, 60~61쪽.
27) 方詩銘, 「從徐勝買地券論漢代"地券"的鑑別」, 『文物』 1973-5; 李壽岡, 「也談"地券"的鑑別」,

이 매지권은 팡스밍과 리셔우강의 격렬한 논쟁을 거쳐 대부분의 연구자들
에 의해 위각으로 판명되었다.[28] 이것은 〈후한건녕4년(171)손성매지권後漢
建寧四年孫成買地券〉을 참조하여 위조한 것으로 알려져 있다.[29] 이와 함께 위각
으로 판명된 매지권으로는 더 이른 기년을 가진 〈전한황룡원년(기원전
49)제갈경매지권前漢黃龍元年諸葛敬買地券〉이 있다.[30] 이 매지권은 기년, 매입
자, 매도자, 증인 등을 제외하면 구조상 진품인 〈손성매지권〉, 위각인 〈서승
매지권〉과 동일하다. 그만큼 이들 세 매지권의 구성은 가장 전형적이라고
할 수 있다.

이 매지권의 특징은 전형적인 토지 매매 문서의 내용을 갖추고 있으면서도
"만일 토지에서 시체가 나와 그가 남자라면 '노'가 되고 여자라면 '비'가
되어 모두 마땅히 서승을 위해 일해야 할 것이다."라는 미신적인 내용이
포함된 것이다. 우톈잉의 ❷, 고 유코의 ②, 스즈키 마사타카의 ❷-❷ 가

『文物』1978-7; 方詩銘, 「再論"地券"的鑑別-答李壽岡先生-」, 『文物』1979-8을 참조.

28) 袁祖亮, 「漢代《徐勝買地券》眞僞考」, 『鄭州大學學報(哲社版)』1984-3. 현재 〈徐勝買地券〉
    을 진품으로 인정하는 연구자는 管見에 한하여 없는 것으로 알고 있다.

29) 나진옥에 따르면 〈後漢建寧四年(171)孫成買地券〉 출현 이후 이 매지권을 모방한
    僞買地券이 다수 등장하였다. [民國]羅振玉, 앞의 책(蒿里), 420쪽. 대부분의 연구자들
    은 그 내용이 漢代의 여러 기록·제도 등에 합치되는 것을 이유로 〈孫成買地券〉을
    매지권의 전형으로 파악하고 있다. 吳天穎, 앞의 글; 高倉洋彰, 「漢代買地券の檢討」,
    『日本民族·文化の生成 I 永井昌文教授退官記念論文集』(東京: 六興, 1988), 779쪽. 이해
    의 편의를 위해 〈孫成買地券〉의 내용을 소개하면 다음과 같다. [民國]羅振玉, 같은
    책(蒿里), 420쪽, 〈漢孫成鉛買地券〉, "建寧四年九月戊午廿八日乙酉. 左駿廐官大奴孫成,
    從洛陽男子張伯始, 賣所名有廣德亭部羅佰田一町. 賈錢萬五千, 錢卽日畢. 田東比張長卿,
    南」比許仲異, 西盡大道, 北比張伯始. 根生·土著毛物, 皆孫成. 田中若有尸死, 男卽當爲奴,
    女卽當爲婢, 皆當爲孫成趨走給使. 田東西南北, 以大石爲界. 時傍人樊永·張儀·孫ober·異姓樊
    元祖, 皆知張約. 沽酒各半." 〈손성매지권〉에 대한 자세한 내용은 홍승현, 〈後漢建寧四年
    (171)孫成買地券〉, 앞의 책, 386~392쪽을 참조.

30) 이해의 편의를 위해 〈諸葛敬買地券〉의 내용을 소개하면 다음과 같다. 張傳璽, 앞의
    책, 60쪽, 〈西漢黃龍元年(前四九年)南陽郡諸葛敬買地鉛券〉, "黃龍元年壬申五月丙子朔八
    日乙亥. 諸葛敬, 從南陽男子馬吉慶, 賣所名有靑礐年部羅佰田一町. 直錢二萬一千, 錢卽日
    畢. 田東比賀方, 南比沈大義, 西盡大道, 北比鄭江生. 根生·土著毛物, 皆諸葛敬. 田中若有尸
    死, 男卽當爲奴, 女卽當爲婢, 皆當爲諸葛敬趨走給使. 田東西南北, 以大石爲界. 時傍人丁陽·
    郭平, 皆知券約. 沽酒各半."

이에 해당한다. 그러나 그 미신적인 정도가 아직은 심하지 않다고 할 수 있다. 그러다 광화光和 연간(178~184)에 들어서면 매지권의 구성에 큰 변화가 보이기 시작한다.

Ⅲ. 매지권의 미신적 요소
-〈후한광화이년(179)왕당등매지권〉-

광화 연간에 진묘문의 미신적 요소를 포함하는 매지권이 등장한다고 하였지만 사실 미신적 요소가 포함된 매지권은 이미 연희延熹 연간(158~167)에 등장한다. 1부 2장에서 다뤘지만 이해의 편의를 위해 다시 한 번 살펴보고자 한다. 연희 4년(161)에 등장한〈종중유처매지권鍾仲游妻買地券〉이 그것이다.

〈후한연희4년(161)종중유처매지권後漢延熹四年鍾仲游妻買地券〉31)

【앞면】延熹四年九月丙辰朔卅日乙酉直閉.① 黃帝②告丘丞·墓伯·地下二千石·墓左·墓右·主墓獄史·墓門亭長,③ 莫不皆在. 今平陰 偃人鄕 萇富里 鍾仲游妻,④ 薄命蚤死. 今來下葬, 自買萬世冢田,⑤ 賈直九萬九千, 錢卽日畢.⑥ 四角立封, 中央明堂, 皆有尺六桃卷·錢布·鉛人.⑦ 時證知者, 先□曾王父母, □□□氏知也.⑧ 自今以後, 不得干□主人.⑨【뒷면】有天帝敎, 如律令.⑩

①토지 매매일(장례일) ②천제의 사자 ③명계의 관리들 ④매입자(묘주) ⑤매매 대상 ⑥토지의 가격 ⑦경계봉境界封과 압진물壓鎭物 ⑧입회자(증인) ⑨약속

---

31) [民國]羅振玉, 앞의 책(貞松堂 下), 356~357쪽,〈鍾仲游妻鎭墓券〉.〈鍾仲游妻買地券〉에 대한 자세한 내용은 홍승현,〈後漢延熹四年(161)鍾仲游妻買地券〉, 앞의 책, 377~385쪽을 참조.

의 문언 ⑩정형구(여율령)

연희延熹 4년(158) 초하루가 병진일丙辰日인 9월 30일 을유乙酉 폐일閉日.
황제黃帝가 구승丘丞·묘백墓伯·지하이천석地下二千石·묘좌墓左·묘우墓右·주
묘옥사主墓獄史·묘문정장墓門亭長에게 알린다. 모두 각각 제자리에 있어야
한다. 지금 평음平陰 언인향偃人鄕 장부리萇富里의 종중유鍾仲游의 처가 박명하
여 일찍 죽었다. 지금 장례를 치르려함에 스스로 만세萬世의 묘지를 구입하
니 가격은 9만 9천이고 지불은 당일에 완료하였다. (묘지의) 네 모서리에
봉封을 세워 경계를 지었다. (무덤 안) 중앙에는 제단이 있는데, 모두 1척尺
6촌寸의 도권桃卷·전포錢布·연인鉛人이 있다. 이때 (계약의 내용을) 아는
입회인은 先□曾王父母, □□□氏다. 이후로 (이 묘지의) 주인을 범할 수
없다. 천제天帝의 교敎가 있으니 율령과 같이 처리하라.

①토지 매매일(장례일) ②천제의 사자 ③명계의 관리들 ④매입자(묘주)
⑤매매 대상(토지) ⑥토지의 가격 ⑦경계봉과 압진물 ⑧입회자(증인) ⑨약속
의 문언 ⑩정형구로 이루어진 이 매지권에는 진묘문에 흔히 보이는 구성
요소가 포함되어 있다. 예를 들어 ②천제의 사자(황제)와 ③명계의 관리들(구
승·묘백·지하이천석·묘좌·묘우·주묘옥사·묘문정장), ⑦경계봉과 부장한
압진물(도권·전포·연인), ⑩"천제의 교가 있으니 율령과 같이 처리하라有天帝
敎, 如律令."와 같은 정형구는 기존 매지권에서는 볼 수 없었던 진묘문의
특징적인 표현들이다. 〈종중유처매지권〉은 〈손성매지권〉보다 기년이 앞섬
에도 미신적 요소가 훨씬 많이 등장한다.[32] 그러나 연희 연간을 진묘문의

미신적 요소가 포함된 매지권의 본격적인 등장 시기로 보기에는 이 시기를 전후하여 유사한 구조의 매지권이 등장하지 않는다는 문제가 있다.

그렇다고 연희 연간 매지권의 변화를 돌출적이며 우연한 것으로 간단히 치부할 수만도 없다. 순제順帝 시기(125~144) 무자에 의해 『태평청령서太平淸領書』가 바쳐질 정도로[33] 이미 민간에는 무술巫術의 영향력이 커져 있었다. 하지만 〈종중유처매지권〉에는 광화 연간 매지권에 보이는 제앙과 해적의 내용이 등장하지 않는다. 따라서 본격적으로 미신적 요소가 등장하는 매지권의 출현을 광화 연간으로 보고자 한다.

〈후한광화2년(179)왕당등매지권後漢光和二年王當等買地券〉[34]

光和二年十月辛未朔三日癸酉.① 告墓上·墓下·中央主土.② 敢告墓伯·魂門亭長·墓主·墓皇·墓㝐.③ 靑骨死人王當·弟伎·倫及父元興等,④ 從河南□□左仲敬子孫等,⑤ 買穀郷亭部三佰西袁田十畝,⑥ 以爲宅. 買直錢萬, 錢卽日畢.⑦ 田有丈尺, 卷書明白. 故立四角封界, 界至九天上, 九地下.⑧ 死人歸蒿里, 地下不得何止, 他姓不得名.⑩ 佑富貴, 利子孫, 王當·王弟伎·倫及父元興等. 當來人臧, 無得勞苦苛止, 易勿蘇使.⑨ 無責生人父母·兄弟·妻子·家室.⑨ 生人無責, 各令死者無適負.⑨ 卽欲有所爲, 待焦大豆生, 鉛卷華榮, 鷄子之鳴, 乃與諸神相聽.⑩ 何以爲眞, 鉛卷尺六爲眞.⑪ 千秋萬歲, 後無死者.⑨ 如律令.⑫ 卷成. 田本曹⑤奉祖田, 賣與左仲敬等.④ 仲敬⑤轉與王當·弟伎·倫·父元興.④ 約文□□, 時知黃唯·留登勝.⑬

①토지 매매일(장례일) ②묘역墓域의 관리 ③명계의 신들 ④매입자(묘주) ⑤매도자(먼저 죽은 망자) ⑥토지의 위치와 크기 ⑦토지 가격과 대금 지불일

---

33) 『後漢書』卷30下, 「襄楷傳」, "順帝時, 琅邪宮崇詣闕, 上其師于吉於曲陽泉水上所得神書百七十卷, 皆縹白素朱介靑首朱目, 號太平淸領書."

34) 洛陽博物館, 「洛陽東漢光和二年王當墓發掘簡報」, 『文物』 1980-6, 52쪽. 〈王當等買地券〉에 대한 자세한 내용은 洪承賢, 앞의 글(2016), 15~25, 39~40쪽을 참조.

⑧경계봉과 토지의 사방 경계 ⑨제앙과 해적의 표현 ⑩약속의 문언 ⑪압진물
⑫정형구(여율령) ⑬입회인(증인)

광화光和 2년(179) 초하루가 신미일辛未日인 10월 3일 계유癸酉. 묘상墓上·묘
하墓下·중앙주토中央主土에게 고한다. 감히 묘백墓伯·혼문정장魂門亭長·묘주
墓主·묘황墓皇·묘함墓窗에게 고한다. 청골사인靑骨死人 왕당王當, 그의 동생
기伎와 윤倫, 그리고 부친 원흥元興 등이 하남윤河南尹 □□현□□縣 좌중경左仲
敬의 자손 등으로부터 곡겹정부穀郟亭部의 삼맥三陌 서쪽의 전답 10무畝를
매입하여 집[宅]을 삼았다. (토지의) 가격은 전 일만이고, 대금은 그날 모두
지불하였다. 토지의 장丈 척尺은 문서[券書]에 명백하게 (기록되어 있다.)
따라서 네 모서리에 봉封을 세워 경계를 지었는데, 경계는 위로는 구천九天에
이르고, 아래로는 구지九地에 이르렀다. 죽은 자는 호리蒿里로 돌아가니,
지하(의 관리는) 제지할 수 없고, 다른 성씨의 사람은 (이 땅을 자신들의)
이름으로 점유할 수 없다. (남은 자를) 부귀하게 하고 자손을 이롭게 보우하
며, 왕당과 당의 동생 기와 윤 및 부친 원흥 등을…(왕씨 가의) 후손들이
(죽어) 매장되면 수고로움과 꾸짖음을 듣고 금지당하는 것이 없으며, 또한
부역에 종사함이 없을 것이다. 살아있는 부모, 형제, 처자, 가족에게는
책임이 없다. 산 자에게는 책임이 없고 각기 죽은 자는 처벌받지 않게
하라. 만약 (죽은 자가 산 자에게 무엇인가) 하고자 한다면 익힌 콩에서
싹이 돋고 연권鉛券에 꽃이 피며 달걀이 우는 것을 기다려, 이에 여러
신들이 (그 뜻을) 서로 허락할 것이다. 무엇으로 진실의 (신표를) 삼는가?
1척 6촌의 연권으로 진실의 (신표를) 삼는다. 천추만세千秋萬歲토록 후세
중엔 죽는 자가 없을 것이다. 율령과 같이 행하라. 계약의 문서가 완성되었
다. 전본조田本曹는 조전祖田을 들어 좌중경 등에게 팔았고, 중경이 왕당과
당의 동생 기와 윤 및 부친 원흥에게 다시 팔았다. 약속의 문언은…이때
(계약의 내용을) 아는 이는 황유黃唯와 유등승留登勝이다.

광화 2년(179)에 제작된 〈왕당등매지권〉은 진묘문의 요소가 매지권과
결합한 전형적인 '진묘매지권'이다. 토지 매매와 관련하여 왕당 가족과 좌중
경의 현재 매매는 물론이고 좌중경이 전본조로부터 토지를 구매했던 과거의
매매에 대한 기록도 있지만, 전체적으로 토지 매매 계약서로의 성격은 오히
려 감소하였다. 또한 죽은 자를 위한 해적과 산 자를 위한 제앙의 관념이
보이며 〈종중유처매지권〉과 비교하면 미신적인 요소의 정도가 심해졌다.

광화 연간 들어 매지권의 미신적인 요소, 특히 그 중에서도 진묘문에서
보이던 해적과 제앙의 관념이 급격하게 증가하게 된 것에 대해서 아직까지
정확한 이유는 밝혀져 있지 않다. 다만 광화 연간 오두미도五斗米道 또는
태평도太平道와 같은 민간 재래 신앙 집단의 세력이 확대된 것과 연관되어
있지 않을까 한다. 이 매지권에 신앙 집단의 영향력이 침투한 것은 묘주의
한 사람인 왕당이 초기 도교道敎 신자를 의미하는 '청골사인'으로 표현된
것으로부터 알 수 있다.

당시 민간 재래 신앙에 대해서는『삼국지三國志·위서魏書』「장로전張魯傳」에
서 배송지裵松之가 인용한『전략典略』에 잘 나와 있다. 기록에 따르면 광화
연간 동방에는 장각張角이, 한중漢中에는 장수張脩가 있어 각기 태평도와 오두
미도를 행하였다고 한다. 이 두 집단은 모두 치병治病을 교리로 하는 집단으로
관리인 사師는 부축符祝(부적을 이용한 기원 행위)을 행하고 신도들은 자신의
잘못을 반성하고 부수符水(부적을 태운 재를 섞은 물이나 주문을 외며 표면에
부적을 그린 물)를 마심으로 병을 고칠 수 있다고 한다. 특히 오두미도의
경우 신도를 통솔하는 간령奸令·좨주祭酒·귀리鬼吏가 있었다. 이 중 귀리는
병자를 위해 청도請禱하는 일을 맡는데, 병자의 성명을 쓰고 복죄服罪의 뜻을
적은 삼통三通을 지어 그 중 하나는 하늘에 바쳐 산 위에 놓고 하나는 땅에
묻으며, 다른 하나는 물에 빠뜨린다고 한다(삼관수서三官手書).35)

---

35)『三國志·魏書』卷8,「張魯傳」, "『典略』曰:…光和中, 東方有張角, 漢中有張脩.…角爲太平道,
脩爲五斗米道. 太平道者, 師持九節杖爲符祝, 敎病人叩頭思過, 因以符水飮之.…脩法略與角

즉, 오두미도의 중요한 치병의 방법은 첫째, 자신의 죄를 반성하고 둘째, 귀신에게 축원하는 것이라 할 수 있다. 오두미도는 병을 개인의 죄과에 대한 귀신의 징벌이라고 여겼기에 병기病氣를 다스리기 위해서는 귀신에게 용서를 빌 필요가 있다고 믿었던 것이다.36) 오두미도의 또 다른 교법으로는 제액법除厄法이 있다. 그들은 병기 이외 재액도 귀신이 일으킨다고 여겼기 때문에 오두미도에는 악귀를 퇴치하기 위한 방법이 발달해 있다. 이러한 오두미도의 영향력이 커지면서 매지권에 제액의 구절이 등장하게 된 것이다.37) 요컨대 죽은 이는 물론이고 살아있는 자에게까지 해를 미칠 수 있는 강력해진 귀기鬼氣38)와 그로부터 인간을 보호하기 위해 무축巫祝을 펼치는 도사道士, 그로 인해 처벌과 재앙을 피할 수 있게 된 망자와 그의 가족들이 오두미도의 세계라 할 수 있는데, 역시 광화 연간 매지권의 세계기도 하다.

IV. 매지권의 지역적 특색
－ 〈후한건녕원년(168)마위장매지별〉 －

후한 시기 매지권의 시대적 특징은 후대로 갈수록 미신적 요소가 증가한다는 점과 그 미신적 요소가 당시 유행하던 민간 신앙과 밀접하게 연결되어 있다는 점이다. 그런데 흥미로운 것은 매지권의 분포를 살펴보면 오두미도의 본 고장이라고 할 수 있는 파촉巴蜀 지역에서는 한 건도 출토되지 않았다는

同, 加施靜室, 使病者處其中思過. 又使人爲姦令祭酒, 祭酒主以老子 五千文, 使都習, 號爲姦令. 爲鬼吏, 主爲病者請禱. 請禱之法, 書病人姓名, 說服罪之意. 作三通, 其一上之天, 著山上, 其一埋之地, 其一沉之水, 謂之三官手書."
36) 小林正美, 『六朝道教史研究』(東京: 創文社, 1990), 195쪽.
37) 小林正美, 위의 책, 197~198쪽.
38) 李成九는 이러한 강력한 鬼氣의 등장이 변화된 귀신관, 후한 시대 疫病의 만연, 그리고 巫覡이나 道士가 喪葬儀禮에 적극적으로 개입하면서 나타난 경향이라고 보았다. 李成九, 「漢代의 死後世界觀」, 『中國古中世史研究』 38(2015), 152쪽.

점이다. 진묘문이 주로 낙양을 동쪽 경계선으로 한 서안西安과 섬서陝西 지역을 중심으로 한 서쪽 지역에서 많이 발굴된 것[39])과는 달리 매지권은 낙양을 서쪽 경계로 하여 동쪽에 치우친 분포를 보인다. 특히 대부분의 매지권이 낙양과 그 주변에서 출토되어 매지권의 지역적 분포는 낙양을 중심으로 중원 지역이 매지권의 주된 이용 지역이라는 것을 알려주고 있다.

사람이 죽은 후에도 저승에서 이승과 같은 삶을 살아간다는 공통의 사후 관념을 가지고 있지만 일원화되지 못한 잡다한 주술적 사유와 점차 진행되던 사령死靈의 악령화惡靈化,[40]) 지역적 무속巫俗의 특성 등이 작용하면서 명계로 보내는 동일한 명계 문서임에도 불구하고 지역별로 다른 제재題材가 사용되었음을 알 수 있는 대목이다.[41]) 그러나 그것들은 사람의 이동과 교류에 따라 영향을 주고받았을 것인데, 그 때문에 진묘문에 보이는 미신적 요소를 지닌 매지권이 진묘문 출토 지역과 매지권 출토 지역의 교집합 지역인 낙양을 중심으로 한 지역에서 많이 출토되었다. 진묘문의 영향은 낙양을 중심으로 하는 지역까지 미쳤음을 알 수 있다.

출토된 매지권의 지역적 분포를 보면 15점의 매지권 중 마애석각磨崖石刻인 연번 1과 출토지를 알 수 없는 연번 8을 제외한 13점의 매지권 중 연번

---

39) 67점의 鎭墓文을 集錄한 쉬페이의 통계에 따르면 출토지를 알 수 없는 것이 14점, 西安과 陝西에서 출토된 것이 30점, 洛陽·河南에서 출토된 것이 14점, 山西와 安徽 출토가 각 3점, 遼寧·甘肅·江蘇 출토가 각각 1점이다. 출토지를 알 수 없는 14점을 제외한 53점을 기준으로 서안과 섬서에서 출토된 것이 전체의 60%를 차지하고, 낙양·하남까지를 포함하면 關洛 지역에서 출토된 것이 전체의 83%를 넘는다. 許飛, 앞의 글, 123~138쪽.

40) 李成九, 앞의 글, 134쪽.

41) 喪葬文書로 분류되는 告地策의 경우 쉬페이의 분류에 따르면 총 8점의 고지책 중 옛 楚 지역인 湖北에서 6점, 湖南에서 1점, 그리고 江蘇에서 1점이 출토되어, 호북에서 집중적으로 출토되었음을 알 수 있다. 許飛, 앞의 글, 122~123쪽. 그러나 연구자별로 고지책의 범주를 달리 함에 따라 윤재석의 분류에 따르면 총 11점인 고지책의 분포는 호북성(7점)·호남성(1점)·강소성(1점)·감숙성(2점)이 된다. 역시 고지책이 호북을 중심으로 하는 지역에서 이용된 상장 문서라는 결론을 도출하는 데는 문제가 없을 것 같다. 尹在碩, 「중국 고대『死者의 書』와 漢代人의 來世觀-告地策을 중심으로」, 『中國史硏究』 86(2013), 55쪽.

〈표 4-1-1〉 후한 매지권 일람

연번	매지권명	출토지	재료	매입자	매도자	입회자
1	〈후한건초원년(76)곤제매지기後漢建初元年昆弟買地記〉42)	절강浙江 소흥紹興	마애磨崖	곤제 6인	없음	없음
2	〈후한건초6년(81)미영매지권後漢建初六年靡嬰買地券〉43)	산서山西 흔주忻州	옥玉	미영	주소경朱小卿	조만趙滿· 하비何非
3	〈후한연희4년(161)종중유처매지권後漢延熹四年鍾仲游妻買地券〉44)	하남河南 맹진孟津	납[鉛]	종중유의 처	없음	선□증왕부모先□曾王父母·□ □□씨□□□氏
4	〈후한건녕원년(168)마위장매지별後漢建寧元年馬衛將買地莂〉45)*	절강 소산현蕭山縣	벽돌[磚]	형제 9인	산공山公	없음
5	〈후한건녕2년(169)왕말경매지권後漢建寧二年王末卿買地券〉46)	낙양洛陽	납	남자 왕말경	원숙위袁叔威	원숙위
6	〈후한건녕4년(171)손성매지권後漢建寧四年孫成買地券〉47)	낙양	납	대노大奴 손성	장백시張伯始	번영樊永·장의張儀·손룡孫龍· 번원조樊元祖
7	〈후한희평5년(176)유원대매지권後漢熹平五年劉元臺買地券〉48)	강소江蘇 양주揚州	벽돌	유원대	유문평劉文平의 처	유원니劉元泥· 침안거枕安居
8	〈후한광화원년(178)조중성매지권後漢光和元年曹仲成買地券〉49)	미상	납	조중성	진호노陳胡奴	가賈·유劉
9	〈후한광화2년(179)왕당등매지권後漢光和二年王當等買地券〉50)	낙양	납	왕당,(동생) 왕기王伎·왕륜王倫, (부친)왕원흥王元興	좌중경左仲敬의 자손	황유黃唯·유등승留登勝
10	〈후한광화5년(182)유공칙매지권後漢光和五年劉公則買地券〉51)	하북河北 망도현望都縣	벽돌	태원태수太原太守 유공칙	없음	없음
11	〈후한광화7년(184)번리가매지권後漢光和七年樊利家買地券〉52)	낙양	납	남자 번리가	두가자杜謂子·(조카) 두양杜陽	두자릉杜子陵· 이계성李季盛
12	〈후한중평5년(188)방도지매지권後漢中平五年房桃枝買地券〉53)	낙양	납	대녀大女 방도지	대녀 조경趙敬	번한창樊漢昌· 왕아순王阿順
13	〈후한중평5년(188)낙양남자매지권後漢中平五年雒陽男子買地券〉54)	낙양	납	남자 □□경卿	신아申阿· 중절仲節· 계절季節· 원절元節	영아거泠阿車· 왕백옥王伯玉· 유당劉唐·허백안許伯雁·왕원곡王元遄·사□ 금師□金

| 14 | 〈후한견겸매지권後漢甄謙買地券〉55) | 하북 무극현無極縣 | 벽돌 | 무릉령武陵令 견겸 | 없음 | 없음 |
| 15 | 〈□맹숙매지권□孟叔買地券〉56) | 낙양 | 납 | 남자 □맹숙 | 왕맹산王孟山·왕원현王元顯·왕부년王富年 | 번□원樊□元 |

* 매지권 안에 '묘별墓別'이란 표현이 있어, '매지권' 대신 '매지별買地別'이라 하였다.

5·6·9·11·12·13·15가 낙양에서 출토되어 전체 53%를 차지한다. 절반 이상이 낙양에서 나온 셈인데, 연번 3이 출토된 하남성 맹진을 넓은 의미의 낙양 지역으로 파악하면 그 수치는 더 올라간다. 또한 출토지를 알 수 없는 연번 8의 경우 매입자와 매도자가 모두 평음현平陰縣(지금의 하남 맹진) 출신인 것을 미루어 출토지를 하남 맹진으로 추정하면 낙양 지역의 매지권은 9점으로 전체의 64%를 넘어, 이 지역이 매지권의 최고 유행 지역이었음을 알 수 있다. 따라서 가장 전형적인 매지권이라 할 수 있는 연번 5번(미신적 요소가 포함되기 전의 대표적 매지권)과 연번 6번(미신적 요소가 포함되었으나 진묘문의 제양·해적 관념이 아직 포함되기 전의 대표적 매지권)이 매지권

42) 池田溫, 앞의 글, 213쪽.
43) [民國]羅振玉, 앞의 책(蒿里), 419쪽.
44) [民國]羅振玉, 앞의 책(貞松堂 下), 356~357쪽.
45) 池田溫, 위의 글, 217~218쪽
46) [民國]羅振玉, 위의 책(貞松堂 下), 346~347쪽.
47) [民國]羅振玉, 위의 책(蒿里), 420쪽.
48) 蔣華, 「揚州甘泉山出土劉元臺買地磚券」, 『文物』 1980-6, 57쪽.
49) 仁井田陞, 앞의 책, 419쪽.
50) 洛陽博物館, 앞의 글, 52쪽.
51) 河北省文化局文物工作隊, 『望都二號漢墓』(北京: 文物, 1959), 13쪽.
52) [民國]羅振玉, 위의 책(貞松堂 下), 349~351쪽.
53) [民國]羅振玉, 위의 책(貞松堂 下), 353쪽
54) 趙振華·董延壽, 「東漢雒陽男子□□卿買地鉛券硏究」, 『中原文物』 2010-3, 75~76쪽.
55) 孟昭林, 「無極甄氏諸墓的發見及其有關問題」, 『文物』 1959-1, 45쪽.
56) 仁井田陞, 위의 책, 429~430쪽.

유행의 중심 지역인 낙양에서 출토된 것은 자연스럽다. 또한 진묘문과 매지권의 공통된 유행 지역이었던 낙양에서 진묘문의 요소가 많이 포함된 '진묘매지권'이 등장하는 것도 당연한 현상일 것이다. 그렇다면 낙양 지역의 매지권을 표준적 매지권으로 봐도 좋을 것이다.

그런 의미에서 절강 지역에서 출토된 연번 4번 〈후한건녕원년(168)마위장매지별〉은 매우 흥미롭다. 형태적인 면에서도 낙양 지역의 매지권과 차이를 보임은 물론이고 그 내용에 있어서도 특이한 점이 발견된다.

〈후한건녕원년(168)마위장매지별〉[57]

A. 長富貴. 兄弟九人,[①] 從山公[②]買山一丘,[③] 於五風里, 葬父馬衛將.[④] 直錢六十萬, 卽日交畢.[⑤] 建寧元年正月,[⑥] 合劵大吉,[⑦] 左. 有私約者, 當律令.[⑧]

B.【우측면】建寧元年二月. 五風里 番延壽劵.

【정면】兄弟九人, 從山公買山一丘, 於五風里, 葬父馬衛將. 直錢六十萬, 卽日交畢. 分置券臺, 合劵大吉, 立右. 建寧元年二月朔. 有私約者, 當律令.

C.【정면】飛馬. 建寧元年四月, 馬劵.

【좌측면】建寧元年, 山陰 番延壽墓劵.

D.【우측면】建寧元年正月, 山陰 番延壽墓劵

【정면】兄弟九人, 從山公買山一丘, 於五風里, 葬父馬衛將. 直錢六十萬, 卽日交畢. 建寧元年正月, 合劵大吉, 左. 有私約者, 當律令.

J.【정면】兄弟九人, 從山公買山一丘, 於五風里, 葬父馬衛將. 直錢六十萬, 卽日交畢. 建寧元年正月, 合劵大吉, 左. 有私約者, 當律令.

---

57) 池田溫, 앞의 글, 217~218쪽. 모두 10점이 출토되었는데, 그 중 5점은 磚劵이고 나머지 5점은 磚銘이다. 여기서는 5점의 전별만을 대상으로 분석하였다. 5점의 전명은 다음과 같다. "E.建寧元年八月, 北鄕五風里番延□." "F.建寧元年八月十日造作." "G.馬衛將作." "H.大吉多所宜. I.大富千." 〈마위장매지별〉에 대한 자세한 내용은 洪承賢, 앞의 글(2016), 27~33, 40쪽을 참조.

【좌측면】 子孫.

①매입자 ②매도자 ③매매 대상 ④묘주 ⑤토지 가격과 대금 지불일 ⑥매매일
(장례일) ⑦정형구 1(계약 체결의 증표: 합별대길合別大吉) ⑧정형구 2(유사약
자有私約者, 당율령當律令)

A. 오랫동안 부귀하리라. 형제 9인이 산공山公으로부터 오풍리五風里의
산 1구丘를 매입하여 부친 마위장馬衛將을 장사지냈다. 가격은 전 60만이
고, (대금은) 당일 모두 지불하였다. 건녕建寧 원년(168) 정월. 별別을
합치면 '대길大吉'이란 (글자가 된다.) 왼쪽에 세웠다. 사약私約이 있는
경우에는 율령에 따라 처리하라.

B. 건녕 원년 이월, 오풍리 번연수番延壽 묘별墓別. 형제 9인이 산공으로부터
오풍리의 산 1구를 매입하여 부친 마위장을 장사지냈다. 가격은 전
60만이고, (대금은) 당일 모두 지불하였다. 권대券臺를 나누어 설치하고,
별을 합치면 '대길'이란 (글자가 된다.) 오른쪽에 세웠다. 건녕 원년
2월 초하루. 사약이 있는 경우에는 율령에 따라 처리하라.

C. 나는 말[飛馬]. 건녕 원년 사월. 마별馬別. 건녕 원년. 산음山陰 번연수
묘별.

D. 건녕 원년 정월. 산음 번연수 묘별. 형제 9인이 산공으로부터 오풍리의
산 1구를 매입하여 부친 마위장을 장사지냈다. 가격은 전 60만이고,
(대금은) 당일 모두 지불하였다. 건녕 원년 정월, 별을 합치면 '대길'이란
(글자가 된다.) 왼쪽에 세웠다. 사약이 있는 경우에는 율령에 따라
처리하라.

J. 형제 9인이 산공으로부터 오풍리의 산 1구를 매입하여 부친 마위장을
장사지냈다. 가격은 전 60만이고, (대금은) 당일 모두 지불하였다.
건녕 원년 정월, 별을 합치면 '대길'이란 (글자가 된다.) 왼쪽에 세웠다.

〈그림 4-1-1〉〈마위장매지별〉[58]

사약이 있는 경우에는 율령에 따라 처리하라. 자손子孫.

이 매지권이 발견된 곳은 절강성 소산현으로 알려져 있는데, 이는 후한 시기 회계군會稽郡에 속하는 곳이다. 이곳은 전통 시기 이적夷狄의 공간으로 이해되던 곳으로, 오월吳越 지역에 해당한다. 『한서漢書』「지리지地理志」에 의하면 이 지역은 초楚 지역과 접하고 있어 역사적으로 수차례에 걸쳐 서로 겸병兼倂하여 그 풍속이 대체로 같았다고 한다.[59] 초 지역은 '귀신을 믿고 음사淫祀를 중히 여'[60]기는 재래 토착 신앙의 영향력이 큰 지역이었다. 그 정도가 얼마나 심했는지 월 지역을 영토로 편입한 한무제漢武帝는 이 지역의 고속故俗(지역의 전통적인 풍속)을 인정하는 조치의 하나로 원봉元封 2년(기

---

58) 高倉洋彰, 앞의 글, 785쪽.
59) 『漢書』 卷28下, 「地理志下」, "本吳粵與楚接比, 數相幷兼, 故民俗略同."
60) 『漢書』 卷28下, 「地理志下」, "信巫鬼, 重淫祀."

원전 109)에 월무越巫를 설치하고 닭을 사용하는 계점雞卜을 이용하여 천신天
神과 상제上帝 등에게 제사를 지내게 하였다.[61] 무속의 영향력이 워낙 강한
지역이라 중앙 정부에서도 무조건적인 탄압과 금지보다는 그들의 고속을
인정하는 방식을 채택했던 것이다.

이 뿐만 아니라 『사기史記』와 『한서』에는 초 지역 출신 무자들의 활동과
관련한 기사들이 등장한다. 초 출신으로 장안長安 동시東市에서 점을 치던
사마계주司馬季主[62]와 초왕楚王 서肯에게 고용되어 축저祝詛를 담당했던 여무女
巫 이녀수李女須가 대표적이다. 특히 여무 이녀수는 무산巫山에 들어가 기도한
것으로 나와[63] 해당 지역의 토지신(혹은 산신山神)을 이용하고자 했음을
알 수 있다. 아마도 이러한 경향은 오월 지역에도 있었을 것인데, 구강군九江郡
준주현浚遒縣의 당산唐山과 후산后山의 무자들이 남녀를 뽑아 산공山公과 산구
山嫗의 시주尸主로 삼은 것[64]이 그 좋은 예일 것이다.

그렇다면 이상의 내용을 통해 우리는 이 지역에는 이 지역만의 독특한
무속이 존재했을 것임과 그것이 낙양 지역과는 다른 독특한 매지권의 내용을
만들어 냈음을 추측할 수 있다. 그리고 이러한 절강 지역의 독특한 매지권은
삼국三國·서진西晉 시기까지 그 전통을 유지하게 된다.[65]

---

61) 『史記』 卷12, 「武帝紀」, "乃令越巫立越祝祠, 安臺無壇, 亦祠天神上帝百鬼, 而以雞卜."
62) 『史記』 卷127, 「日者 司馬季主」, "司馬季主者, 楚人也. 於長安東市."
63) 『漢書』 卷63, 「武五子 廣陵厲王胥傳」, "而楚地巫鬼, 胥迎女巫李女須, 使下神祝詛. 女須泣曰: 「孝武帝下我.」 左右皆伏. 言「吾必令胥爲天子.」 胥多賜女須錢, 使禱巫山."
64) 『後漢書』 卷41, 「宋均傳」, "浚遒縣有唐·后二山, 民共祠之, 衆巫遂取百姓男女以爲公嫗.[李賢注: 以男爲山公, 以女爲山嫗, 猶祭之有尸主也.]"
65) 魏晉南朝 浙江買地券의 특징에 대해서는 4부 2장에서 다루게 될 것이다.

V. 상장 예속의 계층성
─〈후한소릉마영매지권〉─

사람이 죽어서도 이승과 같은 삶을 지하 세계에서 영위한다는 믿음은
죽은 자를 위한 다양한 상장예속喪葬禮俗을 만들어냈다. 양한兩漢 시기 사회적
문제가 되었던 후장厚葬은 물론이고, 여기서 다룬 매지권이나 혹은 동일한
명계 문서로 분류되는 고지책·진묘문도 그러한 믿음의 소산일 것이다. 그런
데, 이들 외 다른 상장 문서로는 묘비와 묘지가 있다. 묘비와 묘지는 묘주에
대한 간략한 정보 및 고인의 유덕遺德을 기리는 송사頌辭를 새겨 무덤 앞에
세우거나 무덤 안에 매장한 기념물이다.

그러나 이들 묘비와 묘지는 비록 설치 장소가 지하와 지상으로 상이하기는
하지만 모두 살아있는 자들을 위해 제작된 것이다. 묘비는 선조나 스승,
그리고 옛 상관이었던 고주故主의 덕행을 칭양稱揚함으로써 명성을 획득하고
자신의 이름을 후세에 알리고자 하는 욕망의 산물로[66] 불특정 다수에게
보여주기 위해 제작한 석각이다. 한편 지하에 매장된 묘지는 불특정 다수를
독자로 갖지 못하기 때문에 처음에는 사회적 명성 획득의 도구는 아니었다.
대신 그것은 시대에 따라 가족법 혹은 종족법의 증거로 사용되기도 하였으며
(서진 시기), 문벌독립화門閥獨立化라는 사회 변화에 따라 일가의 가족 관계를
기록하는 기록물의 성격을 갖기도 하였다(동진東晉 시기). 그러다 유송劉宋
시기가 되면 문벌사족門士族이 가진 특권이 더 이상 보장되지 않음으로
해서 개인의 공적을 드러내는 기록물이 되었다.[67] 이렇듯 거의 같은 시대에
사용된 동일한 상장 문서라 해도 묘비·묘지는 산 자들을 위한 기록물이고
고지책·매지권·진묘문은 죽은 자들을 위한 문서였다. 그렇다면 두 종류의
서로 다른 목적을 가진 이 석각들의 상호 작용은 어떠했을까?

---

66) 묘비의 역할에 대해서는 2부 1장을 참조.
67) 墓誌의 시대적 특징에 대해서는 3부 1장을 참조.

지금까지의 연구는 이들 중 후자는 지식인들이 아닌 낮은 계층의 믿음을
반영하고 있다고 보았다.[68] 〈표 4-1-1〉에서 볼 수 있듯이 연번 10의 태수太守
와 연번 14의 현령縣令의 사례를 제외하면 모두 일반민 혹은 노비다. 따라서
매지권이 낮은 계층의 믿음을 반영하였다는 분석은 어느 정도는 타당할
것 같다. 그러나 전한 열후列侯의 가족묘인 마왕퇴馬王堆 1·3호묘에서 상장
문서가 발견된 것을[69] 근거로 엘리트와 평민의 종교적 믿음이 같다고 보는
연구자도 있다.[70] 그런 의미에서 한대 봉록俸祿 이천석二千石에 해당되는
태수의 매지권은 상장 문서를 둘러싼 계층성 문제를 해결해 줄 수 있는
중요한 단서가 될 수 있을 것이다. 아래는 동군태수東郡太守가 묘주, 즉 토지의
매입자로 등장하는 매지권이다.

〈후한소릉마영매지권後漢召陵馬榮買地券〉[71]

□□二年三月初七日戌午.① 東郡太守馬榮, 南陽 召陵人, 姓□.② 爲博學, 時人常推
重之. 初爲郡功曹, 擧孝廉, 再遷除交長. 後爲東郡太守.③ 元年十二月卒于官.④
買地於雒陽東地,⑤ 計廿四丈五尺. 東冢李姓.⑥ 如地中伏尸, 男爲奴, 女爲婢.⑦ 此
券.⑧ 卒年五十有七.⑨

①장례일 ②매입자(묘주)의 휘諱·본적·성 ③묘주의 이력 ④사망일 ⑤매매
대상 ⑥토지의 위치와 크기 ⑦수약의 문언 ⑧계약 체결의 증표 ⑨향년享年

---

68) Anna Seidel, "Trace of Han Religion in Funeral Texts Found in Tombs", 『道敎と宗敎文化』
(東京: 平河, 1987), pp.27~28; 魯西奇, 「漢代買地券的實質·淵源與意義」, 『中國史硏究』
2006-1, 67쪽.
69) 馬王堆 1·3호 묘에서는 告地策이 출토되었는데, 이와 관련해서는 田天, 「馬王堆漢墓的
遣策與喪葬禮」, 『文史』 130(2020)을 참조.
70) 李成九, 앞의 글, 137쪽.
71) 張傳璽, 앞의 책, 68쪽.

□□ 2년 3월 7일 술오戊午. 동군태수東郡太守 마영馬榮은 남양군南陽郡 소릉현
召陵縣 사람으로 성姓은 □다. 박학博學하여 당시인들이 항상 그를 추앙하고
중히 여겼다. 처음에 군공조郡功曹가 되었다가 효렴孝廉으로 천거되었다.
다시 옮겨 교현장交縣長에 제수되었다. 후에 동군태수가 되었다. 원년 12월
에 관직에서 사망卒하였다. 낙양 동쪽의 땅을 매입하니 모두 24장 5척으로
동쪽 무덤은 이씨 성의 것이다. 만일 땅 속에서 시체가 나와 남자면 노奴로
삼고, 여자면 비婢로 삼는다. 이 문서(가 신표다.) 나이는 57세였다.

기년이 확인되지 않은 이 매지권에는 사망일과 장례일이 모두 기록되었으
며 묘주의 이력, 향년 등 묘비 또는 묘지의 구성 요소를 포함하고 있다.
그 결과 전체적으로는 매지권보다 묘비나 묘지에 더 가까운 것처럼 보인다.
흔히 가장 정형화된 묘비의 구성 요소는 ❶비액碑額(묘비의 제목) ❷휘諱
❸자字 ❹본적 ❺가계家系 ❻품행 ❼이력 ❽사망일 ❾향년 ❿추증追增 ⓫장례일,
⓬명사銘辭로 이해된다.[72] 그렇다면 우리는 당시 지식인층에서 유행하고
있던 묘비와 매지권의 상호작용에 대해 생각해 볼 필요가 있을 것이다.
또한 묘주가 일반민이 아닌 동군태수라고 하는 이천석 고급 관리라는 점에서
그동안 지적되었던 석각 자료의 계층성 문제도 다시 생각해 볼 필요가
있을 것 같다.
이 매지권의 경우 묘주가 이천석 고급 관료인 관계로 한대 매지권이
특정한 집단, 요컨대 사회적으로 낮은 계층의 전유물이 아니라는 중요한
근거가 될 수 있다. 그러나 이 매지권을 소개한 장추안시張傳璽는 이를 위조로
판명하였다. 묘주의 본적인 소릉召陵이 매지권의 서술과 같이 남양군南陽郡
휘하의 현縣이 아닌 여남군汝南郡 휘하의 현이라는 점과 묘주의 이력 중에

---

72) 窪添慶文,「墓誌の起源とその定型化」,『立正史學』105(2009), 2쪽. 그러나 이 기준은
   가장 정형화된 형태의 墓碑를 대상으로 한 것일 뿐, 대다수의 묘비는 이 구성
   요소를 모두 갖추지 못하거나 구성 요소의 순서가 상이하다.

등장하는 교현交縣이 존재하지 않는 것이 그 이유였다.73) 한편 이케다 온池田溫은 원화元和 2년(85)의 기년을 가진 〈동군태수마영매지권〉을 소개하였는데, 장추안시가 소개한 매지권과 묘주의 이름은 같은데 그 내용에 차이가 있다.74) 같은 매지권을 달리 석독釋讀한 것인지, 아니면 동군태수 마영을 묘주로 하는 또 다른 매지권이 존재하는 것인지는 알 수 없다. 다만 이케다온 역시 자신이 소개한 〈마영매지권〉을 위각으로 판단하였다. 결국 남양소릉의 관적을 갖는 동군태수 마영의 매지권은 위조임이 판명된 셈이다.

고급 지방관이 묘주인 매지권은 이것만은 아니다. 〈후한연광4년(125)이덕매지권後漢延光四年李德買地券〉,75) 〈후한희평2년(173)조기매지권後漢熹平二年趙奇買地券〉,76) 〈후한중평5년(188)성대랑매지권後漢中平五年性待郞買地券〉77) 등이 있다. 이 중 〈조기매지권〉의 묘주인 조기는 자사刺史고 나머지는 태수인데, 흥미롭게도 앞에서 분석한 마영과 동일하게 동군태수다. 그리고 이들 매지권은 모두 위조로 판명되었다. 따라서 현재로서는 후한 시기 지식인층 또는 지배층이 매지권을 이용한 사례는 〈유공칙매지권〉과 〈견겸매지권〉뿐이다.78) 따라서 후한 매지권에 한해서는 신분이 낮은 계층이 사용했다고

---

73) 張傳璽, 앞의 책, 68쪽.

74) 참고로 내용을 소개하면 다음과 같다. 池田溫, 앞의 글, 267쪽, 〈元和二年(85)四月東郡太守馬榮買地券〉, "元和二年乙酉四月甲寅, 東郡太守馬榮, 南陽召陵□□馬樓學時人, 常王佳里人. 初爲郡功曹, 擧孝廉, 再遷除汶長, 后爲東郡太守. 元年十二月, 卒于官. 買地于雒陽東, 地計卅三丈五尺, 東家李姓. 如地中伏尸, 男爲奴, 女爲婢. 此券卒年五十, 三月."

75) 참고로 내용을 소개하면 다음과 같다. 張傳璽, 위의 책, 62쪽, 〈東漢延光四年(一二五年)東郡李德買地鉛券〉, "延光四年乙丑朔三日庚午, 東郡太守李德遷葬于黽池縣. 買地一畝餘, 價直錢萬二千. 東部李校尉, 西部黃家後里, 南部路, 北和睦里. 如地中伏有尸骸者, 男爲奴, 女爲婢. 同第三子遷葬于此. 皆執券約. 時年五十有六."

76) 참고로 내용을 소개하면 다음과 같다. 張傳璽, 위의 책, 64쪽, 〈東漢熹平二年(一七三年)雒陽縣趙奇買地鉛券〉, "喜平二年七月朔五日戊午, 雒陽刺使(史)趙奇購遷于雒陽東七里, 計地卅八丈四尺. 東家和陸里, 西趙家後田. 除淮陰太守第三子遷此家. 世垂延貽永萬年."

77) 참고로 내용을 소개하면 다음과 같다. 張傳璽, 위의 책, 65쪽, 〈東漢中平五年(一八八年)召陵性待郞買地鉛券〉, "中平五年三月壬午朔戊午, 雒陽東郡太守南陽召陵人性待郞遷于雒陽東冢下, 買地卅五丈八尺. 東至大路, 西至大石頭, 南至大冢, 北至石人. 如地中伏尸, 男爲奴, 女爲婢. 券卒年葬地一頃, 錢十五萬, 以供葬事殯. 其年多故□□己酉□葬."

해도 무리는 없을 것이다. 이 매지권에서 보이는 묘비의 구성 요소들은 조작 과정에서 계통이 다른 묘비를 모방한 결과로 보는 것이 타당할 것이다.

물론 그렇다고 지식인층이나 지배층이 일반 인민들과는 다른 내세관이나 전혀 다른 종교적 태도를 가지고 있었다고 생각하지는 않는다. 양한 시기 수많은 후장의 사례들은 사람이 죽은 후에도 지하에서 삶을 연장한다는 인식이 계층을 초월하여 존재했음을 보여주기 충분하기 때문이다. 다만 후한 중기 이후 후장이 내세관이나 특별한 종교적 믿음 이외에도 명성의 획득이라는 사회적 필요에 의해 추동되었던 것은[79] 사회적 필요 혹은 계층적 필요에 의해 내세관이나 종교적 신념이 특별한 제재를 통해 발현되었을 가능성을 우리에게 알려준다. 사회적으로 유교儒敎가 통치의 이념으로 뿌리 내리면서 특정 계층에서는 종교적 신념을 드러내는 노골적인 방법을 기피했을 수도 있겠으며, 선거를 위한 명성 획득이 절대적으로 필요했던 이들은 명계로 보내는 지하에 매장하는 문서보다는 지상에 세워지는 산 자를 위한 기념비를 건립하는 데 더 관심을 기울였을지도 모른다. 이러한 여러 가지 이유들이 중국 고대 석각 자료의 계층성을 부여했을 것이란 생각이 든다.

---

78) 이것은 前漢 시기까지 출현했던 고지책도 마찬가지다. 고지책을 정리·분석한 윤재석의 연구에 따르면 고지책의 묘주 및 가족들 역시 대부분 낮은 계층의 인민들이었음을 알 수 있다. 尹在碩, 앞의 글(2013), 49~53쪽.

79) 『鹽鐵論』에 따르면 厚葬한 자를 사회적으로 孝子라고 칭송하는 현상이 나타났다. [前漢]桓寬, 『鹽鐵論』, 「散不足」, "雖無哀戚之心, 而厚葬重幣者, 則稱以爲孝."

2장 삼국~남조 시기 매지권의 특징과 성격

죽은 이의 사후 생활의 장場인 묘지墓地를 구입한 매매 증서로 알려진 매지권買地券의 사용은 꽤 이른 시기까지 거슬러 올라간다. 현재 연구자들에 의해 최초의 매지권으로 지목되는 〈후한건초6년(81)미영매지권後漢建初六年麋嬰買地券〉1)은 ①토지 매매일(장례일) ②매입자(묘주墓主) ③매도자(선주자先住者: 먼저 사망한 이) ④토지의 위치 및 면적 ⑤토지의 가격 ⑥토지의 사방 경계(사지四至) ⑦매매 입회자(증인) ⑧정형화된 문언文言(고주沽酒: 매도자와 매입자가 비용을 부담하여 술을 사 함께 마시는 계약 체결의 행위)으로 구성되어 있어 실제의 토지 매매 문서와 큰 차이가 없다.2) 이 때문에 초기에

---

1) 그러나 실제로는 1990년 河南 偃師城 關鎭 北窯村에서 발견된 〈後漢永平十六年(73)姚孝經買地券〉이 가장 이른 紀年을 가진 買地券이다. 내용은 다음과 같다. 偃師商城博物館, 「河南偃師東漢姚孝經墓」, 『考古』 1992-3, 230쪽, "永平十六年四月卅二日, 姚孝經買稿偉冢地約畝, 出地有名者, 以卷書從事, 周中□弟□周文功."

2) 참고로 〈後漢建初六年(81)麋嬰買地券〉과 居延에서 발견된 토지 매매 문서를 비교하면 다음과 같다. 〈미영매지권〉의 釋文은 [民國]羅振玉, 『蒿里遺珍』, 419쪽, 〈漢建初玉買地券〉을, 〈樂奴賣田券〉의 석문은 中國社會科學院考古硏究所 編, 『居延漢簡 甲乙篇』(北京: 中華書局, 1980), 乙280쪽, 〈甲2544A·2544B〉; 〈乙557·4〉를 참조.

〈建初六年(81)麋嬰買地券〉	〈漢長樂里樂奴賣田券〉
建初六年十一月十六日乙酉. 武孟子男麋嬰買馬宜熙朱大弟小卿冢田. 南廣九十四步, 西長六十八步, 北廣六十五, 東長七十九步, 爲田二十三畝奇百六十四步. 直錢十苗二千. 東陳田比介, 北西南朱少比介. 時知券約趙滿·何非. 沽酒各二斗.	☑置長樂里樂奴田卅五伬. 賈錢九百, 錢畢已. 丈田卽不足, 計伬數環錢. 旁人淳于次·孺王充·鄭少卿. 古酒旁二升, 皆飮之.

는 매지권을 실제의 토지 매매를 증명하는 법률 문서로 파악하는 견해도
있었다.[3] 그러나 현재 대부분의 연구자들은 매지권을 죽은 자를 위해 무덤에
넣은 명기明器로 보는 데 이견이 없다.[4] 다만 내용과 형식의 다양함은 여전히
매지권 분류의 어려움으로 작용한다.

지금까지 연구는 매지권이 출현한 후한後漢 시기에 집중되어 있다. 그
결과 위진남북조魏晉南北朝 시기 매지권에 대한 관심은 상대적으로 저조하다.
이와 관련하여 바이빈白彬은 육조六朝 매지권 연구의 과제로 다음의 일곱
가지를 들었다. 첫째, 지금까지 홀시되었던 매지권의 내용 그 자체에 대한
고찰과 연구가 필요하다. 둘째, 종교사의 관점에서 매지권이 분석되어야
한다. 셋째, 매지권의 도교적道敎的 요소와 도교 문헌을 연관시킨 연구가
진행되어야 한다. 넷째, 매지권의 문자 자료와 신부神符 자료 사이의 연관
관계가 탐구되어야 한다. 다섯째, 장기적 시간과 넓은 지역 범위의 고찰을
통한 육조 매지권의 계통성과 연관성이 규명되어야 한다. 여섯째, 지난
시기 연구의 오류를 바로잡는 작업이 진행되어야 한다. 일곱째, 매지권과
동반 출토된 자료들과의 연관성이 고려되어야 한다.[5] 모두 중요한 문제지만,
저자는 이 중에서도 매지권의 계통성과 연관성을 규명하는 작업이 1차적으
로 진행되어야 할 것이라 생각한다.

따라서 이 장에서는 위진남조 매지권의 시기적 변화 및 특징을 일별하여
시기에 따른 매지권의 변화를 확인하고, 그 변화를 이끌었던 원인을 살펴보
고자 한다. 이를 위해 우선 시기별로 특징적인 매지권에 대해 살펴보고,
그 차이를 분명히 하고자 한다. 또한 매지권의 출토 지역에 따른 유형화를
진행하고자 한다. 이와 같은 일련의 작업 속에서 매지권의 시기별·지역별

---

3) 仁井田陞, 『中國法制史研究 土地法·取引法』(東京: 汲古書院, 1959), 412쪽.
4) 吳天穎, 「漢代買地券考」, 『考古學報』 1982-1; 王仲殊, 『漢代考古學概說』(北京: 中華書局, 1984).
5) 白彬, 「吳晉南朝買地券·名刺和衣物疏的道敎考古硏究」, 『中國道敎考古』(北京: 線裝書局, 2006), 810쪽.

특징과 내용 및 변화의 상황을 확인할 수 있을 것이다. 그리고 마지막으로는
매지권에 투영된 도교의 영향을 살펴보고 그 지역적 전파의 양상을 고찰해
보고자 한다.

I. 손오 시기 매지권의 유형과 특징

삼국三國 시기 매지권은 현재 12건이 발견된 상태인데, 모두 손오孫吳의
연호年號가 보인다. 발견된 장소 역시 손오의 영역이었던 장강長江 이남이다.
후한 시기 주로 황하 유역에서 매지권이 유행했던 것과는 달리 이 시기
황하 유역에서는 매지권의 출토가 보고되지 않았다. 앞으로의 출토 상황을
주시하기는 해야겠지만 일단은 북중국에서의 매지권 유행은 종결되었음을
보여주는 현상이라고 생각한다. 그 이유를 단정하기는 어렵지만 우선은
한동안 지속된 전란의 영향이 컸을 것으로 생각한다. 특히 전란으로 매지권
매장에 영향을 미쳤던 오두미도五斗米道 집단의 조직이 와해된 것이6) 중요한
이유일 것이다. 더하여 조조曹操에 의해 강요된 박장령薄葬令,7) 조위曹魏 황제
들의 합리주의적 사고,8) 종교 활동 금지9) 또한 북중국 매지권 소멸에 영향을

---

6) 『三國志·魏書』 卷15, 「張旣傳」, "(張)魯降, (張)旣說太祖拔漢中民數萬戶以實長安及三輔."
7) 薄葬令에 대해서는 劉選·辛向軍, 「魏晉薄葬成因的考察」, 『甘肅社會科學』 1994-1, 110쪽; 沙忠平, 「魏晉薄葬論」, 『文博』 2001-3, 30쪽; 蔡明倫, 「魏晉薄葬原因探析」, 『湖北師範學院學報(哲社版)』 22-2(2002), 8쪽; 陳穎, 「三國時期的薄葬與厚葬」, 『成都大學學報(社科版)』 2009-6, 81쪽을 참조.
8) 曹魏 황제들의 합리주적 성향에 대해서는 洪承賢, 「後漢末~魏晉時期 尙書學의 전개와 그 의의」, 『東洋史學硏究』 130(2015), 21~23쪽을 참조.
9) 五斗米道에 대한 직접적인 조치는 아니지만 조조가 濟南相으로 부임하여 淫祀를 폐지하고 이후 권력 장악 후 민간의 종교 활동을 금지한 것을 보면 오두미도에 대한 조치도 크게 다르지 않았을 것임을 알 수 있다(『三國志』 卷1, 「武帝紀」, "太祖到(濟南), 皆毁壞祠屋, 止絶官吏民不得祠祀. 及至秉政, 遂除姦邪鬼神之事, 世之淫祀由此遂絶."). 이러한 분위기는 魏文帝 曹丕 시기에도 변하지 않았다. 그는 老子에 대해 奉祀하는 것을 금지하였으며, 禮制에 부합하지 않는 巫者에 의한 제사를 금지하였다(『唐道宣,

미쳤을 것 같다.

삼국시기 매지권의 특징을 확인하기 위해 아래와 같은 표를 작성해 보았다.

〈표 4-2-1〉 손오 매지권 일람

연번	매지권명	출토지	재료	매입자	매도자	입회자
1	〈손오황무4년(225) 호종매지권孫吳黃武四年浩宗買地券〉10)	강서江西 남창南昌	벽돌[磚]	남자 호종	동왕공東王公·서왕모西王母	금동자金僮子·학鶴·물고기[魚]·곽사郭師·오□吳□
2	〈손오황무6년(227) 정축매지권孫吳黃武六年鄭丑買地券〉11)	호북湖北 무창武昌	납[鉛]	남자 정축	사선현沙羡縣 주현主縣(지하주자地下主者)	동왕공·서왕모
3	〈손오적오8년(245) 소정매지권孫吳赤烏八年蕭整買地券〉12)	안휘安徽 남릉현南陵縣	납 주석	낭중郎中 소정	무호서향蕪湖西鄉 토주土主 엽돈葉敦	향위鄉尉 장민蔣玟·이수里帥 사달謝達
4	〈손오신봉원년(252) 손씨매지별孫吳神鳳元年孫氏買地䂓〉13)	절강浙江 항현杭縣	벽돌	회계정후병령전당수군會稽亭侯幷領錢唐水軍·수원장군綏遠將軍 손씨	토공土公	해[日]·달[月]·사시四時
5	〈손오오봉원년(254) 황보매지권孫吳五鳳元年黃甫買地券〉14)	강소江蘇 남경南京	벽돌	대남大男 황보	하늘[天]·땅[地]	없음
6	〈손오태평2년(257) 장씨매지권孫吳太平二年張氏買地券〉15)	남경	벽돌	대남 장씨	하늘·땅	없음
7	〈손오영안2년(259) 진중매지권孫吳永安二年陳重買地券〉16)	남경	벽돌	입무도위立武都尉 진중	하늘·땅	없음
8	〈손오영안4년(261) 대녀매지권孫吳永安四年大女買地券〉17)	남경	벽돌	대녀大女 판독불가	하늘·땅	없음

『續高僧傳』, 「護法上」, "恐小人謂此爲神, 妄往禱祝違犯常禁, 宜宣告吏民咸使知聞."; 『三國志』卷2, 「文帝紀」, "先王制禮, 所以昭孝事祖, 大則郊社, 其次宗廟, 三辰五行, 名山大川, 非此族也, 不在祀典. 叔世衰亂, 崇信巫史, 至乃宮殿之內, 戶牖之間, 無不沃酹, 甚矣其惑也. 自今, 其敢設非祀之祭, 巫祝之言, 皆以執左道論, 著于令典.").

9	〈손오영안5년(262) 팽로매지권孫吳永安五年彭盧買地券〉18)	무창	납	□□교위□□校尉 팽로	구부토주丘父土主	동왕공·서왕모
10	〈손오건형2년(270) 처사매지권孫吳建衡二年處土買地券〉19)	남경	납	처사處土. 이름 없음	없음	도감都監 허사許祀
11	〈손오봉황3년(274) 맹윤매지권孫吳鳳皇三年孟贇買地券〉20)	안휘 당도현當塗縣	주석	이도독夷都督·분위장군奮威將軍·제기도향후諸暨都鄉侯 맹윤의 아들 일일壹	주수周壽	자간제刺奸齊
12	〈손오천책원년(275) 단양매지권孫吳天冊元年丹陽買地券〉21)	강소 강녕현江寧縣	구리 주석	이름 없음	하늘·땅	없음

　　이들 매지권은 매도자와 입회자, 사용된 용어 등을 고려하여 크게 네 유형으로 구분할 수 있다. 우선 A형은 연번 1, 2, 9로 남창과 무창에서 출토되었다. B형은 연번 3, 11이며 안휘에서 출토되었다. 비교적 미신적 요소가 첨가되기 전 초기 매지권의 모습이 보인다. C형은 연번 4로 절강에서 출토되었다. D형은 연번 5, 6, 7, 8, 12로 강소성 남경과 강녕현에서 출토되었

---

10) [淸]翁大年, 『陶齋金石文字跋尾』, 19828쪽.
11) 武漢市文物管理委員會, 「武昌任家灣六朝初期墓葬淸理簡報」, 『文物參考資料』 1955-12, 68쪽; 程欣人, 「武漢出土的兩塊東吳鉛券釋文」, 『考古』 1965-10, 529쪽.
12) 安徽省文物工作隊, 「安徽南陵縣麻橋東吳墓」, 『考古』 1984-11, 978쪽.
13) 仁井田陞, 앞의 책, 422쪽; 池田溫, 「中國歷代墓券考略」, 『東洋文化硏究所紀要』 86(1981), 225쪽. 원문 중에 '莂'이라는 표현이 등장하여 '買地莂'로 표현하였다.
14) 南京市博物館, 「南京郊縣四座吳墓發掘簡報」, 『文物資料叢刊』 8(1983), 3쪽.
15) 李蔚然, 『南京六朝墓葬的發見與硏究』(成都: 四川大, 1998), 50쪽.
16) 阮國林, 「南京市郭家山東吳紀年墓」, 『中國考古學年鑑 1985』(北京: 文物, 1992), 138~139쪽; 南京市博物館, 「江蘇南京市北郊郭家山東吳紀年墓」, 『考古』 1998-8, 25쪽.
17) 南京市博物館, 위의 글(1998), 24쪽.
18) 湖北省文物管理委員會, 「武昌蓮溪寺東吳墓淸理簡報」, 『考古』 1959-4, 190쪽; 程欣人, 위의 글, 529~530쪽.
19) 南京博物院·南京市文物管理委員會, 「南京栖霞山甘家巷六朝墓群」, 『考古』 1976-5, 322쪽.
20) 當塗縣文物管理所, 「當塗縣發現東吳晚期地券」, 『文物』 1987-4, 92쪽.
21) 王志高·周維林, 「南京江寧出土東吳買地券」, 『中國文物報』 1996年5月5日.

다. 연번 10은 내용이 너무 간단하여 유형화하기가 어려워서 제외하였다. 아래에서는 이 구분에 따라 매지권을 살펴보고자 한다. 우선 남창에서 출토된 A형 중 하나인 〈손오황무4년(225)호종매지권孫吳黃武四年浩宗買地券〉이다.

〈손오황무4년(225)호종매지권〉[22]

黃武四年十一月癸卯朔卅八庚午.① 九江男子浩宗,② 以□月客死豫章.③ 從東王公·西王母④買南昌東郊一丘.⑤ 賈[直][錢]五千.⑥ 東邸甲乙, 西邸庚辛, 南邸丙丁, 北邸壬癸,⑦ 以日[主]月副. 時任知卷者, 雒陽 金僮子·鷯與魚, 鷯飛上[天], 魚下入淵. 郭師·吳□.⑧ □卷書爲明, 如律令.⑨

①토지 매매일(장례일葬禮日) ②매입자(묘주墓主) ③사망월과 사망지 ④매도자 ⑤토지의 위치와 크기 ⑥토지 가격 ⑦토지의 사방 경계[사지四至] ⑧입회인(증인) ⑨정형화된 문언(여율령如律令)

황무黃武 4년(225) 초하루가 계묘癸卯인 11월 28일 경오庚午. 구강군九江郡 남자男子 호종浩宗이 □월에 예장군豫章郡에서 객사客死하였다. 동왕공東王公과 서왕모西王母로부터 남창현南昌縣 동쪽 교외의 무덤지 한 곳을 매입하였다. 가격은 전 오천이다. 동으로는 갑을甲乙에, 서로는 경신庚辛에, 남으로는 병정丙丁에, 북으로는 임계壬癸에 다다랐다. 해[日]를 주主로 삼고 달[月]을 부副로 삼아 (약속하였다.) 이때 문서의 (내용을) 보증하고 아는 자는 낙양洛陽의 금동자金僮子와 학鶴과 물고기[魚]인데, 학은 위의 하늘로 날아가고

---

22) 매지권의 제목은 특별한 경우를 제외하고는 〈王朝名+紀年(西曆)+墓主名+買地券〉의 형태로 표기하였다. 원문 [ ] 안의 글자는 저자가 추정하여 확정한 글자를 의미한다. 표점과 밑줄은 저자. 이하 동일. 이 매지권에 대한 자세한 사항은 홍승현, 〈孫吳黃武四年(225)浩宗買地券〉, 『석각을 통해 본 동아시아 고중세 사회』(서울: 신서원, 2018), 393~404쪽을 참조.

물고기는 아래의 못으로 들어간다. (이외 입회인으로) 곽사郭師와 오□吳□
이(가) 있다. □문서[券書]로써 증명을 삼으니, 율령과 같이 행하라.

손오 황무 4년(225)에 각석된 이 매지권은 현재 발굴된 삼국 시기 매지권
중 가장 이른 기년을 가지고 있는 것으로 보고되었다. 묘주인 호종은 본래
구강군 출신이나 후한 말 혼란을 피해 예장군으로 이주한 이주민으로,[23]
끝내 고향으로 돌아가지 못한 채 예장군에서 사망한다. 이것이 그의 죽음을
'객사'라고 표현한 이유일 것이다. 벼슬이 아닌 '남자'라는 표현에서 알 수
있는 것처럼 이 시기 매지권 역시 후한 매지권과 같이 비교적 신분이 낮은
계층이 사용했다는 것을 알 수 있다.[24] 이 매지권을 좀 더 구체적으로
살펴 삼국 시기 매지권의 특징을 도출해 보자.

우선 등장인물에 관한 것이다. 후한 시기 매지권의 토지 매도인이 이미
사망하였다 해도 사람이었던 것과는 달리 이 매지권의 매도자로는 동왕공과
서왕모가 등장한다. 서왕모가 도교의 여선女仙이라는 점을 근거로 이 매지권
에 도교적 영향이 미쳤음을 추정하기도 하지만 이를 신선사상神仙思想의
결합으로 설명할 수는 있어도[25] 도교적 요소로 단정하기는 다소 이르다.[26]

---

23) 『三國志·吳書』卷47, 「孫權傳」, "(建安十八年) 自廬江·九江·蘄春·廣陵戶十餘萬皆東渡江,
江西遂虛, 合肥以南惟有皖城.";『宋書』卷35, 「州郡一」, "三國時, 江淮爲戰爭之地, 其間不居
者各數百里, 此諸縣並在江北淮南, 虛其地, 無復民戶."

24) Anna Seidel, "Trace of Han Religion in Funeral Texts Found in Tombs", 『道敎と宗敎文化』
(東京: 平河, 1987), pp.27~28.

25) 西王母가 묘사된 漢代 畵像石이나 銅鏡의 銘文에서 서왕모가 長生과 관련하여 숭배
대상인 것을 확인하는 것은 어렵지 않다. 대표적으로 〈後漢元興元年(105)環狀乳神獸
鏡〉에는 "壽如東王公·西王母"라는 표현이 등장하고 〈後漢永康元年(167)環狀乳神人禽
獸鏡〉에는 "延壽命長, 上如王父·西王母兮"라는 표현이 등장하며, 〈後漢中平四年(187)環
乳乳神人禽獸鏡〉에는 "延年命長, 上如王父·西王母兮"라는 표현이 등장한다. 이상 銅鏡
의 銘文은 차례대로 孔祥星·劉一曼, 『中國銅鏡圖典』(北京: 文物, 1992), 410, 411, 413쪽에
서 인용하였다. 화상석에 나타난 서왕모와 長生不死와의 관계에 대해서는 柳江夏,
「四川, 道敎 그리고 西王母에 관한 한 연구」, 『道敎文化研究』30(2009)을 참조.

26) 서왕모의 神格 변화와 그 시기에 대해서는 다소의 차이는 있지만 대부분의 연구자들
은 서왕모의 신격이 처음 부족신에서 漢代 인간을 보호해주고 복을 내려주는 庇護神

실제로 이 지역에 본래부터 도교 집단이 있었는지에 대해 지금으로서는 단정할 수 없는 상태다. 그러나 후한 매지권과는 확연히 다른 패턴을 보여주는 것과 관련하여 스즈키 마사타카鈴木雅隆는 이곳에 장기간 동안 신앙과 텍스트를 공유한 '교단'이라고 부를 수 있는 종교 공동체가 있었을 것이라고 보았다.[27]

이와 관련하여 이 매지권에 등장하는 구강군과 예장군에 대해 살펴볼 필요가 있을 것 같다. 바로 무자巫者의 활동과 관련하여 후한 시기 구강군과 예장군의 토착 신앙 문제가 사서에 등장하기 때문이다.

(1) (구강군) 준주현浚遒縣의 당산唐山과 후산后山 두 산은 (신이 산다고 이름이나) 백성들이 함께 제사를 지냈는데, 여러 무자들이 마침내 백성 중에 남녀를 뽑아 (남자는) 산공山公으로 여자는 산구山嫗로 삼아 (제사 때 시주尸主의 역할을 담당하게 하였다.) 해가 지나도 고쳐지지 않았고 (그 역할이) 끝난 후에도 시집을 가거나 장가들지 못하였는데 전후로 (부임한) 수령들이 감히 금지하지 못하였다. (구강태수) 송균宋均이 이에 문서를 내려 말하였다. "지금부터 이후로 산신山神의 배우자는 모두 무가巫家에서

이자 불로장생의 주관신으로, 魏晉 시기를 거치며 道教의 女仙으로 변화하였다고 보고 있다. 서왕모의 신격 변화 및 시기에 관해서는 羅燚英, 「從神話女神到道教女仙」, 『中山大學研究生學刊』 28-2(2007); 張影·鄔曉東, 「西王母의神格發展與漢代西王母崇拜」, 『古籍整理研究學刊』 5(2013)를 참조. 그러나 쉬페이는 동왕공과 서왕모가 三國 시기 매지권에 등장하게 된 것은 이들이 萬民의 생명을 주관하고 복과 후손을 내려주는 서민과 밀착된 서민의 救濟神이기 때문이지, 도교와는 무관한 것이라 보았다. 許飛, 「西王母と東王公の冥界とかかわり-六朝買地券を中心に-」, 『中國學研究論集』 28(2012), 44~45쪽. 실제로 문헌에서 서왕모가 도교와 관련된 것은 좀 더 시간이 흐른 뒤 『博物志』(老子云, 萬民皆付西王母,…「雜說上」)나 『漢武帝內經』(王母出以示之曰, 此五嶽眞形圖也. 昨靑城諸仙就我求請, 當過以付之)에서 확인할 수 있다. 이들 문헌에서는 서왕모가 도교의 여선으로 변화했음을 보여줄 뿐 아니라 심지어는 道經의 전수자로 등장하여 단순히 장생의 도를 전수하는 이가 아님을 보여준다. 좀 더 자세한 내용에 대해서는 洪承賢, 「魏晉南北朝 買地券 譯註 및 解題」, 『中國古中世史研究』 39(2016a), 262~263쪽을 참조.

27) 鈴木雅隆, 앞의 글, 7쪽.

얻도록 하여 양민良民을 어지럽게 하지 말라." 이에 마침내 그쳤다.28)

(2) 난파欒巴가 서주徐州에서 돌아와 다시 예장태수豫章太守로 옮겼다. (예장)
군에는 산천의 귀괴鬼怪가 많아 백성[小시들이 항상 자산貲産을 다 헐어
기도를 하였다. 난파가 본디 도술道術에 (조예가 있어) 능히 귀신을 부림에
이에 제사지내는 사당을 모두 헐고 간사한 무자를 깨끗이 뿌리 뽑으니
이에 요사하고 괴이한 것들이 자연히 없어졌다. 백성들이 비로소 자못
두려워하니 끝내 모두 안정되었다.29)

두 기록은 구강군과 예장군이 후한 시기부터 무자들의 주 활동 무대임과
동시에 그들의 영향력이 민간에 강하게 미치고 있었음을 말해준다. 특히
난파가 예장태수로 부임하던 시기는 순제順帝 시기(125~144)로, 이 시기에
무자에 의해 『태평청령서太平淸領書』가 조정에 바쳐졌다.30) 비록 담당 관헌에
의해 몰수당하기는 하지만 무자가 신서神書를 조정에 바칠 정도로 순제
시기 이미 무자들의 활동이 활발했음을 알 수 있다. 이러한 시대적 상황을
고려하면 구강군과 예장군 지역에 종교 공동체가 존재했음을 단정할 수는
없어도, 무자들에 의한 독특한 무속巫俗이 존재했을 가능성은 충분하다고
할 것이다. 아마도 이러한 독자적인 지역의 습속이 북방의 매지권을 받아들
이면서 후한 시기와는 다른 구성 요소로 외화되었을 것이다.

다음으로 흥미로운 것은 매지권에 입회인으로 등장하는 '낙양 금동자'의

28) 『後漢書』卷41,「宋均傳」, "浚遒縣有唐·后二山, 民共祠之, 衆巫遂取百姓男女以爲公嫗[李
賢注: 以男爲山公, 以女爲山嫗, 猶祭之有尸主也.], 歲歲改易, 旣而不敢嫁娶, 前後守令莫敢
禁. 均乃下書曰:「自今以後, 爲山娶者皆娶巫家, 勿擾良民.」於是遂絶." 같은 내용이 『風俗
通義』에도 보인다. [後漢]應劭, 『風俗通義』卷9,「怪神」, "九江浚遒縣有唐·居二山, 名有神,
衆巫共爲取公嫗, 歲易, 男不得復娶, 女不得復嫁, 百姓苦之."
29) 『後漢書』卷57,「欒巴傳」, "巴使徐州還, 再遷豫章太守. 郡土多山川鬼怪, 小人常破貲産以祈
禱. 巴素有道術, 能役鬼神, 乃悉毀壞房祀, 翦理姦巫, 於是妖異自消. 百姓始頗爲懼, 終皆安
之."
30) 『後漢書』卷30下,「襄楷傳」, "初, 順帝時, 琅邪宮崇詣闕, 上其師干吉於曲陽泉水上所得神書
百七十卷, 皆縹白素朱介靑首朱目, 號太平淸領書."

존재다. 동자僮子가 불로불사함을 과시하는 도사道士의 자칭이라는 점에서31)
금동자는 이 매지권 매납을 둘러싼 제반의 상장예속喪葬禮俗을 주관했던
담당자임을 알 수 있다. 그런데, 그 출신에 관해 낙양인이라고 적고 있다.
이는 손오 시기 매지권에 북중국에서 유행하였던 오두미도 혹은 태평도太平道
의 영향이 투영되었을 가능성을 알려준다. 물론 이 시기 오두미도나 태평도
의 남하를 증명할 수 있는 기록은 없다. 기록에 따르면 태평도의 난이
청青·서徐·유幽·기冀·형荊·양楊·연兗·예豫의 8주州에 미쳤다고 하여,32) 구강군
과 예장군이 있는 양주 또한 태평도의 영향을 받은 지역으로 분류할 수
있다. 그러나 황건黃巾의 기의가 구강군과 여강군廬江郡을 넘지 못하였기에
매지권이 작성된 예장군까지 태평도의 영향 하에 있었다고 보기는 다소
힘들다. 오두미도 역시 기존 연구에 따른다면 건안建安 20년(215) 장로張魯가
조조에게 투항하면서 교단 조직과 좨주祭酒 제도가 모두 붕괴하여 그들의
종교 활동은 잠시 멈추는 것으로 알려져 있다.33)

그렇다고 전란이나 박해를 피해 개인적으로 이주한 도사들의 존재를
부정할 수는 없을 것이다. 예를 들어 갈홍葛洪에 의해 '이씨지도李氏之道'로
불렸던 이가도李家道가 그들이다. 갈홍에게 사이비[似是而非者]34)로 지탄받은
이들이지만 촉蜀 출신의 도사 이관李寬이 오吳 지역에 들어오자 "이관에
의탁하여 제자가 된 자가 천명 가까이 되었다."35)는 기록은 북중국 오두미도
의 몰락과는 달리 민간 안에서 오두미도의 생명력을 보여주기에 충분하다.36)

---

31) 黃景春, 앞의 글, 155쪽.
32) 『後漢書』卷71,「皇甫嵩傳」, "自青·徐·幽·冀·荊·楊·兗·豫八州之人, 莫不畢應."
33) 小林正美, 『中國の道敎』(東京: 創文社, 1998), 31~32쪽.
34) [東晉]葛洪, 『抱朴子內篇』, 「道意」, 173쪽.
35) [東晉]葛洪, 『抱朴子內篇』, 「道意」, "依(李)寬爲弟子者恒近千人."
36) 李家道의 실체에 대해서는 여러 설이 있지만 그들이 구사하였던 祝水·三部符·鬼道에
   의한 治病法이 오두미도의 '符水'·'三官手書'와 張魯의 '鬼道'를 의미한다고 생각한다.
   따라서 그들을 오두미도의 일파로 파악하였다. 이에 대해서는 重松明久, 『古代國家と
   道敎』(東京: 吉川弘文館, 1985), 33쪽과 吳相勳, 「李家道의 성립과 전개」, 『東洋史學硏究』
   23(1985), 81쪽을 참조.

기록에 따르면 그들의 수준이 '당堂에 오르고 실室에 들 정도'로 높은 경지에 올랐다고 했지만 실상은 그저 축수祝水(주문을 외며 물에 부적을 그리는 행위)·삼부부三部符(병자의 성명을 쓰고 죄를 자복하는 뜻을 적은 세 통의 글을 지어 하늘, 산, 물에 바치는 행위. 삼관수서)·도인導引(굴신屈伸, 정좌正坐, 마찰, 호흡 등으로 행하는 양생술養生術의 일종)·일월행기日月行氣(해와 달의 정기를 마시고 뱉는 호흡법의 일종)의 기술을 행하는 것에 불과하여[37) 도道의 요체에 접근하지 못한 것이었다. 하지만 당시 많은 사람들이 신봉하였다고 나와 있어[38) 그 영향력을 그저 무시할 정도만은 아니었던 것 같다. 그러나 분명한 것은 이들의 이주는 개인적인 이주로, 북중국에서 유행하였던 매지권의 요소를 온전하게 이식하는 정도에 이르지는 못했다는 것이다. 그것은 손오 시기 매지권의 두 번째 특징으로부터 알 수 있다.

손오 시기 매지권의 두 번째 특징은 후한 광화光和 연간 매지권에 강하게 드러났던 해제解除 관념이 등장하지 않는다는 점이다. 진묘문鎭墓文의 주된 효용으로 알려져 있는 해제는 죽은 자를 위해 그의 죄과를 해소한다는 '해적解讁'과 산 자들을 위해 재앙을 제거한다는 '제앙거구除央去咎'를 말하는 것으로, 광화 연간 매지권에 처음 등장하였다. 광화 연간의 매지권은 오두미도의 영향이 매우 강하게 반영되어 있는 매지권으로 오두미도의 제액除厄 관념이 투영되어 있다.[39) 그러나 손오 시기 매지권 중에서는 〈표 4-2-1〉 9번의 〈손오영안5년(262)팽로매지권〉을 제외하고는 해제 관념이 등장하지 않는다. 유일하게 해제 관념이 등장하는 〈팽로매지권〉 역시 후한 매지권에서 보이는 해제의 구절에 비한다면 불완전하다. 따라서 이 시기 오두미도의

---

37) [東晉]葛洪, 『抱朴子內篇』, 「道意」, "而升堂入室高業先進者, 不過得祝水及三部符導引日月 行氣而已."

38) 『晉書』의 기록이기는 하지만 『晉書』 卷70, 「周札傳」의 "時有道士李脫者, 妖術惑衆, 自言八百歲, 故號李八百. 自中州至建鄴, 以鬼道療病, 署人官位, 人多信事之."라는 기사는 당시 江南에서 天師道系 道士들의 활동이 활발했음을 엿볼 수 있게 한다.

39) 後漢 光和 연간 매지권에 보이는 解除 관념에 대해서는 4부 1장을 참조.

본격적인 종교 활동을 장강 이남에서 찾는 것은 어려울 것 같다. 진묘문의 특징적인 해제 관념을 손오 시기 매지권에서 찾을 수 없는 것은 진묘문이 유행했던 지역과[40] 거리적으로 멀어지면서 진묘문의 영향을 거의 받지 못하게 되면서 생긴 변화일 수도 있을 것이다.

셋째, 토지의 사방 경계 즉, 사지四至 서술이 구체성을 상실한 것이다. 후한 시기 매지권에서 이미 '아홉 하늘 위, 아홉 땅 아래[九天上, 九地下]'(〈후한광화2년(179)왕당등매지권後漢光和二年王當等買地券〉) 혹은 "위로는 창천에 이르고, 아래로는 황천에 이르다[上至蒼天, 下至黃泉]."(〈후한광화5년(182)유공칙매지권後漢光和五年劉公則買地券〉)라고 하여, 사람의 토지와 경계를 맞대고 있었던 것과는 사뭇 달라진 사지의 표현이 등장하였는데, 여기서는 한층 더 정형화된 방식으로 토지의 사방 경계가 서술되고 있다. 동쪽을 갑을甲乙에, 서쪽을 경신庚辛에, 남쪽을 병정丙丁에, 북쪽을 임계壬癸에 배당하여 기존 매지권과는 달리 토지의 사지가 간지干支에 배당되어 있다. 이것은 매지권이 한층 더 허구적이며, 정형화된 것을 의미할 것이다. 여기서 다른 계통, D유형 매지권을 하나 살펴보자.

〈손오오봉원년(254)황보매지권〉[41]

五鳳元年十月十八日.① 大男九江 黃甫年八十.② 今於莫府山後南邊起冢宅,③ 從天買地, 從地買宅.④ 雇錢三百.⑤ 東至甲庚, 西至乙辛, 北至壬癸, 南至丙丁.⑥ 若有爭地, 當詣天帝, 若有爭宅, 當詣土伯.⑦ 如天帝律令.⑧

①토지 매매일 ②매입자 ③토지의 위치 ④매도자 ⑤토지 가격 ⑥토지의

---

40) 쉬페이의 통계에 따르면 후한 시기 鎭墓文의 83% 이상이 서안, 섬서, 낙양, 하남에서 출토되었다. 許飛, 앞의 글(2011), 123~138쪽.

41) 이 매지권에 대한 자세한 사항은 홍승현, 〈孫吳五鳳元年(225)黃甫買地券〉, 앞의 책, 412~416쪽을 참조.

사방 경계 ⑦약속의 문언文言 ⑧정형화된 문언(여천제율령如天帝律令)

오봉五鳳 원년(254) 10월 18일. 구강군九江郡 대남大男 황보皇甫 나이 여든. 지금 막부산莫府山 뒤 남변南邊에 무덤을 조영하고자, 천신[天]에게 땅을 사고, 지신[地]에게 집을 샀다. 고용雇用의 대가로 전 삼백을 지불하였다. 동으로는 갑경甲庚에 이르렀고 서로는 을신乙辛에 이르렀으며, 북으로는 임계壬癸에 이르렀고 남으로는 병정丙丁에 이르렀다. 만일 땅에 대해 다툼이 생긴다면 천제天帝에게 갈 것이며 집에 대해 다툼이 생긴다면 토백土伯에게 갈 것이다. 천제의 율령과 같이 행하라.

이 매지권의 경우 토지의 사방 경계를 간지에 배당한 것은 A유형과 동일하지만 매도자로서 동왕공과 서왕모 대신 하늘[天]과 땅[地]이 등장한 것이 특징이며, 대금 지불과 관련해서도 일반적으로 사용되는 '가전價(賈)錢'이나 '치전直錢' 대신 '고전雇錢'이 쓰인 것이 특이하다. 또한 땅과 집에 대한 분쟁이 발생하게 되면 천제天帝와 토백土伯에게 가서 시비를 가린다는 약속의 문언이 등장한다. 상당히 안정된 구성과 문언을 갖춘 이들 D유형은 강소성 남경과 강녕현에서 출토되어, 이곳에는 A유형이 출현하는 호북·강서와는 다른 매지권 제작 집단 혹은 전통이 있었던 것으로 생각된다.

〈황보매지권〉 중 특히 눈에 띄는 것은 '고전'이라는 표현이다. 여타 매지권에서의 대금 지불 방법과는 달리 '고전'이라 하여 고용에 대한 대가를 지불하는 것으로 표현되었다.[42] 이것은 무덤이 조영되고 매지권을 설치하는 것과 관련하여 상가喪家에서 누군가를 고용한 것을 의미하는데, 아마도 상장의식喪葬儀式을 주관한 무자일 것이다. 무자가 상장 의식과 관련하여 묘지의 선정, 묘역 내의 묘혈墓穴의 방향, 관곽棺槨의 규정 등에 해박하고 또 그러한 일들을

---

42) 『後漢書』 卷78, 「宦者 張讓傳」, "黃門常侍輒令譴呵不中者, 因强折賤買, 十分雇一.[李賢注: 雇謂酬其價也.]"

담당하였다는 것은 잘 알려져 있다.[43] 특히 무자는 무덤
속에 매납하는 매지권이나 진묘문의 실질적인 작성자였
다.[44] 따라서 여기서도 장례와 관련하여 무자의 존재를
상정하는 것이 타당할 것이다.

그런데 장례 의식의 주관자를 고용한 대가로 '고전'을
기술한 매지권은 모두 D유형으로 출토지가 지금의 강소
성 남경과 강녕현이다. 그 중 남경은 손오의 수도로 북중
국으로부터 이주한 이들이 가장 많이 자리 잡은 곳이다.
한편 강녕현은 당시 단양군丹陽郡 소속 현인데, 단양은
손오 정권의 초기 근거지로 제일 먼저 개척된 곳이다.[45]
따라서 북중국으로부터 강남으로 이주한 이주민들이 가장
먼저, 그리고 가장 많이 자리 잡은 곳이 D유형 매지권이
출토되는 지역임을 알 수 있다. 그러므로 이들 지역은 이주
민을 따라 북중국의 상장 의식이 비교적 온전히 이식되었
을 가능성이 높은 곳이라고 할 수 있다. 이때 상장 의식을
이식한 주인공들이 바로 북중국의 무자들이었을 것이고,
자연히 이 지역에서 북중국으로부터 이주한 무자들의 활동
이 다른 지역에 비해 활발했음을 생각해 볼 수 있을 것

〈그림 4-2-1〉〈황보
매지권〉(홍승현ⓒ)

43) 林富士, 『漢代的巫者』(板橋: 稻鄕, 1988; 2004), 83~85쪽; 藤田忠, 「前漢時代の巫者につい
て」, 『國士館史學』 5(1997), 44~45쪽; 李如三, 『漢代喪葬禮俗』(沈陽: 沈陽出版, 2003),
66~68쪽. 巫者들이 喪葬儀式을 主管한 것과 관련된 대표적 기사들은 다음과 같다.
『後漢書』 卷45, 「袁安傳」, "初, (袁)安父沒, 母使安訪求葬地, 道逢三書生, 問安何之, 安爲言
其故, 生乃指一處, 云「葬此地, 當世爲上公」. 須臾不見, 安異之. 於是遂葬其所占之地, 故果世
隆盛焉."; 『後漢書』 卷46, 「郭鎭傳」, "順帝時, 廷尉河南吳雄季高,…雄少時家貧, 喪母, 營人所
不封土者, 擇葬其中. 喪事趣辨, 不問時日, 巫皆言當族滅, 而雄不顧."; 比宋李昉 等, 『太平御
覽』 卷47, 「地部十二」, "孔曄『會稽記』曰: 永興縣東五十里, 有逐思山, 漢太尉朱偉爲光祿大夫
時, 遭母哀, 欲卜墓此山, 將歸洛下, 家師歸登山相地, 因謂家師云, 去鄕旣遠, 歸思常深."
44) 吳榮曾, 앞의 글, 57, 61~62쪽; 林富士, 위의 책, 85쪽.
45) 洪承賢, 「三國時期 孫吳政權의 樹立과 古代 中國의 疆域 變化-'江東'과 '江南'의 범주
변화를 中心으로-」, 『中國史硏究』 44(2006), 285~286쪽.

같다. 이러한 일련의 상황이 이 지역 매지권에 '고전'이라는 특별한 용어를 출현시켰을 것으로 추정해 본다.

다음은 C유형에 대해 살펴보자. 하나의 사례만이 존재하는 관계로 단정하기는 힘들지만 여타 유형과 확연히 다른 모습을 지니고 있다.

〈손오신봉원년(252)손씨매지별〉[46]

【앞면】 會稽亭侯幷領錢唐水軍·綏遠將軍,① 從土公②買冢城一丘.③ 東南極鳳凰山巓, 西極湖, 北極山盡.④ 直錢八百萬, 卽日交畢.⑤ 日月爲證, 四時爲任.⑥ 有私約者, 當律令.⑦ 大吳 神鳳元年壬申三月,⑧ 破莂大吉.⑨【좌측면】神鳳元年壬申三月六日孫鼎作莂.⑩

①매입자 ②매도자 ③매입물 ④토지의 사방 경계 ⑤토지 가격과 대금 지불일 ⑥입회인 ⑦정형화된 문언 1(유사약자有私約者, 당율령當律令) ⑧매매일 ⑨정형화된 문언 2(파별대길破莂大吉) ⑩제작자

회계정후會稽亭侯자 영전당수군領錢塘水軍·수원장군綏遠將軍이 토공土公으로부터 무덤지 한 곳을 매입하였다. 동남으로는 봉황산鳳凰山 꼭대기에 이르렀고 서로는 호수에 이르렀으며, 북으로는 산 끝에 이르렀다. 가격은 전 팔백만이고 대금은 그날 당일 지불하였다. 해와 달이 증인이며 사시四時가 보증인이다. 사약私約이 있는 경우에는 율령에 따라 처리하라. 대오大吳 신봉神鳳 원년(252) 임신壬申 3월, '대길大吉'(이란 글자가) 쓰인 별莂을 나누었다. 신봉 원년 임신 3월 6일, 손정孫鼎이 별을 만들었다.

---

46) 이 매지권에 대한 자세한 사항은 홍승현, 〈孫吳神鳳元年(252)孫氏買地莂〉, 앞의 책, 405~411쪽을 참조.

이 매지권은 좌측면에 "신봉 원년 임신 3월 6일 손정이 별을 만들었다神鳳元
年壬申三月六日孫鼎作莂."는 제작일과 제작자, 그리고 '별莂'이라는 이름이 기록되
어 있다. 『석명釋名』「석서계釋書契」에 따르면 "별은 '나누다[別]'의 뜻이다.
중앙에 크게 글씨를 쓰고 가운데를 깨뜨려 나눈다."47)라고 하여 부절符節의
의미를 가지고 있다.48) 이 특별한 매지권에는 '대오大吳'라 하여 다른 매지권
에서 볼 수 없는 국호가 서술되었다. 손오 시기 매지권 중 국호가 기술된
유일한 사례다.

이러한 이유들 때문이지는 몰라도 이 매지권을 위각僞刻으로 판단한 연구
자도 있다.49) 그러나 이러한 유형의 매지권이 손오 신봉 원년에 처음 출현한
것은 아니다. 이와 같은 유형의 매지권은 후한 건녕建寧 원년(168)에 이미
출현하였는데, 앞 장에서 살펴본 〈후한건녕원년(168)마위장매지별後漢建寧元
年馬衛將買地莂〉이 그것이다.

〈후한건녕원년(168)마위장매지별〉50)

長富貴. 兄弟九人, 從山公買山一丘, 於五風里, 葬父馬衛將. 直錢六十萬, 卽日交
畢. 建寧元年正月, 合莂大吉左. 有私約者, 當律令.

오랫동안 부귀하리라. 형제 9인이 산공山公으로부터 오풍리五風里의 산[山]
1구丘를 매입하여 부친 마위장馬衛將을 장사지냈다. 가격은 전 60만이고,
(대금은) 당일 모두 지불하였다. 건녕建寧 원년(168) 정월. 별을 합치면

47) [漢]劉熙, 『釋名』, 「釋書契」, "莂, 別也, 大書中央, 中破別之也."
48) 자세한 사항은 洪承賢, 「後漢 買地券의 분류와 역사적·지역적 특징」, 『中國史研究』
    101(2016b), 30쪽 [5]를 참조.
49) 張傳璽 主編, 『中國歷代契約會編考釋』(北京: 北京大, 1995)에서는 이 매지권을 僞買地券
    으로 판단하였다. 129쪽.
50) 池田溫, 앞의 글, 217~218쪽. 이 매지권에 대한 자세한 사항은 洪承賢, 위의 글,
    27~31쪽, 40쪽을 참조.

〈그림 4-2-2〉〈마위장매지별〉51)과 〈손씨매지별〉52)

'대길大吉'이란 (글자가 된다.) 왼쪽에 세웠다. 사약이 있는 경우에는 율령에
따라 처리하라.

총 10점으로 구성되어 있는 이 매지권은 5점은 전별磚莂이고 나머지 5점은
전명磚銘이다. 5점의 전별은 다소의 차이는 있으나 위의 제시한 내용에서
크게 벗어나지 않는다. 나머지 5점의 전명은 '건녕 원년 8월[建寧元年八月]',
'북향 오풍리 번연□[北鄕五風里番延□]', '건녕 원년 8월 10일 제작[建寧元年八月十日
造作]', '마위장 제작[馬衛將作]', "크게 길하여 원하는 바를 많이 얻을 것이다[大吉多
所宜].", "큰 부를 천년 동안 누리리라[大富千]." 등이다. 후한의 다른 매지권과
확연한 차이를 보이고 있다. 이 역시 위조로 판단되었는데,53) 흥미로운
것은 〈손오신봉원년(252)손씨매지별〉과 마찬가지로 절강에서 출토되었다
는 점이다. 그리고 서진西晉 시기에도 같은 유형으로 생각되는 매지권이
절강에서 출토된다. 다음의 〈서진태강5년(284)양소매지권西晉太康五年楊紹買
地券〉이 그것이다.

51) 高倉洋彰, 앞의 글, 785쪽.
52) 毛遠明 校注, 『漢魏六朝碑刻校注 第二冊』(北京: 線裝書局, 2009), 233쪽.
53) 張傳璽 主編, 앞의 책, 63쪽.

〈서진태강5년(284)양소매지권〉[54]

【앞면】晉 都鄉 楊紹買冢地券.① 【뒷면】大男楊紹,② 從土公③買冢地一丘.④ 東極闕澤, 西極黃縢, 南極山背, 北極於湖.⑤ 直錢四百萬, 卽日交畢.⑥ 日月爲證, 四時爲任. ⑦ 太康五年九月卄九日,⑧ 對共破莂.⑨ 民有私約, 如律令.⑩

①제목 ②매입자 ③매도자 ④매매 대상 ⑤토지의 사방 경계 ⑥토지 가격과 대금 지불일 ⑦증인과 보증인 ⑧매매일(장례일) ⑨정형구 1(계약 체결의 행위: 대공파별對共破莂) ⑩정형구 2(민유사약民有私約, 여율령如律令)

진晉 도향都鄉 양소楊紹의 무덤지 매입권. 대남大男 양소가 토공土公으로부터 무덤지 1구丘를 매입하였다. 동으로는 감택闕澤에 닿았고 서로는 황등黃縢에 이르렀으며, 남으로는 산등성이에 닿았고 북으로는 호수에 이르렀다. 가격은 전 4백 만으로 (대금은) 당일 모두 지불하였다. 해日와 달月이 증인이며 사시가 보증인이다. 태강 5년(284) 9월 29일, 계약의 주체들이 함께 별莂을 나누었다. 백성에게 사약이 있는 경우에는 율령에 따라 처리하라.

매지권 안에 '별'이라는 표현이 등장하는 점은 물론이고 매도자가 토공이라는 점, 계약의 주체들이 '별'을 나누어 증표로 삼는 점이 동일하다. 또한 〈손씨매지별〉과 같이 해와 달을 증인으로 사시를 보증인으로 삼는 것도 동일하고, 토지의 사방 경계를 특정인의 토지 혹은 간지가 아닌 산, 호수 등으로 삼은 것도 같다. 그리고 무엇보다 이 세 매지권의 경우 계약에 대한 약속의 문언으로 본 계약에 어긋나는 사사로운 계약이 발생했을 경우 율령에 따라 처벌한다는 내용이 등장한다(유사약자, 당(여)율령). 이상의 내용을 통해 이 세 매지권이 모두 위조가 아니라 하나의 계통일 가능성이 높다는 것을

54) [淸]杜春生, 『越中金石記』, 7110쪽.

알 수 있다. 이것은 절강 지역을 중심으로 하나의 매지권 계통이 존재했음을 알려준다.[55] 여타 양진兩晉 시기 매지권은 장을 달리하여 살펴보고자 한다.

Ⅱ. 양진 시기 매지권의 특징

양진 시기 매지권의 유형을 분류하기 위해 다음와 같은 표를 작성하였다.

〈표 4-2-2〉 양진 매지권 일람

연번	매지권명	출토지	재료	매입자墓主	매도자	입회자
1	〈서진태강5년(284)양소매지권〉西晉太康五年楊紹買地券)[56]	절강浙江 회계會稽	벽돌[甎]	남자 양소	토공土公	일월日月·사시四時
2	〈서진태강6년(285)조익매지권〉西晉太康六年曹翌買地券)[57]	강소江蘇 강녕현江寧縣	납[鉛]	좌랑중左郎中·입절교위立節校尉 조익	없음	없음
3	〈서진태강6년(285)왕모매지권〉西晉太康六年王母買地券)[58]	안휘安徽 능현陵縣	납	왕모	미상	미상
4	〈서진원강7년(297)공손사매지권西晉元康七年公孫仕買地券)[59]	미상	벽돌	공손사	없음	없음
5	〈서진영강원년(300)이달매지권〉西晉永康元年李達買地券)[60]	강소 구용句容	벽돌	이달	천天·지地	동왕공東王公·서왕모西王母
6	〈서진영강2년(302)후모매지권〉西晉永康二年侯某買地券)[61]	남경南京	납	고평 태수高平太守 후모	없음	물고기[魚]
7	〈동진함강4년(338)주만처설씨매지권東晉咸康四年朱曼妻薛氏買地券)[62]	절강浙江 평양현平陽縣	돌[石]	사인舍人·입절도위立節都尉 주만 처 설씨	천·지	동왕공·서왕모
8	〈동진태화원년(366)풍경매지권〉東晉泰和元年馮慶買地券)[63]	강소 진강현鎭江縣	벽돌	사마司馬 풍경	천·지	동왕공·서왕모

55) 스즈키 마사타카는 이를 '浙江型買地劵'로 불렀다. 鈴木雅隆, 앞의 글, 8쪽.
56) [淸]杜春生, 『越中金石記』, 7110쪽.
57) 江蘇省文物管理委員會, 「南京近郊六朝墓的淸理」, 『考古學報』 1957-1, 189쪽.
58) 南京市博物館, 「江蘇南京鄞府山吳墓和柳塘村西晉墓」, 『考古』 1992-8, 738~739쪽.
59) 仁井田陞, 앞의 책, 423쪽; 池田溫, 앞의 글, 227쪽.

양진 시기 매지권들은 대부분 간략한 내용을 가지고 있다. 매도자와 입회인들이 생략된 것도 있고, 혹은 결락이 있어 확인이 안 되는 것도 있다. 따라서 비교적 구성 요소를 갖추고 있는 연번 1, 2, 5, 6, 7, 8을 대상으로 유형 분석을 진행하였다. 이 중 연번 1은 앞에서 살펴본 것처럼 '절강형 매지권浙江型買地券'으로 구분할 수 있다. 연번 2는 특이하게도 정면은 매지권이고, 뒷면은 의물소衣物疏로 이루어져 있어 일반적인 매지권과는 계통이 다소 다른 것으로 생각된다. 매지권의 내용도 묘주에 대한 정보, 토지에 대한 정보만이 짧막하게 등장할 뿐 매도자나 토지의 사방 경계[四至], 입회자 등이 기록되어 있지 않다.[64] 연번 3은 결락된 자가 너무 많아 그 구조를 분석하기 어렵고, 연번 4는 출토지에 대한 정보가 없고 그 내용이 지나치게 간략하여 유형 분류가 어렵다.[65] 따라서 남은 매지권 연번 5, 6, 7, 8을 대상으로 유형 분류가 가능할 것이다. 그러나 네 매지권에 대한 유형 분류는 생각처럼 쉽지 않다. 네 매지권 중 7의 〈동진함강4년(338)주만처설씨매지권〉을 살펴보자.

〈동진함강4년(338)주만처설씨매지권〉[66]

晉 咸康三年二月壬子朔三日乙卯.① 吳故舍人·立節都尉晉陵 丹徒朱曼故妻薛,②

---

60) 鎭江博物館, 「鎭江東吳西晉墓」, 『考古』 1984-6, 541쪽.
61) 南京市文物管理委員會, 「南京板橋鎭石閘湖晉墓淸理簡報」, 『文物』 1965-6, 44쪽.
62) [民國]劉承幹, 『希古樓金石萃編』, 3939쪽; [民國]羅振玉, 『地券徵存』, 1302~1303쪽.
63) 林留珠, 「江蘇鎭江東晉紀年墓淸理簡報」, 『東南文化』 1989-5, 134, 158쪽.
64) 이해를 위해 매지권의 전문을 적기하면 다음과 같다. "太康六年六月卄四日, 吳故左郎中·立節校尉, 丹陽江寧曹翌, 字永翔, 年卅三亡. 買石子崗坑虜牙之田, 地方十里, 直錢百萬. 以葬, 不得有侵抵之者. 券書分明." 墓主에 대한 정보 기술은 마치 墓誌를 연상하게 한다.
65) 이해를 위해 매지권의 전문을 적기하면 다음과 같다. "元康七年二月十七日, 建市公孫仕, 買地百畝, 顧錢卅萬. 東西無限, 南北自比." '顧錢'이라는 표현으로 출토지가 江蘇省일 가능성을 생각해 볼 수 있을 것이다. 張傳璽는 僞券으로 판단하였다. 張傳璽 主編, 앞의 책, 129쪽.
66) 이 매지권에 대한 자세한 사항은 홍승현, 〈東晉咸康四年(338)朱曼妻薛氏買地券〉, 앞의 책, 425~430쪽을 참조.

從天③買地,④ 從地③買宅.④ 東極甲乙, 南極丙丁, 西極庚辛, 北極壬癸, 中極戊己,
上極天, 下極泉.⑤ 直錢二百萬, 卽日交畢.⑥ 有誌薛地, 當詢天帝, 有誌薛宅, 當詢土
伯.⑦ 任知者東王公·西王母,⑧ 如天帝律令.⑨ 臮.⑩

①매매일(장례일) ②매입자 ③매도자 ④매매 대상 ⑤토지의 사방 경계 ⑥토지
가격과 대금 지불일 ⑦정형구 1(약속의 문언) ⑧증인 ⑨정형구 2(여천제율령
如天帝律令) ⑩매지권의 명칭

진晉 함강咸康 4년(338) 초하루가 임자壬子인 2월 4일 을묘乙卯. 오吳나라에서
사인舍人과 입절도위立節都尉를 지낸 진릉군晉陵郡 단도현丹徒縣 주만朱曼의
죽은 처 설씨薛氏가 천신[天]에게 땅을, 지신[地]에게 집을 매입하였다. 동으로
는 갑을甲乙에 이르고 남으로는 병정丙丁에 이르렀으며, 서로는 경신庚辛에
이르렀고 북으로는 임계壬癸에 이르렀으며, 중앙으로는 무기戊己에 이르고
위로는 하늘[天], 아래로는 황천黃泉에 이르렀다. 전 이백만을 당일 모두
지불하였다. (만일) 설씨의 땅에 뜻이 있다면 천제天帝에게 물어야 할 것이
고, 설씨의 집에 뜻이 있다면 토백土伯에게 물어야 할 것이다. (계약을)
보장하고 아는 이는 동왕공東王公과 서왕모西王母다. 천제의 율령과 같이
행하라. 합동合同.

절강 평양에서 출토된 이 매지권은 앞서 제시한 분류 기준에 의한다면
C형 즉, '절강형 매지권'에 속한다. 그러나 '절강형매지권' 특유의 구성 요소라
할 수 있는 '별'이라는 표현이 등장하지 않으며, '일월日月'과 '사시四時'가
입회인이 되는 내용도 보이지 않는다. 대신 '천신[天]'과 '지신[地]'이 매도자가
되고, 분쟁이 발생하였을 경우 '천제'와 '토백'에게 시비를 가리게 한다는
내용이 등장한다. 이는 전형적인 D형(강소·남경) 매지권의 구성 요소다.
그러나 이 매지권을 D형으로 보았을 경우 토지 대금 지불과 관련하여 '고전雇

錢'이란 표현이 등장해야 하는데, 여기서는 A·B형(무창·남창·안휘)의 '치전直
錢'이란 표현이 등장한다. 또한 A형 매지권에서 보이는 입회자 동왕공과
서왕모도 보인다. 따라서 결론적으로 말한다면 이 매지권은 어느 유형에
속한다기보다 모든 매지권의 내용이 융합된 모습을 보인다.

   손오 시기 유형별 특징이었던 내용들이 모두 보이는 것은 무엇 때문일까?
사실 서진 시기 매지권만 해도 앞선 손오 시기와 같이 유형별 특징을 찾는
것은 어렵지 않다. 절강 회계에서 출토된 〈양소매지권〉에는 절강형 매지권
의 특징인 일월·사시가 증인과 보증인으로 등장하며, 특유의 '별'이란 용어가
등장한다. 강소 구용句容에서 출토된 〈서진영강원년(300)이달매지권〉에는 D형
매지권답게 매도인으로 하늘과 땅이 등장한다. 하지만 다른 한편으로 서진
시기 매지권에도 변화가 진행되고 있는 것을 확인할 수 있다. 다름 아니라
강소 지역에서 출토된 D형 매지권인 〈이달매지권〉에서 호북·강서의 A형 매지
권에서 볼 수 있는 동왕공과 서왕모가 등장한다. 즉, 각 매지권의 특징들이
혼합되고 있는 것이다. 그러나 전체적으로는 여전히 지역적 특색이 남아있
는 것을 볼 수 있다. 〈이달매지권〉에 등장하는 '고전'이라는 표현이나, 분쟁
발생 시의 약속의 문언이 그 예다.[67] 그러다 결국 동진 시기가 되면 한 매지권
안에서 각기 다른 세 지역의 지역별 특징이 혼합되어 유형 분류가 어려워진다.

   이것은 시간의 흐름에 따라, 인간의 이동에 따라 각 지역별 특성을 지닌
매지권들이 더 많이 혼합될 것임을 말해주는 것이다. 사실 인간의 이동에
의한 매지권의 변화는 손오 시기에 이미 시작되었다. 여전히 강남의 지역별
특징이 강하게 매지권을 지배하고 있기는 했지만, 다음은 매지권을 변화시키
는 강력한 힘이 북방으로부터 곧 대두할 것이라는 것을 말해준다.

---

67) 이해를 위해 전문을 제시하면 다음과 같다. "永康元年, 十一月戊午朔, 二十七日乙酉收.
   鄱陽葛陽李達, 年六十七. 今從天買地, 從地買宅. 東極甲乙, 南極丙丁, 西極庚申, 北極壬癸,
   中英(央)戌己. 買地買宅, 雇錢三百, 華巾三尺. 任知者東王公·西王母, 若後志宅, 當詣東王公
   ·西王母是了. 如律令."

〈손오영안5년(262)팽로매지권〉[68]

<u>永安五年七月辛丑朔十二日壬子</u>,① <u>丹楊 石城 都鄉</u>□□校尉<u>彭盧</u>, 年五十九, 寄居
<u>沙羨縣界</u>匚物故.② 今歲吉良, 宿得天食, 可以建□, 造作無坊. 謹請東陵西陵·暮伯
丘丞·南栢北栢·地下二千石·匚土公神□.③ 今造百世□冢, [從]□丘父土主,④ 買地
縱橫三千步.⑤ 東西南北□界示得.⑥ 價錢萬五千, □匚日畢.⑦ 諸神不得捍道. 如□
□地, 當得□豆□, 當桃卷復堯匚 コ神示匚⑧□□□春得. 知者東王公·西王母.⑨
如律令.⑩

①토지 매매일(장례일) ②매입자＋향년＋사망지 ③명계冥界의 관리 ④매도
자 ⑤토지의 면적 ⑥토지의 사방 경계 ⑦토지 가격과 대금 지불일 ⑧약속의
문언 ⑨입회인(증인) ⑩정형화된 문언(여율령)

영안永安 5년(262) 초하루가 신축辛丑인 7월 12일 임자壬子. 단양군丹楊郡
석성현石城縣 도향都鄉 □□교위□□校尉 팽로彭盧, 나이 59세, 사선현沙羨縣
경계…타향살이하다 죽었다. 올해는 길吉하고 상서로운 해로 줄곧 자연(의
기氣)를 받을 수 있어 □을 세울 수 있고, 만드는 데 방해가 없다. (아래와
같은 내용을) 삼가 동릉서릉東陵西陵·모백구승暮伯丘丞·남맥북맥南陌北陌·지
하이천석地下二千石…토공신□土公神□에게 청한다. 지금 백세의 □총□冢을
만들려 □구부토주□丘父土主(로부터) 종횡縱橫 3천 보의 토지를 매입하였다.
동서남북 □경계는 볼 수 있다. (토지의) 가격은 전 만 오천으로…지불하였
다. 모든 신은 (망자가 가는) 길을 막을 수 없다. 만일 땅에…(하고자
한다면) □콩이 □되고 도권桃券이 다시…신神이…□□□ 봄이 된다. (계약
을) 아는 이는 동왕공東王公과 서왕모西王母다. 율령과 같이 행하라.

---

68) 〈彭盧買地券〉에 대한 자세한 내용은 홍승현, 〈孫吳永安五年(262)彭盧買地券〉, 앞의
책, 417~424쪽을 참조.

손오 시기 후기에 들어서면 북중국에서 유행하던 진묘문의 영향이 강남 매지권에도 나타나게 된다. 인간의 이주와 더불어 북중국의 오두미도의 영향을 받은 진묘문의 세계가 강남의 매지권에도 흡수되었던 것이다. 후한 말의 매지권처럼 다양한 지하의 신들이 등장하고(동릉서릉·모백구승·남맥북맥·지하이천석·토공신□), 죽은 자와 산 자를 위한 '제앙해적'의 분명한 표현이 등장하는 것은 아니지만 망자를 위한 진혼鎭魂의 표현인 "모든 신은 (망자가 가는) 길을 막을 수 없다諸神不得捍道."는 구절이 등장하여, 지금까지 살펴본 강남 매지권과는 계통이 다른 매지권의 구성 요소들이 포함된 것을 발견하는 것은 어렵지 않다. 그러나 이러한 북중국의 계통을 따른 매지권은 손오·양진 시기를 통해 아직 이 매지권이 유일하다.

따라서 동진 시기까지 강남 매지권의 전반적인 상황은 북중국에서 유행한 오두미도의 강력한 맹공에서 벗어나 자신들만의 토착성을 유지하고 있었다고 할 수 있다. 이것에는 두 가지 이유가 있다고 생각한다. 하나는 오두미도 자체의 문제로 조조에게 장로張魯가 패배한 후 중원으로 신도들이 강제 이주되면서 조직이 와해되고, 종교적 활동이 금지되면서 그 교단 자체가 붕괴된 것과 관련 있다. 요컨대 강남에서 오두미도가 활동할 수 없을 정도로 조직이 와해되어 오두미도 신도나 종사자들에 의한 활발한 종교 활동을 기대할 수 없었다. 앞서 살펴본 것처럼 매지권에 북중국으로부터 이주한 오두미도 종사자로 추정되는 인물이 등장하기도 하지만 개인적 활동에 국한되어 있었다. 이것이 강남 매지권이 지역적 습속을 유지할 수 있던 원인이 되었을 것이다.

다른 하나는 이 시기 강남 신선도神仙道의 성격과 관련 있을 것이다. 오두미도가 본격적으로 강남으로 내려오기 전 강남의 신선도는 갈씨 일족을 중심으로 계승된 갈씨도葛氏道와『상청경上淸經』을 최고 경전으로 숭상하는 상청파上淸派로 대별된다. 이 중 상청파는 동진 중기에 형성되었기에 여기서 다루는 시기의 손오 지역에서 가장 영향력 있었던 도파는 갈씨도라 할 수 있다. 갈씨도는 손오의 좌자左慈를 시작으로 갈현葛玄—정은鄭隱—갈홍葛洪—갈망葛

망─갈소보葛巢甫로 이어지며[69] 유송劉宋 말에 소멸할 때까지 오로지 강남의
오 지역을 중심으로만 활동한 것으로 알려져 있다.[70] 그런데 이 갈씨도는
'신선도교神仙道敎'·'단정파丹鼎派'[71]·'금단도파金丹道派'[72]로 불리는 것에서 알
수 있듯이, '치병治病'과 '각화却禍(재화의 제거)'를 교리로 삼는 태평도나 오두
미도와는 다른 '장생'과 '수선修仙'을 근본으로 삼았다.[73]

갈씨도에서 최고의 선술仙術은 금단법金丹法이었고 금단에 의지하지 않으
면 승선昇仙하는 것은 불가능하였다.[74] 이와 함께 선술로 강조되는 것은
복약服藥·행기行氣·도인導引·방술方術 등으로 이것들을 병용하였을 경우 효과
가 있다고 한다.[75] 흥미로운 것은 이렇게 다양한 선술을 연마한다고 해도
덕성德性을 함양하지 않는다면 장생할 수 없다고[76] 하는 도덕의 존중이다.
심지어 이것은 구체적인 수치로 표현되었다. 지선地仙이 되기 위해서는 300
가지 선행이 필요하고, 천선天仙이 되고자 한다면 1,200가지 선행을 행해야
했다. 혹 1,199가지 선행을 하더라도 한 가지 악행을 하면 처음부터 선행을
다시 쌓아야 한다.[77] 이렇게 자기 수양에 의해 장생하고 신선이 될 수

---

69) [東晉]葛洪, 『抱朴子內篇』, 「金丹」, "昔左元放於天柱山中精思, 而神人授之金丹仙經, 會漢末
亂, 不遑合作, 而避地來渡江東, 志欲投名山以修斯道. 余從祖仙公, 又從元放受之. 凡受太淸
丹經三卷及九鼎丹經一卷金液丹經一卷. 余師鄭君者, 則余從祖仙公之弟子也, 又於從祖受
之, 而家貧無用買藥. 余親事之, 灑掃積久, 乃於馬迹山中立壇盟受之, 幷諸口訣訣之不書者.
江東先無此書, 書出於左元放, 元放以授余從祖, 從祖以授鄭君, 鄭君以授余, 故他道士了無知
者也."
70) 小林正美, 『六朝道敎史硏究』(東京: 創文社, 1990), 4쪽.
71) 任繼愈 主編, 『中國道敎史』(北京: 中國社會科學, 2001), 72쪽.
72) 윤찬원, 「葛洪 神仙思想의 형성과 철학사상에 관한 연구」, 『道敎文化硏究』 20(2004),
182쪽.
73) 胡孚琛, 『魏晉神仙道敎-抱朴子內篇硏究』(臺北: 臺灣商務, 1989), 62쪽.
74) [東晉]葛洪, 『抱朴子內篇』, 「金丹」, "昇仙之要, 在神丹也."
75) [東晉]葛洪, 『抱朴子內篇』, 「雜應」, "養生之盡理者, 旣將服神藥, 又行氣不懈, 朝夕導引,
以宣動榮衛, 使無輟閡, 加之以房中之術, 節量飮食, 不犯風濕, 不患所不能, 如此可以不病."
76) [東晉]葛洪, 『抱朴子內篇』, 「對俗」, "欲求仙者, 要當以忠孝和順仁信爲本. 若德行不修, 而但
務方術, 皆不得長生也."
77) [東晉]葛洪, 『抱朴子內篇』, 「對俗」, "人欲地仙, 當立三百善; 欲天仙, 立千二百善. 若有千一百

있다고 주장하는 갈씨도는 당연하게도 귀신에 대한 제사나 선경仙經의 암송 같은 주술적 방법들에 대해 부정적이었다.[78]

도를 배워 신선이 될 수 있다는[79] 갈씨도는 백성들의 고통과 질병을 해제하는 것에 대해서는 관심을 두지 않았다. 갈씨도의 세계는 백성들에게 절실했던 구복求福의 염원과는 다른 세계였다. 그것은 확실히 사족士族의 세계이며 특권층의 종교였다.[80] '귀도鬼道' 또는 '요도妖道'[81]로 불리는 민간의 도교가 아직 본격적으로 영향력을 발휘하지 못했던 시기, 사족들의 생활을 반영하고 그들의 염원을 담은 갈씨도가 강한 영향력을 발휘하던 강남에서 주술적 내용이 담긴 매지권이 등장하기는 힘들었을 것이다.

III. 남조 시기 매지권의 변화와 그 원인

그러나 유송 시기 기년을 가진 매지권들은 앞서 살펴본 손오·양진 시기 매지권과 비교하여 전혀 다른 모습을 보인다. 이후 표를 통해서도 알 수 있는 것처럼 도교 관련 내용이 매지권에 등장하는 것이 가장 큰 특징이다. 논의의 편의를 위해 우선 매지권 중 도교 관련 내용이 포함된 남조南朝 매지권 중 가장 전형적인 것으로 평가받는 〈유송원가10년(433)서부매지권劉宋元嘉十年徐副買地券〉을 살펴보자.

〈유송원가10년(433)서부매지권〉[82]

九十九善, 而忽復中行一惡, 則盡失前善, 乃當復更起善數耳."
78) 小林正美, 앞의 책(1990), 17쪽.
79) 劉鋒·藏知非, 『中國道敎發展史』(臺北: 文津, 1997), 138쪽.
80) 胡孚琛, 앞의 책, 79쪽.
81) 任繼愈 主編, 앞의 책, 72쪽. 이것은 이미 梁의 李膺이 『益州記』에서 지적하였다. [北周]甄鸞, 「觀音侍老七」, "又案蜀記云, 張陵避瘧丘社中. 得呪鬼之術. 自造符書, 以誑百姓."

宋 元嘉十年太歲癸酉十一月丙申朔卄七日壬戌辰時.① 新出太上老君符勅, 天一·
地二, 孟仲四季, 黃神·后土, 土皇·土祖, 土營·土府, 土文·土武, 土墓上·墓下,
墓左·墓右·墓中央五墓主者, 丘丞·墓伯, 冢中二千石, 左右冢侯, 丘墓掾史, 營土將
軍, 土中督郵, 安都丞, 武夷王, 道上游邏將軍, 道左將軍, 道右將軍, 三道將軍,
蒿里父老, 都集伯悢, 營域亭部, 墓門亭長, 天罡·太一·登明·功曹·傳送隨斗十二神
等.② 荊州 長沙郡 臨湘縣 北鄕 白石里男官祭酒代元治黃書契令徐副, 年五十九
歲, 以去壬申十二月卄六日, 醉酒壽終.③ 神歸三天, 身歸三泉, 長安蒿里. 副先人丘
者□墓乃在三河之中, 地宅俠迮, 新創立此. 本郡縣鄕里立作丘冢, 在此山堁中. 遵
奉太上諸君·丈人道法, 不敢選時擇日, 不避地下禁忌, 道行正眞, 不問龜筮, 今已於
此山堁爲副立作宅兆.④ 丘墓營域, 東極甲乙, 南至丙丁, 西接庚辛, 北至壬癸, 上極
靑天, 下座黃泉.⑤ 東仟佰, 各有丈尺,⑥ 東西南北地皆屬副.⑦ 日月爲證, 星宿爲明,⑧
卽日葬送. 板到之日, 丘墓之神, 地下禁忌, 不得禁呵, 誌訝塡墓宅兆. 營域冢郭,
閉繫亡者魂魄, 使道理開通. 丘墓諸神咸當奉板, 開示亡人道地, 安其尸形, 沐浴冠
帶. 亡者開通道理, 使無憂患, 利護生人. 至三會吉日, 當爲丘丞諸神言功擧遷, 各加
其秩祿, 如天曹科比. 若有禁呵, 不承天法, 誌訝冢宅, 不安亡人, 依玄都鬼律治罪.⑨
各愼天憲, 明永奉行. 一如太淸玄元上三天無極大道太上老君地下女靑詔書律令.⑩

①장례일 ②명계의 관리 ③묘주의 신상과 사망일 ④무덤 조영의 이유 ⑤무덤
의 사방 경계 ⑥무덤지의 크기 ⑦약속의 문언 ⑧보증인 ⑨진혼鎭魂과 해제解除
⑩정형구(여如~조서율령詔書律令)

유송劉宋 태세太歲가 계유癸酉에 머무르는 원가元嘉 10년(433) 초하루가 병신
丙申인 11월 27일 임술壬戌 진시辰時. 신출태상로군新出太上老君이 부칙符勅을

---

82) 長沙市文物工作隊, 「長沙出土南朝徐副買地券」, 『湖南考古輯刊』 1(1982), 117~119쪽. 〈徐
副買地券〉에 대한 자세한 사항은 홍승현, 〈劉宋元嘉十年(433)徐副買地券〉, 앞의 책,
431~451쪽을 참조.

내려 천天·지地, 사계四季의 신, 황신黃神·후토后土, 토황土皇·토조土祖, 토영土
營·토부土府, 토문土文·토무土武, 토묘상土墓上·토묘하土墓下, 묘좌墓左·묘우墓
右·묘중앙오묘주자墓中央五墓主者, 구승丘丞·묘백墓伯, 총중이천석冢中二千石,
좌左·우총후右冢侯, 구묘연사丘墓掾史, 영토장군營土將軍, 토중독우土中督郵, 안
도승安都丞, 무이왕武夷王, 도상유라장군道上游邏將軍·도좌장군道左將軍·도우
장군道右將軍, 삼도장군三道將軍, 호리부로蒿里父老, 도집백장都集伯倀, 영역정
부營域亭部, 묘문정장墓門亭長, 천강天罡·태일太一·등명登明·공조功曹·전송傳
送…수두십이신隨斗十二神 등에게 명한다. 형주荊州 장사군長沙郡 임상현臨湘縣
북향北鄕 백석리白石里의 남관좨주男官祭酒·대원치대代元治 황서계령黃書契令 서
부徐副가 59세의 나이로 지난 원가 9년 임신년(432) 12월 26일 사망하였다.
(사람이 죽으면) 혼은 삼천三天으로 돌아가고 몸은 삼천三泉으로 돌아가니,
영구히 호리蒿里에서 편안하리라. 서부 선조의 무덤은 □묘로 삼하三河
중에 있어 땅과 집이 비좁아 새롭게 이곳에 세운다. 본군·향·리에 무덤을
세우니 이 산등성이 안에 있다. 태상제군太上諸君과 태상장인太上丈人의 도법
道法을 받들어 감히 (길한) 시간과 날짜를 선택하지 않고 땅의 금기禁忌를
피하지 않았으며, 정진正眞의 도道를 수행하여 귀갑龜甲과 시초蓍草를 이용하
여 점을 쳐 묻지 않고 지금 이 산등성에 서부를 위해 무덤을 만들었다.
무덤의 영역은 동으로는 갑을甲乙에 이르고 남으로는 병정丙丁에 이르렀으
며, 서로는 경신庚辛에 접했고 북으로는 임계壬癸에 이르렀다. 위로는 청천靑
天에 이르렀고 아래로는 황천黃泉에 자리잡았다. 동쪽의 천맥阡陌은 각기
크기가 있으니 동서남북의 땅 모두가 서부에게 속한다. 해와 달이 증명하고
별들이 명백히 하니, 당일 장사지내 떠나 보낸다. 문서[板]가 도착하는
날 무덤의 신과 지하 금기의 관官은 (망자를) 꾸짖어 제지하거나 금지할
수 없고, 무덤을 소란케 할 수 없다. 무덤을 획정하여 망자의 혼백魂魄을
가두고 도리를 통하게 하라. 무덤의 신들은 모두 문서를 받들어 망자가
가야 할 길을 계시하고 시체를 편안히 하며 깨끗이 씻기고 의복을 갖추게

하라. 망자가 도리에 통하게 되면 산 자에게는 우환이 없고 이로움과
보호를 받게 된다. 삼회三會의 길일吉日에 이르면 구승丘丞(을 비롯한) 모든
신들이 공功을 논하여 (하늘에) 천거함에 따라 각기 그 질록秩祿을 더하면
장차 천조天曹에서 비교하고 유추하여 판단할 것이다. 만약 (망자를) 꾸짖어
제지하여 천법天法을 받들지 않으며, 무덤을 보호하지 않아 망자를 불안하게
한다면『현도귀율玄都鬼律』에 따라 죄를 다스릴 것이다. 각기 천헌天憲을
삼가 받들어 밝고 영구히 봉행하라. 마치 태청현원상삼천무극대도太淸玄元
上三天無極大道, 태상로군太上老君, 그리고 지하여청地下女靑의 조령詔令과 같이
(행)하라.

　　내용을 통해 알 수 있는 것처럼 이 매지권에는 후한 광화光和 시기(178~184)
매지권의 특징인 해제 관념이 다시 등장한다. 그러나 그 해제 관념이 한층
복잡하고 구체적인 모습을 띤다. 그것은 이 매지권의 해적과 제앙의 행위가
도교의 상장의례上章儀禮에 기초하기 때문이다. '상장'이란 본래 천사도天師道
치병법의 하나로 수과首過(자신의 죄과를 고백), 부수符水(무자나 도사가
부적을 태우거나 주문을 외운 신령한 물을 복용)와 더불어 귀신에게 용서받
기를 청하는 것을 말하는데, 현실 세계의 상주문上奏文과 비슷하다. 병기病氣
를 인간의 죄과에 대해 가해진 귀신의 징벌로 이해하였기에[83] 자신의 죄를
반성하는 것과 더불어 귀신에게 죄를 용서해 줄 것을 비는 것이다. 처음에는
천신天神, 지신地神, 수신水神에게 수서手書(삼관수서三官手書)를 봉헌하였으
나,[84] 동진 이후로는 천이백관千二百官에게 상장하는 방식으로 변화하였다.[85]

---

83) 小林正美, 앞의 책(1990), 195쪽.
84)『三國志·魏書』卷8,「張魯傳」, "請禱之法, 書病人姓名, 說服罪之意. 作三通, 其一上之天,
　　著山上, 其一埋之地, 其一沉之水, 謂之三官手書."
85)『正一威儀經』에는「正一章奏威儀」가 있어 上章을 행하는 威儀에 대해 설명하고 있다.
　　"正一章奏威儀: 章法最難, 愼不得輕, 紙墨令淨, 辭狀正直, 須合眞氣, 勿使謬妄吏兵陳論.
　　正一章奏威儀: 拜章面向, 隨其所申, 皆當別立, 席·座·巾·案如法, 低身小坐, 平聲讀之, 勿得
　　高傲不恭. 正一章奏威儀: 不受治籙·千二百官君·三百六十大章·都章畢印, 皆不合奏章出官,

이것은 치병법이면서 동시에 멸죄법滅罪法이자, 제액법除厄法이라고 할 수 있다. 따라서 죽은 자의 죄를 용서하고 그 죽은 자의 해코지로부터 산 자를 지키려는 진묘문과 매지권의 해제 관념이 도교의 상장 의례와 일맥상통한다고 할 수 있다. 그리고 도교의 상장 의례가 매지권에 수록된 것은 유송 시기 들어 천사도의 활동이 본격화되며 민간에서 상당한 영향력을 갖게 되었음을 말해주는 것이라 할 수 있다.[86] 〈서부매지권〉에서 보이는 '무덤을 획정하여 망자의 혼백을 가두'고[87] '도리를 통하게 하'는 것,[88] '시체를 편안히 하며 깨끗이 씻기고 의복을 갖추게 하'는 것,[89] 망자가 도리에 통하게 되면 '산 자는 우환이 없고 이로움과 보호를 받게'될 것[90]이라는 내용들은 모두 도경道經 『적송자장력赤松子長曆』에 나온다.[91]

천사도의 교단 재건은 〈서부매지권〉에서 묘주인 서부가 남관좨주男官祭酒 (오두미도의 신관神官)며, 대원치代元治(치는 오두미도의 교구)의 황서계령黃

各出身中仙官不得謬監."

86) 〈徐副買地券〉을 天師道 계통의 매지권으로 파악하는 이유는 매지권 안에 등장하는 '新出太上老君'이라는 구절 때문이다. 이 표현은 오두미도의 창시자인 張陵이 다른 교단 조직과 구별하여 老子를 신격화하면서 사용한 것으로 알려져 있다. 왕위청은 '신출태상로군'은 천사도가 노자를 신성화하면서 사용한 용어이기에 이 용어가 사용되었다는 것은 墓主가 천사도의 신도라는 증표라 하였다. 王育成, 「徐副地券中天師道史料考釋」, 『考古』 1993-6, 572쪽.

87) 『赤松子長曆』, 「新亡灑宅逐注卻章章」, "臣按人死之日, 魂魄流散, 化成八殺·雌雄·咎注·喪車·勉魁, 或出或上, 還重殺害, 纏綿宅內, 伺候衰缺, 復欲中傷, 注害生人."

88) 『赤松子長曆』, 「開通道路章」, "未測亡人新逝已來, 魂魄不知託生何道. 恐在世之日, 殺害衆生, 傷損物命, 繫閉三途, 未蒙解脫…伏聞太上大道有解拔之科, 濟度亡魂之法, 謹賚法信, 獻五方靈官, 薦拔亡人魂魄, 闇通道路, 無有窒礙."

89) 『赤松子長曆』, 「沐浴章」, "臣今謹爲伏地拜章, 上請沐浴君吏·沐浴夫人·洗浣玉女千二百人, 鑒臨亡人, 沐浴身形, 洗垢除穢, 去離桎梏, 得睹光明, 逍遙快樂, 衣食自然, 無諸乏少, 安穩塚墓, 祐利生人, 以爲效信."

90) 『赤松子長曆』, 「謝五墓章」, "致使亡人不安, 擾動生人.";『赤松子長曆』, 「又大塚訟章」, "亡靈不安, 殃及生人子孫.";『赤松子長曆』, 「沐浴章」, "安穩塚墓, 祐利生人."

91) 조성우에 따르면 『赤松子長曆』은 도교의 上章儀에 관하여 가장 풍부한 내용을 제공하고 있다. 趙晟佑, 「中世 中國 生死觀의 一面과 道敎-殃禍의 觀念을 중심으로-」, 『中國古中世史研究』 25(2010), 193쪽.

書契令(도관道官의 하나)이라는 것을 통해 확인할 수 있다.92) 한편 기존 연구에
따른다면 이 시기 천사도는 자파의 경전을 편찬하는 것은 물론이고 다른
도파인 갈씨도와 상청파의 경전을 흡수하여 정리·편찬하는 작업을 통해
영향력을 확대하며 고급 종교로서의 도약을 준비한다.93) 〈서부매지권〉을
예로 들면 매지권의 내용 중에는 도경 중 동진 시기에 편찬된 천사도의
『태상정일주귀경太上正一呪鬼經』94)·『여청귀율女靑鬼律』95)외에도 유송 들어 편
찬된 『육선생도문과략陸先生道門科略』,96) 『삼천내해경三天內解經』,97) 『상청황서
과도의上淸黃書過度儀』98)의 내용들이 나타나고 있다. 천사도의 조직이 재건되
고 경전의 정리와 편찬을 통해 천사도의 위세가 확대되면서 이들의 영향력이
강남 매지권의 세계를 장악한 것으로 볼 수 있을 것 같다. 물론 그렇다
해도 유송 시기 천사도의 위세는 호북·호남·강소·광동 지역을 넘지 못했던
것으로 보인다.

---

92) 고바야시 마사요시는 이 시기 전통적인 '治와 祭酒制度'가 원활하게 기능할 정도로
완전한 형태로 부활되지는 못하였다고 하였다. 小林正美, 앞의 책(1998), 31, 68~69
쪽.
93) 小林正美, 앞의 책(1990), 207쪽. 대표적으로 『陸先生道門科略』의 내용을 차용한 '감히
길한 시간과 날짜를 선택하지 않고 땅의 금기를 피하지 않는'다는 구절을 그 근거로
들 수 있다. 고바야시 마사요시에 따르면 이는 천사도가 민간 신앙과는 다른 독자의
종교적 교의와 높은 규율을 가진 종교 집단으로 성립되어 가는 현상이다.
94) "太上諸君·丈人"(『太上正一呪鬼經』, "臣重啓太上大道君, **太上老君, 太上丈人**, 天師·嗣師·
系師等三師.") 강조는 저자. 이하 동일.
95) "依**玄都鬼律**治罪"(『女靑鬼律』 卷4, "天師稽首, 敢承先王之道, 制民制民勅鬼, 今當以盟威正
一之氣·**女靑鬼律役使天下邪魅妖祥**, 助道興化.")
96) "不敢選時擇日, 不避地下禁忌"(『陸先生道門科略』, "盟威淸約之正敎. 盟威法, 師不受錢, 神
不飮食, 謂之淸約. 治病不針炙湯藥, 惟服符首罪, 改行章奏而已. **居宅安塚, 移徙動止, 百事
不卜日問時, 任心而行, 無所避就, 謂之約**. 千精萬靈, 一切神祇, 皆所廢棄, 臨奉老君三師,
謂之政敎.")
97) "新出太上老君"(『三天內解經』 卷上, "以漢安元年壬午歲五月一日, 老君於蜀郡渠亭山石室
中, 與道士張道陵將詣崑崙大治**新出太上**. 太上謂世人不畏眞正而畏邪鬼, 因自號爲**新出老
君**. 卽拜張爲太玄都正一平氣三天之師, 付張正一明威之道· 新出老君之制.")
98) "太淸玄元上三天無極大道"(『上淸黃書過度儀』, 「八生」, "第二轉關初左無上中右玄老後太
上, **新出老君太靑玄元上三天無極大道**.")

〈표 4-2-3〉 남조 매지권 일람[99]

연번	매지권명	출토지	묘주	입회자	도교 관련 내용	매지권 요소
1	〈유송원가9년(432) 왕불녀매지권劉宋元嘉 九年王佛女買地券〉[100]	강소江蘇 서주徐州	왕불녀	동황공東皇公·서왕모西王母, 왕자교王子僑, 장항흔 張亢捉	女靑律令	雇錢
2	〈유송원가10년(433) 서부매지권劉宋嘉十年徐副買地券〉[101]	호남湖南 장사長沙	남 관 좨 주男官祭酒 서부		新出太上老君, 男官祭酒, 代元治黃書契令, 太上諸君·丈人, 三會吉日, 玄都鬼律, 太淸玄元上三天無極大道·太上老君·地下女靑詔書律令	
3	〈유송원가16년(439) 간겸매지권劉宋元嘉十六年蘭謙買地券〉[102]	호북湖北 악주鄂州	현 령縣令 간겸[103]	장견고張堅固	新出太⋯, 三會吉日, 地下女靑詔書律令, 玄都鬼律	直錢, 卽日畢了
4	〈유송원가19년(442) 내녀매지권劉宋元嘉十九年妳女買地券〉[104]	광동廣東 시흥현始興縣	내녀	장견고·이정도李定度	玄都鬼律, 地下[女][靑][詔][書][律][令]	雇錢, 錢卽日, 沽酒各半, 共爲卷莂
5	〈유송원가21년(444) 전화매지권劉宋元嘉二十一年田和買地券〉[105]	광동 인화현仁化縣	전화		新出太上老君, 太上諸君·丈人, 三會吉日, 玄都鬼律, 泰淸玄元上三天無極大道·太上老君·北下女靑詔書律令	
6	〈유송원가27년(450) 공도매지권劉宋元嘉二十七年龔縚買地券〉[106]	광동 광주廣州	주 종 사州從事 공도	장견고·이정도	玄都鬼律, 地下女靑詔書	得錢, 卽日畢了, 沽酒各半, 共爲卷莂
7	〈유송태시6년(470) 구양경희매지권劉宋泰始六年歐陽景熙買地券〉[107]	광서廣西 계림桂林	도민道民 구 양 경 희	왕 호 王偏·적송자赤松子·이정李定·장고張故[108]		卽日畢了, 分卷爲明
8	〈남제영명3년(485) 유개매지권南齊永明三年劉凱買地券〉[109]	호북 무창武昌	전 군 참 군 사前軍參軍事 유개	일월日月, 성수星宿	新出太上老君, 太上老君, 泰淸玄元上三天無極大道·太上老君·北下女靑詔書律令	雇錢, 畢了, 從此土神買地
9	〈남제영명4년(486) □해매지권南齊永明四年□骸買地券〉[110]	광서 영천현靈川縣	□해	이정도·장견고		雇錢, 卽日畢了, 分卷爲明

10	〈남제영명5년(487) 황도구매지권南齊永明五年黃道丘買地券〉111)	광서 영천현	황도구	이정도·장견고		雇錢, 即日畢了, 分卷爲明
11	〈남제영명5년(487) 진승맹매지권南齊永明五年秦僧猛買地券〉112)	광서 계림	진승맹	이정도·장견고		雇錢, 即日畢了, 分卷爲明
12	〈소량천감4년(505) 매지권蕭梁天監四年買地券〉113)	호남 자흥資興	판독불가		太上老君, 太上丈人, 玄都鬼律, 泰淸三天無極大道·太上·地下女靑律令	
13	〈소량천감15년(516) 웅미매지권蕭梁天監十五年熊薇買地券〉114)	광서 영천현	웅미	장견고·이정도	玄都鬼律, 地下女靑詔書科律	雇錢, 即日畢了, 各共爲卷
14	〈소량천감18년(519) 담화매지권蕭梁天監十八年覃華買地券〉115)	광서 융안현 融安縣	담화	이정도·장견고		雇錢, 即日畢了, 分卷爲明
15	〈소량보통원년(520) 하정매지권蕭梁普通元年何靖買地券〉116)	호남 자흥	하정		太上[老][君], 太上諸君·丈人, 三會吉日, 泰淸三天無極大道·太上·地下女靑律令	
16	〈소량보통4년(523) 웅열매지권蕭梁普通四年熊悅買地券〉117)	광서 영천현	웅열	장견고·이정도	玄都鬼律, 地下女靑詔書科律, 太上老君律令	傾錢, 沽酒寫定, 共爲券誓
17	〈소량중대통5년(533)주당이매지권蕭梁中大通五年周當易買地券〉118)	광서 녹채현 鹿寨縣	주당이		老君, 太上老鬼律令	

99) 이 표에서 분석하고 있는 매지권 외에 1991년 南京에서 발굴된 墓主가 輔國將軍인 매지권이 있다. 이 매지권은 전반부는 墓誌고, 후반부는 매지권으로 이루어진 독특한 형식을 띠고 있다. 전반부 묘지의 분량이 후반부 매지권의 분량보다 다소 많은 상태인데, 중국학계에서는 묘지로 구분하고 있어 여기서는 제외하였다. 자세한 사항은 朱國平·王奇志, 「南京西善橋"輔國將軍"墓誌考」, 『東南文化』112(1996)를 참조.

100) [民國]羅振玉, 앞의 책, 268~269쪽.

101) 長沙市文物工作隊, 앞의 글, 117~119쪽.

102) 黃義軍·徐勁松·何建萍, 「湖北鄂州郭家細灣六朝墓」, 『文物』2005-10, 42~43쪽.

103) 郭家細灣墓에서는 모두 3점의 매지권이 출토되었는데, 각기 내용이 상이하다. 묘주는 모두 蘭謙으로 되어있지만 두 점의 매지권에는 縣令으로, 한 점의 매지권에는 男□로 신분을 표시하였다. 黃義軍·徐勁松·何建萍, 위의 글, 42~43쪽.

104) 廖晉雄, 「廣東始興發現南朝買地券」, 『考古』1989-6, 56~57쪽.

105) 楊豪, 「廣東晉南朝隋唐墓葬」, 『廣東出土晉至唐文物』(香港: 廣東省博物館·香港中文大學文

현재 발견된 남조 시기 매지권은 그 구성 요소에 따라 크게 세 부류로 구분이 가능하다. 첫째, 매지권의 기본적 요소를 포함하면서 도교 관련 내용을 포함하는 것(가 유형: 연번 1, 3, 4, 6, 8, 13, 16). 둘째, 도교 관련 내용만을 포함하고 매지권의 구성 요소를 갖추지 못한 것(나 유형: 연번 2, 5, 12, 15, 17).[119] 셋째, 매지권의 요소만을 가진 것으로 구분할 수 있다(다 유형: 연번 7, 9, 10, 11, 14). 이 중에서 나 유형을 특별히 '도교매지권道敎買地券' 으로 부르고자 한다. 특정 지역에서 매지권에 도교 관련 내용이 포함된 가 유형과 나 유형이 출현하였다면 그 지역은 천사도의 영향권 내의 지역으로 판단해도 무리가 없을 것 같다.

物館, 1985), 25~26쪽.

106) 廣州市文物考古研究所, 「廣州市淘金東路中星小學南朝墓發掘報告」, 『羊城考古發現與研究』(北京: 文物, 2005), 141~142쪽.

107) 張傳璽 主編, 앞의 책, 119~120쪽.

108) 입회자로 등장하는 王倚, 李定, 張故는 각각 王子僑, 李定度, 張堅固의 잘못으로 보인다.

109) 湖北省博物館, 「武漢地區四座南朝紀年墓」, 『考古』 1965-4, 182~183쪽.

110) 莫志東, 「淺析桂林地區出土的南朝買地券及其相關問題」, 『桂林文化』 2003-3. 여기서는 魯西奇, 『中國古代買地券研究』(廈門: 廈門大, 2014), 125쪽에서 재인용.

111) 蔡廷瑜, 「廣西南朝地卷及其相關問題」, 『廣西文物』 1(1985). 여기서는 魯西奇, 위의 책, 126쪽에서 재인용.

112) 黃增慶·周安民, 「桂林發現南齊墓」, 『考古』 1964-6, 321쪽.

113) 湖南省博物館, 「湖南資興晉南墓」, 『考古學報』 1984-3, 355쪽.

114) 魯西奇, 위의 책, 128쪽.

115) 廣西壯族自治區文物考古隊, 「廣西壯族自治區融安縣南朝墓」, 『考古』 1983-9, 792쪽; 張傳璽 主編, 위의 책, 127쪽.

116) 湖南省博物館, 「湖南資興晉南墓」, 『考古學報』 1984-3, 355쪽. 연번 12와 15는 동일 묘에서 출토되었다.

117) 莫志東, 「淺析桂林地區出土的南朝買地券及其相關問題」, 『桂林文化』 2003-3. 여기서는 魯西奇, 위의 책, 133쪽에서 재인용.

118) 陳俊, 「柳州出土南朝買地券考」, 『柳州博物館文集』(南寧: 廣書美術, 2006). 여기서는 魯西奇, 위의 책, 134쪽에서 재인용.

119) 나 유형의 경우 墳墓의 사방 경계가 서술되어 있기는 하지만 매지권의 가장 중요한 구성 요소인 매도자와 매입자, 묘지의 위치, 가격의 지불 등과 같은 내용이 나타나지 않아 편의적으로 매지권의 구성 요소를 갖추지 못한 것으로 구분하였다.

그렇다면 유송 시기의 경우 광주까지 천사도의 영향권으로 볼 수 있겠다. 연번 7에 따라 유송 시기 매지권은 광서 계림까지 전파된 것을 알 수 있지만, 이곳에서 발견된 〈구양경희매지권〉에서는 도교 관련 내용이 아직 발견되지 않는다. 이것은 남제南齊 시기에도 마찬가지다. 남제 시기 광서 지역에서 지금까지 발견된 매지권은 모두 3건인데, 모두 다형으로 매지권을 통해 신선 사상을 볼 수 있기는 하지만[120] 도교 관련 내용을 확인할 수는 없다.

그러나 519년 천감天監 18년을 끝으로 다형 매지권은 광서 지역에서도 더 이상 출현하지 않는다. 이미 천감 15년(516)의 〈옹미매지권〉에는 도교적 내용이 출현하여 이 지역에 천사도가 전파되었음을 알 수 있다. 양대梁代 매지권을 일별해 보면 광서 지역 안에서 천사도의 전파는 영천(계림) → 녹채의 방향으로 진행된다. 종합하면 유송 이래 도교매지권은 강소 → 호북· 호남 → 광동 → 광주를 거치며 종으로 남하하다가 횡으로 방향을 틀어 서쪽으로 깊이 광서로 들어서는 모습을 보이고, 광서에서는 아래로 깊숙이 들어가는 모습을 보인다. 물론 천사도의 전파를 매지권 안에 보이는 도교 관련 내용으로 단정할 수는 없을 것이다. 그러나 매지권의 전파와 잠시의 시간차를 두고 매지권 안에서 천사도의 교의가 기술된 것은 매지권이란 매개를 통해 천사도의 교세 확산, 즉 초기 도교의 전파를 탐구할 수 있는 가능성을 제시해 준다고 생각한다.

앞에서 살펴본 것처럼 강남 지역은 북중국과는 다른 종교적 전통이 존재하고 있었다. 그리고 그 다른 종교적 전통은 지역별로 다소의 차이를 가지고 있었다. 단정할 수는 없지만 천사도가 교단을 추스르고 교세를 확장하는

---

120) 이것은 입회자로 등장하는 장견고, 이정도를 통해 알 수 있다. 장견고는 劉宋 元嘉 16년(439) 〈蕭謙買地券〉에서 처음 등장하고, 이정도는 유송 원가 19년(442) 〈姊女買地券〉에서 처음 출현한다. 이들은 신선으로 알려져 있는데, 황징춘의 연구에 따르면 강남에서 신봉하던 신선이었다가 차츰 지역적 범위를 넓혀 투르판 지역의 출토물에서도 보인다고 한다. 黃景春, 앞의 글, 279쪽. 이러한 선인(신선)이 입회자로 출현하는 것은 삼국·양진 시기 동왕공과 서왕모가 입회자로 출현하는 매지권과 흡사한데, 이는 매지권에 신선 사상이 투영된 것으로 볼 수 있을 것이다.

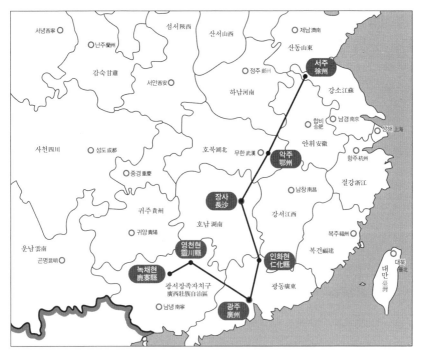

서녕西寧 ○

○ 난주蘭州

섬서陝西

산서山西

○ 제남濟南

산동山東

서주
徐州

감숙甘肅

서안西安 ○

정주鄭州 ○

하남河南

합비 ○ 남경南京
合肥

강소江蘇

○ 상해上海

사천四川

○ 성도成都

호북湖北

무한武漢 ○

안휘安徽

악주
鄂州

항주杭州 ○

○ 중경重慶

절강浙江

장사
長沙

남창南昌 ○

귀주貴州

○ 귀양貴陽

호남 湖南

강서江西

복주福州 ○

운남雲南

곤명昆明 ○

영천현
靈川縣

녹채현
鹿寨縣

광서장족자치구
廣西壯族自治區

○ 남녕南寧

인화현
仁化縣

광주
廣州

광동廣東

복건福建

대
만
臺
灣

대북
臺北

〈그림 4-2-4〉 남조 매지권 안에서 발견되는 도교 관련 내용의 전파 경로

과정에서 아마도 지역에 자생하고 있던 토착 신앙을 최대한 흡수하거나 이용했을 것이다. 그 과정에서 토착 신앙이 투영되어 있는 해당 지역의 매지권을 이용했을 가능성은 충분히 있었을 것이다. 그 결과 남조 시기 천사도의 교의가 투영된 매지권이 남쪽과 내지 깊숙한 곳에서 발견된 것이 아닐까 한다.

3장 남북조 시기 매지권의 계통과
매지권 문화의 동아시아적 전개
-〈무령왕매지권〉의 역사적 위치에 대하여-

1971년 발굴된 무령왕릉武寧王陵 안에서 출토된 2매枚의 석판은 여전히 그 이름이 확정되지 못한 채 〈무령왕묘지武寧王墓誌〉, 〈무령왕매지권武寧王買地券〉, 〈무령왕지석武寧王誌石〉 등으로 연구자의 관심 및 연구의 필요에 의해 다르게 불리고 있다.[1] 그것은 후대에 발생할지 모르는 능묘陵墓 변천에 대비한다는 묘지[2]와 죽은 자가 사후 생활의 장소로서 묘지墓地를 선주자先住者(과거에 먼저 죽은 이)로부터 구매하기 위해 관념적·의제적擬制的으로 토지 매매에 사용한 계약서로 알려져 있는 매지권[3]이 한 무덤에서 발견되었을 뿐 아니라[4] 두 매의 석판이 가운데 뚫린 구멍을 이용하여 마치 하나의

---

1) 武寧王陵에서 출토된 이 石板에 대해서는 '誌石', '墓誌', '冥券', '買地券', '文券' 등의 다양한 명칭이 이용되었다. 여기서는 출토된 2枚를 모두 지칭할 경우는 '지석'으로, 墓主에 대한 간략한 정보를 제공하는 면을 지칭할 경우는 '묘지'로, 무덤터 매매를 기록한 면을 지칭할 경우는 '매지권'으로 부르기로 한다. 석판의 명칭에 대해서는 成周鐸·鄭求福, 「武寧王陵의 誌石」, 『百濟武寧王陵』(公州: 公州大百濟文化研究所, 1991), 165~166쪽과 성주탁, 「무령왕릉 출토 지석」, 『웅진도읍기의 백제』(공주: 충청남도역사문화연구원, 2007), 363~364쪽을 참조.

2) [明]吳訥, 『文章辨體』, 「墓誌」, "墓誌, 則直述世系·歲月·名字·爵里, 用防陵谷遷改."

3) 高倉洋彰, 「漢代買地券の檢討」, 『日本民族·文化の生成Ⅰ 永井昌文教授退官記念論文集』(東京: 六興, 1988), 773쪽.

4) 석판 2매의 성격이 모두 매지권이라는 주장이 없는 것은 아니지만(任昌淳, 「買地券에 대한 考察」, 『武寧王陵』(서울: 文化財管理局, 1973), 48~51쪽), 일반적으로 묘지와 매지권 모두가 출토된 것으로 이해하는 듯하다. 권오영, 「喪葬制를 중심으로 한

세트처럼 포개져 있었기 때문이다.[5] 따라서 연구자의 관심과 필요에 의해 특정 석판을 주목하면서 묘지, 혹은 매지권 등의 표현이 선택적으로 사용되었다. 그리고 유사한 사례가 더 이상 발견되지 않으면서 이 석판의 이름은 확정되지 못했던 것이다.

발견 이후 석판에 대한 지속적이고도 다각적인 연구로 인하여 이 석판을 둘러싼 의문들의 많은 부분이 해소되었다.[6] 그러나 한편으로 검토 혹은 재검토해야 하는 문제도 있다. 예를 들어 무령왕릉 매지권의 작성자는 도교에 능통한 술사術士 내지는 도사道士로 추정되고 있는데[7] 무령왕릉에 매장된 매지권이 비슷한 시기의 양대梁代 도교적 경향을 띤 매지권이 아닌 삼국三國·동진東晉 시기의 매지권에 더 가까운 것에 대해서는 아직 이렇다 할 고찰이 없는 상태다.[8] 따라서 〈무령왕매지권〉에 투영되었다는 도교 사상에 대해서도 재검토가 필요할 것이다. 또한 중국 고대 매지권이 흔히 낮은 계층의 전유물로 이해되고 있는 것[9]과는 달리 한 나라 국왕의 무덤에 매지권이 매장된 것에 대해서도 명쾌한 설명은 아직 없는 것으로 안다. 이와 관련하여

武寧王陵과 南朝墓의 비교」, 『百濟文化』 31(2002), 52쪽.

5) 성주탁, 앞의 글(2007), 365~366쪽.

6) 〈武寧王誌石〉에 대한 연구는 상당한 분량과 수준으로 축적되어 있다. 여기서 기존 연구를 일일이 소개하지는 않겠다. 연구에 대한 정보는 이재환, 「武寧王陵 出土 文字資料」, 『한국고대문자자료 백제(상)-지역별-』(서울: 주류성, 2015), 65~68쪽을 참조.

7) 권오영, 『고대 동아시아 문명교류사의 빛, 무령왕릉』(서울: 돌베개, 2005), 106쪽; 장인성, 「도교문화」, 『百濟의 祭儀와 宗敎』(公州: 충청남도역사문화연구원, 2007), 388쪽.

8) 劉宋 이후 매지권은 道敎的 경향이 매우 강해지면서 매지권 본연의 모습보다는 道經에 수록된 上章儀禮의 내용이 기술되는 경우가 많아진다. 이와는 달리 三國·東晉 시기의 매지권은 초기 도교적 경향이 나타나기는 하지만 아직은 지역별 토착 신앙의 흔적을 보유하며, 長生思想이 강세를 보인다. 자세한 내용은 이하 본문에서 검토될 것이다.

9) Anna Seidel, "Trace of Han Religion in Funeral Texts Found in Tombs", 『道敎と宗敎文化』(東京: 平河, 1987), pp.27~28; 魯西奇, 「漢代買地券的實質·淵源與意義」, 『中國史研究』 2006-1, 67쪽; 洪承賢, 「後漢 買地券의 분류와 역사적·지역적 특징」, 『中國史研究』 101(2016a), 37~38쪽.

최근 중국 남북조 시기 비교적 상층 계층에서 매지권을 사용한 사례가 발견되어[10] 〈무령왕매지권〉 이해에 중요한 단서를 주고 있는 점도 함께 고찰해 봐야 할 것이다.

이러한 문제는 백제 매지권의 독창적인 면보다는 중국 고대 매지권의 역사적 전개와 동아시아로의 유전流傳이라는 시각 속에서 생각해 볼 문제가 아닐까 한다. 이 문제는 이미 지적되었지만[11] 그 성과는 아직 미미하다고 생각한다. 물론 이정효의 「무령왕릉武寧王陵 매지권문賣地券文의 "부종不從"과 "율령律令"」이란 글은 한대漢代 이래 중국의 매지권을 분석하여 〈무령왕매지권〉에만 등장하는 '부종율령'의 의미를 도출하고자 하였다. 그러나 중국 매지권에 대한 분석이 이루어지지 못했고 단지 중국 매지권에 사용된 용어와 〈무령왕매지권〉의 용어를 비교하는 것에 그쳤다. 또 무엇보다도 〈무령왕매지권〉이 고대 동아시아 매지권의 계통 안에서 어떠한 역사적 위치를 갖는가에 대해서는 고찰하지 못하였다.[12] 따라서 이 장에서는 중국 고대 매지권의 전개 과정을 복원하고, 동아시아 매지권의 전통 속에서 〈무령왕매지권〉의 역사적 위치를 확인하고자 한다. 그를 통해 동아시아 석각 문화의 유전을 규명할 수 있는 단초를 얻을 수 있을 것이다.

---

10) 〈南朝輔國將軍墓誌〉와 〈北魏申洪之墓誌〉가 그것인데, 이하 본문에서 자세히 살펴볼 것이다.

11) 이것은 권오영에 의해 주장되었는데 그는 "무령왕릉 발견 이후 중국에서 새로 축적된 막대한 자료를 도외시하거나 활용하지 못하는 기현상이 계속되었다."고 하면서 "중국 자료에 대한 몰이해로 말미암아 전형적인 중국 측 요소를 백제 고유의 창조물로 주장하는 것은 무령왕릉에 대한 이해를 저해한다."고 하였다. 그에 따르면 〈武寧王買地券〉은 南朝, 특히 梁의 방식을 충실히 따르고 있다. 권오영, 앞의 글(2002), 51~54쪽. 주목할 만한 견해지만 〈무령왕매지권〉이 양대 그것의 방식을 따르고 있다는 지적에 대해서는 별도의 검토가 필요할 것이다.

12) 이정효, 「武寧王陵 賣地卷文의 "不從"과 "律令"」, 『文物研究』19(2011).

I. 육조 매지권의 전개와 계통

먼저 앞 장의 내용을 간략히 정리하면서 논의를 진행해 보고자 한다. 앞서
언급한 것처럼 매지권은 죽은 자가 사후 생활의 장소로서 묘지를 선주자로부터
구매하기 위해 관념적·의제적으로 토지 매매에 사용한 계약서다. 흔히 ①토지
매매일(장례일葬禮日), ②매입자(묘주墓主), ③매도자(선주자), ④토지 위치와
면적, ⑤토지의 가격과 대금 지불일, ⑥입회자(증인), ⑦정형화된 문언文言(계
약 체결의 행위나 증거에 대한 구절) 등으로 구성되지만 미신적 요소가 포함되면
서 매입자의 권리를 보장하는 수약守約의 문언文言이 추가되기도 한다.[13]

현재 보고된 가장 이른 기년紀年을 가진 매지권은 명제明帝 영평永平 16년
(73)에 제작된 〈요효경매지권姚孝經買地券〉이다.[14] 매지권의 사용과 관련해
서는 죽어서도 백魄은 지하에 남아 생전과 같은 삶을 영위한다는 고대 중국인
의 영혼불멸관을 이유로 들 수 있는데,[15] 이외에도 한대 들어 활발해진
토지 매매의 영향이라고 보기도 한다.[16] 그래서 초기 매지권들은 실제
토지 문서와 차이가 거의 없다.[17]

---

13) 대표적인 것은 〈後漢建寧四年(171)孫成買地券〉에 등장하는 "根生·土著毛物, 皆孫成.
田中若有尸死, 男卽當爲奴, 女卽當爲婢, 皆當爲孫成趣走給使(그 땅의 곡물과 태어나
살고 있는 동물은 모두 손성의 것이다. 만일 토지에서 시체가 나와 그가 남자라면
'노'가 되고 여자라면 '비'가 되어 모두 마땅히 손성을 위해 열심히 일해야 할 것이다)."
라는 구절이다. 이 구절은 買地券에 초기 재래 신앙, 즉 五斗米道의 미신적 요소가
포함되기 전 가장 전형적인 표현으로 이해된다. 錄文은 [民國]羅振玉, 『蒿里遺珍』,
420쪽을 참조.
14) 偃師商城博物館, 「河南偃師東漢姚孝經墓」, 『考古』 1992-3, 230쪽, "永平十六年四月廿二日,
姚孝經買偉冢地約畝, 出地有名者, 以卷書從事, 周中□弟□周文功."
15) 마이클 로이 저·이성규 역, 『古代中國人의 生死觀』(서울: 지식산업사, 1987; 1998),
42~43쪽.
16) 仁井田陞, 『中國法制史研究 土地法·取引法』(東京: 汲古書院, 1960), 410~415쪽; 吳天穎,
「漢代買地券考」, 『考古學報』 1982-1, 15쪽; 呂志峰, 「東漢買地券著錄與研究槪述」, 『南都學
壇』 32-2(2003), 6쪽.
17) 그 결과 니이다 노보루는 매지권을 실제 토지 매매 문서로 이해하였다. 仁井田陞,
위의 책, 412쪽.

그러나 곧 미신적인 요소와 재래 신앙의 요소가 결합되면서 매지권은 명계문서冥界文書로서의 성격을 분명히 하게 된다. 특히 후한 광화光和 연간 (178~184)에는 무덤을 진안鎭安하는 한편 산자들의 가택 안전을 희구하기 위해 천제天帝의 사자使者가 지하의 관리(혹은 묘역墓域의 관리)에게 죽은 자의 무덤으로의 입문을 알리는 형식의 진혼문鎭魂文인 진묘문鎭墓文18)의 영향을 강하게 받은 '진묘매지권鎭墓買地券'이 제작되기에 이른다. 이해를 위하여 다음과 같은 표를 작성하여 보았다.

〈표 4-3-1〉 매지권·진묘매지권·진묘문의 구성 요소

	매지권	진묘매지권	진묘문
정의	매장된 망자亡者가 사후 생활의 장으로서 묘지墓地를 선주자先住者(즉 과거의 망자)로부터 구매하기 위해 관념적·의제적으로 토지 매매에 사용하는 계약서	매지권에 진묘문의 요소가 포함된 것	무덤을 진안하는 한편 산자들의 가택 안전을 희구하기 위해 천제의 사자가 지하의 관리에게 망자의 무덤으로의 입문을 알리는 형식의 진혼문
재료	벽돌[磚], 납[鉛], 옥[玉]	벽돌, 납, 옥	도병陶瓶, 도관陶罐, 돌[石], 납
구성	①토지 매매일(장례일) ②매입자(묘주) ③매도자(선주자) ④토지 소재지와 면적 ⑤토지의 가격과 대금 지불일 ⑥입회자(증인) ⑦정형화된 문언文言 1(고주沽酒: 계약 체결의 행위) ⑧정형화된 문언 2(권위약券爲約: 계약 체결의 증거)	①토지 매매일 ②묘역墓域의 관리 및 명계冥界의 신들 ③매입자 ④매도자 ⑤토지의 위치와 크기 ⑥토지 가격과 대금 지불일 ⑦토지의 사방 경계[四至] ⑧망자의 혼을 진혼하는 표현과 자손의 번영을 희구하는 표현(제앙해적除殃解謫) ⑨수약守約의 문언 ⑩압진물壓鎭物 ⑪정형화된 문언(여율령如律令) ⑫입회인(증인)	①장례일 ②천제의 사자 ③명계의 주신主神·관리 및 신들 ④묘주의 성명 ⑤사자의 혼을 진혼하는 표현(해적) ⑥자손의 번영을 희구하는 표현(제앙) ⑦정형화된 문언(여율령)

---

18) 洪承賢,「동아시아 古中世 石刻資料 解題 및 譯註 3」,『中國古中世史硏究』37(2015), 277쪽.

예시	건녕建寧 2년(169) 초하루가 경오일庚午日인 8월 25일 갑오甲午.① 하내군河內郡 회현懷縣 남자 왕말경王末卿이② 하남윤河南尹 하남현河南縣 가우정부街郵亭部 남자 원숙위袁叔威로부터③ 고문정부睾門亭部 십삼맥卄三陌 서쪽의 전답 3무畝를 매입하였다.④ 토지의 무 당 가격은 3천 백전, 모두 9천 3백전으로 돈은 그날 모두 지불하였다.⑤ 계약을 아는 자는 원숙위다.⑥ 매입자와 매도자가 각기 술을 반씩 내어 마셨다.⑦ 당일 단서철권丹書鐵券을 만들어 계약의 증명으로 삼았다.⑧	광화光和 2년(179) 초하루가 신미일辛未日인 10월 3일 계유癸酉.① 묘상墓上·묘하墓下·중앙주토中央主土에게 고한다.② 감히 묘백墓伯·혼문정장魂門亭長·묘주墓主·묘황墓皇·묘함墓舍에게 고한다.② 청골사인靑骨死人 왕당王當, 그의 동생 기伎와 윤倫, 그리고 부친 원흥元興 등이③ 하남윤河南尹 □□현□□縣 좌중경左仲敬의 자손 등으로부터④ 곡겹정부毂鄒亭部의 삼맥三陌 서쪽의 전답 10무를 매입하여 집을 삼았다.⑤ 토지의 가격은 일만 전이고, 대금은 그날 모두 지불하였다.⑥ 토지의 장丈·척尺은 문서에 명백하게 기록되어 있다. 따라서 네 모서리에 봉封을 세워 경계를 지었는데, 경계는 위로는 구천九天에 이르고, 아래로는 구지九地에 이르렀다.⑦ 죽은 자는 호리蒿里로 돌아가니, 지하의 관리는 제지할 수 없고, 다른 성씨의 사람은 이 땅을 자신들의 이름으로 점유할 수 없다.⑨ 남은 자를 부귀하게 하고 자손을 이롭게 보우하며, 왕당과 당의 동생 기와 윤 및 부친 원흥 등을… 왕씨 가의 후손들이 죽어 매장되면 수고로움과 꾸짖음을 듣고 금지당하는 것이 없으며, 또한 부역에 종사함이 없을 것이다.⑧ 살아있는 부모, 형제, 처자, 가족에게는 책임이 없다.⑧ 산 자에게는 책임이 없고	초평初平 4년(193) 기묘일己卯日이 초하루인 12월 18일 병신丙申 위일危日.① 천제사자天帝使者가② 삼가 왕씨王氏의 집안을 위해 최근에 사망한後死한 황모黃母가④ 구묘舊墓로 돌아갈 적에 구승丘丞·막(묘)백莫(墓)伯·지하이천석地下二千石·호리군蒿里君·막(묘)황莫(墓)黃·막(묘)주莫(墓)主·막(묘)고부인莫(墓)에게 고한다.③ 왕씨 묘역에 안장된 조상들은 놀라거나 두려워하지 말고 이전처럼 안은安隱하며,⑤ 후손들로 하여금 재산을 증식하고 식구가 늘어나게 하며 천추만세千秋萬歲에 이르기까지 재앙이 없도록 하라.⑥ 삼가 황금 천 근량斤兩을 바치니 이것으로 총문冢門을 진압鎭壓하고 지하의 사적死籍에서 글을 삭제하며 여타의 재앙도 없도록 하고, 이를 요도중인要道中人에게 전하라.⑤ 오석五石의 정精을 조화롭게 함으로써 총묘冢墓를 진안鎭安하고 자손을 이롭게 하라.⑥ 신병神瓶으로써 곽문郭門을 진압하고, 이러한 것들을 율령대로 집행하라.⑦

	각기 죽은 자는 처벌받지 않게 하라.⑧ 만약 죽은 자가 산 자에게 무엇인가 하고자 한다면 익힌 콩에서 싹이 돋고 연권鉛券에 꽃이 피며 달걀이 우는 것을 기다려, 이에 여러 신들이 그 뜻을 서로 허락할 것이다.⑨ 무엇으로 진실의 (신표를) 삼는가? 1척 6촌의 연권으로 진실의 (신표를) 삼는다.⑩ 천추만세千秋萬歲토록 후세 중엔 죽는 자가 없을 것이다.⑧ 율령과 같이 행하라.⑪ 계약의 문서가 완성되었다. 전본조田本曹는⑭ 조전祖田을 들어 좌중경 등⑮에게 팔았고, 중경이⑭ 왕당과 왕당의 동생 기와 윤 및 부친 원흥에게⑯ 전매轉賣하였다. 약속의 문언은… 이때 계약의 내용을 아는 이는 황유黃唯와 유등승留登勝이다.⑫	
〈후한건녕2년(169)왕말경매지권後漢建寧二年王末卿買地券〉19)	〈후한광화2년(179)왕당등매지권後漢光和二年王當等買地券〉20)	〈후한초평4년(193)황모진묘문後漢初平四年黃母鎭墓文〉21)

19) [民國]羅振玉,『貞松堂集古遺文 下』, 346쪽,〈王末卿買地鉛券〉,"建寧二年八月庚午朔廿五日甲午. 河內懷男子王末卿, 從河南河南街郵部男子袁叔威, 買睪門亭部什三陌西袁田三畝. 畝買錢三千一百, 并直九千三百, 錢卽日畢. 時約者袁叔威. 沽酒各半, 卽日丹書鐵券爲約." 〈王末卿買地鉛券〉에 대한 자세한 내용은 洪承賢, 앞의 글(2016a), 6~7쪽을 참조.

20) 洛陽博物館,「洛陽東漢光和二年王當墓發掘簡報」,『文物』1980-6, 55쪽,"光和二年十月辛未朔三日癸酉. 告墓上·墓下·中央主土. 敢告墓伯·魂門亭長·墓主·墓皇·墓白. 靑骨死人王當·弟伎·倫及父元興等, 從河南□□左仲敬子孫等, 買穀鄡亭部三佰西袁田十畝, 以爲宅. 買直錢萬, 錢卽日畢. 田有丈尺, 卷書明白. 故立四角封界, 界至九天上, 九地下. 死人歸蒿里, 地下不得何止, 他姓不得名. 佑富貴, 利子孫, 王當·王弟伎·倫及父元興等. 當來人臧, 無得勞苦苛止, 易勿繇使. 無責生人父母·兄弟·妻子·家室. 生人無責, 各令死者無適負. 卽欲有所爲, 待焦大豆生, 鉛卷華榮, 鷄子之鳴, 乃與諸神相聽. 何以爲眞, 鉛卷尺六爲眞. 千秋萬歲, 後無死者. 如律令. 卷成. 田本曹奉祖田, 賣與左仲敬等. 仲敬轉與王當弟伎·倫·父元興. 約文□□, 時知黃唯·留登勝." 이 매지권에 대한 자세한 내용은 洪承賢, 앞의 글(2016a), 17~23쪽을

광화 연간 '진묘매지권'이 제작된 이유로는 이 시기 오두미도五斗米道 또는 태평도太平道와 같은 민간 신앙의 세력이 확대된 것을 그 이유로 생각해 볼 수 있을 것이다. 후한 말 종래와는 달리 강력해진 귀기鬼氣의 등장으로 인해[22] 그것으로부터 벗어나고자 하는 희구가 이와 같은 미신적 요소가 농후한 매지권을 제작하게 하였을 것이다.[23]

그러나 삼국 시기 들어서며 거짓말처럼 북중국에서 유행하던 매지권은 자취를 감춘다.[24] 대신 강남 지역에 국한되어 출현하는데, 북중국에서 제작되었던 매지권과는 다소 차이를 보인다. 우선 후한 말에 유행했던 '진묘매지권'이 사라졌다. 묘역의 관리 및 명계의 신들에 대한 내용과 망자亡者의 혼을 진혼하는 표현과 자손의 번영을 희구하는 표현인 제앙해적의 구절이 사라진 것이다. 그러나 기록된 내용을 율령과 같이 처리하라는 '여율령'이란 문구는 남아 강남에서 출현한 매지권이 북중국의 전통으로부터 자유롭지 못하다는 것을 알려주고 있다. 다음으로 매지권의 허구성이 강해진 것을 지적할 수 있을 것 같다. 안휘安徽에서 발견된 매지권을 제외하면 매도자와 증인이 사람이 아닌 신 혹은 해[日] 달[月]과 같은 자연물이다. 또한 매매 대상인 토지의 사방 경계[四至]도 동서남북 간지干支에 배당되어 구체성이 결여되어 있음을 확인할 수 있다.

참조.

21) 唐金裕, 「漢初平四年王氏朱書陶瓶」, 『文物』 1980-1, 95쪽, "初平四年十二月己卯朔十八日 丙申直危. 天帝使者謹爲王氏之家, 後死黃母當歸舊閱, 慈告丘丞·莫(墓)伯·地下二千石·蒿 里君·莫(墓)黃·莫(墓)主·莫(墓)故夫人·決曹尙書令: 王氏家中先人, 無驚無恐, 安隱如故, 令 後曾財益口, 千秋萬歲, 無有央(殃)咎. 謹奉黃金千斤兩, 用塡冢門, 地下死藉削除文, 他央咎, 轉要道中人. 和以五石之精, 安冢莫(墓), 利子孫. 故以神瓶震(鎭)郭門, 如律令."

22) 李成九, 「漢代의 死後世界觀」, 『中國古中世史研究』 38(2015), 152쪽.

23) 洪承賢, 앞의 글(2015), 24~25쪽.

24) 북중국에서 유행하던 매지권이 사라진 것과 관련하여 홍승현은 (1) 전란으로 매지권 매납에 영향을 미쳤던 五斗米道 집단의 조직이 와해된 것, (2) 曹操에 의해 薄葬이 강요된 것, (3) 曹魏 황제들의 합리주의적 사고 및 종교 활동 금지 등을 이유로 들었다. 洪承賢, 「三國~南朝 買地券의 특징과 성격」, 『中國古中世史研究』 40(2016b), 136쪽.

한편 흥미롭게도 강남 지역에 출현한 매지권은 지역에 따라 구성상의 차이를 보이며 몇 가지 유형으로 분류 가능하다. 남창南昌과 무창武昌에서 출토된 A형, 안휘에서 출토된 B형, 절강浙江에서 출토된 C형, 강소성江蘇省의 남경南京과 강녕현江寧縣에서 출토된 D형이 그것이다. 앞 장에서 살펴보았지만 논의의 편의를 위해 다시 한 번 표로 정리하면 다음과 같다.

〈표 4-3-2〉삼국 시기 강남 매지권의 유형과 특징

유형	A형	B형	C형	D형
출토지	남창·무창	안휘	절강	강소
구성	①토지 매매일(장례일) ②매입자(묘주) ③사망월과 사망지 ④매도자 ⑤토지의 위치와 크기 ⑥토지 가격 ⑦토지의 사방 경계 ⑧입회인(증인) ⑨정형화된 문언(여율령)	①토지 매매일 ②매입자 ③매도자 ④토지의 크기 ⑤토지 가격 ⑥입회인 ⑦정형화된 문언(선유거자先有居者, 이위율령以爲律令)	①매입자 ②매도자 ③토지의 크기 ④토지의 사방 경계 ⑤토지의 가격과 지불일 ⑥입회인 ⑦정형화된 문언 1(유사약자有私約者, 당율령當律令) ⑧토지 매매일 ⑨정형화된 문언 2(파별대길破別大吉) ⑩제작일과 제작자	①토지 매매일 ②매입자 ③향년享年 ④토지의 위치 ⑤매도자 ⑥토지의 가격 ⑦토지의 사방 경계 ⑧약속의 문언 ⑨정형화된 문언(여천제율령如天帝律令)
예시	황무黃武 4년(225) 초하루가 계묘일癸卯日인 11월 28일 경오庚午.① 구강군九江郡 남자 호종浩宗이② □월에 예장군豫章郡에서 객사客死하였다.③ 동왕공東王公과 서왕모西王母에게서④ 남창현南昌縣 동쪽교외의 무덤지 한 곳을 매입하였다.⑤ 가격은[賈直] 전 오천이다.⑥ 동으로는 갑을甲乙에, 서로는 경신庚辛에,	적오赤鳥 8년(245) 초하루가 정미일丁未日인 12월 6일 임자壬子.① □랑중□郎中 소정蕭整이② 무호無湖 서향西鄉의 토지 주인 엽돈葉敦에게서③ (무덤)지 3경頃 50무畝를 매입하였는데,④ 가격은[賈] 전 3백5십만이고 대금은 그날 당일 지불하였다.⑤ 향위鄉尉 장민蔣政과 이수里帥 사달謝達은⑥ 엽돈의 매도	회계정후會稽亭侯자영전당수군領錢塘水軍·수원장군綏遠將軍이① 토공土公에게서② 무덤지 한 곳을 매입하였다.③ 동남으로는 봉황산鳳凰山 꼭대기에 이르렀고 서로는 호수에 이르렀으며, 북으로는 산 끝에 이르렀다.④ 가격은[直] 전 팔백만이고 대금은 그날 당일 지불하였다.⑤ 해와 달이 증인이며 사	태평太平2년(257) 정묘일丁卯日이 초하루인 12월 10일 병자丙子.① 강하군江夏郡 경릉현竟陵縣의 대남大男 장씨張氏② 나이 90세.③ 지금 □□□□에 무덤을 세우는데,④ 천신[天]에게서 땅[地]을 사고 지신[地]에게서 집[宅]을 샀다.⑤ 고전雇錢은 □□이다.⑥ 동으로는 갑을에, 서로는 경신에, 남으로는 병

남으로는 병정丙丁에, 북으로는 임계壬癸에 다다랐다.⑦ 해[日]를 주主로 삼고 달[月]을 부副로 삼아 (약속하였다.) 이때 문서의 (내용을) 보증하고 아는 자는 낙양洛陽의 금동자金僮子와 학鶴과 물고기[魚]인데,⑧ 학은 위의 하늘로 날아가고 물고기는 아래의 못으로 들어간다. (이 외 입회인으로) 곽사郭師와 오□吳□이(가) 있다.⑧ □문서[券書]로써 증명을 삼으니, 율령律令과 같이 행하라.⑨	와 소정의 매입을 안 다. 먼저 거주한 자가 있다면 율령에 따른다.⑦	시四時가 보증인이 다.⑥ 사약私約이 있다면 율령에 따라 처리하라.⑦ 대오大吳신봉神鳳 원년(252) 임신壬申 3월,⑧ '대길大吉'(이란 글자가) 쓰인 별勑을 나누었다.⑨ 신봉 원년 임신 3월 6일, 손정孫鼎이 별을 만들었다.⑩	정에 북으로는 임계에 다다랐다.⑦ 만일 (장씨의) 땅에 대한 다툼이 있다면 마땅히 천제天帝에게 가고, 만일 집에 대한 다툼이 있다면 마땅히 토백土伯에게 가야 할 것이다.⑧ 천제의 율령과 같이 행하라.⑨
〈손오황무4년(225) 호종매지권孫吳黃武四年浩宗買地券〉25)	〈손오적오8년(245) 소정매지권孫吳赤烏八年蕭整買地券〉26)	〈손오신봉원년(252)손씨매지별孫吳神鳳元年孫氏買地勑〉27)	〈손오태평2년(257)장씨매지권孫吳太平二年張氏買地券〉28)

25) [淸]翁大年, 『陶齋金石文字跋尾』, 19828쪽, 〈吳黃武買地券跋〉, "黃武四年十一月癸卯朔廿八庚午. 九江男子浩宗, 以□月客死豫국. 從東王公·西王母買南昌東郭一丘. 賈[直][錢]五千. 東邸甲乙, 西邸庚辛, 南邸丙丁, 北邸壬癸, 以日[主]月副. 時任知卷者, 雒陽金僮子·鶴與魚, 鶴飛上[天], 魚下入淵. 郭師·吳□. □卷書爲明, 如律令." 이 매지권에 대한 자세한 사항은 홍승현, 〈孫吳黃武四年(225)浩宗買地券〉, 『석각을 통해 본 동아시아 고중세 사회』(서울: 신서원, 2018), 393~404쪽을 참조.

26) 安徽省文物工作隊, 「安徽南陵縣麻橋東吳墓」, 『考古』1965-10, 529쪽. "赤烏八年十二月丁未朔六日壬子. □郞中蕭整, 從無湖西鄕土主葉敦, 買地三頃五十畝, 賈錢三百五十萬, 卽日交畢. 鄕尉蔣玫·里帥謝達, 證知敦賣, 證知整買. 先有居者, 以爲律令."

27) 仁井田陞, 앞의 책, 422쪽, "會稽亭侯幷領錢唐水軍·綏遠將軍, 從土公買冢城一丘. 東·南極鳳凰山巓, 西極湖, 北極山盡. 直錢八百萬, 卽日交畢. 日月爲證, 四時爲任. 有私約者, 當律令. 大吳神鳳元年壬申三月, 破勑大吉. 神鳳元年壬申三月六日孫鼎作勑." 이 매지권에 대한 자세한 사항은 홍승현, 〈孫吳神鳳元年(252)孫氏買地勑〉, 위의 책, 405~411쪽을 참조.

28) 李蔚然, 『南京六朝墓葬的發見與研究』(成都: 四川大, 1998), 50쪽, "太平二年十二月丁卯朔十日丙子. 大男江夏竟陵張, 年九十. 今□□□□立冢宅, 從天買地, 從地買宅, 雇錢□□. 東至甲乙, 西至庚申, 南至丙丁, 北至壬癸. 若有爭地, 當詣天帝, 若有爭宅, 當詣土伯. 如天帝

표를 통해 확인할 수 있는 것처럼 비교적 미신적인 요소가 포함되지 않은 B유형을 제외하면 유형별 특징이 존재한다. A형의 경우 매도자 혹은 입회자로 사람이 아닌 동왕공과 서왕모가 등장하는데, 그 중에서도 무창에서 출토된 것은 동왕공과 서왕모가 입회자로 등장하고, 매도자는 토지신으로 추정되는 주현主縣 혹은 구부토주丘父土主다. C형은 가장 독특한 유형인데, 매도자가 토공이라는 토지신으로 나오고 입회자는 해·달·사시四時가 담당한다. D형은 현재 가장 많은 수를 차지하고 있는 유형으로 매도자가 하늘[天]과 땅[地]으로 등장한다. 입회자는 없지만 대신 계약 후 문제가 발생하면 천제와 토백에게 간다는 구절에 의해 이들이 입회자 역할을 담당했던 것은 아닐까 생각한다. 이 밖에도 D형에는 다른 유형과 달리 대금지불에 관한 용어가 '가賈·치전直錢'이 아닌 고용에 대한 대가를 치르는 '고전雇錢'으로 기술되어 있고, 정형화된 문언 역시 '여율령'과는 달리 '여천제율령如天帝律令'으로 표현되었다.[29]

단언하기는 힘들지만 대략적인 비교를 통해 절강에서 출토된 C유형이 가장 독특하다는 것을 알 수 있다. 아마도 절강 지역 토착 신앙의 영향력이 다른 지역에 비해 가장 강력했던 것 같다. 한편 D유형은 북중국에서 전래된 재래 신앙의 영향을 가장 많이 받은 것으로 생각되는데, 술사나 도사를 고용한 것으로 보이는 '고전'이란 표현이나 '천제율령'이란 용어가 그 증거가 될 수 있을 것이다. 북중국에서 이주한 이들이 가장 먼저, 가장 많이 정착한 지역적 특징과 연관하여 생각해 볼 여지가 있다. 이러한 각기 다른 매지권의 특징에 대해 각 지역에 서로 다른 매지권 제작 집단이 있었다는 견해도 있지만,[30] 이를 증명할 수 있는 근거는 없다. 따라서 일단은 지역적 토착 신앙의 차이가 북쪽에서 전래된 매지권의 구성에 영향을 미친 것으로만

律令."
29) 자세한 사항은 4부 2장 〈표 4-2-1〉을 참조.
30) 鈴木雅隆,「鎭墓文の系譜と天師道との關係」,『史滴』25(2013), 8쪽.

이해하고 싶다.

이에 대한 방증이 시간이 지나면서 각기 다른 지역적 특징들이 융합되어 한 매지권에 나타난다는 점이다. 이러한 변화가 나타나는 시기는 동진東晉 시기다. 동진 시기 절강에서 발견된 〈동진함강4년(338)주만처설씨매지권東晉咸康四年朱曼妻薛氏買地券〉은 지역적 분류로는 C유형에 속하지만 매도자(從天買地, 從地買宅)를 비롯하여 토지의 사방 경계에 관한 기술(東極甲乙, 南極丙丁, 西極庚辛, 北極壬癸, 中極戊己, 上極天, 下極泉), 분쟁 시의 약속의 문언文言(有誌薛地, 當詢天帝, 有誌薛宅, 當詢土伯)과 정형화된 문언(如天帝律令)은 D유형에 해당하고, 대금 지불에 대한 표현은 B유형에 해당한다(直錢二百萬, 卽日交畢). 한편 입회자는 A유형에 해당한다(任知者東王公·西王母).[31] 여러 유형이 섞이기는 했지만 전체적으로는 D유형의 내용이 많이 보인다. 동진의 건국으로 북쪽에서 사람들이 다시 한 번 대거 이주하며, 북중국 재래 신앙의 흔적이 가장 많은 D유형의 영향력이 강해진 것이라 생각한다.

유송劉宋 시기에 들어서면 매지권의 변화는 보다 극적이다. 남하한 천사도가 경전을 수집·편찬하고 교단을 정비하면서[32] 민간으로 영향력을 확대하였다. 그 결과 매지권에는 도경道經의 내용들이 등장하기 시작하였고, 매지권의 구성 요소를 거의 상실한 '도교매지권道教買地券'마저 등장하였다. 이상이 앞 장에서 살펴본 고중세 중국 매지권의 전개 상황이다. 이들 내용을 바탕으로 지금부터 남조南朝 매지권 중 〈무령왕매지권〉이 제작된 시기와 관련 있는 소량蕭梁 시기 매지권을 살펴보고자 한다. 현재 보고된 소량의 기년紀年을 가진 매지권은 모두 6건이다. 연도로는 천감天監 4년(505)부터 중대통中大通

---

31) 참고로 전문을 소개하면 다음과 같다. [民國]羅振玉, 『地券徵存』, 1302~1303쪽; [民國]劉承幹, 『希古樓金石萃編』, 3939쪽, "晉咸康三年二月壬子朔三日乙卯. 吳故舍人·立節都尉晉陵丹徒朱曼故妻薛, 從天買地, 從地買宅. 東極甲乙, 南極丙丁, 西極庚辛, 北極壬癸, 中」極戊己, 上極天, 下極泉. 直錢二百萬, 卽日交畢. 有誌薛地, 當詢天帝, 有誌薛宅, 當詢土伯. 任知者東王母·西王母, 如天帝律令. 弎." 이 매지권에 대한 자세한 사항은 홍승현, 〈東晉咸康四年(338)朱曼妻薛氏買地券〉, 앞의 책, 425~430쪽을 참조

32) 小林正美, 『六朝道敎史硏究』(東京: 創文社, 1990), 207쪽.

5년(533)까지로 모두 무제武帝 통치 기간이다. 〈무령왕 매지권〉이 523년에
제작되었으니 시기적으로는 동시대로 파악해도 될 것이다. 우선 표를 통해
양대 매지권의 상황을 살펴보자.

〈표 4-3-3〉 소량 매지권 일람[33]

연번	매지권명과 유형	출토지	묘주	입회자	도교 관련 내용	매지권 요소
1	〈양천감4년(505)매지권梁天監四年買地券〉[34]	호남 湖南 자흥시資興市	판독 불가		太上老君, 太上丈人, 玄都鬼律, 泰淸三天無極大道·太上·地下女靑律令	
2	〈양천감15년(516)웅미매지권梁天監十五年熊薇買地券〉[35]	광서 廣西 영천현靈川縣	웅미	장견고張堅固·이정도李定度	玄都鬼律, 地下女靑詔書科律	雇錢, 卽日畢了, 各共爲卷
3	〈양천감18년(519)담화매지권梁天監十八年覃華買地券〉[36]	광서 융안현融安縣	담화	이정도·장견고		雇錢, 卽日畢了, 分卷爲明
4	〈양보통원년(520)하정매지권梁普通元年何靖買地券〉[37]	호남 자흥시	하정		太上[老][君], 太上諸君·丈人, 三會吉日, 泰淸三天無極大道·太上·地下女靑律令	
5	〈양보통4년(523)웅열매지권梁普通四年熊悅買地券〉[38]	광서 영천현	웅열	장견고·이정도	玄都鬼律, 地下女靑詔書科律, 太上老君律令	傾錢, 沽酒寫定, 共爲券誓
6	〈양중대통5년(533)주당이매지권梁中大通五年周當易買地券〉[39]	광서 녹채현鹿寨縣	주당이		老君, 太上老鬼律令	

33) 본서 4부 2장의 〈표 4-2-3〉의 일부를 이용하였다.
34) 湖南省博物館, 「湖南資興晉南墓」, 『考古學報』 1984-3, 355쪽.
35) 魯西奇, 『中國古代買地券硏究』(厦門: 厦門大, 2014), 128쪽.
36) 廣西壯族自治區文物考古隊, 「廣西壯族自治區融安縣南朝墓」, 『考古』 1983-9, 792쪽; 張傳璽 主編, 앞의 책, 127쪽.
37) 湖南省博物館, 위의 글, 355쪽. 연번 1과 4는 동일 묘에서 출토되었다.
38) 莫志東, 「淺析桂林地區出土的南朝買地券及其相關問題」, 『桂林文化』 2003-3. 여기서는 魯西奇, 위의 책, 133쪽에서 재인용.
39) 陳俊, 「柳州出土南朝買地券考」, 『柳州博物館文集』(南寧: 廣書美術, 2006). 여기서는 魯西奇, 위의 책, 134쪽에서 재인용.

〈표 4-3-4〉소량 매지권의 유형과 특징

유형	전형적인 매지권	도교 관련 내용 혼합	도교매지권
출토지	광서 융안현	광서 영천현	호남 자흥시
구성	①매매일(장례일) ②매입자(묘주) ③토지의 위치와 크기 ④토지 가격 ⑤약속의 문언文言 ⑥대금 지불일 ⑦입회인(증인) ⑧계약체결의 행위 ⑨정형화된 문언[如律令]	①장례일 ②매입자(묘주) ③사망일 ④매도자(묘역 및 명계의 신) ⑤토지의 크기 ⑥토지의 가격 ⑦대금 지불일 ⑧약속의 문언 ⑨입회인 ⑩계약 체결의 행위 ⑪정형구[如律令]	①장례일 ②묘역墓域의 관리官吏 및 명계冥界의 제신諸神 ③묘주墓主 ④향년享年 ⑤무덤 조영의 이유 ⑥진혼鎭魂과 해제解除 ⑦정형화된 문언
내용	태세太歲가 기해己亥에 머무르는 (천감天監 18년) 12월 4일.① 제희군齊熙郡 담중현覃中縣 도향都鄕 치하리治河里 담화覃華가② 팔자가 기구하여 죽어 蒿里로 돌아간다. 지금 산 집은 본군 기점리騎店里에 있는데 종횡으로 5무畝의 땅으로③ 무덤 하나를 세워 장사지냈다. 고전은 만만9천9백9십9문文이다.④ 사방 구역 내 (그 땅의) 곡물은 모두 죽은 이에게 속한다.⑤ 대금은 그날 당일 지급하였다.⑥ 이때 증인은 이정도李定度와 장견고張堅固로⑦ (매도자와 매입자는) 전 50씩을 내어 (술을 사고) 문서를 나눠 증명으로 삼았다.⑧ 율령과 같이 행하라.⑨	태세가 병신丙申에 있던 천감 15년(516), 초하루가 계사일癸巳日인 12월 4일 병신丙申.① 시안군始安郡 시안현始安縣 도향都鄕 우마구□리牛馬九□里의 여민女民 웅미熊薇가② 계년녀인 윤달 5일 사망하여 호리蒿里로 돌아가게 되었다.③ (다음과 같이) 『현도귀율女道鬼律』·지하여청조서과율地下女靑詔書科律에 따른다. 군란軍亂 이래 너른 하늘 아래 죽은 자는 모두 살아있는 자가 살고 있는 군郡·현縣·정停·읍邑에 따라 장례와 매장을 처리한다. 웅미는 지금 이곳 시안현 도향 우마구□리 구역의 지하선인地下先人·호리부로蒿里父老·묘향우질墓鄕右秩·좌우총후左右冢侯·구승묘丘丞墓·지하이천석地下二千石·안도	보통普通 원년(520) 경자庚子 11월 15일을 □乙□.①…태상太上□□부 칙부勅(을 내려) 천天·지地, 사계四季의 신, 황신黃神·후토后土, 토황土皇·토조土租, (토영土營·토부土府), 토문土文·토무土武, 묘토상土墓上·토묘하土墓下, 묘좌墓左·묘우墓右·묘중앙 오 묘주자墓中央五墓主者, 구승丘丞·묘백墓伯, 총중이천 석家中二千石, (좌우총후左右家侯, 구묘연사丘墓掾史), 영토장군營土將軍, 토중土中(독우督郵, 안도승안都丞, 무이왕武夷王, 도상유라道上游遷)장군將軍, 도좌장군道左將軍, 도우장군道右將軍, 삼도장군三道將軍, 호리부로蒿里父老, (도집백장都集伯倀, 영역정부營域亭部, 묘문정장墓門亭長), 천괴天魁·천강天罡·태일太一·등명登明·공조功曹·전송傳送…수두십이신隨斗十二神 등에게 명한다.② 계양군桂陽郡 진녕현晉寧縣 도향都鄕 의양리宜陽里 여민女民 하정何靖이③ 29세의 나이로④ 지난…묘를 이장移葬하는데 옛 이름은⑤…태상제군太上諸君과 태상장인太上丈人의 도법道法을 받들어

		승安都丞·무이왕武夷王 등에게서④ 이 무덤지를 매입하였는데 (무덤지는) 종횡 50보로 무덤을 조성하여 시체를 장사지냈다.⑤ 고전은 만만9천9백9십9문이고,⑥ 대금은 그날 당일 지급하였다.⑦ 구묘지하丘墓地下의 신들은 모두 웅미가 이곳에 무덤을 조성하여 묻히는 것을 허락하고 좌우 주변의 다른 성씨의 사람과 신들이 이 땅에 대해 망령되이 뜻을 갖고 침범하지 못하게 할 것이다. 문서를 나눠 영원히 (계약을) 정한다.⑧ (계약을) 아는 자는 장견고와 이정도다.⑨ 매도자와 매입자가 함께 문서를 갖는다.⑩ 율령과 같이 행하라.⑪	감히 (길吉한) 날을 선택하고 시간을 묻지 않는다. 동서남북에는 각기 장척丈尺이 있다. 무덤의 신과 지하 금기禁忌의 관리는 (망자를) 꾸짖어 제지하거나 금지할 수 없고 (무덤을) 소란케 할 수 없다. 무덤의 신들은 모두 마땅히 문서[板]을 받으면 망자가 가야할 길을 열어보이고 시체를 편안히 하며 깨끗이 씻기고 의복을 갖추게 하라. 망자가 도리에 통하게 되면 산 자에게는 우환이 없고 이로움과 보호를 받게 된다. 삼회三會의 길일에 이르면 구승를 비롯한 모든 신들이 공을 논하여 (하늘에) 천거함에 따라 각기 그 질록秩祿을 더하면 장차 천조天曹에서 비교하고 유추하여 판단할 것이다. 만일 (망자를) 꾸짖어 제지하여 천법天法을 받들지 않으며, 무덤을 소란스럽게 하고 보호하지 않아 망자를 불안하게 한다면『현도귀율玄都鬼律』에 따라 죄를 다스릴 것이다.⑥ 각기 천헌天憲을 삼가 받들어 밝고 영구히 봉행하라. 마치 태청泰淸(현원玄元)삼천무극대도三天無極大道, 태상太上(로군老君), 그리고 지하여청地下女靑의 조령詔令과 같이 급히 행하라.⑦
	〈양천감18년(519)담화매지권梁天監十八年覃華買地券〉40)	〈양천감15년(516)웅미매지권梁天監十五年熊薇買地券〉41)	〈양보통원년(520)하정매지권梁普通元年何婧買地券〉42)

---

40) "太歲己亥十二月四日. 齊熙郡覃中縣都鄉治河里覃華, 薄命終沒歸蒿里. 今買宅在本郡騎店里, 縱廣五畝地, 立冢一丘自葬. 雇錢萬萬九千九百九十九文. 四域之內, 生根之物, 盡屬死人. 即日畢了. 時任知李定度·張堅固, 以錢半百, 分卷爲明. 如律令."

41) "梁天監十五年太歲丙申十二月癸巳朔四日丙申. 始安郡始安縣都鄉牛馬九□里女民熊薇, 以癸巳年閏月五日醉酒命終, 當歸蒿里. 玄道鬼律, 地下女靑詔書科律: 自軍騎以來, 普天下死人皆聽隨生人所在郡縣停邑葬埋. 薇今從此始安郡都鄉牛馬九□里域地下先人·蒿里父老·墓鄉右秩·左右家侯·丘丞墓·地下二千石·安都丞·武夷王, 買此家地, 縱廣五十步, 立冢自葬喪尸. 雇錢萬萬九千九百九十九文, 即日畢了. 丘墓地下諸神皆聽薇于此立空墳葬埋, 不得使"

표 안의 밑줄친 부분은 진묘문의 영향을 받은 구절들이고 굵은 글씨는 도경에서 찾을 수 있는 내용들이다. 이에 따른다면 보고된 6건의 소량 시기 매지권은 세 가지 유형으로 구별이 가능하다. 전형적인 매지권은 〈양천감18년(519)담화매지권〉이 유일하다. 다음으로 도교 관련 내용이 혼합된 매지권은 〈양천감15년(516)응미매지권〉과 〈양보통4년(523)응열매지권〉 두 건이다. 마지막으로 매지권의 요소를 찾아볼 수 없는 도교매지권은 〈양천감4년(505)매지권〉, 〈양보통원년(520)하정매지권〉, 〈양중대통5년(533)주당이매지권〉이다. 적은 수의 매지권이 보고되었기에 단정하기는 힘들지만 유송 이후 강남에서 발견된 매지권 중 전형적인 묘지권보다는 도교적 요소가 혼합되거나 매지권의 요소를 찾아볼 수 없는 '도교매지권'이 대종을 이루는 것은 확실하다.

II. 〈무령왕매지권〉의 특징과 계통

1. 〈무령왕매지권〉의 내용과 구성

이제 중국 남조와 활발한 교류를 했던 것으로 알려져 있는 백제의 매지권, 즉 〈무령왕매지권〉을 살펴볼 차례다. 원문과 해석은 다음과 같다.

左右比居, 他姓人神妄志此地, 輒使侵犯. 分券永定. 知者張堅固·李定度, 各共爲券, 如律令. 강조와 밑줄은 저자. 이하 동일.

42) "[梁]普通元年□□庚子十一月□□□十五日乙□···太上□□府勅, 天一地二, 孟仲四季, 黃神后土, 土皇·土祖·[土營·土府], 土文·土武, 土墓上·土墓下, 墓左·墓右·墓中央五墓主者, 丘丞·墓伯, 冢中二千石, [左右冢侯, 丘墓掾史], 營土將軍, 土中[督郵, 安都丞, 武夷王], 道上游邏將軍, 道左將軍, 道右將軍, 三道將軍, 蒿里父老, [都集伯恨, 營域亭部, 墓門亭長], 天魁·天罡·太一·登明·功曹·傳送隨到十二神等. 桂陽郡晉寧縣都鄉宜陽里女民何靖, 年二十九歲, 先已□□運墓, 舊名曰□□塊中, 尊奉太上諸君丈人道法, 不敢選日問時, □東西南北, 各有丈尺. 丘墓之神, 地下禁斷, 不得禁呵誌訝. 丘墓諸神, 咸當奉板, 開示亡人道地, 安其尸形, 沐浴冠帶. 亡者開通道理, 無憂患, 利護生人. 三會吉日, 當爲丘丞諸神言功擧遷, 各加其秩祿, 如天曹科比. 若有禁呵, 不承天法, 誌訝冢宅, 不安亡人, 依玄都鬼律治罪. 各愼天憲, 明承奉行. 急急如泰淸三天無極大道太上地下女靑詔書律令."

錢一万文,① 右一件. 乙巳年八月十二日.② 寧東大將軍·百濟斯麻王,③ 以前件錢詢土
王·土伯·土父母·上下·衆官二千石,④ 買申地爲墓.⑤ 故立券爲明,⑥ 不從律令.⑦[43]
(가격) 전 1만문萬文의 (토지 계약서). 다음과 같은 한 건. 을사년乙巳年(523)
8월 12일. 영동대장군寧東大將軍·백제사마왕百濟斯麻王이 앞에 (기술한) 돈으
로 토왕土王·토백土伯·토부모土父母·(토묘土墓)상上(토묘)하下·중관衆官〔지
하地下〕 이천석二千石에게 가서 남서쪽 토지[申地]를 매입하여 묘를 만들었다.
이에 문서를 세워 명백한 (증거로 삼으니,) (이 문서에서 정해진 것은)
율령에 구애받지 않는다.

〈무령왕매지권〉에 대한 석독釋讀 및 역주譯註는 이미 많은 연구자에 의해
진행되었기에, 여기서 각 구절에 대한 구체적인 역주 작업은 진행하지 않고
자 한다.[44] 대신 〈무령왕매지권〉이 고대 동아시아 매지권의 계통 안에서
어떠한 역사적 위치를 갖는가라는 점을 고려하여, 그와 관련 있는 내용만을
살펴보고자 한다.

최근 〈무령왕매지권〉 관련 연구의 새로운 경향의 하나는 중국 매지권과의
비교 속에서 〈무령왕매지권〉을 파악하려는 시도다. 그에 따라 〈무령왕매지
권〉을 이해하는 새로운 시각들이 제시되기도 하였다. 그러나 여전히 문제가
되는 것은 중국의 매지권 계통을 지나치게 단순화하고 이를 기계적으로
〈무령왕매지권〉에 대입한다는 점이다. 예를 들어 〈무령왕매지권〉을 토지
계약서의 형식을 가지면서도 미신적 색채가 포함된 을형乙型 매지권으로
분류하곤 하는데,[45] 이 분류는 매지권 안에 포함된 다양한 미신적 요소를

---

43) 김영심,「武寧王 誌石」,『譯註 韓國古代金石文 Ⅰ(고구려·백제·낙랑 편)』(서울: 가락국
사적개발연구원, 1992), 154쪽, 〈武寧王妃誌石〉 이면. 매지권 뒷면이 무령왕비의
묘지인 관계로 〈무령왕비지석〉 이면으로 서술되어 있다. 분절과 표점은 저자.

44) 〈武寧王買地券〉에 대한 자세한 저자의 역주는 홍승현,〈百濟武寧王二十三年(523)武寧
王買地券〉,『고대 동아시아 석각자료 연구 下』(서울: 동북아역사재단, 2018), 19~31쪽
을 참조.

45) 張守男,「武寧王陵 買地券의 起原과 受用背景」,『百濟硏究』54(2011), 91쪽. 혹은 토지

〈그림 4-3-1〉〈무령왕매지권〉(국립공주박물관ⓒ)

하나의 유형으로 일괄했다는 문제를 지닌다. 요컨대 미신적 요소의 유무에 따라 모든 매지권을 갑을 두 종류로 구분하는 것은 그 기준이 너무 느슨하여 다양한 유형의 매지권을 분류하는 데 적합하지 않다.

우선 매지권의 구성부터 살펴보자. 〈무령왕매지권〉의 구성은 ①토지 가격 ②매매일(장례일) ③매입자(묘주) ④매도자 ⑤토지의 위치 ⑥계약 체결 의 행위 ⑦정형구로 이루어져 있다. 초기 매지권이 ❶토지 매매일 ❷매입자 ❸매도자 ❹토지 위치와 면적 ❺토지의 가격과 대금 지불일 ❻입회인 ❼정형 화된 문언 1(고주沽酒: 매도자와 매입자가 반씩 돈을 내어 술을 사 마시는

계약서를 모방한 甲型과 乙型의 과도형으로 보는 연구자도 있다. 권오영, 앞의 글(2002), 54쪽 주22.

계약 체결의 행위), ❽정형화된 문언 2(권위약券爲約 혹은 권위명券爲明: 계약체결의 증거로 매지권을 만드는 행위)로 이루어졌던 것에 비추어 보면 토지의 면적, 대금지불일, 입회인 등이 누락된 셈이다.

그러나 〈무령왕매지권〉을 현실의 토지 문서를 모방했던 초기 매지권과 비교하는 것은 의미가 없을 것이다. 왜냐하면 〈무령왕매지권〉에서 매도자가 사람이 아닌 신 혹은 명계의 관리라는 점, 토지의 위치가 구체성을 상실하고 간지에 의해 표현된 점, '부종율령'이라는 정형구가 등장한다는 점에서 미신적 요소가 포함된 매지권이기 때문이다.

미신적인 요소가 포함된 매지권은 크게 '진묘매지권'과 '도교매지권'으로 구별할 수 있다. '진묘매지권' 역시 재래 신앙, 즉 초기 도교의 성분이 포함된 것으로 보기도 하지만 여기서는 직접적으로 도경의 내용이 매지권 안에 기술되고, 매지권의 요소를 포함하지 않은 것에 국한하여 '도교매지권'으로 부르고자 한다. 이와는 달리 '진묘매지권'은 후한 시기 사회적 영향력이 확대된 신비주의적 재래 신앙의 영향이 투영된 매지권으로 한정한다. 이러한 구분법에 의한다면 〈무령왕매지권〉은 '진묘매지권' 계통에 속할 것이다.

〈무령왕매지권〉을 '진묘매지권'으로 분류한다고 해도 후한 시기 '진묘매지권'과는 다소 다르다. 후한 시기 '진묘매지권'은 신비주의적 재래 신앙의 영향을 받기는 했지만, 아직은 매도자나 입회자가 토지신으로 추정되기는 해도 사람의 이름을 지니고 있다. 예를 들어 〈후한광화2년(179)왕당등매지권後漢光和二年王當等買地券〉에 등장하는 최초의 매도자 '전본조田本曹'는 유사 토지신으로 이해되기도 한다.[46] 그러다 삼국 시기 손오孫吳 지역에서 발견된 매지권에서는 매도자가 동왕공·서왕모, 하늘·땅, 구부토주, 토공 등의 신들

---

46) 田本曹를 유사 토지신으로 본 황징춘은 사람이 아닌 신 또는 토지신이 토지 매매의 당사자가 되는 현상을 이후 三國 시기 長生의 신이나 토지신이 매도자가 되는 현상의 전조로 보았다. 黃景春, 「早期買地券·鎭墓文整理與硏究」, 華東師範大 博士學位論文(2004), 73~74쪽.

이 된다. 따라서 〈무령왕매지권〉은 계통적으로는 삼국·양진 시기 매지권에 가까움을 알 수 있다.

혹 현재 일반적인 이해처럼 〈무령왕매지권〉을 남조 시기 '진묘매지권'의 계통 속에서 파악할 가능성은 없을까? 이 가능성도 그리 크지는 않다. 남조 '진묘매지권'의 경우 매지권의 구성 요소를 갖추고 있기는 하지만 도교적 요소가 포함되어 있기 때문이다. 예컨대 '신출태상로군新出太上老君', '태청현원상삼천무극대도泰淸玄元上三天無極大道', '삼회길일三會吉日', '지하여청조서율령地下女靑詔書律令', '현도귀율玄都鬼律', '여청율령女靑律令' 등과 같은 용어는 도교의 신 혹은 도교의 행사, 도경의 이름들이다. 따라서 〈무령왕매지권〉을 남조 '진묘매지권'과 같은 계통이라고 볼 수는 없다.

오히려 토지의 위치가 간지로 표현된 것도 삼국·양진 매지권과 유사하다. 삼국·양진 시기 매지권은 토지의 사지를 간지로 표현하였다. 예를 들어 동을 갑을甲乙에, 서를 경신庚申에, 남을 병정丙丁에, 북을 임계壬癸에 배당하는 방식이다. 이는 흔히 삼국 시기 이후 매지권이 더 허구적이며 더 정형화된 것을 의미하는 것이다.[47] 이미 후한 시기 재래 신앙이 매지권에 영향을 미치면서 토지의 사지에 대한 기술은 '구천상九天上, 구지하九地下', '상지창천上至蒼天, 하지황천下至黃泉'[48]이라 해서 허구성이 짙어지기는 하였지만, 사방의 경계가 간지에 배당되지는 않았었다. 따라서 토지의 사지는 아니라 해도 토지의 위치가 서남쪽에 해당하는 '신申'에 배당된 것은 이 매지권이 삼국·양진 시기 매지권의 계통 안에 있음을 말해주는 것이라 생각한다. 〈무령왕매지권〉의 계통을 삼국·양진 시기 매지권에서 찾는 이유는 이외에도 더 있다. 바로 토지의 가격을 기술하는 방식이다.

---

47) 洪承賢, 앞의 글(2016b), 145쪽.
48) 차례대로 〈後漢光和二年(179)王當等買地券〉, 〈後漢光和五年(182)劉公則買地券〉을 참조.

2. 토지의 가격

〈무령왕매지권〉의 특이점 중 하나는 일반적으로 토지 위치와 크기 다음에 나오는 토지 가격이 제일 먼저 기술되어 있는 것이다. 토지 가격은 '전일만錢一万'으로 되어 있는데, '일만'이라는 토지 가격이 실제의 토지 가격은 아니다. 초기 매지권에서는 종종 현실적인 토지 가격이 기술되어 매지권과 현실의 토지 계약 문서를 혼동하게 하는 요인이 되기도 하였다. 그러나 대부분의 토지 가격은 지나치게 높아 현실성이 결여되어 있음을 알 수 있다. 〈무령왕매지권〉 안에는 토지의 크기가 명시되어 있지 않기 때문에 '일만'이라는 가격이 얼마나 비현실적인 것인지는 알 수 없다.

그런데, 이 '일만'이란 토지 가격은 장추안시張傳璽에 따른다면 '자연수 토지 가격[自然數地價]'에 해당한다. 그에 따르면 매지권의 토지 가격은 유송을 전후로 하여 확연하게 변화한다. 유송 이전, 즉 남조 이전 매지권의 토지 가격은 지나치게 높은 터무니없는 가격이기는 하지만 '자연수 토지 가격'에 해당한다. 그러나 유송 이후 매지권에 기술된 토지 가격은 이른바 '구구지수 九九之數'에 의해 표현된다. 이를테면 〈표 4-3-4〉에서 살펴본 〈옹미매지권〉의 '만만구천구백구십구문萬萬九千九百九十九文'과 같은 방식이다. 유송시기 발견된 7점의 매지권 중 매지권의 요소를 갖춘 5점의 매지권 중 4점이 '구구지수'로 가격을 표시하였다.[49] 남제南齊의 매지권은 모두 4점이 발견되었는데, 모두 매지권의 요소를 갖추고 있다. 이들 모두가 '구구지수'로 가격을 표시하였다.[50] 양대 매지권은 총 6개가 발견되었는데 매지권의 요소를 가진 것이 3건이고, 그 중 2건이 '구구지수'로 가격을 표시하였다.[51] 이외에도 1993년

---

49) 〈劉宋元嘉十六年(439)蕭謙買地券〉,〈劉宋元嘉十九年(442)妳女買地券〉,〈劉宋元嘉二十七年(450)龔韜買地券〉,〈劉宋泰始六年(470)歐陽景熙買地券〉이다.

50) 〈南齊永明三年(485)劉凱買地券〉,〈南齊永明四年(486)□買地券〉,〈南齊永明五年(487)黃道丘買地券〉,〈南齊永明五年(487)秦僧猛買地券〉이다.

51) 〈梁天監十五年(516)熊薇買地券〉,〈梁天監十八年(519)覃華買地券〉이다.

남녕南寧에서 발견된 기년을 알 수 없는 남조 매지권 역시 '구천구십구전九千九十九錢'이라 하여 '구구지수'로 가격을 표시하였다.[52]

따라서 남조 매지권의 토지 가격 기술법은 '구구지수'를 이용하는 것이 일반적이었음을 알 수 있다. 기존 연구에 따른다면 '구구지수'는 (1) 지극히 많은 돈을 의미하고 (2) 양陽으로써 음陰을 제압하는 기능이 있으며 (3) 장생長生을 희구하는 바람의 수다.[53] 많은 돈은 일반적으로 큰 토지의 매입을 의미한다. 이는 곧 죽은 자를 위한 살아있는 자의 특별한 배려를 말한다. 따라서 단수 중 가장 큰 9를 중첩시켜 지극히 많은 돈을 표현한 것이다. 그러나 매지권의 토지 가격이 초기부터 허구적이었다는 점을 기억하면 '구구지수'가 단순히 지극히 많은 돈을 표현할 필요에서 등장했다고는 할 수 없을 것 같다.

이보다는 양으로써 음을 제압한다는 의식의 발현일 것 같다. 흔히 1, 3, 5, 7, 9의 홀수는 천수天數라 하여 양수陽數라 여겼는데, 그 중에서도 9는 사상四象 중 노양老陽이라 해서[54] 극양수極陽數라 여겨졌다.[55] 그리고 이 극양수를 중첩한 '구구지수'는 천도天道에 부합하는 수라 이해되었다.[56] 따라서 매지권에서 '구구지수'를 사용하는 것은 양의 기운을 극대화하여 음의 기운인 망자나 명계의 신을 진압하려는 의도라고 할 수 있을 것이다.[57]

그렇다면 이러한 '구구지수'에 의해 토지 가격이 기술된 것은 언제부터일

---

52) 李明曉, 『兩漢魏晉南北朝石刻法律文獻整理與研究』(北京: 人民, 2016), 226쪽, 〈熊村佚名南朝買地券〉, "…十一日丙午…薄命□…鄕中馬□躇…東行十二步…九千九十九錢. 從…根之物, 盡屬…張堅固·李定[度]…如律令."

53) 黃景春, 「作爲買地券地價的"九九之數"」, 『中國典籍與文化』 98(2016), 125~126쪽.

54) [唐]柳宗元, 『柳宗元集』, 「與劉禹錫論易書」, "老陽數九, 老陰數六."; [北宋]沈括, 『夢溪筆談』, 「象數一」, "『易』象九爲老陽, 七爲少; 八爲少陰, 六爲老."

55) 『漢書』 卷60, 「杜周傳」, "禮壹娶九女, 所以極陽數, 廣嗣重祖也.[張晏曰: 陽數一三五七九, 九, 數之極也.]"

56) 『管子』, 「五行」, "天道以九制, 地理以八制, 人道以六制."; 『管子』, 「輕重戊」, "慮戲作, 造六峜陰陽, 作九九之數, 以合天道, 而天下化之."

57) 黃景春, 앞의 글(2016), 126쪽.

까? 이와 관련하여 후한 시기 기년을 가진 〈후한연희4년(161)종중유처매지 권後漢延熹四年鍾仲游妻買地券〉에 토지 가격이 '구만구천九萬九千'으로 기술되어 있다. 그러나 이것은 한대와 위진魏晉 시기를 통틀어 유일한 사례로 '구구지수' 의 일반적 사용을 의미하지는 못한다.[58] '구구지수'가 일반적으로 사용된 것은 살펴본 것처럼 유송 이후라고 할 수 있다. 그렇다면 남조 시기 '구구지수' 에 의해 토지 가격이 기술된 것은 왜일까? 이것은 남조 매지권이 '도교매지권' 으로 변화한 것과 관련 있을 것이다. 현재 도경 안에는 '구구지수'를 양의 기운이 극대화된 '태양의 수' 혹은 '순양純陽의 수'로 이해하는 기사가 다수 등장한다.[59] 따라서 도교의 영향을 받아 제작된 매지권의 토지 가격은 단순히 큰 수를 이용하는 것이 아닌 극양·순양의 '구구지수'를 이용한다는 것을 알 수 있다. 이것이 〈무령왕매지권〉을 남조 시기 매지권이 아닌 삼국·양 진 시기 '진묘매지권'으로 분류하고자 하는 이유의 하나다.

3. 매도자

〈무령왕매지권〉에 등장하는 토왕土王, 토백土伯, 토부모土父母, 상하上下, 중관이천석衆官二千石 등 토지신 혹은 명계의 관리는 대부분의 연구자들이 매도자로 파악하고 있다.[60] 매도자 또는 입회자가 사람이 아닌 신으로

---

58) 시기에 맞지 않는 미신적 요소와 다른 후한 매지권에서 찾아볼 수 없는 '九九之數'의 사용 등은 이 매지권을 僞刻으로 의심하게 하는 요인이 되었다. 이 매지권의 위각 여부에 대해서는 張傳璽,「從買地券辨僞說到《鍾仲游妻券》的眞與假」,『契約史買地券硏 究』(北京: 中華書局, 2008)를 참조.

59) 『黃帝陰符經註』卷下,「富國安民演法章中」, "日數者, 九九之數, 令人從冬至一日數九九八十 一日, 是太陽之數也.";『紫陽眞人悟眞篇註疏』,「序」, "故總吟成律詩八十一首, 象其純陽九九 之數也.";『歷世眞仙體道通鑑後集』卷1,「無上元君」, "寄胎八十一年, 極太陽九九之數.";『要修科儀戒律鈔』卷10,「一治屋」, "太眞科曰, 立天師治, 地方八十一步, 法九九之數, 唯升陽 之氣."

60) 張守男은 이들을 매도자가 아닌 증인, 즉 입회자로 파악하였다. 張守男,「熊津~泗沘初 百濟의 南朝文化 受用 硏究」, 延世大 博士學位論文(2013), 100쪽.

등장하는 매지권은 삼국 시기가 되어야 출현한다. 삼국·양진 시기 매지권의 매도자로는 서왕모·동왕공, 천지, 토공, 토주土主, 구부토주가 등장하고 입회 인으로는 서왕모·동왕공, 해, 달, 사시 등이 있다. 이들 중 서왕모와 동왕공이 장생의 신이라면 토공, 토주, 구부토주는 토지신임을 쉽게 알 수 있다. 〈무령왕매지권〉의 토왕, 토백, 토부모가 여기에 속할 것이다.

매지권에 사람이 아닌 신과 명계의 관리가 등장하게 되는 것은 진묘문의 영향 때문이다. 진묘문이 천제의 사자가 지하의 관리에게 망자의 무덤으로 의 입문을 알리는 형식의 진혼문이기에 보고를 받는 주체인 지하의 신 혹은 명계의 관리가 등장한다. 진묘문에 등장하는 신들은 흔히 묘역墓域을 담당하는 묘역의 지신地神과 명계의 관리로 구분되는데 묘좌墓左, 묘우墓右, 중앙묘주中央墓主, 주묘옥사主墓獄史, 묘문정장墓門亭長, 총승冢丞, 총령冢令, 주총 사령主冢司令, 혼문魂門(묘문墓門)정장亭長, 백문魄門(백문伯門)졸사卒史, 총중유 요冢中游徼 등은 묘역의 지신으로 구분된다.[61] 또한 동총후東冢侯, 서총후西冢侯, 지하격치경地下擊埴卿, 창림군倉林君, 무이왕武夷王, 북총공백北冢公伯, 호蒿(모耗) 리군里君, 호리부로蒿里父老, 묘주墓主, 묘황墓皇(墓黃), 묘고부인墓故夫人, 묘함墓 臽, 동천東阡, 서천西阡, 남맥南陌, 북맥北陌은 지하 명계의 관리로 구분된다. 이들 중 일부는 매지권에도 등장하는데, 진묘문과는 달리 매지권에서는 묘역의 관리와 명계의 관리가 명확하게 구분되지는 않는다.

〈무령왕매지권〉에 등장하는 토왕, 토백, 토부모 등의 토지신은 후한 매지 권에서는 볼 수 없다.[62] 매지권에 매도자로 토지신이 등장하는 것은 삼국

---

61) 고미나미 이치로는 이들 神과 관련하여 (1) 冢墓의 神(墓上·墓下·中央土主 혹은 中央主 土), (2) 一族 冢墓에 관련된 신(墓左, 墓右, 中央墓主, 主墓獄史, 墓門亭長, 中央墓主, 冢丞, 冢令, 主冢司令, 魂門(墓門)亭長, 魄(伯)門卒史, 冢中游徼), (3) 일반적인 冥府의 신(東冢侯, 西冢侯, 地下擊埴卿, 倉林君, 武夷王, 北冢公伯, 蒿(耗)里君, 蒿里父老, 墓主, 墓皇(墓黃), 墓故夫人, 墓臽, 東阡, 西阡, 南陌, 北陌)으로 구분하였다. 그러나 (1)과 (2)는 명확히 구분되지 않고, 鎭墓文과는 달리 買地券에서 (2)와 (3) 역시 명확히 구분되 지 않는다. 小南一郎, 「漢代の祖靈觀念」, 『東方學報』 66(1994), 49쪽. 고 유코는 이들 중 墓域의 地神을 그 집안의 先祖일 것이라고 이해하였다. 江優子, 「漢墓出土の鎭墓瓶に ついて」, 『鷹陵史學』 29(2003), 13쪽.

시기부터다. 이들은 강남 지역 재래 신앙의 영향으로 등장한 것이라 생각된다.[63] 절강 매지권에 등장하는 토공과 안휘의 토주, 무창의 구부토주가 대표적이다. 따라서 토왕, 토백, 토부모와 같은 토지신이 매도자로 등장하는 〈무령왕매지권〉은 삼국·양진 시기 매지권과 같은 계통으로 파악하는 것이 타당할 것이다.

다음은 '상하중관이천석'인데 이들은 지역의 토지신과는 계통이 다른 묘역 혹은 명계의 관리로 보인다. 지금까지의 연구는 '상하중관이천석',[64] '상하중관, 이천석'[65] 등으로 분절하였는데 전자와 같이 분절 표점한 연구자들이 다수를 이룬다. 여기서는 '상하', '중관이천석'으로 구분하여 보고자한다. 이 중 '상하'는 〈후한광화2년(179)왕당등매지권〉의 '묘상墓上·묘하墓下'가 매지권 제작자에 의해 잘못 기억되었거나 기록되었을 가능성이 있을 것 같다. 마찬가지로 '중관이천석'은 본래 중국 매지권의 '지하이천석地下二千石'이 아니었을까 하는 생각을 해본다. 이 역시 매지권 제작자에 의해 잘못 기억되었을 가능성이 크다고 생각한다. 문제는 이렇게 볼 경우 당시 매지권 제작자가 남조 매지권의 내용이나 구성에 대해 정확한 정보를 가지고 있지 않았다는 가정이 필요하다.

〈무령왕매지권〉과 관련하여 많은 연구자들의 관심을 끌었던 것 중 하나는 바로 매지권에 투영된 도교적 요소였다. 매지권에 초기 도교적 요소가 투영되고, 실제 제작을 담당하였던 집단이 도사 내지는 술사 집단이라고 판단되

---

62) 그러나 孫吳와 東晉 매지권에는 土伯이 분쟁의 조정자로 등장하여 〈무령왕매지권〉만의 특수한 사례로 볼 수는 없다. 또한 토백은 『楚辭』에도 등장하여, 토백이 강남지역의 토착 토지신임을 알 수 있다. 『楚辭』, 「招魂」, "魂兮歸來! 君無下此幽都些. 土伯九約, 其角觺觺些."

63) 洪承賢, 앞의 글(2016a), 32~33쪽.

64) 成周鐸, 「武寧王陵 出土 誌石에 關한 硏究」, 『百濟文化』 21(1991), 121쪽; 朴仲煥, 「百濟金石文 硏究」, 全南大 博士學位論文(2013), 174쪽; 張守男, 앞의 글(2013), 94쪽; 이정효, 앞의 글, 40쪽.

65) 장인성, 앞의 글(2007), 386~388쪽; 권오영, 앞의 책(2005), 85쪽.

면서[66] 〈무령왕매지권〉을 도교 사상과 연계하여 이해하고자 하였다. 그런데 앞서 살펴본 것처럼 신비주의적 사상이 투영되었다고 해서 그것을 일괄적으로 이해하는 것은 적절하지 않다. 후한 후기부터 신비주의적 재래 신앙이 사회적으로 맹위를 떨치며 그들의 생사관과 제액除厄 관념이 매지권과 진묘문에 영향을 준 것은 사실이지만, 초기 재래 신앙이 결합된 후한의 매지권과 도경의 내용이 직접적으로 매지권에 기술된 남조의 매지권을 동일한 것으로 파악할 수는 없기 때문이다. 또한 후한 시기 등장한 재래 신앙이 후에 도교의 구성 요소가 된다고 해서 이 두 시기의 매지권을 일괄하여 도교 매지권으로 규정하는 것도 문제의 소지가 있다.

살펴본 것처럼 〈무령왕매지권〉은 제작 시기가 중국의 소량 시기지만 그 구성과 내용, 표현 등이 남조 매지권과는 거리가 있음을 알 수 있다. 양대 매지권의 경우 도교적 내용이 혼합되거나 도교매지권이 대종을 이뤘던 것은 앞에서 다뤘다. 그와 비교한다면 〈무령왕매지권〉을 도교적 내용이 혼합된 매지권 혹은 도교매지권으로 분류할 근거는 없다. 일단 〈무령왕매지권〉에는 도경의 내용이라고 할 만한 내용이 보이지 않는다. 그렇다고 〈무령왕매지권〉이 후한 시기 제작된 전형적인 초기 매지권도 아니다. 매도자가 사람이 아닌 묘역의 신이라는 점, '부종율령'이라는 정형구는 이 매지권이 진묘매지권의 계통 속에 있음을 말해준다. 또한 토지의 위치가 간지로 표현된 것도 토지 위치의 구체성이 사라진 후한 이후 매지권에 가까움을 보여준다. 그러나 이러한 사항들이 곧 〈무령왕매지권〉이 남조, 특히 양의 방식을 충실히 따르고 있다[67]는 직접적인 근거가 될 수는 없다.

---

66) 吳榮曾,「鎭墓文中所見到的東漢道巫關系」,『文物』1981-3, 61~62쪽; 林富士,『漢代的巫者』(板橋: 稻鄕, 1988; 2004), 85쪽.
67) 권오영, 앞의 글(2002), 54쪽.

4. 〈무령왕매지권〉의 제작자들

무령왕릉과 남조묘를 비교한 연구에 따르면 무령왕릉은 형식적으로 남조의 장제葬制와 신분 등급 규정에 부합하며, 규모면에서는 중대형급 묘와 유사하다고 한다. 이는 남조의 공경훈귀公卿勳貴 및 고급 사족士族의 묘와 유사하다는 것인데, 무령왕이 중국으로부터 받은 관작官爵에 부합되는 것이라 판단되었다. 무덤 조영에 사용된 벽돌이나 등감燈龕의 형태, 벽돌의 규격을 표시한 명문전銘文磚 등은 양의 대형묘에서 보이는 것들이라 남조의 종실·왕후릉묘의 일부 특징을 빌려온 것이라 하였다.[68] 이와 같이 남조 종실 혹은 왕실의 특징이 무령왕릉 내부에 일부나마 구현된 것과 관련하여 중국학자 저우위싱周裕興은 남조 양나라의 관영 공방工房에서 벽돌을 굽던 공장工匠이 무령왕릉 건축에 참여했을 것으로 추정하였다.[69] 무령왕릉 건축에 양왕조의 기술자들이 참여했을 것이라는 점은 모든 연구자들이 동의한다.[70] 그렇다면 우리는 최신의 건축 기술에 의해 만들어진 묘실 안에 유행에 뒤처진 부장품이 안치되었다는 사실을 적절히 해석해야만 할 것이다. 유행에 뒤처진 부장품이 매지권만은 아니다. 함께 매장된 묘지墓誌를 잠시 살펴보자.

묘주墓主의 세계世系·장졸연월葬卒年月·이름과 자字·작爵과 본적 등을 적어 후대 발생할지 모르는 능묘陵墓 변천에 방비하고자 지하에 설치한 묘지는 두 개의 기원을 갖는 것으로 알려져 있다. 하나는 지상에 묘비墓碑를 세울 수 없다는 금비령禁碑令에 의해 지하로 들어간 묘비로부터 전화된 것이다. 또 다른 유형은 이전부터 무덤에 매장되었던 묘기墓記의 전통을 이어받은

---

68) 周裕興, 「백제문화와 남조문화-무령왕릉을 중심으로-」, 『百濟文化』 40(2009), 132~133 쪽.
69) 周裕興, 위의 글, 133쪽.
70) 송산리 6호분 출토 벽돌에는 '梁官瓦爲師矣'라는 구절이 각석되어 있어 梁의 기술자가 당시 백제 무덤 조영에 영향을 주었음을 분명히 알 수 있다. 이와 관련하여 권오영은 무령왕릉 축조에는 중국 기술자의 조력이 많았을 것임이 분명하다고 하였다. 권오영, 앞의 책(2005), 128쪽.

것이다.[71] 이렇게 기원이 다른 묘지들은 형태면에서도 차이를 보였지만[72] 구성 요소에서도 차이를 보였다. 묘비로부터 전화된 묘지는 불특정 다수의 독자를 염두에 둔 명사銘辭를 가지고 있었지만 묘기의 전통을 이어받은 다른 유형의 묘지는 묘주에 대한 정보와 매장 위치에 대한 정보를 제공하는 데 충실하였다.

묘지의 역할을 규정한 것은 그 기원만이 아니었다. 상황에 따라, 시대와 사회의 필요에 따라 묘지의 성격이 규정되기도 하였다. 예를 들어 서진西晉 시기 출신지를 떠나와 낙양洛陽에서 입사入仕했던 관리 중 사정상 조상들의 묘가 있는 구묘舊墓로 돌아가지 못하고 낙양 부근 북망산北邙山에 무덤을 조성하는 경우가 있었다. 대표적 이유로 배장陪葬을 들 수 있을 것이다. 이 경우 고향으로 돌아가고 싶은 마음에 낙양 부근에 조성된 무덤은 일종의 가장假葬이 되었고, 묘지에는 본적지로 귀향하고자 하는 마음을 담아 무덤을 조영한 사정이 간각되었다.[73] 그 사정이라는 것에는 남편이 외직外職으로 나감에 따라 남편의 임지에서 사망한 경우도 있다.[74]

한편 동진東晉 시기 묘지는 가장이 만들어낸 독특한 형태와 구성을 보여준다. 북으로부터 이주한 이주민들은 본적지로의 이장移葬을 기대하며 임시조치로 무덤을 조영하였고, 표지로서의 역할을 부여받은 묘지 역시 비교적 쉽게 글자를 새길 수 있는 전碑을 이용하여 제작되었다. 또한 구성면에서는 지액誌額과 명사가 사라졌다. 명사가 사라진 것은 무덤에 매장됨으로 인해

71) 이상 墓誌의 기원에 대해서는 福原啓郎, 「西晉の墓誌の意義」, 『中國中世の文物』(京都: 京都大, 1993), 317쪽.
72) 후쿠하라 아키로는 禁碑令에 의해 지하로 들어간 墓碑로부터 전화된 묘지를 '墓誌碑' 라고 불렀는데, 대체로 小形의 묘비 형태를 띠었기 때문이다. 이들은 묘지임에도 불구하고 圓首形 혹은 圭首形의 형태를 가지고 있으며 묘비와 같이 碑額(즉 表題)이 있거나, 경우에 따라서는 碑首 부분에 穿이나 暈을 가진 것들도 있다. 그러나 기존 墓記의 전통을 이어받은 묘지들은 정방형 혹은 장방형의 형태를 띤다. 西晉 묘지 형태에 대해서는 3부 1장 〈표 3-1-1〉 '서진 묘지 일람' 중 '외형'란을 참조.
73) 대표적인 묘지로는 〈西晉元康5年(295)荀岳墓誌〉를 들 수 있다.
74) 대표적인 묘지로는 〈西晉永嘉元年(307)華芳墓誌〉를 들 수 있다.

독자를 상실했기 때문만은 아니었다. 구품중정제九品中正制의 실시로 발생한 문벌주의門閥主義는 가족 혹은 종족의 기념비를 필요로 하였기에, 묘지는 가족법과 종족법의 증거로서의 역할만을 담당하면 되었다.[75] 또한 개인의 능력을 드러내는 것이 사회적으로 비루한 것으로 받아들여졌던 시대 상황 속에서[76] 후한 시기와 같은 개인을 위한 송덕頌德 행위는 필요 없었을 지도 모르겠다.[77] 따라서 동진의 묘지는 표지로서의 역할을 담당하거나 가계 家系 기술에 역점을 둔 종족법의 역할을 담당하는 기록지記錄誌의 역할을 담당하였다.

그러나 유송劉宋이 건국되고 남조 국가들이 더 이상 유우流寓 정권이 아닌 토착 정권으로 탈바꿈하면서 북래인들은 차츰 남인화南人化의 길을 걷게 되었고,[78] 그 결과 동진의 묘지와는 달리 유송의 그것은 가장으로 인한 표지로서의 역할을 담당할 필요가 사라졌다. 또한 유송의 건국자였던 유유劉 裕가 동진 시기의 작을 그대로 인정하지 않고, 오직 자신과 왕조에 대한 충성과 공적만을 기준으로 작을 수여하게 된 것도 유송 묘지의 역할을 변화시켰다. 사족들에게는 황제와 왕조에 대해 충성을 다한다는 적극적인 표현이 필요해졌다. 그리고 이때를 즈음하여 개인의 공적을 드러내는 명사 가 묘지에 다시 등장하였다.[79]

---

75) 洪承賢,「西晉-劉宋時期 墓誌의 構成과 役割」,『中國史硏究』89(2014), 62쪽.

76)『梁書』卷37,「何敬容傳」論贊, "魏正始及晉之中朝, 時俗尙於玄虛, 貴爲放誕, 尙書丞郞以上, 簿領文案, 不復經懷, 皆成於令史. 逮乎江左, 此道彌扇, 惟卜壼以臺閣之務, 頗欲綜理, 阮孚謂 之曰:「卿常無閒暇, 不乃勞乎?」"

77) 後漢 시기 묘비의 건립 목적이 頌德이라는 것은 잘 알려져 있다. 그리고 그 송덕 행위는 名聲을 획득하여 入仕하려는 정치적 목적에서 발현된 것임도 기왕의 연구에 서 지적하였다. 차례대로 久田麻實子,「墓誌銘の成立過程について-北魏墓誌銘の意義」, 『中國學志』14(1999), 29쪽; 洪承賢,「後漢代 墓碑의 성행과 建安十年 禁碑令의 반포」, 『東洋史學硏究』124(2013), 76~79쪽.

78) 北人의 南人化에 대해서는 守屋美都雄,「南人と北人」,『中國古代の家族と國家』(京都: 東洋史硏究會, 1968), 428~431쪽(原載:『東亞論叢』6, 1948); 矢野主稅,「東晉における南北 人對立問題-その社會的考察」,『史學雜誌』77-10(1968), 42~52쪽.

79) 이상 묘지의 변화와 시대별 역할에 대해서는 3부 1장을 참조.

〈그림 4-3-2〉〈무령왕묘지〉(국립공주박물관ⓒ)

 잠시 살펴본 것처럼 시대적 필요, 사회적 상황이 묘지의 형태를 비롯하여 구성 요소에 영향을 미쳐 시대적으로 각기 다른 묘지를 출현시켰음을 알 수 있다. 구성 요소에 따르면 〈무령왕묘지〉는 ①묘주(寧東大將軍·百濟斯麻王) ②향년享年(年六十二歲), ③졸년卒年(癸卯年五月丙戌朔七日壬辰), ④장례일(乙巳年八月癸酉朔十二日甲申), ⑤정형구(立志如左)로 이루어져 표지로서의 기능에 충실함을 알 수 있다. 이는 동진 묘지에서 흔히 발견되는 특징으로 특히 지문誌文의 마지막 "왼쪽과 같은 내용의 묘지를 세운다."는 '입지여좌立志如左'라는 정형구는 동진 묘지의 돌에 새겨 표지로 삼는다는 '고각석위지故刻石爲識',80) '고각전어묘위지故刻塼於墓爲識',81) '고각석위지故刻石爲志'82) 등의 정형

---

80) 〈東晉咸康七年(341)王興之墓誌〉, 〈東晉太和六年(371)劉媚子墓誌〉, 〈東晉咸安二年(372)

구와 유사함을 알 수 있다.

〈무령왕묘지〉가 시대적으로 동진의 묘지를 수용했을 것이라는 주장은
이미 제기되었다.[83] 그렇다면 능을 조영하면서 남조의 건축 양식과 남조의
기술을 채용한 것과는 달리 묘지와 매지권에 시기적으로 유행에 뒤떨어진
동진의 양식을 채용한 것은 무엇 때문일까? 혹 묘지와 매지권에 대한 최신의
정보를 갖지 못한 이들에 의해 제작된 것은 아닐까? 이 문제와 관련하여
최근 〈무령왕매지권〉의 제작자들이 중국계 백제 관료라는 주장이 나와
주목된다.[84]

기왕의 연구를 통해 알려진 것처럼 백제에는 중국계로 추정되는 이들이
존재하였고, 관료로서 활동하였다. 중국계의 백제 유입은 낙랑樂浪·대방帶方
두 군郡이 멸망하기 전부터 있었지만,[85] 본격적인 유입은 낙랑·대방군의
멸망 이후일 것이다. 대방군 멸망 이후 백제는 북상하여 군현의 지배 세력을
대거 흡수하고 남하하는 고구려와 충돌하였다. 구심을 잃은 대방인들은
더 이상 고지故地에서 토착적 기반을 유지할 수 없었을 것이고, 고구려보다는
우호적인 백제[86]로 이주하였을 것이다.[87] 이후 이들은 전문적인 지식을

王建之墓誌〉.
81) 〈東晉升平二年(358)王閭之墓誌〉.
82) 〈東晉太和三年(368)王企之墓誌〉.
83) 저우위싱은 백제가 새로운 묘지 형태를 창안했을 가능성이 있다는 단서를 달기는
    했지만 〈무령왕묘지〉가 시기적으로 낙후된 형태를 수용했다고 보았다. 周裕興,
    앞의 글, 134쪽.
84) 정재윤, 「武寧王陵 誌石을 통해본 백제 여성의 지위」, 『中國古中世史硏究』 42(2016),
    406~407쪽.
85) 김창석의 연구에 따르면 (1) 중국 측의 邊郡 장악력이 약화되었던 시기의 주민
    이탈, (2) 고구려·백제의 두 군 공략으로 인한 인구 掠取, (3) 중국의 혼란기에 중국
    내지로부터 백제로의 직접 유입에 의해 중국계의 백제 유입이 진행되었다. 金昌錫,
    「中國系 인물의 百濟 유입과 활동 양상」, 『역사문화연구』 60(2016), 62~68쪽.
86) 帶方과 백제가 우호적이었다는 것은 古爾王 시기 대방과 혼인관계를 맺고 고구려가
    대방군을 공격할 때 군대를 내어 대방을 구원한 것에서 알 수 있다. 『三國史記』
    卷24, 「百濟本紀2」, 責稽王 元年條, "高句麗伐帶方, 帶方請救於我. 先是, 王娶帶方王女寶菓
    爲夫人, 故曰帶方我舅甥之國, 不可不副其請. 遂出師救之, 高句麗怨."

기반으로 국왕의 자문에 응하며 왕정王政에 종사하거나 관료로서 외교 교섭을 담당하였고, 군사 자문역을 맡기도 하였다.[88]

이들이 백제 조정에서 왕정 및 외교, 군사 분야의 전문가로 위치할 수 있었던 것은 중국 문화에 대한 고유성과 유교 지식이 있었기 때문일 것이다.[89] 그러나 시간이 지날수록 최신의 중국 문화로부터는 거리가 생겼을 것이다. 정재윤에 따르면 5세기 초반에까지 축조된 대방 지역의 무덤은 여전히 중국식 묘제인 전축분塼築墳이었다. 이는 대방군이 멸망한 후에도 그곳에 남아있던 중국계 대방인들에 의해 중국 문화의 고유성이 유지되었던 것을 보여준다. 다른 한편 황해도 용문동 복우리 2호분에서 나온 '태녕泰寧 5년'과 같이 연호가 잘못된[90] 벽돌은 시간이 흐름에 따라 중국 내지 사정을 잘 모르게 되었던 상황을 말해준다.[91] 물론 대방군 고지에 남아 생존하고 있던 중국계 대방인들과 백제에 유입되어 정치 전선에서 활약하고 있었던 이들을 동일하게 파악할 수는 없겠지만 시간의 흐름에 따라 중국 내지 상황에 어두워지고, 최신의 문화로부터 낙후되게 되는 것은 예측 가능하다.

만일 그들이 묘지와 매지권을 만들었다면 그들이 가진 정보는 삼국·양진이라는 시기에 한정되었을 것이고 자연히 묘지와 매지권의 모습은 삼국·양진 시기 그것들의 양식을 따르게 되었을 것이다. 살펴보았던 것처럼 〈무령왕 매지권〉의 제작자는 무령왕릉 건축에 도움을 주었던 양나라의 기술자와는 달리 양의 도사나 술사로 보이지는 않는다. 만일 도교적 이해가 있었던 당해 시기의 도사나 술사였다면 이처럼 고유의 양식 또는 시대적 유행에 부합하지 않는 매지권을 제작하지는 않았을 것이다. 이와 같은 이유로 인하

---

87) 정재윤, 「중국계 백제관료에 대한 고찰」, 『史叢』 77(2012), 7~8쪽.
88) 정재윤, 위의 글, 12~22쪽; 金昌錫, 앞의 글, 78~84쪽.
89) 金昌錫, 위의 글, 82쪽.
90) 太寧은 東晉의 두 번째 황제 明帝의 첫 번째 연호로 323년부터 325년까지 3년 동안만 사용되었다.
91) 정재윤, 위의 글, 7쪽.

여 〈무령왕매지권〉을 전문적인 도사나 술사의 작품으로 보기는 어려울 것 같다. 그렇다면 묘지를 제작한 이들이 자신들의 기억에 의존하여 매지권도 작성했던 것은 아닐까 하는 추정을 조심스럽게 해 본다.[92]

III. 새로운 매지권의 등장과 매지권 문화의 동아시아적 전개

매지권이 비교적 낮은 계층에 의해 이용되었다는 견해는 처음 제기된 이래 지속적으로 주장되고 있다. 현재 보고된 매지권은 후한 매지권 16점, 삼국·양진 매지권 20점, 남조 매지권 17점, 북조北朝 매지권 5점[93] 등이다. 이 중 후한 매지권의 매입자, 즉 묘주 중 사회적으로 높은 신분을 가진 자는 〈후한광화5년(182)유공칙매지권後漢光和五年劉公則買地券〉의 유공칙과 〈후한견겸매지권後漢甄謙買地券〉의 견겸으로 태원태수太原太守와 무릉령武陵令의 관직을 가지고 있다. 이외 나머지는 남자, 대녀大女 등이고 심지어는 관부의 대노大奴도 있다.[94] 이러한 사정은 삼국 매지권에서도 발견된다.

---

92) 따라서 저자는 〈武寧王墓誌〉 맨 마지막 줄에 판독이 어려운 글자를 도교의 符號로 파악하는 것에 반대한다. 일반적으로 중국에서 도교의 부호가 매지권에 등장하는 것은 유송 시기부터다. 그러므로 삼국·양진 시기 양식을 따르고 있는 〈무령왕매지권〉에 도교 부호가 등장한다는 것은 부자연스러울 뿐 아니라 심지어 그것이 매지권이 아닌 묘지에 부기되었다는 것은 더더욱 이해하기 어렵다.

93) 현재 보고된 北朝 買地券으로는 〈北魏太延二年(436)苟頭赤魯買地券〉, 〈北魏延興二年(472)申洪之買地券〉, 〈北魏太和元年(477)郭盃給買地券〉, 〈北魏正始元年(504)張神洛買地券〉, 〈北魏延昌元年(512)孫撫買地券〉, 〈北魏延昌二年(513)王皓買地券〉, 〈北魏永安元年(528)劉蘭訓買地券〉 등이 있다. 이 중 〈申洪之買地券〉은 전반부는 묘지, 후반부는 매지권으로 이루어진 독특한 구성을 보이는데, 묘지로서의 구성이 매지권으로서의 구성보다 더 완비되어 있다. 따라서 묘지로 파악하였다. 한편 〈苟頭赤魯買地券〉, 〈郭盃給買地券〉, 〈張神洛買地券〉은 연구자에 따라 매지권이 아닌 실제 토지 문서로 파악되기도 한다. 또한 〈劉蘭訓買地券〉은 僞刻으로 판단되었다. 여기서는 〈신홍지묘지〉와 〈유란훈매지권〉을 제외하고 총 5점으로 파악하였다. 북조 매지권에 대해서는 魯西奇, 「北魏買地券三種考釋」, 『魏晉南北朝隋唐史資料』 26(2015), 44쪽을 참조.

12점 중 7점의 묘주가 남자, 대녀, 대남大男, 처사處士 등이고 나머지 5점은 낭중郎中이 1인, 도위都尉가 1인, 교위校尉가 1인, 향후鄕侯의 아들 1인, 회계정후會稽亭侯·영전당수군領錢唐水軍·수원장군綏遠將軍이 1인이다. 이 중 회계정후·영전당수군·수원장군의 직함은 사실일 가능성이 매우 낮아 그대로 받아들이기는 어렵다.[95] 후한에 비해 관직자인 묘주가 등장하기는 하지만 여전히 낮은 계층에서 적극적으로 사용하였다는 견해에 위배된다고 할 수는 없다. 양진 시기 8점 매지권의 묘주는 교위 1인, 태수太守 1인, 사마司馬 1인을 제외한 5점이 일반 남자, 여자다. 17점의 남조 매지권은 현령縣令 1인, 주종사史州從事史 1인, 참군사參軍事 1인을 제외한 나머지 모두 일반민이 묘주다.[96]

이와 같은 상황 때문에 〈무령왕매지권〉은 묘주가 한 나라의 국왕이라는 점에서 특별한 사례라고 할 수 있다. 중국의 경우 질록秩祿 이천석二千石 관료인 태수의 매지권조차 드문 상황에서 한반도 국가의 국왕이 매지권을 사용했다는 것은 매지권의 전개에 있어 중요한 사항이 될 수 있기 때문이다. 과연 이 문제는 어떻게 이해해야할까. 매지권의 동아시아적 전개에서 백제의 특수성으로 취급해도 좋을까?

이와 관련하여 다음 석각을 살펴보는 것이 도움이 될 것이다.

【묘지 부분】□□□輔國將軍濟晉二郡 [＿＿＿＿＿＿] ①□□□本州功曹史齊康太守 ② [＿＿＿＿＿＿] 氏父□□本州治中③□□本州西曹史除天水太守 [＿＿＿＿＿] ④□ □□陽潘氏父惠宣除積射□□除漢□太守⑤□□射聲校尉輔國將軍濟陰太守郡□

---

94) 자세한 내용은 4부 1장 〈표 4-1-1〉 '후한 매지권 일람'의 매입자(墓主)란 참조.
95) 간략하게만 지적하자면 會稽亭侯·錢唐水軍은 史書에 등장하지 않아 그 진위를 확인할 수 없다. 또한 綏遠將軍은 孫吳에서 비교적 높은 관직으로 사서에 3번 등장하는데, 모두 宗室 또는 重臣이었다. 만일 매지권의 묘주가 수원장군이었다면 그를 사서에서 확인할 수 있어야 할 것으로 생각한다. 자세한 내용은 洪承賢, 「魏晉南北朝 買地券 譯註 및 解題」, 『中國古中世史硏究』 39(2016c), 270~271쪽을 참조.
96) 이상은 4부 2장의 〈표 4-2-2〉 '양진 매지권 일람'과 〈표 4-2-3〉 '남조 매지권 일람'의 매입자(묘주)란을 참조.

郎流宜都內史靑州司馬帶□朱衣直閤將軍鎭蠻護軍晉熙太守□流長水校尉安城
王右頭司馬⑥春秋□□有三⑦□於丹陽襪陵長幹裏□子歲四月卄九日亡⑧今葬江寧
縣□⑨其年□月卄四日□⑩於載□□□□生長松傑□□□□妻淸河張氏父□帝
諱除□陵王□□□越騎校尉除本縣令本郡垂除□南□宋二郡太守□□□□
□□□年五十一建安王正佐除海安縣令⑪□□□□妻東海徐氏□父亮九流曉騎
將軍山陽太守⑫□□□子英年十八妻彭城劉氏父道□⑬□□□子斌年十六妻東海
徐氏父質奉朝請⑭□□□子鴬年十一妻□□武氏父曾超左衛將軍太子右率越騎刺
史豫州刺史黃門郎⑮□太妹光妃適淸河張□□□父□騎將軍鎭蠻護軍□熙太守
曆陽太守汝城縣開國男□□□奉朝請除本縣縣令□□令.⑯

【매지권 부분】□□□□共墓東邊山北□所葬□□州墓北□□徐州墓燎□□□□
□□山嶺直出陳□□南宜出陳□墓至松城□於梁州墓燎道口□□□□□本縣□
□□□□歲庚子八月五日雍州民□□□□□子英今訣建康民□□□□□□□□
東西南北四□□□□錢□□九千走卽錢地□□二□□□□□□□□□共所買
地□之□□有公私志□一付□□子不□□□□□□□□□□凶葬□去來取板
橋大□使通流保無□礙□□□□□□□□□□不能是了王要破□墓□□□
碩嶺長出入□□□□□□□□私□□土三百車山墓還王葬如故侍立任供送估
□□□□□□□□氏得私約不從侯令□□□□□□□□□□元子嗒□任□
□□□□□ 王買地以記.

1991년 남경 서선교西善橋 부근에서 발굴된 남조묘에서 출토된 이 석각은
전반부는 묘지, 후반부는 매지권으로 구성되어있다. 〈무령왕지석〉과 형식
적 유사성 때문에 한국 학자들에게 주목받고 있다. 하나의 돌에 묘지와
매지권이 동시에 각석된 것으로는 이미 1940년대 발견된 〈북위연흥2년(472)
신홍지묘지병매지권北魏延興二年申洪之墓誌幷買地券〉이 있다. 그런데 소개한 위
의 석각이 남조, 그 중에서도 소량 시기 제작된 것으로 추정되면서97) 〈무령왕

97) 朱國平·王奇志,「南京西善橋「輔國將軍」墓誌考」,『東南文化』112(1996), 47쪽; 南京博物院,

지석〉과의 시기적 유사성으로 인해 특별한 관심의 대상이 된 것이다. 또한
〈무령왕매지권〉의 '부종율령不從律令'을 이 석각에 등장하는 '부종후령不從侯
令'의 오기誤記로 이해하면서[98] 〈무령왕지석〉은 양대 제작 기풍을 반영한
당시로서는 최신의 석각으로 파악되었다. 더하여 묘주의 신분이 높고 그
집안의 가격家格도 상당하다는 점에서 상층 계층에서 매지권을 사용한 예로
〈무령왕매지권〉의 존재를 설명할 수 있는 중국 측 전범으로 주목되었다.

  위의 석각은 최초 보고자들에 의해 〈남조보국장군묘지南朝輔國將軍墓誌〉라
명명되었지만, 필요에 따라 후반부만을 떼어 〈보국장군매지권輔國將軍買地券〉
으로 부르기도 한다.[99] 그런데, 이 석각이 양대 제작된 석각이라면 몇 가지
의문이 든다. 우선 묘지 부분의 문제다. 최초 보고가 있은 직후 이미 제기된
것처럼 묘지의 기술 태도를 양대 묘지로 보기 힘들다. 유송 묘지의 특징
중 하나는 바로 명사의 재등장이며, 중시다. 이 때문에 남조 묘지는 유송
이래 '기덕紀德'의 기념물로 이해되었고, 완비된 서序와 명銘이 구비되면서
초보적인 정형화 단계로 들어섰다고 평가되었다.[100] 또한 양대에 이르면
제액題額과 묘지의 찬자撰者가 기록되는 것이 하나의 제도로 성립되게 된다는
주장도 있다.[101] 이러한 남조 묘지와 양대 묘지의 관습에 따른다면 〈남조보
국장군묘지〉는 양대 묘지로 보기는 힘들다. 따라서 이것을 매지권으로
봐야 한다는 극단적인 견해[102]를 따를 수는 없다고 해도, 이 묘지가 남조
묘지와 다르다는 것은 틀림없다.

  「南京西善橋南朝墓」, 『東南文化』 115(1997), 65쪽.
98) 권오영, 앞의 글(2002), 54쪽.
99) 李明曉, 앞의 책, 215쪽.
100) 章灣·力子, 『南京西善橋南朝墓誌-兼述六朝買地券」, 『東南文化』 115(1997), 66쪽.
101) 章灣·力子, 위의 글, 67쪽. 최근 국내에서도 梁代 標題 즉, 題額에 이어 撰者의 성명이
   표기된 사례에 주목하여 양대 墓誌銘이 定型化되었다는 연구가 제출되었다. 梁鎭誠,
   「梁代 奉勅撰墓誌를 통해 본 墓誌銘의 定型化-墓誌에 등장하는 王言文書 運營方式의
   分析을 兼하여-」, 『中國史研究』 105(2016).
102) 章灣·力子, 위의 글, 67쪽.

이 묘지의 구성은 ①제액 ②조부의 휘諱와 관직 ③조모의 성씨와 외증조부의 휘와 관직 ④부친의 휘와 관직 ⑤모친의 성씨와 외조부의 휘와 관직 ⑥묘주의 관직 ⑦향년 ⑧졸년 ⑨장지葬地 ⑩장례일 ⑪처의 성씨와 장인의 휘와 관직 ⑫처의 성씨와 장인의 자·휘·관직 ⑬아들의 이름·나이·처의 성씨·장인의 휘 ⑭아들의 이름·나이·처의 성씨·장인의 휘와 관직 ⑮아들의 이름·나이·처의 성씨·장인의 휘와 관직 ⑯태매太妹의 이름·남편의 이름·시부媤父의 휘와 관직으로 구성되어 있다. 이렇게 가족 관계를 중심으로 묘지를 제작하는 방식은 서진 시기 묘지에서 처음 출현한다. 예를 들어 〈서진영가원년(307)화방묘지西晉永嘉元年華芳墓誌〉에는 남편은 물론이고 남편의 증조부와 두 명의 증조모, 조부와 두 명의 조모, 종증조부從曾祖父, 종조부從祖父, 부친과 모친, 전처 2인, 전처들의 조부모, 전처들의 부모, 전처 소생, 전처의 남동생, 심지어 전처들의 외조부까지 기술되어 있다. 한편 묘주와 관련해서도 자식을 비롯하여 증조부모, 조부모, 부모, 외조부모, 외삼촌 등이 기술되어 있다.[103] 특징적인 것은 남성의 경우 모두 관력이 기술되어 가문의 막강한

---

103) 참고로 가족 관계가 서술된 부분을 소개하면 다음과 같다. 趙超,『漢魏南北朝墓誌彙編』(天津: 天津古籍, 2008), 12쪽,〈晉使持節侍中都督幽州諸軍事領護烏丸校尉幽州刺史驃騎大將軍博陵公太原晉陽王公故夫人平原華(芳)氏之銘〉, "公諱浚, 字彭祖.(夫) 曾祖父諱柔, 字叔優, 故漢使持節·護匈奴中郎將·雁門太守.(曾祖) 夫人宋氏·李氏.(曾祖의 妻)…祖父諱機, 字産平, 故魏東郡太守.(祖) 夫人郭氏·鮑氏.(祖의 妻)…父諱沈, 字處道, 故使持節·散騎常侍·司空·博陵元公.(父)夫人穎川荀氏.(父의 妻)…浚前夫人濟陰文氏, 諱粲, 字世暉, 年廿四薨.(夫의 前妻) 有子女曰韶, 字韶英, 適穎川棗台産.(夫의 前妻 所生 및 배우자) 産父故大子中庶子.(夫의 사돈) 麗, 字韶榮, 適濟陰卞稚仁.(夫의 前妻 所生 및 배우자) 仁父故廷尉.(夫의 사돈) 則, 字韶儀, 適樂安孫公淵.(夫의 前妻 所生 및 배우자) 淵父故平南將軍.(夫의 사돈) 夫人祖諱和, 字叔懌, 故光祿勳.(夫 前妻의 祖) 夫人張氏·解氏.(夫 前妻의 祖의 妻) 父諱猗, 字子課, 故溫令.(夫 前妻의 父) 夫人孫氏.(夫 前妻의 父의 妻) 外祖父義陽孫朝, 字恭宗, 故征北司馬.(夫 前妻의 外祖) 夫人樊氏.(夫 前妻 外祖의 妻) 長舅諱溥, 字玄平, 故建平大守.(夫 前妻의 외삼촌) 夫人孟氏.(夫 前妻 외삼촌의 妻) 中舅諱超, 字玄叔, 故大子庶子.(夫 前妻의 외삼촌) 夫人鄧氏.(夫 前妻 외삼촌의 妻) 次舅 諱疇, 字玄回, 故南陽大守.(夫 前妻의 외삼촌) 夫人崔氏.(夫 前妻 외삼촌의 妻) 季舅諱啓, 字玄明, 南安大守.(夫 前妻의 외삼촌) 夫人索氏.(夫 前妻 외삼촌의 妻) 中夫人河東衛氏, 諱琇, 字惠瑛, 年十九薨. 無子.(夫의 前妻) 夫人祖諱覬, 字伯覦, 故魏尙書·聞陽鄕敬侯.(夫 前妻의 祖) 夫人□氏.(夫 前妻 祖의 妻) 伯父諱瓘, 字伯玉, 故侍中·行大子大保·司空·菑陽公.(夫 前妻의 伯父) 夫人董氏·任

가병家柄을 드러내는 것이 묘지 기술의 목적임을 알 수 있다. 요컨대 이러한 묘지는 자신의 집안과 혼인 관계로 맺어진 집안을 기술함으로써 집안의 번영과 가격을 드러내고 자식들에게 이러한 가계도를 인지시킴으로써 집안에 대한 자부심과 가문에 대한 충성심을 유발하고자 하는 의도의 산물이었던 것이다.104)

그런데 이 〈화방묘지〉에는 묘주의 품성에 대한 기술도 제법 길게 기술되어 있어 죽은 이에 대한 추모라는 묘지 목적에 부합하고 있다. 그러나 동진 시기 묘지들은 37점의 묘지 중 명사가 기술된 것은 단 한 건도 없으며, 묘주와 묘주 처의 품행을 적은 것만이 단 한 점(〈동진태녕3년(325)장진묘지 東晉太寧三年張鎭墓誌))105) 존재한다.106) 따라서 묘주와 관련하여 품행이나 명사 없이 가족 관계와 묘주 및 가족의 관력만이 서술되어 있는 〈보국장군묘지〉는 동진 묘지의 전통 속에서 파악해야 할 것이다.

한편 동진 묘지의 특징 중 하나는 장지 외에도 구묘지舊墓誌 즉, 본적지에 있는 원래 선영先塋을 기술한다는 점이다.107) 북중국이 호인胡人들에 의해

氏.(夫 前妻의 伯父의 妻) 父諱寔, 字叔始, 故散騎常侍·閭陽鄕侯.(夫 前妻의 父) 夫人劉氏. (夫 前妻 父의 妻) 外祖父□□劉□字□□, 故河東大守.(夫 前妻의 外祖父)…夫人華氏, 諱芳, 字敬華, 年卅七薨.(墓主) 有子曰胄, 字道世, 博陵世子.(墓主의 子) 次曰裔, 字道賢.(墓主의 子) 夫人曾祖父諱歆, 字子魚, 故魏太尉.(墓主의 曾祖) 夫人媵氏.(墓主 曾祖의 妻) 祖父諱炳, 字偉明, 故魏侍御史.(墓主의 祖) 夫人任氏.(墓主 祖의 妻) 父諱衍, 字長胄, 故侍御史·安鄕亭侯.(墓主의 父) 夫人劉氏.(墓主 父의 妻) 兄諱酆, 字敬始, 故豫章王文學·安鄕亭侯.(墓主의 兄) 兄諱璣, 字敬珩, 前西安令.(墓主의 兄) 姉諱苕, 字宣華, 適潁川荀泰章.(墓主의 언니와 배우자) 章父故司徒.(묘주 언니 배우자의 父) 外祖父沛國劉芬, 字舍元, 故尙書·肅成伯.(墓主의 外祖) 夫人武氏.(墓主 外祖의 妻) 長舅諱粹, 字純蝦, 故南中郎將.(墓主의 외삼촌) 夫人荀氏.(묘주 외삼촌의 妻) 中舅諱宏, 字終蝦, 故太常.(墓主의 외삼촌) 夫人華氏.(墓主 삼촌의 妻) 少舅諱漠, 字沖蝦, 故光祿勳.(墓主의 외삼촌) 夫人程氏.(墓主 외삼촌의 妻)…."

104) 〈화방묘지〉 및 묘지의 역할에 대해서는 3부 1장을 참조.
105) 그나마 墓主의 品行에 대해서는 "世爲冠族, 仁德隆茂. 仕晉元明, 朝野宗重."이라는 짧은 글이 기술되어 있고, 부인에 대해서도 "夫人貞賢, 亦時良媛."이라는 글만이 기술되어 있다.
106) 자세한 사항은 3부 1장 〈표 3-1-2〉 '동진 묘지 일람' 중 '구성'란을 참조.
107) 예를 들어 〈東晉太寧元年(323)謝鯤墓誌〉의 다음의 구절을 들 수 있다. "假葬建康縣石子岡. 在陽大家墓東北四丈…舊墓在滎陽."

점령되고 호족 왕조가 세워지면서 남쪽으로 내려온 한인漢人들이 남중국에서의 매장을 임시의 가장으로 생각하고 중원中原으로 돌아갈 것을 기대하면서 서술한 것으로 보인다. 요컨대 이장의 가능성을 염두에 둔 기술이라 할 수 있는데, 이 때문인지는 몰라도 다른 시기 묘지에 비해 묘의 위치가 비교적 분명하게 기록되어 있다.108) 그렇다면 우리는 여기서 동진 시기 묘지를 통해 무덤지의 소재를 기록하는 것이 하나의 양식으로 발전할 수 있는 가능성을 발견할 수 있다. 혹 이장의 가능성 때문에 무덤지의 위치를 비교적 소상하게 기록하는 매지권을 묘지와 더불어 사용하게 되었던 것은 아닐까? 묘지와 매지권을 함께 사용한 또 다른 석각을 살펴보자.

【묘지】군君의 성은 신申이고 휘諱는 홍지洪之며 위군魏郡 위현魏縣 사람이다. 증조부 종鍾은 이전 시기 조趙(후조後趙)의 사도司徒를 지냈으며 동양공東陽公이었다. 조부 도생道生은 보국장군輔國將軍·연주자사兗州刺史를 지냈고 금향현후金鄉縣侯가 되어 자손들이 이로써 (정착하여 그곳에서) 가家를 이루었다. (군은) 어려서 고달프고 순조롭지 못한 상황을 만나 형 직근령直懃令 건지乾之와 함께 위魏에 귀순하였다. 군은 학식과 재간이 있어 유능하고 총명하였으며 품행이 바르고 절조가 있었으며 의지가 굳고 민첩하였다. 효성스럽고 우애로웠으며 인자하였고 온화하며 공경스러웠으며 은혜롭고 화순하였다. 형제가 함께 살았는데 나이들어 머리가 희도록 함께 즐거워하였다. (이로 인하여) 집안이 화목하여 친족들의 규범이 되었다. 이로써 (나라가 군의) 재능을 헤아려 직무를 맡기니 비로소 동궁막제東宮莫堤를 제수하였다. 장차 혁혁한 공로를 드러내고 능히 세업世業을 세울 수 있었으나 하늘이 내려준 수명이 짧아서 향년享年 57세로 위 연흥延興 2년(472) 10월 5일

108) 예를 들어 〈東晉太寧元年(323)謝鯤墓誌〉의 '在陽大家墓東北四丈', 〈東晉咸康七年(341)王興之墓誌〉의 '葬于丹楊建康之白石, 於先考散騎常侍尚書左僕射特進衛將軍都亭肅侯墓之左', 〈東晉升平元年(357)王閩之墓誌〉의 '葬于舊墓. 在贛令墓之後', 〈東晉升平三年(359)王丹虎墓誌〉의 '其年九月卅日葬于白石, 在彬之墓石'이라는 표현들을 들 수 있다.

수도에서 사망하였다. 구묘舊墓가 너무 멀리 떨어져 있어 돌아가 매장하는
것을 행하기 어려웠다. 더구나 이박贏博의 장례는 대개 시속時俗을 따르는
것임에야. 거북점과 시초풀점 모두 역시 상서롭다 말하였다. (따라서)
마침내 평성平城 상건하桑乾河 남쪽에 무덤을 만들었다. 형체는 시간이
흐름에 따라 사라지지만 덕은 세월이 갈수록 분명해진다. (이에) 감히
이 돌에 (군의 덕을) 새겨 밝혀 썩지 않게 하노라.【매지권】이전의 땅주인인
문뉴우오제文扭于吳提, 하뢰토복연賀賴吐伏延, 하뢰토근賀賴吐根, 고리고욱돌
高梨高郁突 4인에게 부근의 땅 20경頃을 매입하였으니, (가격은) 관견官絹
백 필匹로 21년 전이다. 지금 홍지의 시신이 이곳에서 영원히 안식을 취하고
있기에 그것을 기록한다.[109]

북위 연흥 2년(472)의 기년을 가지고 있는 〈신홍지묘지申洪之墓誌〉 역시
전반부는 묘지, 후반부는 매지권으로 이루어져 있다. 북위 연호를 사용하고
있고 매장된 곳 역시 북위지만 묘지에 기술된 묘주의 내력 및 구성 요소를
살펴보면 남조 유송의 초기 묘지 전통을 따르고 있을 것임을 알 수 있다.
묘주인 신홍지는 동궁막제라는 그리 높지 않은 것으로 추정되는 벼슬을
살았지만 그의 증조인 신종은 후조에서 사도, 염위冉魏에서는 태위太尉를
역임하였고[110] 묘지에 따르면 그의 조부 신도생은 왕조는 불분명하지만

109) 日比野丈夫,「墓誌の起源のついて」,『江上波夫敎授古稀記念論集 民族·文化篇』(東京: 山
川, 1977), 189~190쪽, 〈申洪之墓誌〉"君姓申, 諱洪之, 魏郡魏縣人也. 曾祖鍾, 前趙司徒·東
陽公. 祖道生, 輔國將軍·兗州刺史·金鄕縣侯, 子孫家焉. 少遭屯蹇, 与兄直懃令乾之, 歸命于
魏. 君識幹强明, 行操貞敏. 孝友慈仁, 溫恭惠和. 兄弟同居, 白首交懽. 閨門怡怡, 九族式軌.
是以詮才委任, 甫授東宮莫堤. 將闡茂績, 剋崇世業, 而降年不遐, 年五十有七, 以魏延興二年
十月五日, 喪於京師. 以舊墳懸遠, 歸空理難. 且贏博之葬, 蓋隨時矣. 考謀龜筮, 皆亦云吉.
遂築堂於平城 桑乾河南. 形隨化往, 德与時著. 敢剋斯石, 以昭不朽. 先地主文扭于吳提·賀賴
吐伏延·賀賴吐根·高梨高郁突四人邊買地卄頃, 官絹百匹, 從來卄一年. 今洪之喪靈, 永安於
此, 故記之."〈신홍지묘지〉에 대한 자세한 내용은 洪承賢,「洛遷 이전 墓誌를 통해
본 北魏 墓誌의 展開-〈馮熙墓誌〉前史-」,『中國史硏究』110(2017), 295~311쪽을 참조.
110)『晉書』卷106,「石季龍載記上」,"咸康元年, 季龍廢勒子弘, 群臣已下勸其稱尊號. …改年曰建
武. 以夔安爲侍中·太尉·守尙書令, 郭殷爲司空, 韓晞爲尙書左僕射, 魏㷮·馮莫·張崇·曹顯爲

보국장군·연주자사를 역임하고, 금향현후가 되었다. 또한 신종의 또 다른
자손인 신영申永은 유송의 청靑·연이주자사兗二州刺史와 태중대부太中大夫를
역임하였고, 신선申宣 역시 유송에서 연·청이주자사를 역임하였다.[111] 따라
서 이 석각 역시 상층 계층에서 매지권을 사용한 예로 들 수 있을 것이다.

다만 그 매지권을 살펴보면 미신적 요소를 조금도 포함하고 있지 않음을
알 수 있다. 매도자와 땅의 크기, 토지 가격 등만이 기록되어 초기 매지권과
비교한다고 해도 계약의 증인이라든지, 대금 지불일, 수약의 문언 등 가장
기본적인 매지권의 구성 요소를 갖추지 못한 상태다. 유송 시기 매지권에
도교 관련 내용이 등장하는 것을 염두에 두면 확연히 다르다는 것을 알
수 있다.

이것은 〈보국장군매지권〉에서도 동일하게 확인할 수 있는 것이다. 파손
이 너무 심해 묘지도 매지권도 그 정확한 내용을 알 수 없는 상태이기는
하지만, 매지권의 경우 차례대로 토지의 사지四至, 계약일, 매도자, 토지
가격, 정형구 등이 기술되어 있음을 확인하는 것은 어렵지 않다. 다만 미신적
인 요소가 얼마나 포함되어 있는지는 알 수 없는데, 양대 매지권은 물론이고
삼국~양진 시기 매지권의 미신적인 요소에 비해서는 적다는 것만은 확실하
다. 혹 필요-동진 시기 이후 무덤의 위치를 소상하게 밝히고자 하는 의도-
에 의해 상층 계층에서 매지권이 사용되기는 했지만 지나친 미신적 요소나
도교적 요소가 제거된 것은 아닐까 하는 생각을 해본다.

尙書, 申鍾爲侍中, 郞闓爲光祿大夫, 王波爲中書令, 文武封拜各有差.";『晉書』卷107,「石季
龍載記下」, "評送閔妻董氏·太子智·太尉申鍾·司空條攸·中書監聶熊·司隷校尉籍羆·中書令
李垣及諸王公卿士于薊."
111) 『宋書』卷65,「申恬傳」, "申恬字公休, 魏郡魏人也. 曾祖鍾, 爲石虎司徒. 高祖平廣固, 恬父宣·
宣從父兄永皆得歸國, 並以幹用見知. 永歷靑·兗二州刺史. 高祖踐阼, 拜太中大夫. 宣, 太祖元
嘉初, 亦歷兗·靑二州刺史."

5부

돌에 새긴 영광
─ 왕조의 기념비

1장 왕조의 위기와 석각의 정치학
─ 후한 〈희평석경〉, 조위 〈정시석경〉, 서진 〈벽옹비〉의 역할 ─

2장 〈대향비〉, 한위선양의 이면

1장 왕조의 위기와 석각의 정치학
-후한 〈희평석경〉, 조위 〈정시석경〉, 서진 〈벽옹비〉의 역할-

중국 역사상 처음으로 석각을 이용하여 왕조의 위대함과 영원함을 기록했던 이는 아마도 진시황秦始皇일 것이다. 그는 상왕조商王朝와 주왕조周王朝의 왕들이 청동기를 이용하여 신을 경배하고 지배의 정당성을 확보했던 것과는 달리 돌을 이용하여 왕조의 무궁함과 제국의 광대함을 적과 백성들에게 각인시켰다. 순행로巡幸路에 세워진 〈역산각석嶧山刻石〉, 〈낭야대각석琅邪臺刻石〉, 〈태산각석泰山刻石〉 등에는 황제의 업적과 제국의 경계가 기록되었다.[1]

이후 돌은 왕조의 위대함을 기록하는 가장 일반적이면서도 유력한 도구가 되었다. 평평하여 글자를 새기기 쉽다는 장점과 무엇보다 내구성이 강하여 오랜 기간 변치 않는다는 속성은 왕조의 영원함을 상징하는 데 더할 나위가 없었기 때문이다. 이후에도 여러 왕조들이 돌을 이용하여 왕조의 위대함과 영원함을 기록하였다. 그렇게 만들어진 것들 중 대표적인 기념물이 조위曹魏

---

[1] 연구에 따르면 秦始皇이 巡狩 중에 세운 石刻은 7개며, 그 내용은 대략 (1) 對六國 전쟁의 타당성 (2) 중앙 집권 국가 건설의 당위성 (3) 진시황 업적에 대한 찬양 (4) 국가 통일을 위한 장치 완비의 선언 (5) 백성에 대한 충성 권유 등이다. 洪承賢, 「蠻夷政策을 통해 본 秦漢皇帝의 移風易俗」, 『中國史研究』 29(2004), 3쪽. 이외에도 진시황 순수비에는 경계가 없는 광대한 제국의 영역이 기술되거나 암시되어 있으며, 왕조의 무궁함을 기원하는 내용이 간각되어 있다. 예를 들어 〈泰山刻石〉과 〈琅邪臺刻石〉에는 각기 "親巡遠方黎民, 登茲泰山, 周覽東極.", "日月所照, 舟輿所載. 皆終其命, 莫不得意.…六合之內, 皇帝之土. 西涉流沙, 南盡北戶. 東有東海, 北過大夏. 人迹所至, 無不臣者."라는 구절이 간각되어 광대한 제국의 영역을 표현하고 있다. 또한 〈嶧山刻石〉에도 '威動四極'이라 하여 제국의 영역이 사방의 極, 즉 끝까지 이르렀음을 표현하였다.

가 후한後漢으로부터 선양禪讓을 받은 후 제작한 〈상존호비上尊號碑〉2)와 〈수선
표비受禪表碑〉3)일 것이다. 왕조의 영광을 노래하고 기념하기 위해 제작된
전형적인 석각이라고 할 수 있다.

한편 조위의 〈상존호비〉나 〈수선표비〉와는 다소 성격이 다르지만 국가에
의해 간각되어 세워진 석각으로는 후한의 〈희평석경熹平石經〉, 조위의 〈정시
석경正始石經〉, 그리고 서진西晉의 〈벽옹비辟雍碑〉가 있다. 이들 세 석각은 대체로
함께 거론되는데, 국학國學인 태학太學 부근에 세워졌다는 공통점으로 인해
각 왕조 문교정책文敎政策의 일환이자 그 상징물로 이해되었기 때문이다.
각 비들은 유교국가儒敎國家를 표방하던 후한 왕조가 경전經典의 이동異同, 즉
경전의 불일치를 분별하고 확정할 필요에 의해(〈희평석경〉)4) 혹은 조위가
태학 쇠퇴의 국면을 문교 정책에 의해 타개하려고(〈정시석경〉),5) 또는 서진
왕조가 국자학國子學의 위상을 칭양稱揚하기 위해(〈벽옹비〉)6) 세웠다고 해석
되었다.

이들 세 비가 문교 정책의 기념물이라는 점에서는 이견이 없을 것이다.
두 비는 당시 관학官學의 교재를 간각했고(〈희평석경〉·〈정시석경〉), 다른
한 비는 황제와 황태자가 관학에 행차하여 학례學禮에 친림親臨했던 것을

---

2) 〈上尊號碑〉는 獻帝의 세 차례에 걸친 禪讓 詔書를 거절한 曹丕에게 그의 신하들이
延康 원년(220) 10월 27일 즉위를 촉구하며 올린 勸進文을 기록한 것이다. 이 비를
분석한 와타나베 요시히로에 따르면 비의 내용은 크게 다음과 같이 대별할 수
있다. (1) 권진문을 上奏하기까지의 경위. (2) 堯舜禪讓을 본받아 선양 조서를 받아들일
것을 주장. (3) 後漢 安帝 이후 극도로 혼란해진 세상을 曹操가 평정했음을 서술.
(4) 조비의 정치가 文德으로 충만하고 그에 따라 瑞祥이 출현했음을 서술. (5) 조비의
受命을 정통화하는 瑞應을 서술하며 즉위를 간절히 요청. 渡邉義浩, 「「魏公卿上尊號奏」
にみる漢魏革命の正統性」, 『(大東文化大)漢學會誌』 43(2004), 60~64쪽.

3) 〈受禪表碑〉는 魏文帝 조비가 연강 원년 10월 29일 후한의 헌제로부터 선양을 받은
것을 기록한 것으로 (1) 漢魏 선양을 요순 선양에 比擬. (2) 조비의 善政과 그에
감응한 天의 서응. (3) 즉위까지의 경위. (4) 조비의 천자 즉위 등이 차례로 기술되어
있다. 渡邉義浩, 「「受禪表」碑における『尚書』の重視」, 『三國志研究』 3(2008), 37~39쪽.

4) 『後漢書』 卷79上, 「儒林列傳」, "熹平四年, 靈帝乃詔諸儒正定五經, 刊於石碑,…."

5) 『三國志·魏書』 卷13, 「王肅傳」, "始掃除太學之灰炭, 補舊石碑之缺壞,…"

6) 足立豊 解說, 『晉·皇帝三臨辟雍碑』(東京: 二玄社, 1971), 82쪽.

기록하고(〈벽옹비〉) 있기 때문이다. 또한 모두 태학 앞에 세워졌다. 그러나 이들 석각이 건립되었던 시기와 그 시기의 정치적 상황을 살펴보면 세 비를 단순한 문교 정책의 결과로만 이해할 수는 없을 것 같다. 국학을 부흥하고 학문을 진흥하고자 하는 의도 외에도 이들 세 비는 왕조의 위기 속에서 건립되었다는 공통점을 갖기 때문이다.

이들 비들이 제작된 시기를 살펴보자. 우선 〈희평석경〉은 영제靈帝 희평 4년(175)부터 시작하여 광화光和 6년(183)에 완성되었다. 이 시기는 말할 것도 없이 후한 정부의 말기적 현상이 극에 달하여 사실상 패망을 향해 가던 시기였다. 『삼국지三國志』에 수록된 당대인들과 그 시기의 역사를 찬술한 『후한서後漢書』의 찬자撰者 범엽范曄은 외척과 환관의 발호, 지식인에 대한 탄압, 환관의 괴뢰에 불과한 우매한 황제, 도탄에 빠진 백성 등을 거론하며 영제 시기를 사실상 한왕조 멸망의 시기로 파악하였다.7) 그들의 공통된 목소리에 따른다면 영제 시기는 한가하게 경전의 불일치를 가리고 그것을 간각하여 학문 진흥을 할 만한 시기는 아니었다.

〈정시석경〉이 만들어지던 시기는 어떤가? 현재 〈정시석경〉이 언제 제작되었는지는 정확하게 알 수 없다. 석경의 잔석殘石 중에 정시 2년(241)을 의미하는 '시이년始二年'이라는 문자가 남아 있기는 하지만(〈그림 5-1-1〉) 석경 제작이 시작된 연도인지, 완성된 연도인지 알 수 없다. 이에 대해 오치아이 히로키落合悠紀는 석경의 완성 시기로 보았는데, 그 근거로 정시 2년에 제왕齊王 조방曹芳이 강경講經을 하고 벽옹辟雍에서 공자孔子에게 제사지

---

7) 『三國志·蜀書』卷35, 「諸葛亮傳」, "親賢臣, 遠小人, 此先漢所以興隆也; 親小人, 遠賢臣, 此後漢所以傾頹也. 先帝在時, 每與臣論此事, 未嘗不歎息痛恨於桓·靈也."; 『三國志·魏書』卷20, 「武文世王公傳」 裴松之注引, "袁子曰:…至於桓·靈, 閹豎執衡, 朝無死難之臣, 外無同憂之國, 君孤立於上, 臣弄權於下, 本末不能相御, 身首不能相使."; 『三國志·吳書』卷61, 「陸凱傳」, "昔漢之桓·靈, 親近宦豎, 大失民心."; 『後漢書』卷8, 「靈帝紀」, "論曰: 秦本紀說趙高譎二世, 指鹿爲馬, 而趙忠·張讓亦紿靈帝不得登高臨觀, 故知亡敵者同其致矣. 然則靈帝之爲靈也優哉! 贊曰: 靈帝負衆, 委體宦孽. 徵亡備兆, 小雅盡缺. 麋鹿霜露, 遂棲宮衛."; 『後漢書』卷79下, 「儒林傳」, "自桓·靈之閒, 君道秕僻, 朝綱日陵, 國隙屢啓, 自中智以下, 靡不審其崩離; 而權彊之臣, 息其闚盜之謀, 豪俊之夫, 屈於鄙生之議者, 人誦先王言也, 下畏逆順勢也."

〈그림 5-1-1〉 '시이년始二年'이라는 기년紀年
이 간각된 〈정시석경〉의 부분 탁본8)

낸 것을 들었다. 요컨대 석경의 완성을 기다려 황제의 강경과 제사가 행해졌다고 본 것이다.9) 충분히 개연성 있는 설명이다.

그는 〈희평석경〉의 제작에 9년이 소요된 것을 기준삼아 〈정시석경〉은 명제明帝의 태화太和 연간(227~233) 말부터 시작하여 청룡靑龍 연간(233~237)경에 계획되기 시작하였을 것이라 보았다.10) 그러나 두 석경 제작에 소요된 시기를 단순 비교하는 것은 무리일 것 같다. 우선 〈희평석경〉의 경우 칠경七經(『시詩』·『상서尙書』·『역易』·『춘추春秋』·『공양전公羊傳』·『의례儀禮』·『논어論語』)이 간각되었다는 점에서 『춘추』와 『상서』만이 간각된 〈정시석경〉과 그 소요 시간을 즉자적으로 대비할 수는 없을 것이다. 물론 〈정시석경〉의 경우 삼체三體, 즉 세 가지 서체를 사용하였다고는 해도 분량 면에서 〈희평석경〉 쪽이 더 많은 시간을 필요로 했을 것이다. 또한 〈희평석경〉의 경우 경전의 불일치를 분별하는 일까지를 진행해야 해서 소요되는 노력과 시간이 더 필요했을 것이다.

다음은 두 석경의 크기 차이다. 두 석경은 〈희평석경〉이 46매枚, 〈정시석경〉이 48매로 매수로는 큰 차이가 없지만,11) 크기는 전자가 길이 1장丈,

---

8) 高峽 主編, 『西安碑林全集 第二卷』(廣州: 廣東經濟, 1999), 135쪽.
9) 落合悠紀, 「曹魏洛陽の復興と「正始石経」建立」, 『洛陽學國際シンポジウム報告論文集 東アジアにおける洛陽の位置』(東京: 汲古書院, 2011), 103쪽.
10) 落合悠紀, 위의 글, 104쪽.
11) 『後漢書』 卷60下, 「蔡邕傳」 李賢注引, "洛陽記曰: 太學在洛城南開陽門外, 講堂長十丈,

너비 4척尺인데 반해 후자는 길이 8척, 너비 4척으로 차이가 있다. 또 다른 문제는 〈희평석경〉이 9년 동안 지속적으로 제작된 것이 아닐 가능성이다. 석경 작업을 담당했던 노식盧植의 본전本傳에 따르면 노식을 의랑議郎으로 삼아 채옹蔡邕 등과 함께 석경 작업을 담당하게 하였으나 곧 그것이 급선무가 아니라고 여겨 그를 시중侍中으로 삼고 다시 상서尚書로 옮겼다는 기록이 있다.[12] 따라서 〈희평석경〉의 제작 기간을 기준으로 〈정시석경〉의 제작 기간을 추정할 수는 없을 것이다.

다만 〈정시석경〉 역시 왕조의 기념비라는 성격을 갖는다면 조위 정치사의 관점에서 청룡 연간에 제작이 시작되었을 가능성이 높을 것 같다. 자세한 내용은 이후 서술하겠지만 제갈량諸葛亮 사후 외부적 위협이 감소하면서 명제가 본격적으로 황제권을 강화했다는 점과 석경의 제작을 연동하여 생각해 볼 수 있을 것 같다. 그러나 명제가 석경의 완성을 보지 못하고 사망함에 따라 석경 제작의 본래 의도가 무엇이던 간에 그 의도는 변경될 수밖에 없었을 것이다. 특히 〈정시석경〉이 8살의 어린 황제의 즉위를 전후하여 완성되게 된다면, 그것은 황제권의 부재라는 왕조의 위기를 극복해야 할 의무를 지니게 되었을 것이다.

〈벽옹비〉의 건립 또한 왕조의 위기 속에서 건립되었다고 볼 수 있다. 〈벽옹비〉가 새롭게 건설된 국자학의 위상을 칭양할 목적을 가지고 있었다는 것을 부정하는 것은 아니다. 그러나 비가 세워진 함녕咸寧 4년(278)은 국자학의 칭양이라는 것 외에도 또 다른 의미를 부여할 수 있는 시기였다. 알려진 것처럼 서진 무제武帝는 함녕 원년(275) 12월에 시작되어 이태 이상 맹위를

廣二丈. 堂前石經四部. 本碑凡四十六枚, 西行, 尚書·周易·公羊傳十六碑存, 十二碑毁. 南行, 禮記十五碑悉崩壞. 東行, 論語三碑, 二碑毁. 禮記碑上有諫議大夫馬日碑·議郎蔡邕名."; [北魏]酈道元 注, 『水經注』卷16, 「穀水」, "魏政始中, 又立古·篆·隸三字石經. …樹之於堂西, 石長八尺廣四尺, 列石於其下, 碑石四十八枚廣三十丈."

12) 『後漢書』卷64, 「盧植傳」, "歲餘, 復徵拜議郎, 與諫議大夫馬日磾·議郎蔡邕·楊彪·韓說等並在東觀, 校中書五經記傳, 補續漢記. 帝以非急務, 轉爲侍中, 遷尚書."

떨치던 역병에 걸리게 된다.[13] 함녕 원년 역병에 걸린 무제는 그 다음
해 일시적으로 위독한 상태에 빠지게 되었다. 그 때 서진 조정은 후계
문제를 두고 어수선해졌는데, 조정의 대신들은 황태자인 충衷, 즉 혜제惠帝가
아닌 무제의 동생으로 사마사司馬師의 계승자가 된 제왕齊王 유攸에게 기대를
하였다.[14] 다음 해 3월 병상에서 일어난 무제는 이 상황에 대처하지 않으면
안 되었다. 외척 양씨楊氏들을 동궁東宮 관속으로 배치하며 동궁 세력을
강화한 것은 혜제에 대한 보호 조치였으며, 조정에서 신망을 얻고 있던
제왕 유에 대한 대항책이었다.[15] 이처럼 황태자 보호와 제왕 유에 대한
조치가 한창이었던 함녕 연간에, 지적 능력을 의심받던 황태자의[16] 두 차례
에 걸친 학례 친림과 그에 대한 칭양을 목적으로 비가 건립된 것을 단순히
문교 정책의 일환이라고 봐도 좋을까? 혹 위기에 빠진 왕조가 왕조의 안녕과
건재함, 그리고 황제 권력의 위대함을 보이기 위해 그 옛날 진시황이 그랬던
것처럼 돌을 사용하였던 것은 아니었을까?

이 장에서는 후한 〈희평석경〉, 조위 〈정시석경〉, 서진 〈벽옹비〉가 단순히
문교 정책의 일환이 아닌 왕조의 위기를 정면으로 돌파하기 위한 기념비라는
가정을 증명해보고자 한다. 이를 통해 각 왕조가 처했던 위기의 내용과
중국 고대의 각석 행위가 어떠한 정치적 의도를 가지고 있었는지를 복원할
수 있을 것이다.

---

13) 『晉書』는 이 '大疫'으로 洛陽 인구 太半이 죽었다고 기록하고 있다. 『晉書』卷3, 「武帝紀」,
"是月大疫, 洛陽死者太半."

14) 『晉書』卷40, 「賈充傳」, "初, 帝疾篤, 朝廷屬意於攸."

15) 武帝의 東宮 정비 및 齊王攸 대책에 대해서는 田中一輝, 「西晉の東宮と外戚楊氏」, 『東洋史
研究』 68-3(2009)을 참조.

16) 『晉書』卷4, 「惠帝紀」, "帝之爲太子也, 朝廷咸知不堪政事, 武帝亦疑焉."; 『晉書』卷31,
「后妃傳」, "帝以皇太子不堪奉大統, 密以語后. 后曰:「立嫡以長不以賢, 豈可動乎?」"; 『晉書』
卷39, 「荀勖傳」, "時帝素知太子闇弱, 恐後亂國, 遣勖及和嶠往觀之. 勖還盛稱太子之德, 而嶠
云太子如初."

Ⅰ. 왕조 말의 개혁과 〈희평석경〉

'일대대전一代大典'. 청淸의 대학자 피석서皮錫瑞가 〈희평석경〉을 평가한 말이다. 양한兩漢 시기를 경학經學 극성極盛의 시기로 이해한[17] 피석서는 『백호통百虎通』을 '광세일견지전曠世一見之典' 즉, '공전절후空前絶後의 위대한 경전'으로, 〈희평석경〉을 '한 시대의 중요한 전적典籍'으로 평가하였다.[18] 그러나 후한 말 학술계의 사정을 전하는 기사들에 따르면 〈희평석경〉을 경학 극성기의 결과라고 보기는 어렵다. 당시는 경학이 대의大義를 상실하고 훈고訓詁에 치우쳐 장구학章句學이 유행하던 시기였다. 다섯 자의 문장을 해결하기 위해 2만~3만 자가 사용되는 것은 예사였으며,[19] 심지어 두 글자를 위해 십여 만 자를 사용하기도 하였다.[20] 이로써 유자儒者들 역시 유학儒學의 대의에서 멀어져 실질을 잃고 부화浮華하게 되었다.[21] 〈희평석경〉이 간각되는 후한 말은 경학 극성기라기보다는 오히려 경학 쇠퇴기의 모습이 역력하다. 그렇다면 우리는 〈희평석경〉을 어떻게 이해해야 할까?

먼저 〈희평석경〉의 건립을 전하는 『후한서後漢書』의 기록을 살펴보자.

희평 4년(175), 영제가 이에 뭇 유자에게 조詔를 내려 오경(의 불일치를) 판정하여 석비에 간각하게 함에 고문古文·전篆·예隷 삼체三體의 서법으로써

---

17) [淸]皮錫瑞 著·周予同 注釋, 『經學歷史』(北京: 中華書局, 1981), 101쪽, "經學自漢元·成至後漢, 爲極盛時代." 이러한 입장은 최근까지도 이어져 漢代를 중국 經學의 大興時代로 이해하곤 한다. 黃潔, 「《熹平石經》與漢末的政治·文化規範」, 『中國文化研究』 2005-秋, 37쪽.

18) [淸]皮錫瑞 著·周予同 注釋, 위의 책, 117쪽. 이러한 평가에 대하여 양지우첸은 '대단히 과분한 칭찬(大大的溢美)'이라고 하였다. 楊九詮, 「東漢熹平石經平議」, 『文史哲』 2000-1, 69쪽.

19) 『漢書』 卷30, 「藝文志」, "說五字之文, 至於二三萬言."

20) [後漢]桓譚, 『新論』, 「正經」, "秦延君能說堯典, 篇目兩字之說至十餘萬言. 但說『日若稽古』至三萬言."

21) 『後漢書』 卷79上, 「儒林列傳」, "然章句漸疏, 而多以浮華相尙, 儒者之風蓋衰矣."

(제작하여) 서로 대조하여 검증하게 하고 태학太學 문 (앞에) 세우게 하여
천하로 하여금 모두 법칙으로 삼게 하였다.[22)

위의 기사는 『후한서』「유림열전儒林列傳」의 기록으로 희평 4년(175)에
영제의 명에 따라 오경의 불일치를 판정하고 그 결과물을 태학 앞에 세워
경전 해석의 기준으로 삼게 했음을 전하고 있다. 이는 국가에 의해 공식적으
로 흠정欽定된 유교 텍스트, 즉 관학의 교재가 마련되었음을 의미한다. 그런데
흥미로운 것은 이 석경이 고문·전서·예서 세 종류의 서체로 제작되었다는
것이다.
〈희평석경〉이 세 종류의 서체로 제작되었다는 입장은 이후 전통 시기
역사가들에 의해 반복적으로 재생산되었다.[23) 그러나 세 종류의 서체로
간각된 석경 즉 이른바 〈삼체석경三體石經〉은 〈희평석경〉이 아니라 조위
시기에 제작된 〈정시석경〉의 또 다른 이름이다.[24) 〈희평석경〉은 예서 한
종류의 서체로 간각되었기 때문에 〈일자석경一字石經〉,[25) 혹은 〈일체석경一體
石經〉으로도 불린다.[26) 그럼에도 불구하고 〈희평석경〉과 〈정시석경〉이 혼

---

22) 『後漢書』卷79上,「儒林列傳」,"熹平四年, 靈帝乃詔諸儒正定五經, 刊於石碑, 爲古文·篆·隷
三體書法以相參檢, 樹之學門, 使天下咸取則焉."

23) [東魏]楊衒之, 『洛陽伽藍記』卷3,「城南·報德寺」,"堂前有三種字石經二十五碑, 表裏刻之.
寫春秋·尙書二部, 作篆·科斗·隷三種字, 漢右中郞將蔡邕筆之遺跡也.";『北魏』卷55,「劉芳
傳」,"昔漢世造『三字石經』於太學, 學者文字不正, 多往質焉. (劉)芳音義明辨, 疑者皆往詢訪,
故時人號爲「劉石經」.";『資治通鑑』卷57,「漢紀四十九」, 孝靈帝熹平四年條,"春, 三月,
召諸儒正五經文字, 命議郞蔡邕爲古文·篆·隷三體書之, 刻石, 立于太學門外. 使後儒晚學咸
取正焉. 碑始立, 其觀視及摹寫學者車乘日千餘輛, 塡塞街陌."〈熹平石經〉에 대한 자세한
연구사는 [淸]朱彝尊 撰, 『經義考』卷287,「刊石一」을 참조. 朱彝尊은 范曄 이후 『洛陽伽藍
記』를 찬술한 東魏의 楊衒之를 필두로 北齊의 魏收, 唐의 竇蒙, 宋의 郭忠恕·蘇望·方句·歐
陽棐·董迫·姚寬 등이 〈희평석경〉을 〈三體石經〉으로 잘못 이해하였다고 하였다.

24) [北宋]趙明誠, 『金石錄』卷16,"『後漢書·儒林傳叙』云, '爲古文·篆·隷三體'者, 非也. 蓋邕所
書爲八分, 而三體石經乃魏時所建也." 한편 『隋書』「經籍志」에는 이를 '一字石經'으로
표현하고 있다. 『隋書』卷32,「經籍志」,"魏正始中又立一字石經, 相承以爲七經正字,…."

25) 『隋書』卷32,「經籍志」,"『一字石經周易』一卷·『一字石經尙書』六卷·『一字石經魯詩』六卷·
『一字石經儀禮』九卷·『一字石經春秋』一卷·『一字石經公羊傳』九卷·『一字石經論語』一卷."

동되었던 것은 기왕의 연구가 지적하듯이 동일하게 경전을 간각한 석경이 석비의 형태를 띠고 낙양洛陽 태학 문 앞에 세워졌기 때문일 것이다. 더하여 서진 시기 팔왕의 난 이후 낙양이 전화戰禍에 의해 파괴되며 석경들도 파괴되어 실체를 보지 못하게 된 것도 원인이 되었을 것이다.[27] 『수경주水經注』 「곡수穀水」 조條에는 낙양 남쪽 태학 주변에는 비림碑林이 조성되어, 〈희평석경〉을 비롯하여 많은 석비들이 있었음이 서술되어 있다.[28]

그러나 이것만이 전통 시기 역사가로 하여금 〈희평석경〉과 〈정시석경〉을 혼동하게 한 원인은 아니었던 것 같다. 아마도 당시 세 가지 서체가 통용되고 있었고 이로 인해 후한 말 서체의 통일이 사회적으로 요구되었던 사정을 역사가들이 인지하고 있었던 결과일 것이다. 후한 말은 선진先秦 시기의 고문과 진秦 통일 이후의 소전小篆, 그리고 한대 이후 유행한 예서가 모두 사용되고 있었다. 물론 다른 두 서체에 비해 예서가 훨씬 많이 사용되며 주도적인 위치에 있기는 했지만 그 역시 표준이라 말할 수 있는 상태는 아니었다.[29] 따라서 역사가들은 후한 말에 세 가지 서체로 간각된 석각이 출현했다는 기사를 의심 없이 받아들였을 것이다.

그런데 표준이 되는 서체가 없는 것이 단순히 서법 상의 문제만은 아니었다. 이것은 결국 경서에 정본이 없어 발생한 문제였다. 당시 경서는 다양한 내원來源을 가지고 있었고, 학자들은 서로 다른 저본底本을 가지고 각자의 방식으로 경서를 이해하였다. 자연히 경학의 전수는 각기 다른 사법師法을

26) 王傳林, 「儒家"石經"之史考論-從"石經"之史看經學體系化之路向與特徵」, 『孔子研究』 2015-5, 36쪽.
27) 落合悠紀, 앞의 글, 101쪽.
28) [北魏]酈道元 注, 『水經注』 卷16,「穀水」, "漢魏以來, 置太學于國子堂. 東漢靈帝光和六年, 刻石鏤碑載『五經』, 立于太學講堂前, 悉在東側.…魏正始中, 又立古·篆·隸〈三字石經〉.…魏明帝又刊『典論』六碑, 附于其次. 陸機言,『太學贊』別一碑, 在講堂西, 下列〈石龜碑〉, 載蔡邕·韓說·堂谿典等名. 『太學弟子贊』復一碑, 在外門中. 今二碑竝無. 〈石經〉東有一碑, 是漢順帝陽嘉元年立…〈漢石經〉北有晉〈辟雕行禮碑〉, 是太始二年立."
29) 史鑒,「漢末政教與熹平石經」,『語文建設』1995-9, 45~46쪽; 黃潔, 앞의 글, 40쪽.

통해 행해졌다. 많은 문파가 생겨나는 것은 자연스러운 일이었다. 경經에도
정본이 없고 설說에도 정론正論이 없었다. 이 때문에 〈희평석경〉의 건립을
전하는『후한서』「채옹전蔡邕傳」의 기사는 석경의 간각 이유를 문자의 정정正
定으로 지목하고 있다.

> 희평 4년(175), 이에 오관중랑장五官中郎將 당계전堂谿典, 광록대부光祿大夫
> 양사楊賜, 간의대부諫議大夫 마일제馬日磾, 의랑議郎 장순張馴과 한열韓說, 태사
> 령太史令 선양單颺 등이 육경六經의 문자를 바르게 정할 것을 주청奏請하였다.
> 영제가 허락하니 채옹이 이에 스스로 비碑에 글자를 서사書寫하고 공인工人
> 에게 새기게 한 (후) 태학 문 밖에 세우게 하였다. 이에 후학들 모두가
> 바름을 취할 수 있게 되었다. 비가 세워지니 (그것을) 보려는 자와 모사摹寫하
> 려는 자가 타고 오는 수레가 매일 천여 대에 이르러 길이 메워졌다.[30]

석경의 설립을 주장하고 단서丹書까지 담당했던 채옹 본전의 기록이다.
이 기록에 따른다면 석경 설립의 목적은 육경의 문자를 정정하기 위해서였
다. 사실 경서의 문자를 확정하려는 노력이 이번이 처음은 아니었다. 화제和帝
영원永元 14년(102) 서방徐防은 진 이후 경전이 폐지되고 끊어져 본문의 대략
은 남았으나 장구章句가 없는 관계로 책시策試 때 서로 쟁론을 거듭하고
의논이 분분하여 상호 비판과 질책이 난무한 사태를 보고하였다.[31] 그
결과 안제安帝 영초永初 4년(110)에는 동관東觀에 보유 중이었던 오경五經·제자
서諸子書·전기傳記·백가예술서百家藝術書에 대해 탈루와 오류를 바로 잡으라는
'정문자正文字'의 조서詔書가 내려졌다.[32] 그러나 문제가 완전히 해결된 것은

---

30)『後漢書』卷60下,「蔡邕傳」, "熹平四年, 乃與五官中郎將堂谿典·光祿大夫楊賜·諫議大夫馬
日磾·議郎張馴 韓說·太史令單颺等, 奏求正定六經文字. 靈帝許之, 邕乃自書丹於碑, 使工鐫
刻立於太學門外. 於是後儒晚學, 咸取正焉. 及碑始立, 其觀視及摹寫者, 車乘日千餘兩, 塡塞
街陌."

31)『後漢書』卷44,「徐防傳」, 1500~1501쪽 참조.

아니었다.

이후 채옹이 의랑이 되어 동관에서 서적의 교감校勘 작업을 할 때, 그는 여전히 많은 문자에 오류가 있음을 발견하게 된다.[33] 경전의 불일치는 꽤나 심각한 문제를 야기하였는데, 특히 그 중에서도 선거와 직결되어 선거의 부실을 초래한다는 점이 가장 심각한 문제였다. 당시 박사제자博士弟子의 경우 일정한 기간 동안 하나의 경전을 학습한 후에 책시를 통해 입사入仕하였는데, 경서에 대한 정확한 해석과 경문經文에 대한 명확한 인용이 고시考試의 기본이었다.[34] 따라서 서로 다른 저본을 가지고 학습한 이들의 상호비방이 난무한 것은 물론이고 심지어는 뇌물을 써 궁내 황실 문고였던 난대蘭臺에서 소장하고 있던 칠사漆寫한 경서의 글자를 자신들이 소유한 경서의 글자와 부합하게 변경하는 일까지 행하였다.[35] 따라서 태학생들이 경서의 문자를 가지고 분쟁을 일으키는 것에 대해 기준을 제시하는 것이 시급한 일이었다.

이런 이유로 인하여 문자의 불일치를 바로 잡는다는 것은 텍스트에 대한 보다 정확한 기준과 문화적 기준을 국가만이 수립할 수 있음을 선언하는 셈이 되었다. 당시가 두 차례 당고黨錮 이후 지식인 계층이 황제 권력과 대치함으로써 명성을 얻는 시기였다는 점에서도[36] 국가 권력이 사회적으로 문화 활동에 규범을 제시하는 것은 그 권위의 체현이라는 성격을 갖는다. 더하여 그것이 선거와도 밀접한 관련을 갖는다면 중앙 정부가 선거에 대해 직접적으로 장악력을 갖겠다는 의지의 표명일 수도 있을 것이다. 과연 〈희평석경〉을 이렇게 해석해도 좋을까?

---

32) 『後漢書』卷5, 「安帝紀」, "詔謁者劉珍及五經博士, 校定東觀五經·諸子·傳記·百家藝術, 整齊脫誤, 是正文字."

33) 『後漢書』卷60下, 「蔡邕傳」, "(蔡)邕以經籍去聖久遠, 文字多謬, 俗儒穿鑿, 疑誤後學,…."

34) 『後漢書』卷44, 「徐防傳」, "解釋多者爲上第, 引文明者爲高說."

35) 『後漢書』卷78, 「宦者 呂强傳」, "巡以爲諸博士試甲乙科, 爭弟高下, 更相告言, 至有行賂定蘭臺漆書經字, 以合其私文者,…."

36) 洪承賢, 「漢代 墓記·墓碑·墓誌의 출현과 상호 관련성」, 『中國古中世史研究』 42(2016), 316쪽.

〈희평석경〉의 건립에 대해 많은 연구가 그것을 채옹의 건의의 결과로
이해하고, 그의 학문적 업적으로 설명하고 있다.[37] 그러나 이것을 채옹의
사적事蹟으로만 볼 수 있을지는 의문이다. 『후한서』「환자열전宦者列傳」을
통해서는 또 다른 이해가 가능하기 때문이다.

> (환관) 이순李巡은 모든 박사들이 갑을과甲乙科 시험 시 제자들의 고하를
> 다투고 더하여 서로 고발하며 심지어 뇌물을 써 난대에 보관하고 있는
> 칠사한 경서의 글자까지 (멋대로 고쳐) 자신들이 가지고 있는 (경서의)
> 문자와 부합하게 한다고 여겨, 이에 황제에게 뭇 유자들과 함께 오경의
> 문자를 돌에 새길 것을 아뢰니 이로써 조서를 내려 채옹 등에게 문자를
> 정정할 것을 명하였다. 이후 오경이 확정되고 다툼이 멈추게 되었다.[38]

위 기사에 따른다면 〈희평석경〉은 채옹이 아니라 환관 이순의 건의에
의해 제작된 것이다. 그래서 이 기사를 신뢰하는 판원란范文蘭은 석경의
제작은 태학생들이 오경 문자를 가지고 분쟁을 일으키는 것을 불식하기
위해 정부가 기준을 제시한 것이며, 궁극적으로는 환관들이 자신들의 세력을
공고히 하고자 한 것이라 보았다.[39] 석경의 제작을 태학생의 학술적 활동(정
치적 활동)을 불가능하게 하기 위한 것으로 이해한 것이다. 이 때문에 그는

37) 이러한 견해는 중국학계에서 쉽게 발견할 수 있는데, 아마도 宋의 鄭樵의 "按石經之學,
　始於蔡邕. 始也, 秦火之後, 經籍初出, 諸家所藏, 傳寫或異, 箋傳之儒, 皆馮所見, 更不論文字
　之訛謬. 邕校書東觀, 奏求正定六經文字, 靈帝許之, 乃自爲書, 而刻石于太學門外, 後儒晩學,
　咸所取正."이라는 주장이 후대 역사가들에게 영향을 크게 미친 것으로 생각된다.
　[南宋]鄭樵 撰, 『通志』卷63,「藝文略一·經類一」, 1450쪽. 대표적으로는 마헝을 들 수
　있다. 그는 〈熹平石經〉의 간각과 설립을 전적으로 蔡邕의 공로로 설명하고 있다.
　馬衡,「從實驗上窺見漢石經一班」, 『凡將齋金石叢稿』(北京: 中華書局, 1977), 199쪽. 原載:
　『慶祝蔡元培先生六十五歲論文集』(北平: 國立中央研究院, 1933).
38) 『後漢書』卷78,「宦者 呂强傳」, "巡以爲諸博士試甲乙科, 爭弟高下, 更相告言, 至有行賂定蘭
　臺漆書經字, 以合其私文者, 乃白帝, 與諸儒共刻五經文於石, 於是詔蔡邕等正其文字. 自後五
　經一定, 爭者用息."
39) 范文蘭, 『中國通史』(北京: 人民, 1979), 191쪽.

영제가 설립한 또 다른 학교인 홍도문학鴻都門學의 건립을 태학의 무력화로
이해하였다.40) 이 입장을 전적으로 받아들일 수는 없다고 해도 기사에서처
럼 환관들이 석경 제작에 대해 먼저 건의했다면 당시 추진되던 영제의
일련의 개혁과 〈희평석경〉을 연관하여 생각하는 것이 타당할 것 같다.
　영제의 일련의 개혁에 대해 살펴보자. 앞서 언급한 것처럼 후한 말 환桓·영
제 시기는 한의 말기적 현상이 표출되던 시기, 또는 황제의 무능으로 사회적
혼란과 백성의 도탄이 극에 달했던 시기로 이해된다. 그러나 영제를 한왕조
멸망의 주범으로만 볼 수는 없을 것이다. 영제의 일련의 개혁이 모두 실패함
에 따라 오히려 그 시도가 왕조의 멸망을 촉진하기도 하였지만, 그가 왕조의
위기를 돌파하기 위해 노력했던 것도 분명하기 때문이다.41) 당시 추진되었
던 개혁을 시기별로 정리해 보면 다음과 같다.

〈표 5-1-1〉 영제 시기 추진된 개혁과 그 내용

시기	내용	의도
희평 6년(177)	시중시侍中寺 설치	근시관의 확충과 기능 확대42)
희평 6년(177)	선릉효자宣陵孝子 선발	새로운 인재 선발 방법의 도입43)
광화光和 원년(178)	홍도문학 설치	문장·서도書道 등 유가적 소양 외의 학문 칭양44)
광화 3년(180)	『고문상서古文尚書』·『모시毛詩』·『좌전左傳』·『곡량전穀梁傳』 능통자 1인 선발 후 의랑 제수	금문학今文學 밖에서 인재 선발45)
중평中平 5년(188)	서원군西園軍 설치	강력한 중앙군의 창설46)

---

40) 范文蘭, 앞의 책, 191쪽.
41) 이시이 히토시는 靈帝 시기 중에서도 마지막 中平 연간(184~189)을 후한 왕조가
　재기의 운명을 건 내정 개혁을 추진한 시기라고 하였다. 石井仁, 「無上將軍と西園軍·後
　漢靈帝時代の「軍制改革」」, 『集刊東洋學』 76(1996), 23쪽.
42) 『後漢書』 卷26, 「百官三」, 注引 "獻帝起居注曰: 「帝初卽位, 初置侍中·給事黃門侍郎, 員各六
　人, 出入禁中, 近侍帷幄, 省尚書事.";『通典』 卷21, 「職官三」, "後漢謂之侍中寺.[嘉平熹平六
　年, 改侍中寺.]" 侍中寺의 설치와 그 의미에 대해서는 徐難于, 『漢靈帝與漢末社會』(濟南:
　齊魯書社, 2002), 101~106쪽을 참조.
43) 『後漢書』 卷60下, 「蔡邕傳」, "又民賈小民, 爲宣陵孝子者, 復數十人, 悉除爲郎中·太子舍人."
44) 『後漢書』 卷8, 「靈帝紀」, "始置鴻都門學生."

표는 석경이 만들어지기 시작한 희평 4년(175) 이후 추진된 영제의 개혁을
간략하게 정리한 것이다. 표에서 확인할 수 있는 것처럼 영제 시기 행해진
일련의 개혁은 황제권 강화라는 분명한 목적을 가지고 있다.[47] 그 중에서도
눈에 띄는 일관된 정책은 새로운 인재 발탁 방식의 도입이다. '시고소민市賈小
民' 중에서 관리를 선발한다든지, 유가적 소양이 아닌 문장이나 서도에 뛰어
난 능력을 가진 이들을 뽑아 국학에서 가르친다든지, 고문학古文學 능통자를
선발한다든지 하는 조치들은 기존 인재 선발 방식과 상당한 차이를 갖는다.

그런데 영제의 이러한 조치는 기존 관리들에게 위기감을 주었던 것 같다.
이는 홍도문학의 설치와 관련된 당시 관리들의 격렬한 반대를 살펴보면
알 수 있다. 홍도문학은 그 설치를 전하는 짧은 기사와 홍도문학에 대한
당시 관리들의 반대에서 알 수 있는 것처럼 전통적인 유학 학습 기관이라고
하기는 힘들다.

(1) (광화 원년) 처음으로 홍도문학생을 두었다.
[홍도는 문의 이름이다. (문) 안에 학교를 설치하였다. 이때 홍도문의 여러
학생들은 모두 주州·군郡·삼공三公에게 명하여 능히 척독尺牘·사부辭賦를
잘 짓고, 조서鳥書와 전서篆書를 잘 쓰는 이들을 추천하게 하여 서로 시험하게
하니 천여 인에 이르렀다.][48]
(2) 처음으로 홍도문생을 두었다. 본래는 자못 경학(의 능력)으로써 (학생들
을) 서로 초빙하였으나, 후에 모두 능히 척독·사부를 잘 짓고, 조서와

---

45) 『後漢書』 卷8, 「靈帝紀」, "六月, 詔公卿擧能通[古文]尚書·毛詩·左氏·穀梁春秋各一人, 悉除
議郎."
46) 『後漢書』 卷8, 「靈帝紀」, "八月, 初置西園八校尉."
47) 그런 의미에서 후한 영제 시기는 前漢 哀帝와 비슷한 느낌을 준다. 두 황제 모두
몰락해 가는 왕조의 마지막 길목에서 황제권 강화를 시도하였으나 이미 말기적
현상이 노골화된 시대의 한계를 극복하지 못하며 실패한다.
48) 『後漢書』 卷8, 「靈帝紀」, "始置鴻都門學生.[李賢注: 鴻都, 門名也, 於內置學. 時其中諸生,
皆勅州·郡·三公擧召能爲尺牘辭賦及工書鳥篆者相課試, 至千人焉.]

전서를 잘 쓰는 이들 수천 여인에 이르렀다. (홍도문생 중 혹자는) 지방에서 주군州郡을 주관하였고, 중앙에서 상서尙書·시중侍中이 되었으며 사작賜爵을 받기도 하였다.[49]

(3) 영제가 서도를 좋아하여 천하의 정교히 글씨 잘 쓰는 이들을 홍도문에 불러들이니 수백 인에 이르렀다.[50]

이상의 『후한서』, 『후한기後漢紀』, 『태평어람太平御覽』의 기사들은 새롭게 설치된 학교인 홍도문학이 기존 태학과는 달리 경전에 능통한 이들이 아닌 문학(척독·사부)이나 서도(조서·전서)에 능한 이들을 선발한 것을 말해 준다. 홍도문학은 예술 학교의 성격이 강했음이다.[51] 채옹은 홍도문학에서 학습하는 교과들에 대해 '재능으로는 사소한 것[小者]'에 불과하여 나라를 다스리고 정사를 처리하는 데 부족하다고 하면서, 그것은 여가가 날 때 즐기는 박혁博奕 즉 장기나 바둑 같은 것일 뿐 교화나 선거의 근본은 아니라고 비판하였다.[52] 홍도문학에 대해 비판하고 그것의 폐지를 주장한 이는 채옹 만이 아니었다. 상서령尙書令이었던 양구陽球와 광록대부光祿大夫 양사楊賜 역시 홍도문학의 철폐를 격렬히 주장하였다.[53] 특히 양사는 광화 원년에

---

49) [東晋]袁宏, 『後漢紀』卷24, 「靈帝紀」, "初置鴻都門生. 本頗以經學相招, 後諸能爲尺牘·詞賦及工書鳥·篆者至數千人. 或出典州郡, 入爲尙書·侍中, 封賜侯爵."

50) [北宋]李昉 等, 『太平御覽』卷749, 「工藝部六·書下·八分書」, "靈帝好書, 徵天下工書於鴻都門, 至數百人."

51) 上谷浩一, 「後漢政治史における鴻都門學-靈帝期改革の再平價」, 『東洋史研究』63-2(2004), 42쪽.

52) 『後漢書』卷60下, 「蔡邕傳」, "夫書畫辭賦, 才之小者, 匡國理政, 未有其能. 陛下卽位之初, 先涉經術, 聽政餘日, 觀省篇章, 聊以游意, 當代博奕, 非以敎化取士之本."

53) 『後漢書』卷77, 「酷吏 陽球傳」, "頃之, 拜尙書令. 奏罷鴻都文學, 曰:「伏承有詔勅中尙方爲鴻都文學樂松·江覽等三十二人圖象立贊, 以勸學者. 臣聞傳曰:『君擧必書. 書而不法, 後嗣何觀!』案松·覽等皆出於微賤, 斗筲小人, 依憑世戚, 附託權豪, 俛眉承睫, 徼進明時. 或獻賦一篇, 或鳥篆盈簡, 而位升郎中, 形圖丹靑. 亦有筆不點牘, 辭不辯心, 假手請字, 妖僞百品, 莫不被蒙殊恩, 蟬蛻滓濁. 是以有識掩口, 天下嗟歎. 臣聞圖象之設, 以昭勸戒, 欲令人君動鑒得失. 未聞豎子小人, 詐作文頌, 而可妄竊天官, 垂象圖素者也. 今太學·東觀足以宣明聖化. 願罷鴻都之選, 以消天下之謗.」"

있었던 재이災異(홍예주강虹蜺晝降: 낮에 무지개가 출현한 사건)를 해석하며,
그 원인의 하나로 홍도문학의 설치를 꼽았다.[54]

과연 당시 대신들은 홍도문학이 단순히 문학 및 서예를 학습한다는 점에서
반대하고 철폐를 주장했던 것일까? 물론 전한 무제武帝 이후 '독존유술獨尊儒
術'의 풍기가 자리 잡고, 후한 들어 유교국가의 모습이 완비된 상태에서[55]
경학 이외의 학문이 국가 주도로 설립된 학교에서 강학講學된다는 것을
용납할 수 없었을 것이다. 그러나 보다 근본적인 문제는 홍도문학의 건립이
기존 국학이었던 태학의 위상과 권위를 하락시킨다는 데 있었다. 이것은
기사 (2)의 홍도문학 출신들이 영제의 총애를 받아[56] 관계의 요직을 차지하고
있는 상황을 통해 알 수 있다. 결국 홍도문학이 유자들의 관계 진출을
저해한다는 것이 문제였다. "(서화書畫와 사부는) 교화와 선거의 근본이
아니다."라는 채옹의 주장이 홍도문학 철폐에 대한 완곡한 주장이라면,
지금 태학과 동관이 족히 성스러운 교화聖化를 선양宣揚하고 있으니 홍도문
학에서 관리를 선발하는 것을 폐지하라는 양구의 주장은 보다 분명한 어조로

54) 『後漢書』卷54,「楊賜傳」, "光和元年, 有虹蜺晝降於嘉德殿前, 帝惡之, 引賜及議郎蔡邕等入
金商門崇德署, 使中常侍曹節·王甫問以祥異禍福所在. …乃書對曰:「…今殿前之氣, 應爲虹
蜺, 皆妖邪所生, 不正之象, 詩人所謂蝃蝀者也. …今妾媵嬖人閹尹之徒, 共專國朝, 欺罔日月.
又鴻都門下, 招會羣小, 造作賦說, 以蟲篆小技見寵於時, 如驩兜·共工更相薦說, 旬月之閒,
並各拔擢, 樂松處常伯, 任芝居納言. 郄儉·梁鵠俱以便辟之性, 佞辯之心, 各受豐爵不次之寵,
而令搢紳之徒委伏畎畝, 口誦堯舜之言, 身蹈絶俗之行, 棄捐溝壑, 不見逮及. 冠履倒易, 陵谷
代處, 從小人之邪意, 順無知之私欲, 不念板·蕩之作, 虺蜴之誡. 殆哉之危, 莫過於今. 幸賴皇
天垂象譴告. …惟陛下愼經典之誡, 圖變復之道, 斥遠佞巧之臣, 速徵鶴鳴之士, 內親張仲, 外
任山甫, 斷絶尺一, 抑止槃游, 留思庶政, 無敢怠遑. 冀上天還威, 衆變可弭. 老臣過受師傅之
任, 數蒙寵異之恩, 豈敢愛惜垂沒之年, 而不盡其懷憤之心哉!」"
55) 儒敎國家 완비에 대해서는 일본학계에서 다양한 의견들이 개진되었다. 그 내용에
대해서는 渡邉義浩, 『後漢における「儒敎國家」の成立』(東京: 汲古書院, 2009), 15~22쪽을
참조. 와타나베 요시히로의 정리에 따르면 前漢 武帝期와 元帝期를 유교 국가의
완성기로 보는 학자들도 있지만 많은 학자들이 후한 시기(王莽~光武帝期 혹은 章帝期)
를 유교 국가의 완성기로 보고 있다.
56) 『後漢書』卷60下,「蔡邕傳」, "侍中祭酒樂松·賈護, 多引無行趣埶之徒, 並待制鴻都門下, 憙陳
方俗閭里小事, 帝甚悅之, 待以不次之位."

홍도문학이 태학의 위상과 권위에 저해된다는 것을 밝히고 있다. 더 나가 양사는 극검郤儉과 양곡梁鵠 같은 비유학적 능력을 가진 이들로 인하여 유학적 능력을 지닌 진신지사搢紳之士들이 버림받아 임용되지 못한다고 노골적으로 말하고 있다. 영제는 왜 홍도문학을 설립한 것일까? 서도를 좋아하였던 황제 개인의 취향이 홍도문학 설립의 근본 이유였을까?

홍도문학 설치에 관한『후한서』「채옹전」의 기사를 보면 애초에 학문을 좋아했던 영제는 스스로『황희편皇義篇』50장을 지었다. 그리고 그와 동시에 여러 유생儒生 중에서 문부文賦에 뛰어난 자들을 초빙하였다. 처음에는 자못 경학에 뛰어난 이들을 초빙하였는데, 후에 문학과 서도에 뛰어난 이들을 초빙하게 되었다고 한다.[57] 영제가 처음부터 학문을 배척하거나 오직 문학과 서도만을 좋아한 것은 아니다.『태평어람』에 의하면『황희편』이 지어진 것이 희평 4년이니,[58] 〈희평석각〉이 만들어지기 시작한 것과 같은 해다. 황제 스스로가 학문에 대한 관심을 표명하며 도서를 지었던 것과 태학 앞에 국정 교과서의 의미를 가지고 있는 석경을 만들기 시작한 것이 우연은 아닐 것이다.

특히 영제의 일련의 개혁과 관련한다면 〈희평석각〉의 설립에는 태학의 위기를 극복하고자 하는 의도가 있었을 것이다. 당시 태학에 관한 기존의 연구를 살펴보자. 중국 고대 박사제자에 대한 연구에 천착한 니시카와 토시후미西川利文의 연구에 따르면 애초 관료 양성을 목적으로 교육과 학문의 장으로 설치된 태학이 태학생의 급증으로 인해 후한 후반기가 되면 학문의 장으로서의 분위기는 완전히 사라지고 인맥 형성의 장으로만 기능하게 된다.[59] 순제順帝의 태학 부흥 조치 이후 환제 때가 되면 태학생이 3만에

57)『後漢書』卷60下,「蔡邕傳」, "初, 帝好學, 自造皇義篇五十章, 因引諸生能爲文賦者. 本頗以經學相招, 後諸爲尺牘及工書鳥篆者, 皆加引召, 遂至數十人."
58) [北宋]李昉 等,『太平御覽』卷92,「皇王部十七」, "典略曰,…熹平四年五月, 帝自造皇義篇五十章."
59) 西川利文,「漢代博士弟子制度の展開」,『鷹陵史學』17(1991), 23~24쪽.

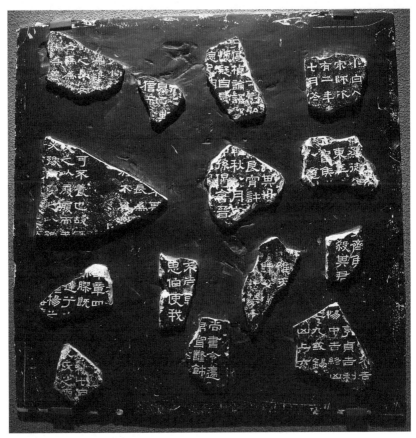

〈그림 5-1-2〉〈희평석경〉 잔편殘片(홍승현ⓒ)

이르게 되며[60] 관계로의 진출이 어려워지게 되었다. 그러자 유생들은 학문보다는 정치적 교우 관계를 맺는 것을 중히 여기게 되었는데, 환관들이 그들에 대해 붕당朋黨을 이뤘다고 고발하여 당고 사건이 발생하게 된다. 기록에는 환관들이 유생들이 붕당을 이루었다고 무고했다 하였지만[61] 상황을 살펴보면 과연 음해며 무고로만 치부할 수 있는가 하는 생각이 들 정도로

---

60) 『後漢書』卷79上,「儒林列傳」, "自是遊學增盛, 至三萬餘生."
61) 『後漢書』卷67,「黨錮列傳」, "成弟子牢脩因上書誣告膺等養太學遊士, 交結諸郡生徒, 更相驅馳, 共爲部黨, 誹訕朝廷, 疑亂風俗."

당시 태학생 스스로도 태학을 학문의 장이 아닌 교류의 장으로 이해하고
있었다.[62]

이런 상황에서 황제 권력을 재구축하고자 했던 영제가[63] 석경을 간각할
것을 결정한 것과 태학의 변화를 모색한 것을 분리해서 생각하기는 어려울
것이다. 즉, 〈희평석경〉은 황제 권력과 대치하며 교류에 의해 명성을 획득하
던 사대부士大夫들에 대해 황제가 자신만이 사회적 기준을 수립할 수 있는
유일한 힘임을 선언한 것이라고 할 수 있을 것이다.

II. 어린 황제의 등극과 〈정시석경〉

강력한 황제 뒤에 등장한 무기력하고 무능력한 황제와 황태자는 왕조의
존립을 위태롭게 하는 위험 요소가 된다. 특히 황권과 길항桔抗하며 대립하는
세력이 있거나 황권 외의 독자적이고 자율적인 권력이 존재한다면 그 위험은
배가 될 것이다. 역사적으로 본다면 바로 조위의 제왕 방과 서진의 혜제가
그들이다. 그들에게는 개인적으로 무기력하고 무능했다는 공통점도 있지만,
두 사람 모두 해당 왕조의 전성기를 이끌었던 뛰어난 선왕先王을 두었다는
공통점도 있다. 또한 황제권을 위협할 정도의 강력한 권력이 존재했다는
점도 같았다. 우선 이 절에서는 조위의 위기를 살펴보자.

조위의 두 번째 황제 명제는 강력한 황제권을 구현하고자 했던 황제로
알려져 있는데, 명제에 대한 역사가들의 평가는 그리 후한 편은 아니다.
침착하고 의지가 강하며 결단력과 식견이 있고 마음먹은 대로 행동하는,

---

62) 『後漢書』卷76, 「循吏 仇覽傳」, "覽入太學. 時諸生同郡符融有高名, 與覽比宇, 賓客盈室.
覽常自守, 不與融言. 融觀其容止, 心獨奇之, 乃謂曰: 「與先生同郡壤, 隣房牖. 今京師英雄四
集, 志士交結之秋, 雖務經學, 守之何固?」 覽乃正色曰: 「天子脩設太學, 豈但使人游談其中!」
高揖而去, 不復與言."
63) 上谷浩一, 「董卓事跡考-「靈帝期改革」論の視點から」, 『東方學』116(2008), 37쪽.

군주로서는 매우 뛰어난 기개가 있다는 칭찬이 없는 것은 아니지만[64] 그의
궁실 수축과 사치에 대해서는 대부분의 역사가들이 비판적이었다. 특히
심약沈約은 명제의 궁실 수축을 천변天變, 즉 재이의 원인으로까지 지목하였
다.[65] 이러한 경향은 후대로 내려올수록 더욱 강해져 남송南宋 시기 원구元樞
는『통감기사본말通鑑紀事本末』권10에 '명제의 사치[明帝奢靡]'라는 표제 하에
궁성 수축, 동인銅人 주조 등의 실정과 그에 반대했던 신하들의 간언諫言을
나열하고 있다.[66] 이와 같은 전통 시기 역사가들의 공통된 인식 때문인지는
몰라도 명제에 대한 현대 역사가들의 평가도 좋은 편은 아니다. 왕종뤄王仲犖
만이 명제 시기를 조위의 전성기로 보며 그 시기가 가진 의미를 평가하려고
했을 뿐[67] 대부분의 연구자들은 명제의 치세, 그 중에서도 제갈량이 사망한
이후의 시기를 조위 정치의 쇠퇴기로 이해하고 있다.[68]

그러나 명제 시기는 삼국이 정립鼎立되어 있던 시기임에도 불구하고 군사
적으로 성공적이었다고 평가할 수 있다. 심각한 손실 없이 제갈량의 북벌北伐
과 그와 연합한 손권孫權의 공격을 효과적으로 막아냈을 뿐 아니라 당시
요동遼東에 할거割據하고 있던 공손씨公孫氏 집단에 대한 세 차례에 걸친 공격
의 성공으로[69] 요동으로 조위의 판도를 확대할 수 있었다. 뿐만 아니라

---

64) 『三國志·魏書』 卷3, 「明帝紀」, "評曰: 明帝沈毅斷識, 任心而行, 蓋有君人之氣概焉."

65) 『宋書』 卷20, 「五行一」, "魏明帝太和元年秋, 數大雨, 多暴雷電, 非常, 至殺鳥雀. 案楊阜上疏,
此桓雨之罰也. 時帝居喪不哀, 出入弋獵無度, 奢侈繁興, 奪民農時, 故木失其性而恒雨爲災
也."; 『宋書』 卷21, 「五行二」, "魏明帝太和二年五月, 大旱. 元年以來, 崇廣宮府之應也.";
『宋書』 卷23, 「五行四」, "魏明帝景初元年九月, 淫雨過常, 冀·兗·徐·豫四州水出, 沒溺殺人,
漂失財産. 帝自初卽位, 便淫奢極欲, 多占幼女, 或奪士妻, 崇飾宮室, 妨害農戰, 觸情恣欲,
至是彌甚, 號令逆時, 饑不損役."

66) [南宋]元樞, 『通鑑紀事本末』 卷10, 「明帝奢靡」, 842~852쪽.

67) 王仲犖, 『魏晉南北朝史 上』(上海: 上海人民, 1979), 134쪽. 그러나 왕종뤄 역시 궁실
수축이 재정 지출을 증가시킨 점과 禁獵地의 확대 역시 백성에 대한 弊政이었음은
인정하였다.

68) 明帝 및 그 治世에 대한 기존 연구 성과는 大原信正, 「曹魏明帝政權史研究序說」, 『中央大
學アジア史研究』 34(2010), 45~50쪽을 참조.

69) 明帝는 太和 6년(232), 景初 원년(237), 경초 2년(238) 세 차례에 걸쳐 遼東의 公孫氏

요동이 중원과 연결되면서 그동안 방기되었던 낙랑樂浪에 대한 지배도 회복할 수 있었다.[70]

   내정을 살펴보면 태화 연간에 오수전五銖錢을 재발행하고[71] 종묘宗廟를 업鄴에서 수도 낙양으로 이전하였으며[72] 신율新律을 비롯하여 주군령州軍令·상서관령尙書官令·군중령軍中令을 제정하였다.[73] 또한 경초景初 원년(237) 3월에는 태화력太和曆을 개정한 경초력景初曆을 반포하였다.[74] 명제 악정惡政의 대명사로 불리는 궁실 수축은 청룡 3년(235)에 시작하였는데, 황제와 그 권력의 상징적 공간인 수도의 재건이라는 측면을 가지고 있는 것을 부정하기는 어렵다.[75] 실로 명제에 대한 부정적 평가에도 불구하고 획기적인 개혁이 행해졌던 특이한 시대라는 평가가[76] 무색하지 않다. 명제가 황제가 된 후 그를 처음 독대했던 유엽劉曄의 평가대로 진시황·한무제漢武帝의 동류同類라 할 만하다.[77]

집단에 대한 토벌을 진행하였고, 마지막 공격에서는 司馬懿가 직접 출정하여 公孫淵 부자를 斬首하는 戰功을 세운다.

70) 『三國志·魏書』 卷30, 「東夷傳」, "景初中, 大興師旅, 誅淵, 又潛軍浮海, 收樂浪·帶方之郡, 而後海表謐然, 東夷屈服." 樂浪郡에 대한 조위의 지배권 회복에 대해서는 洪承賢, 「曹魏時期 樂浪郡 회복과 遼東 인식의 변화」, 『中國學報』56(2007), 176~182쪽을 참조.

71) 『三國志·魏書』 卷3, 「明帝紀」, "(太和元年)夏四月乙亥, 行五銖錢."

72) 『三國志·魏書』 卷3, 「明帝紀」, "(太和三年)甲申, 初營宗廟.…(太和三年)初, 洛陽宗廟未成, 神主在鄴廟. 十一月, 廟始成, 使太常韓暨持節迎高皇帝·太皇帝·武帝·文帝神主于鄴, 十二月己丑至, 奉安神主于廟."

73) 『晉書』卷30, 「刑法志」, "其後, 天子又下詔改定刑制, 命司空陳羣·散騎常侍劉邵·給事黃門侍郎韓遜·議郎庚嶷·中郎黃休·荀詵等刪約舊科, 傍采漢律, 定爲魏法, 制新律十八篇, 州郡令四十五篇, 尙書官令·軍中令, 合百八十餘篇,"

74) 『三國志·魏書』 卷3, 「明帝紀」, "改太和曆曰景初曆."

75) 와타나베 신이치로는 後漢 洛陽城 北宮 터에 자리 잡은 曹魏 宮城의 主殿이 太極이고 正門이 閶闔라는 점에 주목하여 明帝의 낙양궁 수축을 天空의 紫微宮을 모방한 새로운 정치 공간의 창설이라고 보았다. 渡辺信一郎, 「宮闕と園林-3~6세기中國における皇帝權力の空間構成」, 『考古學研究』 47-2(2000), 17~18쪽.

76) 大原信正, 앞의 글, 44쪽.

77) 『三國志·魏書』 卷3, 「明帝紀」, "居數日, 獨見侍中劉曄, 語盡日. 衆人側聽, 曄既出, 問「何如」? 曄曰:「秦始皇·漢孝武之儔, 才具微不及耳.」"

그렇다면 왜 명제는 제도 개혁에 그렇게 심혈을 기울인 것일까? 그것은 스스로의 묘호廟號를 열조烈祖로 지을 때의 상황 속에서 단서를 얻을 수 있다. 담당 관원의 상주上奏에 따르면 명제는 조부인 조조가 '발란반정撥亂反正(후한 말의 혼란을 평정)'하고 부친인 조비曹丕가 '응천수명應天受命(천명에 부응하여 위왕조를 세우고 황제위에 즉위)'한 것에 이어 주공周公과 같이 '제작흥치制作興治(제도의 완비를 통한 통치의 완성)'하고자 하였다.[78] 그는 치세를 진흥하기 위해 제도를 창설하는 것을 자신의 본무本務로 여겼던 것이다. 태화 연간(227~233)과 경초 초(237)에 행해진 제도적 정비는 그 구체적인 실현이라 할 수 있다. 그 사이 청룡 3년(235)에 명제는 낙양의 궁실을 본격적으로 수축하기 시작한다. 극렬하게 반대하는 신하들에게 소하蕭何의 장안성長安城 축조 일화를 예를 들며[79] 궁실 수축을 강행한 것은 궁실 수축이 단순히 한 개인의 사치의 결과가 아닌 황제 권력의 권위를 높이기 위한 방편이었음을 말해준다.[80]

그렇다면 〈정시석경〉이 제작될 만한 가능성이 높은 시기는 청룡 3년 이후가 될 것이다. 제국의 심장이며 황제 권력을 상징하는 수도의 재건이 이루어지면서 태학이 정비되었을 것이며, 그 태학 진흥의 일환으로 석경이 제작되었을 것이다. 그렇다면 왜 청룡 3년인가? 모두 다섯 차례에 걸친 북벌을 감행하였던 제갈량은 흔히 '오장원五丈原 전투'로 불리는 5차 북벌 도중에 사망한다. 그것이 청룡 2년(234)이다. 기존 연구는 명제의 정치적 태도가 변화하는 시기를 바로 제갈량의 죽음 이듬해인 청룡 3년으로 보고 있다. 외부로부터의 위협이 사라지며 명제에게 황제 권력을 신장할 수 있는

---

78) 『三國志·魏書』卷3「明帝紀」, "有司奏: 武皇帝撥亂反正, 爲魏太祖, 樂用武始之舞. 文皇帝應天受命, 爲魏高祖, 樂用咸熙之舞. 帝制作興治, 爲魏烈祖, 樂用章(武)[斌]之舞." 조위 창업자들에 대한 이러한 수식은 조위의 창업 과정을 周文王-周武王-周公旦으로 이어지는 西周 창업 과정에 比擬한 것이다.

79) 『三國志·魏書』卷22,「陳羣傳」, "帝答曰:「王者宮室, 亦宜並立. 滅賊之後, 但當罷守耳, 豈可復興役邪? 是故君之職, 蕭何之大略也.」"

80) 福原啓郞,「三國魏の明帝--奢靡の皇帝の實像-」,『古代文化』52-8(2000), 30쪽.

여유가 생겼다는 것이다.[81]

황제 권력의 신장 혹은 권위화와 석경의 건립은 어떤 관계가 있을까? 여기서 잠시 석경에 대해 살펴보자. 〈삼체석경〉 또는 〈삼자석경三字石經〉으로 불리는 〈정시석경〉은 '삼체'·'삼자'라는 말에서도 알 수 있는 것처럼 세 가지 서체, 즉 당시 유행하던 고문·전서·예서의 서체로 간각되었다. 정시 2년(241)에 완성된 것으로 추정되고 있는데, 광화 6년(183)에 완성된 관학의 표준 교재를 금문今文으로 각석한 〈희평석경〉[82] 이후 60여년 만에 다시 석경이 등장한 것이다. 그러나 〈정시석경〉은 〈희평석경〉과는 차이가 있다. 〈정시석경〉은 관학의 교재를 각석한 것이 아니라 세 가지 서체로 『춘추春秋』와 『상서尙書』를 간각한 것뿐이었다. 〈희평석경〉과 달리 고문계 문헌이 각석된 것이었다. 고문학의 약진이라는 학술·사상계의 변화가 반영된 것일까?

〈희평석경〉의 경우 오경 문자의 불일치를 바로 잡는다는 학술상의 목적이 있었음은 앞서 서술하였다. 선거와 관련된 문자의 정정이 사회적으로 요청되고 있었음은 석경 제작 이후 확정된 경서를 확인하고 베끼려고 했던 사람들의 반응을 통해 충분히 확인할 수 있었다. 그러나 〈정시석경〉이 왜 제작되었는가를 명확하게 설명해 주는 기사는 찾아볼 수 없다. 또한 고문학의 현창顯彰이라고 하기에 『춘추경春秋經』은 고문과 금문을 구분하는 것이 의미가 없다는 점이 걸린다. 이 때문에 기시마 후미오木島史雄는 『춘추』와 『상서』 두 경전이 간각된 원인을 (1) 『춘추』는 금·고문의 차이가 거의 없고, (2) 『고문상서古文尙書』는 〈정시석경〉 제작 당시 경전이 이미 존재하고 있었기 때문이라고 보았다. 또한 두 경전이 앞뒤로 각석된 것은 두 문헌의 글자 수가 근사했던 것 때문이라고 〈정시석경〉의 제작 의의를 폄하하였다. 〈정시석경〉이 금문으로 간각된 〈희평석경〉을 염두에 둔 고문의 현창이라는

---

81) 渡邉義浩, 「三國時代における「公」と「私」」, 『日本中國學會會報』 55(2003), 21쪽.

82) 〈熹平石經〉에 대해서는 塚田康信, 「熹平石經の研究」, 『福岡教育大學紀要 第5分冊』 26 (1976)을 참조.

성격을 갖지 않았음을 분명히 한 것이다.83) 이러한 견해에 따른다면 〈정시석경〉을 고문학 성숙의 결과로 보기는 어렵다.

〈희평석경〉이 경학 극성 시대의 결과물이 아닌 것처럼 〈정시석경〉 역시 고문학 성숙의 결과가 아니라면 어떤 이유에서 석경을 간각한 것일까? 이 문제에 대해 간접적으로 단서를 주는 기사가 『삼국지·위서魏書』 「왕랑전王朗傳」의 배송지裴松之 주注에 인용되어 있다.

> 황초 원년(220) 이후에 새로운 군주가 곧 즉위하시고 비로소 태학의 재와 먼지를 털어내고 옛 석비의 파손된 곳을 보수하였으며 박사의 명부를 완비하고 한의 갑을과에 의거하여 고과考課하였다. 주군에 알려 배우고자 하는 이가 있다면 모두 태학으로 파견하여 보냈다. 태학이 처음 문을 열었을 때는 제자가 수백 인이었다. 태화·청룡 연간에 이르러 내외로 많은 일이 일어나니 사람들이 (부역을) 피하고자 생각하였다. (이로 인해) 비록 성정性情은 배움이 필요함을 안 것이 아니나 대다수가 태학에 들어가고자 하였다. (그 결과) 태학의 여러 생도들은 천여 명이 되었으나 모든 박사들은 (제자들을 이끌기를) 거칠고 소홀하며 제자들을 가르치는 이가 없었다. 제자들 역시 본디 부역을 피하고자 하였던 이들이라 끝내 능히 학문을 익히지 않고 겨울에 (태학에) 왔다 봄에 (집으로 돌아)가니 해마다 이와 같았다.84)

기사에 따르면 후한 시기 태학이 학문의 장에서 교류의 장으로 그 성격이

---

83) 木島史雄, 「「正始石經」蹉跌の構造」, 『中國文明の形成』(京都: 朋友書店, 2005), 285쪽.
84) 『三國志·魏書』 卷13, 「王朗傳」, 裴松之注引, "至黃初元年之後, 新主乃復, 始掃除太學之灰炭, 補舊石碑之缺壞, 備博士之員錄, 依漢甲乙以考課. 申告州郡, 有欲學者, 皆遣詣太學. 太學始開, 有弟子數百人. 至太和·靑龍中, 中外多事, 人懷避就. 雖性非解學, 多求詣太學. 太學諸生有千數, 而諸博士率皆麤疎, 無以教弟子. 弟子本亦避役, 竟無能習學, 冬來春去, 歲歲如是."

변했다면, 조위 시기 태학 역시 교육 기관으로서의 기능을 상실한 채 노역
면제의 장으로 변질되었다. 따라서 태학을 학문의 장으로 위치시키는 조치
가 필요했을 것이다. 특히 낙양을 명실상부한 제도帝都로 탈바꿈하려고 함에
태학의 부흥은 중요한 요소가 되었을 것이다. 태화 4년(230) 박사를 대상으로
하는 고시考試 실시를 명하는 조서가 내려진 것은[85] 태학 부흥의 신호탄이라
고 할 수 있을 것이다. 그리고 청룡 3년 본격적으로 낙양 궁성 수축과
함께 태학에도 기념비가 마련될 필요가 제기되었을 것이다. 궁성의 본전을
태극전太極殿, 정문을 창개문閶闔門이라 하여 천공天空의 이치를 황제의 통치
공간인 궁성 안에 배치하였다면 태학에도 학문의 장으로서의 성격을 드러낼
수 있는 상징이 필요했을 것이다.

　오치아이 히로키落合悠紀는 조위 시기 고문학의 학관學官이 설치되고 관에
의해 고문의 경전이 흠정되었다는 점에서 〈정시석경〉을 조위 문교 정책의
상징물로 볼 이유가 충분하다고 보았다.[86] 확실히 태학의 쇠퇴를 극복하고
새로운 제국의 미래를 위해 적극적인 문교 정책이 채택되었을 가능성이
높다. 그런 한편 천하는 천자 자신의 것이라는 의식이 강했던[87] 명제가
학술과 사회의 기준과 규범을 스스로 만들어 선포함으로써 왕조와 황제의
권위를 높이고자 했을 가능성도 배제할 수 없을 것이다. 후한 말 〈희평석경〉
이라는 상징물을 통해 황제 권력의 권위를 제고하려 한 전례가 석경이라는
기념물을 기억하게 했을지도 모를 일이다.

　현재 석경에 『춘추』와 『상서』가 간각된 것에 대해 명확한 설명은 힘들다.
앞서 언급한 것처럼 두 경서의 현물 존재 및 글자 수의 근사라는 설명만이
나와 있는 실정이다. 저자는 〈정시석경〉에 『춘추』와 『상서』가 간각된 것을

---

85) 『三國志·魏書』 卷3, 「明帝紀」, "四年春二月壬午, 詔曰:「世之質文, 隨敎而變. 兵亂以來,
　　經學廢絶, 後生進趣, 不由典謨. 豈訓導未洽, 將進用者不以德顯乎? 其郎吏學通一經, 才任牧
　　民, 博士課試, 擢其高第者, 亟用; 其浮華不務道本者, 皆罷退之.」"
86) 落合悠紀, 앞의 글, 108쪽.
87) 福原啓郎, 앞의 글, 28쪽.

당시 학술계의 경향과 조위 왕조의 합리주의적 성향과 연관하여 이해하고자
한다. 당시 조위 학술계에 가장 큰 영향을 미치고 있었던 이들은 '형주학파荊州
學派'의 인물들이었다. 명제의 문교 정책이나 석경 간각은 이들에 의해 주도되
거나, 이들의 참여 하에 진행되었을 것이다. 그 결과 이들의 학문적 경향이
석경에 간각될 경서 선정에 영향을 미쳤을 것이다. 형주학파의 학문적 경향
은 '반정현주의反鄭玄主義'라고 할 수 있다. '예禮'가 중심이 되어 종교적 성격이
강했던 것이 '정현주의'라면 이들은 학문에서 신비주의적이며 종교적 색채를
걷어내고자 하였다. 이들은 천도天道의 이치를『역易』으로, 인사人事의 이치를
『춘추』를 통해 총괄하려고 하였다. 또한 고대 제왕의 언행에서 치국治國의
도리를 찾으려 했던 이들은『상서』를 중시하였다. 특히 이들은『춘추』와
『상서』를 표리일체表裏一體로 인식하였다.[88] 형주학파의 일원들이『춘추』에
대한 논설을 가장 많이 남긴 것이[89] 그 방증이 될 수 있을 것이다. 또한
합리주의적 성향이 강했던 조위 왕조의 특징 역시『상서』를 선택하게 한
근거가 될 수 있을 것이다.[90] 〈정시석경〉에『춘추』와『상서』가 간각된
것은 신학적神學的 성격의 유학을 극복하려는 형주학파의 학문적 시대 선언이
며, 신학에 의해 왕조의 신성성을 보장받았던 한왕조와 결별하려는 조위
왕조의 정치적 시대 선언이라 할 수 있다.

그러나 궁성 수축과 석경의 제작을 통해 황제권력의 제고를 꿈꿨던 명제는
경초 2년(238) 12월 갑작스럽게 병석에 눕게 되고 다음해 정월 원단에 향년
34세의 나이로 붕어하게 된다. 슬하에 자식이 없었던 명제는 양자로 들였던
제왕 방과 진왕秦王 순詢을 사마의司馬懿에게 보인 후 제왕 방을 황제로 지명하
게 된다.[91] 강력한 황제권이 갑작스럽게 사라지고 친정親政이 불가능한

---

88) 洪承賢,「後漢末~魏晉時期 尙書學의 전개와 그 의의」,『東洋史學硏究』130(2015), 26쪽.

89) 加賀榮治,『中國古典解釋史 魏晉篇』(東京: 勁草書房, 1964), 65쪽.

90) 曹魏 왕조의『尙書』宣揚은 渡邉義浩, 앞의 글(2008)을 참조.

91)『三國志·魏書』卷3,「明帝紀」, 裴松之注引, "魏略曰:…勞問訖, 乃召齊·秦二王以示宣王,
別指齊王謂宣王曰:「此是也, 君諦視之, 勿誤也!」…"

8세의 어린 황제가 등장하며 조위는 왕조의 위기를 맞게 된다. 애초의 석경은 전성기의 황제 권력을 기념하도록 계획되었으나 이제 석경은 위기를 돌파하는 역할을 담당해야 했다. 석경이 담당해야하는 왕조와 황제 권력의 기념비로서의 역할은 어떤 의미에서 더욱 강조되게 될 처지였다.

석경이 완성되는 시기를 맞춰 어린 황제의 강경이 계획되었다. 석경이 완성된 시기로 추정되는 정시 2년과 5년, 7년 모두 세 차례에 걸쳐 황제의 강경이 진행되었다. 그 중 두 번째 강경의 대상은 『상서』였다.[92] 이 강경이 어린 황제에게 권위를 부여했음은 자명하다. 석경 또한 동일한 역할을 담당하였을 것이다.[93] 비록 어리긴 하지만 황제는 유교 세계의 지배자로서 손색이 없는 고문에 통달한 이로 인식되었을 것이다. 처음 시작이야 어쨌든 간에 〈정시석경〉 역시 〈희평석경〉과 같이 왕조의 위기를 돌파하는 장치로 작용했던 것이다.

Ⅲ. 무능한 태자와 〈벽옹비〉

일명 〈벽옹비〉로 알려져 있는 〈대진룡흥황제삼림벽옹황태자우재리지성덕융희지송大晉龍興皇帝三臨辟雍皇大子又再莅之盛德隆熙之頌〉은 서진의 건국과 초대 황제 무제, 그 태자인 사마충司馬衷(혜제)이 벽옹에 행차한 것을 기념한 현창비顯彰碑다. 제액題額(비액碑額)을 통해서도 알 수 있는 것처럼 진무제晉武帝 사마염司馬炎은 태시泰始 3년(267) 10월, 태시 6년 정월, 태시 6년 10월 3차례에 걸쳐 벽옹에 행차하여 향음주례鄕飮酒禮와 향사례鄕射禮, 대사례大射禮에 친림

---

92) 『晉書』卷19, 「禮上」, "魏齊王正始二年二月, 帝講論語通, 五年五月, 講尙書通, 七年十二月, 講禮記通, 並使太常釋奠, 以太牢祠孔子於辟雍, 以顔回配."

93) 오치아이 히로키는 石經은 보는 이로 하여금 모종의 신비성과 주술성을 느끼게 하였을 것이라 하였다. 落合悠紀, 「正始石經の建立と曹魏後半期の文敎政策」, 『明大アジア史論集』 12(2008), 73쪽.

하였다.[94] 당시 황태자였던 혜제는 함녕 3년(277) 11월과 함녕 4년 2월 두 번에 걸쳐 벽옹에서 거행된 향음주례와 대사례에 친림하였다.[95]

제액은 이와 같은 역사적 사실을 설명하고 있다. 4행 23자로 구성된 제액은 '大晉龍興/皇帝三臨辟雍/皇太子又再蒞之/盛德隆熙之頌'으로 구분할 수 있는데, 비문碑文의 내용은 제액에 대응하여 작성되었다. 1행~8행은 '대진룡흥大晉龍興'에 해당하는 부분으로 사마의司馬懿·사마소司馬昭·사마염 3대에 의해 진왕조가 수립되는 사정에 대해 서술하고 있다. '황제삼림벽옹皇帝三臨辟雍'은 8행~15행으로 태시 연간 무제가 세 차례에 걸쳐 벽옹에 행차하여 학례에 친림한 것을 서술하였다. 15~25행은 '황태자우재리지皇太子又再蒞之'에 해당하는 부분으로 황태자가 함녕 3년 11월에 향음주례에, 함녕 4년 2월에 대사례에 친림하였던 것을 서술하였다. 마지막 25행부터 30행은 '성덕융희지송盛德隆熙之頌'에 해당하는 부분으로 황제와 황태자의 문교주의적 행위를 찬양하고 있다.

그 특별함 때문인지는 몰라도 다른 석각에 비해 비교적 많은 연구가 진행되었다.[96] 특히 〈벽옹비〉가 발견된 1931년[97] 직후 위쟈시余嘉錫에 의해 진행된 연구는 비양碑陽과 비음碑陰 모두에 대한 외형·구성·내용 등을 자세히 고구考究하였다.[98] 특히 비문을 분석하여 비의 직접적인 설립 목적이 황태자의 벽옹 친림을 현창하는 것이라고 하여,[99] 〈벽옹비〉가 문교 정책의 결과기

---

94) 『晉書』「武帝紀」에는 〈辟雍碑〉에 기록된 세 차례 辟雍 출행 중 泰始 6년의 행차만이 기록되어 있다. 그 기록 또한 10월이 아닌 11월로 되어 있다. 『晉書』 卷3, 「武帝紀」, "冬十一月, 幸辟雍, 行鄕飮酒之禮, 賜太常博士·學生帛牛酒各差."

95) 惠帝의 벽옹 행차는 『晉書』에서 찾아볼 수 없다.

96) 자세한 내용은 福原啓郎, 「晉辟雍碑に關する考察」, 『魏晉政治社會史研究』(京都: 京都大, 2012), 110~114쪽을 참조. 原載: 「晉辟雍碑に關する一試論」, 『京都外國語大學硏究論叢』 51(1998).

97) 石經 발굴 시기와 지점에 대해서는 郭培育·郭培智 主編, 『洛陽出土石刻時地記』(鄭州: 大象, 2005), 6쪽을 참조.

98) 余嘉錫, 「晉辟雍碑考證」, 『余嘉錫文史論集』(長沙: 岳麓書社, 1997). 原載: 『輔仁學誌』 3-1(1932).

99) 위쟈시는 〈벽옹비〉가 황태자의 두 차례 친림 이후 건립된 것으로부터 이 비가 황태자 친림의 현창을 목적으로 한 것이라 주장하였다. 또한 그는 〈벽옹비〉의

보다는 당시 서진이 마주한 위기-황태자의 무능-를 극복하기 위해 제작된 기념물임을 분명히 하였다. 〈희평석경〉이나 〈정시석경〉처럼 〈벽옹비〉 역시 왕조의 위기를 극복하기 위해 제작되었던 것이다.

최근의 주목할 만한 연구는 후쿠하라 아키로福原啓郎에 의해 진행되었는데, 그는 〈벽옹비〉가 후한 시기 문생고리門生故吏들에 의해 건립되었던 현창비를 계승하였다고 하였다. 다만 크기의 차이만이 있을 뿐인데 전자가 국가 차원의 건립물이라면 후자는 군郡 차원의 건립물이기 때문이라고 보았다. 그러나 한편으로 〈벽옹비〉는 후한의 현창비와 단절을 보여준다고도 하였다. 그에 따르면 〈벽옹비〉 건립의 배경에는 문생고리 관계의 부정이라는 점이 있다.[100] 비의 건립이 용인되었던 시기의 향리鄕里에서의 입비와 그것이 금지되었던 시기의 국가에 의한 예외적 입비 사이에는 단절이 있을 것인데, 자율적 입비 안에 포함되어 있던 문생고리 관계의 부정이 포함되었을 것이라 추측한 것이다. 다시 말해 입비가 중앙 정부, 왕조에 의해 행해지면서 입비 과정 중에 포함되어 있었던 자율적 질서가 중앙으로 회수되었다는 것이다.

그러나 〈벽옹비〉가 후한 시기 문생고리에 의해 제작된 현창비의 관습을 따른 것이 민간의 자율적 질서를 중앙으로 회수하기 위한 것만은 아닐 것이다. 사실상 국가에 의해 건립되었음에도 불구하고 민간의 문생고리가 제작한 현창비의 형식과 관습을 따랐다는 것은 〈벽옹비〉가 후한 시기 현창비가 담당했던 역할을 담당해 줄 것이라 기대했기 때문일 것이다.

이 문제를 해결하기 위해서 후한 말 제작된 현창비에 대해 살펴볼 필요가 있을 것 같다. 최초의 묘비가 표지라는 성격을 띤 것과는 달리 140년대,

---

頌 역시 대부분 황태자에 대한 현창으로 이루어져 있고, 武帝에 대해서는 단지 "應天順人, 敕演彝倫."만이 서술되어 있음을 근거로 이 비의 주인공이 황태자라고 하였다. 余嘉錫, 앞의 글, 136쪽. 이와 관련하여 후쿠하라 아키로는 4행의 碑額 중 '皇太子又再蒞之'가 비의 중심에 위치한 것 역시 의도적 배려일 것이라 하여, 이 비가 황태자의 功德(辟雍에 행차하여 學禮에 親臨한 것)을 현창하는 것을 목적으로 하였다고 보았다. 福原啓郎, 앞의 글(2012), 126쪽.

100) 福原啓郎, 위의 글, 149쪽.

즉 후한 환제桓帝 시기에 이르면 묘비는 송사頌辭를 갖춘 기념비로서의 모습을
갖추게 된다.101) 이 시기는 묘비의 제작이 급격하게 증가하는 시기로,102)
당시 묘비의 대부분이 문생고리에 의해 제작되었다. 『석명釋名』에 따르면 비란
본래 '신하와 자식이 그 군주와 부친의 공덕功德을 서술하여 돌 위에 새긴
것'이건만,103) 지방관의 추천과 재야에서의 명성에 의해 관계 진출이 정해지는
선거의 속성으로 인하여 추천자인 고장故將이나 이전에 모셨던 상관인 고주故
主(혹은 구군舊君), 또는 스승에 대해 지나칠 정도의 은의감恩義感을 표현해야
할 필요가 생기며104) 문생고리들의 입비 행위가 성행하게 된 것이다.

이들은 장례식에 참석하여 함께 장례를 치르며 고인을 애도함은 물론
비용을 갹출하여 묘비를 세웠다. 지상에 노출되어 불특정 다수에게 반복적
으로 읽히게 되는 비문에는 경서의 구절이 다수 인용된 송덕頌德의 명사銘辭가
건비자建碑者들의 유가적 교양을 드러내며 기술되었다. 지방관이 이직하는
경우 하부 관속들 역시 돈을 출자하여 후대 '거사비去思碑' 혹은 '덕정비德政碑'
로 불리는 송덕비頌德碑를 세웠다.105) 여기에는 경서의 문구와 더불어 역사적
으로 유명한 이들의 고사故事가 고인에 비의比擬되어 기록되었다. 이와 같은
묘비와 송덕비들은 넓은 의미에서 모두 고인 혹은 이직한 지방관들의 공적을
현창하는 현창비라 할 수 있다.

이러한 현창비의 가장 큰 특징은 고인 혹은 전임 상관에 대한 충성심과
자발성이다. 비음에 이름을 올린 건비자들은 자발적으로 기금을 출연하여
비를 제작하였으며, 장례식에 모여 고인을 애도하였다. 혹은 영전하여 지역

---

101) 묘비의 정형화 과정에 대해서는 2부 1장을 참조.
102) 황진밍에 따르면 후한 시기 제작된 160여 점의 碑 중 桓·靈帝 시기에 제작된 것이
각기 59점과 76점에 이른다. 黃金明, 『漢魏晉南北朝誄文研究』(北京: 人民大, 2005),
45쪽.
103) [後漢]劉熙, 『釋名』, 「釋典·碑」, "臣子述君父之功美, 以書其上, 後人因焉."
104) 도미야 이타루 지음·임병덕 옮김, 『목간과 죽간으로 본 중국 고대 문화사』(서울:
사계절, 2005), 63~64쪽.
105) 李樯, 『秦漢石刻選譯』(北京: 文物, 2009), 368쪽.

을 떠나는 전임 상관의 업적을 기렸다. 이것은 고인 또는 전임 상관에 대한 은의감의 표현이었다. 그들은 이미 상관과 하부 관속의 관계가 끊어졌음에도 자신들을 '고리故吏'라고 하였으며, 그 문하를 진즉에 떠났으면서도 여전히 자신을 '문생門生'으로 지칭하였다. 물론 이러한 행위가 명성을 획득하는 유효한 방법이었기 때문일 것이다. 그것이 명성을 획득하는 방법이었다는 것은 당시 사회에서 그들의 행위를 고결한 것으로 이해했다는 것을 의미한다. 현창비를 통해 고인과 전임 상관은 그 공적을 사회적으로 추앙받게 되었으며, 건비자들은 그들이 보인 충성심으로 인해 역시 사회적으로 명성을 얻었다.106)

다시 〈벽옹비〉로 돌아가 보자. 〈벽옹비〉가 후한 시기 문생고리에 의해 제작된 현창비의 관습을 따랐다는 가장 확실한 증거는 '성덕융희지송'이 시작되기 전, 즉 서序의 마지막에 기록된 "이에 예생禮生·수방守坊·기학寄學·산생散生들은 이와 같이 함께 돌을 깎아 위대하고 훌륭한 공적을 찬술하니 마침내 송頌을 지어 노래한다[於是禮生·守坊·寄學·散生, 乃共刊金石, 贊述洪美, 遂作頌曰]."라는 구절이다. 이러한 서술은 후한 시기 현창비에서 시작된 것으로, 흔히 명사 앞에 비의 건립자들과 그들이 자발적으로 이 비를 건립한다는 것을 보여주기 위해 삽입되는 구절이다.

예를 들어 〈후한연희7년(164)공주비後漢延熹七年孔宙碑〉에는 "이에 고리와 문인門人들이 이와 같이 명산名山에 올라 아름다운 돌을 캐어 명銘을 새겨 후세에게 보이니…[於是故吏門人乃共陟名山, 采嘉石, 勒銘示後…].107)라는 구절이 있으며, 〈후한건녕4년(171)공표비後漢建寧四年孔彪碑〉에는 "이에 고리 최열崔烈·최회崔恢·왕패王沛 등이 삼가 옛 것을 믿고 좋아하여 감히 현□顯□을 노래하고자 이와 같이 이 돌에 새겨…[於是故吏崔烈·崔恢·王沛等, 伏信好古, 敢詠顯□, 乃刊斯石…]."108)와 같은 구절이 삽입되어 있다. 고인 혹은 떠나는 상관을 향한

---

106) 이상의 내용은 2부 2장을 참조.
107) 全文은 永田英正 編, 『漢代石刻集成 圖版·釋文篇』(京都: 同朋社, 1994), 148쪽을 참조.
108) 全文은 永田英正 編, 위의 책, 192쪽을 참조.

문생고리들의 충성심이 드러나는 구절이라 할 수 있는데, 〈벽옹비〉에서 역시 행례行禮를 담당했던 예생을109) 비롯한 국자학의 학생들이 자신들이 황태자의 문생고리임을 자처하며 벽옹비의 건립 주체임을 드러냈던 것이다.

즉, 〈벽옹비〉는 지적 능력이 떨어져 친정이 불가능하다고 평가받던 혜제가 학례에 친림한 것을 서술하며 그가 유교 세계의 수호자이며 실질적인 지배자임을 설명함과 동시에 앞으로 진의 정계를 이끌어갈 국자학 학생들의 유일한 스승이자 상관임을 선언한 결과물인 것이다. 모두가 불안하게 생각하고 있던 황태자를 지난날 그랬던 것처럼 민간의 자발적인 충성심에 의해 추앙하며 그의 권력을 권위화한 것이다. 〈벽옹비〉가 2m가 넘는 길이와 1m가 넘는 너비를110) 갖게 된 것 역시 압도적인 권위를 상징하는 방편이었을 것이다.

〈벽옹비〉가 황태자에게 권위를 부여하기 위해 제작되었다는 것에는 이견이 없을 것이다. 특히 이것은 황태자 친림을 서술하는 부분을 통해서도 알 수 있다. 세 번에 걸친 황제의 학례 친림보다 황태자의 학례 친림이 더욱 상세하게 기록된 것과 참가했던 제자들의 찬사가 간각된 것은 기존 연구에서 이미 밝혔다.111) 여기서는 더하여 황태자 친림 때 동석했던 신료들의 이름이 간각된 것에 주목하고자 한다. 비문에 따른다면 무제는 태시 3년 10월, 태시 6년 정월과 10월에 각기 학례에 친림한다. 그 중 함께 예에 참석한 이들이 적시된 것은 태시 6년 10월 친림만이다. 그것도 구체적인 인명이 서술되지 않았다. 그저 왕王, 공경公卿, 사士, 박사博士, 조교助敎, 치례治禮, 장고掌故, 제자弟子, 문인門人이라고만 기록되어 있다. 그러나 이와는 달리 황태자의 경우 함녕 4년 2월 친림 시 참석했던 몇몇 동석자의 이름이 보인다.

---

109) 顧廷龍, 「大晉龍興皇帝三臨辟雍皇太子及再莅之盛德隆熙之頌跋」, 「燕京學報」 10(1931) 2153쪽.

110) 京都大 人文科學硏究所 三國時代の出土文字資料班의 보고에 따르면 높이는 207cm, 너비는 110cm다. 三國時代の出土文字資料班, 〈大晉龍興辟雍碑〉, 『魏晉石刻資料選注』(京都: 京都大, 2005), 30쪽.

111) 福原啓郎, 앞의 글(2012), 124쪽.

특히 그 중에는 당시 '조정朝廷의 망望'이라 할 수 있는 제왕 유가 포함되어 있다.

〈표 5-1-2〉〈벽옹비〉에 기록된 황제 및 황태자의 학례 친림 시기 및 수행인들

주체	날짜	친림한 의례	수행인
무제 (사마염)	태시 3년 10월	향음주례·향사례	
	태시 6년 정월	대사례	
	태시 6년 10월	향음주례	왕, 공경, 사, 박사, 조교, 치례, 장고, 제자, 문인
혜제 (사마충)	함녕 3년 11월	향음주례	
	함녕 4년 2월	대사례	태보太保·시중侍中·태위太尉·노공로公 사마충司馬充 태부太傅·시중·사공司空·제왕齊王 사마유司馬攸 첨사儋事·급사중給事中·광록대부光祿大夫·관내후關內侯 양조楊珧 백벽百辟·경사卿士

제왕 유가 누구인가? 무제의 동생이며 경제景帝 사마사의 계승자가 아닌가? 문제文帝 사마소가 결국 장자인 무제를 계승자로 삼았지만 경제 사마사를 생각하면 결코 쉽게 무시할 수 없었던 이였다.[112] 더군다나 무제가 사경을 헤맬 때, 황태자가 있음에도 조정의 기대를 한 몸에 받았던 인물이 아니었던가. 따라서 〈벽옹비〉 제작자는 이러한 제왕 유의 존재감을 축소하고 그가 황태자의 신하에 불과하다는 것을 보여줄 필요가 있었을 것이다. 그 방법으로 학례에 친림하는 황태자의 수행원으로 제왕 유를 기록하는 것은 누가 적통인가를 분명히 하는 한편, 제왕 유가 황태자의 신하라는 움직일 수 없는 사실을 공표하는 효과가 있었을 것이다. 또한 제왕 유에게 의지하였던 모든 신하들에게 왕조의 주인의 누구인가를 분명히 하는 효과도 있었을 것이다. 물론 〈벽옹비〉가 곧 도래할 8왕의 난을 막는 데는 역부족이었지만.

---

112) 『晉書』卷3,「武帝紀」,"初, 文帝以景帝既宣帝之嫡, 早世無後, 以帝弟攸爲嗣, 特加愛異, 自謂攝居相位, 百年之後, 大業宜歸攸. 每日:「此景王之天下也, 吾何與焉.」將議立世子, 屬意於攸. 何曾等固爭曰:「中撫軍聰明神武, 有超世之才. 髮委地, 手過膝, 此非人臣之相也.」由是遂定."

부록: 〈辟雍碑〉 碑陽 全文

① 日昔在先代、肇開文教。殊風至化、發跡乎黃唐、備物致用、具體于三代。

② 備、王綱有所不張、累世彌久、有由來矣。當魏氏多難、天命未會、豪木虎爭、三方分崩、寔賴

③ 宣皇帝、櫛風沐雨、經營宇內。未加于華陽、王敎不被於江表、西崸拊搖、揚越內侵、戎車屢駕、

④ 惠皇帝、而未遑治定之制、儒道未得並時而施。于

⑤ 皇帝、方寇負固、猶未訓職、左提右挈、虔劉邊垂。乃振威旅外、溫定梁益、西域既殄、逖眘東顧、文告江裔、南疆順軌、革面款附。九服混

⑥ 同、聲敎肅愼、織皮卜服之夷、梏矢石砮之獻、莫不和會王庭、屈膝納贄。戎夏既泰、九域無事、以儒術久替、乃興道

⑦ 敎、以熙帝載、廓開太學、並延群生。天下鱗萃、遠方慕訓、東越于海、西及流沙、並時集至、萬有餘人。曁

⑧ 聖上踐祚、崇光前軌、闡五帝之絕業、邁三代之弘風、敦禮明化、以序序爲先。乃遣相國長史東萊侯史光、主薄東萊劉毅奉詔詣學、延博士、會學生。泰

⑨ 諸詞謙言。又丙辰詔書、興行古禮、備其器服。太常樂安亭侯琅耶諸葛緒、博士京兆段暢、考合禮制、造造絃歌。泰

⑩ 始三年十月、始行鄉酒之禮。六年正月、熹、溥等又奏行大射禮、乃抗大侯、並坤而施。然後罍樽列於公堂、俎豆陳于庭階、百拜之儀陳、緇紳之士、始覩揖

⑪ 讓之節、金石之音。

⑫ 皇帝躬臨幸之。正法服、負黼衣、延王公卿士、博士、治禮、掌故、弟子、門人、咸在列位、莫不被文相德、祗服憲度、穆穆焉、濟濟焉、搶搶焉、禮

⑬ 詔曰、群生勤學務禮、遵脩舊典、朕甚嘉之。逖班饗大燕、上下咸周、三家之義、庭肆終日。既而錫寺卿丞、博士、治禮、學生、下至樂工、束帛轉巾、各有

行樂奏。

等

⑭ 差。厚施豐備、人知所勸、宇內承風、莫不景慕。于時方國貢使、充塞四隅、飛英聲騰、茂實足以盈天地、而冒六合矣。咸寧三年、太常脩陽子平原劉寔、命博士京兆段

⑮ 暢、漁陽崔豹、講建大禮。冬十一月、行鄉飲酒禮。四年二月、行大射禮于辟雍。

⑯ 皇太子聖德光茂、敦悅墳素、斟酌道德之原、探蹟仁義之藪、遊心遠覽、研精好古、務崇國典、以協時雍。于是與太保侍中太尉魯公允、大傅侍中司空

⑰ 齊王攸、詹事給事中光祿大夫關內侯珧及百辟卿士、同升辟雍、親臨禮樂。降儲尊之貴、敦齒讓之制、疇咨稽古、堂列不臣之客、庭延

⑱ 布衣之賓、緗柔學徒、溫溫其仁、冀冀其恭。故夫洪列之美、可流而不可及、模之格、可衍而不可階。是以髦士駿奔、華夏翹臻、緗熙

⑲ 暢、光融至化、緝形萬國、作乎四方、盛德大業、於斯爲美。於是學徒沐浴純澤、承風感化、伏膺詠歎、不知手之舞之。乃相與言曰、蓋享帝王之位者、

⑳ 必有則天之象、成厚載之功者、必建不朽之業。是以順宷交泰、莫崇乎三皇、開物興務、圖隆於五帝。前聖之所歸美、永守鴻名、常爲稱首、惟斯而

㉑ 已。然夫品物咸享、以廣被爲大、光于前人、可得篤逃者鮮矣。觀乎變通之符、典模之則、順天承運、肇造區域、則虞夏之烈、

㉒ 也。建皇極之中、恢配天之範、則義農之略也。在昔先葉、德化可述、被覆燕之施、豈無風人之作、奕斯之志哉。于是在生、守出、兼六代之英跡、苞七聖之遐蹤、

㉓ 魏魏蕩蕩、大晉是其也。今遇不世之運、觀象天地。三墳五典、八索九丘、發原往昔、邁妓請流。大道陵遲、質文推移、應人順、降深三代、世篤軌

㉔ 堅之謠。今遇不世之運、被覆燕之施、豈無風人之作、奕斯之志哉。於是在生、守出、寄學、大晉龍興、質文革命、神化罔極、世篤軌

㉕ 歌咏升平之謠。

㉖ 悠悠皇義、承天作帝、幽讚神明、觀象天地。六國徯望、禮樂消亡、秦焚其緖、鑠哉皇代、惟帝大晉。神飛革命、應人應天、敷演彝倫、亮采賢俊。

㉗ 儀、郁郁之美、莫向於斯。儒林在位、愛曁生童、升降有序、行過有恭、祗奉聖敬、曠

㉘ 雨潤。明明太子、玄覽惟聰、遊心六藝、再臨辟雍。大射之儀、講于元春。執弓翠華、駿駿六龍、百拜逡巡、金石迭奏、兩禮並陳、容服猗猗、宴笑斌斌、德感庶類、東漸西被、

㉙ 若發蒙、玄冥司節、郷飲嘉賓。大射之儀、講于元春。執弓鷹揚、百拜逡巡、金石迭奏、兩禮並陳、容服猗猗、宴笑斌斌、洪恩豐沛、東漸西被、

㉚ 朔南式賴。遂作頌聲、永垂萬世。咸寧四年十月廿日立。

2장 〈대향비〉, 한위선양의 이면

건안建安 10년(205), 후한後漢의 보정輔政이었던 조조曹操는 장례와 관련하여 비碑를 세우지 못하게 하는 입비立碑 금지령을 내린다.[1] 일명 '금비령禁碑令'이다. 이치무라 산지로市村瓚次郎[2] 이래 대부분의 연구자들은 이 금비령을 장례에 지나치게 많은 비용을 치르는 후장厚葬 금지 조처로 받아들였다.[3] 그러나 2부 2장에서 살펴본 것처럼 금비령은 단순한 후장 금지 조치가 아니었다. 그것은 하북河北 최고의 군벌軍閥이었던 원소袁紹의 아들 원담袁譚과 원상袁尙의 장례식을 앞두고, 여남汝南 원씨袁氏의 문생고리門生故吏들이 고주故主의 장례식에서 비를 세우고 시호諡號를 바치는 행위[4]를 미연에 막고자 하는 시도였다.

명성, 특히 왕조와 대치적 명성이 사회적 권위를 보장해주는[5] 명성주의

---

1) 『宋書』 卷15, 「禮二」, "建安十年, 魏武帝以天下雕弊, 下令不得厚葬, 又禁立碑."

2) 市村瓚次郎, 「漢代建碑の流行及び其後世の禁制に就いて」, 『書苑』 2-19(1938).

3) 특히 중국학계는 曹操의 禁碑令을 薄葬의 일환으로 받아들였다. 劉選·辛向軍, 「魏晉薄葬成因的考察」, 『甘肅社會科學』 1994-1, 110쪽; 韓國河, 「論秦漢魏晉時期的厚葬與薄葬」, 『鄭州大學學報(哲社版)』 31-5(1998), 99쪽; 沙忠平, 「魏晉薄葬論」, 『文博』 2001-3, 30쪽; 蔡明倫, 「魏晉薄葬原因探析」, 『湖北師範學院學報(哲社版)』 22-2(2002), 8쪽; 陳穎, 「三國時期的薄葬與厚葬」, 『成都大學學報(社科版)』 2009-6, 81쪽.

4) 당시 장례에서 立碑와 追諡가 하나의 세트를 이루어 행해진 것에 대해서는 洪承賢, 「漢代 墓記·墓碑·墓誌의 출현과 상호 관련성-墓記의 내용 변화를 중심으로-」, 『中國古中世史研究』 42(2016), 315~316쪽을 참조.

5) 渡邉義浩, 「黨錮」, 『後漢國家の支配と儒敎』(東京: 雄山閣, 1995), 416쪽 注43. 原載: 『史峯

시대를 살았던 당시인들에게 금비령은 꽤나 타격이었을 것이다. 그 중에서
도 스승의 장례를 치르며 비용을 갹출하여 묘비를 세우고 시호를 헌상함으로
써 평판을 얻었던 제자들과 치적을 쌓았던 지방관이 사망하거나 이직移職할
때, '거사비去思碑'로 불리는 송덕비頌德碑를 세우고 경비를 부담한 자신들의
이름을 비 뒷면(비음碑陰)에 올려 명성을 획득하였던 지방의 하급 관리들에게
는 출세의 유력한 방식이 사라진 셈이었다.6) 그러나 금비령 시기에도 제작된
비는 있었다. 바로 〈상존호비上尊號碑〉,7) 〈대향비大饗碑〉, 그리고 〈수선표비受
禪表碑〉다. 세 석각은 모두 조위曹魏 건국의 정당성과 왕조의 정통성을 기록한
것들로 이른바 '왕조의 기념비'라 할 수 있다.

  제일 먼저 글이 쓰인 것은 〈상존호비〉다. 이 비는 후한 헌제獻帝의 세
차례에 걸친 선양禪讓 조서詔書를 거절한 조비曹丕에게 그의 신하들이 연강延康
원년(황초黃初 원년. 220) 10월 27일 즉위를 촉구하며 올린 글, 즉 권진문勸進文
을 기록한 것이다. 이 내용은 『삼국지三國志·위서魏書』「문제기文帝紀」 배송지裴
松之 주注에 인용된 『헌제전獻帝傳』에 기록되어 있는 상주上奏와 거의 일치한다.
주된 내용은 천명天命에 의한 왕조 교체가 필연임을 강조하고, 요순선양堯舜禪
讓을 전범典範삼아 한漢의 선양을 받아들여야함을 주장하는 것이다.8) 정확한

6(1991).

6) 後漢 시기 제작된 〈孔宙碑〉, 〈孔彪碑〉, 〈魯峻碑〉, 〈曹全碑〉, 〈張遷碑〉가 대표적인
    석각들이라 할 수 있는데, 특히 그 중에서 〈노준비〉의 경우 門生 320인이 자신들을
    孔子의 제자인 子游·子夏에 비견하며 노준에게 '忠惠父'라는 諡號를 올린 것이 기록되
    어 있다. 永田英正 編, 『漢代石刻集成 圖版·釋文篇』(京都: 同朋舍, 1994), 202쪽, "年六十一,
    熹平元年□月癸酉卒. 年四月庚子葬. 於是門生汝南干商·沛國丁直·魏郡馬萌·渤海呂圖·任
    城吳盛·陳留城屯·東郡夏侯弘等三百卄人追惟在昔, 游·夏之徒作諡宣尼, 君事帝則忠, 臨民
    則惠, 乃昭告神明, 諡曰忠惠父."

7) 이 석각은 洪适에 의해 『隸釋』에 〈魏公卿上尊號奏〉라는 이름으로 著錄되어 있으나
    題額은 '公卿將軍上尊號奏'라 되어 있다. 北京圖書館金石組 編, 『北京圖書館藏中國歷代石
    刻拓本滙編 第二冊』(鄭州: 中州古籍, 1989), 2쪽 탁본 참조. 이후 淸 王昶의 『金石萃編』에
    〈上尊號碑〉로 저록된 후 현재 일반적으로는 〈상존호비〉라는 이름으로 불리고 있다.
    이 석각을 〈상존호비〉로 표기한 문헌은 다음과 같다. 北京圖書館金石組 編, 위의
    책; 三國時代の出土文字資料班 編, 『魏晉石刻資料選注』(京都: 京都大, 2005); 毛遠明 校注,
    『漢魏六朝碑刻校注 第二冊』(北京: 線裝書局, 2009).

입비 연대는 알 수 없으나 즉위 직후 〈수선표비〉와 함께 제작되었을 것으로
생각된다.[9]

〈수선표비〉는 위문제魏文帝 조비가 신하들이 작성한 「상존호주上尊號奏」가
올라온 지 이틀 뒤인 10월 29일 후한의 헌제로부터 선양을 받은 것을 기록한
비다. 〈상존호비〉와 마찬가지로 한위선양漢魏禪讓을 요순 선양에 비의比擬하
여 정당화하는 것이 주된 내용이다.[10] 건립 시기와 관련해서 비문碑文에
'황초 원년(220) 겨울 10월 신미일辛未日(29일)'이라는 기년紀年은 나오지만,
비문 작성 연도일 가능성이 높아 역시 정확한 입비 연대는 확인되지 않는다.
그러나 이 역시 선양의 기념비라는 점에서 〈상존호비〉와 함께 제작되어
즉위한 그 해, 즉 황초 원년에 세워졌을 것으로 생각한다.[11] 이들 두 비에
대해서는 몇 편의 간단한 소개 글은 물론이고 전론專論이 있어 이해하는
데 도움을 받을 수 있다.[12]

또 다른 비인 〈대향비〉는 연강 원년(220) 8월 조비가 고향인 초譙에서
대향례大饗禮를 거행한 것을 기록하여[13] 세운 기념비다. 시간 순으로는 세

8) 자세한 내용은 渡邉義浩, 「「魏公卿上尊號奏」にみる漢魏革命の正統性」, 『(大東文化大)漢
學會誌』 43(2004), 60~64쪽을 참조.
9) 미야케 기요시는 〈상존호비〉는 〈受禪表碑〉와 함께 曹丕가 獻帝로부터 선양을 받기
위해 許의 남쪽 교외인 繁昌(지금의 臨潁縣 繁城鎭)에 조영한 受禪臺 앞에 나란히
세워졌을 것이라 하며, 조비 즉위 후 얼마 되지 않아 제작되었을 것으로 보았다.
宮宅潔, 「正統觀はいかに展開されたか-上尊號奏から辟雍碑まで」, 『京都大學人文科學硏究
所 共同硏究公開シンポジウム 石刻が語る三國時代』(京都: 京都大, 2002), 16쪽.
10) 자세한 내용은 渡邉義浩, 「「受禪表」碑における『尙書』の重視」, 『三國志硏究』 3(2008),
37~39쪽을 참조.
11) 탕수쥔은 〈상존호비〉와 〈수선표비〉가 受禪大典을 기념하기 위해 모두 그 해에
건립되었다고 보았다. 湯淑君, 「〈受禪表〉碑與〈上尊號奏〉碑」, 『中原文物』 1991-3, 112쪽.
12) 소개 글로는 湯淑君, 위의 글; 張淑霞, 「〈公卿將軍上尊號奏〉和〈受禪表〉碑及其藝術價值」,
『四川文物』 1996-6; 申曉景, 「河南名碑」, 『檔案管理』 2005-2; 任崇岳, 「受禪臺訪古」, 『尋根』
2005-10; 仲威, 「魏晉碑刻善拓過眼之二」, 『書法』 2013-7; 仲威, 「魏晉碑刻善拓過眼之三」,
『書法』 2013-9를 참조. 專論으로는 渡邉義浩, 위의 글(2004); 渡邉義浩, 위의 글(2008);
李穎, 「〈受禪表〉引〈尙書〉考」, 『北方論叢』 2013-9가 있다.
13) 『三國志·魏書』 「文帝紀」에는 "(秋七月) 甲午, 軍次於譙, 大饗六軍及譙父老百姓於邑東."이
라 하여 7월 20일 대향례가 행해진 것으로 기록되어 있으나, 〈大饗碑〉에는 "延康元年八

기의 비 중 가장 이른 사건을 기록하고 있지만 건립 연대는 황초 3년(222)으로 알려져 있다. 앞 선 두 기의 비가 현존하는 것과는 다르게 〈대향비〉는 탁본도 없이 『예석隸釋』에 그 내용만이 남아 있는 상태다.[14] 이러한 문제 때문인지 선양을 불과 석 달 앞둔 시기에, 그것도 고향에서 조비가 손수 행한 대향례를 기록한 중요한 석각임에도 불구하고 관련 연구를 찾기 어렵다.[15] 하지만 조위曹魏 건국 직전의 상황을 복원한다는 측면에서 〈대향비〉에 대한 각별한 관심이 필요하다고 생각한다.

현재 발표된 〈대향비〉 관련 전론에선 대향례 거행의 의의를 두 가지로 분석하였다. 우선 한고조漢高祖 유방劉邦이 패현沛縣에서 베풀었던 '음삼일飮三日'[16]과 광무제光武帝 유수劉秀가 용릉舂陵에 행차했을 때 구택舊宅에서 행했던 '치주置酒'[17]를 답습한 것으로 보았다. 이미 즉위한 두 황제와는 다르지만

月旬有八日辛未."라고 하여 8월 18일로 기록되어 있다. 이에 대하여 宋의 趙明誠은 『삼국지』의 기록이 잘못되었다고 보았다. [宋]趙明誠, 『金石錄』 卷20, 「魏大饗碑」, "夏六月南征. 秋七月甲午, 軍次于譙, 大饗六軍及譙父老. 今以碑考之, 乃八月辛未. 蓋魏志誤也." 여기서는 碑文에 따라 8월로 보았다.

14) 이 글을 작성하기 위해 참고한 〈대향비〉 원문은 『隸釋』과 葉程義, 『漢魏石刻文學考釋上』(臺北: 新文豊, 1997)에 著錄된 것이다. 이 중 예청이의 저록문에는 잘못된 삽입이 분명한 "故百姓以劉父稱之, 碑之所以作也. 以卒爲更之上, 有爲正二字, 而闕其餘. 董仲舒云"이란 구절이 있다.

15) 저자의 管見에 따르면 〈대향비〉에 대한 유일한 專論은 大原信正, 「「魏大饗碑」について」, 『大學院研究年報(中央大)』 42(2013)와 大原信正, 「後漢延康元年(二二○)の大饗禮」, 『アフロ·ユーラシア大陸の都市と社會』(東京: 中央大, 2020)가 유일하다. 이 중 2020년의 글은 중국에서 〈대향비〉의 일부가 발견된 것과 관련하여 殘碑의 碑文을 복원하고 大饗禮의 의미를 고찰한 글로 2013년 글의 속편에 해당한다고 볼 수 있는데, 대향례의 의미에 대해서 좀 더 보강된 견해를 제시하였다. 저자의 글이 중국고중세사학회에서 구두 발표된 2019년 가을과 지면에 실린 2020년 3월에는 확인할 수 없었으나 책을 준비하며 새로운 자료를 확인하는 중 발견하고 추가로 그 내용을 인용, 소개하게 되었다.

16) 『史記』 卷8 「高祖本紀」, "高祖還歸, 過沛, 留. 置酒沛宮, 悉召故人父老子弟縱酒, 發沛中兒得百二十人, 教之歌. 酒酣, 高祖擊筑, 自爲歌詩曰: 「大風起兮雲飛揚, 威加海内兮歸故郷, 安得猛士兮守四方!」 令兒皆和習之. 高祖乃起舞, 慷慨傷懷, 泣數行下. 謂沛父兄曰: 「游子悲故郷. 吾雖都關中, 萬歲後吾魂魄猶樂思沛. 且朕自沛公以誅暴逆, 遂有天下, 其以沛爲朕湯沐邑, 復其民, 世世無所與.」 沛父兄諸母故人日樂飲極驩, 道舊故爲笑樂."

17) 『後漢書』 卷1上, 「光武帝紀」, "冬十月壬申, 幸舂陵, 祠園廟, 因置酒舊宅, 大會故人父老."

주연酒宴을 베풀어 천하 평정을 선언했다는 의미를 갖는다고 해석한 것이다.
다음으로는 건안建安 25년(220) 조조가 사망한 후 헌제가 조비를 승상丞相·위
왕魏王에 임명하며 내린 조서詔書에 촉蜀과 오吳를 복속해야 한다는 내용이
나오는 것과 〈대향비〉 중 '오이吳夷(손오孫吳)'와 '촉로蜀虜(촉한蜀漢)'를 타도했
다는 내용이 나오는 것을 근거로 이 비를 헌제의 조서에 언급된 과제를
조비가 극복했다는 선언의 결과물이라고 보았다.[18]

　그러나 조비가 과연 선양을 목전에 두고 천하 평정의 선언을 했을까
하는 의구심이 든다. 특히 후한 헌제의 선양 조서를 세 차례나 거절하며
'삼양三讓'의 형식을 갖추었던 조비가 조심스럽지 못하게 석 달 전 천하
평정의 선언을 했다고 해석하기는 어려울 것 같다. 또한 건안 25년 내려진
헌제의 조서 내용을 조비가 구체적인 과제로 생각하고 있었을까 하는 것도
의문이다. 식물화되어 멸망만을 기다리고 있던 후한의 황제가 격식으로
가득 찬 책봉冊封의 조서에서 언급한 내용을 조비가 극복해야 하는 과제로
받아들였다고 보기 어렵기 때문이다. 무엇보다 조조 사후 조위 건국 전
삼국의 형세에 유의미한 변화가 없었다는 것도 기존 연구를 전적으로 받아들
이기 어렵게 한다.

---

18) 大原信正, 앞의 글(2013), 1054~1056쪽. 오하라 노부마사는 2020년 글에서 大饗禮의
의의를 다시 네 가지로 분석하여 제시하였다. 내용은 다음과 같다. 첫째, 獻帝의
詔令 없이 魏王에 즉위하였기 때문에 정통성 문제를 해결할 필요가 있었는데, 고향에
서 대향례를 거행함으로써 지위의 정통성을 확보할 수 있었다. 둘째, 六軍을 대상으로
한 講武·治兵의 성격을 지닌 대향례의 실시는 魏國 군대의 威容을 참가자들에게
과시하려는 목적이 있었다. 셋째, 효의 선양을 통해 曹操 사후 동요하는 위나라의
통치 기반을 안정시키고자 하였다. 넷째, 대향례를 통한 군신관계의 확인과 조비의
천하통일이라는 사실을 승인받고자 함과 동시에 타국에 대한 위국의 위용을 과시하
려는 목적을 가지고 있었다. 大原信正, 앞의 글(2020), 37~38쪽. 儀禮의 중요한 역할
중 하나가 권력의 정통성 확보라는 점에서 타당한 지적이기는 하지만, 다른 한편
의례가 가진 보편적이면서도 피상적인 효과를 지적한 것에 불과하다는 생각이
든다. 이상의 해석은 굳이 南征 중에 고향인 譙를 찾아 왜 대향례를 행하였는가에
대해 명확하게 답하고 있지 못하다는 생각이 든다. 따라서 저자는 오히려 오라하
노부마사의 2013년의 해석이 대향례의 의의를 좀 더 역사적으로 해석한 견해라고
생각한다. 따라서 여기서는 2013년의 견해를 가지고 분석하였다.

이 장에서는 이러한 문제들과 관련하여 〈대향비〉의 건립에 관해 검토하고 그 설립 의미를 고찰하고자 한다. 이를 위해 우선 〈대향비〉의 구조와 내용을 살펴보고자 한다. 다음으로는 비의 설립 전 조위 조정의 정치적 역학 관계를 후계자 선정 구도와 연동하여 살펴볼 것이다. 이는 선양을 목적에 둔 상황 속에서 조비가 고향의 구택에 들러 대향례를 행할 수밖에 없었던 사정을 파악하는 데 도움이 될 것이다. 이상의 작업을 통해 조위 선양의 전야前夜가 좀 더 구체적으로 밝혀질 것이라 생각한다. 더하여 왕조의 기념비가 담당해야 했던 역할에 대해서도 단서를 얻을 수 있을 것이다.

I. 〈대향비〉의 구조와 내용

앞서 언급한 것처럼 〈대향비〉는 원석이 존재하지 않고[19] 그 탁본마저도 확인되지 않는다. 현존하는 저록 중 가장 이른 것이 남송南宋 홍괄洪适의 『예석隸釋』에 수록된 것이다. 그러나 홍괄이 저록한 비문은 조위 때 제작된 〈대향비〉의 비문이 아니었다. 북송 조명성趙明誠의 『금석록金石錄』에 따르면 이미 당대唐代 〈대향비〉는 그 내용을 알아 볼 수 없을 정도로 마멸되었기 때문이다.

앞(에 기술한 것)은 당에서 다시 세운 대향비다. 대중大中 5년(851), 박주자사

---

19) 최근 중국 『亳州晚報』 2017년 10월 3일자 사회면에 박주시 譙城區 譙東鎮 石大營村에서 〈대향비〉의 일부가 발견되었다는 기사가 실렸다. 장자레이(蔣加磊)라는 기자에 의해 그 지역 촌민인 스창(石强)이 보존하고 있던 殘碑가 공개된 것이다. 기자에 따르면 고고 전문가의 감정에 의해 진품으로 확인되었다고 하는데, 이후 후속 보도는 찾을 수 없는 상태다. 이와 관련하여 오하라 노부마사의 잔비의 비문을 복원한 연구가 있기는 하지만(大原信正, 앞의 글(2020)) 그 역시 이것이 眞刻인지는 좀 더 시간을 두고 알아볼 필요가 있다고 하였다. 현재로서는 이 잔비를 진각으로 확정할 수 없어 본문에 원석이 존재하지 않는다고 서술하였다.

毫州刺史 이기李曁가 옛 글[舊文]이 닳고 떨어져 나가 돌에 다시 간각하였다. 옛 비는 이미 끊어졌다 이어져 온전히 식별하기가 불가능하지만 이 본本은 특별히 결함이 없기에 다음 차례에 부쳐 보는 이들로 하여금 상세히 (알게) 하고자 한다.[20]

홍괄 또한 자신이 저록한 비문이 당 대중 5년에 새롭게 간각된 〈대향비〉의 비문임을 밝히고 있다.[21] 물론 사서에 조비가 행한 대향례를 증언하는 기사가 등장하고[22] 『수경주水經注』 또한 〈대향비〉의 실체를 증언하고 있기에[23] 〈대향비〉의 건립은 역사적 사실임이 분명하다.[24] 『태평환우기太平寰宇記』에 따르면 원석의 '대향지비大饗之碑'라는 비액碑額은 전서篆書로 종요鍾繇가 썼으며 글은 조자건曹子建, 즉 조식曹植이 짓고 글씨는 양곡梁鵠이 썼다.[25]

---

20) [北宋]趙明誠, 『金石錄』 卷20, 「唐重立大饗碑」, "右唐重立大饗碑. 大中五年, 毫州刺史李曁以 舊文刓缺, 再刻于石. 舊碑旣斷續不可盡識, 而此本特完好, 故附於其次, 俾覽者詳焉."

21) [南宋]洪适, 『隸釋』 卷19, 「魏大饗碑」, "右大饗之碑, 篆額, 在毫州譙縣. 魏文帝延康元年, 立相傳爲梁鵠書. 碑字有不明者, 唐大中五年, 毫守李曁再刻, 故有文可讀."

22) 『三國志·魏書』 卷2, 「文帝紀」, "(延康元年秋七月) 甲午, 軍次於譙, 大饗六軍及譙父老百姓於 邑東."

23) [北魏]酈道元 注, 『水經注』 卷23, 「陰溝水」, "城東有曹太祖舊宅所在, 負郭對廛, 側隍臨水. 魏書曰, 太祖作議郎, 告疾歸鄕里, 築室城外, 春夏習讀書傳, 秋冬射獵, 以自娛樂. 文帝以漢中 平四年生于此, 上有靑雲如車蓋, 終日乃解, 卽是處也. 後文帝以延康元年幸譙, 大饗父老, 立壇于故宅壇. 前樹碑, 碑題云大饗之碑."

24) 〈대향비〉의 건립과 散逸에 대해서는 大原信正, 앞의 글(2013), 1044~1047쪽을 참조.

25) [北宋]樂史, 『太平寰宇記』 卷12, 「河南道·毫州·譙縣」, "大饗碑. 在魏文帝廟前. 昔文帝延康 元年幸譙, 父老立碑于故宅, 題曰大饗之碑. 鍾繇篆額, 曹子建文, 梁鵠書, 時人稱爲三絶." 그러나 〈대향비〉의 撰者에 대해서는 상이한 의견이 존재한다. 첫째, 『太平寰宇記』의 주장으로 題額은 鍾繇가 篆書로 작성하고 碑文(즉 撰文)은 曹植이 담당하였으며, 丹書는 梁鵠이 했다는 설이다. 이는 『明一統志』, 『毫州志』, 『潁州府志』, 『重修安徽通志』 등 다수의 문헌이 지지하였다. 둘째, 『集古錄目』의 주장으로 단서는 양곡이 하였지만 찬문은 누가 담당했는지 알 수 없다고 하였다. 『毫州圖經』을 근거로 삼았다(北宋]歐陽 斐, 『集古錄目』 卷3, 〈大饗碑〉 "不著書撰人名氏, 毫州圖經以爲梁鵠書."). 세 번째는 『天下 碑錄』의 주장으로 『圖經』을 인용하여 양곡이 제액의 단서를, 조식이 찬문을, 종요가 비문의 단서를 담당하였다고 하였다(梁鵠書. 天下碑錄引圖經云, 曹子建文, 鍾繇書). 이처럼 전통 시기의 입장은 대체로 조식이 찬문을 담당하였다는 것이다. 그러나 曹魏 聞人牟準의 〈魏敬侯碑陰〉에는 衛覬가 지었다고 하였다(聞人牟準魏敬侯碑陰云,

우선 그 구체적인 내용을 확인해 보자.

연강 원년(220) 8월 18일 신미辛未. 위왕魏王께서 흥기하여 임금 자리에
오르셔 홍업鴻業을 크게 넓히시고 황기皇基를 이루어 드러내시니 천하의
왕업王業이로다. 흉폭한 오이吳夷에 분노하시고, 참역僭逆한 촉로蜀虜를 멸하
셨다. 이에 이 분노를 떨쳐 하늘의 뜻을 따라 징치懲治하시고자 용맹한
장수를 분투시키고 날래고 용감한 병졸들을 선발하셨다. 이에 육군六軍을
정돈하고 흉노匈奴의 선우單于·오환烏桓·선비鮮卑와 같은 활 잘 쏘는 무리,
창으로 무장한 전사 백만, 활로 무장한 사졸士卒 일천 부대를 통솔하셨다.
신묘한 철갑의 군대가 들판을 밝게 비추고 화려한 군대의 깃발은 해를
가렸다. 하늘이 흔들려 우레가 진동하는 듯 했으며 유성이 날아들어 번개가
치는 듯 했다. 평소에 무비武備를 갖추시어 병역兵役이 다시 징집되지 않으니
농부는 자신의 땅에서 편하게 살았고, 상인들은 좌판을 옮겨 다니지 않았다.
이로써 사士는 손뼉을 치고 환호하는 기쁨을 누렸고 백성들은 안락하게
사는 은혜를 입었다. 황은皇恩이 미치는 곳이라면 먼 곳이라 해도 이르지
않는 곳이 없었으며, 군대가 이르는 곳이라면 강한 자라 해도 복종하지
않는 자가 없었다. 그러므로 관후寬厚한 법령이 서쪽으로 퍼지니 촉蜀의
장수(의 마음이) 동쪽으로 쏠리고, 육패六旆가 남쪽으로 나가니 오의 무리가
신복臣服하여 귀순하였다. (촉과 오의) 두 오랑캐가 놀라고 두려워함에
(형세가 기우는 것이 마치) 생선이 썩고 담이 무너지는 것 같았다. 드디어
삼강三江의 물결에 배를 띄우고 공래산邛郲山 기슭에 전차를 나란히 배열하
였다. 오의 오랑캐를 베어 도끼를 물들이고, 촉의 오랑캐를 죽여 북에
피를 발랐다. 먼 변방에 조정의 위엄을 드러내고 아홉 방위의 변경을

大饗碑, 衛覬文竝書). 그래서 오하라 노부마사는 절충안으로 碑陽은 조식이, 碑陰은
위기가 나누어 찬문했다고 보았으나(大原信正, 앞의 글(2013), 1052쪽), 이 역시
추정일 뿐이다. 여기서는 가장 많은 문헌에서 지지하고 있는『태평환우기』의 주장을
소개하였다.

회복하였다. 백성의 재앙과 화난禍難을 제거하시고 성황聖皇의 오래된 울분
을 없앤 것이다.① 옛 고향에 군대를 주둔시키고 기회를 엿봐 정령政令을
시행하였다. 임시 처소를 쌓고 관리가 서는 표저表著를 설치하였으며, 육군
에게 대향례를 베풀고 초현譙縣의 부로父老와 남녀 모두에게도 예를 베풀었
다. 향례를 행하는 날, 군대를 사열하고 길을 청소하니 상서로운 오색구름이
하늘을 뒤덮었다. (임금을 위해) 통행을 막고 길을 치우며 법가法駕를 가지런
히 정렬하니, 천궁天宮의 방위防衛를 설치하고 금으로 장식된 난로鸞輅에
오르셨다. 승천하는 용이 그려진 태상기太常旗를 갖추고 천랑성天狼星이
그려진 큰 활을 펼치니 천승千乘의 병거兵車는 바람처럼 움직이고 만기萬騎의
기병騎兵은 용처럼 뛰어 달렸다. 신령스런 임금의 모습이 드러나자 태평성
대의 노래가 진동하였으며, 높은 단에 오르시어 아홉 겹 화개華蓋로 해를
가리시고 술 장식의 휘장이 드리운 제왕의 자리에 앉으셨다. 제사를 마친
후 성대한 연회를 베풀고 더없이 흥겨운 주연을 행하니, 맛좋은 술은
물처럼 흐르고 기름진 안주들은 언덕처럼 쌓였다. 악사樂師가 악기를 설치
하고 연주하여 흥을 돋우었다. 육변六變이 모두 끝나자 진기한 잡기가
펼쳐졌다. 파巴·유兪의 잡기, 환검丸俠, 기무奇舞, 여도麗倒가 공연되었다.
좌우를 찌르고 칼끝을 뛰어 넘었으며 밧줄 위 높은 곳에서 걸었다. 커다란
솥을 들어 올리고 기둥을 기어올랐으며 바퀴를 던졌다 받았으며 거울을
던졌다. 개를 풀어 토끼를 쫓고 말을 타고 재주를 부리며 서서 말을 타는
묘기를 부렸다. 백호白虎와 청록靑鹿은 사특함과 요사스러움을 물리치며
스라소니와 신령한 거북은 나라를 안정시킬 괴수다. 신기하게 움직여
굽혔다가 펼쳐지고, 기이하고 교묘하며 신묘하게 변화하였다. 경卿·교校·장
將·수守 이하로부터 아래로는 배陪·대臺·예隸·어圉에 이르기까지 잔치의
즐거움을 마음껏 즐기지 않은 이가 없었고 모두가 거나하게 마시고 은덕에
감사하는 마음을 품었다. 비록 하夏나라 계啓임금이 균대均臺에서 베푼
연회, 주周나라 성왕成王이 기산岐山 남쪽에서 행한 수렵狩獵, 한고조가 패현

에서 행한 연회와 광무제가 고향인 (용릉의 구택)에서 베푼 연회라 할지라도 어찌 이보다 더할 수 있겠는가.② 이로써 돌에 명문銘文을 새겨 후세에 분명히 알리고자 한다.③ 그 사辭는 다음과 같다. 찬란히 빛나는 왕의 군사가 남쪽 오랑캐를 정벌하셨네. 신령스러운 위세를 떨쳐 아득히 먼 곳까지 진동시켰다. 오이는 두려워 떨고 촉로는 달아나 숨었다. 중국은 맑아졌으며 팔황八荒은 편안해졌다. 옛 고향으로 행차하서 성대한 연회를 베푸셨네. 황제의 은덕은 두루 미치고 큰 은혜는 멀리까지 이른다. 금석金石에 새겨 만세萬世에 보이도다.④

총 19행, 매 행 30자를 기본으로 한 비는 17행과 19행만이 각 11자와 12자로 모두 533자다. 내용에 따라 모두 4단락으로 구분할 수 있는데, ①조비의 공적, ②대향례의 광경, ③입비의 목적과 관련한 상투어, ④명사銘辭로 구성되어 있다. 입비의 목적이 대향례를 기념하기 위한 것이기에 내용상 핵심은 ②부분이 되겠지만, 근본적으로 대향례를 행한 이유가 조비의 공적을 칭송하기 위해서기에 비의 가장 중요한 내용은 ①단락이라 할 수 있다.

그런데 흥미로운 것은 조비의 공적으로는 손오와 촉한을 정벌한 무공武功만이 서술되어 있다는 것이다. 물론 대향례의 목적이 같은 해 6월 행해진 남정南征 도중에 조비의 고향인 초에 군대를 주둔시키고 병사를 위로하는 것이기에, 손오와 촉한에 대한 군사 활동과 그 성과에 대해 주로 서술했다고 이해할 수도 있을 것이다. 그러나 선양을 목전에 두고 있는 즈음 조비의 제왕으로서의 문무文武 양 방면의 자질과 공적을 모두 서술하는 것이 더 효과적이지 않았을까? 확실히 이후 작성되는 〈수선표비〉와 비교해도 조비의 군사적 공적만이 기술된 점이 특이하다.

〈대향비〉의 기술이 특이한 것은 이 뿐만이 아니다. 일반적인 대향례의 목적에 비추어 봐도 상식적이지 않다. 대향례는 서주西周 시기 천자를 비롯하

〈표 5-2-1〉〈대향비〉 원문

① 惟延康元年八月旬有八日辛未。魏王龍興踐祚、規恢鴻業、構亮皇基、萬邦統

② 世。愆吳夷之凶暴、滅蜀虜之僭逆。于赫斯怒、順天致罰、奮虓虎之校、簡猛銳之

③ 卒。爰整六軍、率匈奴暨單于。烏桓・鮮卑引弓之類、持戟百萬、控弦千隊。玄甲曜

④ 野、華旗蔽日。天動雷震、星流電發。戎備素辨、役不更藉、農夫安疇、商不變肆。是

⑤ 以士有拊譟之驩、民懷惠康之德。皇恩所漸、無遠不至、武師所加、無強不服。故

⑥ 寬令西飛、則蜀將東馳、六旆南徂、則吳黨委質。二虜震驚、魚爛陸潰。將泛舟三

⑦ 江之流、方軌邛來之阪。斬吳夷以染鉞、血蜀虜以釁鼓。曜天威於遐裔、復九圻

⑧ 之疆寓。除生民之災孽、去聖皇之宿憤。次于舊邑、觀釁而動。築壇壇之宮、置表

⑨ 著之位、大饗六軍、爰及譙縣父老男女。臨饗之日、陳兵清涂、慶雲垂覆、乃備鑾

⑩ 御、整法駕、乘金華之鸞路。達升龍於大常、張天狼之威弧、千乘

⑪ 風舉、萬騎龍驤。威靈之飾、震曜康衢、既登高壇、蔭九增之華蓋、處流蘇之幄坐。

⑫ 陳旅酬之高會、行無筭之酣飲、旨酒波流、肴烝陵積、贊師設縣、金奏贊樂。六變

⑬ 既畢、乃陳秘戲。巴俞丸劍、奇舞麗倒。衝狹蹋鋒、上索蹻高。舡鼎緣橦、舞輪摘鏡。

⑭ 騁狗逐兔、戲馬立騎之妙技。白虎青鹿、辟非辟邪。魚龍靈龜、國鎮之怪獸、瑰變

⑮ 屈出、異宜神化。自卿校守以下、下及陪臺隸圉、莫不歆淫宴喜、咸懷醉飽。雖

⑯ 夏啓均臺之饗、周成岐陽之獀、高祖邑中之會、光武舊里之宴、何以尚茲。是以

⑰ 刊石立銘、光示來葉。其辭曰、

⑱ 赫王師、征南裔。奮靈威、震天外。吳夷讋、蜀虜竄。區夏清、八荒乂。幸舊邦、設高會。

⑲ 皇德洽、洪恩邁。刊金石、光萬世。 26)

여 제후諸侯·대부大夫가 거행했던 중요한 의례儀禮 중 하나로 그 핵심적인
내용은 '연음빈객지례宴飲賓客之禮'라고 할 수 있다. 즉, 주연을 베풀어 빈객을

---

26) [宋]洪适, 『隷釋』 卷19, 〈魏大饗碑〉, 185쪽; 葉程義, 앞의 책, 446~447쪽. 釋讀은 大原信正,
앞의 글(2013), 1053~1054쪽에 소개된 이견을 참조하여 진행하였다.

접대하는 의례다. 그것은 크게 주악奏樂, 체천體薦, 연악宴樂, 빈사賓射, 상사賞賜,
부시賦詩 등의 6개 항목으로 구성되는데,27) 반으로 자른 희생犧牲을 바친다는
의미의 체천이28) 향례 구성 항목의 하나라는 점은 이것이 단순히 빈객에
대한 향음주례鄕飮酒禮에 그치는 것이 아니라 신령에 대한 공향供享도 포함하
는 의례라는 것을 알려준다.29)

하지만 나머지 항목을 살펴보면 대향례가 궁극적으로는 빈객을 접대하고
지배층 안에서의 귀천貴賤·장유長幼의 서열 및 종족 안에의 친소親疏를 명확히
하는 것을 목적으로 하는 것임을 알 수 있다.30) 따라서 이러한 대향례의
목적을 고려하면 〈대향비〉에는 자신의 고향이라는 상징적인 공간에서 지역
민의 이름으로 존재하는 백성에 대해 제왕이 은덕을 베푸는 장면이 묘사되
고, 조비가 거행한 향례를 통해 천하가 등차에 따라 가지런해졌음이 기술되
는 것이 자연스러울 것이다.

그러나 이와는 달리 대향례 당일의 정경을 묘사하고 있는 ②단락 앞부분의
내용은 대부분 군대의 위용과 대향례 준비에 관한 것으로 향례에 참석한
지역민에 대한 묘사는 "초현의 부로와 남녀 모두에게도 예를 베풀었다爰及譙
縣父老男女]."는 것이 전부다. 향례의 중요 요소의 하나인 지역 사회 기로耆老에
대한 양로養老나 고아들을 위한 존고存孤의 예는 서술되지 않았다. 이것은
대향례 참석자를 서술하면서도 '경·교·장·수 이하 아래로는 배·대·예·어'라
고 하여 지역 사회 전체를 언급하지 않는 것에서도 확인할 수 있다. 즉,

---

27) 景紅艶, 「論周代天子大饗禮及其歷史功能」, 『孔子研究』 2013-1, 100~104쪽.
28) 『左傳』, 「宣公十六年」, "王享有體薦, 晏有折俎."[杜預注: 享則半解其體而薦之, 所以示其儉.]
29) 『周禮』, 「春官·宗伯」, "大饗不入牲其他皆如祭祀."[賈公彦疏: 凡大饗有三. 案禮器云, 郊血大
饗腥, 鄭云, 大饗祫祭先王, 一也. 彼又云, 大饗尙腶脩, 謂饗諸侯來朝者, 二也. 曲禮下云,
大饗不問卜, 謂揚揚五帝於明堂, 三也.]
30) 『禮記』, 「王制」, "凡養老, 有虞氏以燕禮, 夏后氏以饗禮, 殷人以食禮, 周人脩而兼用之兼用之.
五十養於鄕, 六十養於國, 七十養於學, 達於諸侯." [孔穎達疏: 皇氏云, 享有四種, 一是諸侯來
朝, 天子饗之.…二是王親戚及諸侯之臣來聘, 王饗之.…三是戎狄之君使來, 王享之.…四是
享宿衛及耆老孤子, 則以醉爲度.]

대향례를 통해 조비의 군사적 성취를 강조하고 그 성취를 함께 이룬 군사들에 대한 위로를 전하고 있는 것만을 확인할 수 있다. 남정 중임을 염두에 둔다고 해도 고향이라는 상징적인 공간에서 군사적인 수사만이 가득한 대향례를 거행했다는 것은 의아하다.

이는 〈수선표비〉에 기술된 조비의 공적과 비교해 보면 좀 더 명확해 진다. 기존 연구에 따르면 네 단락으로 구분되는[31] 〈수선표비〉의 두 번째 단락 앞부분이 조비의 선정善政을 기술한 부분이다. 그 부분을 살펴보자.

> 황제께서는 하늘 정기의 아름다움을 체현하시어 유우有虞 순舜임금, 즉 토덕土德의 후예를 이으셨네. 구덕九德을 이미 갖추시어 장엄하시고 밝으시며, 문채文彩나시고 진실하셨네. 밝음은 해와 달과 짝하고 자질은 삼극三極을 겸하셨네. 선황先皇으로부터 제위를 이어받아 제왕이 되어 국가를 향유함에 미쳐서는 증민蒸民을 위무하시고 도타운 덕으로 교화하셨다. 관대한 정치를 숭상하시고 화락和樂의 가르침에 힘쓰셨으며, 거듭되는 공덕을 펼치시어 아랫사람을 비추시고 덕정德政에 기초하여 은혜를 베푸셨다. 제왕의 창고를 열어 쌓인 재물을 나눠주시니 조정의 대신 □□는(은) □□의 하사품을 □고, 뭇 백성과 천민들까지도 재물이나 식량의 보살핌을 받았다. 선대先代의 공훈자功勳者를 임용하고 끊어진 왕조를 이어주셨으며, 폐하고 버려진 병든 자들은 금작金爵의 상을 받을 수 있게 하시고 강보 속 고아는 선조의 은덕으로 인한 봉록을 받아먹을 수 있게 하셨다. 선善은 아무리 작더라도 표창하지 않는 것이 없었고, 공功은 아무리 작더라도 □하지 않음이 없으셨다. 융사戎士를 □□하시고 옥송獄訟에 걸린 사람들을 긍휼히 여기셨으며, 수역戍役을 파하시고 범인의 죄상을 기록한 단서丹書를 불태우셨다. 감옥은

---

31) 와타나베 요시히로는 〈수선표비〉를 4단락으로 나누고 각 단락의 내용을 다음과 같이 분석하였다. 1단락, 비를 세우는 이유(漢魏禪讓을 堯舜禪讓에 比擬). 2단락, 조비의 善政과 그에 감응한 天의 瑞應. 3단락, 즉위까지의 경위. 4단락, 조비의 天子 즉위 기술. 渡邉義浩, 앞의 글(2008)을 참조.

텅 비어 고요하고 밖으로는 홀아비가 없었으니 임금의 은혜는 구름처럼 운행하여 무젖지 않음이 없었다. 감싸고 보호하고 길러주는 것에 대해서는 소략하고 평이했으며, 엄격함과 너그러움에 대해서는 진실하고 마땅하셨으니 건곤乾坤의 덕德이며 음양陰陽의 □□□. □□□류類, 만물을 생육生育하시고 공업을 일으키시니 조화의 도며, 사시四時의 공이로다. 너그럽게 포용함은 깊고 고요하시니 은택은 만백성을 적시셨다. 황희皇羲의 자질이며, 요순堯舜의 자태로다. 부지런히 애쓰시고 삼가고 두려워하시며 힘써 덕을 쌓으시고 백성을 구제하셨으며 백우伯禹의 수고로움, □□□□□. 밝은 지혜와 신묘한 위무威武로 적을 헤아리고 병사를 쓰셨으니 은殷나라 탕왕湯王의 지략이며 주周나라 무왕武王의 신명함이로다. 넓고 큰 뜻은 천지와 짝하고 무성한 덕은 여러 성인을 포괄하셨다. 커다란 은혜는 구하區夏를 적시고 어진 명성은 팔황八荒에까지 퍼졌네. 비록 상서象胥는 □□□□□, 화합하여 와서 조회를 하였네.32)

〈수선표비〉의 내용은 앞서 〈대향비〉에 비한다면 조비의 무공보다는 문덕文德을 칭송하는 쪽이다. 구덕九德을 겸비했다는 조비의 관정寬政의 면모를 기술하고 있다. 조정의 대신으로부터 천민까지 등급에 따라 국가로부터 하사품을 받았으며 유공자는 공적으로 보상받고 병들고 버려진 자, 고아도 금작과 봉록을 받게 되었다. 공을 세운 자가 공정한 포상을 받는 것은

---

32) 釋文은 三國時代の出土文字資料班 篇, 앞의 책, 6쪽; 毛遠明, 앞의 책, 187쪽을 참조하였다. "皇帝體乾綱之懿姿, 紹有虞之黃裔. 九德旣該, 欽明文塞. 齊光日月, 材兼三極. 及嗣位, 先皇龍興饗國, 撫柔蒸民, 化以醇德. 崇在寬之政, 邁愷悌之敎, 宜重光以照下, 擬陽春以播惠. 開禁倉, 散滯積, 家臣□□, □□□之錫, 衆兆陪臺, 蒙贍餼之養. 興遺勳, 繼絶世, 廢忘之勞, 獲金爵之賞, 襁褓之孤, 食舊德之祿. 善無微而不旌, 功無細而不□. □□戎士, 哀矜庶獄, 罷戍役, 焚刊書. 囹圄虛靜, 外無曠夫, 玄澤雲行, 罔不沾渥. 若夫覆載簡易, 剛柔允宜, 乾坤之德, 陰陽□□□. □□□,類, 育物奮庸, 造化之道, 四時之功也. 寬容淵嘿, 恩洽群黎, 皇羲之質, 堯舜之姿也. 孜孜業業, 邁德濟民, 伯禹之勞, □□□□□. 睿智神武, 料敵用兵, 殷湯之略, 周發之明也. 廣大配天地, 茂德苞衆聖. 鴻恩洽於區夏, 仁聲播於八荒. 雖象胥□□□□□ 和而來王."

물론이고 설령 죄를 진 자라 할지라도 관대한 법 집행의 은혜를 입을 수 있으며, 모든 이들이 고단한 부역賦役을 감면받게 되었다. 전형적인 덕정德政의 풍모가 서술된 것으로 비문에 기술된 것처럼 황희의 자질이며, 요순의 자태가 아닐 수 없다.

그러나 이와는 달리 무공에 대한 칭송은 지나치게 간결하다. "밝은 지혜와 신묘한 위무로 적을 헤아리고 병사를 쓰셨으니 은나라 탕왕의 지략이며 주나라 무왕의 신명함이로다[睿智神武, 料敵用兵, 殷湯之略, 周發之明也]."라는 문장만이 무덕에 대한 서술이다. 분량의 문제도 문제거니와 문덕의 구체성에 비한다면 무공에 대한 서술은 사실상 없는 것과 마찬가지다. 〈대향비〉에서 볼 수 있었던 무공의 나열과는 사뭇 다른 분위기다.

〈수선표비〉가 요순혁명을 전범으로 삼아 한위선양을 정통화하는 것을 목적으로 했기에 요순으로 상징되는 덕에 의한 교화를 강조했을 가능성이 있다. 또한 선대 조조가 펼쳤던 맹정猛政과는[33] 다른 통치, 즉 관치寬治로의 전환을 강조했을 수도 있다. 그렇다면 〈대향비〉에서 보이는 무공의 강조 역시 이유가 있었던 것은 아닐까? 이 문제를 해결하기 위해 조비 선양 이전 조위 조정의 상황을 살펴보는 것이 좋을 것 같다.

II. 조조의 후계자 선정과 갈등

건안 13년(208), 삼공三公을 폐지하고 단독 승상丞相의 자리에 오른 조조에게 후계 문제는 중요한 사안 중 하나였다. 특히 깊이 총애하고 있었던 신동으로 불렸던 조충曹冲의 요절은 그에게 큰 충격을 안겨주었다.[34] 대신

---

33) 조조의 猛政에 대해서는 渡邉義浩, 「「寬」治から「猛」政へ」, 『東方學』 102(2001)를 참조.

34) 『三國志·魏書』卷20, 「鄧哀王冲傳」, "太祖數對羣臣稱述, 有欲傳後意. 年十三, 建安十三年疾病, 太祖親爲請命. 及亡, 哀甚."

적실嫡室의 아들들이었던 조비曹丕·조창曹彰·조식曹植·조웅曹熊에게는 기회가
왔다. 특히 변씨卞氏의 장남이었던 조비에게는 더할 나위없는 기회가 분명하
였다.35) 그러나 생각처럼 쉽게 조비가 선택되지는 못하였다. 재능과 능력을
가장 중요한 인재 선발의 기준으로 삼았던36) 조조는 장남이라는 이유만으로
조비를 선택하지는 않았다.37)

  건안 16년(211) 조비가 오관중랑장五官中郞將에 임명되고 부승상을 겸임하
게 된 것을 근거로 조비가 이미 후계자로 낙점된 것이라 볼 수도 있겠다.38)
『태평어람太平御覽』에 '위무령魏武令'이란 이름으로 인용된 '입태자령立太子令'
에 따른다면 조조의 다른 아들들이 후侯로 책봉되었음에도 오직 조비만이
책봉되지 않고 오관중랑장이 되어,39) 조조가 조비를 태자로 결정했다고
볼 수 있을 것 같다. 이를 근거로 연구자 중에는 건안 16년 조비가 후계자로
결정되었다고 보는 이도 있다.40) 또한 건안 16년 7월 조조가 마초馬超를
토벌하러 서정西征에 나서면서 조비를 업鄴에 두고 유수留守를 명한 것을41)

---

35) 曹沖의 죽음에 상심하고 있던 조조를 조비가 위로하자 조충의 죽음이 자신에게는
    불행이지만 너희 조씨 형제들에게는 행운이라고 했던 조조의 말은 이와 같은
    상황을 잘 말해준다. 『三國志·魏書』 卷20, 「魏武子 鄧哀王冲傳」, "文帝寬喩太祖, 太祖曰:
    「此我之不幸, 而汝曹之幸也。」" 실제로 조비 역시 "若使倉舒在, 我亦無天下."(『三國志·魏
    書』 卷20, 「魏武子 鄧哀王冲傳」)라 하여 조충이 살아있었다면 자신이 천하를 차지하지
    못했을 것임을 토로하였다.

36) 『三國志·魏書』 卷1, 「武帝紀」, "二三子其佐我明揚仄陋, 唯才是舉, 吾得而用之."

37) [南宋]葉適, 『習學記言』 卷27, 「撰三國志·魏志」, "操於諸子將才, 而與之意不專在嫡."

38) 成瀬哲生, 「曹丕年譜ノート」, 『北海道大學文學部紀要』 31-1(1982), 105쪽.

39) [後漢]曹操, 「立太子令」, "告子文, 汝等悉爲侯, 而子桓獨不封, 止爲五官中郞將, 此是太子可
    知矣."

40) 津田資久, 「『魏志』の帝室衰亡叙述に見える陳壽の政治意識」, 『東洋學報』 84-4(2003), 6쪽.
    그러나 이와는 달리 와타나베 요시히로는 건안 16년 조비가 태자가 되었다는 견해를
    반박하였고, 설사 조비가 태자가 되었다 해도 그것이 후계 투쟁이 종결된 것을
    의미하지는 않는다고 하였다. 渡邉義浩, 「陳壽の『三國志』と蜀學」, 『西晉「儒敎國家」と貴
    族制』(東京: 汲古書院, 2010), 371쪽. 原載: 『狩野直禎先生傘壽記念 三國志論集』(東京:
    汲古書院, 2008). 왕용핑 역시 조비가 卞夫人의 장자로 여러모로 유리한 위치에
    있었던 것은 사실이지만 五官中郞將이 된 것이 확실한 후계자로 인정된 것은 아니라
    고 하였다. 王永平, 「曹操立嗣問題考述」, 『揚州大學學報(人社版)』 5-3(2001), 51~52쪽.

2장 〈대향비〉, 한위선양의 이면 487

'태자감국太子監國'으로 이해하여 이즈음 조조가 조비를 후계자로 삼고자 했다
는 결정적인 단서로 파악하기도 한다.[42]

그러나 건안 16년, 조비의 업 유수를 '태자감국'으로 이해한다면 건안
19년(214) 7월 조조가 손권孫權을 정벌하러 가면서 조식을 업에 두고 유수를
명한 것[43] 또한 '태자감국'으로 이해해야 할 것이다. 게다가 조조는 조식에게
유수를 명하면서 "내가 예전에 돈구령頓邱令이 되었을 때 나이가 스물 셋이었
다. 이때 행했던 바를 생각하니 지금에 있어 후회는 없다. 지금 네 나이
또한 스물 셋이니 가히 힘쓰지 않겠는가!"[44]라고 각별한 주의를 주었다.
이는 건안 19년이 되도록 조조가 후계자를 결정하지 못했음을 의미한다.
아니 건안 19년의 분위기는 조비보다 조식에게 좀 더 유리하게 전개되었던
것으로 보인다.[45]

(1) 당시 오관중랑장이 학식이 깊고 넓은 유학자儒學者를 널리 찾고 있었는데
    역시 (한단邯鄲)순淳의 명성을 일찌감치 들어 알고 있었기에 순을 불러
    문학관속文學官屬으로 쓰고자 하였다. 이때 임치후臨菑侯 식植 역시 순을
    얻고자 하자 태조太祖가 순을 식에게 보냈다.[46]

(2) 그 후 공계孔桂가 태조가 오랫동안 태자를 세우지 않고 그 뜻이 임치후에게
    있는 것을 알아 다시 임치후와 친밀하게 지내고 오관장을 업신여기니
    장차 심히 원망을 얻었다.[47]

---

41) 『三國志·魏書』 卷14, 「程昱傳」 引 『魏書』, "魏書曰: 太祖征馬超, 文帝留守, 使昱參軍事."
42) 大原信正, 「曹丕の魏王卽位と曹操の後繼者問題」, 『中央大學アジア史研究』 38(2014), 10
    쪽.
43) 『三國志·魏書』 卷19, 「陳思王植傳」, "太祖征孫權, 使植留守鄴."
44) 『三國志·魏書』 卷19, 「陳思王植傳」, "戒之曰: '吾昔爲頓邱令, 年二十三. 思此時所行, 無悔於
    今. 今汝年亦二十三矣, 可不勉與!'"
45) 呂斌, 「試析曹丕與曹植的關係」, 『重慶科技學院學報(社科版)』 2011-5, 128쪽.
46) 『三國志·魏書』 卷21, 「邯鄲淳傳」, "時五官將博延英儒, 亦宿聞淳名, 因啓淳欲使在文學官屬
    中. 會臨菑侯植亦求淳, 太祖遣淳詣植."
47) 『三國志·魏書』 卷3, 「明帝紀」, "其後(孔)桂見太祖久不立太子, 而有意於臨菑侯, 因更親附臨

(3) 태조가 이미 조식을 (태자로) 세우려고 하는 뜻이 있었고 정의丁儀 또한
(조식을) 칭송하였다.[48]

(4) 처음에 태조가 오랫동안 태자를 세우지 않았으니 바야흐로 임치후를
매우 귀히 여겼다.[49]

조비가 일관되게 태자의 위치에 있었다고 하는 견해[50]와는 달리 (1)-(4)의
기사들은 직·간접적으로 조조가 조식을 태자로 삼으려고 했던 정황을 말해
주고 있다.[51] 건안 16년 조비를 오관중랑장으로 삼고 사실상의 태자감국을
행하게 했던 것과는 달리 조조의 마음이 변한 것은 무엇 때문일까? 무엇이
조조의 마음을 조식에게 기울게 하여 건안 19년 원정 시에 업 유수를 명하게
했던 것일까?

기존 연구는 조비에게 기울었던 조조의 마음이 건안 17년 봄 동작대銅雀臺
에서 여러 아들들에게 부賦를 짓게 하였을 때 조식의 뛰어난 재능을 본
후[52] 달라졌다고 파악하였다.[53] 그렇다면 건안 19년 7월부터 20년 2월까지
진행된 조식의 유수는 태자 책봉을 염두에 둔 시험 무대였다고 볼 수 있을
것이다. 정말 조조는 조식의 문학적 재능에 반한 것일까?『삼국지三國志』는
조조가 조식의 재능을 매우 아끼고 그로 인해 조식을 태자로 세우는 것에
대해 여러 신하 및 관부에 물었던 것을 기록하고 있다.[54] 하지만 조조가

蓿侯而簡於五官將, 將甚衛之."
48)『三國志·魏書』卷19,「陳思王植傳」, "太祖既有意欲立植, 而儀又共贊之."
49)『三國志·魏書』卷22,「衛臻傳」, "初, 太祖久不立太子, 而方奇貴臨蓿侯."
50) 津田資久, 앞의 글(2003), 3~11쪽; 津田資久,「曹魏至親諸王攷-『魏志』陳思王植傳の再檢討
を中心として」,『史朋』38(2005), 1쪽.
51) 혼다 와타루는 이 시기 曹植은 거의 태자 자리를 빼앗은 것처럼 보인다고 하였다.
本田濟,「曹植とその時代」,『東方學』3(1952), 53쪽.
52)『三國志·魏書』卷19,「陳思王植傳」, "時鄴銅爵臺新成, 太祖悉將諸子登臺, 使各爲賦. 植援筆
立成, 可觀, 太祖甚異之."
53) 大原信正, 앞의 글(2014), 10쪽.
54)『三國志·魏書』卷12,「崔琰傳」, "時未立太子, 臨蓿侯植有才而愛. 太祖狐疑, 以函令密訪於

조비와 조식을 끊임없이 저울질했던 이유가 조식의 문학적 재능 때문만은 아닐 것이다. 이와 관련해서는 '건안문학建安文學'의 흥성이라는 점을 살펴볼 필요가 있다.

기왕의 연구에서 지적하는 것처럼 조조는 환관宦官의 손자임에도 불구하고 명사층名士層의 지지를 받아 명사 집단에 참여하게 되면서[55] 왕좌王佐의 재목으로 평가받던[56] 순욱荀彧을 알고 얻게 된다. 조조에게 입사한 순욱은 조조 정권에 영천潁川 집단의 명사들을 적극적으로 영입하였다.[57] 당시 명사들이 가진 명성은 물론이고 정보력과 정세 분석력은[58] 조조를 '천자를 끼고 천하에 호령'할 수 있게 하였으며[59] '사세삼공四世三公'의 평판을 가지고 있던 여남汝南 원씨袁氏 집안의 원소袁紹를 격파하고 북중국 최강의 세력으로 만들어 주었다. 그러나 그 스스로 명사이며 '민民의 망望'으로 불리던 원소를 버리고 조조를 선택한 순욱이지만 결국 조조와 대치하게 된다.

그 이유는 조조와 순욱의 찰거察擧 기준의 차이에서 찾을 수 있다. 원소의 우유부단함이 강력한 군주 권력 확립 실패의 원인이라고 냉정하게 분석했던[60] 순욱은 관도전官渡戰 승리의 원인을 조조의 맹정에서 찾았다.[61] 그러나

外.";『三國志·魏書』卷23,「楊俊傳」,"太祖適嗣未定, 密訪群司."

55) 渡邉義浩,「曹操政權の形成」,『(大東文化大)漢學會誌』40(2001), 61~64쪽.

56) 『三國志·魏書』卷10,「荀彧傳」,"彧年少時, 南陽何顒異之, 曰:「王佐才也.」"

57) 荀彧에 의해 曹操 정권에 투신하게 된 潁川의 인사로는 荀攸, 鍾繇, 陳羣, 荀悅, 杜襲, 辛毗, 趙儼, 戱志才, 郭嘉 등이 있다. 순욱이 추천한 名士들에 대해서는 다음의 기사를 참조할 수 있다.『三國志·魏書』卷10,「荀彧傳」, [裴松之注:『彧別傳』曰:…前後所擧者, 命世大才, 邦邑則荀攸·鍾繇·陳羣, 海內則司馬宣王, 及引致當世知名郗慮·華歆·王朗·荀悅·杜襲·辛毗·趙儼之儔, 終爲卿相, 以十數人. 取士不以一揆, 戱志才·郭嘉等有負俗之譏, 杜畿簡傲少文, 皆以智策擧之, 終各顯名.]

58) 渡邉義浩,「三國時代における「文學」の政治的宣揚-六朝貴族制形成史の視點から」,『東洋史研究』54-3(1995), 33쪽.

59) 『三國志·魏書』卷11,「張範傳」,"(張)承乃曰:「漢德雖衰, 天命未改, 今曹公挾天子以令天下, 雖敵百萬之衆可也.」"

60) 洪承賢,「後漢代 墓碑의 성행과 建安十年 禁碑令의 반포」,『東洋史學研究』124(2013), 87쪽.

61) 『三國志·魏書』卷10,「荀彧傳」,"公法令旣明, 賞罰必行, 士卒雖寡, 皆爭致死, 此武勝也."

그가 밝힌 인재 발탁의 기준은 그가 어떻게 해도 유교儒敎를 가치 기준으로
삼는 명사였음을 알려준다.

> 마땅히 천하의 대재大才·통유通儒를 불러 모아 육경六經을 고찰하여 논증하
> 고 (그에 대한 주석注釋인) 전기傳記를 수정 확정하여 고금의 학문을 존립시
> 키고 중복되고 번다한 것을 제거함으로써 (유학의) 진리를 하나로 하고
> 더불어 예학禮學을 융성시켜 점차로 교화를 도탑게 한다면 왕도의 두 가지
> (문무文武)가 (모두) 성취될 것입니다.[62]

이러한 가치 기준과 설사 형수와 사통私通하고 뇌물을 받았다 해도 재주가
있다면 기용하겠다는[63] 조조의 가치 기준은 대립할 수밖에 없었다. 이것이
비단 순욱하고만의 갈등은 아니었다. 기주冀州의 사대부 집단을 이끌던 최염
崔琰도 조조의 '유재주의唯才主義'와 대치하며 개인적인 인물평人物評에 근거한
평장評狀을 지어 인재를 선발하였고[64] 최염과 더불어 동조연東曹掾을 맡아
선거를 담당했던 모개毛玠 역시 명사들의 가치 기준인 유가적 소양에 근거하
여 인재를 발탁하였다.[65]

이러한 갈등은 명사 집단의 수장들을 제거하는 폭력적인 사태로 표출되었
다.[66] 그러나 명사들의 제거가 궁극적인 방법이 될 수는 없었다. 실제로
모든 명사를 제거할 수도 없는 노릇이었다. 이 때문에 조조는 명사들의

---

62) 『三國志·魏書』卷10, 「荀彧傳」, "宜集天下大才通儒, 考論六經, 刊定傳記, 存古今之學, 除其
煩重, 以一聖眞, 並隆禮學, 漸敦教化, 則王道兩濟."

63) 『三國志·魏書』卷1, 「武帝紀」, "今天下得無有被褐懷玉而釣于渭濱者乎? 又得無盜嫂受金而
未遇無知者乎? 二三子其佐我明揚仄陋, 唯才是舉, 吾得而用之."

64) 『三國志·魏書』卷11, 「崔琰傳」, "崔琰爲東曹掾, 記讓曰:「徵事邴原·議郎張範, 皆秉德純懿,
志行忠方, 清靜足以厲俗, 貞固足以幹事, 所謂龍翰鳳翼, 國之重寶. 舉而用之, 不仁者遠.」"

65) 『三國志·魏書』卷12, 「毛玠傳」, "太祖爲司空丞相, 玠嘗爲東曹掾, 與崔琰並典選舉. 其所舉
用, 皆淸正之士, 雖於時有盛名而行不由本者, 終莫得進."

66) 洪承賢, 「漢末魏初 士大夫 社會와 浮華」, 『中國古代史研究』 12(2004)를 참조.

가치 기준을 대체할 수 있는 새로운 가치 기준이 필요했고, 그래서 등장한 것이 기존 연구에서 주장하는 '문학文學'이다. 다양한 재주와 소양을 갖춘 조조가 그 중에서도 명사층에 대응할 수 있는 문화적 가치로 문학을 선택하였다는 것이다.[67]

조조가 문학을 새로운 가치로 선택한 것이 개인의 취향 때문만은 아니었다. 그것은 시대적 요구와도 긴밀하게 연관되어 있었다. 혼다 와타루本田濟에 따르면 당시는 유교의 전통 합리주의에 반대하는 실용적인 합리주의가 대두하고 있었고, 환상과 격정을 거부하는 유교의 불가지론不可知論과 절제주의에 반대하며 문학의 주체성이 주장되던 시기였다. 또한 개인의 능력을 존중하고 신뢰하는 당시 사회 분위기는 유희적 정신을 고양하여 문학적 분위기를 대두시켰다.[68] 이외에도 창작시가 개인이 가진 천재성과 개성을 드러내는 데 탁월하다는 것도 선택의 이유가 되었을 것이다.[69]

따라서 문학의 선양宣揚은 단순히 선거 기준의 정립으로만 설명할 수 없는 문제였다. 이것은 조조와 명사가 구상하고 있는 국가 성격과 밀접하게 관련된 문제였던 것이다.[70] 즉, 조조가 문학적으로 뛰어난 재능을 보이는 조식을 태자로 앉히고 싶었던 것이 재능에 대한 사랑 때문만은 아니었을 것이다. 조식이 태자가 된다는 것은 황제와 대치적 명성을 가지고 있던 명사들에 대한 황제 측의 선전 포고며, 앞으로 조위라는 국가의 성격을 확정한다는 의미를 가질 것이다.[71]

그러나 상황은 조조의 바람과는 다르게 전개되었다. 기대했던 조식은

---

67) 渡邉義浩, 앞의 글(1995), 43쪽.
68) 本田濟, 앞의 글, 56~57쪽.
69) 和田英信, 「建安文學をめぐって」『三國志研究』 1(2006), 36쪽.
70) 와타나베 요시히로는 名士, 대표적으로 荀彧의 목적이 '儒敎國家의 재건'이라고 하였다. 渡邉義浩, 위의 글, 35쪽.
71) 조조가 조식에 대해 "兒子中最可定大事(「曹植私出開司馬門下令」)."라고 한 것은 조조가 단순히 조식의 문학적 재능만을 사랑한 것은 아님을 말해준다.

일명 '사마문司馬門 사건'을 일으키며 조조의 기대를 저버렸다.[72] 조식의 실패를 두고 방자하고 말과 행동을 조심하지 않으며 술만 먹으면 절제하지 못했던 타고난 성품도[73] 한 몫을 했을 것이라는 평가가 있다.[74] 하지만 조식의 이러한 성품은 "의협심이 강하고 방탕하여 덕행과 학업을 닦는 일을 소홀히 했다任俠放蕩, 不治行業]."[75]는 조조의 성품과 다를 것이 없다.[76] 방탕한 성품 때문에 조조가 조식을 버리고 조비를 선택했다고 보기는 어렵다.

조식의 성품이나 자질도 문제가 되기는 했겠지만[77] 조조가 조비를 선택한 가장 중요한 이유는 조위 조정의 여론일 것이다. 앞에서 언급한 것처럼 조조는 후계자 선정과 관련하여 관부와 관료들에게 의견을 구하였는데, 많은 관료 특히 그 중에서도 당시 조조 정권에서 선거를 담당하고 있던 동조연 최염과 모개가 적극적으로 조비를 지지하였다.

 ⑸ 이때 아직 태자를 세우지 않고 있었는데, 임치후 식에게 재능이 있어 (태조가 그를) 친애하였다. 태조가 (누구를 태자로 세울 것인가를) 망설이며 서면으로 명령을 내리고 조정 밖으로 은밀히 나가 살폈다. 오직 최염만이 밀봉하지 않은 상주문[露板]을 올려 답하여 말하였다. "대개 『춘추春秋』의 의리는 아들을 세움에 나이로써 세우는 것인데, (지금) 오관장은 인효仁孝와 총명함까지 더하였으니 마땅히 정통을 이을 만합니다. 신 염은 죽음으로써 (이 의리를) 지키고자 합니다."[78]

---

72) 『三國志·魏書』 卷19, 「陳思王植傳」, "植嘗乘車行馳道中, 開司馬門出. 太祖大怒, 公車令坐死. 由是重諸侯科禁, 而植寵日衰."

73) 『三國志·魏書』 卷19, 「陳思王植傳」, "而植任性而行, 不自彫勵, 飮酒不節,"

74) 章新建, 「論曹丕與曹植」, 『徽州師專學報(哲社版)』 11-3(1998), 35쪽.

75) 『三國志·魏書』 卷1, 「武帝紀」, 2쪽.

76) 宋戰利, 「曹丕硏究」, 河南大學 博士學位論文(2007), 14쪽.

77) 류춘신은 조식이 후계 경쟁에서 실패한 이유로 그에게 정치적 야심이 부족했다는 것과 통치 능력이 조비에 비해 부족했다는 것을 들었다. 柳春新, 「曹操立嗣問題考辨」, 『中國史硏究』 1997-4, 58쪽. 조식에게 정치적 야심이 부족했던 것은 이미 저우이량에 의해서도 지적되었다. 周一良, 『魏晉南北朝史札記』(北京: 中華書局, 1985), 5~6쪽.

(6) 이때 태자가 아직 정해지지 않은 상태에서 임치후 식이 (태조의) 총애를 받았는데, 모개가 은밀히 간언하여 말하였다. "근자에 원소가 적서嫡庶를 구분하지 않아 종족이 멸망하고 나라가 멸망하였습니다. (태자를 폐하고 세우는 것은) 큰일이니 마땅히 소문이 없도록 해야 할 것입니다."[79]

(7) 태조가 또 일찍이 주위를 물리치고 가후賈詡에게 물었으나 가후가 묵묵히 답하지 않았다. 태조가 말하였다. "경卿에게 말을 하였는데 답을 하지 않는 것은 무엇 때문인가?" 가후가 말하였다. "마침 생각하는 바가 있어 즉시 대답하지 않았을 뿐입니다." 태조가 물었다. "무슨 생각인가?" 가후가 말하였다. "원본초袁本初(원소)와 유경승劉景升(유표劉表) 부자입니다." 태조가 크게 웃으며 이에 태자를 마침내 정했다.[80]

(8) 이전 태자가 아직 정해지지 않았던 때 임치후 조식이 (태조의) 총애를 받았고, 정의丁儀 등은 모두 조식의 장점만을 칭찬하였다. 태조가 형옹邢顒에게 묻자, 형옹이 대답하여 말하였다. "서자로서 적자를 대신하는 것은 이전 세대에서 경계하던 일이었습니다. 원컨대 전하께서는 신중하게 살피십시오."[81]

(9) 문제文帝(조비)는 태조를 섬기는데 수단을 강구하였고 속마음을 감추고 자신을 꾸몄기에 궁인宮人과 (태조) 주위의 신하들이 모두 그를 위해 말하였으므로 마침내 계승자로 정해졌다.[82]

---

78) 『三國志·魏書』卷12, 「崔琰傳」, "時未立太子, 臨菑侯植有才而愛. 太祖狐疑, 以函令密訪於外. 唯(崔)琰露板答曰:「蓋聞春秋之義, 立子以長, 加五官將仁孝聰明, 宜承正統. 琰以死守之.」"

79) 『三國志·魏書』卷12, 「毛玠傳」, "時太子未定, 而臨菑侯植有寵, (毛)玠密諫曰:「近者袁紹以嫡庶不分, 覆宗滅國. 廢立大事, 非所宜聞.」"

80) 『三國志·魏書』卷10, 「賈詡傳」, "太祖又嘗屏除左右問(賈)詡, 詡嘿然不對. 太祖曰:「與卿言而不答, 何也?」詡曰:「屬適有所思, 故不卽對耳.」太祖曰:「何思?」詡曰:「袁本初·劉景升父子也.」太祖大笑, 於是太子遂定."

81) 『三國志·魏書』卷12, 「邢顒傳」, "初, 太子未定, 而臨菑侯植有寵, 丁儀等並贊翼其美. 太祖問(邢)顒, 顒對曰:「以庶代宗, 先世之戒也. 願殿下深重察之!」"

82) 『三國志·魏書』卷19, 「陳思王植傳」, "文帝御之以術, 矯情自飾, 宮人左右, 並爲之說, 故遂定

가후를 비롯하여 최염, 모개, 형옹 등이 조비를 지지하였는데, 특히 최염의
경우 조식과 인척 관계임에도 불구하고 조비를 지지하였다.[83] 이들은 한결
같이 적장자가 아닌 서자를 계승자로 삼아 멸망했던 원소와 유표의 예를
들며 조비를 지지하였다. 이를 최염은 『춘추』의 의리라고 하며 "적장자를
세움에 나이[長]로써 세우지 재능[賢]으로 세우지 않는다."[84]는 『공양전公羊傳』
의 기사를 근거로 삼았다. 이와는 달리 (9)의 기사에서는 궁인들과 조조
주위 신하들 모두를 속였던 조비의 태도를 지적하고 있다. 그러나 조정
중신들이 조비의 속임수에 속아 넘어갔다고 보는 것도, 그들이 모두 『공양전』
의 경의經義에 충실했다고 보는 것도 상황을 너무 단순하게 해석하는 것이라
생각한다. 조정 중신들이 조비를 지지했던 이유가 비단 이것만은 아니었을
것이다. 이 문제는 다음 절에서 자세히 살펴보기로 하고 여기서는 조비가
태자로 정해진 이후의 상황을 좀 더 살펴보자.

조정의 여론에 힘입어 조비가 태자로 책봉된 것은 건안 22년(217)이었다.
5년여에 걸친 형제간 대결이 막을 내리게 된 것이다. 모든 것이 종결된
것처럼 보였다. 그러나 이것이 끝이 아니었다. 건안 24년(219), 조조가 관우關
羽를 토벌하기 위해 파견한 조인曹仁이 도리어 관우에게 포위되자, 조조는
조식을 남중랑장南中郎將으로 삼아 정로장군征虜將軍을 겸섭兼攝하게 하여 조인
을 구출하라 명한다.[85] 이미 2년 전에 조비를 태자로 책봉했음에도 불구하고
여전히 조식에 대한 미련과 기대가 남아 있었음이다.[86] 그러나 이번에도
조식은 술에 취해 조조의 명을 받들지 못하여 조조를 후회하게 하였다.[87]

爲嗣."

83) 『三國志·魏書』卷12,「崔琰傳」, "植, (崔)琰之兄女壻也."
84) 『公羊傳』,「隱公元年」, "立適以長, 不以賢."
85) 『三國志·魏書』卷19,「陳思王植傳」, "二十四年, 曹仁爲關羽所圍. 太祖以植爲南中郎將,
行征虜將軍. 欲遣救仁, 呼有所勅戒."
86) 오하라 노부마사는 이 사건을 통해 조조가 조식 옹립의 생각을 아직 버리지 않은
것을 알 수 있다고 하였다. 大原信正, 앞의 글(2014), 14쪽.
87) 『三國志·魏書』卷19,「陳思王植傳」, "植醉不能受命, 於是悔而罷之."

조식을 포기하지 못한 조조의 미망未忘은 죽음을 마주하고 피날레를 장식한다. 건안 25년(220), 유비를 토벌하고 돌아오는 길에 낙양洛陽에서 병사하게 된 조조가 장안長安에 주둔하고 있던 조비의 동생이자 조식의 형인 조창曹彰을 불렀던 것이다. 그러나 조창이 도착했을 당시 조조는 이미 사망한 후였다.[88] 낙양에 도착하여 부친의 사망을 알게 된 조창은 조조의 상사喪事를 주관하던 가규賈逵에게 인수印綬의 행방을 묻는다.[89] 이러한 조창의 행동을 조창 자신이 왕이 되기 위한 의도였다고 이해하는 연구가 있지만,[90] 조창이 조식에게 "선왕이 나를 부른 것은 너를 세우고자 함이었다."[91]고 한 말을 통해서 이는 죽어가면서까지 조식을 후계자로 삼으려던 조조의 최후 바람을 실현하기 위한 것이었음을 알 수 있다.

조창이 조조의 뜻을 곡해했을 가능성이 있을 수 있겠으나, 당시 업에 있던 조비 지지자들의 생각도 조창과 그리 다르지 않았던 것 같다. 조조가 낙양에서 사망한 후 업 조정의 대신들은 상례常禮에 따라 황제의 조명詔命을 받아 조비가 위왕魏王에 올라야 한다고 생각하고 조명을 기다리고 있었다. 그 때 진교陳矯는 즉각적인 즉위를 주장하였다.

군사가 나갔다 아직 업에 도착하기 전에 태조가 낙양에서 붕어崩御하였다. 뭇 신하들이 상례에 따라 태자의 즉위는 마땅히 천자의 조명을 기다려야 한다고 여겼다. (그러나) 진교는 "왕께서 밖에서 붕어하셔서 천하가 두려워하고 있습니다. 태자는 마땅히 슬픔을 끊고 즉위하여 멀고 가까운 곳의 기대를 이어야 합니다. 또 총애하는 아들[愛子]이 옆에 있어 피차간에 변고를

---

88) 『三國志·魏書』卷19, 「任城王彰傳」, "太祖東還, 以彰行越騎將軍, 留長安. 太祖至洛陽, 得疾, 驛召彰, 未至, 太祖崩."

89) 『三國志·魏書』卷15, 「賈逵傳」, "太祖崩洛陽, (賈)逵典喪事. 時鄢陵侯彰行越騎將軍, 從長安來赴, 問逵先王璽綬所在."

90) 金文京, 『中國の歴史 4-三國志の世界: 後漢三國時代』(東京: 講談社, 2005), 31쪽.

91) 『三國志·魏書』卷19, 「任城王彰傳」, [魏略曰: 彰至, 謂臨菑侯植曰: 「先王召我者, 欲立汝也.」 植曰: 「不可. 不見袁氏兄弟乎!」]

일으킨다면 사직이 위태로워질 것입니다."라고 하였다. 즉시 관원을 갖추고
예를 구비하여 하루 만에 처리하였다.[92]

옆에 있다는 총애하는 아들이 누구인지, 사서에는 분명히 나오지 않는
다.[93] 이를 두고 장안에서 낙양으로 부른 조창으로 파악할 수도 있겠으나,
조비와 피차간에 제위 계승을 두고 변고를 일으킬 수 있는 이는 조식이라는
점에서 기사 속 총애하는 아들 즉, '애자'는 조식이라고 생각한다. 당시
조식이 어떻게 낙양에 있었는가에 대해서는 연구자마다 차이가 있다. 조조
의 사망 소식을 듣고 업에서 낙양으로 급히 달려갔다고 보기도 하고,[94]
조조와 함께 유비 토벌에 참여하고 있었기에 조조가 사망할 때 낙양에
있었다고 보기도 한다.[95] 또한 "창이 도착하여 임치후 식에게 말하였다[彰至,
謂臨菑侯植曰]."는 『위략魏略』의 기사를 근거로 조식이 낙양에 있었다고 분석하
기도 한다.[96] 어느 쪽이든 조식이 업이 아닌 낙양에 있었던 것과 조조가
죽음을 앞두고서 조식을 후계자로 재지정하려고 했다는 것은 부정하기
어려울 것 같다.

92) 『三國志·魏書』卷22,「陳矯傳」, "行前未到鄴, 太祖崩洛陽, 群臣拘常, 以爲太子卽位, 當須詔
命. (陳)矯曰:「王薨于外, 天下惶懼. 太子宜割哀卽位, 以繫遠近之望. 且又愛子在側, 彼此生
變, 則社稷危矣.」 卽具官備禮, 一日皆辦."
93) 당시 洛陽에서 조조의 죽음을 지켰던 아들이 네 명이었다(持姬女而指季豹以示四子曰)
는 陸機의「弔魏武帝文」에 대해 李善은 "太祖崩時, 四子在側, 史記不言, 難以定名位矣."라
고 하여 그들 네 명의 아들이 누군지 특정할 수 없다고 하였다.
94) 徐公持,「曹植生平八考」,『文史』10(1980), 202~203쪽.
95) 兪紹初,「曹植生平若干事迹考辨」,『鄭州大學學報(哲社版)』1982-3, 111쪽. 오하라 노부마
사는 위샤오추의 주장을 따라 조식이 조조 사망 당시 낙양에 있었다고 보았다.
大原信正, 앞의 글(2014), 6쪽.
96) 成瀨哲生, 앞의 글, 135~136쪽.

Ⅲ. 〈대향비〉 건립의 의미

급박했던 조비의 위왕 즉위 순간이었다. 진교가 말한 것처럼 조조는
자신의 근거지인 업이 아닌 낙양에서 사망하였고, 그 낙양에는 총애하였고
그래서 끝까지 포기하지 못했던 아들 조식이 있었다. 조창까지 장안에서
낙양으로 달려와 조식에게 부왕의 뜻은 조비가 아니었음을 알리며 왕위
쟁탈전이 끝난 것이 아니라고 부추겼다. 이 상황에서 관례에 따라 헌제의
조령詔令을 기다릴 수는 없었을 것이다. 조비는 진교의 간언에 따라 위왕의
자리에 오를 수밖에 없었다.

그러나 위왕의 자리에 올랐다고 모든 것이 해결되는 것은 아니다. 조조의
망설임으로 인해 십년 가까이 후계자 자리를 놓고 조비 지지파와 조식
지지파가 만들어지고 각기 대립하였다.[97] 조비를 지지했던 이들은 앞에서
살펴본 가후賈詡, 최염崔琰, 모개毛玠, 형옹邢顒을 위시하여 환계桓階,[98] 위진衛
臻,[99] 진군陳羣,[100] 진교陳矯 등이었고, 조식은 정의丁儀, 정이丁廙, 양수楊脩를
우익羽翼으로 삼았으며[101] 이외 양준楊俊,[102] 공계孔桂,[103] 순운荀惲,[104] 한단

---

97) 『三國志·魏書』 卷10, 「賈詡傳」, "是時, 文帝爲五官將, 而臨菑侯植才名方盛, 各有黨與, 有奪
宗之議."

98) 『三國志·魏書』 卷22, 「桓階傳」, "(桓)階數陳文帝德優齒長, 宜爲儲副, 公規密諫, 前後懇至.
[魏書稱階諫曰:「今太子仁冠羣子, 名昭海內, 仁聖達節, 天下莫不聞; 而大王甫以植而問臣,
臣誠惑之.」]"

99) 『三國志·魏書』 卷22, 「衛臻傳」, "初, 太祖久不立太子, 而方奇貴臨菑侯. 丁儀等爲之羽翼,
勸(衛)臻自結, 臻以大義拒之."

100) 『三國志·魏書』 卷22, 「陳羣傳」, "文帝在東宮, 深敬器焉, 待以交友之禮, 常歎曰:「自吾有回,
門人日以親.」"

101) 『三國志·魏書』 卷19, 「陳思王植傳」, "植旣以才見異, 而丁儀·丁廙·楊脩等爲之羽翼."

102) 『三國志·魏書』 卷23, 「楊俊傳」, "初, 臨菑侯與(楊)俊善, 太祖適嗣未定, 密訪群司. 俊雖並論
文帝·臨菑才分所長, 不適有所據當, 然稱臨菑猶美, 文帝常以恨之."

103) 『三國志·魏書』 卷3, 「明帝紀」, "其後(孔)桂見太祖久不立太子, 而有意於臨菑侯, 因更親附臨
菑侯而簡於五官將, 將甚衘之."

104) 『三國志·魏書』 卷10, 「荀惲傳」, "及彧卒, (荀)惲又與植善, 而與夏侯尙不穆, 文帝深恨惲."

순邯鄲淳105) 등이 조식을 지지하였다.

이들 두 세력에 대해서는 주목할 만한 선행 연구들이 있는데, 우선 완성난萬繩楠은 두 세력의 대립을 지역 권력 집단의 대립으로 파악하였다. 즉 조비를 지지하는 집단인 후한 말 '문제門第'와 '유학儒學'을 배경으로 청류淸流 운동을 담당했던 한漢 이래의 구귀족을 계승한 여남汝南·영천穎川 세력(여영집단汝穎集團)과 조식을 지지하는 집단인 황건난黃巾亂 등을 평정하는 데 공을 세우며 정계에 등장한 조조 배하配下의 조씨와 지연 관계를 가진 신관료 세력(초패집단譙沛集團)의 대립으로 이해하였다.106) 그리고 전자는 조위 정계에서 주로 문관을 담당하고 있었으며, 후자는 주로 무관을 담당하고 있었다고 분석하였다.107)

이러한 분석은 일찍이 가와카츠 요시오川勝義雄가 조조 집단을 청류지도자淸流指導者-호신豪紳-제생諸生(문생고리관계門生故吏關係)과 군단지휘자軍團指導者-호협豪俠-소년少年(임협관계任俠關係)의 두 계통으로 이해한 것108)에서 영향을 받은 것으로 보인다. 그러나 이렇게 이해하기에는 다음 표에서 확인할 수 있는 것처럼 각 집단 구성원의 지역적 기반이 매우 다양하여 각각을 특정한 지역 집단으로 규정할 수 없을 뿐 아니라, 조식 지지자들 중에도 영천 출신들이 포함되어 두 집단의 지역적 대립을 찾아보기도 힘들다.

그래서 이들 두 집단의 갈등을 단순히 지역 권력 집단의 충돌로만 볼 수 없다는 의견이 있다. 요시모리 겐스케葭森健介는 이들 두 집단의 대립은 인사人事를 둘러싼 태도의 상이함으로부터 발생하였다고 이해하였다. 그는 조비를 지지하는 최염들을 승상부丞相府 동조東曹-위국魏國 상서성尙書省의

---

105) 『三國志·魏書』 卷21, 「邯鄲淳傳」, "而于時世子未立. 太祖俄有意於植, 而(邯鄲)淳屢稱植材. 由是五官將頗不悅."

106) 萬繩楠, 「曹魏政治派別の分野及其昇降」, 『歷史敎學』 1964-1, 2~3쪽.

107) 萬繩楠, 위의 글, 3쪽. 분석에 따르면 조조 시기 統兵·征討·宿衛 분야의 대장은 모두 譙郡人 또는 沛國人이었다.

108) 川勝義雄, 「曹操軍團の構成について」, 『六朝貴族制社會の硏究』(東京: 岩波書店, 1985), 136쪽. 原載: 『東方學報』 25(1954).

〈표 5-2-2〉 조비·조식 지지자들의 본적

조비 지지자		조식 지지자	
성명	본적	성명	본적
가후	양주涼州 무위武威 고장姑臧	정의	예주 패국沛國 초譙
최염	기주冀州 청하清河 동무성東武城	정이	예주 패국 초
모개	연주兗州 진류陳留 평구平丘	양수	사례司隷 홍농弘農 화음華陰
형옹	기주 하간河間 정鄭	양준	사례 하내河内 획가獲嘉
환계	형주荊州 장사長沙 임상臨湘	공계	양주 천수天水
위진	연주 진류 양읍襄邑	순운	예주 영천 영음穎陰
진군	예주豫州 영천穎川 허창許昌	한단순	예주 영천
진교	서주徐州 광릉廣陵 동양東陽		

인사 담당 중추로 이해하고, 그들이 지방 향리鄕里의 질서를 존중한 '청의淸議'
에 근거하여 공정한 인사를 행하였다고 이해하였다. 이와는 달리 조식을
지지하던 정의들을 조씨와의 사적 인맥을 배경으로 관료 인사에 영향력을
가진 세력으로 파악하였다. 그는 두 집단이 가진 인사에 대한 태도에 관해
전자가 '청의'에 근거한 공정한 인사[總齊淸議]를 하는 것에 반해, 후자는 도덕
준칙을 무시하고[時忘道德] 비슷한 동류同流의 사람들을 천거하는[各引其類] 조씨
측근으로서의 특권을 이용한 인사 정책을 편다고 하였으며 이것이 곧 조비,
조식 계승자 쟁투의 배경이 되었다고 보았다.[109] 이러한 분석은 요시모리
본인이 인정한 것처럼 완성난의 그것을 부분적으로 수용한 것으로, 최염들이
청의의 흐름을 계승했음과 정의들이 조씨와 지역적으로 특별한 관계를
가졌음은 인정한 것이다.

그러나 이러한 이해는 당시 치열했던 권력 투쟁의 속성을 간과하고 두
집단의 대립을 도덕과 부도덕의 대립, 혹은 선악의 대립으로 단순화했다는
문제를 가지고 있다. 요컨대 동조東曹에서 선거를 담당한 이들을 도덕적인
존재로 이해하게 하는 반면, 서조西曹에서 선거를 담당한 이들은 최소한의
선거 기준도 갖추지 못한 패거리로 파악하게 한다. 이것은 아마도 이른바

---

109) 葭森健介, 「六朝貴族制形成期の吏部官僚-漢魏革命から魏晉革命に至る政治動向と吏部人
事」, 『中國中世史硏究續編』(京都: 京都大, 1995), 229쪽.

청류파를 지나치게 고결한 저항의 아이콘으로 파악하는 기존 견해의 연장이
아닐까 한다.[110] 그러나 동조를 장악하고 있던 최염 역시 평장을 지어 개인적
인물평을 하며 당시 유재주의를 표방했던 조조의 방침에 대립하면서 자신의
기준에 의해 선거를 장악하고 있었다.[111] 요컨대 최염의 무리나 정의 무리
모두 선거를 담당하고 있던 동조와 서조를 각기 장악하고 자신들의 기준에
의해 당여黨與를 모으며 정치적 세력 확대에 골몰하던 정치 집단이었던
것이다.

　두 집단의 대립을 좀 더 현실적인 권력 다툼으로 이해한 입장이 있다.
이 입장에 따른다면 두 집단은 동조와 서조라는 선거 담당 기관을 장악하고
각기 조비와 조식을 지원하였는데, 전자는 유교적 가치를 표방한 명사층으로
설명할 수 있고, 후자는 문학적 가치를 표방한 문학 집단으로 이해할 수
있다. 당시 명사층의 문화적 가치에 대항하여 그것을 동요시키기 위해 조조
가 의도적으로 문학을 선양하자, 명사층들은 문학이라는 새로운 가치에
대항해서 자신들의 유교적 가치를 보존하기 위해 조비를 지지했다는 것이
다.[112]

　두 집단의 대립을 이상의 세 가지 입장 중 어느 하나로 단정하기는 쉽지
않다. 그러나 조비를 지지하는 집단의 경우 지역적으로 여남·영천 출신으로
일괄할 수는 없다 해도 이 지역 출신의 명사들과 문화적 가치를 공유하는
이들로 구성되어 있음이 사실이다. 한편 조식을 지지하는 집단의 경우 모두

110)　川勝義雄,「貴族政治の成立」, 앞의 책, 8~13쪽. 가와카츠 요시오는 淸流 세력의 이념적
　　기초를 모든 天界의 별이 尊卑의 계급적 질서를 가지면서 北極星에 의해 통솔되듯이
　　지상의 국가도 천자 아래 모든 관료 및 서민이 그 계급적 질서에 따라 통솔되는
　　것이라 보았다. 그에 따른다면 청류 세력은 군주권의 행사를 붕괴시키고 정상적인
　　국가를 붕괴하려는 탁류 세력의 움직임에 반대하고 이를 저지하고자 하였던 것이다.
　　原載:「ジナ中世貴族政治の成立について」,『史林』33-4(1950).
111)　柳春新,「崔琰之死與毛玠之廢」,『武漢大學學報(哲社版)』229(1997), 83쪽.
112)　渡邉義浩, 앞의 글(1995), 46쪽. 와타나베 요시히로는 명사층의 가치 기준과 대립하던
　　것을 군주 권력을 선양하는 가치 기준이라 하였다. 渡邉義浩, 같은 글, 49쪽.

초패 출신이라 할 수는 없지만 당시 '민民의 망望'으로 불리던 명사들과는
거리가 있는 이들이었다. 이들은 확실히 조비를 지지하던 이들과 비교한다
면 조씨와 지연 혹은 개인적 은혜 관계로 맺어졌다고 말할 수 있다.113)
혹은 조조에 의해 선양되고 있는 문학적 재능에 의해 정계에 진출한 이들이었
다. 편의적으로 말한다면 조식을 지지하던 이들은 당시 비명사층이라고
할 수 있는 이들이었다. 두 집단은 새로운 왕조 창건의 목전에서 자신들의
세력을 확대하고자 하였다. 그 과정에서 자신들의 가치 기준과 목적에 부합
하는 새로운 지도자를 옹립하려고 했던 것이다. 조조 시기는 이 두 세력의
반목이 심화되는 시기였으며, 동시에 어느 정도는 세력 균형을 이뤘던 시기라
고 할 수 있다. 이 균형이 조조의 죽음과 조비의 즉위로 깨졌다.

　사실 조비의 승리는 어느 정도는 예견된 것일 수도 있다. 두 세력이 서로
동조와 서조를 장악하고 선거를 통해 세력 확대를 꾀하던 와중에 서조가 폐지되
었다.114) 아마도 서조의 폐지는 조식을 지지하던 집단에게 타격이 되었을
것이다. 그리고 조비의 즉위로 상황은 종료되었다. 패배한 쪽의 결말은 비참했
다. 조식을 지지했던 정의와 정이 형제, 그리고 그 남자 가솔 등은 모두
주살誅殺되었고, 조식과 모든 제후들은 자신들의 봉지封地로 돌아갔다.115)
돌이켜보면 건안 24년(219) 패沛 출신 위풍魏諷의 반란 기도가 발각되어
주멸誅滅된 것은 다가올 숙청의 전주곡이었다. 정의와 정이 형제의 주살은

113) 대표적으로 丁儀의 경우 그의 부친이 조조와 개인적인 친분 관계를 가지고 있었다.
　　『三國志·魏書』卷19,「陳思王植傳」, "父沖, 宿與太祖親善, 時隨乘輿."
114) 『三國志·魏書』卷12,「毛玠傳」, "大軍還鄴, 議所幷省…乃共白曰:「舊西曹爲上, 東曹爲次,
　　宜省東曹.」太祖知其情, 令曰:「日出於東, 月盛於東, 凡人言方, 亦復先東, 何以省東曹?」
　　遂省西曹." 西曹가 언제 폐지되었는지는 확실하게 알 수 없다. 다만 「毛玠傳」의
　　문맥상 조비가 五官中郎將이 된 후, 원정 나갔던 조조의 대군이 鄴으로 귀환한
　　다음이라는 것을 알 수 있다. 그렇다면 建安 17년(212) 봄 西征 후거나 이듬해
　　남정 이후일 가능성이 높다. 그런데 이때 서조가 영구히 폐지된 것은 아닌 것
　　같다. 건안 24년 반란 모의가 발각되어 처형되는 魏諷이 「武帝紀」에 西曹掾으로
　　기술되어 있기 때문이다.
115) 『三國志·魏書』卷19,「陳思王植傳」, "文帝卽王位, 誅丁儀·丁廙幷其男口. 植與諸侯並就國."

명사 집단의 승리라고 할 수 있을 것이다. 사토 다츠로佐藤達郎는 문제文帝 시기는 물론이고 명제明帝 시기까지 조위의 조정이 후한 말 이래 명족名族과 명사에 의해 점령당했다고 분석하였다.[116] 그래서 오치아이 히로키落合悠紀 는 명제의 종실 중시 정책을 사마의司馬懿 등의 명족 세력에 대항하기 위해 이른바 초패 집단의 결합을 재강화하는 움직임의 하나였다고 분석하였 다.[117] 연구들은 조비의 즉위로 명사 집단이 조위 정계를 장악하게 되었고, 그 위세는 명제 시기까지 지속되었다고 입을 모은다.

직접적으로 조식을 지지하지 않았다 해도 비명사 집단의 위기감이 커졌을 것임은 충분히 짐작할 수 있다. 이러한 위기감은 조조 사망 직후 이미 터져 나왔다. 조조 사후 각 지역의 성수城守를 모두 초패 출신으로 삼아야 한다는 주장이 그것이다.[118] 조정이 명사 집단에 의해 장악될 것을 예견한 이 건의는 서선徐宣이 언성을 높임으로 인해[119] 무마되었지만 이러한 의견이 나왔다는 것 자체가 당시 조정의 상황을 함축적으로 보여주는 것이라 생각한다.

이제 〈대향비〉가 건립될 당시로 다시 눈을 돌려보자. 조정의 명사층으로 부터 지지를 받아 조조의 후계자가 되고 우여곡절 끝에 위왕이 된 조비에게 군권이 대부분 초패 출신에게 집중되어 있던 것은[120] 여간 신경 쓰이는 일이 아닐 수 없었을 것이다. 조조 죽음 이후 군권을 장악하고 있던 초패

---

116) 佐藤達郎, 「曹魏文·明帝期の政界と名族層の動向-陳羣·司馬懿を中心に」, 『東洋史研究』 52-1(1993), 59~62쪽.
117) 落合悠紀, 「曹魏明帝による宗室重視政策の實態」, 『東方學』 126(2013), 22쪽.
118) 『三國志·魏書』 卷22, 「徐宣傳」, "或言可易諸城守, 用譙·沛人."
119) 『三國志·魏書』 卷22, 「徐宣傳」, "宣厲聲曰:「今者遠近一統, 人懷效節, 何必譙·沛, 而沮宿衛 者心.」"
120) 川勝義雄, 앞의 글, 131쪽. 가와카츠 요시오의 연구에 따르면 조조의 직할군은 曹純, 曹眞, 曹休, 典韋, 許褚, 史渙, 夏侯淵, 韓浩, 劉曄, 曹洪, 王圖, 牽招, 張遼 등에 의해 통솔되었는데, 이 중 曹純, 曹眞, 曹休, 許褚, 史渙, 夏侯淵, 曹洪 등이 초패 출신이다. 이외 典韋는 兗州 陳留 출신이고 韓浩는 司隸 河內 출신이며 劉曄은 揚州 淮南 출신, 張遼는 幷州 雁門 출신이다. 요컨대 초패 출신을 제외한다 해도 軍權의 대부분은 명사층이 아닌 다른 집단에서 담당하고 있었다는 것을 알 수 있다.

출신이 동요하고 있는 상태에서 안정적인 황제권의 창출은 어려웠을 것이다. 조식을 지지하던 정적들을 제거하는 것도 필요한 일이었지만 부친처럼 자신과 대치하던 모든 이들을 숙청할 수는 없었다.

그보다는 중앙 관계에서 명사층에게 밀려 소외되었다고 생각하는 조씨와 혈연적·지연적 관계를 가진 이들을 위로하고 그들로부터도 지지를 받는 것이 더 유효한 방법이었을 것이다. 더군다나 조씨들은 막강한 군권을 장악하고 있지 않은가. 아마도 이것이 남정 중 초를 찾아 군대를 주둔하고 대향례를 행했던 이유였을 것이다. 〈수선표비〉와는 달리 〈대향비〉에 조비의 무덕에 대한 칭송만이 기술된 것은 이러한 사정과 관련 있을 것이다. 〈대향비〉는 이렇듯 선양 전야 정치적 패배 후 동요하고 있던 초패 집단에 대한 조비의 화해의 약속을 기록한 기념물이자, 불안했던 내부 결속의 다짐을 기록한 기념물이었던 것이다.

石刻的社会史
-古代中国人的欲望与其相关记录-

中文目录

中文摘要

Ⅰ. 记忆与永远－石头

《史记》的最初撰写者前汉的太史司马谈因对未能完成著述而深感悔恨, 即留下遗训叮嘱其子司马迁成为太史继承家业。此时他曾谈及的内容呈现出古代中国人的社会性欲望为何"且夫孝, 始于事亲, 中于事君, 终于立身; 扬名于后世, 以显父母, 此孝之大也。"也就是说, 以此证明了以"立身扬名"体现的荣达与获得名声的重要性。这一立身扬名的欲望并非只属于中国古代人。但即使在社会实现荣达而获得名声, 也并不表示就此结束。"德之隆者, 莫盛不朽"、"敍述才美, 以铭不朽焉"、"铭载金石, 永世不刊"等碑文表明在荣达并获得名声后, 应有记得这些的行为与其相呼应才会使荣达与获得名声的意义在社会上得以完成。

自古有多种方式来维持记忆。有通过发明新的称呼来彰显功业并将其传到后世, 还使用石头建起纪念碑。最初使用石头建起纪念碑应该是秦始皇吧。他在巡幸路建起7个石刻, 并令人记录其功业。这些石刻上刻上了如下内容, 以此证明其为与记录功德一同起到了作为记忆的重要行为。"今名号不更, 无以称成功, 传后世。其议帝号。""群臣相与诵皇帝功德, 刻于金石, 以为表经。""群臣诵功, 请刻于石, 表垂于常式。"重要的是"永远""传后世"。

据《礼记·祭统》记录, 最初记录颂德的地方是祭器。祭祀作为可证明其具有可与神沟通的优越资格的地点, 且其作为可保证合法继承的特别资格这一点, 没有比祭器更合适的了。但随着时间的流逝，迎来了人类的时代，祭器不再能可以成为记录永远颂词的题材。刚好秦始皇表示自己所实现的未曾有的业绩并非得力于神灵，而是因自身的能力与祖上的保佑才得以实现。而通过这一宣言否认了对神的无条件服从。随着神的消失，就需要有新的工具来替代祭器。而作为这一工具，被选中的是具有耐久性的象征永久不变的石头。作为永久记忆的工具，没有比石头更好的了。秦始皇的巡狩碑正是这一鲜明的证据。

并不清楚秦始皇以前是否曾有将石头作为永远的记录来使用的情况。北宋的孙宗鉴在战国时期以后，举行葬礼时曾在下棺时使用过碑，但据说其碑是木头或石头制作的。在历史上称其为丰碑。丰碑上有关天子或诸侯，其臣子或子女子嗣就其业绩进行了叙述。但有关孙宗鉴，只凭其也是后汉时期的事，很难断定在秦始皇以前即将石头作为记录志来使用。

就此，有线索在《周礼》中登场。"若有死于道路者，则令埋而置楬焉，书其日月焉。"根据这一记录，楬很有可能是立在坟墓前墓碑的前身。问题在于，无法确认楬的素材是石头还是木头。因此，目前为将石头作为记录题材使用的雏形应是秦始皇陵区西侧赵背户村刑徒墓中发掘的墓记。这些墓记叙述了劳役中死亡的人们简单的个人记录，从而起到了与墓碑同样的作用。但墓碑与墓记相比，其差异在于一个是建在地上，一个是埋在地下。但楬或墓记只提供与墓主有关的基本信息，并未起到彰显功绩的作用。

Ⅱ. 石头与名声－墓碑

正如最初的墓碑以墓表来表达，它具有标志的意思。被视为墓碑的先驱或最初的墓碑的前汉河平三年(前26)制作的《麃孝禹刻石》中有"河平三年八月丁亥平邑□里麃孝禹。"的内容，其中只标明墓主的卒年月日与籍贯还有姓名。如果将墓碑规定为不仅有关墓主的简单信息，还需包括有关其功绩的记录及对其赞

美的内容, 那《麃孝禹刻石》则无法归类到墓碑中。最近的研究将墓碑的构成要
素规定为叙述碑额、讳·字、籍贯、家系、品行、履历(包括官历)、卒年月日、享年、
追赠及立碑日等的序部分与哀悼墓主的韵文即颂词铭(辞)部分。 再有, 其中按
是否有铭辞来作为识别完成墓碑的指标使用。也就是说, 墓碑中起重要作用的
就是"颂德"。

从墓碑建立目的为对死者的颂德这一点来看, 正式开始使用墓碑的后汉时代
刚好是后汉时代强度孝道的社会, 从而可将墓碑建立者视为其子嗣。因标榜儒
教国家的后汉时代政府对孝道的称颂, 致使实现孝道成为官僚录用及晋升的标
准, 从而子孙们需要章贤其对父母的孝道。特别是在举荐中孝廉科成为最重要的
品德这一方面, 可知因孝道形成的名声在政治履历方面起到相当重要的作用。

但这一分析观点对于目前保存的大部分汉碑集中在桓帝与灵帝统治的44年
间集中建立的事实无法做出解释。此外, 从建起墓碑的人大部分并非其子孙而
是墓主的门生故吏这一点, 难以自圆其说。当然这一反驳并非意味着否定建立
墓碑的行为保障其社会性名声并对举荐产生影响的现象。 只不过要强调的是,
欲通过建立墓碑获得的名声并非孝道。

后汉中期以后, 民间通过祠堂题记或画像石题记等来记录"为了谁"、"什么人"、
"花费多少"、"建立了什么"等内容, 章贤自身的孝道。祭祀是怀念祖上并谋求宗
族团结的行为, 同时也是通过为祖上付出相当规模费用的有孝心的子孙获得社
会名声的舞台。也就是说, 已存在章贤孝道的举措。因而, 我们有必要确认欲利
用墓碑获得的名声并非孝道而是其他品德这一点。

在还未有标准化的官吏选拔制度的战国时期, 选拔官僚过程中人物鉴别成了
必要的因素。此后开始实施乡举里选制, 从而有关人物的评语成为举荐的唯一
标准。但有关人物的评语并非总按同一标准进行。后汉初的人物评语标准为儒
教的教养。从而人物评语的主要对象则是经学家们。而到桓帝时期以后, 党人或
独行者们转变为人物评语的对象。并非儒教的教养, 而是凭借反宦官性态度或
透过超脱世俗获得名声。再有, 获得当时被称为名士的已获得名声的人们得到

人物评语也相当重要。

比起皇帝，与地区社会名士们的关系变得相当重要，而且需要有可作为象征物的东西。从而墓碑拥有了单纯告知何人被葬在此地的标志以上的意义。碑文在强调死者的公众性形象的同时，还注重彰显建立墓碑的人们的忠心方面。如果说墓碑的序部分主要是描述墓主功绩的部分，铭辞部分应该是起到赞美墓主的颂德作用的部分。使用韵文撰写的铭辞为体现建碑者们的儒教教养，大量引用了经典的字句。一般配有铭辞意味着墓碑的完成。

后汉末期，定型化的墓碑的另一个特征性事项可在碑阴而非碑阳发现。制作墓碑的门生故吏们捐出墓碑制作所需的费用后，将自己的名字刻在碑阴部分。为建立墓碑平摊费用，并非只因经济上的原因。因葬礼聚在一起的人们还为故去的导师或旧君献上私谥。

这一行为在地区社会分明提高了建碑者的名声。超越郡县展开集体吊唁，并进行立碑和献上私谥。固然举荐是最重要的动机，但这是获得与皇帝权力对峙性名声的士大夫带有复杂意图的政治行为。彻底看破立碑行为的政治性行为特性的人就是曹操。曹操宣布的禁碑令虽可理解为禁止厚葬的一环，但从这一禁碑令的发布时期是在袁绍的儿子袁谭的葬礼举行前夕这一点来看，其出发点并非单纯源自视厚葬为弊端。

从而禁止立碑具有禁止士大夫的政治行为的性质。这意味着要禁止欲在皇帝权力以外的朝廷外获得名声的士大夫们的集体行为，且是对欲削弱皇帝诏令力量的士大夫们的自主性规范做出的制裁。若是期待强有力的中央集权国家的皇帝，谁都会如此。因此禁碑令在西晋得以继承形成法制化，是极为自然的事情。那么，与禁碑令对立的保证不灭的另一个形式的石头流行也是在所难免的事情。

Ⅲ. 石头与宗族法－墓志

因墓碑无法立在地面, 称颂墓主功德的颂词上的建碑者的姓名也失去了观众。当然即使观众消失也不会使欲通过赞扬先祖的德行来使自己扬名天下的最初的欲望也一起消失。但在观众消失的状态下, 也无法固守此前的形式。因此登场的建在地下的墓志。有关墓志的嘴传统的解释是"凡刻石显立墓前者, 曰碑, 曰表。惟纳于圹中, 谓志铭。"这一梁玉绳的解释。那么埋在地下的都可称为墓志吗?

目前, 研究人员就墓志来源问题意见不统一。有将墓记视为墓志的起源的观点出现, 同时也有在禁碑令实施以后将地面的墓碑进入地下视为墓志的出现的观点。特别是后者在大小上虽较小, 但不仅在形态上, 在构成要素方面也与墓碑几乎无差异, 从而被称为"碑型墓志"。禁碑令虽引发墓志的流行是不争的事实, 但从禁碑令前已存在相当完善的墓志这一点来看, 难以断定这就是墓志出现的原因。反而从来源出发的话, 埋在地下的墓记可能性应该较大。但墓志受到墓碑影响也是不争的事实。认为作为墓主的标志或记录的墓记受到地面墓碑的影响走向墓志之路的观点应该比较合理。在这一过程中, 墓志作为记录女性生活的工具来使用也是该关注的问题。

墓记与墓碑, 还有墓志在同一个时期制作则意味着这三种石刻的社会作用相异。虽因无法建起墓碑的影响引发墓志的流行, 此后在中国古代石刻史虽成为主流, 在墓碑建立的时期将墓志埋在地下则表明墓碑与墓志的作用有所不同。就此来查看一下《马姜墓志》。最初被提及为墓志的《马姜墓志》被记述为与墓碑的构成要素不同的刻石目的。"□□子孙, 懼不能章明, 故刻石纪□。"这是为在墓志上彰显祖上的功德, 并使家人留下记忆而制作。例如墓志是记录宗族法的记录志。

那么从地面进入地下的墓碑是否也走同样的路线? 墓志中属于比较初期的西晋永平元年(291)制作的《菅洛墓志》从形态上, 具有可在墓碑上看到的晕与穿, 而其构成要素也包括志额、讳·字、籍贯、品行、履历、享年、卒年月日、葬日、葬地、建碑者、铭辞等, 从而与与墓碑几乎没有差异。当然因墓主是女性, 既无官职相关履历, 也无追谥或追赠。此外, 随着观众消失, 建碑者也局限于相关家属。但其他部分则与此前同一, 像是墓碑进入地下而已。

但目的的这一景象也未能维持多久。首先铭辞明显消失了。也就是说墓碑完成的指标最先消失。此后, 西晋墓志变化也分为两个方向。一个是不到100个字的只记录墓主相关信息的部分。因为无需建立有关墓主的公共形象部分, 只剩下墓主相关基本信息部分。另一个是超过5~600个字的最多达到1,630个字的部分。其中, 大部分内容是有关家系的叙述。具有代表性的西晋墓志中篇幅最长的1,630字的《华芳墓志》不仅就其丈夫一方的父系, 还就其丈夫的前妻们的父系和墓主自身的家系进行了详细的记录。

稍加注意, 即可发现该墓志中记录的家系其实就是西晋时期门阀们的婚姻关系图。不仅有以墓主华芳的曾祖父华歆开始的平原华氏的显赫的家系, 还将其丈夫王浚的太原王氏家族相关成员的信息, 甚至于与太原王氏建立联姻关系的济阴文氏、河东卫氏家族等的信息详细地记录下来。也就是对自己可与什么样的家族通婚做出规定并写成条款并记载在石头上, 使其作为永远的宗族规范被人们记在心中。宗族法的记录志可视为强化墓志原本属性的记录。"刊石玄堂, 铭我家风"这一字句明确表明这是墓志的建立目的即宗族法或家族法的记录。

东晋时期, 墓志首先在形态方面已进入定型化阶段。材质方面并非采用石头, 而以砖头替而代之, 而且呈现类似墓碑的圭首型和圆首型的外形均转换为长方型。内容方面的特点是字数大篇幅减少。东晋墓志中字数最多的墓志是《王建之墓志》, 字数仅为275字。该墓志使用较容易刻字的砖头, 并只提供有关墓主的最基本的信息。东晋墓志中大部分为假葬的标记, 也就是说这是因其临时性标记这一点所致。因而, 在东晋墓志上记述了要回归的祖籍, 并刊刻"刻砖为识"的字句。只不过其中有关家系的记录比较详细。对家系的重视是因贵族制度社会特征引发的对家族忠诚的要求所致。

因此，自然而然地负责颂德的铭辞也随之消失了。但当时墓志铭成为了一种文学类型，供人们阅读。也就是说是重新获得观众的状态。尽管如此，东晋墓志的铭辞最终也未能归还。抑或是否在东晋时期无需通过墓志铭来做出颂德行为？这一问题有必要对东晋社会从多方面展开细致的观察。但不禁也会产生在九品中正制形成的每个家门的家格固定化的社会中，是否需要另行做出提高名声的行为的想法。

这一推论之所以在一定程度上较为合理，是因其与在刘宋时期铭辞在墓志重新登场与刘宋王朝并未认可东晋时期的爵位，只以对王朝的忠诚与功绩来授予爵位有关联而导致。也就是说，在未能保障门阀士族特权的情况下，重新需要在社会上彰显个人的功绩。那么相反在门阀的特权得到保证的阶级固定的社会，欲获得名声的努力失去了意义。

围绕着墓志铭辞展开的政治行为的轨迹也就是北魏墓志的发展史。北魏墓志的形式以洛阳迁都为起点得以明确的区分。洛阳迁都以前北魏墓志继承了十六国时期的墓志。具有特征的部分是在该墓志记述了有关墓主的简单的信息及石刻的种类。特别是，有关后者可在大部分墓志中发现"~之铭"、"~冢铭"、"~之铭记"等叙述内容。而未能发现带有铭辞的墓志。起到典型的初期墓志作用的标志，也就是体现出了作为墓表的性质。

起到忠实的标志作用的北魏墓志转换为带有铭辞的墓志是在洛阳迁都以后。北魏墓志的定型化首先给南朝的墓志带来了影响。但最重要的是，给墓志构成要素带来较大影响的是社会性需求。那么是什么样的社会需求主导了北魏墓志的定型化？北魏墓志一般以503年为起点实现定型化，而到505年左右其构成要素已几乎得以完善，而起顺序也形成固定化。而在此前已具备了铭辞。定型化墓志的登场应该与孝文帝太和16~18年(492~494)之间展开的大规模官人考绩不无关系。当时考绩对象网罗宗室、外戚、代人八姓，汉人四姓。这表明北魏社会虽是与南朝社会同样的门阀社会，但却是与南朝不同的需要积极彰显个人的能力与功绩的社会。此外，因在官人考绩以后展开的姓族分定并非在同一时期统一处理, 而是在孝文帝时期以后, 经过宣文帝和孝明帝时期才得以完成, 所以北魏家族与个人为获得较高的身分等级就需要做出不断的努力。特别是若说负责姓族分定的州中正是基于人物评语来评定等级的方式, 则需要积极宣传家族的水平与个人的能力。

但其宣传方式并不一样。若说在胡族王朝曾入仕的汉人官僚强调的是个人的能力, 而胡人们强调的是家系, 特别是与北魏皇室的关系。但简单地认为汉人＝个人能力, 胡人＝家系的观点则较为危险。汉人中认为彰显家门的家格较为有利的人们则注重与叙述其家系部分, 而鲜卑贵族中历任高官的人们则重点记述自身履历方面的问题。应该说没有比北魏墓地更能够生龙活虎地表达出墓志最终所具有的政治性。

从记录家系这一点可推测出北魏墓志也并非仅作为获得名声的工具来使用。实际上通过北魏墓志也不难确认与特定家族缔结的较为封闭的婚姻关系。自后汉时期起, 在成长为郡望的弘农杨氏家系图中曾为后汉代名门望族的扶风窦氏与同为曹魏郡望的高阳许氏及北朝汉人七姓之一的太原王氏登场。汉人七姓之一的陇西李氏的家系图中也出现了属于七姓的颍阳郑氏、范阳卢氏、清河崔氏。陇西李氏婚姻关系图中未包括在汉人七姓中的家族仅为河南元氏与长乐冯氏, 河南元氏正是北魏皇室拓跋氏, 而长乐冯氏则为文明太后家族。可将两个家族视为北魏地位最高的家族。在北魏墓志也同样起到维护并运营封闭式门阀社会所需的宗族法即指南的作用。

Ⅳ. 石头与契约－买地券

并非所有的人都在获得的名声时使用石头来记录。对于大多数普通百姓来说, 获得名声这个行为始终无法成为考虑的对象。但石头并非对他们来说毫无意义, 且未起到任何作用。对于普通人来说, 如有与名声相匹配的部分, 就可在石头上。那么普通百姓将什么永久刻在石头留作纪念?

普通人使用的石头也在墓地中出现。这就是买地券。一般来说,买地券是死者从其前已故的人购入作为死后生活地点的墓地时签署的土地契约。这源于认为在人死后前往不死世界的魂所不同的是魄留在地下过着与生前同样生活的"灵魂不灭观"。变得活跃的现实中的土地买卖也给其出现与流行产生了影响。两汉~三国时期自由的土地所有制度引发了买卖活跃化,且自然而然地土地契约的签署也开始普及化。以农业为核心的前近代社会,土地所有是重中之重,且所拥有的土地所有权是任何东西都无法替代的宝贵财产,从而签署土地契约也是重要的事项。

初期的买地券与现实中的文书较为相似,从而被误认为真实的土地契约。但将重要的土地契约埋在墓地里不仅难以理解,而且透过买地券显现的迷信因素会诱导人们会土地契约的真实性表示怀疑。"田中若有尸死,男即当为奴,女即当为婢,皆当为(墓主)趋走给使"的字句表明买地券是面向死者的文书,也就是冥界文书。掌握买地券是为死者书写的冥界文书,是对珍贵的土地契约被埋在墓地里的情况做出的合理的解释。

越接近后汉末期,社会变得更加混乱,使得被艰辛的生活折磨得疲惫不堪的人们依赖迷信并逃离现实。买地券中的迷信的因素变得更加浓重。体现这样倾向的正是"镇墓买地券"。镇墓买地券的不仅包括镇墓,还采用了活着的人为祈求家宅安全而由天帝的使者向地下的官吏告知死者进入墓地的事实的镇魂文即镇墓文的一部分。到了镇墓买地券阶段,比起作为土地买卖证据的土地契约,更强化了希望对死者的魂灵进行镇魂[解谪] 来防止给活着的人带来灾难的[除殃]"除殃解谪"的目的。这样变化也体现出当时社会的一个层面。因为政者们的政治上的不作为,导致的社会混乱与疫病的蔓延引发了疾病的流行是推动买地券变化的最强有力的原因。人民的生活变得愈发痛苦不堪,从而人们在买地券上为写上为死者的镇魂的字句以及为活着的人们解除厄运的内容。

随着买地券逐渐转换为镇墓买地券,其作为土地契约的性质逐渐减弱。但在后汉时期制作的买地券仍具有土地契约的因素。而到了三国时代，出售人与证人均以神灵或太阳及月亮等自然物来替代。墓地的四至失去具体性而以干支来表达。从而，其现实性减弱，而虚构性加大。此外，三国时期买地券的较为特别的情况之一是，全部在长江以南发现，以及具有地区性的特点较为明显。

首先，有关前者是给因战乱导致的买地券制作带来影响的北中国的信仰集团被瓦解以及曹魏王朝的合理主义的风气与宗教活动的禁止措施所致。后者引发的现象是北中国的买地券文化与在当地扎根的固有信仰相结合所导致。但这一现象到了东晋时期即可得到解决，在同一个买地券里出现了与其他地区特征混合的情况。也就是随着时间的流逝，相异的买地券的特征发生了融合现象。

时间的流逝，在江南制作的买地券上又刻上了不同的痕迹。这就是刘宋时期"道教买地券"的出现。道教买地券又可分为两种。一个是镇墓买地券与道经的一部相混合，而另一个是仅凭道经的内容形成，从而几乎难以找到买地券的因素。道教买地券的出现是在南下的天师道搜集经典并进行编辑，另一边在整顿教团的过程中将影响力扩大到民间领域的结果。镇墓买地券中的解谪与除殃的方式按道教的治病法即上章仪礼来记述。道教买地券最初限于现在的湖北、湖南、江苏和广东地区登场，到了萧梁时期也出现在广西地区。是否可将这一现象认定为天师道在江南内地的传播，还无法确定。但有必要透过买地券这个媒介对天师道的教势扩散进行重返的探究。

最后，有关买地券问题，本文要提及的是其呈现出丧葬礼俗的阶级性这一方面。买入者也就是墓主大部分是可称为"男子〇〇〇"的普通百姓。抑或以"~之妻"或"大女〇〇〇"的形式也有相当数的女性占据一定比重。甚至还有被称作"大奴"，带有奴婢的身分。当然也有县令等长吏也以墓主出现，但这些有官职的人们属于官职较小的人们。这无法成为统治阶级或知识阶层与普通百姓拥有不同的来世观或完全不同的宗教态度的证据。只不过对他们来说，有比宗教信念更关注的事情。例如，透过获得名声进入官界或通过封闭的婚姻提高家门的地位等事情。

518

其中比较令人感兴趣的事例就是《武宁王买地券》。在中国江南发现的买地券，能够到韩半岛发现这一事实，从文化流转这个方面来看也并非令人吃惊的事情。只不过与买地券在中国曾为较低阶层专属品相比，一个国家的王使用买地券足以令研究人员们感到吃惊。此外，与当时流行的萧梁的买地券并无共同之处对于如何对《武宁王买地券》进行历史性定位方面，是需要解决的问题。

研究人员们只将《武宁王买地券》界定为迷信色彩浓厚的买地券。而这是因忽略了中国的买地券在各个不同时期呈现出不同形式而适用过于简单的分类法所致。如上所述，包括迷信要素的买地券又可大致区分为镇墓买地券与道教买地券。根据这一区分法，未出现道经引用的《武宁王买地券》属于镇墓买地券一类。其中透过售卖者以神灵或自然物出现这一点来看，可推断出其属于三国·两晋时期的买地券系统。作为可以作证这一推论的是一同发现的墓志也体现出东晋墓志的特征。那么问题就是与萧梁进行活跃交流的百济制作了遵循三国·两晋时期方式的买地券与墓志。

虽难以断定，但为解决这个问题将视线转移到制作者上应该比较合理。抑或未持有买地券与墓志相关信息的人们是制作者？可制作《武宁王买地券》的人物均为中国血统的百济官僚的可能性较大。他们是在乐浪与带方郡灭亡后移居到百济以后，作为拥有专业知识与高级文化的人在百济朝廷展开活动。他们本身留有的中国文化的固有性随着时间的流逝也逐渐褪去。如果墓志与买地券由他们制作，制作得与东晋类似也并不奇怪。

V. 石头与政治－王朝的纪念碑

并非只有个人使用石头实现自身的欲望。王朝或中央政府也为了权利的正当性或永久性积极使用了石头。这已由秦始皇制作出典范性做作品。作为宣扬王朝的伟大没有比石头更合适的材料。从而权贵为了突破王朝的危机使用了石头。

这本书最后要提及的内容是王朝各种纪念碑。 也就是说旨为对可称为"石刻的政治学"的现象进行探讨。

作为宣扬王朝伟大的代表性中国古代石刻有自后汉起接受禅让的曹魏王朝制作的《上尊号碑》与《受禅表碑》。这两座碑均为记录最光荣的场景并纪念王朝的伟大而制作。但石刻却与之不同, 是为克服王朝的危机而制作。后汉的《熹平石经》、曹魏的《正始石经》还有西晋的《辟雍碑》是我们探讨的对象。说明这三个石刻的此前的观点是各个王朝"文教政策的象征物"。从立在太学前以及刊刻上教材等方面, 将其视为皇帝与皇太子的学礼亲临的纪念物是较为合理的分析。但通过这些石碑制作的时期来看, 这三个石碑难以简单视为文教政策的象征。

《熹平石经》建立的熹平年间(172~178)是汉王朝临近灭亡的时期,《正始石经》建立的正始年间(240~248)是因年龄仅为8岁的年幼的皇帝即位导致朝野恐慌的时期。从而, 可发现性质有些不同的的西晋时期《辟雍碑》。《辟雍碑》建于西晋武帝咸宁四年(278)。事实上, 这的西晋的鼎盛期。但仔细观察这一时期, 仍潜在着王朝的危机, 这就是其知识能力受质疑的皇太子的存在。那么陷入危机的王朝是如何努力克服危机的? 是否像秦始皇一样为向外部展现王朝的平安与牢固, 并彰显皇帝权力而使用了石头?

《熹平石经》被称为经学鼎盛期的产物, 但从当时的情况来看, 经学反而走向衰退期。被称为学问平台的太学蜕变为交流的平台, 经学与其追求大义, 不如说呈现出执着于经句的形式化。再加上经书中没有定本, 从而文字异同的问题称为了严重的社会问题。另外, 这也推举有关联, 从而成为太学生们之间引发纠纷的原因。因此, 国家需要纠正文字的异同, 也就是有必要建立底本相关标准。政府建立文化、学术上的标准与中央政府权威的提高有着直接的关系。特别是, 与当时士大夫权威的提高有着直接的关系。特别是, 当时士大夫重视通过与皇帝的对峙获得名声, 从而皇帝有必要作为标准的确定人体现自身的形象。作为钦定石经的《熹平石经》的出现应与其不无关系。

《正始石经》的制作时期并不准确。只不过可以推测出其与明帝的洛阳宫修筑有着紧密的关联。自诩为"制作兴治"负责人的明帝为体现皇帝权力的权威试图重建首都。自然而然地在这一过程中,作为太学振兴的一环制作了石经。但明帝的早逝与在其后年幼的皇帝的即位引发的王朝的危机应导致石经性质的变化。石经并非鼎盛期皇帝权力的纪念物,而应起到克服王朝的危机并提高年幼皇帝的权威的作用。随着正始二年(241)石经的完成,计划并展开年幼皇帝的讲经。石经的完成与其配合的讲经,充分可给天下灌输年幼的皇帝其是精通古文的儒教世界支配者的意识。

新建国的西晋第一代皇帝武帝是完全具有帝王资质的人物。势力较大的亲王们虽是问题,但他作为向心力来摧毁他们的离心力毫无逊色。而且并不存在促使王朝短命的年幼继承者的危险。只不过是太子过于无能而已。在惠帝当太子时,其知识能力受到了质疑。从而,武帝对当时受到朝廷众臣期许的自身的弟弟齐王攸进行压制来保护皇太子。为保证太子的安危,将外戚杨氏安排到东宫,同时为纪念历经两次的太子的学礼亲临决定立碑。当时负责学礼的儒生们与国子学的学子们自诩为太子的门生故吏并成为《辟雍碑》的建立者。正如过去立碑并在碑阴刻上名字的门生故吏一样。西晋政府通过《辟雍碑》宣布太子不仅是儒教世界的守护者的同时也是实质性支配者,同时他也是主导西晋政界的国子学学子们唯一的导师及上司。

与上述三座碑性质有所不同,但在目的上相同的另一座纪念碑是在即位前魏文帝曹丕建立的《大飨碑》。延康元年(220)8月曹丕在其故乡谯举办大飨礼并建碑。根据围绕建碑的时间上、空间上的条件,可视其为与上述三座碑具有完全不同性质的纪念物。因此,最近发表的研究将《大飨碑》宣布实现天下平定及平定蜀汉与孙吴的后汉献帝诏命的成果。从《大飨碑》只是过度记述曹丕的武德这一方面,这一见解看起来比较合理。但复原曹丕与曹植在继承人争夺战中取胜的过程则难以将《大飨碑》视为天下平定的宣告。究竟《大飨碑》建立的内幕存在何种危机?

曹丕继曹操之后当上魏王,并在登上魏王后成为皇帝,但自被封为世子到成为名符其实的继承人历经曲折。他虽是正室卞氏长子，但与文学才能优秀的弟弟曹植一同为得到其父的认可而展开激烈的竞争。　问题是有关世子册封的竞争，并非只是这两个人事情。因曹操的犹豫不决，围绕世子册封的矛盾几乎展开了10年之久，在这一过程中支持曹丕的集团与支持曹植的集团之间形成了对立局势。最终因曹丕即位使支持曹丕的一派在曹魏政界占据了重要的位置，而失败的曹植支持派则以没落告终。随着曹丕的即位，曹植的羽翼们则被处刑。

偏偏这些人在地区上属于谯沛地区出身。当时，与曹操在地区及血缘上相关的谯沛出身随着曹操的死亡因谯沛出身人士被肃清而产生动摇。这些人的动摇给曹丕带来很大的负担。其理由是他们掌握了军权。掌握军权的谯沛出身们动摇给梦想创造稳定皇权的曹丕带来极大的负担。因而，曹丕有必要在南征过程中回到故乡举行大飨礼安抚谯沛出身人士。这样在禅让在即的夏季，在南征路途中执意回到故乡举办大飨礼的不得已的内情体现在《大飨碑》中。

참고문헌

1. 사료

(1) 史書

[前漢]司馬遷 撰,『史記』, 北京: 中華書局, 1997.
[後漢]班固 撰,『漢書』, 北京: 中華書局, 1997.
[西晉]陳壽 撰,『三國志』, 北京: 中華書局, 1997.
[劉宋]范曄 撰,『後漢書』, 北京: 中華書局, 1997.
[梁]沈約 撰,『宋書』, 北京: 中華書局, 1997.
[梁]蕭子顯 撰,『南齊書』, 北京: 中華書局, 1997.
[北齊]魏收 撰,『魏書』, 北京: 中華書局, 1997.
[唐]魏徵 等 撰,『隋書』, 北京: 中華書局, 1997.
[唐]房玄齡 等 撰,『晉書』, 北京: 中華書局, 1997.
[唐]李延壽 撰,『南史』, 北京: 中華書局, 1997.
[唐]姚思廉 撰,『梁書』, 北京: 中華書局, 1997.
[後晉]劉昫 等 撰,『舊唐書』, 北京: 中華書局, 1997.
[北宋]歐陽修·宋祁 撰,『新唐書』, 北京: 中華書局, 1997.
[北宋]司馬光 撰·[元]胡三省 注,『資治通鑑』, 北京:中華書局, 1997.
[高麗]金富軾 撰·권덕영 외 편역,『역주 삼국사기』, 성남: 한국학중앙연구원, 2012.

(2) 十三經

[春秋]左丘明 撰·[西晉]杜預 集解,『左傳』, 上海: 上海古籍, 1998.
[前漢]孔安國 傳·[唐]孔穎達 疏,『尙書正義』, 北京: 北京大, 1999.
[前漢]公羊壽 傳·[後漢]何休 解詁·[唐]徐彦 疏,『春秋公羊傳注疏』, 北京: 北京大, 1999.
[前漢]毛亨 傳·[後漢]鄭玄 箋·[唐]孔穎達 疏,『毛詩正義』, 北京: 北京大, 1999.
[後漢]鄭玄 注·[唐]賈公彦 疏,『儀禮注疏』, 北京: 北京大, 1999.

524

[後漢]鄭玄 注·[唐]賈公彦 疏, 『周禮注疏』, 北京: 北京大, 1999.

[後漢]鄭玄 注·[唐]孔穎達 疏, 『禮記正義』, 北京: 北京大, 1999.

[後漢]趙歧 注·[北宋]孫奭 疏, 『孟子注疏』, 北京: 北京大, 1999.

[曹魏]王弼 注·[唐]孔穎達 疏, 『周易正義』, 北京: 北京大, 1999.

[曹魏]何晏 注·[北宋]邢昺 疏, 『論語注疏』, 北京: 北京大, 1999.

[唐]李隆基 注·[北宋]邢昺 疏, 『孝經注疏』, 北京: 北京大, 1999.

(3) 기타

[戰國]呂不韋 撰·陳奇猷 校釋, 『呂氏春秋校釋』, 上海: 學林, 1984; 1995.

[戰國]尹文 撰, 『尹文子』(四部備要 子部), 臺北: 中華書局, 1966.

[前漢]東方朔 著, 『神異經』(叢書集成初編), 北京: 中華書局, 1991.

[前漢]王褒 撰, 「僮約」(『全上古秦漢三國六朝文』 所收), 北京: 中華書局, 1995.

[前漢]桓寬 撰·王利器 校注, 『鹽鐵論校注』, 北京: 中華書局, 1996.

[後漢]徐幹 撰, 「中論」(『漢魏叢書』 所收), 長春: 吉林大, 1992.

[後漢]王符 撰·[清]汪繼培箋, 『潛夫論箋校正』, 北京: 中華書局, 1985; 1997.

[後漢]王逸 注·何錡章 編, 『王逸注楚詞』, 臺北: 黎明, 1973.

[後漢]劉珍 等 撰·吳樹平 校注, 『東觀漢記校注』, 鄭州: 中州古籍, 1987.

[後漢]劉熙 撰·[清]畢沅 疏證, 『釋名疏證補』, 北京: 中華書局, 2008.

[後漢]應劭 撰·吳樹平 校釋, 『風俗通義校釋』, 天津: 天津人民, 1980.

[後漢]曹操 撰, 「立太子令」(『全上古秦漢三國六朝文』 所收), 北京: 中華書局, 1995.

[後漢]曹操 撰, 「曹植私出開司馬門下令」(『全上古秦漢三國六朝文』 所收), 北京: 中華書局, 1995.

[後漢]許慎 撰·[清]段玉裁 注, 『說問解字注』, 上海: 上海古籍, 1995.

[後漢]桓譚, 『新論』(四部備要 子部), 臺北: 中華書局, 1976.

[曹魏]桓範 撰, 「世要論·銘誄」(『全上古秦漢三國六朝文』 所收), 北京: 中華書局, 1995.

[西晉]陸機 撰, 「弔魏武帝文」(『文選』 所收), 上海: 上海古籍, 1997.

[西晉]潘岳 撰, 〈西征賦〉(『文選』 所收), 上海: 上海古籍, 1997.

[西晉]張華 撰·范寧 校證, 『博物志校證』, 北京: 中華書局, 1980.

[西晉]崔豹 撰, 『古今注』, 北京: 中華書局, 1985.

[東晉]干寶 撰·王紹楹 校注, 『搜神記』, 北京: 中華書局, 1979.

[東晉]干寶 撰·李劍國 輯校, 『新輯搜神記』, 北京: 中華書局, 2012.

[東晉]葛洪 撰·楊明照 校箋, 『抱朴子外篇校箋』, 北京: 中華書局, 1991; 2004.

[東晉]葛洪 撰·王明 著, 『抱朴子內篇校釋』, 北京: 中華書局, 1985.

[東晉]袁宏 著·張烈 點校, 『後漢紀』, 北京: 中華書局, 2002.

[劉宋]劉義慶 著·[梁]劉孝標 注·朱鑄禹 彙校集注, 『世說新語彙校集注』, 上海: 上海古籍, 2002.

[北魏]酈道元 注·[清]楊守敬 等疏, 『水經注疏』, 南京: 江蘇古籍, 1999.

[梁]蕭統 撰, 「爲范尙書讓吏部封侯第一表」(『文選』 所收), 上海: 上海古籍, 1997.

[梁]劉勰 著·詹鍈 義證,『文心雕龍義證』, 上海: 上海古籍, 1989; 1994.

[梁]劉勰 撰·范文蘭 注,『文心雕龍注』, 北京: 人民大, 1962.

[東魏]楊衒之 撰·張宗祥 校,『洛陽伽藍記合校』, 揚州: 廣陵書社, 2006.

[北齊]顔之推 撰·王利器 集解,『顔氏家訓集解』, 北京: 中華書局, 1993.

[北周]甄鸞,「觀音侍老七」(『全上古秦漢三國六朝文』所收), 北京: 中華書局, 1995.

[唐]歐陽詢 撰,『藝文類聚』(『唐代四代類書』所收), 北京: 清華大, 2003.

[唐]道宣 撰·郭紹林 點校,『續高僧傳』, 北京: 中華書局, 2014.

[唐]杜佑 撰,『通典』, 北京: 中華書局, 1996.

[唐]封演 撰·趙貞信 校注,『封氏聞見記校注』, 北京: 中華書局, 2005; 2008.

[唐]王冰 注,『黃帝內經素問』, 北京: 人民衛生, 1963.

[唐]柳宗元 著,『柳宗元集』, 北京: 中華書局, 1979.

[唐]林寶 撰·岑仲勉 校記·鬱賢皓, 陶敏 整理·孫望 審訂,『元和姓纂(附四校記)』, 北京: 中華書局, 1994.

[北宋]歐陽修 撰,「衡陽漁溪王氏譜書」(『古今圖書集成 明倫彙編氏族典』所收), 臺北: 鼎文書局, 1977.

[北宋]孫宗鑑 撰,『東皐雜錄』(『說郛』所收), 順治三年(1646) 兩浙督學周南·李際期宛委山堂刊本, 발행지 미상.

[北宋]沈括 著·胡道靜 校證,『夢溪筆談校證』, 上海: 上海古籍, 1987.

[北宋]樂史 撰·王文楚等 點校,『太平寰宇記』, 北京: 中華書局, 2007.

[北宋]王溥 撰,『唐會要』, 上海: 上海古籍, 2006.

[北宋]李昉 等 撰,『太平御覽』, 北京: 中華書局, 1969; 1995.

[北宋]陳彭年 撰,『廣韻』, 臺北: 商務, 1968.

[北宋]祝穆 撰·祝洙 增訂·施和金 點校,『方輿勝覽』, 北京: 中華書局, 2003.

[南宋]葉適,『習學記言』(『文淵閣四庫全書』所收), 臺北: 臺灣商務, 1983.

[南宋]王應麟 撰·[淸]翁元圻 等注,『困學紀聞』, 上海: 上海古籍, 2008; 2009.

[南宋]元樞 撰,『通鑑紀事本末』, 北京: 中華書局, 1964.

[南宋]章定 撰,『名賢氏族言行類稿』(『文淵閣四庫全書』所收), 臺北: 臺灣商務, 1983.

[南宋]鄭樵 撰·王樹民 點校,『通志』, 北京: 中華書局, 1995.

[南宋]周應合 撰·王曉波 校點,『景定建康志』, 成都: 四川大, 2007.

[明]徐師曾 撰,『文體明辨』, 北京: 人民文學, 1962; 1998.

[明]吳訥 撰,『文章辨體』, 北京: 人民文學, 1962; 1998.

[淸]郭慶藩 編·王孝漁 點校,『莊子集釋』, 北京: 中華書局, 1961; 1985.

[淸]孫詒讓 撰,『墨子閒詁』, 北京: 中華書局, 2001.

[淸]黎翔鳳 撰,『管子校注』, 北京: 中華書局, 2004; 2006.

[淸]葉昌熾 撰·柯昌泗 評,『語石·語石異同評』, 北京: 中華書局, 1994.

[淸]王昶 撰,『金石萃編』, 北京: 中國書店, 1985.

[清]趙翼 撰,『陔餘叢考』, 臺北: 世界書局, 1965.

[清]朱彝尊 撰,『經義考』, 臺北: 成文, 1976.

[清]皮錫瑞 著·周予同 注釋,『經學歷史』, 北京: 中華書局, 1981.

逯欽立 輯校,『先秦漢魏晉南北朝詩』, 北京: 中華書局, 1983.

尙秉和 注,『焦氏易林注』, 北京: 中國書店, 1990.

袁珂 校注,『山海經校注』, 上海: 上海古籍, 1980.

張鵬一 編著·徐淸廉 校補,『晉令輯存』, 西安: 三秦, 1989.

張雙棣 撰,『淮南子校釋』, 北京: 北京大, 1997.

鄭文 著,『論衡析詁』, 成都: 巴蜀書社, 1999.

陳子展 撰,『楚辭直解』, 上海: 復旦大, 1997.

韓理洲 等 輯校編年,『全北魏東魏西魏文補遺』, 西安: 三秦, 2010.

(4) 道經

『道教義樞』([明]張宇初 等 編纂,『正統道藏』所收), 北京: 文物·上海: 上海書店·天津: 天津古籍, 1988.

『道學科儀』([明]張宇初 等 編纂,『正統道藏』所收), 北京: 文物·上海: 上海書店·天津: 天津古籍, 1988.

『歷世眞仙體道通鑑後集』([明]張宇初 等 編纂,『正統道藏』所收), 北京: 文物·上海: 上海書店·天津: 天津古籍, 1988.

『陸先生道門科略』([明]張宇初 等 編纂,『正統道藏』所收), 北京: 文物·上海: 上海書店·天津: 天津古籍, 1988.

『三天內解經』([明]張宇初 等 編纂,『正統道藏』所收), 北京: 文物·上海: 上海書店·天津: 天津古籍, 1988.

『三洞珠囊』([明]張宇初 等 編纂,『正統道藏』所收), 北京: 文物·上海: 上海書店·天津: 天津古籍, 1988.

『上淸黃籙過度儀』([明]張宇初 等 編纂,『正統道藏』所收), 北京: 文物·上海: 上海書店·天津: 天津古籍, 1988.

『素問玄機原病式』([明]張宇初 等 編纂,『正統道藏』所收), 北京: 文物·上海: 上海書店·天津: 天津古籍, 1988.

『女靑鬼律』([明]張宇初 等 編纂,『正統道藏』所收), 北京: 文物·上海: 上海書店·天津: 天津古籍, 1988.

『要修科儀戒律鈔』([明]張宇初 等 編纂,『正統道藏』所收), 北京: 文物·上海: 上海書店·天津: 天津古籍, 1988.

『猶龍傳』([明]張宇初 等 編纂,『正統道藏』所收), 北京: 文物·上海: 上海書店·天津: 天津古籍, 1988.

『紫陽眞人悟眞篇註疏』([明]張宇初 等 編纂,『正統道藏』所收), 北京: 文物·上海: 上海書店·天津: 天津古籍, 1988.

『赤松子章曆』([明]張宇初 等 編纂, 『正統道藏』 所收), 北京: 文物·上海: 上海書店·天津: 天津古籍, 1988.

『傳授三洞經戒法籙略說』([明]張宇初 等 編纂, 『正統道藏』 所收), 北京: 文物·上海: 上海書店·天津: 天津古籍, 1988.

『諸病源候論』([明]張宇初 等 編纂, 『正統道藏』 所收), 北京: 文物·上海: 上海書店·天津: 天津古籍, 1988.

『太常正一呪鬼經』([明]張宇初 等 編纂, 『正統道藏』 所收), 北京: 文物·上海: 上海書店·天津: 天津古籍, 1988.

『太平經』([明]張宇初 等 編纂, 『正統道藏』 所收), 北京: 文物·上海: 上海書店·天津: 天津古籍, 1988.

『洞玄靈寶([明]張宇初 等 編纂, 『正統道藏』 所收), 北京: 文物·上海: 上海書店·天津: 天津古籍, 1988.

『黃帝陰符經註』([明]張宇初 等 編纂, 『正統道藏』 所收), 北京: 文物·上海: 上海書店·天津: 天津古籍, 1988.

(5) 석각·간독 자료 및 공구서

[東晉]孫綽 撰, 〈太尉庚亮碑〉(『全上古秦漢三國六朝文』 所收), 北京: 中華書局, 1995.

[北宋]歐陽修 撰, 『集古錄跋尾』」(『石刻史料新編 第一輯』 所收), 臺北: 新文豊, 1977.

[北宋]歐陽棐 撰, 『集古錄目』(『石刻史料新編 第一輯』 所收), 臺北: 新文豊, 1977.

[北宋]趙明誠 撰, 『金石錄』(『石刻史料新編 第一輯』 所收), 臺北: 新文豊, 1977.

[南宋]洪适 撰, 『隷釋』, 北京: 中華書局, 2003.

[南宋]洪适 撰, 『隷續』, 北京: 中華書局, 2008.

[南宋]周密 撰, 『癸辛雜識別集』, 北京: 中華書局, 1997.

[明]陶宗儀 撰, 『知不足齋本 古刻叢鈔』, 臺北: 藝文, 1966.

[明]王行 撰, 『墓銘舉例』, 臺北: 臺灣商務, 1979.

[淸]杜春生 撰, 『越中金石記』(『石刻史料新編 第二輯』 所收), 臺北: 新文豊, 1979.

[淸]范壽銘 撰, 『循園金石文字跋尾』(『石刻史料新編 第二輯』 所收), 臺北: 新文豊, 1979.

[淸]梁玉繩 撰, 『誌銘廣例』(叢書集成初編), 北京: 中華書局, 1985.

[淸]翁大年 撰, 『陶齋金石文字跋尾』(『石刻史料新編 第一輯』 所收), 臺北: 新文豊, 1977.

[淸]汪鋆 撰, 『十二硯齋金石過眼錄』(『石刻史料叢書』 所收), 臺北: 藝文, 1948.

[淸]劉寶楠 撰, 『漢石例』, 臺北: 臺灣商務, 1966.

[淸]陸耀遹 撰, 『金石續編』(『石刻史料新編 第一輯』 所收), 臺北: 新文豊, 1977.

[淸]錢大昕 撰, 『潛研堂金石文跋尾』(『嘉定錢大昕全集 陸』 所收), 南京: 江蘇古籍, 1997.

[淸]畢沅 撰, 『山左金石志』(『石刻史料新編 第一輯』 所收), 臺北: 新文豊, 1977.

[民國]羅振玉 撰, 『貞松堂集古遺文 上下』, 北京: 北京圖書館, 2003.

528

[民國]羅振玉 撰, 『地券徵存』, 臺北: 大通書局, 1973.

[民國]羅振玉 撰, 『遼居稿』(『羅振玉學術論著集 第十集』所收), 上海: 上海古籍, 2010.

[民國]羅振玉 撰, 『石交錄』(『羅振玉學術論文集 第三集』所收), 上海: 上海古籍, 2013.

[民國]羅振玉 撰, 『蒿里遺珍』(『羅振玉學術論文集 第三集』所收), 上海: 上海古籍, 2013.

[民國]徐乃昌 撰, 『安徽通志金石古物考稿』(『石刻史料新編 第三輯』所收), 臺北: 新文豊, 1986.

[民國]楊守敬 撰, 『壬癸金石跋』(『楊守敬集 8』所收), 長沙: 湖北人民, 1988.

[民國]楊樹達 撰, 『積微居小學金石論叢』, 北京: 商務, 2011.

[民國]王國維 撰, 『觀堂集林』(『王國維遺書』所收), 上海: 上海書店, 1996.

[民國]劉承幹 撰, 『希古樓金石萃編』(『石刻史料新編 第一輯』所收), 臺北: 新文豊, 1977.

楊殿珣, 『石刻題跋索引』(『石刻史料新編 第一輯』所收), 臺北: 新文豊, 1977.

趙萬里, 『漢魏南北朝墓誌集釋』(『石刻史料新編 第三輯』所收), 臺北: 新文豊, 1986.

高文, 『漢碑集釋』, 開封: 河南大, 1997; 2008.

高峽 主編, 『西安碑林全集 第二卷』, 廣州: 廣東經濟, 1999.

郭培育·郭培智 主編, 『洛陽出土石刻時地記』, 鄭州: 大象, 2005.

羅新·葉煒, 『新出魏晉南北朝墓誌疏證』, 北京: 中華書局, 2005.

遼寧省博物館, 『遼寧省博物館藏碑誌精粹』, 北京: 文物·東京: 中教, 2000.

毛遠明 校注, 『漢魏六朝碑刻校注 第一冊』, 北京: 線裝書局, 2009.

毛遠明 校注, 『漢魏六朝碑刻校注 第二冊』, 北京: 線裝書局 2009.

毛遠明 校注, 『漢魏六朝碑刻校注 第三冊』, 北京: 線裝書局 2009.

毛遠明 校注, 『漢魏六朝碑刻校注 第五冊』, 北京: 線裝書局, 2009.

北京圖書館金石組 編, 『北京圖書館藏 中國歷代石刻拓本匯編 第一冊』, 鄭州: 中州古籍, 1989.

北京圖書館金石組 編, 『北京圖書館藏 中國歷代石刻拓本滙編 第二冊』, 鄭州: 中州古籍, 1989.

北京圖書館金石組 編, 『北京圖書館藏 中國歷代石刻拓本匯編 第三冊』, 鄭州: 中州古籍, 1989.

三國時代の出土文字資料班, 『魏晉石刻資料選注』, 京都: 京都大, 2005.

葉程義, 『漢魏石刻文學考釋 上』, 臺北: 新文豊, 1997.

永田英正 編, 『漢代石刻集成 圖版·釋文篇』, 京都: 同朋社, 1994.

永田英正 編, 『漢代石刻集成 本文編』, 京都: 同朋社, 1994.

王壯弘·馬成名, 『修訂本 六朝墓誌檢要』, 上海: 上海書店, 2008.

饒宗頤·劉昭瑞, 『漢魏石刻文字繫年』, 臺北: 新文豊, 2001.

劉正成 主編, 『中國書法全集8-秦漢篇 秦漢石刻卷2』, 北京: 新華書店, 1993.

이성제 편, 『고대 동아시아 석각 자료 연구 上·下』, 서울: 동북아역사재단, 2018.

李檣, 『秦漢刻石選譯』, 北京: 文物, 2009.

張傳璽 主編, 『中國歷代契約會編考釋』, 北京: 北京大, 1995.

趙君平·趙文成, 『秦晉豫新出墓誌蒐佚 1』, 北京: 國家圖書館, 2012.

趙超 著, 『漢魏南北朝墓誌彙編』, 天津: 天津古籍, 2008.

足立豊 解說, 『晉·皇帝三臨辟雍碑』, 東京: 二玄社, 1971.

周紹良 主編, 『唐代墓誌彙編』, 上海: 上海古籍, 1992.

彭興林, 『中國歷代名碑釋要 上』, 濟南: 山東美術, 2011.

한국고대사회연구소, 『譯註 韓國古代金石文 Ⅰ(고구려·백제·낙랑 편)』, 서울: 가락국사적
　　　개발연구원, 1992.

胡海帆·湯燕 編著, 『中國古代磚刻銘文集』, 北京: 文物, 2008.

홍승현 주편, 『석각을 통해 본 동아시아 고중세 사회』, 서울: 신서원, 2018.

甘肅簡牘保護研究中心等 編, 『肩水金關漢簡 貳·下冊』, 上海: 中西書局, 2012.

甘肅省博物館·中國科學院考古研究所 編, 『武威漢簡』, 北京: 中華書局, 2005.

劉信芳·梁柱 編著, 『雲夢龍崗秦簡』, 北京: 科學, 1997.

李均明·何雙全 編, 『散見簡牘合輯』, 北京: 文物, 1990.

中國社會科學院考古研究所 編, 『居延漢簡 甲乙篇』, 北京: 中華書局, 1980.

京都大學人文科學研究所 簡牘研究班, 『漢簡語彙 中國古代木簡辭典』, 東京: 岩派書店, 2015.

氣賀澤保規 編, 『新編 唐代墓誌所在總合目錄』, 東京: 汲古書院, 2017.

梶山智史, 『北朝隋代墓誌所在總合目錄』, 東京: 汲古書院, 2006.

2. 연구서와 논문

加藤修, 「北魏から唐代の墓誌に見る夫婦合葬の分析」, 『女子美術大學研究紀要』 31, 2001.

加藤直子, 「ひらかれた漢墓-孝廉と'孝子'たちの戰略」, 『美術史研究』 35, 1997.

葭森健介, 「六朝貴族制形成期の吏部官僚-漢魏革命から魏晉革命に至る政治動向と吏部人事」,
　　　『中國中世史研究續編』, 京都: 京都大, 1995.

加地有定, 『中國唐代鎭墓石の研究-死者の再生と崑崙山への昇仙』, 大阪: かんぼうサービス,
　　　2005.

加賀榮治, 『中國古典解釋史 魏晉篇』, 東京: 勁草書房, 1964.

甘肅省敦煌縣博物館, 「敦煌佛爺廟灣五凉時期墓葬發掘簡報」, 『文物』 1983-10.

甘肅省文物考古研究所, 『敦煌祁家灣: 西晉十六國墓葬發掘報告』, 北京: 文物, 1994.

甘肅省博物館, 「酒泉·嘉峪關晉墓的發掘」, 『文物』 1979-6.

甘懷眞, 『唐代家廟禮制研究』, 臺北: 臺灣商務, 1991.

甘懷眞, 「唐代京城社會與士大夫禮儀之研究」, 臺灣大 博士學位論文, 1993.

甘懷眞, 「「制禮」觀念的深析」, 『皇權·禮儀與經典詮釋: 中國古代政治史研究』, 臺北: 喜瑪拉
　　　雅研究發展基金會, 2003.

江蘇省文物考古研究所·南昌市博物館, 「南昌火車站東晉墓葬群發掘簡報」, 『文物』 2001-2.

530

江優子,「漢墓出土の鎭墓瓶について-銘文と墓內配置に見える死生觀-」,『鷹陵史學』 29, 2003.

江優子,「後漢時代の墓券に關する一考察-特に墓券の分類について」,『佛教大學大學院紀要』33, 2005.

강인철,『전쟁과 희생: 한국의 전사자 숭배』, 서울: 역사비평사, 2019.

岡村繁,「後漢末期の評論的氣風について」,『名古屋大學文學部研究論集』22-文學8, 1960.

兼平充明,「書道博物館藏「後秦呂憲墓表」について」,『明大アジア史論集』7, 2002.

景紅艶,「論周代天子大饗禮及其歷史功能」,『孔子研究』2013-1.

顧廷龍,「大晉龍興皇帝三臨辟雍皇太子及再蒞之盛德隆熙之頌跋」,『燕京學報』10, 1931.

高倉洋彰,「漢代買地券の檢討」,『日本民族・文化の生成 I 永井昌文敎授退官記念論文集』, 東京: 六興, 1988.

谷川道雄,『隋唐帝國形成史論』, 東京: 筑摩書房, 1971; 1986.

谷川道雄,「六朝時代の宗族-近世宗族との比較において-」,『名古屋大學東洋史研究報告』25, 2001.

龔本棟,「"厚葬"評議」,『中國典籍與文化』1994-2.

孔祥星・劉一曼,『中國銅鏡圖典』, 北京: 文物, 1992.

郭沫若,「申述一下關於殷代殉人的問題」,『奴隸制社會』, 北京: 新華書店, 1984.

郭寶鈞 等,「一九五四年春洛陽西郊發掘報告」,『考古學報』1956-2.

關尾史郎,「西涼嘉興二年十二月李超夫人尹氏墓表」について-「五胡」時代石刻ノート(2)」,『環日本海研究年報』12, 2005.

關尾史郎,『中國西北地域出土鎭墓文集成(稿)』, 新潟: 新潟大「大域的文化システムの再構成に關する資料學的研究」プロジェクト, 2005.

關尾史郎,「疏勒河古墓群出土鎭墓文について-附,「中國西北地域出土鎭墓文集成(稿)」補遺」,『西北出土文獻研究』3, 2006.

關野貞,『支那碑碣形式の變遷』, 東京: 座右寶刊行會, 1935.

邱建智,「漢魏南北朝墓誌の起源與發展」,臺灣大 碩士學位論文, 2011.

裘錫圭,「湖北江陵鳳凰山十號漢墓出土簡牘考釋」,『文物』1974-7.

구시다 히사하루 지음・홍승현 옮김,『왕조멸망의 예언가-동요를 통해 본 한제국 흥망사』, 大邱: 慶北大, 2015.

久田麻實子,「墓誌銘の成立過程について-北魏墓誌銘の意義」,『中國學志』14, 1999.

菊地大,「後漢・三國・西晉時期の五連罐・神亭壺の性格について-買地券との關わりを中心に」,『文學研究論集』16, 2001.

宮本勝,「蕭望之の學問と經術」,『中國學論文集: 竹內照夫博士古稀記念』, 札幌: 竹內照夫博士古稀記念論文集刊行會, 1981.

宮川尙志,「六朝時代の史學」,『東洋史研究』5-6, 1940.

宮宅潔,「正統觀はいかに展開されたか-上尊號碑から辟雍碑まで」,『京都大學人文科學研究所 共同研究公開シンポジウム 石刻が語る三國時代』, 京都: 京都大, 2002.

권오영, 「喪葬制를 중심으로 한 武寧王陵과 南朝墓의 비교」, 『百濟文化』 31, 2002.

권오영, 「백제의 對中交涉의 진전과 문화변동」, 『강좌 한국고대사』, 서울: 가락국사적개발
연구원, 2003.

권오영, 『고대 동아시아 문명교류사의 빛, 무령왕릉』, 서울: 돌베개, 2005.

金文京, 『中國の歷史 4-三國志の世界: 後漢三國時代』, 東京: 講談社, 2005.

金裕哲, 「北伐을 통해 본 東晉朝廷의 國家觀과 皇帝權」, 『魏晉隋唐史研究』 6, 2000.

金昌錫, 「中國系 인물의 百濟 유입과 활동 양상」, 『역사문화연구』 60, 2016.

吉田篤志, 「周人の人間的自覺」, 『(大東文化大)漢學會誌』 49, 2010.

羅燚英, 「從神話女神到道教女仙」, 『中山大學研究生學刊』 28-2, 2007.

羅操, 「東漢至南北朝墓券研究」, 華東師範大 博士學位論文, 2015.

羅宗眞, 「略論江蘇地區出土六朝墓誌」, 『南京博物院集刊』 2, 1980.

羅宗眞, 『魏晉南北朝考古』, 北京: 文物, 2001.

洛陽博物館, 「洛陽東漢光和二年王當墓發掘簡報」, 『文物』 1980-6.

落合悠紀, 「曹魏洛陽の復興と『正始石經』建立」, 『洛陽學國際シンポジウム報告論文集 東アジア
における洛陽の位置』, 東京: 汲古書院, 2011.

落合悠紀, 「曹魏明帝による宗室重視政策の實態」, 『東方學』 126, 2013.

南京博物館, 「江蘇溧陽菓園東晉墓」, 『考古』 1973-9,

南京博物院, 「南京西善橋南朝墓」, 『東南文化』 115, 1997.

南京市文物保管委員會, 「南京象山東晉王丹虎墓和二·四號墓發掘簡報」, 『文物』 1965-10.

南京市博物館, 「南京象山5號·6號·17號墓清理簡報」, 『文物』 1972-11.

南京市博物館, 「南京象山8號·9號·10號墓發掘簡報」, 『文物』 2000-7.

南京市博物館, 「南京呂家山東晉李氏家族墓」, 『文物』 2000-7.

南京市博物館, 「江蘇南京仙鶴觀東晉墓」, 『文物』 2001-3.

南京市博物館, 「南京象山11號墓清理簡報」, 『文物』 2002-7.

南京市博物館·雨花區文化局, 「南京南郊六朝謝溫墓」, 『文物』 1998-5.

南京市博物館·雨花區文化局, 「南京司家山東晉·南朝謝氏家族墓」, 『文物』 2000-7.

魯西奇, 「漢代買地券的實質·淵源與意義」, 『中國史研究』 2006-1.

魯西奇, 「六朝買地券叢考」, 『文史』 75, 2006.

魯西奇, 『中國古代買地券研究』, 廈門: 廈門大, 2014.

魯西奇, 「北魏買地券三種考釋」, 『魏晉南北朝隋唐史資料』 26, 2015.

盧昌德, 「中國喪禮的形成與厚葬的關係」, 『信陽師範學院學報』 16-1, 1996.

魯波, 「漢代徐勝買地鉛券簡介」, 『文物』 1972-5.

逯耀東, 「魏晉別傳的時代性格」, 『魏晉史學的思想與社會基礎』, 臺北: 東大, 2000.

當塗縣文物管理所, 「當塗縣發現東吳晚期地券」, 『文物』 1987-4.

唐長孺, 「論北魏孝文帝定姓族」, 『魏晉南北朝史論拾遺』, 北京: 中華書局, 1983.

532

大久保靖,「漢末門生故吏考-汝南袁氏の場合」,『史友』14, 1982.

大同市考古研究所,「山西大同迎賓大道北魏墓群」,『文物』2006-10.

大同市考古研究所,「山西大同七里村北魏墓群發掘簡報」,『文物』2006-10.

大原信正,「曹魏明帝政權史研究序説」,『中央大學アジア史研究』34, 2010.

大原信正,「「魏大饗碑」について」,『(中央大)大學院研究年報』42, 2013.

大原信正,「曹丕の魏王卽位と曹操の後繼者問題」,『中央大學アジア史研究』38, 2014.

大原信正,「後漢延康元年(二二〇)の大饗禮」,『アフロ・ユーラシア大陸の都市と社會』, 東京: 中央大, 2020.

大庭修,「墓葬の木簡」,『木簡-古代からのメッセージ』, 東京: 大修館書店, 1998.

도미야 이타루 지음·임병덕 옮김,『목간과 죽간으로 본 중국 고대 문화사』, 서울: 사계절, 2005.

渡辺信一郎,「宮闕と園林-3~6世紀中國における皇帝權力の空間構成」,『考古學研究』47-2, 2000.

渡邉義浩,「漢魏交替期の社會」,『歷史學研究』626, 1991.

渡邉義浩,「黨錮」,『後漢國家の支配と儒教』, 東京: 雄山閣, 1995.

渡邉義浩,「三國時代における「文學」の政治的宣揚-六朝貴族制形成史の視點から-」,『東洋史研究』54-3, 1995.

渡邉義浩,「三國政權形成前史-袁紹と公孫瓚-」,『吉田寅先生古稀記念アジア史論集』, 東京: 吉田寅先生古稀記念論文集編集委員會, 1997.

渡邉義浩,「「寬」治から「猛」政へ」,『東方學』102, 2001.

渡邉義浩,「曹操政權の形成」,『(大東文化大)漢學會誌』40, 2001

渡邉義浩,「九品中正制度における「孝」」,『(大東文化大)漢學會誌』41, 2002.

渡邉義浩,「三國時代における「公」と「私」」,『日本中國學會會報』55, 2003.

渡邉義浩,「「魏公卿上尊號奏」にみる漢魏革命の正統性」,『(大東文化大)漢學會誌』43, 2004.

渡邉義浩,「兩漢における『春秋』三傳と國政」,『兩漢における詩と三傳』, 東京: 汲古書院, 2007.

渡邉義浩,「「受禪表」碑における『尙書』の重視」,『三國志研究』3, 2008.

渡邉義浩,「「儒教の國教化」をめぐる議論と本書の方法論」,『後漢における「儒教國家」の成立』, 東京: 汲古書院, 2009.

渡邉義浩,「陳壽の『三國志』と蜀學」,『西晉「儒教國家」と貴族制』, 東京: 汲古書院, 2010.

東晉次,『後漢時代の政治と社會』, 名古屋: 名古屋大, 1995.

東賢司,「後漢時代の鎭墓圖書に關する一考察」,『二松學舍大學大學院文學研究科紀要』8, 1994.

杜紹順,「北魏門閥制度辨析」,『華南師範大學學報(社科版)』1985-4.

藤田忠,「前漢時代の巫者について」,『國士館史學』5, 1997.

鄧沛,「漢代爲何盛行厚葬之風」,『文史知識』1996-4.

柳江夏,「四川, 道教 그리고 西王母에 관한 한 연구」,『道教文化研究』30, 2009.

柳春新,「曹操立嗣問題考辨」,『中國史研究』1997-4.

柳春新, 「崔琰之死與毛玠之廢」, 『武漢大學學報(哲社版)』 229, 1997.

馬鄰, 「淺議先秦儒家孝道觀與厚葬陋習」, 『楚雄師範學院學報』 17-1, 2002.

馬立軍, 「北魏《給事君夫人韓氏墓志》與《元理墓志》辨僞-兼談北朝墓志著錄中的僞刻問題」, 『江漢考古』 115, 2010.

마이클 로이·이성규 역, 『古代中國人의 生死觀』, 서울: 지식산업사, 1987; 1998.

馬衡, 『中國金石學槪要』, 臺北: 藝文, 1967.

馬衡, 「從實驗上窺見漢石經一班」, 『凡將齋金石叢稿』, 北京: 中華書局, 1977.

萬繩楠, 「曹魏政治派別的分野及其昇降」, 『歷史教學』 1964-1.

萬繩楠 整理, 「北魏後期的漢化(孝文帝的漢化定策)」, 『陳寅恪 魏晉南北朝史講演錄』, 合肥: 黃山書社, 1987.

孟昭林, 「無極甄氏諸墓的發見及其有關問題」, 『文物』 1959-1.

毛遠明, 『碑刻文獻學通論』, 北京: 中華書局, 2009.

木島史雄, 「「正始石經」蹉跌の構造」, 『中國文明の形成』, 京都: 朋友書店, 2005.

目黑杏子, 「後漢年始儀禮の構成に關する試論」, 『中國古中世史研究』 39, 2016.

武漢市文物管理委員會, 「武昌任家灣六朝初期墓葬淸理簡報」, 『文物參考資料』 1955-12.

梶山智史, 「北魏における墓誌銘の出現」, 『駿台史學』 157, 2016.

朴永哲, 「출토자료를 통해 본 중세중국의 死後世界와 罪의 관념」, 『東洋史學研究』 70, 2000.

朴仲煥, 「百濟 金石文 硏究」, 全南大 博士學位論文, 2013.

朴漢濟, 「魏晉南北朝時代 墓葬風習의 變化와 墓誌銘의 流行」, 『東洋史學研究』 104, 2008.

박한제, 「魏晉南北朝-隋唐時代 葬俗·葬具의 變化와 墓誌銘-그 資料的 性格-」, 『한국고대사연구』 75, 2014.

亳縣博物館, 「安徽亳縣發現一批漢代字磚和石刻」, 『文物資料叢刊』 2, 1978.

亳縣博物館, 「安徽亳州市發現一座曹操宗族墓」, 『考古』 1988-1.

方介堪, 「晉朱曼妻薛買地宅券」, 『文物』 1965-6.

方詩銘, 「從徐勝買地券論漢代"地券"的鑑別」, 『文物』 1973-5.

方詩銘, 「再論"地券"的鑑別-答李壽岡先生-」, 『文物』 1979-8.

方詩銘, 「黃巾起義先驅與巫及原始道敎的關係」, 『歷史研究』 1993-3.

白彬, 「吳晉南朝買地券·名刺和衣物疏的道敎考古研究」, 『中國道敎考古 3』, 北京: 線裝書局, 2006.

白彬·代麗鵑, 「試從考古材料看《女靑鬼律》的成書年代和流行地域」, 『宗敎學研究』 2007-1.

范文蘭, 『中國通史』, 北京: 人民, 1979.

范邦瑾, 「東漢墓碑溯源」, 『華夏考古』 1991-4.

寶鷄市博物館, 「寶鷄市鏟車廠漢墓-兼談M1出土的行楷昨硃書陶瓶」, 『文物』 1981-3.

保科季子, 「前漢後半期における儒家禮制の收容-漢的傳統との對立と皇帝觀の變貌-」, 『歷史と方法3 方法としての丸山眞男』, 東京: 靑木書店, 1998.

福原啓郎, 「西晉の墓誌の意義」, 『中國中世の文物』, 京都: 京都大, 1993.

534

福原啓郎,「三國魏の明帝--奢靡の皇帝の實像-」,『古代文化』52-8, 2000.

福原啓郎,「晉辟雍碑に關する考察」,『魏晉政治社會史研究』, 京都: 京都大, 2012.

本田濟,「曹植とその時代」,『東方學』3, 1952.

富谷至,「黄泉の國と土地賣買-漢魏六朝買地券考-」,『大阪大學教養部研究集錄(人文·社會科學)』36, 1987.

濱田瑞美,「曹操による建安十年立碑の禁令の實相について」,『東洋美術史論叢』, 東京: 雄山閣, 2000.

濱田瑞美,「漢碑考-かたちと意匠をめぐって」,『美術史研究』41, 2003.

史鑒,「漢末政教與熹平石經」,『語文建設』1995-9.

沙忠平,「魏晉薄葬論」,『文博』2001-3.

山東博物館,「山東蒼山元嘉元年畵像石墓」,『考古』1975-2.

山田勝芳,「中國古代の「家」と均分相續」,『東北アジア研究』2, 1998.

上谷浩一,「後漢政治史における鴻都門學-靈帝期改革の再平價」,『東洋史研究』63-2, 2004.

上谷浩一,「董卓事跡考-「靈帝期改革」論の視點から」,『東方學』116, 2008.

徐公持,「曹植生平八考」,『文史』10, 1980.

徐國榮,「漢末私謚和曹操碑禁的文化意蘊」,『東南文化』117, 1997.

徐難于,『漢靈帝與漢末社會』, 濟南: 齊魯書社, 2002.

西川利文,「漢代博士弟子制度の展開」,『鷹陵史學』17, 1991.

徐沖,「從"異刻"現象看北魏後期墓誌的"生産過程"」,『復旦學報(社科版)』2011-2.

石見清裕,「唐代墓誌史料の概觀」,『唐代史研究』10, 2007.

石見清裕,「唐代墓誌の資料的可能性」,『史滴』30, 2008.

石田德行,「劉裕集團の性格について」,『木村正雄先生退官記念 東洋史論集』, 東京: 汲古書院, 1976.

石井仁,「無上將軍と西園軍-後漢靈帝時代の「軍制改革」」,『集刊東洋學』76, 1996.

陝西省文物管理委員會,「西安南郊龐留村的唐墓」,『文物參考資料』1958-10.

成瀨哲生,「曹丕年譜ノート」,『北海道大學文學部紀要』31-1, 1982.

成周鐸,「武寧王陵 出土 誌石에 關한 研究」,『百濟文化』21, 1991.

성주탁,「무령왕릉 출토 지석」,『웅진도읍기의 백제』, 공주: 충청남도역사문화연구원, 2007.

成周鐸·鄭求福,「武寧王陵의 誌石」,『百濟武寧王陵』, 公州: 公州大百濟文化研究所, 1991.

小南一郎,「壺型の宇宙」,『東方學報』61, 1989.

小南一郎,「漢代の祖靈觀念」,『東方學報』66, 1994.

小林正美,『六朝道教史研究』, 東京: 創文社, 1990.

小林正美,『中國の道教』, 東京: 創文社, 1998.

小尾孝夫,「劉宋孝武帝の對州鎭政策と中央軍改革」,『集刊東洋學』91, 2004.

小寺敦,「先秦時代系譜編纂の成立過程とその意義」,『歷史學研究』898-增刊, 2012.

宋戰利,「曹丕研究」, 河南大 博士學位論文, 2007.

松下憲一,「北魏後期墓誌における官位と大きさの關係」,『史朋』 44, 2011.

水野淸一,「碑碣の形式」,『書道全集 二-中國2 漢』, 東京: 平凡社, 1969.

水野淸一,「墓誌について」,『書道全集 六-中國6 南北朝Ⅱ』, 東京: 平凡社, 1958; 1980.

守屋美都雄,「曹魏爵制に關する二三の考察」,『東洋史研究』 20-4, 1962.

守屋美都雄,「南人と北人」,『中國古代の家族と國家』, 京都: 東洋史研究會, 1968.

矢野主稅,「六朝門閥の社會的·政治的考察」,『長大史學』 7, 1961.

矢野主稅,「裴氏研究」,『(長崎大學教育學部)社會科學論叢』 14, 1965.

矢野主稅,「東晉における南北人對立問題-その社會的考察」,『史學雜誌』 77-10, 1968.

矢野主稅,『改訂 魏晉百官世系表』, 長崎: 長崎大, 1971.

矢野主稅,「南朝における婚姻關係」,『(長崎大學教育學部)社會科學論叢』 22, 1973.

市村瓚次郎,「漢代建碑の流行及び其後世の禁制に就いて」,『書苑』 2-19, 1938.

施蟄存,『北山談藝錄續編』, 上海: 文匯, 2001.

始皇陵秦俑考古發掘隊,「秦始皇陵西側趙背戶村秦刑徒墓」,『文物』 1983-3.

新疆維吾爾自治區博物館,『新疆出土文物』, 北京: 文物, 1975.

神矢法子,「漢唐間における喪服禮の規範的展開」,『東洋學報』 63-1·2, 1981.

申曉景,「河南名碑」,『檔案管理』 2005-2.

室山留美子,「出土刻字資料研究における新しい可能性に向けて-北魏墓誌を中心に-」,『中國史學』 20, 2010.

安田二郎,「元嘉時代史への一つの試論-劉義康と劉劭の事件を手がかりに-」,『名古屋大學東洋史研究報告』 2, 1973.

安徽省文物工作隊,「安徽南陵縣麻橋東吳墓」,『考古』 1984-11.

愛宕元,「唐代の墓誌銘」,『月刊しにか』 12-3, 2001.

楊寬,『中國古代陵寢制度史研究』, 上海: 人民, 2003.

楊九詮,「東漢熹平石經平議」,『文史哲』 2000-1.

楊權喜,「光化五座墳西漢墓」,『考古學報』 1976-2.

楊定愛,「江陵縣毛家園一號西漢墓」,『中國考古學年鑒 1987』, 北京: 文物, 1988.

揚州博物館·邗江縣圖書館,「江蘇邗江胡場五號漢墓」,『文物』 1981-11.

梁鎭誠 공저,「中國 古中世 石刻資料 解題 및 譯註Ⅰ」,『中國史研究』 96, 2015.

梁鎭誠,「梁代 奉勅撰墓誌를 통해 본 墓誌銘의 定型化-墓誌에 등장하는 王言文書 運營方式의 分析을 兼하여-」,『中國史研究』 105, 2016.

偃師商城博物館,「河南偃師東漢姚孝經墓」,『考古』 1992-3.

嚴耕望,『中國地方行政制度史 甲部 秦漢地方行政制度』, 臺北: 中央研究院語言研究所, 1990.

余嘉錫,「晉辟雍碑考證」,『余嘉錫文史論集』, 長沙: 岳麓書社, 1997.

呂斌,「試析曹丕與曹植的關係」,『重慶科技學院學報(社科版)』 2011-5.

余英時,『士與中國文化』, 上海: 上海人民, 1987.

呂志峰,「東漢買地券著錄與研究概述」,『南都學壇』 32-2, 2003.

鈴木雅隆,「鎭墓文の系譜と天使道との關係」,『史滴』25, 2003.

鈴木雅隆,『後漢鎭墓瓶集成』,『長江流域文化研究所年報』5, 2007.

永田英正,「後漢の三公にみられる起家と出自について」,『東洋史研究』24-3, 1965.

永田英正,「後漢の選擧と官僚階級」,『東方學報』41, 1970.

永田拓治,「漢晉期における「家傳」の流行と先賢」,『東洋學報』94, 2012.

吳相勳,「李家道의 성립과 전개」,『東洋史學研究』23, 1985.

吳榮曾,「鎭墓文中召見到的東漢道巫關係」,『文物』1981-3.

吳煒,「墓志銘起源初探」,『東南文化』1999-3.

吳天穎,「漢代買地券考」,『考古學報』1982-1.

窪添慶文,「墓誌の起源とその定型化」,『立正史學』105, 2009.

窪添慶文,「北魏墓誌中の銘辭」,『立正大學文學部論叢』133, 2011.

窪添慶文,「石に刻された生涯」,『東洋文化研究』14, 2012.

窪添慶文,「遷都後の北魏墓誌に關する補考」,『東アジア石刻研究』5, 2013.

窪添慶文,「北魏における滎陽鄭氏」,『墓誌を用いた北魏史研究』, 東京: 汲古書院, 2017.

窪添慶文,「北魏後期の門閥制に關わる覺書」,『墓誌を用いた北魏史研究』, 東京: 汲古書院, 2017.

阮國林,「南京市郭家山東吳紀年墓」,『中國考古學年鑒 1985』, 北京: 文物, 1992.

汪慶正,「東漢石刻文字綜述」,『上海博物館館刊』1, 1981.

王德剛,「漢代道敎與"買地券"·"鎭墓瓶"」,『文獻』1991-2.

王力春,「遼寧今存早期四碑誌釋讀」,『文化學刊』2011-9.

王力春,「遼寧出土《劉賢墓誌》入窆年代獻疑」,『蘭臺世界』2012-6.

王思禮·賴非,「漢碑原流·分期和碑形釋義」,『漢碑研究』, 濟南: 齊魯書社, 1990.

王彦輝,「漢代的"去官"與"棄官"」,『中國史研究』1998-3.

王永平,「曹操立嗣問題考述」,『揚州大學學報(人社版)』5-3, 2001.

王育成,「徐副地券中天師道史料考釋」,『考古』1993-6.

王傳林,「儒家"石經"之史考論-從"石經"之史看經學體系化之路向與特徵」,『孔子研究』2015-5.

王仲犖,『魏晉南北朝史 上』, 上海: 上海人民, 1979.

王仲殊,『漢代考古學概說』, 北京: 中華書局, 1984.

王志高·周維林,「南京江寧出土東吳買地券」,『中國文物報』1996年5月5日.

王鶴鳴,『中國家譜通論』, 上海: 上海古籍, 2010.

王惠茗,「兩漢時期的厚葬之風」,『滄桑』2008-5.

遼寧省文物考古研究所·朝陽市博物館,「朝陽市發現的幾座北魏墓」,『遼海文物學刊』19, 1995.

宇都宮淸吉,『漢代社會經濟史研究』, 東京: 弘文堂, 1955.

于振波,「"無任"與"五任"」,『華南師範大學學報(社科版)』2006-1.

于豪亮,「居延漢簡校釋」,『于豪亮學術文存』, 北京: 中華書局, 1985.

우홍·김병준 옮김,『순간과 영원-중국 고대의 미술과 건축』, 서울: 아카넷, 2001; 2003.

遠藤祐子,「漢代における地方官學の政治的機能」,『立命館史學』14, 1993.

原田正己,「民俗資料としての墓券-上代中國人の死靈觀の一面」,『フィロソフィア』45, 1963.

原田正己,「墓券文に見られる冥界の神とその祭祀」,『東方宗敎』29, 1967.

原田正己,「中國人の土地信仰についての一考察」,『白初 洪淳昶 還曆紀念史學論叢』, 서울:
　　螢雪, 1982.

袁祖亮,「漢代《徐勝買地券》眞僞考」,『鄭州大學學報(哲社版)』1984-3.

袁仲一,『秦代陶文』, 西安: 三秦, 1987.

越智重明,「五等爵制」,『魏晉南朝の政治と社會』, 東京: 吉川弘文館, 1963.

越智重明,「宋齊政權と宋齊貴族制」,『魏晉南朝の貴族制』, 東京: 硏文, 1982.

越智重明,「宋の武帝と土斷·官僚層對策」,『魏晉南朝の人と社會』, 東京: 硏文, 1985.

越智重明,「宋の孝武帝とその時代」,『魏晉南朝の人と社會』, 東京: 硏文, 1985.

劉國勝,「謝家橋一號漢墓《告地書》牘の初步考察」,『江漢考古』112, 2009.

劉濤,「魏晉南北朝的禁碑與立碑」,『故宮博物院院刊』95, 2001.

劉鋒·藏知非,『中國道敎發展史』, 臺北: 文津, 1997.

劉鳳君,「南北朝石刻墓誌形制探源」,『中原文物』1988-2.

劉選·辛向軍,「魏晉薄葬成因的考察」,『甘肅社會科學』1994-1.

劉昭瑞,「關於吐魯番出土隨葬衣物疏的幾個問題」,『敦煌硏究』1993-3.

劉昭瑞,「論"黃神越章"-兼談黃巾口號的意義及相關問題」,『歷史硏究』1996-1.

兪紹初,「曹植生平若干事迹考辨」,『鄭州大學學報(哲社版)』1982-3.

劉連香,「北魏馮熙馮誕墓誌與遷洛之初陵墓區規劃」,『中原文物』2016-3.

劉增貴,「論後漢末的人物評論風氣」,『成大歷史學報』10, 1983.

陸和九,『中國金石學』, 臺北: 明文, 1986.

윤용구,「중국계 관료와 그 활동」,『百濟의 對外交涉』, 공주: 충청남도역사문화연구원,
　　2007.

尹在碩,「중국 고대『死者의 書』와 漢代人의 來世觀-告地策을 중심으로-」,『中國史硏究』
　　86, 2013.

尹在碩,「중국 고대『死者의 書』와 漢代人의 來世觀-鎭墓文을 중심으로-」,『中國史硏究』
　　90, 2014.

윤찬원,「葛洪 神仙思想의 형성과 철학사상에 관한 연구」,『道敎文化硏究』20, 2004.

殷憲,「北魏早期平城墓銘析」,『北朝硏究』1, 2000.

殷憲,「蓋天保墓磚銘考」,『晉陽學刊』2008-5.

李德品,「論東漢墓碑文的發展分期」,『遵義師範學院學報』11-3, 2009.

李磊,「晉宋之際的政局與高門士族的動向」,『華東師範大學學報(哲社版)』39-5, 2007.

李磊,「王儉"風流"與南朝士風之轉變」,『歷史敎學問題』2009-4.

李磊,「宋齊間的士林輿論與皇權權威」,『中國古中世史硏究』30, 2013.

李明曉,『兩漢魏晉南北朝石刻法律文獻整理與硏究』, 北京: 人民, 2016.

538

李發·魯寶林·吳鵬,「錦州前燕李廆墓清理簡報」,『文物』1995-6.

李發林,『中國古代石刻叢話』, 濟南: 山東教育, 1988.

李士彪,「漢魏六朝的禁碑與碑文的演變」,『中國典籍與文化』1999-4.

李成九,「漢代의 死後世界觀」,『中國古中世史研究』38, 2015.

李壽岡,「也談"地券"的鑑別」,『文物』1978-7.

李如森,『漢代喪葬禮俗』, 沈陽: 沈陽出版, 2003.

李穎,「《受禪表》引《尙書》考」,『北方論叢』2013-9.

李宇峰,「遼寧朝陽發現十六國時期後燕崔遹墓碑」,『文物』1981-4.

李遇春,「新疆巴里坤縣新發現東漢任尙碑的初步考證」,『考古與文物』1982-4.

李蔚然,『南京六朝墓葬的發見與研究』, 成都: 四川大, 1998.

이재환,「武寧王陵 出土 文字資料」,『한국고대문자자료 백제(상)-지역별-』, 서울: 주류성, 2015.

이정효,「武寧王陵 買地卷文의 "不從"과 "律令"」,『文物研究』19, 2011.

李朝陽,「呂他墓表考述」,『文物』1997-10.

李風暴,「北魏『馮熙墓誌』考評」,『中國書法』2010-6.

李學勤,「隨州孔家坡8號墓的年代學問題」,『新出簡帛研究』, 北京: 文物, 2004.

仁井田陞,『中國法制史研究 土地法·取引法』, 東京: 汲古書院, 1960.

日比野丈夫,「墓誌の起源のついて」,『江上波夫教授古稀記念論集 民族·文化篇』, 東京: 山川, 1977.

任繼愈 主編,『中國道教史』, 北京: 中國社會科學, 2001.

林登順,『北朝墓誌文研究』, 臺北: 麗文文化, 2009.

林富士,『漢代的巫者』, 板橋: 稻鄕, 1988; 2004.

任崇岳,「受禪臺訪古」,『尋根』2005-10.

林裕己,「漢·三國·六朝紀年鏡銘集成05」,『古文化談叢』56, 2007.

林留珠,「江蘇鎭江東晉紀年墓清理簡報」,『東南文化』1989-5.

任昌淳,「買地券에 대한 考察」,『武寧王陵』, 서울: 文化財管理局, 1973.

禚振西,「陝西戶縣的兩座漢墓」,『考古與文物』1980-1.

禚振西,「曹氏朱書罐考釋」,『考古與文物』1982-2.

張宏偉,「西王母神話演變過程及原因新探」,『蘭州功業高等專科學校學報』17-6, 2010.

張金光,『秦制研究』, 上海: 上海古籍, 2004.

章湾·力子,『南京西善橋南朝墓誌-兼述六朝買地券」,『東南文化』115, 1997.

張文瀚,「告地策研究評述」,『中國史研究動態』2013-1.

長沙市文物工作隊,「長沙出土南朝徐副買地券」,『湖南考古學輯刊』1, 1982.

張守男,「武寧王陵 買地券의 起源과 受用背景」,『百濟研究』54, 2011.

張守男,「熊津~泗沘初 百濟의 南朝文化 受用 研究」, 延世大 博士學位論文, 2013.

張淑霞,「《公卿將軍上尊號奏》和《受禪表》碑及其藝術價値」,『四川文物』1996-6.

章新建, 「論曹丕與曹植」, 『徽州師專學報(哲社版)』 11-3, 1998.

張影·鄔曉東, 「西王母的神格發展與漢代西王母崇拜」, 『古籍整理研究學刊』 5, 2013.

張旭華, 「北魏州中正在定姓族中的作用與地位」, 『鄭州大學學報(哲社版)』 1989-6.

張雲華, 「北魏宗室與"五姓"婚姻關係簡論」, 『鄭州大學學報(哲社版)』 45-3, 2012.

장인성, 「도교문화」, 『百濟의 祭儀와 宗敎』, 公州: 충청남도역사문화연구원, 2007.

張傳璽, 「從買地券辨僞說到《鍾仲游妻券》的眞與假」, 『契約史買地券研究』, 北京: 中華書局, 2008.

張政烺, 「秦漢刑徒的考古資料」, 『歷史敎學』 2001-1.

張俊民, 「甘肅玉門畢家灘出土的衣物疏初探」, 『湖南省博物館館報』 2010-7.

張捷夫, 「漢代厚葬之風及其危害」, 『中國歷史博物館刊』 1995-12.

蔣華, 「揚州甘泉山出土劉元臺買地磚券」, 『文物』 1980-6.

張勳燎·白彬, 「中原和西北地區魏晉北朝墓葬的解注文研究」, 『中國道敎考古 2』, 北京: 線裝書局, 2006.

田余慶, 『東晉門閥政治』, 北京: 北京大, 1989.

田中由起子, 「弘農楊氏系圖」, 『駿台史學』 144, 2012.

田中一輝, 「西晉の東宮と外戚楊氏」, 『東洋史研究』 68-3, 2009.

田衡銘, 「一方罕見的吳磚-神凰元年地券及其書法」, 『文物天地』 1991-4.

田天, 「馬王堆漢墓的遣策與喪葬禮」, 『文史』 130, 2020.

鄭岩, 「關於漢代喪葬畫像觀者問題的思考」, 『逝者的面具-漢唐墓葬藝術研究』, 北京: 北京大, 2013.

程章燦, 「墓誌起源考-兼對關於墓誌起源的諸種傳統說法的考察」, 『石學論叢』, 臺北: 大安, 1999.

정재윤, 「중국계 백제관료에 대한 고찰」, 『史叢』 77, 2012.

정재윤, 「武寧王陵 誌石을 통해본 백제 여성의 지위」, 『中國古中世史研究』 42, 2016.

町田隆吉, 「敦煌出土四·五世紀陶罐等銘文について-中國古代における葬送習俗に關する覺え書き-」, 『(東京學藝大學附屬高等學校大泉校舍)研究紀要』 10, 1986.

町田隆吉, 「「前秦建元十六年(380)梁阿廣墓表」試釋」, 『國際學レヴュー』 18, 2006.

程欣人, 「武漢出土的兩塊東吳鉛券釋文」, 『考古』 1965-10.

趙光賢, 『周代社會辨析』, 北京: 人民, 1980.

趙振華·董延壽, 「東漢雒陽男子□□卿買地鉛券硏究」, 『中原文物』 2010-3.

趙晟佑, 「中世 中國 生死觀의 一面과 道敎-殃禍의 觀念을 中心으로-」, 『中國古中世史研究』 25, 2011.

趙晟佑, 「後漢魏晉 鎭墓文의 종교적 특징과 道敎-五石을 中心으로-」, 『東洋史學研究』 117, 2011.

曹汛, 「北魏劉賢墓誌」, 『考古』 1984-7.

趙超, 「墓誌溯源」, 『文史』 21, 1983.

趙超, 「試談北魏墓誌的等級制度」, 『洛陽出土墓誌研究文集』, 北京: 朝華, 2001.

540

趙超, 『古代墓誌通論』, 北京: 紫禁城, 2003.

조초 저·권민균 역·홍승현 정리, 「석각 자료의 출현과 발전」, 『돌의 문화사』, 서울: 신서원, 2018.

趙海麗, 「《魏書》所記孝文帝"以冲女爲夫人"之思考」, 『理論學刊』 193, 2010.

鍾長發·寧篤學, 「武威金沙公社出土前案建元十二年墓表」, 『文物』 1981-2.

佐藤達郎, 「曹魏文·明帝期の政界と名族層の動向-陳羣·司馬懿を中心に」, 『東洋史研究』 52-1, 1993.

朱劍心, 『金石學』(『民國叢書』所收), 上海: 上海書店, 1996.

朱國平·王奇志, 「南京西善橋"輔國將軍"墓誌考」, 『東南文化』 112, 1996.

周世榮, 「有關馬王堆古地圖的一些資料和幾方漢印」, 『文物』 1976-1.

周裕興, 「백제문화와 남조문화-무령왕릉을 중심으로-」, 『百濟文化』 40, 2009.

周一良, 『魏晉南北朝史札記』, 北京: 中華書局, 1985.

周一良, 「北朝的民族問題與民族政策」, 『魏晉南北朝史論集』, 北京: 北京大, 1997.

朱子彦, 「論先秦秦漢時期的兩重君主觀」, 『史學月刊』 2004-2.

中國科學院考古研究所洛陽工作隊, 「東漢洛陽城南郊的刑徒墓地」, 『考古』 1972-4.

仲威, 「魏晉碑刻善拓過眼之二」, 『書法』 2013-7.

仲威, 「魏晉碑刻善拓過眼之三」, 『書法』 2013-9.

重松明久, 『古代國家と道教』, 東京: 吉川弘文館, 1985.

中田龍次郎, 「中國の墓誌」, 『中國墓誌精華 解說 釋文·解題』, 東京: 中央公論社, 1975.

中村圭爾, 「婚姻からみた階層と官僚身分」, 『六朝貴族制研究』, 東京: 風間書房, 1987.

中村圭爾, 「東晉南朝の碑·墓誌について」, 『六朝江南地域史研究』, 東京: 汲古書院, 2006.

池田溫, 「中國歷代墓券考略」, 『東洋文化研究所紀要』 86, 1981.

鎭江博物館, 「江蘇鎭江諫壁磚瓦廠東晉墓」, 『考古』 1988-7.

陳爽, 「"四姓"辨疑: 北朝門閥體制的確立過程及其歷史意義」, 『世家大族與北朝政治』, 北京: 中國社會科學, 1998.

陳爽, 『出土墓誌所見中古譜牒研究』, 北京: 學林, 2015.

陳星平, 『東漢碑額書法藝術研究』, 臺北: 文津, 2012.

陳松長, 「告地策的行文格式與相關問題」, 『湖南大學學報(社科版)』 22-3, 2008.

陳穎, 「三國時期的薄葬與厚葬」, 『成都大學學報(社科版)』 2009-6.

陳寅恪, 「東晉南朝之吳語」, 『中央研究院歷史語言研究所集刊』 7, 1936.

津田資久, 「『魏志』の帝室衰亡叙述に見える陳壽の政治意識」, 『東洋學報』 84-4, 2003.

津田資久, 「曹魏至親諸王攷-『魏志』陳思王植傳の再檢討を中心として」, 『史朋』 38, 2005.

陳直, 「古器物文學叢考」, 『考古』 1963-2.

陳漢玉, 「也談北魏孝文帝的改革」, 『中國史研究』 1982-4.

蔡明倫, 「魏晉薄葬原因探析」, 『湖北師範學院學報(哲社版)』 22-2, 2002.

淺見直一郎, 「黃泉の土地と冥途への旅-中國の葬送文書に關する一考察」, 『大谷學報』 87-1,

2007.

川本芳昭,「胡族漢化の實態について」,『魏晉南北朝時代の民族問題』, 東京: 汲古書院, 1998.

川本芳昭,『中國の歷史 5-中和の崩壞と擴大: 魏晉南北朝』, 東京: 講談社, 2005.

川勝義雄,「貴族政治の成立」,『六朝貴族制社會の硏究』, 東京: 岩波書店, 1985.

川勝義雄,「門生故吏關係」,『六朝貴族制社會の硏究』, 東京: 岩波書店, 1985.

川勝義雄,「『世說新語』の編纂-元嘉の治の一面-」,『六朝貴族制社會の硏究』, 東京: 岩波書店, 1985.

川勝義雄,「劉宋政權の成立と寒門武人」,『六朝貴族制社會の硏究』, 東京: 岩波書店, 1985.

川勝義雄,「曹操軍團の構成について」,『六朝貴族制社會の硏究』, 東京: 岩波書店, 1985.

川合安,「元嘉時代後半の文帝親政について-南朝皇帝勸力と寒門·寒人-」,『集刊東洋學』49, 1993.

川合安,「東晉の墓誌」, 『歷史資源』として捉える歷史資料の多角的硏究(平成14年度東北大學校育硏究共同プロジェクト成果報告書), 2003.

塚本靖,「碑の裝飾」,『考古學雜誌』5-12, 1915.

塚田康信,「熹平石經の硏究」,『福岡教育大學紀要 第5分冊』26, 1976.

塚田康信,「碑の起源と形式の硏究 Ⅰ」,『福岡教育大學紀要 第5分冊』28, 1978.

塚田康信,「碑の基源と型式の硏究 Ⅱ」,『福岡教育大學紀要 第5分冊』29, 1979.

塚田康信,「墓誌の硏究」,『廣島文敎女子大學紀要(人文·社會科學編)』25, 1988.

崔珍烈,「孝文帝 시기 皇室 通婚의 성격」,『東洋史學硏究』121, 2012.

崔珍烈,「北魏孝文帝의 胡姓 개칭과 그 성격-孝文帝의 漢化政策의 실증적 검토-」,『大東文化硏究』82, 2013.

湯淑君,「《受禪表》碑與《上尊號奏》碑」,『中原文物』1991-3.

蒲慕州,『墓葬與生死』, 臺北: 聯經, 1989.

何介鈞·張維明 編寫,『馬王堆漢墓』, 北京: 文物, 1982.

何啓民,「永嘉前後吳姓與僑姓關係之轉變」,『中古門第論集』, 臺北: 學生書局, 1978.

河北省文化局文物工作隊,『望都二號漢墓』, 北京: 文物, 1959.

何如月,『漢碑文學硏究』, 北京: 商務, 2010.

下中彌三郎,「釋文解說」,『書道全集 第3卷: 漢晉代木簡, 眞蹟, 瓦當, 塼, 印璽, 封泥』, 東京: 平凡社, 1931.

郝建平,「論漢代厚葬之風」,『臨沂師範學院學報』29-2, 2007.

韓姣姣,「東漢買地券硏究」, 山東大 碩士學位論文, 2013.

韓國河,「論秦漢魏晉時期的厚葬與薄葬」,『鄭州大學學報(哲社版)』31-5, 1998.

韓正熙,「중국분묘 벽화에 보이는 墓主圖의 변천」,『美術史學硏究』261, 2009.

向井佑介,「墓中の神坐-漢魏晉南北朝の墓室內祭祀-」,『東洋史硏究』73-1, 2014.

許飛,「漢代の告地文·鎭墓文·買地券に見られる冥界(上)」,『中國學硏究論集』26, 2011.

許飛,「「注連」考-六朝小說と墓券を中心に-」,『中國中世文學硏究』61, 2012.

許飛, 「「泰山治鬼」の形成年代考-漢代の鎮墓文を中心に-」, 『中國中世文學研究』 60, 2012.

許飛, 「西王母と東王公の冥界とのかかわり-六朝買地券を中心に-」, 『中國學研究論集』 28, 2012.

湖南省博物館, 「湖南資興晉南墓」, 『考古學報』 1984-3.

湖南省博物館·中國科學院考古研究所, 「長沙馬王堆二、三號漢墓發掘簡報」, 『文物』 1974-7.

胡寶國, 「雜傳與人物品評」, 『漢唐間史學的發展』, 北京: 商務, 2003.

胡孚琛, 『魏晉神仙道敎-抱朴子內篇硏究』, 臺北: 臺灣商務, 1989.

湖北省文物考古研究所, 「江陵鳳凰山一六八號漢墓」, 『考古學報』 1993-4.

湖北省文物考古研究所·隨州市考古隊編, 『隨州孔家坡漢墓簡牘』, 北京: 文物, 2006.

湖北省荊州地區博物館, 「高臺18號墓發掘簡報」, 『文物』 1993-8.

胡志佳, 「西晉干淩家族興衰及其人際網絡-由華芳墓誌銘觀察」, 『逢甲人文社會學報』 7, 2003.

洪承賢, 「崔浩와 北朝 士大夫의 賢才主義」, 『大丘史學』 71, 2003.

洪承賢, 「'浮華'와 '素業' 槪念을 통해 본 南朝 士大夫들의 意識變化」, 『中國學報』 47, 2003.

洪承賢, 「蠻夷政策을 통해 본 秦漢 皇帝의 移風易俗」, 『中國史研究』 29, 2004.

洪承賢, 「漢末魏初 士大夫 社會와 浮華」, 『中國古代史研究』 12, 2004.

洪承賢, 「三國時期 孫吳政權의 樹立과 古代 中國의 疆域 變化-江東과 '江南'의 범주 변화를 中心으로-」, 『中國史研究』 44, 2006.

洪承賢, 「後漢末 舊君 개념의 재등장과 魏晉時期 喪服禮」, 『東洋史學研究』 94, 2006.

洪承賢, 「曹魏時期 樂浪郡 회복과 遼東 인식의 변화」, 『中國學報』 56, 2007.

홍승현, 『사대부와 중국 고대 사회-사대부의 등장과 정치적 각성에 대한 연구』, 서울: 혜안, 2008.

洪承賢, 「兩漢時期 月令類 저작의 편찬과 성격」, 『中國古中世史研究』 24, 2010.

洪承賢, 「戴德의 『喪服變除』와 前漢後期 禮學의 발전」, 『中國史研究』 71, 2011.

洪承賢, 「後漢代 墓碑의 성행과 建安十年 禁碑令의 반포」, 『東洋史研究』 124, 2013.

홍승현, 『禮儀之國: 고대 중국의 예제와 예학』, 서울: 혜안, 2014.

洪承賢, 「西晉-劉宋時期 墓誌의 構成과 役割」, 『中國史研究』 89, 2014.

洪承賢, 「墓碑의 출현과 後漢末 墓碑銘의 정형화」, 『中國古中世史研究』 35, 2015.

洪承賢, 「동아시아 古中世 石刻資料 解題 및 譯註 Ⅲ」, 『中國古中世史研究』 37, 2015.

洪承賢, 「後漢末~魏晉時期 尙書學의 전개와 그 의의」, 『東洋史學研究』 130, 2015.

洪承賢, 「後漢 買地券의 분류와 역사적·지역적 특징」, 『中國史研究』 101, 2016.

洪承賢, 「魏晉南北朝 買地券 譯註 및 解題」, 『中國古中世史研究』 39, 2016.

洪承賢, 「三國~南朝 買地券의 특징과 성격」, 『中國古中世史研究』 40, 2016.

洪承賢, 「漢代 墓記·墓碑·墓誌의 출현과 상호 관련성-墓記의 내용 변화를 중심으로」, 『中國古中世史研究』 42, 2016.

洪承賢, 「洛遷 이전 墓誌를 통해 본 北魏 墓誌의 展開-〈馮熙墓誌〉 前史-」, 『中國史研究』 110, 2017.

弘一, 「江陵鳳凰山十號漢墓簡牘初探」, 『文物』 1974-6.

和田英信,「建安文學をめぐって」『三國志研究』1, 2006.

黃潔,「《熹平石經》與漢末的政治·文化規範」,『中國文化研究』2005-秋.

黃景春,「王當買地劵的文字考釋及道敎內涵解讀」,『南陽師範學院學報(社科版)』2-1, 2003.

黃景春,「早期道敎神仙女靑考」,『中國道敎』2003-4.

黃景春,「早期買地劵·鎭墓文整理與硏究」, 華東師大 博士學位論文, 2004.

黃景春,「作爲買地劵地價的"九九之數"」,『中國典籍與文化』88, 2016.

黃金明,「東漢墓碑文興盛的社會文化背景」,『漳州師範學院學報』53, 2004.

黃金明,『漢魏晉南北朝誄文研究』, 北京: 人民大, 2005.

黃盛璋,「江陵鳳凰山漢墓簡牘及其在歷史地理研究上的價値」,『文物』1974-6.

黃盛璋,「雲夢龍崗六號秦墓木牘與告地策」,『龍崗秦簡』, 北京: 中華書局, 2001.

黃曉芬,『漢墓的考古學研究』, 長沙: 岳麓書社, 2003.

橫田恭三,「前漢墓出土「告地策」考」,『書學書道史研究』23, 2013.

Anna Seidel, "Trace of Han Religion in Funeral Texts Found in Tombs", 『道敎と宗敎文化』, 東京: 平河, 1987.

Lai, Guolong, *Excavating the Afterlife: The Archaeology of Early Chinese Religion*, University of Washington Press, Seattle, 2015.

Loewe, Michael, *Ways to Paradise: The Chinese Quest for Immortality*, George Allen & Unwin, Ltd., London, 1979.

Martin Powers, *Art & Political Expression in Early China*, Yale University Press, New Haven, 1991.

Terry F. Kleeman, "Land Contracts and Related Document", 『中國の宗敎·思想と科學』, 東京: 圖書刊行會, 1984.

Wu Hung, *The Wu Liang Shrine-The Ideology of Early Chinese Pictorial Art*, Stanford University Press, Stanford, California. 1989.

Wu Hung, *The Art of the Yellow Spring: Understanding Chinese Tombs*, Reaktion Books, London, 2010.

후 기

이 책은 2013년부터 2022년까지 저자가 발표했던 글들을 모아 수정 재편한 결과다. 취직 전에 절반가량을, 취직 후에 절반가량을 쓴 것 같다. 그 중에는 한국연구재단과 창원대의 지원을 받고 쓴 글도 제법 된다. 사사표기의 의무는 없지만 재단과 학교의 도움에 감사하는 마음이 커 간단하게나마 언급하였다. 기본적으로는 기존 논문의 오류를 바로잡고 가독성을 높이는 작업이 주가 되었지만, 필요에 따라 기존 논문을 분해하여 새롭게 구성한 부분도 있다. 1부 1장은 『돌의 문화사』(공저. 신서원, 2018)에, 2부 2장은 『예의지국』(혜안, 2014)에 수록되었던 것을 대폭 수정하였다. 단순 논문모음집이 아닌 저서라는 이름에 맞게 각 부와 각 장의 연결에 고심을 하였지만 각기 다른 제재를 사용하다보니 각 부가 제멋대로 따로 노는 것 같다. 독자 입장에서는 어느 부, 어느 장부터 읽어도 무관하리라고 생각하고 위안으로 삼기로 한다. 지면의 한계로 책에 싣지는 못했지만 다양한 석각 자료를 역주했던 경험이 책을 쓰는 데 도움이 되었다. 마지막으로 이 책에 수록된 논문들의 최초 제목과 게재지를 소개한다.

1부

1장 「漢代 墓記·墓碑·墓誌의 출현과 상호 관련성—墓記의 내용 변화를 중심으로—」, 『中國古中世史研究』 42, 2016년 11월.

2장 「중국 고대 冥界文書의 종류와 성격—죽은 자의 문서에서 산 자의 문서로—」, 『中國史研究』 138, 2022년 6월.

2부

1장 「墓碑의 출현과 後漢末 墓碑銘의 정형화」, 『中國古中世史研究』 35, 2015년 2월.

2장 「後漢代 墓碑의 성행과 建安十年 禁碑令의 반포」, 『東洋史學研究』 124, 2013년 9월.

3부

1장 「西晉-劉宋時期 墓誌의 構成과 役割—묘지의 기원과 출현에 대한 분석을 겸하여—」, 『中國史研究』 89, 2014년 4월.

2장 「北魏時期 墓誌의 定型化와 流行」, 『東洋史學研究』 142, 2018년 3월.

3장 「北魏時期 墓誌의 記述 방법과 門閥社會」, 『中國古中世史研究』 52, 2019년 5월.

4부

1장 「後漢 買地券의 분류와 역사적·지역적 특징」, 『中國史研究』 101, 2016년 4월.

2장 「三國~南朝 買地券의 특징과 성격」, 『中國古中世史研究』 40, 2016년 5월.

3장 「六朝 買地券의 계통과 매지권 문화의 동아시아적 전개—〈武寧王買地券〉의 역사적 위치에 대하여—」, 『中國古中世史研究』 45, 2017년 8월.

5부

1장 「王朝의 위기와 石刻의 政治學—後漢「熹平石經」, 曹魏「正始石經」, 西晉「辟雍碑」의 역할—」, 『中國史研究』 121, 2019년 8월.

2장 「〈大饗碑〉, 漢魏禪讓의 裏面」, 『歷史學報』 245, 2020년 3월.

역시 체계적인 발표와는 거리가 있다. 아무것도 모른 채 조금씩 새로운 자료에 접근해 가고 그것을 이용한 역사 연구에 눈떠가는 한 연구자의 성장담으로 이해해 주기를 바랄 뿐이다. 여전히 어두운 방에서 손으로 더듬더듬 문고리를 찾고 있는 중이다. 그래도 처음처럼 막막하지만은 않다. 어둠에 익숙해져서인지, 그 어둠 속에서 나와 같이 문고리를 찾고 있는 동료들이 있어서인지. 아무래도 그들의 공일 것이다. 긴 시간 함께 석각을 읽어주었던 이들에게 다시 한 번 감사를 전한다. 원고 교정에 애써 준 한경미 선생의 이름도 기억하고자 적는다.

찾아보기

556

558

홍승현

숙명여자대학교 사학과 대학원 석사
서강대학교 사학과 대학원 박사
현재 창원대학교 사학과 교수

주요 논저

「魏晉 시기 志怪의 撰述과 讖緯의 새로운 역할」(『東洋史學硏究』 160, 2022), 「『南齊書』「五行志」의
구조와 특징」(『中國古中世史硏究』 63, 2022), 「『宋書』「五行志」와 『搜神記』에 투영된 孫吳 인식」(『中國
古中世史硏究』 60, 2021), 「중국 고대 災異說의 기원과 성립」(『史叢』 102, 2021), 「孫吳의 正統性과
神秘主義」(『東洋史學硏究』 152, 2020), 『正史 五行志의 세계-後漢書』(혜안, 2022), 『돌, 영원을 기록하
다』(공저. 경북대, 2018), 『왕조 멸망의 예언가』(역서. 경북대, 2015), 『禮儀之國』(혜안, 2014)

석각의 사회사 고대 중국인의 욕망과 그 기록

홍승현 지음

초판 1쇄 발행 2022년 11월 30일

펴낸이 오일주
펴낸곳 도서출판 혜안

등록번호 제22-471호
등록일자 1993년 7월 30일

주소 ⑦04052 서울시 마포구 와우산로 35길 3(서교동) 102호
전화 02-3141-3711~2 / 팩스 02-3141-3710
이메일 hyeanpub@daum.net

ISBN 978-89-8494-691-0 93910

값 40,000 원